상윳따 니까야

주제별로 모은 경[相應部]

제3권

오온을 위주로 한 가르침

상윳따 니까야

Saṁyutta Nikāya

주제별로 모은 경

3

오온을 위주로 한 가르침

초기불전연구원

∴

그분
부처님
공양 올려 마땅한 분
바르게 깨달으신 분께 귀의합니다.

Namo tassa Bhagavato Arahato Sammāsambuddhassa

목차

제3권 해제 31

제22주제 무더기[蘊] 상윳따(S22) 95

I. 처음 50개 경들의 묶음 97

제1장 나꿀라삐따 품 97

나꿀라삐따 경(S22:1) 97

데와다하 경(S22:2) 113

할릿디까니 경1(S22:3) 120

할릿디까니 경2(S22:4) 129

삼매 경(S22:5) 134

홀로 앉음 경(S22:6) 137

취착에 의한 초조함 경1(S22:7) 137

취착에 의한 초조함 경2(S22:8) 141

과거/미래/현재 경1(S22:9) 143

과거/미래/현재 경2(S22:10) 145
과거/미래/현재 경3(S22:11) 146

제2장 무상 품 147
무상 경(S22:12) 147
괴로움 경(S22:13) 148
무아 경(S22:14) 149
무상한 것 경(S22:15) 149
괴로움인 것 경(S22:16) 150
무아인 것 경(S22:17) 151
원인 경1(S22:18) 151
원인 경2(S22:19) 152
원인 경3(S22:20) 152
아난다 경(S22:21) 152

제3장 짐 품 154
짐 경(S22:22) 154
통달한 지혜 경(S22:23) 158
최상의 지혜로 앎 경(S22:24) 159
욕탐 경(S22:25) 161

달콤함 경1(S22:26) 161
달콤함 경2(S22:27) 163
달콤함 경3(S22:28) 164
기뻐함 경(S22:29) 166
일어남 경(S22:30) 166
재난의 뿌리 경(S22:31) 167
부서지기 쉬운 것 경(S22:32) 168

제4장 그대들의 것이 아님 품 169
그대들의 것이 아님 경1(S22:33) 169
그대들의 것이 아님 경2(S22:34) 170
비구 경1(S22:35) 170
비구 경2(S22:36) 173
아난다 경1(S22:37) 175
아난다 경2(S22:38) 178
이르게 하는 법 경1(S22:39) 180
이르게 하는 법 경2(S22:40) 181
이르게 하는 법 경3(S22:41) 182
이르게 하는 법 경4(S22:42) 182

제5장 자신을 섬으로 삼음 품 183
자신을 섬으로 삼음 경(S22:43) 183
도닦음 경(S22:44) 186
무상함 경1(S22:45) 188
무상함 경2(S22:46) 189
관찰 경(S22:47) 191
무더기[蘊] 경(S22:48) 194
소나 경1(S22:49) 197
소나 경2(S22:50) 201
즐김의 멸진 경1(S22:51) 202
즐김의 멸진 경2(S22:52) 203

II. 가운데 50개 경들의 묶음 205
제6장 속박 품 205
속박 경(S22:53) 205
씨앗 경(S22:54) 208
감흥어 경(S22:55) 211
취착의 양상 경(S22:56) 219
일곱 가지 경우 경(S22:57) 226
정등각 경(S22:58) 233

무아의 특징 경(S22:59) 234
마할리 경(S22:60) 239
불타오름 경(S22:61) 244
언어표현의 길 경(S22:62) 244

제7장 아라한 품 248
취착함 경(S22:63) 248
사랑함 경(S22:64) 250
기뻐함 경(S22:65) 251
무상 경(S22:66) 253
괴로움 경(S22:67) 254
무아 경(S22:68) 256
자기 것이 아님 경(S22:69) 257
물들이는 것이 분명함 경(S22:70) 259
라다 경(S22:71) 260
수라다 경(S22:72) 262

제8장 삼켜버림 품 264
달콤함 경(S22:73) 264
일어남 경1(S22:74) 264

일어남 경2(S22:75) 265
아라한 경1(S22:76) 265
아라한 경2(S22:77) 268
사자 경(S22:78) 269
삼켜버림 경(S22:79) 273
걸식 경(S22:80) 285
빠릴레야 경(S22:81) 293
보름밤 경(S22:82) 304

제9장 장로 품 315
아난다 경(S22:83) 315
띳사 경(S22:84) 319
야마까 경(S22:85) 324
아누라다 경(S22:86) 337
왁깔리 경(S22:87) 344
앗사지 경(S22:88) 355
케마까 경(S22:89) 361
찬나 경(S22:90) 370
라훌라 경1(S22:91) 377
라훌라 경2(S22:92) 378

제10장 꽃 품 380
강 경(S22:93) 380
꽃 경(S22:94) 382
포말 경(S22:95) 385
쇠똥 경(S22:96) 393
손톱 끝 경(S22:97) 399
간단함 경(S22:98) 401
가죽 끈 경1(S22:99) 402
가죽 끈 경2(S22:100) 405
까뀌 자루 경(S22:101) 409
무상의 [관찰로 생긴] 인식 경(S22:102) 414

III. 마지막 50개 경들의 묶음 418
제11장 구분 품 418
구분 경(S22:103) 418
괴로움 경(S22:104) 420
자기 존재 경(S22:105) 421
통달해서 알아야 함 경(S22:106) 422
사문 경1(S22:107) 423
사문 경2(S22:108) 424

흐름에 든 자[預流者] 경(S22:109) ... 425
아라한 경(S22:110) ... 425
욕구를 버림 경1(S22:111) ... 426
욕구를 버림 경2(S22:112) ... 426

제12장 설법자 품 ... 428
무명 경(S22:113) ... 428
명지 경(S22:114) ... 428
설법자 경1(S22:115) ... 429
설법자 경2(S22:116) ... 430
속박 경(S22:117) ... 431
질문 경1(S22:118) ... 432
질문 경2(S22:119) ... 434
족쇄 경(S22:120) ... 435
취착 경(S22:121) ... 435
계 경(S22:122) ... 436
잘 배움 경(S22:123) ... 439
깝빠 경1(S22:124) ... 439
깝빠 경2(S22:125) ... 440

제13장 무명 품 442
일어나기 마련임 경1(S22:126) 442
일어나기 마련임 경2(S22:127) 443
일어나기 마련임 경3(S22:128) 444
달콤함 경1(S22:129) 445
달콤함 경2(S22:130) 446
일어남 경1(S22:131) 447
일어남 경2(S22:132) 447
꽃티따 경1(S22:133) 448
꽃티따 경2(S22:134) 449
꽃티따 경3(S22:135) 450

제14장 뜨거운 불더미 품 452
뜨거운 불더미 경(S22:136) 452
무상 경1(S22:137) 453
무상 경2(S22:138) 453
무상 경3(S22:139) 453
괴로움 경1/2/3/(S22:140~142) 454
무아 경1/2/3/(S22:143~145) 454
염오를 많이 함 경(S22:146) 454

무상을 관찰함 경(S22:147) 455
괴로움을 관찰함 경(S22:148) 456
무아를 관찰함 경(S22:149) 456

제15장 견해 품 458
내적인 것 경(S22:150) 458
이것은 나의 것 경(S22:151) 460
이 자아 경(S22:152) 462
나의 존재는 있지 않음 경(S22:153) 463
삿된 견해 경(S22:154) 465
유신견 경(S22:155) 467
자아에 대한 견해 경(S22:156) 468
천착(穿鑿) 경1(S22:157) 469
천착 경2(S22:158) 470
아난다 경(S22:159) 471

제23주제 라다 상윳따(S23) 475

제1장 첫 번째 품 477

마라 경(S23:1) 477
중생 경(S23:2) 480
존재에 [묶어두는] 사슬 경(S23:3) 481
통달해서 알아야 함 경(S23:4) 482
사문 경1(S23:5) 483
사문 경2(S23:6) 484
흐름에 든 자[預流者] 경(S23:7) 484
아라한 경(S23:8) 485
욕구를 버림 경1(S23:9) 486
욕구를 버림 경2(S23:10) 486

제2장 두 번째 품 488
마라 경(S23:11) 488
마라에 속하기 마련인 법 경(S23:12) 489
무상 경(S23:13) 489
무상하기 마련인 법 경(S23:14) 490
괴로움 경(S23:12) 490
괴롭기 마련인 법 경(S23:16) 491
무아 경(S23:17) 491
무아이기 마련인 법 경(S23:18) 491

부서지기 마련인 법 경(S23:19) 492
사라지기 마련인 법 경(S23:20) 492
일어나기 마련인 법 경(S23:21) 493
소멸하기 마련인 법 경(S23:22) 493

제3장 권청 품 495
마라 경(S23:23) 495
마라에 속하기 마련인 법 경 등(S23:24~34) 495

제4장 가까이 않음 품 497
마라 경 등(S23:35~46) 497

제24주제 견해 상윳따(S24) 499

제1장 예류자 품 501
바람 경(S24:1) 501
이것은 나의 것 경(S24:2) 505
이 자아 경(S24:3) 507
나의 존재는 있지 않음 경(S24:4) 508

없음 경(S24:5) 509
행위 경(S24:6) 511
원인 경(S24:7) 513
큰 견해 경(S24:8) 516
세상은 영원함 경(S24:9) 519
세상은 영원하지 않음 경(S24:10) 520
유한함 경(S24:11) 521
유한하지 않음 경(S24:12) 521
생명이 바로 몸임 경(S24:13) 522
생명과 몸은 다름 경(S24:14) 522
여래는 사후에도 존재함 경(S24:15) 523
여래는 사후에 존재하지 않음 경(S24:16) 523
여래는 사후에 … 경(S24:17) 524
여래는 사후에 … 경(S24:18) 524

제2장 두 번째 여행 품 527
바람 경(S24:19) 527
이것은 나의 것 경 등(S24:20~36) 529
물질을 가진 자아 경(S24:37) 529
물질을 가지지 않은 자아 경(S24:38) 530

물질을 가지기도 … 경(S24:39) 531
물질을 가지는 … 경(S24:40 532
전적으로 행복함 경(S24:41) 532
전적으로 괴로움 경(S24:42) 533
행복하기도… 경(S24:43) 534
행복한 것도 … 경(S24:44) 534

제3장 세 번째 여행 품 537
바람 경(S24:45) 537
이것은 나의 것 경 등(S24:46~70) 538

제4장 네 번째 여행 품 539
바람 경(S24:71) 539
이것은 나의 것 경 등(S24:72~96) 541

제25주제 들어감 상윳따(S25) 543
눈[眼] 경(S25:1) 545
형색[色] 경(S25:2) 548
알음알이 경(S25:3) 549

감각접촉 경(S25:4) 550
느낌 경(S25:5) 550
인식 경(S25:6) 551
의도 경(S25:7) 551
갈애 경(S25:8) 552
요소[界] 경(S25:9) 552
무더기[蘊] 경(S25:10) 553

제26주제 일어남 상윳따(S26) 555
눈[眼] 경(S26:1) 557
형색[色] 경(S26:2) 558
알음알이 경(S26:3) 558
감각접촉 경(S26:4) 559
느낌 경(S26:5) 559
인식 경(S26:6) 560
의도 경(S26:7) 560
갈애 경(S26:8) 561
요소[界] 경(S26:9) 561
무더기[蘊] 경(S26:10) 562

제27주제 오염원 상윳따(S27) 563
눈[眼] 경(S27:1) 565
형색[色] 경(S27:2) 566
알음알이 경(S27:3) 566
감각접촉 경(S27:4) 567
느낌 경(S27:5) 567
인식 경(S27:6) 567
의도 경(S27:7) 568
갈애 경(S27:8) 568
요소[界] 경(S27:9) 568
무더기[蘊] 경(S27:10) 569

제28주제 사리뿟따 상윳따(S28) 571
떨쳐버렸음 경(S28:1) 573
일으킨 생각 없음 경(S28:2) 575
희열 경(S28:3) 576
평온 경(S28:4) 576
공무변처 경(S28:5) 577
식무변처 경(S28:6) 577

무소유처 경(S28:7) 577
비상비비상처 경(S28:8) 578
멸진정 경(S28:9) 578
수찌무키 경(S28:10) 579

제29주제 용 상윳따(S29) 583
간단한 설명 경(S29:1) 585
더 수승함 경(S29:2) 586
포살 경1(S29:3) 587
포살 경2/3/4(S29:4~6) 588
그는 들음 경1(S29:7) 589
그는 들음 경2/3/4/(S29:8~10) 589
보시의 도움 경1(S29:11~20) 590
보시의 도움 경2/3/4(S29:21~50) 591

제30주제 금시조 상윳따(S30) 593
간단한 설명 경(S30:1) 595
빼앗음 경(S30:2) 595

상반된 행동 경1(S30:3) 596
상반된 행동 경2/3/4(S30:4~6)........ 597
보시의 도움 경1(S30:7~16) 598
보시의 도움 경2/3/4(S30:17~46) 599

제31주제 간답바 무리 상윳따(S31) 601
간단한 설명 경(S31:1) 603
좋은 행위 경(S31:2) 605
보시자 경1(S31:3) 606
보시자 경2~10(S31:4~12) 606
보시의 도움 경1(S31:13~22) 607
보시의 도움 경2~10(S31:23~112) 608

제32주제 구름의 신 상윳따(S32) 611
가르침 경(S32:1) 613
좋은 행위 경(S32:2) 613
보시의 도움 경1(S32:3~12) 614
보시의 도움 경2/3/4(S32:13~52) 615

차가운 구름 경(S32:53) 616
더운 구름 경(S32:54) 617
폭풍을 동반하는 구름 경(S32:55) 617
바람을 동반하는 구름 경(S32:56) 617
비를 동반하는 구름 경(S32:57) 618

제33주제 왓차곳따 상윳따(S33) 619
무지 경1(S33:1) 621
무지 경2/3/4/5(S33:2~5) 623
보지 못함 경1/2/3/4/5(S33:6~10) 624
관통하지 못함 경1/2/3/4/5(S33:11~15) 624
깨닫지 못함 경1/2/3/4/5(S33:16~20) 625
꿰뚫지 못함 경1/2/3/4/5(S33:21~25) 625
주시하지 못함 경1/2/3/4/5(S33:26~30) 626
요별하지 못함 경1/2/3/4/5(S33:31~35) 626
식별하지 못함 경1/2/3/4/5(S33:36~40) 627
깊이 고찰하지 못함 경1/2/3/4/5(S33:41~45) 627
철저히 고찰하지 못함 경1/2/3/4/5(S33:46~50) 628
직접 인지하지 못함 경1/2/3/4/5(S33:51~55) 628

제34주제 선(禪) 상윳따(S34) 631
삼매의 증득 경(S34:1) 633
삼매에 들어 머묾 경(S34:2) 635
삼매의 출정 경(S34:3) 636
삼매를 즐거워함 경(S34:4) 637
삼매의 대상 경(S34:5) 637
삼매의 영역 경(S34:6) 638
삼매로 마음을 기울임 경(S34:7) 639
삼매를 정성을 다해 닦음 경(S34:8) 640
삼매를 끈기 있게 닦음 경(S34:9) 640
삼매를 적절하게 닦음 경(S34:10) 641
증득에 들어 머묾 경(S34:11) 642
증득에서 출정함 경 등(S34:12~19) 643
들어 머묾과 출정 경(S34:20) 644
들어 머묾과 즐거워함 경 등(S34:21~27) 644
출정과 즐거워함 경(S34:28) 645
출정과 대상 경 등(S34:29~34) 646
즐거워함과 대상 경(S34:35) 647
즐거워함과 영역 경 등(S34:36~40) 647
대상과 영역 경(S34:41) 648

대상과 마음을 기울임 경 등(S34:42~45) 649
영역과 마음을 기울임 경(S34:46) 649
영역과 정성을 다해 닦음 경 등(S34:47~49) 650
마음을 기울임과 정성을 다해 닦음 경(S34:50) 650
마음을 기울임과 끈기 있게 닦음 경 등(S34:51~52) 651
정성을 다해 닦음과 끈기 있게 닦음 경(S34:53) 652
정성을 다해 닦음과 적절하게 닦음 경(S34:54) 652
끈기 있게 닦음과 적절하게 닦음 경(S34:55) 653

약어

A.	Aṅguttara Nikāya(앙굿따라 니까야, 증지부)
AA.	Aṅguttara Nikāya Aṭṭhakathā = Manorathapūraṇī(증지부 주석서)
AAṬ.	Aṅguttara Nikāya Aṭṭhakathā Ṭīkā(증지부 복주서)
ApA.	Apadāna Aṭṭhakathā(아빠다나(譬喩經) 주석서)
Be	Burmese-scrip ed. of S.(미얀마 육차결집본)
BG.	Bhagavadgīta(바가왓 기따)
BHD	Buddhist Hybrid Sanskrit Dictionary
BHS	Buddhist Hybrid Sanskrit
BL	Buddhist Legends(Burlingame)
BPS	Buddhist Publication Society
BvA.	Buddhavaṁsa Aṭṭhakathā
CBETA	CBETA Chinese Electronic Tripitaka Collection: CD-ROM
CMA	A Comprehensive Manual of Abhidhamma(아비담맛타 상가하)
CPD	Critical Pāli Dictionary
C.Rh.D	C.A.F. Rhys Davids
D.	Dīgha Nikāya(디가 니까야, 장부)
DA.	Dīgha Nikāya Aṭṭhakathā = Sumaṅgalavilāsinī(장부 주석서)
DAṬ.	Dīgha Nikāya Aṭṭhakathā Ṭīkā(장부 복주서)

Dhp.	Dhammapada(법구경)
DhpA.	Dhammapada Aṭṭhakathā(법구경 주석서)
Dhs.	Dhammasaṅgaṇi(담마상가니, 法集論)
DhsA.	Dhammasaṅgaṇi Aṭṭhakathā = Aṭṭhasālinī(법집론 주석서)
DPL	A Dictionary of the Pali Language(Childers)
DPPN.	G. P. Malalasekera's *Dictionary of Pali Proper Names*
Dv.	Dīpavaṁsa(島史), edited by Oldenberg
DVR	A Dictionary of the Vedic Rituals, Sen, C. Delhi, 1978.
Ee	Roman-script ed. of S. (PTS본. 제1권의 Ee1: 1884년, Ee2: 1998년.)
EV1	Elders' Verses I(장로게 영역, Norman)
EV2	Elders' Verses II(장로니게 영역, Norman)
GD	Group of Discourse(숫따니빠따 영역, Norman)
It.	Itivuttaka(如是語)
ItA.	Itivuttaka Aṭṭhakathā(여시어 경 주석서)
Jā.	Jātaka(本生譚)
JāA.	Jātaka Aṭṭhakathā(본생담 주석서)
KhpA.	Khuddakapātha Aṭṭhakathā(쿳다까빠타 주석서)
KS	Kindred Sayings(상윳따 니까야 영역, Rhys Davids, Woodward)
Kv.	Kathāvatthu(까타왓투, 論事)
KvA.	Kathāvatthu Aṭṭhakathā(까타왓투 주석서)
LBD	Long Discouurse of the Buddha(디가 니까야 영역, Walshe)
M.	Majjhima Nikāya(맛지마 니까야, 중부)

MA.	Majjhima Nikāya Aṭṭhakathā(맛지마 니까야 주석서)
Mil.	Milindapañha(밀린다왕문경)
MLBD	Middle Length Discouurse of the Buddha(중부 영역, Ñāṇamoli)
Mvu.	Mahāvastu(북전 大事, Edited by Senart)
Mhv.	Mahāvaṁsa(大史), edited by Geiger
MW	Monier-Williams' Sanskrit-English Dictionary
Nd1.	Mahā Niddesa(大義釋)
Nd1A.	Mahā Niddesa Aṭṭhakathā (대의석 주석서)
Nd2.	Cūla Niddesa(소의석)
Netti.	Nettippakaraṇa(指道論)
NMD	Ven. Ñāṇamoli's *Pali-English Glossary of Buddhist Terms*
Pe.	Peṭakopadesa(藏釋論)
PED	*Pāli-English Dictionary* (PTS)
Pm.	Paramatthamañjūsā = Visuddhimagga Mahāṭīkā(청정도론 복주서)
Ps.	Paṭisambhidāmagga(무애해도)
Ptṇ.	Paṭṭhāna(發趣論)
PTS	Pāli Text Society
Pug.	Puggalapaññatti(人施設論)
PugA.	Puggalapaññatti Aṭṭhakathā(인시설론 주석서)
Pv.	Petavatthu (아귀사)
Rv.	Ṛgveda(리그베다)
S.	Saṁyutta Nikāya(상윳따 니까야, 상응부)
SA.	Saṁyutta Nikāya Aṭṭhakathā = Sāratthappakāsinī(상응부 주석서)
SAṬ.	Saṁyutta Nikāya Aṭṭhakathā Ṭīkā(상응부 복주서)
Se	Sinhala-scrip ed. of S.(스리랑카본)
Sk.	Sanskrit

Sn.	Suttanipāta(숫따니빠따, 경집)
SnA.	Suttanipāta Aṭṭhakathā(숫따니빠따 주석서)
SS	Ee에 언급된 S.의 싱할리어 필사본
Thag.	Theragāthā(테라가타, 장로게)
ThagA.	Theragāthā Aṭṭhakathā(장로게 주석서)
Thig.	Therīgāthā(테리가타, 장로니게)
ThigA.	Therīgāthā Aṭṭhakathā(장로니게 주석서)
Ud.	Udāna(감흥어)
UdA.	Udāna Aṭṭhakathā(감흥어 주석서)
Uv	Udānavarga(북전 출요경, 出曜經)
VĀT	Vanarata, Āananda Thera
Vbh.	Vibhaṅga(위방가, 分別論)
VbhA.	Vibhaṅga Aṭṭhakathā = Sammohavinodanī(분별론 주석서)
Vin.	Vinaya Piṭaka(율장)
VinA.	Vinaya Piṭaka Aṭṭhakathā = Samantapāsādikā(율장 주석서)
Vis.	Visuddhimagga(청정도론)
v.l.	variant reading(이문, 異文)
VRI	Vipassanā Research Institute
VṬ	Abhidhammaṭṭha Vibhavinī Ṭīkā(위바위니 띠까)
Vv.	Vimānavatthu(천궁사)
VvA.	Vimānavatthu Aṭṭhakathā(천궁사 주석서)
Yam.	Yamaka(쌍론)
YamA.	Yamaka Aṭṭhakathā = Pañcappakaraṇa(야마까 주석서)
Ybhūś	Yogācārabhūmi Śarirārthagāthā(범본 유가사지론)

보디 스님 *The Connected Discourses of the Buddha*(상윳따 니까야 영역본)
냐나몰리 *The Middle Length Discourses of the Buddha*(맛지마 니까야 영역본)
아비담마 길라잡이 대림스님/각묵스님 옮김, 초기불전연구원, 7쇄 2009년.
우드워드 *The Book of the Kindred Sayings*(상윳따 니까야 영역본)
육차결집본 Vipassana Research Institute(인도) 간행 육차결집 본
청정도론 대림 스님 옮김, 초기불전연구원, 2004, 3쇄 2009.

일러두기

(1) 삼장(Tipitaka)과 주석서(Aṭṭhakathā)들은 별다른 언급이 없는 한 모두 PTS본(Ee)임.
『디가 니까야 복주서』(DAṬ)를 제외한 모든 복주서(Ṭīkā)들은
미얀마 육차결집본(Be, 인도 Vipassana Research Institute 간행)이고,
『디가 니까야 복주서』(DAṬ)는 PTS본이며,『청정도론』은 HOS본임.
S12:15는『상윳따 니까야』제12 상윳따(S12)의 15번째 경을 뜻하고
S.ii.234는 PTS본(Ee)『상윳따 니까야』제2권 234쪽을 뜻함.
S12:15/ii.17은『상윳따 니까야』제12 상윳따(S12)의 15번째 경으로
『상윳따 니까야』제2권 17쪽에 나타남을 뜻함.

(2) 본문에 나타나는 문단번호는 PTS(Ee)본의 문단번호를 존중하여 역자가 임의로 붙인 것임.

(3) 『청정도론 복주서』(Pm)의 숫자는 미얀마 6차결집본(VRI)의 문단번호임.

(4) [ ] 안의 숫자는 제1권은 Ee1, 나머지는 모두 Ee의 페이지 번호임.

(5) { } 안의 숫자는 제1권은 Ee2, 나머지는 모두 Ee의 게송번호임.

(6) 빠알리어는 정체로 표기하였고 영어는 이탤릭체로 표기하였음.

상윳따 니까야 제3권 해제

1. 들어가는 말

『상윳따 니까야』는 부처님이 남기신 가르침을 주제별로 모아서(saṁyutta) 결집한 것이다. 『상윳따 니까야』는 이러한 주제를 모두 56개 상윳따로 분류하여 결집하고 있다.[1)]

이들 56개 상윳따 가운데 「숲 상윳따」(S9)와 「비유 상윳따」(S20) 등 2개의 기타 상윳따를 제외하면, 「인연 상윳따」(S12)를 비롯한 26개 상윳따는 교학적인 주제를 중심으로 모은 것이고, 「꼬살라 상윳따」(S3) 등의 15개 상윳따는 특정한 인물과 관계된 가르침을 모은 것이며, 「천신 상윳따」(S1) 등 8개는 특정한 존재(비인간)에게 설하셨거나 혹은 이러한 특정한 존재와 관계된 가르침을 모은 것이고, 「비구니 상윳따」(S5) 등 5개의 상윳따는 특정한 부류의 인간에게 설하셨거나 이들과 관계된 가르침을 모은 것이다.

한편 특정한 인물과 관계된 상윳따들 가운데 「라훌라 상윳따」(S18) 등의 9개 상윳따는 모두 오온 등의 특정한 주제를 각 상윳따에서 하나씩 다루고 있다. 그러므로 이들 9개 상윳따도 교학적인 주제 중심의 상윳따에 포함시킬 수 있다. 그러면 교학적인 주제 중심의 상윳따는 모두 35개로 늘어난다.

주석서에 의하면 『상윳따 니까야』는 일차결집에서 결집(합송)되어서

---

1) 56개 주제는 본서 제1권 역자서문 §8을 참조할 것.

마하깟사빠(대가섭) 존자의 제자들에게 부촉되어 그들이 함께 외워서 전승하여 왔다고 한다.(DA.i.15)

『상윳따 니까야』 제3권은 주제별로 모은 이러한 부처님의 말씀 가운데서 그 주제가 다섯 가지 무더기(오온)를 위주로 한 13개의 주제들(saṁyutta)을 모은 것이다. 이 가운데 첫 번째 상윳따가 「무더기 상윳따」(S22)인데 주석서 문헌에서 언급하고 있는 초기불교의 교학의 여섯 주제인 온·처·계·근·제·연에 온으로 포함되는 오온의 가르침을 담고 있는 상윳따이다. 그 분량도 본서의 저본이 되는 Ee를 기준으로 살펴보면 제3권 278쪽 가운데 188쪽에 해당하는 분량으로 제3권의 삼분의 이에 해당하는 분량이다. 그래서 『상윳따 니까야』 제3권은 전통적으로 칸다 왁가(Khandha Vagga, 무더기 품) 즉 오온을 위주로 한 가르침이라고 전승되어 왔다. 제3권의 중심에 본권의 첫 번째 상윳따요 본권의 3분의 2를 차지하는 「무더기 상윳따」(S22)가 있기 때문이다.

2. 제3권의 구성

『상윳따 니까야』 제3권에는 모두 13개의 상윳따가 포함되어 있는데, 여기에 포함된 상윳따들과 각 상윳따에 포함된 경들의 개수는 다음 페이지의 도표와 같다.

이 가운데 20개가 넘는 경들을 포함하고 있는 상윳따는 이 경들을 각각 열 개씩으로 나누어서 품(vagga)이라는 명칭으로 분류하고 있으며 품이 10개가 넘을 경우에는 다섯 개의 품을 50개 경들의 묶음이라는 명칭으로 묶고 있다. 본서 「무더기 상윳따」(S22)는 이 편집원칙을 잘 따르고 있다. 「무더기 상윳따」에는 159개의 경들이 포함되어 있기 때문에 S22:1부터 S22:52까지의 52개 경들을 「처음 50개 경들의 묶음」(Mūla-paññāsa)이라는 이름으로 편집하였고, S22:53부터 S22:102까지의 50개 경들을 「가운데 50개 경들의 묶음」(Majjhima-paññāsa)으로, S22:103부터 마지막인 S22:159까지의 57개 경들을 「마지막 50개 경들의 묶음」(Upari-paññāsaka)이라는 이름으로 편집하였다.

	명칭	경전 수	품 수
S22	무더기[蘊]	159	15
S23	라다	46	4
S24	견해	96	4
S25	들어감	10	1
S26	일어남	10	1
S27	오염원	10	1
S28	사리뿟따	10	1
S29	나가	50	1
S30	금시조	46	1
S31	간답바	112	1
S32	구름의 신	57	1
S33	왓차곳따	55	1
S34	선(禪)	55	1
합계	13개 상응	716	33

그러면 먼저 제3권에 포함되어 있는 13개의 상윳따를 개관해보도록 하자.

제22주제 「무더기[蘊] 상윳따」(Khandha-saṁyutta, S22)에는 159개 경들이 15개의 품으로 분류되어 나타나고 있으며, 제1품부터 제5품까지에 포함된 경들(S22:1~52)은 다시 「처음 50개 경들의 묶음」(Mūla-paññāsaka)으로, 제6품부터 제10품까지에 포함된 경들(S22:53~102)은 「가운데 50개 경들의 묶음」(Majjhima-paññāsaka)으로, 제11품부터 제15품까지에 포함된 경들(S22:103~159)은 「마지막 50개 경들의 묶음」

(Upari-paññāsaka)이라는 이름으로 분류되어서 나타난다. 제목이 보여주듯이 본 상윳따는 불교의 인간관인 오온(물질, 느낌, 인식, 심리현상들, 알음알이)에 관한 부처님의 가르침들을 담고 있다.

제23주제 「라다 상윳따」(Rādha-saṁyutta, S23)에는 라다 존자와 연관이 있는 46개의 경들이 네 개의 품으로 나누어져 담겨있다.

제24주제 「견해 상윳따」(Diṭṭhi-saṁyutta, S24)에는 모두 96개의 경들이 포함되어 나타난다. 이들은 네 개의 품으로 나누어져 있는데 첫 번째 품에는 18개의 경들이, 그리고 둘째부터 넷째 품에는 각각 26개의 경들이 들어 있다. 이들 경에는 각각 다른 삿된 견해들이 하나씩 포함되어 있는데, 전체적으로는 26가지 삿된 견해가 각각의 품에서 반복해서 나타나는 구조로 되어 있다.

제25주제 「들어감 상윳따」(Okkanti-saṁyutta, S25)에는 모두 10개의 경들이 포함되어 있는데, 이들 경에서 감각장소(근), 대상(경), 알음알이(식) 등이 무상하고 변하고 다른 상태로 되어가는 것이라고 믿고 확신을 가지는 자는 올바른 정해진 행로에 들어가기 때문에 들어감(okkanti)이라 부르고 있다. 주석서는 이것을 "성스러운 도(ariya-magga)에 들어간다는 뜻이다."(SA.ii.346)라고 설명하고 있다.

제26주제 「일어남 상윳따」(Uppāda-saṁyutta, S26)에도 10개의 경들이 포함되어 있는데, 본 상윳따에는 근·경·식 등이 일어나고 지속하고 생기고 드러나는 것은 다름 아닌 괴로움의 일어남과 병들의 지속과 늙음·죽음의 드러남이라고 설하신 경들만이 포함되어 있기 때문에 본 상윳따를 「일어남 상윳따」라 부르고 있다.

제27주제 「오염원 상윳따」(Kilesa-saṁyutta, S27)에도 10개의 경들

이 포함되어 있는데, 여기에는 근·경·식 등에 대한 욕탐은 마음의 오염원이며 이러한 마음의 오염원을 제거하면 그의 마음은 출리로 기울고, 출리를 철저히 닦은 마음은 최상의 지혜로 알고 실현해야 하는 법들에 적합하게 된다고 설하고 계신 경들만이 나타나기 때문에 본 상윳따를 「오염원 상윳따」라 부르고 있다.

제28주제 「사리뿟따 상윳따」(Sāriputta-saṁyutta, S28)는 부처님의 상수제자요 지혜제일인 사리뿟따 존자와 연관이 있는 10개의 경들을 담고 있는데, 처음의 9개 경들은 각각 초선부터 상수멸까지의 9가지의 삼매 즉 구차제정(九次第定)에 관한 경들을 담고 있다.

제29주제 「나가 상윳따」(Nāga-saṁyutta, S29)와 제30주제 「금시조 상윳따」(Supaṇṇa-saṁyutta, S30)와 제31주제 「간답바 무리 상윳따」(Gandhabbakāya-saṁyutta, S31)에는 각각 50개와 46개와 112개의 경들이 각각 하나의 품에 모두 포함되어 있는데, 나가와 금시조와 간답바는 욕계천상인 사대왕천에 속한다.

제32주제 「구름의 신 상윳따」(Valāhaka-saṁyutta, S32)에는 57개의 경들이 하나의 품에 담겨 있는데, 구름에 거주하는 신들(valāhaka-kāyikā devā) 혹은 구름의 신(valāhaka)들에 대한 경들이다.

제33주제 「왓차곳따 상윳따」(Vacchagotta-saṁyutta, S33)에는 왓차곳따 유행승(Vacchagotta paribbājaka)에 관계된 경들 55개가 하나의 품에 포함되어 있다.

본서의 마지막인 제34주제 「선(禪) 상윳따」(Jhāna-saṁyutta, S34)에도 모두 55개의 경들이 하나의 품에 담겨 있는데, 선 혹은 삼매를 다양한 관점에서 분류하고 있다.

이제 각각의 상윳따에 대해서 조금 자세하게 살펴보자.

3. 「무더기 상윳따」(S22)

(1) 무더기(蘊)란 무엇인가

「무더기 상윳따」는 Khandha saṁyutta를 옮긴 말이다. 본 상윳따에는 159개의 경들이 포함되어 있으며 모두 오온에 관계된 가르침을 담고 있는 경들이다.

무더기로 옮긴 원어는 khandha인데 이것은 산스끄리뜨 skandha에 상응하는 빠알리어이다. 오래된 산스끄리뜨 어원사전인 『우나디 수뜨라』(Uṇ.iv,206)는 이 단어를 √skand(*to leap, to jump*)에서 파생된 남성명사로 간주하는데, 위로 튀어 오른 부분이라는 기본적인 의미에서 몸의 상체부분이나 등짝 혹은 어깨 등을 뜻한다. 『아타르바베다』에서는 나무의 둥지 부분을 뜻하는 단어로 쓰이고 있다고 한다.(MW) 산스끄리뜨 어근 사전인 빠니니(Pāṇini)의 『다뚜빠타』(Dhātupatha xxxv.84.)에는 √skandh가 어근으로 나타나고 있으며, 이것을 모으다(*to collect*)의 뜻으로 설명하고 있다.

이런 의미는 초기불전에도 그대로 채용되어 본서 제1권 「인간 경」(S3:21 §5) 등에서는 코끼리의 몸통이나 등(hatthi-kkhandha)의 의미로도 쓰이고 있으며, 「수찌로마 경」(S10:3) {810}에서는 "니그로다 나무의 몸통에서 생긴(nigrodhasseva khandhajā)"으로 나타나고, 제4권 「세상의 끝에 도달함 경」(S35:116 §8)에서는 "큰 나무의 뿌리와 수간을 제쳐놓고(mūlam atikkamma khandhaṁ)"로도 나타난다. 이처럼 빠알리 khandha는 산스끄리뜨의 skandha와 같은 의미로 쓰이고 있다.

초기불전에서는 이러한 보통 명사가 색·수·상·행·식의 다섯 가지를 뜻하는 전문술어로 채택이 되어서 이러한 다섯 가지들의 적집이나 무더기나 낟가리나 쌓임 등을 뜻하고 있다. 한편 빠알리 주석서들은 한결같이 "더미라는 뜻에서 무더기라 한다."[2]고 설명하고 있다. 중국에서는 온(蘊)으로 정착이 되었다. 그리고 전문술어로 쓰이는 khandha는 서양에서 이미 영어 *aggregate*로 정착이 되었다. 그리고 위에서 봤듯이 『다뚜빠타』에는 이 단어를 √skand(*to leap, to jump*)에서 파생된 것으로 보지 않고 모으다(*to collect*)를 뜻하는 √skandh에서 파생된 것으로 설명하고 있다. 이런 점들을 참조하여 초기불전연구원에서는 이 술어를 '무더기'로 통일해서 옮기고 있다.

그리고 이 무더기(khandha)는 본서 「존중 경」(S6:2 §3) 등에는 계의 무더기[戒蘊, sīla-kkhandha], 삼매의 무더기[定蘊], 통찰지의 무더기[慧蘊], 해탈의 무더기[解脫蘊], 해탈지견의 무더기[解脫知見蘊]로도 나타나는데, 이 다섯 가지는 『디가 니까야』 「십상경」(D34 §1.6)에서 '다섯 가지 법의 무더기[五法蘊, dhamma-kkhandha]'라 부르고 있다. 그리고 계온, 정온, 혜온의 3온만 나타나는 곳도 있고(「수바 경」(D10) §10 등; 「섬겨야 함 경」(A3:26) 등) 계온, 정온, 혜온, 해탈온의 4온이 나타나는 곳도 있다. (「합송경」(D33) §1.11 (25); 「우루웰라 경」1(A4:21) 등)

인류가 있어온 이래로 인간이 자신에게 던진 가장 많은 질문은 아마 '나는 누구인가?'일 것이다. 인간과 신들의 스승이신 부처님께서도 당연히 이 질문에 대해서 대답하셨다. 중요한 질문이기에 아주 많이, 그것도 아주 강조해 말씀하셨다. 그러면 부처님께서는 이 질문에 어떻게 대답하셨을까? 부처님께서는 본 상윳따뿐만 아니라 초기불전의 도처에서 간단명료하게 '나'는 '오온(五蘊, panca-kkhandha)'이라고 말씀하셨다.

---

2) khandhānaṁ rāsaṭṭhaṁ – PsA.i.89.
rāsaṭṭhena khandho vutto – DhsA.141.
rāsaṭṭhena khandhabhāvo yujjati – VbhA.31
rūpaṁ rāsaṭṭhena khandhesu paviṭṭhaṁ – SA.ii.270 등.

'나'라는 존재는 물질(몸뚱이, 色), 느낌(受), 인식(想), 심리현상들(行), 알음알이(識)의 다섯 가지 무더기(蘊)의 적집일 뿐이라는 것이다.

오온은 불교의 가장 기본이 되는 범수이다. 이처럼 나는 누구인가에 대한 가장 기본적인 질문에 대해서 부처님께서는 나라는 존재를 다섯 가지로 해체해서(vibhajja) 설하고 계신다. 해체의 중요성은 아무리 강조해도 지나치지 않다. 여기에 대해서는 본서 제1권 「왕기사 장로 상윳따」(S8)의 해제를 참조할 것.

(2) 오온이란 무엇인가 — 오온 각지의 설명

이제 오온이 구체적으로 무엇을 말하는 것인지 본 상윳따에서 정의하고 있는 것을 토대로 살펴보고자 한다.

① 물질의 무더기[色蘊]란 무엇인가

경에서 물질의 무더기[色蘊, rūpa-kkhandha]는 다음과 같이 정의되어 나타난다.

"비구들이여, 그러면 왜 물질이라 부르는가?

변형(變形)된다고 해서 물질이라 한다. 그러면 무엇에 의해서 변형되는가? 차가움에 의해서도 변형되고, 더움에 의해서도 변형되고, 배고픔에 의해서도 변형되고, 목마름에 의해서도 변형되고, 파리, 모기, 바람, 햇빛, 파충류들에 의해서도 변형된다.

비구들이여, 이처럼 변형된다고 해서 물질이라 한다."(본서 「삼켜버림 경」(S22:79) §4)

"물질 등은 자아(attā)가 아니고 자아에 속하는 것(attaniyā)도 아니고 실체가 없고(asārā) 주인이 없다(anissarā). 그래서 이들은 공(suññā)하다. 이러한 그들의 성질(bhāva)을 공함[空性, suññatā]이라 한다. 이러한 공함의 특징을 '변형됨(ruppana)' 등을 통해서 '보여주시기 위해서'라는 뜻이

다."(SA.ii.210)

"'변형된다(ruppati)'고 했다. 이것은 물질(rūpa)이라는 것은 차가움 등의 변형시키는 조건과 접촉하여 다르게 생성됨을 두고 말한 것이다." (SAṬ.ii.210)

여기서 변형(ruppana, ruppati)은 변화(viparinnāma)와 다르다는 것을 말하고 싶다. 변형(變形)은 형태나 모양이 있는 것이 그 형태나 모양이 바뀌는 것을 말한다. 이것은 물질만의 특징이다. 느낌, 인식, 심리현상들, 알음알이(수·상·행·식)와 같은 정신의 무더기들은 변화는 말할 수 있지만 변형은 없다. 형태나 모양이 없기 때문이다. 그래서 변형은 물질에만 있는 성질이다.

"법들에는 보편적이고 개별적인 두 가지 특징(lakkhaṇa)이 있다. 이 둘 가운데서 물질의 무더기를 [변형된다는] 개별적인 특징[自相, paccatta-lakkhaṇa = sabhāva-lakkhaṇa]을 통해서 드러내셨다. [변형되는 것은] 물질의 무더기에만 있고 느낌 등에는 없기 때문에 개별적인 특징이라 불린다. 무상·고·무아라는 특징은 느낌 등에도 있다. 그래서 이것은 보편적 특징[共相, sāmañña-lakkhaṇa]이라 불린다."[3](SA.ii.291~292)

즉 변형(變形, *deformation*)은 형체를 가진 물질에만 적용되는 개별적이고 특수한 성질이다. 그래서 물질을 이런 변형이라는 물질에만 존재하는 개별적인 특징을 가지고 설명하셨다는 뜻이다.

한편 상좌부 아비담마에서는 물질을 모두 28가지로 분류하고 있는데,

---

3) 중국에서는 보편적 특징을 공상(共相)으로 개별적 특징을 자상(自相)으로 옮겼다. 이 자상(自相)과 공상(共相)은 법(dhamma)을 파악하고 규명하고 이해하고 정의하는 가장 중요한 방법론으로 아비담마/아비달마와 중관과 유식과 여래장 계열의 모든 논서에 적용되어 나타나고 있다. 그러므로 자상과 공상에 대한 이해가 없이 불교교학을 논할 수가 없다 해도 과언이 아니다. 법의 자상(自相)과 공상(共相) 등에 대한 논의는 본서 제4권 「육처 상윳따」(S36)의 해제 §3-(6) '어떻게 해탈·열반을 실현할 것인가'에 나타나고 있으므로 그 부분을 참조하기 바란다.

근본 물질 네 가지와 파생물질 24가지로 분류한 뒤에 파생물질을 다시 구체적 물질 14가지와 추상적 물질 10가지로 분류하여 설명하고 있다. 상좌부 아비담마에서 분류하여 설명하는 물질 전반에 대해서는 『아비담마 길라잡이』 제6장을 참조할 것.4)

② 느낌의 무더기[受蘊]란 무엇인가

느낌[受, vedanā]은 감정적 · 정서적 · 예술적인 단초가 되는 심리현상이다. 느낌에 바탕을 두고 있는 심리현상들 예를 들면 즐거운 느낌을 주는 것을 끌어당기는 심리현상인 탐욕이나 괴로운 느낌을 주는 대상을 밀쳐내는 심리현상인 성냄은 느낌의 영역에 속하지 않는다. 이들은 오온의 네 번째인 심리현상들의 무더기[行蘊]에 속한다. 그래서 느낌을 감정적 · 정서적인 '단초(端初)'가 되는 심리현상이라 표현한 것이다. 경들에 의하면 느낌에는 괴로운 느낌, 즐거운 느낌, 괴롭지도 즐겁지도 않은 느낌의 세 가지가 있다.

"비구들이여, 그러면 왜 느낌이라 부르는가?

느낀다고 해서 느낌이라 한다. 그러면 무엇을 느끼는가? 즐거움도 느끼고 괴로움도 느끼고 괴롭지도 즐겁지도 않은 것도 느낀다.

비구들이여, 이처럼 느낀다고 해서 느낌이라 한다."(「삼켜버림 경」(S22:79) §5)

---

4) rūpa[色]는 본서 제1권 「다섯 왕 경」(S3:12) §3이나 본서 제4권 「육처 상윳따」(S35)의 여러 경들에서 보듯이 눈의 대상을 뜻하기도 한다. 이 경우에는 형상을 의미하기도 하고 색깔을 의미하기도 한다. 초기불전에서부터 눈의 대상으로서의 루빠는 형상과 색깔 둘 다를 의미한다. 『아비달마 구사론』 등에서는 루빠[色]를 청황적백(青黃赤白)과 장단방원(長短方圓) 등으로 설명하고 있는데(권오민, 『아비달마 구사론』 제1권 15쪽 참조), 전자는 색깔을 후자는 형상을 뜻하는 것으로 이해할 수 있다. 지금까지 초기불전연구원에서는 눈의 대상을 '형상'으로 옮겼는데, 색깔의 의미가 빠진 번역이라서 이번 『상윳따 니까야』 번역부터는 이 둘을 다 나타내는 '형색(形色)'으로 통일해서 옮기고 있다. 중국에서는 물질의 의미든 형색의 의미든 모두 색(色)으로 통일해서 옮겼다.

이처럼 경에서 느낌은 대부분 괴로운 느낌[苦受], 즐거운 느낌[樂受], 괴롭지도 즐겁지도 않은 느낌[不苦不樂受]의 세 가지로 나타나고 있다. 그러나 본서 제4권 「느낌 상윳따」(S36)의 「빤짜깡가 경」(S36:19)에 의하면 목수 빤짜깡가는 세존께서는 괴로운 느낌과 즐거운 느낌의 두 가지만을 설하셨다고 주장하고 있으며, 세존께서도 어떤 경우에는 이런 두 가지 느낌만을 설하셨다고 말씀하고 계신다.

본서 제4권 「느낌 상윳따」(S36)의 몇몇 경에 의하면 괴롭지도 즐겁지도 않은 느낌[不苦不樂受]은 수승한 느낌이다. 그리고 여러 경에서 이 느낌은 제4선의 특징으로 나타나고 있다. 이렇게 보자면 삼매 체험이 없는 일반사람들이 괴롭지도 즐겁지도 않은 느낌을 느끼기란 쉽지 않은 것으로 보인다.

그런데 아비담마에서는 이들 각각의 느낌에서 육체적인 것과 정신적인 것을 구분하여 육체적 즐거움[樂, sukkha], 육체적 괴로움[苦, dukkha], 정신적 즐거움[喜, somanassa], 정신적 괴로움[憂, domanassa], 평온[捨, upekkhā]의 다섯으로 분류하고 있다.(『아비담마 길라잡이』 제3장 §2를 참조할 것) 한편 이 다섯은 본서 제4권 「백팔 방편 경」(S36:22 §6)에도 나타나고 있고, 본서 제5권 「기능 상윳따」(S48)의 제4장 「즐거움의 기능 품」에 나타나는 열 개의 경들(S48:31~40)에서는 22가지 기능들 가운데 다섯 가지로 포함되어 나타난다. 이들의 차이점은 본서 제5권 「분석 경」 1/2(S48:36~37)에서 설명되고 있다.

한편 주석서는 느낌에 대해서 이렇게 설명하고 있다.

"'느낀다(vedayati)'는 것은 여기서 오직 느낌이 느끼는 것이지 다른 중생(satta)이나 개아(puggala)가 느끼는 것이 아니다. 왜냐하면 느낌은 느끼는 특징을 가졌기 때문에 토대와 대상을 반연하여 느낌이 오직 느끼는 것이다. 이처럼 세존께서는 여기서도 [느낀다는] 느낌의 개별적 특징[自相, paccatta-lakkhaṇa]을 분석하신 뒤에 설하셨다."(SA.ii.292)

느낌은 본서 제4권에서 「느낌 상윳따」(S36)로 독립된 주제로 편집되어 나타나는데, 이 상윳따에는 31개의 경을 담고 있다. 한편 남·북방의 아비담마·아비달마와 유식에 의하면 느낌은 마음(心)과 항상 함께 일어나는 심리현상 즉 '반드시들[遍行心所]'에 속한다. 그러므로 생명체가 존재하는 한 그리고 그가 멸진정에 들지 않는 한 우리는 느낌으로부터 벗어날 수 없다. 이처럼 느낌은 피할 수 없는 것이다. 그래서 세존께서는 「느낌 상윳따」(S36)에 포함된 경들에서 특히 느낌의 순화와 안정과 행복의 증진을 위해서 삼매를 닦을 것을 강조해서 설하고 계신다. 그래서 네 가지 선이 강조되어 나타나고 4선-4처-상수멸의 구차제멸 혹은 구차제정도 강조되고 있다. 그리고 아래에서 인용하고 있듯이 세존께서는 두 번째 화살에 맞지 말라고 고구정녕하게 말씀하고 계신다.

"비구들이여, 그러면 어떤 것이 세 가지 느낌인가?

즐거운 느낌, 괴로운 느낌, 괴롭지도 즐겁지도 않는 느낌이다.

비구들이여, 이를 일러 세 가지 느낌이라 한다.

비구들이여, 그러면 어떤 것이 다섯 가지 느낌인가?

육체적 즐거움의 기능, 육체적 괴로움의 기능, 정신적 즐거움의 기능, 정신적 괴로움의 기능, 평온의 기능이다.

비구들이여, 이를 일러 다섯 가지 느낌이라 한다."(본서 제4권 「백팔 방편 경」(S36:22) §§5~6)

"비구들이여, 즐거움을 느낄 때 탐욕의 잠재성향을 버려야 한다. 괴로움을 느낄 때 적의의 잠재성향을 버려야 한다. 괴롭지도 즐겁지도 않은 느낌의 경우 무명의 잠재성향을 버려야 한다."(「버림 경」(S36:3) §4)

"비구들이여, 예를 들면 어떤 사람이 화살에 꿰찔리고 연이어 두 번째 화살에 또다시 꿰찔리는 것과 같다. 그래서 그 사람은 두 화살 때문에 오는 괴로움을 모두 다 겪을 것이다.

비구들이여, 그와 같이 배우지 못한 범부는 육체적으로 괴로운 느낌을 겪을 때, 근심하고 상심하고 슬퍼하고 가슴을 치고 울부짖고 광란한다. 그래서 이중으로 느낌을 겪는다. 즉 육체적 느낌과 정신적 느낌이다."
(「화살 경」(S36:6))

"비구들이여, 비구가 이처럼 마음챙겨, 분명히 알아차리며, 방일하지 않고, 열심히, 스스로 독려하며 머무는 중에 괴로운 느낌이 일어나면 그는 이렇게 꿰뚫어 안다.

'지금 나에게 괴로운 느낌이 일어났다. 이것은 조건에 의해서 생겨난 것이며, 조건에 의해서 생겨나지 않은 것이 아니다. 무엇에 의해 조건 지워졌는가? 바로 이 몸에 의해 조건 지워졌다. 그런데 이 몸은 참으로 무상하고 형성되었고 조건에 의해서 생겨난 것이다. 이렇듯 무상하고 형성되었고 조건에 의해서 생겨난 몸에 조건 지워진 이 즐거운 느낌이 어찌 항상할 수 있을 것인가?'

그는 몸에 대해 그리고 괴로운 느낌에 대해 무상을 관찰하며 머무르고, 사그라짐을 관찰하며 머무르고, 탐욕이 빛바램을 관찰하며 머무르고, 소멸을 관찰하며 머무르고, 놓아버림을 관찰하며 머무른다. 그가 몸에 대해 그리고 괴로운 느낌에 대해 무상을 관찰하며 머무르고, 사그라짐을 관찰하며 머무르고, 탐욕이 빛바램을 관찰하며 머무르고, 소멸을 관찰하며 머무르고, 놓아버림을 관찰하며 머물면 몸에 대한 그리고 괴로운 느낌에 대한 적의의 잠재성향이 사라진다.(즐거운 느낌과 평온한 느낌에 대해서도 같은 방법으로 설하심.)"(「간병실 경」1(S36:7) §7)

③ 인식의 무더기[想蘊]란 무엇인가

느낌[受]이 예술적이고 정서적인 심리현상들[行]의 단초(端初)가 되는 것이라면, 인식[想, saññā]은 지식이나 철학이나 사상이나 이념과 같은 우리의 이지적인 심리현상들의 밑바탕이 되는 것이다. 인식은 이처럼 우리의 견해와 사상과 철학과 관계있다. 단박에 전환이 가능하고 유신견과 관계있다. 상·락·아·정(常樂我淨)이라는 인식의 전도에 빠져서 어리석음[癡]으로 발전된다. 그래서 어리석음이나 통찰지나 사견과 같은 심리현상은 인식을 토대로 한 것이지만 인식의 영역에 속하지 않고 오온의 네 번째인 심리현상들의 무더기[行蘊]에 속하는 것으로 분류된다. 한편 『청정도론』은 인식의 특징으로 "마치 목수들이 목재 등에 [먹줄로] 표시하는 것처럼, 인식할 수 있는 원인이 될 '표상을 만드는(nimitta-karaṇa) 역할'을 한다."(Vis.XIV.130)라고 설명하고 있다.

경은 인식을 다음과 같이 정의하고 있다.

"비구들이여, 그러면 왜 인식이라 부르는가?

인식한다고 해서 인식이라 한다. 그러면 무엇을 인식하는가? 푸른 것도 인식하고 노란 것도 인식하고 빨간 것도 인식하고 흰 것도 인식한다.

비구들이여, 이처럼 인식한다고 해서 인식이라 한다."(「삼켜버림 경」(S22:79) §6)

여기에 대해서 주석서는 이렇게 설명한다.

"'푸른 것도 인식하고'라는 것은 푸른 꽃이나 천에 대해서 준비단계(parikamma)의 [인식을] 만든 뒤에 근접단계나 본 단계의 [인식을] 얻으면서 인식한다. 여기서 인식이라는 것은 준비단계의 인식도 해당되고 근접단계(upacāra)의 인식도 해당되고 본 단계(appanā)의 인식도 해당된다. 그리고 푸른 것에 대해서 푸르다고 일어나는 인식도 해당된다. 이 방법은 노란 것 등에도 적용된다. 여기서도 세존께서는 인식하는 특징을 가진 인식의 개별적인 특징[自相, paccatta-lakkhaṇa]을 분석하신 뒤에 설하셨다."(SA.ii.292)

한편 여기에 나타나는 준비단계와 근접단계와 본 단계는 삼매 수행에도 적용되어서 설명되고 있다. 여기에 대해서는 『아비담마 길라잡이』 제9장 §4와 해설 등을 참조할 것.

초기경에서 인식(想, 산냐, saññā)은 다양한 문맥에서 나타난다. 가장 많이 나타나는 경우가 오온의 세 번째인 인식의 무더기(想蘊)이다. 오온의 두 번째인 느낌[受, vedanā]이 우리의 예술적이고 정서적인 심리현상들[行]의 밑바탕이 되는 것이라면, 인식은 철학이나 사상과 같은 우리의 이지적인 심리현상들의 단초가 되는 것이라 할 수 있다.

버려야 할 인식

인식은 대상을 받아들여 이름을 짓고 개념을 일으키는 작용이다. 그런데 이런 개념작용은 또 무수한 취착을 야기하고 해로운 심리현상들[不善法]을 일으키기 때문에 초기경의 여러 문맥에서 인식은 부정적이고 극복되어야 할 것으로 언급되어 있다. 그래서 최초기 가르침인 『숫따니빠따』 제4장에서도 인식은 견해(見)와 더불어 극복되어야 할 것으로 나타나며, 특히 '희론하는 인식(papañca-saññā)'을 가지지 말 것을 초기경들은 강조하고 있다. 그리고 버리고 극복되어야 할 대표적인 인식으로 『금강경』은 아상, 인상, 중생상, 수자상, 즉 자아가 있다는 인식, 개아가 있다는 인식, 중생이 있다는 인식, 영혼이 있다는 인식을 들고 있음은 우리가 잘 알고 있다. 이러한 인식들은 단지 인식에만 머물지 않고 존재론적인 고정관념으로 고착된다고 이해한 구마라즙 스님은 『금강경』에서 이러한 인식을 상(想)으로 옮기지 않고 상(相)으로 옮겼다.

인식의 전도[想顚倒, saññā-vipallāsa] - 4전도

무상·고·무아·부정인 것을 항상하고 즐겁고 자아고 깨끗한 것으로(상·락·아·정, 常樂我淨) 여기는 것을 인식의 전도라 하며 북전 『반야심경』도 이러한 전도를 여의고 궁극적 행복인 열반을 실현할 것을 강조하고 있다.(원리전도몽상 구경열반)

"비구들이여, 네 가지 인식의 전도, 마음의 전도, 견해의 전도가 있다. 무엇이 넷인가?

비구들이여, 무상에 대해서 항상하다는 인식의 전도, 마음의 전도, 견해의 전도가 있다. 비구들이여, 괴로움에 대해서 행복이라는 인식의 전도, 마음의 전도, 견해의 전도가 있다. 비구들이여, 무아에 대해서 자아라는 인식의 전도, 마음의 전도, 견해의 전도가 있다. 비구들이여, 부정한 것에 대해서 깨끗하다는 인식의 전도, 마음의 전도, 견해의 전도가 있다.

비구들이여, 이러한 네 가지 인식의 전도, 마음의 전도, 견해의 전도가 있다."(『앙굿따라 니까야』「전도 경」(A4:49) §1)

"무상하고, 괴로움이고, 무아고, 부정한 대상에 대해서 영원하고, 행복하고, 자아이고, 깨끗하다고 여기면서 일어나기 때문에 전도라 한다." (『청정도론』 XXII.53)

닦아야 할 인식

인식[想]도 느낌처럼 남북방의 아비담마·아비달마와 유식에서는 마음(心)과 항상 함께 일어나는 심리현상 즉 '반드시들[遍行心所]'이라고 설명하고 있다. 그러므로 멸진정에 들지 않는 한 우리는 인식으로부터 벗어날 수 없다. 인식이 마음과 함께 일어나기 마련인 것이라면 해탈·열반에 방해가 되는 존재론적인 인식은 버리고 해탈·열반에 도움이 되는 인식들을 개발해야 할 것이다.

그래서 초기경에는 제거되어야 할 고정관념으로서의 인식만을 들고 있는 것이 아니라 깨달음을 증득하고 해탈·열반을 실현하기 위해서 개발하고 닦아야 하는 인식도 나타나고 있다. 특히 『앙굿따라 니까야』에는 수행자들이 닦아야 할 여러 가지 조합의 인식들이 나타나고 있는데, 『앙굿따라 니까야』「인식경」2(A7:46)에서 부처님께서는 이렇게 말씀하신다.

"비구들이여, 일곱 가지 인식을 닦고 많이 [공부]지으면 큰 결실과 큰 이익이 있고 불사(不死)에 들어가고 불사를 완성한다. 무엇이 일곱인가?

부정(不淨)이라고 관찰하는 지혜에서 생긴 인식, 죽음에 대한 인식, 음식에 혐오하는 인식, 온 세상에 대해 기쁨이 없다는 인식, 오온에 대해서 무상(無常)이라고 관찰하는 지혜에서 생긴 인식, 무상한 오온에 대해서 괴로움이라고 관찰하는 지혜에서 생긴 인식, 괴로움인 오온에 대해서 무아라고 관찰하는 지혜에서 생긴 인식이다."

그러므로 우리는 자아니 대아니 진아니 영혼이니 일심이니 하는 존재론적인 실체가 있다고 희론하는 인식(papañca-saññā)이나 고정관념을 여의고, 5온·12처·18계로 분류되는 존재일반이 모두 무상이요 고요 무아라고 인식하는 습관을 길러 필경에는 무상·고·무아를 꿰뚫는 통찰지(반야, 慧)를 완성해야 할 것이다. 이렇게 실천하는 자야말로 해탈·열반의 길을 가는 진정한 부처님의 제자일 것이다.

④ 심리현상들의 무더기[行蘊]란 무엇인가

초기불전에서 가장 많이 등장하는 단어 가운데 하나인 행(行, saṅkhāra)은 크게 네 가지 의미로 쓰인다.(아래 문단 참조) 이 가운데 행온(行蘊, saṅkhāra-kkhandha)의 행은 '심리현상들'을 뜻한다. 오온의 행온은 항상 복수로 나타나는데 『청정도론』에서는 느낌과 인식을 제외한 50가지를 들고 있다.

경은 심리현상들을 다음과 같이 정의하고 있다.

"비구들이여, 그러면 왜 심리현상들[行]이라 부르는가?

형성된 것을 계속해서 형성한다고 해서 심리현상들이라 한다. 그러면 어떻게 형성된 것을 계속해서 형성하는가? 물질이 물질이게끔 형성된 것을 계속해서 형성한다. 느낌이 느낌이게끔 형성된 것을 계속해서 형성한다. 인식이 인식이게끔 형성된 것을 계속해서 형성한다. 심리현상들이 심리현상들이게끔 형성된 것을 계속해서 형성한다. 알음알이가 알음알이이게끔 형성된 것을 계속해서 형성한다.

비구들이여, 그래서 형성된 것을 계속해서 형성한다고 해서 심리현상들이라 한다."(「삼켜버림 경」(S22:79) §7)

여기서 보듯이 오온의 문맥에서 나타나는 행(상카라, 심리현상들)은 항상 복수 형태로 나타나고 있음에 유념해야 한다. 혹자들은 오온의 행온도 의도적 행위나 업형성[력] 등으로 이해하고 옮기는 경우가 있는데, 이것은 행온(심리현상들의 무더기)의 한 부분인 cetanā(의도)만을 부각시킨 역어이다. 행온에는 이 의도를 포함한 50가지 심리현상들(느낌과 인식을 제외한 모든 심리현상, 혹은 심소법들)을 다 포함한다는 것이 주석서와 복주서들을 비롯한 아비담마의 한결같은 설명이다.

상카라[行, saṅkhāra]의 네 가지 의미

옛날 중국에서 역경승들이 행(行)으로 옮긴 범어 상카라(saṅkhāra, Sk.saṁskara)는 saṁ(함께)+√kṛ(행하다, *to do*)에서 파생된 명사이다. 행한다는 의미를 지닌 어근 √kṛ의 의미를 적극적으로 살려서 중국에서 행(行)으로 정착시킨 것이다. 그러나 행이라는 한역 단어만을 가지고 초기불전의 다양한 문맥에서 나타나는 상카라의 의미를 제대로 파악한다는 것은 무리이다. 그 의미는 초기경들에 나타나는 문맥을 통해서 파악할 수밖에 없는데, 상카라는 크게 다음의 네 가지 문맥에서 나타난다.

첫째, 제행무상(諸行無常)과 제행개고(諸行皆苦)의 문맥에서 제행(諸行)으로 나타나는데 항상 복수로 쓰인다. 이 경우의 제행은 유위법(有爲法, saṅkhata-dhamma)들을 뜻한다. 즉 열반을 제외한 물질적이고 정신적인 모든 유위법들을 행이라 불렀다. 이 경우에 행은 형성된 것들에 가까운 뜻이다. 초기불전연구원에서는 '형성된 것들'로 통일해서 옮기고 있다. 그 외 목숨의 상카라(ayu-saṅkhara), 존재의 상카라(bhava-saṅkhara), 생명의 상카라(jīvita-saṅkhāra) 등의 형태로 나타나기도 하는데, 이 경우도 '형성된 것'으로 이해하면 된다.

둘째, 오온의 네 번째인 행온(行蘊, saṅkhāra-kkhandha)으로 나타나는데, 이 경우에도 예외 없이 복수로 쓰인다. 오온 가운데서 색(色, 물질)은 아비담마의 색법이고 수·상·행(受想行)은 아비담마의 심소법(心所法)들이고 식(識)은 아비담마의 심법이다. 그러므로 오온에서의 행은 상좌부 아비담마의 52가지 심소법들 가운데서 느낌[受]과 인식[想]을 제외한 나머지 50가지 심소법들 모두를 뜻하는데, 감각접촉, 의도, 주의, 집중, 의욕과 유익한[善] 심리현상들 모두와 해로운[不善] 심리현상들 모두를 포함한다. 초기불전연구원에서는 이 경우의 행은 '심리현상들'로, 행온(行蘊)은 '심리현상들의 무더기'로 옮기고 있다.

셋째, 12연기의 두 번째 구성요소인 무명연행(無明緣行)으로 나타난다. 12연기에서의 행도 항상 복수로 쓰이는데, 『청정도론』에서 '공덕이 되는 행위(punna-abhisankhara), 공덕이 되지 않는 행위, 흔들림 없는 행위'로 설명이 되듯이 이 경우의 행은 '업지음들' 혹은 '의도적 행위들'로 해석된다. 이 경우의 행은 업(karma)과 동의어이다. 그래서 서양에서도 *kamma-formations*(업형성들)로 이해하고 있다. 초기불전연구원에서는 '의도적 행위들'로 옮긴다.

넷째, 몸[身]과 말[口]과 마음[意]으로 짓는 세 가지 행위인 신행(身行, kāya-saṅkhāra)·구행(口行, vacī-saṅkhāra)·의행(意行, mano-saṅkhāra)으로 나타난다. 본서 제2권 「부미자 경」(S12:25) §§8~10과 『앙굿따라 니까야』 「상세하게 경」(A4:232 §3) 등에서 보듯이 이때의 행은 의도적 행위이다. 그리고 『청정도론』에서는 이 삼행도 12연기의 행처럼 업형성 즉 의도적 행위로 이해한다.(『청정도론』 XVII.61 참조) 그래서 신행·구행·의행은 각각 신업·구업·의업의 삼업(三業)과 동의어가 된다.

그런데 이 신·구·의 삼행은 상황에 따라 '작용'으로 이해해야 하는 곳도 있다. 예를 들면 몸의 상카라(신행)를 들숨날숨으로, 말의 상카라(구행)를 일으킨 생각[尋, vitakka]과 지속적인 고찰[伺, vicāra]로, 마음의 상카라(의행)를 느낌과 인식으로 설명하는 경이 몇 군데 있다.(본서 제4권 「까마부 경」 2(S41:6) §3이하를 참조) 이 경우에 상카라는 '작용' 정도로 이해해야 한다고 본다. 들숨날숨이나 생각과 고찰이나 느낌과 인식은 결코 의도적 행위가 될 수 없기 때문이다.

이처럼 행(상카라)은 그 용처에 따라서 그 의미를 각각 다르게 이해해야 한다.

그리고 상카라(saṅkhāra)에다 접두어 abhi-를 붙인 아비상카라(abhi-saṅkhāra)가 나타나는데 이 경우는 의도적 행위를 뜻한다. 특히 『청정도론』과 주석서 문헌에서는 거의 예외 없이 의도적 행위를 뜻한다고 여겨진다.(본서 제2권 「부미자 경」(S12:25) §8의 주해 참조) 그래서 본서에서 역자는 아비상카라를 '업형성'이나 '의도적 행위'로 옮기고 있다.

⑤ 알음알이의 무더기[識蘊]란 무엇인가

경은 알음알이[識, viññāṇa]를 다음과 같이 정의하고 있다.

"비구들이여, 그러면 왜 알음알이라 부르는가?

식별한다고 해서 알음알이라 한다.[5] 그러면 무엇을 식별하는가? 신 것도 식별하고 쓴 것도 식별하고 매운 것도 식별하고 단 것도 식별하고 떫은 것도 식별하고 떫지 않은 것도 식별하고 짠 것도 식별하고 싱거운 것도 식별한다.

비구들이여, 이처럼 식별한다고 해서 알음알이라 한다."(「삼켜버림 경」(S22:79) §8)

본경을 위시한 니까야들에서 알음알이는 단지 여섯 감각기능을 통해서 대상을 아는 작용을 뜻한다. 그래서 주석서 문헌에서 알음알이[識, viññāṇa]와 마음[心, citta]과 마노[意, mano]는 '대상을 아는 것'[6]으로

5) vijānātīti kho tasmā viññāṇaṁ.

6) ārammaṇaṁ vijānāti – ItA.ii.9.

정의되고 있다. 물론 이러한 아는 작용은 반드시 느낌과 인식과 심리현상들과 같은 심소법들의 도움이 있어야 한다고 아비담마는 덧붙이고 있다.[7)]

마음의 정의: 대상을 아는 것

여러 초기경에서는 '식별(識別, 了別)한다고 해서(vijānāti) 알음알이라 한다.'고 알음알이[識]를 정의하고 있다. 그리고 알음알이가 일어나는 것을 "눈과 형색을 조건으로 눈의 알음알이가 일어난다."[8)]는 등으로 경의 도처에서 표현하고 있다. 즉 알음알이는 감각장소와 대상을 조건으로 해서 발생하는 것이다. 그리고 다른 여러 경들에서는 "마노로 법을 안다."[9)]라고도 설명하는 구절이 나타난다.

이를 종합해보면 '감각장소를 통해서 대상을 아는 것'을 알음알이라 한다는 것을 알 수 있다. 그래서 주석서 문헌에서는 마음(citta)을 "대상을 사량(思量)한다고 해서 마음이라 한다. [대상을] 안다는 뜻이다."[10)] 라는 등으로 정의하고 있다.

심·의·식(心·意·識)은 동의어이다

그리고 초기불전과 『청정도론』 등의 주석서 문헌뿐만 아니라 북방 아비달마와 유식에서도 심·의·식은 동의어라고 한결같이 나타나고 설명되고 있다. 이미 초기불전의 몇 군데에서 "마음[心]이라고도 마노[意]라고도 알음알이[識]라고도 부른 것"[11)]이라고 나타난다. 그리고 『청

ārammaṇaṁ cinteti – DhsA.63 등.

7) 『아비담마 길라잡이』 제2장 §1과 해설을 참조할 것.

8) cakkhuñ ca paṭicca rūpe ca uppajjati cakkhuviññāṇaṁ – 본서 제4권 「괴로움 경」(S35:106) §3.

9) manasā dhammaṁ vijānāti – 「우빠와나 경」(S35:70) §4/iv.42.

10) cittan ti ārammaṇaṁ cintetīti cittaṁ; vijānātīti attho – DhsA.63.

정도론』에서도 "마음과 마노와 알음알이[心·意·識]는 뜻에서는 하나이다."(Vis.XIV.82)라고 설명하고 있듯이 주석서 문헌들은 한결같이 이 셋을 동의어로 간주하고 있다.

그렇지만 이 세 술어가 쓰이는 용도는 분명히 차이가 난다. 우리의 마음을 나타내는 술어라는 점에서는 동일하지만 그 역할이나 문맥에 따라서 엄격히 구분되고 있다.

알음알이[識, viññāṇa]는 안식·이식·비식·설식·신식·의식이라는 문맥과 오온의 다섯 번째로 대부분 나타난다. 안심·이심·비심·설심·신심·의심 등으로 심(心)이 들어간 합성어는 빠알리 삼장 어디에도 나타나지 않는다.

마노[意, mano]는 대부분 안·이·비·설·신·의와 색·성·향·미·촉·법의 문맥에서만 나타난다. 특히 의는 법과 대가 되어 나타난다. 그러므로 의는 특히 마음이 안·이·비·설·신을 토대로 하지 않고 직접적으로 대상 즉 법을 알 때 그 정신적인 토대가 되는 역할을 하는 것이다.

이것은 아비담마의 인식과정에서도 명백하다. 아비담마의 오문(五門) 인식과정에서 마노(의)는 두 번 나타나는데 바로 전오식(안식·이식·비식·설식·신식)의 앞과 뒤이다. 전오식의 앞에서는 마노가 잠재의식을 끊은 뒤에 대상으로 전향하는 전향의 역할을 하며(오문전향) 전오식의 뒤에서는 마노가 받아들이는 역할(받아들이는 마음)을 하여 뒤의 조사하는 마음(의식)으로 연결을 해 주고 있다.(『아비담마 길라잡이』 제4장 <도표 4.1 눈의 문에서의 인식과정(매우 큰 대상)>을 참조할 것.)

마음[心, citta]은 마음을 나타내는 용어로 일반적인 문맥에서 주로 쓰인다. 마음은 가장 넓은 의미로는 몸에 반대되는 의미로 쓰이는데, 예를

11) yam kho vuccati cittam iti pi mano, iti pi viññāṇaṁ — 본서 제2권 「배우지 못한 자 경」 1(S12:61) §4와 주해 참조.

들면 본서 「나꿀라삐따 경」(S22:1 §8)에서는 "몸도 병들고 마음도 병든 것"으로도 나타나고, "몸도 안정되고 마음도 안정된"(본서 제5권 「꾼달리야 경」(S46:6) §5)으로도 나타나며, "몸의 편안함과 마음의 편안함"(「몸 경」(S46:2) §15) 등으로 나타나고 있다.

특히 삼매[定, samādhi]는 마음[心, citta]이라는 제목으로도 자주 나타난다.(본서 제1권 「엉킴 경」(S1:23) §3과 『청정도론』 III.1 등 참조) 삼매와 신통은 마음이 자유자재한 경지(vasitā)이기 때문이다. 그리고 이것은 초기경의 도처에서 높은 계를 공부짓고[增上戒學] 높은 마음을 공부짓고[增上心學] 높은 통찰지를 공부짓는 것[增上慧學]으로 나타나기도 한다. 그리고 삼매를 통한 해탈은 심해탈(ceto-vimutti)이라 부르며, 해탈한 마음(vimutta-citta)이라는 표현도 초기불전의 여러 곳에 나타나고 있다. 그리고 니까야에서부터 이미 삼매는 "마음이 한 끝에 집중됨(cittassa ekaggatā)"(본서 제5권 「삼매 경」(S45:28) §3 등)으로 정의되고 있으며, 『맛지마 니까야』 「짧은 방등경」(M44)에서는 "마음이 한 끝에 집중됨이 바로 삼매다."(M44 §12)라고 정의하고 있다.

「대념처경」(D22, M10) 등에 나타나는 마음챙기는 공부의 네 가지 주제는 신·수·심·법(身·受·心·法)인데 세 번째가 바로 마음이다. 여기서는 마음의 상태를 16가지로 분류해서 관찰하고 있다.

그리고 네 가지 삼매의 성취수단[如意足]인 열의, 정진, 마음(citta), 검증으로도 나타난다. 자애로운 마음(metta-citta)이나 자애를 통한 마음의 해탈(mettā cetovimutti)로도 나타나며(본서 제2권 「가마솥 경」(S20:4) §3), 다섯 가지 장애를 마음의 오염원(cittassa upakkilesā)이라고 표현하기도 한다.(본서 제5권 「오염원 경」(S46:33) §4) 그 외에도 마음(citta)은 초기불전의 다양한 문맥에서 우리의 마음을 뜻하는 가장 넓은 의미의 술어로 쓰이고 있다.

그렇다고 해서 마음을 자아나 진아처럼 영속적이고 항구적인 것으로 받아들이면 결코 안된다. 이미 『앙굿따라 니까야』 「하나의 모음」(A1)에서 세존께서는 마음의 찰나성을 "비구들이여, 이것과 다른 어떤 단 하나의 법도 이렇듯 빨리 변하는 것을 나는 보지 못하나니, 그것은 바로 마음(citta)이다. 비구들이여, 마음이 얼마나 빨리 변하는지 그 비유를 드는 것도 쉽지 않다."(A.i.9)라고 설파하고 계시기 때문이다.

아무튼 마음[心]과 마노[意]와 알음알이[識]는 동의어이며 역할이나 문맥에 따라서 다르게 쓰인다는 것이 초기불교와 아비담마의 일치된 의견이다. 이제 이러한 마음[心], 마노[意], 알음알이[識]에 대해서 유념해야 할 몇 가지를 적어보자.

첫째, 마음 혹은 알음알이는 **조건발생**이다. 감각장소와 대상이라는 조건이 없이 혼자 독자적으로 존재하거나 일어나는 마음은 절대로 존재할 수가 없다.

둘째, 마음은 단지 **대상을 아는 것일 뿐**이다. 이 이상도 이하도 아니다. 이것은 남북 아비담마·아비달마와 유식에서도 마찬가지이다. 유식의 아뢰야식도 반드시 종·근·기(種·根·器, 종자와 신체와 자연계)[12]라는 대상을 가진다. 그러면 마음은 어떻게 대상을 아는가? 상좌부 아비담마는 이것을 인식과정으로 정교하게 설명해낸다. 여기에 대해서는 『아비담마 길라잡이』 제4장을 참조할 것.

셋째, 마음은 단지 **오온 가운데 하나일 뿐**이다. 마음을 절대화하면 절대로 안된다. 마음을 절대화하면 즉시 외도의 자아이론이나 개아이론이나 영혼이론이나 진인이론으로 떨어지고 만다. 이것이 『금강경』에 나타나는 산냐의 이론이다. 이것은 우리 불교가 가장 유념하면서 고뇌

12) 『유식삼십송론』의 {3}에는 집수(執受)와 처(處)가 아뢰야식의 대상[所緣]이라고 나타나는데, 『성유식론』은 이것을 종·근·기 즉 종자와 유근신(有根身, 안·이·비·설·신의 다섯 가지 감각기능, 혹은 이 다섯 가지 감각기능을 가진 몸)과 기세간(器世間)이라고 설명하고 있다. 여기에 대해서는 『주석 성유식론』 194~195쪽을 참조할 것.

해야 할 부분이기도 하다.

넷째, 마음은 **무상하다**. 그리고 실체가 없는 것(무아)이다. 특히 본 「무더기 상윳따」(S22) 도처에서 알음알이를 위시한 오온의 무상은 강조되고 있다. 여기에 투철하고 사무쳐야 염오-이욕-소멸 혹은 염오-이욕-해탈-구경해탈지가 일어나서 깨달음을 성취하고 해탈·열반을 성취하고 성자가 된다. 그렇지 않고 마음을 절대화해버리면 결코 깨달음을 실현할 수 없다. 오온을 절대화해버리면 그것을 부처님께서는 유신견이라 하셨고 이것은 중생을 중생이게끔 얽어매는 열 가지 족쇄 가운데 첫 번째로 초기경의 도처에서 나타나며, 이러한 유신견이 있는 한 그는 성자의 초보단계인 예류자도 되지 못한다.

다섯째, 마음은 **찰나생·찰나멸**이다. 그래서 위에서 인용하였듯이 "비구들이여, 이것과 다른 어떤 단 하나의 법도 이렇듯 빨리 변하는 것을 나는 보지 못하나니, 그것은 바로 마음(citta)이다. 비구들이여, 마음이 얼마나 빨리 변하는지 그 비유를 드는 것도 쉽지 않다."(『앙굿따라 니까야』「하나의 모음」, A.i.9)라고 강조하고 계신다. 이러한 가르침은 주석서와 아비담마에서 카나(khaṇa, 刹那, 순간)로 정착이 된다. 찰나의 구명은 주석서 문헌을 통해서 이루어낸 아비담마 불교의 핵심이라 해도 과언이 아니다. 마음을 위시한 법들은 찰나생·찰나멸인 일어나고 사라짐[起滅]의 문제이지 있다·없다[有無]의 문제가 아니다. 그리고 주석서는 더 나아가서 이 찰나도 다시 일어나고 머물고 무너지는(uppāda-ṭṭhiti-bhaṅga) 세 아찰나(亞刹那, *sub-moment*)로 구성된다고 설명하여 자칫 빠질지도 모르는 찰나의 실재성마저 거부하고 있다.

여섯째, 마음은 **흐름**(상속, santati)이다. 마음이 찰나생·찰나멸이라면 지금·여기에서 생생히 유지되어가는 우리의 이 마음은 무엇인가? 이렇게 명명백백한데 어떻게 없다 할 수 있는가? 초기불교와 주석서에서는 지금·여기에서 생생히 전개되는 이 마음을 흐름으로 설명한다.

이를 주석서에서는 심상속(心相續, citta-dhāra, citta-srota, 『금강경』 에서는 心流注로 옮겼음)이나 바왕가의 흐름(bhavaṅga-sota) 등으로 표현하고 있으며 남북방 불교에서 공히 강조하고 있다. 마음은 마음을 일어나게 하는 근본원인인 갈애와 무명으로 대표되는 탐욕·성냄·어리석음(탐·진·치)이 다할 때까지 흐르는 것[相續]이다.

(3) 경들의 분류

이 정도로 오온의 각각에 대해서 살펴보고 이제 「무더기 상윳따」(S22)에 포함되어 있는 159개 경들을 몇 가지 기준을 세워서 분류해보자. 첫 번째 기준은 '오온'으로 나타나는가 '오취온(취착의 대상이 되는 다섯 가지 무더기)'으로 나타나는가이고, 두 번째 기준은 무상·고·무아가 어떻게 나타나는가 하는 것이며, 세 번째는 염오-이욕-해탈-구경해탈지[13] 혹은 염오-이욕-소멸의 구문이 어떤 문맥에서 나타나고 있는가 하는 것이고, 네 번째는 무상·고·무아에 대한 문답의 정형구가 어느 경들에서 나타나고 있는가 하는 것이며, 다섯 번째 기준은 유신견이나 '내 것', '나', '나의 자아' 등의 구문이 나타나는 경들은 어떤 것인가 하는 것이다. 이런 기준을 세워서 다음과 같이 13가지로 분류를 해보았다.

① 오취온을 설하는 경: S22:22, 47, 89, 103~105, 107~110, 122~123의 12개 경.

② 오온과 오취온 둘 다를 설하는 경: S22:26~28, 48, 56, 79~80, 82, 85, 100의 10개 경.

③ 오온을 설하는 경: 위의 22개 경을 제외한 137개 경.

④ 무상만을 설하는 경: S22:9, 12, 18, 21, 40, 43, 51~52, 66, 78, 81, 96, 102, 137~139, 147.

---

13) '해탈(vimuti, vimokkha)'에 대한 종합적인 설명은 본서 제6권 「병 경」(S55:54) §13의 주해를 참조하고, '구경해탈지(究竟解脫知, vimuttamiti ñāṇa)'에 대한 설명은 본서 제4권 해제 §3-(4)-①의 주해를 참조할 것.

⑤ 괴로움만을 설하는 경: S22:1, 2, 5, 10, 13, 19, 29, 30, 41, 60, 67, 140~142, 148.

⑥ 무아만을 설하는 경: S22:11, 14, 16(고·무아), 17, 20, 42, 68, 118, 143~145, 149.

⑦ 오온의 염오-이욕-소멸: S22:9, 10, 11, 58, 79, 97, 115~116.

⑧ 오온의 무상·고·무아를 설하는 경: S22:15, 26, 45~46, 49, 55, 59, 76~77, 79~80, 82~88, 90, 93, 95, 96, 97, 100, 150~159.

⑨ 무상·고·무아의 염오-이욕-해탈-해탈지: S22:12(무상), 13(고), 14(무아), 49, 59, 61, 76, 80, 82~88, 93, 95, 96(무상), 97, 150~159.[14]

⑩ 무상·고·무아의 문답: S22:49, 59, 79~80, 82~88, 93, 97, 100, 150~159.[15]

⑪ 오온에 대한 유신견: S22:1, 7, 43~44, 47, 55, 78, 81~82, 93, 99, 100, 117, 124~125, 155.

⑫ 오온은 '내 것', '나', '나의 자아'가 아님: S22:8, 15~17; 45~46, 49, 71~72, 76~77, 80, 91~92, 118~119, 124, 125, 151.

⑬ '나'라는 생각과 '내 것'이라는 생각과 자만의 잠재성향: S22:71~72, 82, 91~92, 124~125.

(4) 각 분류의 개관

이러한 분류를 바탕으로 본 상윳따에 나타나는 오온의 가르침의 특징을 간단하게 살펴보자.

① 무상·고·무아를 설하는 가르침

많은 경들이 오온의 무상·고·무아를 설하고 있다. 오온의 무상·

---

14) 136번 경에는 무상·고·무아가 나타나지 않음.

15) 문답으로 염오-이욕-소멸로 연결되는 79번 경을 제외한 나머지는 모두 염오-이욕-해탈-구경해탈지로 연결되어 나타남.

고·무아를 설하고 있는 경들은 모두 34개이다. 여기에다 무상만이 나타나는 경들 17개와 고만이 나타나는 15개와 무아만이 나타나는 11개를 합하면 모두 77개의 경들이 된다. 이렇게 본다면 본 상윳따에 포함된 159개의 경들 가운데 거의 절반에 해당하는 경들이 오온의 무상·고·무아를 설하고 있다 하겠다.

한편 유신견은 오온의 각각에 대해서 ① 오온이 나다 ② 오온을 가진 것이 나다 ③ 내가 오온 안에 있다 ④ 오온이 내 안에 있다는 견해이기 때문에 자아가 있다는 이론이다. 16개의 경들이 이러한 유신견을 극복할 것을 설하고 있기 때문에 이 가르침은 오온무아와 상통한다. 그리고 오온이 내 것이 아니요, 내가 아니요, 나의 자아가 아니라는 19개 경들의 가르침도 오온무아와 상통한다. 그리고 '나'라는 생각과 '내 것'이라는 생각과 자만의 잠재성향을 설하는 7개의 경들도 그러하다. 그러므로 이들 42개의 가르침도 무상·고·무아의 영역에 넣을 수 있을 것이다.

이렇게 하면 159개의 경들 가운데 119개의 경들 즉 전체의 4분의 3에 가까운 경들이 오온의 무상·고·무아를 설하고 있다고 할 수 있다. 그리고 이 분류에 들어가지 않는 40개 경들도 그 내용은 오온의 실체 없음(무아)을 강조하는 경이라 할 수 있다. 그렇게 되면 본 상윳따의 모든 경들은 결국 오온무아를 강조하는 것으로 귀결된다 할 수 있을 것이다.

한편 다음의 「라다 상윳따」(S23)에 포함된 46개 경들도 모두 오온을 주제로 하고 있으며 그 가운데 특히 12개 경들은 무상이나 고나 무아를 주제로 하고 있으므로 이 경우에 포함시켜도 무방하다. 나아가서 본서 「견해 상윳따」(S24)에 포함된 96개의 경들은 모두 무상·괴로움·변하기 마련임을 주제로 하고 있기 때문에 이들 96개 경들도 모두 이 경우에 포함시켜야 한다. 그리고 「견해 상윳따」의 제4품에 포함된 26개 경들(S24:71~96)은 무상·고·변하기 마련임을 통한 염오-이욕-해탈-구경해탈지를 설하고 있기 때문에 다음 ②의 경우에 포함시켜야 한다. 그리고 본서 「왓차곳따 상윳따」(S33)의 55개 경들도 모두 오온에 대한 가르침을 담고 있다.

이렇게 본다면 본서 즉 『상윳따 니까야』 제3권 전체에서 오온을 주제로 한 경들은 적어도 356개로 늘어나며, 그 가운데서 오온의 무상·고·무아를 설하는 경들은 227개가 된다 할 수 있다.

② 무상·고·무아를 통한 염오-이욕-해탈-구경해탈지

위에서 언급한 오온의 무상·고·무아를 설하는 경들 34개 가운데 28개의 경들이 무상·고·무아를 꿰뚫어 보아서 이것을 염오하고 이욕하고 그래서 해탈하고 구경해탈지[16]가 생기는 정형구로 구성되어 있다. 이 정형구는 다음과 같다.

"비구들이여, 물질은 무상하고 느낌은 무상하고 인식은 무상하고 심리현상들은 무상하고 알음알이는 무상하다. 비구들이여, 이렇게 보는 잘 배운 성스러운 제자는 물질에 대해서도 염오하고, 느낌에 대해서도 염오하고, 인식에 대해서도 염오하고, 심리현상들에 대해서도 염오하고, 알음알이에 대해서도 염오한다.

염오하면서 탐욕이 빛바래고, 탐욕이 빛바래므로 해탈한다. 해탈하면 해탈했다는 지혜가 있다. '태어남은 다했다. 청정범행(梵行)은 성취되었다. 할 일을 다 해 마쳤다. 다시는 어떤 존재로도 돌아오지 않을 것이다.'라고 꿰뚫어 안다."(「무상 경」(S22:12) §3 등)

본경을 위시한 28개 경들은 오온의 무상·고·무아를 통찰하여 오온에 대한 염오-이욕-해탈-구경해탈지를 설하는 전형적인 경이다. 이미 본서 제2권 「라훌라 상윳따」(S18) 「눈[眼] 경」(S18:1) §5의 주해 등에서도 누차 밝혔지만 여기서 염오-이욕-해탈-구경해탈지는 차례대로

16) '구경해탈지(究竟解脫知, vimuttamiti ñāṇa)'에 대한 설명은 본서 제4권 해제 §3-(4)의 주해를 참조할 것.

강한 위빳사나-도-과-반조를 뜻한다. 주석서를 인용하면 다음과 같다.

"'염오(nibbidā)'란 염오의 지혜(nibbidā-ñāṇa)를 말하는데, 이것으로 강한 위빳사나(balava-vipassanā)를 드러내고 있다."(SA.ii.53. 「의지처 경」(S12:23) §4에 대한 주석)

"'탐욕의 빛바램(이욕, virāga)'이란 도(magga, 즉 예류도, 일래도, 불환도, 아라한도)이다. '탐욕이 빛바래므로 해탈한다.'는 것은 탐욕의 빛바램이라는 도에 의해서 해탈한다라는 과(phala)를 설하셨다. '해탈하면 해탈했다는 지혜가 있다.'라는 것은 여기서 반조(paccavekkhaṇā)를 설하셨다."17)

또 다른 주석서를 인용하자면 다음과 같다.

"'염오'는 강한 위빳사나이고 '탐욕의 빛바램'은 도이다. '해탈과 [해탈] 지견(vimutti-ñāṇadassana)'은 과의 해탈과 반조의 지혜(paccavekkhaṇa-ñāṇa)를 뜻한다."(AA.iii.228)

이 주석서에서는 있는 그대로 알고 봄[如實知見]을 얕은 단계의 위빳사나라고 설명하고 있다.

한편 염오-이욕-소멸을 실현하는 것을 설하고 있는 「과거·현재·미래 경」1(S22:9) 등에 대한 주석서에서도 당연히 염오는 강한 위빳사나요, 이욕은 도요, 소멸은 아라한과라고 밝히고 있다. 여기에 대해서는 본서 제2권 「연기 경」(S12:1) §4의 주해와 특히 「의지처 경」(S12:23) §4의 주해들도 참조할 것.

이처럼 염오와 이욕과 소멸은 중요한 술어이다. 이들 술어에 대해서 조금 더 살펴보면 다음과 같다.

첫째, '염오'는 nibbidā를 옮긴 것이다. 이 술어는 nis(부정접두어)+√

---

17) virāgoti maggo, virāgā vimuccatīti ettha virāgena maggena vimuccatīti phalaṁ kathitaṁ. vimuttasmiṁ vimuttamiti ñāṇaṁ hotīti idha paccavekkhaṇā kathitā – MA.ii.115(『맛지마 니까야』 「뱀의 비유 경」(M22) §29에 대한 주석)

vid(*to know, to find*)에서 파생된 명사이다. 산스끄리뜨로는 nirvid 혹은 nirvidā인데 중국에서는 염(厭)이나 염리(厭離)로 옮겼다. 그래서 초기불전연구원에서는 염오(厭惡)로 정착시키고 있다. 역겨워함, 넌더리 침 등으로도 옮길 수 있다. 이것의 동사 nibbindati도 적지 않게 나타나는데, 이것은 모두 염오하다로 옮겼다. 온·처·계 등에 대해서 염오하는 것은 초기불교수행에서 가장 중요한 단계이다. 그래서 주석서는 이 염오를 강한 위빳사나라고 설명하고 있다. 염오가 일어나지 않으면 도와 과의 증득은 있을 수 없다. 그러므로 정형구에는 항상 염오-이욕-소멸 혹은 염오-이욕-해탈-구경해탈지 등으로 나타나는 것이다.

주석서는 "'염오'란 염오의 지혜를 말하는데 이것으로 강한 위빳사나(balava-vipassanā)를 드러내고 있다. 여기서 강한 위빳사나란 [10가지 위빳사나의 지혜 가운데] (4) 공포의 지혜(bhayat-ūpaṭṭhāne ñāṇa) (5) 위험을 수관하는 지혜(ādīnava-anupassane ñāṇa) (7) 해탈하기를 원하는 지혜(muñcitukamyatā-ñāṇa) (9) 상카라[行]에 대한 평온의 지혜(saṅkhār-upekkhā-ñāṇa)의 네 가지 지혜와 동의어이다."(SA.ii.53, 본서 제2권 「의지처 경」(S12:23 §4에 대한 주석)

그리고 10가지 위빳사나의 지혜 가운데 여섯 번째는 바로 이 염오의 지혜이다. 이것은 『아비담마 길라잡이』에서는 역겨움의 지혜로 옮겼는데 『청정도론』에서는 염오(역겨움)를 수관하는 지혜(nibbida-anupassanā-ñāṇa)로 나타나고 있다. 10가지 위빳사나의 지혜는 『아비담마 길라잡이』 제9장 §25와 §33을 참조할 것.

그러면 염오는 무엇을 기반으로 하여 생겨나는가? 본서 제2권 「기반 경」(S12:23) §4에서는 염오가 생겨나는 기반으로 '있는 그대로 알고 봄[如實知見]'을 들고 있으며, 있는 그대로 알고 봄[如實知見]의 기반으로는 삼매를 들고 있으며, 그리고 계속해서 행복, 고요함, 희열, 환희, 믿음, 등으로 연기적 고찰을 해나가고 있다. 그리고 「되어있는 것 경」(S12:31) §5에서는 염오의 조건으로 '이것은 되어있는 것(오온)'이라고 있는 그대로 바른 통찰지로 보는 것을 들고 있다.

둘째, '이욕(離慾)' 혹은 '탐욕의 빛바램'은 virāga를 옮긴 것이다. 이 술어는 vi(분리접두어) + rāga로 구성되었다. rāga는 물들인다는 동사 rañjati(√rañj, *to dye*)에서 파생되었다. 그러므로 rāga는 기본적으로 색깔이나 색조나 빛깔이나 물들임의 뜻이 있다. 그래서 마음이 물든 상태, 즉 애정, 애착, 애욕, 갈망, 집착, 탐욕, 욕망 등의 뜻으로 쓰인다. 『청정도론』에서는 이성(異性)을 대상으로 자애를 닦으면 애욕이나 애정이 일어난다는 문맥에서도 나타나고 있다.(Vis.IX.6) 중국에서도 愛染 · 愛欲 · 愛著 · 欲 · 欲樂 · 欲貪 · 貪愛 · 貪欲 · 貪縛 등으로 다양하게 옮겼다. 이러한 rāga에다 분리접두어인 vi가 첨가되어 이런 색깔이나 빛깔이 바래어가는 것을 뜻한다. 중국에서는 離垢 · 離染 · 離欲 · 離貪으로 옮겼고 초기불전연구원에서는 탐욕의 빛바램[離慾]으로 옮기고 있다. 아비담마와 주석서에서는 이 탐욕의 빛바램의 단계를 도(예류도부터 아라한도까지)가 드러나는 단계라고 설명한다.

셋째, '소멸'은 nirodha를 옮긴 것이다. 이 단어는 ni(아래로) + √rudh(*to obstruct*)의 명사이다. 그래서 소멸, 억압, 파괴 등의 뜻이 된다. 초기불전에서 nirodha는 여러 문맥에서 나타나는데, 기본적으로 사성제의 멸성제는 nirodha-sacca를 옮긴 것이다. 그러므로 열반과 동의어이다. 실제로 소멸은 "일체의 생존(upadhi)에 대한 집착을 포기함(paṭi-nissagga, 放棄), 갈애의 소진(khaya), 탐욕의 빛바램[離慾, virāga], 소멸(nirodha), 열반이다."(본서 제1권 「권청 경」(S6:1) §2 등)라는 문맥에서 많이 나타난다. 그리고 "존재(오온)의 소멸이 열반이다."(본서 제2권 「꼬삼비 경」(S12:68) §5)라고도 나타난다. 그리고 여기서처럼 염오-이욕-소멸의 정형구에서도 많이 나타나는데, 이 경우의 소멸을 과(果, phala) 특히 아라한과의 증득이라고 주석서는 밝히고 있다.(본서 제2권 「의지처 경」(S12:23 §4의 주해 참조)

③ 무상 · 고 · 무아의 문답

위에서 언급한 오온의 무상 · 고 · 무아를 설하는 경들 34개 가운데 14개의 경들은 무상 · 고 · 무아에 대한 교리문답의 정형구로 되어 있다. 이들 모든 경은 모두 염오-이욕-해탈-구경해탈지로 귀결이 되고 있다. 본서 「삼켜버림 경」(S22:79)은 염오-이욕-소멸을 먼저 설한 뒤에(§9) 염오-이욕-해탈-구경해탈지를 설하고 있다.(§13) 물론 여기서 소멸은 열반을 뜻한다. 아무튼 이러한 교리문답을 통해서 소멸이나 해탈을 설한다.

조금 길지만 무상 · 고 · 무아의 문답을 통한 염오-이욕-해탈-구경해탈지의 정형구 전체를 옮겨보면 다음과 같다.

"비구들이여, 이를 어떻게 생각하는가? 물질은 항상한가, 무상한가?"

"무상합니다, 세존이시여."

"그러면 무상한 것은 괴로움인가, 즐거움인가?"

"괴로움입니다, 세존이시여."

"그러면 무상하고 괴로움이고 변하기 마련인 것을 두고 '이것은 내 것이다. 이것은 나다. 이것은 나의 자아다.'라고 관찰하는 것이 타당하겠는가?"

"그렇지 않습니다, 세존이시여."

"비구들이여, 이를 어떻게 생각하는가? 느낌은 … 인식은 … 심리현상들은 … 알음알이는 항상한가, 무상한가?"

"무상합니다, 세존이시여."

"그러면 무상한 것은 괴로움인가, 즐거움인가?"

"괴로움입니다, 세존이시여."

"그러면 무상하고 괴로움이고 변하기 마련인 것을 두고 '이것은 내 것이다. 이것은 나다. 이것은 나의 자아다.'라고 관찰하는 것이 타당하겠는가?"

"그렇지 않습니다, 세존이시여."

"비구들이여, 그러므로 그것이 어떠한 물질이건, … 그것이 어떠한 느낌이건 … 그것이 어떠한 인식이건 … 그것이 어떠한 심리현상들이건 … 그것이 어떠한 알음알이건, 그것이 과거의 것이건 미래의 것이건 현재의 것이건 안의 것이건 밖의 것이건 거칠건 미세하건 저열하건 수승하건 멀리 있건 가까이 있건 '이것은 내 것이 아니요, 이것은 내가 아니며, 이것은 나의 자아가 아니다.'라고 있는 그대로 바른 통찰지로 보아야 한다."

"비구들이여, 이와 같이 보는 잘 배운 성스러운 제자는 물질에 대해서도 염오하고 느낌에 대해서도 염오하고 인식에 대해서도 염오하고 심리현상들에 대해서도 염오하고 알음알이에 대해서도 염오한다.

염오하면서 탐욕이 빛바래고, 탐욕이 빛바래기 때문에 해탈한다. 해탈하면 해탈했다는 지혜가 있다. '태어남은 다했다. 청정범행(梵行)은 성취되었다. 할 일을 다 해 마쳤다. 다시는 어떤 존재로도 돌아오지 않을 것이다.'라고 꿰뚫어 안다."(「무아의 특징 경」(S22:59) §§4~6)

이 정형구는 본서 제4권 「감각장소 상윳따」(S35) 등에도 많이 나타나고 있다. 그곳의 해제를 참조하기 바란다.

④ 무상만 강조하는 경들

무상만 단독으로 강조하는 경들은 17군데에 나타나고 있다. 이 가운데 S22:9를 위시한 대부분의 경도 염오-이욕-해탈-구경해탈지의 구문이나 다른 구문을 통해서 해탈이나 소멸의 증득으로 귀결되고 있다.

⑤ 괴로움만 강조하는 경들

괴로움만 단독으로 강조하는 경들도 15군데에 나타나고 있다. 여기서 괴로움은 '근심 · 탄식 · 육체적 고통 · 정신적 고통 · 절망'으로도 나타나고 괴로움으로도 나타난다. 이러한 가르침에서도 괴로움으로부터의 해탈을 강조하고 계신다.

⑥ 무아만 강조하는 경들

무아만 단독으로 강조하는 경들도 12군데 정도에 나타나고 있다. 당연히 이러한 경들도 염오-이욕-해탈-구경해탈지나 다른 구문을 통해서 해탈이나 소멸의 증득을 강조하고 있다.

⑦ 오온의 염오-이욕-소멸을 설하는 경들

오온의 염오-이욕-소멸을 설하는 경들은 8군데 정도에 나타나고 있다. 대부분이 무상·고·무아의 통찰이 나타나지 않고 바로 염오-이욕-소멸이 나타나지만 「무아의 특징 경」(S22:59)에는 무상·고·무아가 다 나타나고 있다.

⑧ 유신견과 이의 극복을 설하는 경들

유신견은 오온의 각각에 대해서 ① 오온이 나다 ② 오온을 가진 것이 나다 ③ 내가 오온 안에 있다 ④ 오온이 내 안에 있다는 견해이기 때문에 자아가 있다는 이론이다. 16개의 경들이 이러한 유신견을 극복할 것을 설하고 있다. 유신견의 극복은 결국 오온무아와 같은 가르침이다. 유신견 즉 [불변하는] 자신이 존재한다는 견해[有身見, sakkāya-diṭṭhi]에 대해서는 본서 「나꿀라삐따 경」(S22:1 §10)과 주해를 참조할 것.

⑨ '내 것'·'나'·'나의 자아'와 이의 극복을 설하는 경들

오온이 내 것이 아니요, 내가 아니요 나의 자아가 아니라는 가르침을 담고 있는 경들은 19개 정도가 된다. 이 또한 오온무아와 같은 가르침이라 해야 한다.

⑩ '나'라는 생각 등을 설하는 경들

'나'라는 생각과 '내 것'이라는 생각과 자만의 잠재성향을 극복할 것을 설하는 경들이 7개가 있다.

결론적으로 말하자면 159개의 모든 경들이 결국은 오온의 무상이나

괴로움이나 무아를 강조하고 있으며 특히 오온이 무아임을 체득할 것을 강조하고 있다. 무상과 괴로움도 결국은 무아로 귀결되기 때문에 본 상윳따에 포함된 경들은 모두 오온무아를 강조하는 가르침이라고 결론지어도 무방할 것이다.

무아는 아무것도 없다는 말이 아니다. 주석서의 설명처럼 실체가 없다(nissāra, asāra)는 말이다.(본서 「포말 경」(S22:95) §§4~8의 주해 참조) 오온으로 해체해서 보지 않고 전체를 나라고 여기거나 내 것이라고 여기면 그것은 실체론이 되고 만다. 그러나 이것을 해체해서 보면 무상이 보이고 고가 보이고 실체 없음 즉 무아가 극명하게 드러난다. 무상·고·무아가 드러나면 이를 통해서 염오하고 이욕하고 해탈하고 구경해탈지를 증득하게 되거나 염오하고 이욕하고 소멸하게 된다.

이것이 초기불전에서 해탈·열반의 실현을 위한 구체적인 방법으로 누누이 강조하고 있는 부처님의 말씀이라는 것을 역자는 거듭거듭 강조하고 싶다.

(5) 오온에 대한 가르침의 특징

이상으로 159개의 경에 나타나는 오온에 대한 가르침을 여러 측면으로 나누어서 살펴보았다. 이를 토대로 「무더기 상윳따」에 나타나는 경들을 통해서 초기불전에서 세존께서 설하신 오온의 가르침의 특징을 다시 한 번 살펴보자.

① 오온은 동시발생이다.

몇몇 불교입문서를 보면 오온이 순차적으로 발생하는 것으로 설명돼 있는 경우가 있다. 결론적으로 분명히 말하자면 오온은 절대로 순차적으로 하나씩 발생하는 것이 아니라 동시생기(同時生起)한다. 매순간 오온은 모두 함께 일어나고 함께 멸한다. 이것은 남북방 아비담마·아비달마와 대승 아비달마인 유식에서는 상식적인 것이다. 그런데도 불교의 가장 기본적인 가르침을 이처럼 잘못 가르치고 이해한다면 그것은 큰 문제라고 지적하고 싶다.

오온의 다섯 번째인 식(識, 알음알이)은 마음(心, citta)과 동의어이며, 이러한 식은 찰나생·찰나멸하면서 대상을 아는 것을 그 특징으로 한다. 이 알음알이는 일어나고 멸할 때 반드시 수·상·행(受想行)과 함께 일어나고 함께 멸하면서 이들의 도움으로 대상을 아는 것이다. 이러한 수·상·행은 아비달마와 유식에서 심소법(心所法, 마음과 함께 일어나고 멸하는 마음에 부속된 심리현상)으로 불리고 있다.

② 오온은 '나는 누구인가'에 대한 부처님의 대답이다

세상에서 가장 귀중한 것은 나다. 이미 우리는 본서 제1권 「말리까 경」(S3:8)을 통해서 왕과 왕비의 대화와 여기에 대한 부처님의 말씀을 다음과 같이 살펴보았다.

"말리까여, 그대 자신보다 더 사랑스런 자가 있습니까?"

"대왕이시여, 제게는 제 자신보다 더 사랑스런 자가 없습니다. 대왕이시여, 그런데 임금님께는 자기 자신보다 더 사랑스런 자가 있습니까?"

"말리까여, 나에게도 나 자신보다 더 사랑스런 자는 없습니다." …

> "마음으로 모든 방향으로 찾아보았건만
> 어느 곳에도 자신보다 사랑스러운 자 얻을 수 없네.
> 이처럼 다른 이들에게도 각자 자신이 사랑스러운 것
> 그러므로 자기의 행복을 원하는 자, 남을 해치지 마세."{392}

세상의 모든 종교·철학·사상 등은 모두 자신의 문제로부터 출발하며 자신의 문제를 해결하기 위한 방법으로 생겨난 것이라 해야 할 것이다.

이처럼 인류가 있어온 이래로 인간이 자신에게 던진 가장 많은 질문은 아마 '나는 누구인가?'일 것이다. 인간과 신들의 스승이신 부처님께서도 당연히 이 질문에 대해서 대답하셨다. 중요한 질문이기에 아주 많이, 그것도 아주 강조해 말씀하셨다. 그러면 부처님께서는 이 질문에 어떻게 대답하셨을까? 부처님께서는 초기경 도처에서 간단명료하게 '나'는 '오온(五蘊, panca-kkhandha)'이라고 말씀하셨다. 나라는 존재는 물질(몸뚱이, 色), 느낌[受], 인식[想], 심리현상들[行], 알음알이[識]의 다섯 가지 무더기[五蘊]의 적집일 뿐이라는 것이다.

그러면 왜 부처님께서는 다섯 가지로 해체해서 대답하셨을까? 그것은 '나' 혹은 자아(아뜨만)라는 고정불변하는 어떤 실체(sara)가 있는 것이 아니라는 점을 분명히 하기 위해서이다. 영원불변하는 나를 찾아서 온갖 노력을 다해봐야 그것은 얻어지는 것이 아니다. 얻어진 것처럼 여겨지는 인식(想, 산냐)이 있을 뿐이다. 그래서 우리의 소의경전인 『금강경』도 자아니 영혼(壽者)이니 하는 산냐의 척파를 외치지 않았던가.

③ 해체해서 보면 무상·고·무아가 보인다

부처님께서 '나는 누구인가?'에 대해서 '오온'이라고 말씀하신 더 중요한 이유가 있다. 나라는 존재를 몸뚱이와 느낌과 인식과 심리현상들과 알음알이로 해체해서 보게 되면 이들의 변화성과 찰나성 즉 무상(無常)이 극명하게 드러나기 때문이다. 그리고 무상하고 변화하는 것은 괴로움[苦]이다. 우리는 변하는 것을 가지고 행복이라 하지 않는다. 행복이란 것도 변하면, 즉시에 괴로움이 되고 만다. 그래서 부처님께서는 행복을 괴고성(壞苦性, 변하는 괴로움)이라고 분명히 말씀하셨다.

그리고 우리는 변하고 괴로운 것을 가지고 나라거나 나의 자아라고 하지 않는다. 이처럼 변화를 통찰할 때 괴로움과 무아도 꿰뚫게 된다. 그래서 초기불전에서 오온의 무상·고·무아는 도처에서 아주 강조되고 있는 것이다. 어디 초기불전뿐인가? 우리가 조석예불에서 정성을 다해서 외는 『반야심경』의 핵심도 오온무아를 통찰하는 것(照見五蘊皆空)이 아니던가. 그래서 역자는 본서의 해제와 주해 도처에서 해체(vibhajja)

를 역설하고 있다.

④ 무상 · 고 · 무아를 통해 해탈한다

이처럼 나라는 존재를 오온으로 해체해서 보면 무상과 고와 무아가 극명하게 드러나고 이러한 무상이나 고나 무아를 철견할 때 불가능해보이던 중생의 해탈은 비로소 성취되는 것이다. 그래서 초기불전뿐만 아니라 대승경전에서조차 무상(無常)을 통한 해탈을 무상(無相)해탈이라 하고, 고를 통한 해탈을 무원(無願)해탈이라 부르며, 무아를 통한 해탈을 공(空)해탈이라 천명하고 있다.(『화엄경』「정행품」) 실체 없는 자아에 계합하는 것이 해탈이 아니라 무상 · 고 · 무아에 사무쳐야 해탈이다. 불자가 이 사실을 잊어버리면 그 즉시 외도가 되어버린다.

연기의 가르침에는 12지의 구성요소들의 소멸로 전체 괴로움이 소멸한다고 나타나지만 구체적인 소멸 방법은 나타나지 않는다. 그 구체적인 방법은 바로 이곳「무더기 상윳따」(S22)와 본서 제4권「육처 상윳따」(S35)에서 무상 · 고 · 무아와 염오-이욕-해탈-구경해탈지로 나타나고 있다. 이것은 중요하다. 그래서『디가 니까야』「대전기경」(D14)에 해당하는 주석서도 연기각지(緣起各支)를 살피는 것은 낮은 단계의 위빳사나요, 무상 · 고 · 무아를 봐서 염오하는 것은 깊은 단계의 위빳사나라고 설명하고 있다.[18] 무상 · 고 · 무아야말로 소멸로 가는 구체적인 방법이요 사성제에서 보자면 갈애의 소멸의 구체적인 방법인 것이다.

⑤ 진아란 없다

매년 여름과 겨울에 한국의 유서 깊은 명산대찰에서는 각종 수련회가 열린다. 몇몇 사찰에서는 아예 주제를 '나를 찾는 여행'으로 정하기도 하였다. 어디 그뿐인가. 교계신문과 교계 라디오나 TV에서도 '참 나를 찾

---

18) 여기에 대해서는「대전기경」(D14) §§2.19~2.22와 주해들을 참조할 것.

아서'라는 말을 공공연하게 쓰고 있다. 그러나 유감스럽게도 이러한 명산대찰이나 교계 언론매체에서 나는 누구인가에 대한 불교적 대답인 오온을 강조한 곳은 없었던 것으로 안다. 오히려 나를 진아로 추앙하고 대아나 주인공으로 경외하여 부르면서 이러한 영원불변하는 참 나를 찾는 것이야말로 진정한 불교수행이라고 공공연히 외쳐댔다.

'나는 누구인가?'라는 질문에 진아니 대아니 하는 대답이 나오는 한 그것은 불교가 아니다. 불자는 나는 누구인가에 서슴없이 오온이라 답할 줄 알아야 하고, 나를 오온으로 해체해서 살펴보아 오온으로 이루어진 나라는 존재가 무상하고 고요 무아임을 통찰해서 오온에 대해 염오하고 이욕하여 해탈·열반을 실현해야 한다. 우리는 언제쯤 외도이기를 그만두고 진정한 부처님 제자가 될 것인가.

(6) 초기불교와 아비담마는 아공법유를 주장하는가

이처럼 나의 존재를 오온이라는 법으로 해체해서 보면 나라는 것은 단지 개념에 지나지 않음을 알 수 있다. 이러한 개념적 존재를 아비담마와 주석서들은 빤냣띠(paññatti)라고 이름을 붙인다. 법으로 해체되지 않고 뭉쳐진 존재는 빤냣띠일 뿐 실체는 없다는 것이다. 사람이니 남자니 여자니 자아니 인간이니 중생이니 영혼이니 동물이니 자동차니 볼펜이니 컴퓨터니 산이니 강이니 하는 것 등등 우리가 이름지어 알고 있는 것은 모두 개념적 존재일 뿐이라는 것이다. 이것을 그대로 두면 무상·고·무아가 보이지 않고 무상·고·무아를 보지 못하면 염오-이욕-해탈-구경해탈지가 일어날 수 없다.

그래서 세존께서는 존재를 온·처·계·연 등의 법들로 해체하신 것이다. 해체하고 분석해서 보면 무상·고·무아가 극명하게 드러나기 때문이고 무상이나 고나 무아를 철견할 때 염오(강한 위빳사나)가 생기고 그래야 탐욕이 빛바래게 되고(이욕, 예류도부터 아라한도까지의 도) 그래서 소멸과 해탈(예류과부터 아라한과까지의 과)을 실현하기 때문이다. 이처럼 특히 본 「무더기 상윳따」(S22)와 제4권 「육처 상윳따」(S35) 등에서는 나라는 존재와 세상이라는 존재를 각각 오온과 육내외입처(혹은 12처)의 법들로 해체해서 이들의 무상·고·무아를 철견해서 염오-이욕-소멸이나 염오-이욕-해탈-구경해탈지를 실현할 것을 거듭해서 설하고 계신다.

이렇게 설명하자 반야·중관을 추앙하는 자들은 이러한 아비담마의 입장을 아공(我空)은 설하지만 법공(法空)은 말하지 못하고 법유(法有)를 주창한다고 비난하며 그래서 아비담마를 소승이라고 폄하한다. 그러면 과연 아비담마는 법유를 말하는가? 이미 살펴보았지만 결코 그렇지 않다. 위에서 살펴보았듯이 초기불교와 아비담마에서 존재 특히 나라는 존재를 오온 등의 법으로 해체해서 보는 것은 법들의 무상과 고와 무아를 극명하게 밝히기 위해서이다. 모든 유위법들은 이러한 보편적 성질로부터 벗어날 수 없다. 그러므로 굳이 반야·중관적인 술어로 표현하자면 초기불교와 아비담마도 법공을 논리적으로 극명하게 드러내고 있다고 해야 한다. 분석적이고 논리적으로 제법을 명쾌하게 설명한다고 해서 이런 입장을 실유(實有)라고 해버리면 반야·중관이야말로 법의 법자도 모르는 악취공(惡臭空)에 빠진 자들이다. 반야·중관의 이러한 주장은 무엇보다도 불교의 뿌리요 불교의 출발점인 세존을 소승배로 취급하는 오만방자함을 드러낼 뿐이다.

그리고 법의 고유성질을 드러내는 최소단위인 찰나(khaṇa)도 일어남[生, uppāda]과 머묾[住, ṭhiti]과 무너짐[壞, bhanga]의 세 부분으로 이루어져 있다고 주석서들은 강조하고 있다.(『아비담마 길라잡이』 제4장 §6과 해설 참조) 서양에서는 이것을 *sub-moment*라고 옮기고 있고 초기불전연구원에서는 '아찰나(亞刹那)'라고 옮겼다. 이처럼 찰나도 이미 흐름일 뿐이다. 그러므로 불교사의 적통이라고 자부하는 상좌부에서의 찰나는 절대로 상주론이 아니다. 이렇게 되면 오히려 찰나는 아마 중관학파의 가유(假有)나 가법(假法)의 입장과 거의 같은 설명이 되어버릴 것이다.

법의 자상(自相)과 공상(共相) 등에 대한 논의는 본서 제4권 「육처 상윳따」(S36)의 해제 §3-(6) '어떻게 해탈·열반을 실현할 것인가'에 나타나고 있으므로 그 부분을 참조하기 바란다.

법에 대한 반야·중관의 입장은 직관적(*intuitive*)이고 이것은 존중받아야 하고 충분한 의미가 있다. 그러나 이러한 직관적 입장은 초기불교와 아비담마의 분석적(*analytic*) 입장이 뒷받침될 때 의미가 있는 것이다. 초기불교와 아비담마는 존재를 해체하고 분석해서 제법의 무아를 천명한다. 과연 이러한 분석적인 방법이 없이 직관만으로 제법무아를 천명할 수 있는가? 역자는 그렇지 않다고 생각한다. 한국불교에서 난무하는 공에 대한 어처구니없는 제멋대로의 해석이 그것을 증명한다. 분석이 없는 직관은 신비적(*mystic*)일 뿐이다. 법에 관한 한 부처님께서는 와서 보라는 것(ehipāsika)이라고 당당하게 말씀하셨으며, 스승이 비밀스럽게 제자들에게 전수해 주는 스승의 주먹[師拳, ācariya-muṭṭhi]이란 것은 존재하지 않는다고 「대반열반경」(D16 §2.25)에서 강조하셨다. 그러므로 분석적인 방법론이 바탕이 될 때 직관적인 반야·중관의 입장은 더 명확하게 드러난다고 생각한다. 반야·중관은 독자적으로는 존재할 수가 없는 운명이 아닐까 생각해본다.

분명히 분석적이고 해체적인 방법은 최종적으로는 무상·고·무아의 직관으로 귀결되고 초기불전과 아비담마도 이것을 강조하고 있다. 그러므로 분석과 해체의 끝은 직관이라고 밖에 할 수 없을 것이다. 무상·고·무아를 통한 염오-이욕-해탈-구경해탈지는 통찰과 직관의 문제이지 분석만으로는 가능하지 않기 때문이다.

그러나 분석과 해체가 없는 한국불교에서는 이런 직관이 자칫 소설을 쓰는 방법론이 되어버리고 직관이라는 이름으로 정말 어처구니없는 말을 불교라는 포장으로 내뱉는 여러 사람들을 보면서 걱정이 되기도 한다. 그리고 반야·중관적인 직관이 극단으로 가면 부처님 원음까지도 부정해버리는 모순이 생긴다는 것을 거듭 지적하고 싶다. 분석과 직관이 서로를 보완하고 서로를 견제할 때 그것이 올바른 중관적 태도요 입장일 것이다. 직관만 강조하다 보면 그것은 옹졸하고 편협하고 과격하고 극단적인 도가 되어버린다고 감히 말하고 싶다.

(7) 오온과 오취온의 차이와 중요 술어 몇 가지

마지막으로 살펴봐야 할 점은 본 상윳따뿐만 아니라 초기불전의 도처에서 나타나는 오온(五蘊)과 오취온(五取蘊)의 차이이다.

본 상윳따만을 토대로 해서 살펴보면 오취온만을 설하는 경들은 S22:22 등의 12개가 나타나고 오온과 오취온 둘 다를 설하고 있는 경은 10개가 있다. 그러므로 오취온을 설하고 있는 경은 모두 22개 정도가 된다. 오온과 오취온의 차이는 무엇일까? 오취온은 pañca upādāna-kkhandha의 번역이다. 이것을 pañca(5) upādāna(취) khandha(온)으로 직역한 것이다.

본 상윳따의 「무더기[蘊] 경」(S22:48)은 오온(pañcakkhandha)과 오취온(pañc-upādānakkhandha) 즉 다섯 가지 무더기와 취착의 [대상이 되는] 다섯 가지 무더기의 차이를 설명하는 경전적 근거로 『청정도론』 XIV.214~215에 인용되어 나타나는 중요한 경이다. 본문에서 분명히 드러나듯이 오온(pañcakkhandha)과 오취온(pañc-upādānakkhandha)의 차이는 "번뇌와 함께하고 취착되기 마련인 것(sāsavam upādānīyaṁ)"이 나타나느냐 그렇지 않느냐는 것이다. 이 문장이 나타나지 않으면 그것은 오온이고 이 문장이 나타나면 그것은 오취온이다. 그래서 『청정도론』은 "그러면 이 둘의 차이점은 무엇인가? 무더기는 일반적으로 설하셨다. 취착의 [대상이 되는] 무더기는 번뇌가 있고 취착하기 쉬운 것으로 한정하여 설하셨다."(XIV.214)라고 정의하고 있다.

이런 기준을 가지고 살펴보면 순수한 오온은 번뇌와 취착이 없는 아라한에게 속하는 것으로 여겨진다. 과연 그런가? 먼저 이러한 기본 사항을 분명히 하고 몇 가지 논의를 진행해보자.

첫째, 일반적으로 살펴보면 오취온은 오온에 포함된다. 오온 가운데서 번뇌와 취착의 문제가 제기되는 것만을 오취온이라 부르기 때문에 오취온은 넓은 의미의 오온에 포함된다. 그래서 『청정도론』 XIV.215에서도 맨 마지막 문장에서 "그러나 느낌 등은 번뇌가 다한 것은 오직 무더기들 가운데서만 언급되고 번뇌의 대상이 될 때는 취착하는 무더기들 가운데서 언급된다. 여기서 취착하는 무더기란 '취착의 대상(gocara)인 무더기들이 취착하는 무더기들이다.'라고 그 뜻을 알아야 한다. 여기서는 그러나 이 모든 것을 한데 묶어 무더기라 한다고 알아야 한다."라고 하여 이 사실을 거론하고 있다.

둘째, "번뇌와 함께하고 취착되기 마련인 것(sāsavam upādānīyaṁ)"을 구체적으로 어떻게 이해해야 하는가 하는 것이다. 이것은 "번뇌와 취착의 대상이 되기 마련인 것"으로 해석해야 한다. 이것이 오취온을 이해하는 가장 중요한 포인트이다. 그래서 위에 인용한 주석서에서도 "번뇌들의 대상이 됨(ārammaṇa-bhāva)에 의해서 취착의 조건이 되는 것"이라고 나타나고, 『청정도론』은 "취온이란 취착의 대상이 되는 온"[19]으로 설명하고 있다. 그래서 역자도 본서 전체에서 오취온을 '취착의 [대상이 되는] 다섯 가지 무더기'로 번역하고 있다. 즉 번뇌의 대상이 되고 취착의 대상이 되면 그것은 취온에 포함되고 그렇지 않으면 온에 포함된다.[20]

셋째, 그런데 아비담마에 의하면 물질(rūpa)은 반드시 번뇌와 취착의

---

19) upādānakkhandhā ti c'ettha, upādānagocarā khandhā – Vis.XIV.215.

20) anāsavā va khandhesu vuttā, sāsavā upādānakkhandhesu – Vis.XIV.215.

대상이 된다.[21] 그러므로 물질은 기본적으로 모두 취온에 포함된다. 아라한의 몸(물질, 색)도 중생들에게는 취착의 대상이 될 수 있다. 그리고 정신의 무더기들(수·상·행·식)도 번뇌와 취착의 대상이 되면 그것은 취온에 포함되고 그렇지 않으면 온에 포함된다.

넷째, 이런 기준을 가지고 보면 모든 범부의 오온은 오취온이 된다. 왜? 번뇌와 취착의 대상이 되기 때문이다. 아라한의 색온은 취온이 된다. 물질은 모두 취온에 속하기 때문이다. 그러나 더미(rasi)라는 뜻에서는 오온에도 포함된다고 『청정도론』은 적고 있다. 그리고 세간적인(즉 열반을 대상으로 하고 있지 않은) 아라한의 정신의 무더기들(수·상·행·식의 4온)도 취온이 된다. 왜? 이런 상태에 있는 아라한의 수·상·행·식은 남들의 취착의 대상이 되기 때문이다. 그러나 열반에 들어 있는 출세간 상태의 아라한의 4온은 남들의 취착의 대상이 될 수 없다.[22] 그러므로 이런 상태의 아라한의 4온이 엄밀한 의미에서 취온이 아닌 순수한 온이라고 할 수 있다.

요약하면, 모든 색·수·상·행·식은 더미(rāsi)라는 뜻에서는 모두 온(蘊, khandha)이라 불린다. 그러나 아라한이 열반을 대상으로 한(열반의 경지에 든) 경우의 수·상·행·식을 제외한 모든 오온은 모두 취착의 대상이 된다는 뜻에서 역시 오취온이 된다. 그러므로 아라한이 열반을 대상으로 혹은 열반의 상태에 들어 있는 경우를 제외하고 모든 오온은 오취온이다. 아라한이 열반의 상태에 들어 있는 경우 그때의 수·상·행·식은 취온이 될 수 없다.[23]

---

21) 『담마상가니』(Dhs §1103, §1219)와 『아비담마 길라잡이』 제6장 §6의 해설 참조.

22) 남들이 그의 4온을 알 수 없기 때문이다.(DhsA.347 참조)

23) 더 자세한 논의는 보디 스님(Bodhi, Bhikkhu), "Aggregates and Clinging Aggregates"를 참조할 것.

4. 「라다 상윳따」(S23)

스물세 번째 주제인 「라다 상윳따」(Rādha-saṁyutta, S23)는 라다 존자와 연관이 있는 46개의 경들을 담고 있다. 이들은 제1장 「첫 번째 품」, 제2장 「두 번째 품」, 제3장 「권청 품」, 제4장 「가까이 않음 품」의 네 개 품으로 나누어져 있으며 제1품에는 10개의 경들이, 제2품부터 제4품에는 각각 12개의 경들이 포함되어 있다.

라다 존자(āyasmā Rādha)는 라자가하(Rājagaha)의 바라문이었다. 나이가 들어 아들들로부터 천대를 받자 출가를 하였다. 비구들은 나이가 많다고 거절을 하였지만 세존께서 사리뿟따의 제자로 출가를 하게 하셨다. 그는 출가한 지 오래지 않아 아라한이 되었다고 한다.(AA.i.179f, ThagA.ii.12~13) 세존께서는 라다 존자를 보면 설법의 주제를 다루는 방법이나 그것을 드러내 보이는 여러 가지 비유가 잘 떠올랐다고 하는데, 그것은 라다의 견해가 풍부하였고 그가 세존께 확고한 믿음이 있었기 때문이라고 한다.(*Ibid*) 그래서 『앙굿따라 니까야』 「하나의 모음」(A1:14:4-15)에서 그는 "[스승으로 하여금 법을 설할] 영감을 일으키게 하는 자(paṭibhāneyyaka)들 가운데서 으뜸"이라고 칭송되고 있다. 라다 존자는 잠시 부처님의 시자가 되기도 하였다.(ThagA.ii.12~13) 본경에 해당하는 주석서는 다음과 같이 설명하고 있다.

"라다 장로는 영감을 일으키게 하는 장로(paṭibhāniya-tthera)로 일컬어진다. 여래께서는 장로를 보면 섬세한 주제가 떠올랐다고 한다. 그래서 세존께서는 여러 방법으로 그에게 법을 설하셨다. 그래서 본 「라다 상윳따」(S23)에서도 처음의 두 품은 질문(pucchā)에 대한 가르침을, 세 번째는 요청(āyācana)에 의한 것을, 네 번째는 친숙한 개인적인 말씀(upanisinnaka-kathā)을 [모은 것이다.]"(SA.ii.337)

『장로게』(Thag) {133~134}는 그의 게송이다.

본 상윳따에 포함된 46개의 경들의 주제는 모두 오온이다. 이 오온을 본 상윳따에서는 마라(S23:1 등), 중생(S23:2), 존재에 [묶어두는] 사슬(S23:3), 통달해서 알아야 할 법들(S23:4)이라 부르고 있으며 S23:11~22와 S23:23~34와 S23:35~46에서는 차례대로 각각 마라(S23:11; 23; 35), 마라에 속하기 마련인 법, 무상한 것, 무상하기 마련인 법, 괴로움인 것, 괴롭기 마련인 법, 무아인 것, 무아이기 마련인 법, 부서지기 마련인 법, 사라지기 마련인 법, 일어나기 마련인 법, 소멸하기 마련인 법(S23:22; 34; 46)으로 부르고 있다.

본 상윳따에 속하는 모든 경들이 오온을 주제로 하고 있기 때문에 본 상윳따는 앞의 「무더기 상윳따」(S22)의 연속이라고 봐도 무방하다.

5. 「견해 상윳따」(S24)

스물네 번째인 「견해 상윳따」(Diṭṭhi-saṁyutta, S24)에는 모두 96개의 경들이 포함되어 있는데, 이들은 제1장 「예류 품」, 제2장 「두 번째 여행 품」, 제3장 「세 번째 여행 품」, 제4장 「네 번째 여행 품」의 네 품으로 나누어져 있으며 제1품에는 S24:1~18의 18개 경들이, 제2품에는 S24:19~44의 26개 경들이, 제3품에는 S24:45~70의 26개 경들이, 제4품에는 S24:71~96의 26개 경들이 포함되어 있다.

그리고 이들 경에는 각각 다른 삿된 견해들이 하나씩 포함되어 있는데, 전체적으로는 26가지 삿된 견해가 각각의 품에서 반복해서 나타나는 구조로 되어 있다. 이 가운데는 『디가 니까야』「범망경」(D1)에 나타나는 62가지 견해 가운데 8가지(S24:37부터 S24:44까지)와 「사문과경」(D2)에 나타나는 육사외도의 견해 가운데 네 가지(S24:5부터 S24:8까지)와 10사무기(十事無記, S24:9부터 S24:18까지)와 그 외 『디가 니까야』나 『맛지마 니까야』 등에 나타나는 삿된 견해들이 포함되어 있다.

이 경들 가운데 첫 번째 품에 포함된 18개의 경들에는 모두 이 경들에 포함된 견해에 대해서 다음의 무상·고·변하기 마련임에 대한 문답이 나타나고 있다.

"비구들이여, 이를 어떻게 생각하는가? 물질은 항상한가, 무상한가?"

"무상합니다, 세존이시여." …

"그러면 무상하고 괴로움이고 변하기 마련인 것을 취착하지 않는데도 '여래는 사후에 존재하는 것도 아니고 존재하지 않는 것도 아니다.'라고 관찰하겠는가?"

"그렇지 않습니다, 세존이시여."

그런 다음에 계속해서,

"그런데 본 것, 들은 것, 감지한 것, 안 것, 얻은 것, 탐구한 것, 마음으로 고찰한 것은 항상한가, 무상한가?"

"무상합니다, 세존이시여."

"그러면 무상한 것은 괴로움인가, 즐거움인가?"

"괴로움입니다, 세존이시여."

"그러면 무상하고 괴로움이고 변하기 마련인 것을 취착하지 않는데도 'X'라는 [삿된] 견해가 일어나겠는가?"

"그렇지 않습니다, 세존이시여."라는 문답을 진행한다.

그 뒤에 다시, "비구들이여, 성스러운 제자가 이 여섯 가지 경우들에 대한 의심이 제거되고 괴로움에 대한 의심도 제거되고 괴로움의 일어남에 대한 의심도 제거되고 괴로움의 소멸에 대한 의심도 제거되고 괴로움의 소멸로 인도하는 도닦음에 대한 의심도 제거되면, 이를 일러 성스러운 제자는 흐름에 든 자[預流者]여서 [악처에] 떨어지지 않는 법을 가졌고 [해탈이] 확실하며 완전한 깨달음으로 나아간다고 한다."라고 결론짓는 것으로 이 18개의 경들을 끝맺고 있다.

그리고 S24:1~18과 꼭 같은 내용의 경들이 두 번째 품의 S24:19~36까지의 18개 경들로 나타나고 있는데, 이 경들에는 1~18에 나타나는 오온이 무상-고-변하기 마련임의 문답까지는 그대로 나타나고 그 다음에 "비구들이여, 이처럼 괴로움이 있을 때, 그리고 괴로움을 취착하고 괴로움을 천착하여 'X'라는 [삿된] 견해가 일어난다."라고 결론짓는 것으로 경을 끝맺고 있는 것만이 다르다. 그리고 두 번째 품에 포함된 나머지 8개 경들 즉 S24:37~44도 같은 방법으로 끝맺고 있다.

한편 제3품에 포함된 26개 경들(S24:45~70)의 주제는 제2품에 포함된 26개 경들(S24:19~44)과 같다. 다만 제2품에서는 오온이 무상·고·변하기 마련임의 문답 다음에 "비구들이여, 이처럼 괴로움이 있을 때, 그리고 괴로움을 취착하고 괴로움을 천착하여 'X'라는 [삿된] 견해가 일어난다."는 말씀으로 경들이 끝을 맺었지만, 본품에 포함된 경들은 모두 오온이 무상·고·변하기 마련임의 문답 다음에 "비구들이여, 이처럼 무상한 것은 무엇이든지 괴로움이다. 이것이 있을 때, 그리고 이것을 취착하여 'X'라는 [삿된] 견해가 일어난다."라고 끝맺는 것만이 다르다.

그리고 제4장 「네 번째 여행 품」에 포함된 26개의 경들(S24:71~96)도 제2품에 포함된 26개 경들(S24:19~44)과 제3품에 포함된 26개 경들(S24:45~70)의 주제와 같다.

그러나 본품에서는 오온이 무상·고·변하기 마련임의 문답 다음에 "비구들이여, 그러므로 그것이 어떠한 물질이건 … 그것이 어떠한 느낌이건 … 그것이 어떠한 인식이건 … 그것이 어떠한 심리현상들이건 … 그것이 어떠한 알음알이건, 그것이 과거의 것이건 미래의 것이건 현재의 것이건 안의 것이건 밖의 것이건 거칠건 미세하건 저열하건 수승하건 멀리 있건 가까이 있건 '이것은 내 것이 아니요, 이것은 내가 아니며, 이것은 나의 자아가 아니다.'라고 있는 그대로 바른 통찰지로 보아야 한다."로 나타나는 것이 다르다.

그리고 "비구들이여, 이와 같이 보는 잘 배운 성스러운 제자는 물질에 대해서도 염오하고 느낌에 대해서도 염오하고 인식에 대해서도 염오하고 심리현상들에 대해서도 염오하고 알음알이에 대해서도 염오한다. 염오하면서 탐욕이 빛바래고, 탐욕이 빛바래기 때문에 해탈한다. 해탈하면 해탈했다는 지혜가 있다. '태어남은 다했다. 청정범행(梵行)은 성취되었다. 할 일을 다 해 마쳤다. 다시는 어떤 존재로도 돌아오지 않을 것이다.' 라고 꿰뚫어 안다."로 나타나는 것도 다르다. 즉 오온이 내 것, 나, 나의 자아가 아님을 통찰지로 보고 오온에 대한 염오-이욕-해탈-구경해탈지로 끝을 맺고 있는 것이 다르다.

이처럼 본 상윳따에 포함된 96개의 모든 경들은 26가지 삿된 견해에 관한 주제의 반복이다. 그리고 이러한 삿된 견해들은 모두 오온이 무상하고 괴로움이고 변하기 마련인 것을 바로 보지 못하기 때문에 생긴 것이며, 아울러 오온이 무상하고 괴로움이고 변하기 마련인 것을 바로 보게 되면 모두 극복된다고 강조하고 있다. 그러므로 이런 견해들을 취착하지 말고 의심을 끊고 해탈의 도정으로 나아갈 것을 설하고 있다. 그리고 제4품에서는 오온이 무상하고 괴로움이고 변하기 마련임을 바르게 봐서 오온이 내 것, 나, 나의 자아가 아님을 통찰지로 보고 오온에 대해서 염오하고 이욕하여 해탈과 구경해탈지가 생기는 것으로 끝을 맺고 있다.

위에서 살펴보았듯이 본 상윳따에 포함된 96개의 모든 경들도 오온을 주제로 하고 있기 때문에 본 상윳따도 앞의 「무더기 상윳따」(S22)의 연속이라고 봐도 무방하다.

6. 「들어감 상윳따」(S25)

스물다섯 번째인 「들어감 상윳따」(Okkanti-saṁyutta, S25)에는 모두 10개의 경들이 포함되어 있다. 이들 경은 눈·귀·코·혀·몸·마노의 안의 감각장소와(S25:1), 형색·소리·냄새·맛·감촉·법의 밖의 감각장소와(S25:2), 눈의 알음알이 등의 여섯 가지 알음알이와(S25:3), 이들에서 생긴 6촉-6수-6상-6의도-6갈애(S25:4~8)와 6대(S25:9)와 오온(S25:10)의 열 가지를 주제로 하고 있다. 이 10개의 주제는 본서 제2권의 「라훌라 상윳따」(Rāhula-saṁyutta, S18)와 아래의 「일어남 상윳따」(Uppāda-saṁyutta, S26) 등에도 나타나고 있다. 본 상윳따에서는 이러한 10개의 주제가 "무상하고 변하고 다른 상태로 되어간다."고 나타나고 있다. 그런 뒤에 10개의 경들에서 다음과 같이 말씀하셔서 결론을 맺으신다.

"비구들이여, 이들 법들에 대해서 이와 같이 믿고 이와 같이 확신을 가지는 자를 일러 믿음을 따르는 자라고 한다. 그는 올바른 정해진 행로에 들어가고, 참된 사람의 경지에 들어가고, 범부의 경지를 넘어섰다. 그가 지옥이나 축생계나 아귀의 영역에 태어나게 되는 그러한 업을 짓는다는 것은 있을 수 없고, 예류과를 실현하지 못한 채로 임종한다는 것도 있을 수 없다.

비구들이여, 이와 같이 통찰지로 충분히 사색하여 이러한 법들을 인정하는 자를 일러 법을 따르는 자라 한다. 그는 올바른 정해진 행로에 들어가고, 참된 사람의 경지에 들어가고, 범부의 경지를 넘어섰다. 그가 지옥이나 축생계나 아귀의 영역에 태어나게 되는 그러한 업을 짓는다는 것은 있을 수 없고, 예류과를 실현하지 못한 채로 임종한다는 것도 있을 수 없다.

비구들이여, 이들 법들을 이와 같이 알고 보는 자를 흐름에 든 자[預流者]라 하나니, 그는 [악취에] 떨어지지 않는 법을 가졌고 [해탈이] 확실하며 완전한 깨달음으로 나아간다."

위의 구문은 이들 10개의 경들에서 공통적으로 말씀하고 계시는 것이다.

인용문에서 보듯이 이런 것들이 모두 무상하고 변하고 다른 상태로 되어감에 대해서 믿고 확신을 가지는 자는 올바른 정해진 행로에 들어가기 때문에 '들어감(okkanti)'이라는 술어를 취해서 본 상윳따의 제목으로 삼은 것이다. 그리고 주석서는 이 들어감을 "성스러운 도(ariya-magga)에 들어간다는 뜻이다."(SA.ii.346)라고 설명하고 있다.

7. 「일어남 상윳따」(S26)

스물여섯 번째인 「일어남 상윳따」(Uppāda-saṁyutta, S26)에도 10개의 경들이 포함되어 있는데, 이 경들도 앞의 「들어감 상윳따」(S25)와 같이 눈·귀·코·혀·몸·마노의 안의 감각장소와(S26:1), 형색·소리·냄새·맛·감촉·법의 밖의 감각장소와(S26:2), 눈의 알음알이 등의 여섯 가지 알음알이와(S26:3), 이들에서 생긴 6촉-6수-6상-6의도-6갈애(S26:4~8)와 6대(S24:9)와 오온(S26:10)의 열 가지를 주제로 하고 있다. 이들 경에서는 다음과 같이 말씀하고 계신다.

"X가 일어나고 지속하고 생기고 드러나는 것은 다름 아닌 괴로움의 일어남과 병들의 지속과 늙음·죽음의 드러남이다. X가 소멸하고 가라앉고 사라지는 것은 다름 아닌 괴로움의 소멸과 병들의 가라앉음과 늙음·죽음의 사라짐이다."

위의 말씀 가운데 일어남(uppāda)이라는 술어를 취해서 본 상윳따의 제목으로 삼았다.

8. 「오염원 상윳따」(S27)

스물일곱 번째인 「오염원 상윳따」(Kilesa-saṁyutta, S27)에도 10개의 경들이 포함되어 있는데, 이들 경도 앞의 「들어감 상윳따」(S25)와 「일어남 상윳따」(S26)와 같이 눈·귀·코·혀·몸·마음의 안의 감각장소와(S27:1), 형색·소리·냄새·맛·감촉·법의 밖의 감각장소와(S27:2), 눈의 알음알이 등의 여섯 가지 알음알이와(S27:3), 이들에서 생긴 6촉-6수-6상-6의도-6갈애(S27:4~8)와 6대(S27:9)와 오온(S27:10)의 열 가지를 주제로 하고 있다. 이들 경에서는 다음과 같이 말씀하시는 것만 다르다.

"X에 대한 욕탐은 마음의 오염원이다. 비구들이여, 비구가 이들에 대한 마음의 오염원을 제거하면 그의 마음은 출리로 기울고, 출리를 철저히 닦은 마음은 최상의 지혜로 알고 실현해야 하는 법들에 적합하게 된다."

위의 말씀 가운데 오염원(kilesa)이라는 술어를 취해서 본 상윳따의 제목으로 삼았다.

그러므로 「들어감 상윳따」(S25)와 「일어남 상윳따」(S26)와 「오염원 상윳따」(S27)의 30개 경들은 본서 제4권 「육처 상윳따」(S35)와 같은 주제를 담고 있다 하겠다.

9. 「사리뿟따 상윳따」(S28)

스물여덟 번째인 「사리뿟따 상윳따」(Sāriputta-saṁyutta, S28)에는 부처님의 상수제자요 지혜제일인 사리뿟따 존자와 연관이 있는 10개의 경들이 들어 있다. 니까야에 포함되어 있는 경들은 대부분이 세존께서 하신 말씀이다. 세존의 말씀을 제외하고 직계 제자들이 설한 가르침 가운데는 부처님의 상수제자인 사리뿟따 존자가 설한 경이 가장 많다고 할 수 있다. 그만큼 니까야의 도처에서 사리뿟따 존자의 가르침은 나타나고 있다.

그런데 「사리뿟따 상윳따」라는 제목을 달고 있는 본 상윳따에 포함된 10개의 경들 가운데 처음의 아홉 개 경들은 모두 삼매에 관계된 경이다. 이 경들에서 아난다 존자는 사리뿟따 존자에게 "도반 사리뿟따여, 그대의 감각기관들은 참으로 고요하고 안색은 아주 맑고 빛납니다. 사리뿟따 존자는 어떤 머묾으로 오늘 하루를 보냈습니까?"라고 묻는다. 그러자 사리뿟따 존자는 각각의 경에서 초선부터 상수멸까지의 아홉 가지 삼매에 들어 머물렀기 때문이라고 대답하는 것이 각각의 경들의 내용이다.

그리고 마지막인 「수찌무키 경」(S28:10)은 수찌무키라는 여자 유행승과의 대화를 담고 있으며 사리뿟따 존자의 이야기를 들은 수찌무키는 환희에 벅차서 라자가하에서 이 거리에서 저 거리로 이 광장에서 저 광장으로 다니면서 "사꺄 아들(=세존)의 제자인 사문들은 법답게 음식을 먹습니다. 사꺄 아들의 제자인 사문들은 비난받지 않고 음식을 먹습니다. 사꺄 아들의 제자인 사문들에게 탁발음식을 공양하십시오."라고 외치고 다녔다고 경은 마무리 짓고 있다.

10. 「용 상윳따」(S29), 「금시조 상윳따」(S30), 「간답바 무리 상윳따」(S31)

스물아홉 번째와 서른 번째와 서른한 번째에 해당하는 「용 상윳따」(Nāga-saṁyutta, S29)와 「금시조 상윳따」(Supaṇṇa-saṁyutta, S30)와 「간답바 무리 상윳따」(Gandhabbakāya-saṁyutta, S31)의 세 개의 상윳따에는 각각 50개와 46개와 112개의 경들이 포함되어 있다. 그러나 모두 간단한 경들이 반복해서 나타나는 것이라서 각각의 상윳따는 단 하나의 품으로만 구성되어 있다.

「용 상윳따」(S29)에는 50개 경들이 나타나지만 이들은 「간단한 설명 경」(S29:1), 「더 수승함 경」(S29:2), 「포살 경」1(S29:3), 「그는 들음 경」1(S29:7), 「보시의 도움 경」1(S29:11)의 다섯 개의 경들로 구성되어 있다고 할 수 있다. 그 외 「포살 경」2/3/4(S29:4~6)와 「그는 들음 경」2/3/4(S29:8~10)와 「보시의 도움 경」2/3/4(S29:21~50)는 각각 「포살 경」1(S29:3), 「그는 들음 경」1(S29:7), 「보시의 도움 경」1(S29:11)과 같은 구조로 되어 있기 때문이다. 그래서 50개의 경들을 담고 있지만 이들은 품으로 구분되지 않고 있다.

「금시조 상윳따」(S30)도 46개의 경들을 담고 있지만 이들 역시 「간단한 설명 경」(S30:1)과 「빼앗음 경」(S30:2)과 「상반된 행동 경」1(S30:3)과 「보시의 도움 경」1(S30:7)의 네 개의 경들로 압축이 된다. 여기서도 품의 구분은 나타나지 않는다.

「간답바 무리 상윳따」(S31)에 포함되어 있는 112개의 경들도 같은 방법으로 해서 「간단한 설명 경」(S31:1)과 「좋은 행위 경」(S31:2)과 「보시자 경」1(S31:3)과 「보시의 도움 경」1(S31:13)의 네 개의 경들로 압축이 된다. 그리고 여기서도 품의 구분은 나타나지 않는다.

한편 '용(龍)'은 nāga를 옮긴 것이다. 초기경에서 '나가(nāga)'는 힘센 존재로 나타나고 있는데, 사대왕천의 하나인 용들을 뜻하기도 하고 코브라 뱀을 뜻하기도 하고 힘센 코끼리를 뜻하기도 한다. 여기서는 용을 뜻한다. 『디가 니까야』 제3권 「아따나띠야 경」(D32 §6)에 의하면 용들은 사대왕천의 서쪽에 머문다고 한다.

'금시조(金翅鳥)'는 Supaṇṇa를 중국에서 이렇게 옮겼다. 금을 뜻하는 suvaṇṇa와 연관지어 이렇게 옮긴 듯하다. 주석서는 멋진 날개(paṇṇa = patta)를 가졌기 때문에 붙여진 이름이라고 설명하기도 한다.[24] 주석서의 설명대로 금시조는 천상의 새인 가루라(迦樓羅, Garuḷa, Sk. garuḍa, 가루다)와 동의어이다.(SA.ii.349) 인도신화에서 금시조는 용의 천적으로 알려져 있다.

그리고 「간답바 무리 상윳따」(S31)의 '간답바(Gandhabba, Sk. Gandharva)'는 향기로운 물질들과 연관이 있는데, 이 술어가 향기를 뜻하는

---

24) sundaraṁ paṇṇaṁ pattaṁ yassa so supaṇṇo — ApA.390.

gandha에 기초하고 있기 때문이다. 그래서 주석서는 "'향기로운 뿌리(mūla-gandhe)에 거주하는'이란 나무의 뿌리에 향기가 나는 것이 있다. 그것을 의지하여 머문다는 말이다. [뿌리뿐만 아니라] 나무 전체에 다 머물 수 있다. 이것은 [껍질 등의] 다른 경우에도 다 적용된다."(SA.ii.350)라고 설명하고 있다. 이렇게 본다면 이 간답바는 사대왕천의 동쪽에 거주하는 신들인 간답바(Gandhabba)와는 다른 존재라고 보는 것이 타당하다. 이 간답바와 구분하기 위해서 여기서는 '간답바 무리(Gandhabba-kāya)'라고 표현하고 있다고 여겨진다.

일반적으로 빠알리어 간답바는 산스끄리뜨 간다르와(Gandharva)와 관련된 단어로 간주되며 중국에서 건달바(乾達婆)로 옮겨졌다. 그러나 빠알리어 '간답바(gandhabba)'는 초기불전에서는 크게 다음의 세 가지 문맥에서 나타나고 있다.

첫 번째는 사대왕천(Cātummahārājika)에 있는 신들이다. 『디가 니까야』 제2권 「자나와사바 경」(D18 §20)에서 그들은 가장 낮은 영역의 신들이라 불리고 있다. 일반적으로 간답바는 천상의 음악가로 불리는데(J.ii.249 등) 『디가 니까야』 제2권 「제석문경」(D21 §1.2) 이하에서도 빤짜시카 간답바가 벨루와빤두 루트를 켜면서 연주하고 노래하는 장면이 나타난다. 『디가 니까야』 제3권 「아따나띠야 경」(D32 §4)에 의하면 간답바들은 사대왕천의 동쪽에 거주하며 다따랏타가 그들의 왕이라고 한다. 이 신들은 산스끄리뜨로 간다르와(Gandharva)에 해당한다.

두 번째는 향기(gandha)나는 곳에 사는 신들을 뜻한다. 본 「간답바 무리 상윳따」(S31)의 「간단한 설명 경」(S31:1 §3)에서 세존께서는 간답바 무리의 신들(Gandhabbakāyika devā)은 나무의 뿌리나 껍질이나 수액이나 꽃의 향기(gandha)에 거주하기 때문에 붙여진 이름이라고 설하고 계신다. 그래서 『디가 니까야 주석서』 에서도 "간답바는 뿌리의 무더기 등에 사는 신들"(DA.ii.498)이라고 설명하기도 한다. 이 향기와 관계있는 신들이 사대왕천의 동쪽에 거주하는 앞의 간답바 신들과 같은지는 알

수 없다. DPPN도 이 둘에 대한 연관성을 설명하지 않고 있다.

세 번째는 태아의 잉태와 관련이 있다. 『맛지마 니까야』 「긴 갈애의 소멸 경」(M38 §26)에는 "비구들이여, 어머니와 아버지가 합쳐지고 어머니가 [수태할 수 있는] 옳은 시기이고 간답바(gandhabba)가 나타나서 이와 같이 셋이 합쳐질 때 태아는 잉태되는 것(gabbhassa avakkanti)이다."라고 나타나는데, 여기서 보듯이 간답바는 태아의 잉태와 관계있는 존재로 나타나고 있다.

한편 『율장 복주서』는 이 간답바를 간땁바(gantabba)로 설명하고 있다.(VinAṬ.ii.13) 그리고 마치 nekkhamma(出離)가 nekkamma의 속어형태이듯이 gandhabba도 gantabba의 속어형태라는 식으로 덧붙이고 있다. 여기서 간땁바(gataḅba)는 √gam(*to go*)의 가능법(*Potential*) 분사이다. 그래서 그 의미는 '가야만 하는 [것, 자]'가 된다. 그리고 같은 복주서는 계속해서 "업에 의해서 [다음 생으로] 가야만 하는 어떤 중생이 다시 태어날 때에 전생의 [마지막 자와나 순간에] 생긴 태어날 곳의 표상 등의 대상을 원인으로 하여 다시 태어남에 직면한 것(upapattābhimukha)을 말한다."(VinAṬ.ii.13)라고 설명하고 있다. 그래서 『청정도론』 VIII. 35에도 '가야만 하는'을 뜻하는 gamanīya[25]라는 단어로 이 간답바를 나타내고 있으며, 당연히 『청정도론 복주서』(Pm)는 이 gamanīya를 gandhabba(간답바)라고 해석하고 있다.(Pm.175) 그래서 "간답바가 되어 내생으로 갈 것이다."(Vis.VIII.35)라고 설명하고 있다. 중생들은 업에 의해서 죽은 다음에 반드시 다시 태어나야 하기 때문에 이 간답바에는 간땁바 즉 '다시 태어나야만 하는 [자]'라는 의미가 들어 있다는 해석이다.

이처럼 빠알리어 간답바는 크게 세 가지 문맥에서 초기불전에 나타나고 있다.

---

25) gamanīya는 위의 간땁바(gantabba)처럼 √gam에서 파생된 또 다른 형태의 Pot. 분사이다. 뜻은 간땁바와 같다.

「용 상윳따」(S29)와 「금시조 상윳따」(S30)에는 용과 금시조는 모두 네 가지 모태가 있다고 나타나는데, 그것은 알에서 태어난 것[卵生], 태에서 태어난 것[胎生], 습기에서 태어난 것[濕生], 화현으로 태어난 것[化生]이다. 그리고 「간답바 무리 상윳따」(S31)는 간답바들이 존재하는 곳을 10가지로 들고 있다. 그리고 이들 세 상윳따에 포함된 경들은 어떻게 해서 중생들이 각각 네 가지, 네 가지, 10가지로 구분이 되는 이러한 다양한 모태들에 태어나는지 등을 설명하고 있다.

11. 「구름의 신 상윳따」(S32)

서른두 번째인 「구름의 신 상윳따」(Valāhaka-saṁyutta, S32)에는 57개의 경들이 포함되어 있는데, 구름에 거주하는 신들(valāhaka-kāyikā devā) 혹은 구름의 신(valāhaka)들에 대한 경들이다.

여기에는 57개의 경들이 포함되어 있지만 ① 가르침 ② 좋은 행위 ③ 보시의 도움 ④ 차가운 구름 ⑤ 더운 구름 ⑥ 폭풍을 동반하는 구름 ⑦ 바람을 동반하는 구름 ⑧ 비를 동반하는 구름이라는 제목을 가진 여덟 개 경들이 주축을 이루고 있다. 왜냐하면 「보시의 도움 경」이라는 이름으로 나타나는 S32:3~52까지의 50개 경들은 아주 비슷하기 때문이다. 사정이 이러하기 때문에 본 상윳따에도 57개의 경들이 포함되어 있지만 10개의 경들을 하나의 품으로 묶는 방법은 적용되지 않고 하나의 품에 모두 포함되어서 나타나고 있다.

본 상윳따에서는 구름에 거주하는 신들로는 차가운 구름의 신들, 더운 구름의 신들, 폭풍을 동반하는 구름의 신들, 바람을 동반하는 구름의 신들, 비를 동반하는 구름의 신들의 다섯을 들고 있는데, 이 다섯은 각각 「차가운 구름 경」(S32:53)부터 마지막인 「비를 동반하는 구름 경」(S32:57)의 주제이기도 하다.

한편 경들은 어떻게 이들 신들의 동료로 태어나는가에 대해서도 설명하고 있다. 경들은 "몸으로 좋은 행위를 하고 말로 좋은 행위를 하고 마음으로 좋은 행위를 하는 것"을 들고 있으며, 이런 좋은 행위와 함께 "음식을 보시한다.(S32:3) … 그는 물을 보시한다.(S32:4) … 그는 의복을 보시한다.(S32:5) … 그는 탈것을 보시한다.(S32:6) … 그는 화환을 보시한다.(S32:7) … 그는 향을 보시한다.(S32:8) … 그는 연고를 보시한다.(S32:9) … 그는 침상을 보시한다.(S32:10) … 그는 거처를 보시한다.(S32:11) … 그는 등불을 보시한다.(S32:12)"는 열 가지 좋은 행위를 들고 있다. 이렇게 해서 그 중생은 몸이 무너져 죽은 뒤에 이런 구름의 신들의 동료로 태어난다고 경들은 적고 있다.

12. 「왓차곳따 상윳따」(S33)

서른세 번째인 「왓차곳따 상윳따」(Vacchagotta-saṁyutta, S33)에는 왓차곳따 유행승(Vacchagotta paribbājaka)에 관계된 경들 55개가 포함되어 있다. 비록 55개의 경들을 포함하고 있지만 이들은 모두 ① 무지 ② 보지 못함 ③ 관통하지 못함 ④ 깨닫지 못함 ⑤ 꿰뚫지 못함 ⑥ 주시하지 못함 ⑦ 요별하지 못함 ⑧ 식별하지 못함 ⑨ 깊이 고찰하지 못함 ⑩ 철저히 고찰하지 못함 ⑪ 직접 인지하지 못함의 11개 주제로 구분된다. 그래서 하나의 주제에 다섯 개의 비슷한 경들이 나타난다. 이렇게 해서 모두 55개의 경들로 확장이 된 것이다. 그래서 본 상윳따에도 품의 구분은 나타나지 않는다.

본 상윳따의 여러 경들에서 왓차곳따는 왜 세상에는 ① '세상은 영원하다.'라거나 ② '세상은 영원하지 않다.'라거나 ③ '세상은 유한하다.'라거나 ④ '세상은 무한하다.'라거나 ⑤ '생명과 몸은 같은 것이다.'라거나 ⑥ '생명과 몸은 다른 것이다.'라거나 ⑦ '여래는 사후에도 존재한다.'라거나 ⑧ '여래는 사후에 존재하지 않는다.'라거나 ⑨ '여래는 사후에 존재하기도 하고 존재하지 않기도 한다.'라거나 ⑩ '여래는 사후에 존재하는 것도 아니고 존재하지 않는 것도 아니다.'라는 10사무기(十事無記)로 정리되는 여러 가지 견해가 있는가를 세존께 여쭙고 있다.

세존께서는 여기에 대해서 오온과 오온의 집・멸・도에 대해서 무지하기 때문에(S33:1~5), 오온을 보지 못하기 때문에(S33:6~10), 관통하지 못하기 때문에, 깨닫지 못하기 때문에, 꿰뚫지 못하기 때문에, 주시하지 못하기 때문에, 요별하지 못하기 때문에, 식별하지 못하기 때문에, 깊이 고찰하지 못하기 때문에, 철저히 고찰하지 못하기 때문에, 직접 인지하지 못하기 때문에(S33:51~55) 그렇다고 말씀하신다.

그러므로 본 상윳따의 55개 경들은 모두 본서 첫 번째 상윳따인 「무더기 상윳따」(S22)의 기본 주제인 오온을 설하는 경이라고 할 수 있다.

한편 왓차곳따 유행승은 라자가하의 왓차(Vaccha)라는 족성(gotta)을 가진 부유한 바라문 가문에 태어난 유행승이다.(ThgA.i.235) 그와 부처님이 나눈 대화들은 여러 경에서 전승되어오는데, 특히 『맛지마 니까야』의 세 개의 경, 즉 「삼명 왓차곳따 경」(M71)과 「불 왓차곳따 경」(M72)과 「긴 왓차곳따 경」(M73)은 유명하다. 그는 「긴 왓차곳따 경」(M73)을 통해서 마침내 출가하게 되고 그래서 아라한이 되었다고 한다. 그는 본 상윳따뿐만 아니라 본서 「설명하지 않음[無記] 상윳따」(S44)의 「목갈라나 경」(S44:7)부터 「사비야 깟짜나 경」(S44:11)까지(44:7~11)에도 나타나고 있으며, 『앙굿따라 니까야』 「왓차곳따 경」(A3:57)에도 나타나고 있다.

13. 「선(禪) 상윳따」(S34)

본서의 마지막이자 서른네 번째인 「선(禪) 상윳따」(Jhāna-saṁyutta, S34)에는 모두 55개의 경들이 포함되어 있는데, 선 혹은 삼매를 다양한 관점에서 분류하고 있다. 본 상윳따에도 55개나 되는 경들이 포함되어 있지만 품의 구분은 나타나지 않는다. 이들 55개 경들은 ① 삼매의 증득 ② 머묾 ③ 출정 ④ 즐거워함 ⑤ 대상 ⑥ 영역 ⑦ 마음을 기울임 ⑧ 정성을 다해 닦음 ⑨ 끈기 있게 닦음 ⑩ 적절하게 닦음이라는 이 열 가지 주제를 다양하게 조화시키고 조합하고 배합한 것이기 때문이다.

본 『상윳따 니까야』에는 두 개의 「禪 상윳따」(Jhāna-saṁyutta)가 나타나고 있다. 하나는 이곳에 나타나는 「禪 상윳따」(S34)이고 다른 하나는 제6권에 나타나는 「禪 상윳따」(S53)이다. 두 상윳따 가운데 S53은 초선부터 제4선까지의 네 가지 선 즉 본삼매를 다루고 있고,[26] 본 상윳따(S34)는 이러한 본삼매를 증득하는 과정에 초점을 맞추고 있다. 그래서 S34는 본삼매와 관계된 여러 중요한 과정들 즉 증득(samāpatti), 들어 머묾(ṭhiti), 출정(vuṭṭhāna), 대상(ārammaṇa) 등에 대해서 설하고 있다.

禪 혹은 삼매와 관계된 이러한 논의는 『앙굿따라 니까야』 「히말라야 경」(A6:24), 「힘 경」(A6:72)에서는 삼매의 증득, 들어 머묾, 출정, 즐거움(kallita), 영역(gocara), [마음을] 기울이는 것(abhinīhāra)의 여섯 가지에 능숙함으로 나타나고(설명은 A6:24 2의 주해 참조), 「통제 경」(A7:38)에서는 삼매에 능숙함을 넣어서 일곱 가지 주제로 나타난다. 본 상윳따에는 대상에 대해서 능숙함(ārammaṇa-kusala)이 나타나는데, 이것은 『앙굿따라 니까야』의 경들에는 언급되지 않고 있다. 아무튼 니까야에서 나타나는 삼매 즉 禪에 대한 이러한 논의는 주석서와 아비담마에서 삼매를 체계적으로 설명하는 튼튼한 토대가 되고 있다.

본 상윳따에 포함된 55개의 경들은 모두 "비구들이여, 네 부류의 참선하는 자가 있다. 무엇이 넷인가?"로 시작한다. 그래서 S34:1에서는

---

26) 심·사·희·락·정(尋·伺·喜·樂·定)으로 요약되는 네 가지 禪(초선부터 제4선까지)의 구성요소에 대한 간략한 설명은 본서 제6권 「동쪽으로 흐름 경」(S53:1~12) §8의 주해를 참조할 것.

'삼매에 능숙함'과 '삼매의 증득에 능숙함'을 조합해서 ① 삼매에는 능숙하지만 삼매의 증득에는 능숙하지 못함, ② 삼매의 증득에는 능숙하지만 삼매에는 능숙하지 못함, ③ 삼매에도 능숙하지 못하고 삼매의 증득에도 능숙하지 못함, ④ 삼매에도 능숙하고 삼매의 증득에도 능숙함의 네 부류의 참선하는 자를 상정한다. 그런 뒤에 "비구들이여, 이 가운데서 삼매에도 능숙하고 삼매의 증득에도 능숙한 자가 네 명의 참선하는 자들 가운데서 으뜸이요 가장 뛰어나고 가장 훌륭하고 가장 높고 가장 탁월하다."라고 결론짓는다.

S34:2에서는 '삼매에 능숙함'과 '삼매에 들어 머묾에 능숙함'을 조합해서 역시 네 부류의 참선하는 자를 상정하고 '삼매에도 능숙하고 삼매에 들어 머묾에도 능숙한 참선하는 자'가 가장 탁월하다고 결론짓는다. 이렇게 해서 여러 가지 조합을 만들어 나가고 마지막 경인 S34:55에서는 '삼매를 끈기 있게 닦음에 능숙함'과 '삼매를 적절하게 닦음에 능숙함'의 조합을 만들어, '삼매를 끈기 있게 닦음에도 능숙하고 삼매를 적절하게 닦음에도 능숙한 자'가 가장 탁월하다고 결론짓는다.

그리고 매 경마다 경의 마지막은 "비구들이여, 예를 들면 소로부터 우유가 있고 우유로부터 응유가 되고 응유로부터 생 버터가 되고 생 버터로부터 정제된 버터가 되고 정제된 버터로부터 최상의 버터(제호, 醍醐)가 만들어지나니, 그것을 으뜸이라 부르는 것과 같다. 비구들이여, 그와 같이 X에도 능숙하고 Y에도 능숙한 자가 네 명의 참선하는 자들 가운데서 으뜸이요 가장 뛰어나고 가장 훌륭하고 가장 높고 가장 탁월하다."라는 구문으로 끝을 맺고 있다.

14. 맺는 말

『상윳따 니까야』 제3권에는 716개의 경들이 13개의 상윳따로 분류되어 있다. 『상윳따 니까야』 제3권은 전통적으로 무더기[五蘊]를 위주로 한 가르침 혹은 책이라 불려왔다. 오온의 가르침은 상좌부불교의 부동의 준거가 되는 『청정도론』에서 초기불교의 6개 기본 교학으로 강조하고 있는 온·처·계·근·제·연(蘊·處·界·根·諦·緣)가운데 맨 처음에 언급되는 중요한 가르침이다.

그리고 본서 「라다 상윳따」(S23)에 포함된 46개 경들과 「견해 상윳따」(S24)에 포함된 96개의 경들과 「왓차곳따 상윳따」(S33)의 55개 경들도 모두 오온에 대한 가르침을 담고 있다. 이렇게 본다면 본서 전체에서 오온을 주제로 한 경들은 적어도 356개로 늘어나게 된다. 물론 본 니까야 전체로 보면 오온의 가르침을 담고 있는 경들은 훨씬 더 많아진다. 그러면 왜 부처님께서는 오온의 가르침을 이처럼 많이 설하셨을까?

오온의 가르침은 '나는 누구인가?'라는 인간들이 가지는 가장 근원적인 질문에 대한 부처님의 대답이기 때문이다. 그러나 인간은 나는 누구인가라는 의문을 가지면서 저 밖을 향해서 조물주나 창조주를 찾아 헤매거나, '나'라는 고정불변하는 실체를 상정하고 그것과 하나 되려는 욕심과 무지를 보여 왔다.

세존께서는 나라는 존재를 물질·느낌·인식·심리현상들·알음알이의 다섯 가지 무더기로 해체해서 간단명료하게 제시하셨고 이렇게 해서 무아를 천명하셨다. 제2권이 나라는 존재를 12연기로 대표되는 연기의 흐름으로 해체해서 무아를 천명하신 가르침을 중심에 두고 있다면, 여기 제3권은 나라는 존재를 다섯 가지 무더기로 해체해서 무아를 천명하시는 가르침을 근본으로 하고 있다.

이렇게 해체해서 보면 무상이 보이고 괴로움이 보이고 무아가 보이고, 그래서 이를 발판으로 존재에 대해서 염오하고 탐욕이 빛바래고, 그래서 해탈하고, 해탈하면 태어남이 다했다는 구경해탈지가 생긴다고 본서의 도처에서 부처님께서는 강조하고 계신다. 이처럼 오온의 무상·고·

무아를 통한 염오-이욕-소멸 혹은 염오-이욕-해탈-구경해탈지가 제3권의 핵심 가르침이다. 여기서 염오-이욕-해탈-구경해탈지는 각각 강한 위빳사나-도-과-반조를 뜻한다고 주석서들은 강조하고 있기도 하다.

본서 「포말 경」(S22:95)에서 세존께서는 이렇게 읊으셨다.

"물질은 포말덩이와 같고 느낌은 거품과 같고
인식은 신기루와 같고 심리현상들은 파초와 같으며
알음알이는 요술과 같다고 태양의 후예는 밝혔도다. {1}

면밀히 살펴보고 근원적으로 조사해보고
지혜롭게 관찰해보면 그것은 텅 비고 공허한 것이로다. {2}

비구는 열심히 정진하여
이와 같이 [오]온을 굽어봐야 하나니
날마다 낮과 밤 할 것 없이
알아차리고 마음챙기라. {6}

모든 속박을 제거해야 하고
자신을 의지처로 삼아야 하리니
머리에 불붙는 것처럼 행해야 하고
떨어지지 않는 경지를 간절히 원해야 하리." {7}

『상윳따 니까야』 제3권을 읽는 모든 분들도 '나'라는 존재를 이와 같이 오온으로 해체해서 보아, 모든 괴로움을 여의게 되기를 발원한다. 본서를 읽는 모든 분들이 이를 통해서 금생에 해탈·열반의 튼튼한 발판을 만드시기를 기원하면서 제3권의 해제를 마무리한다.

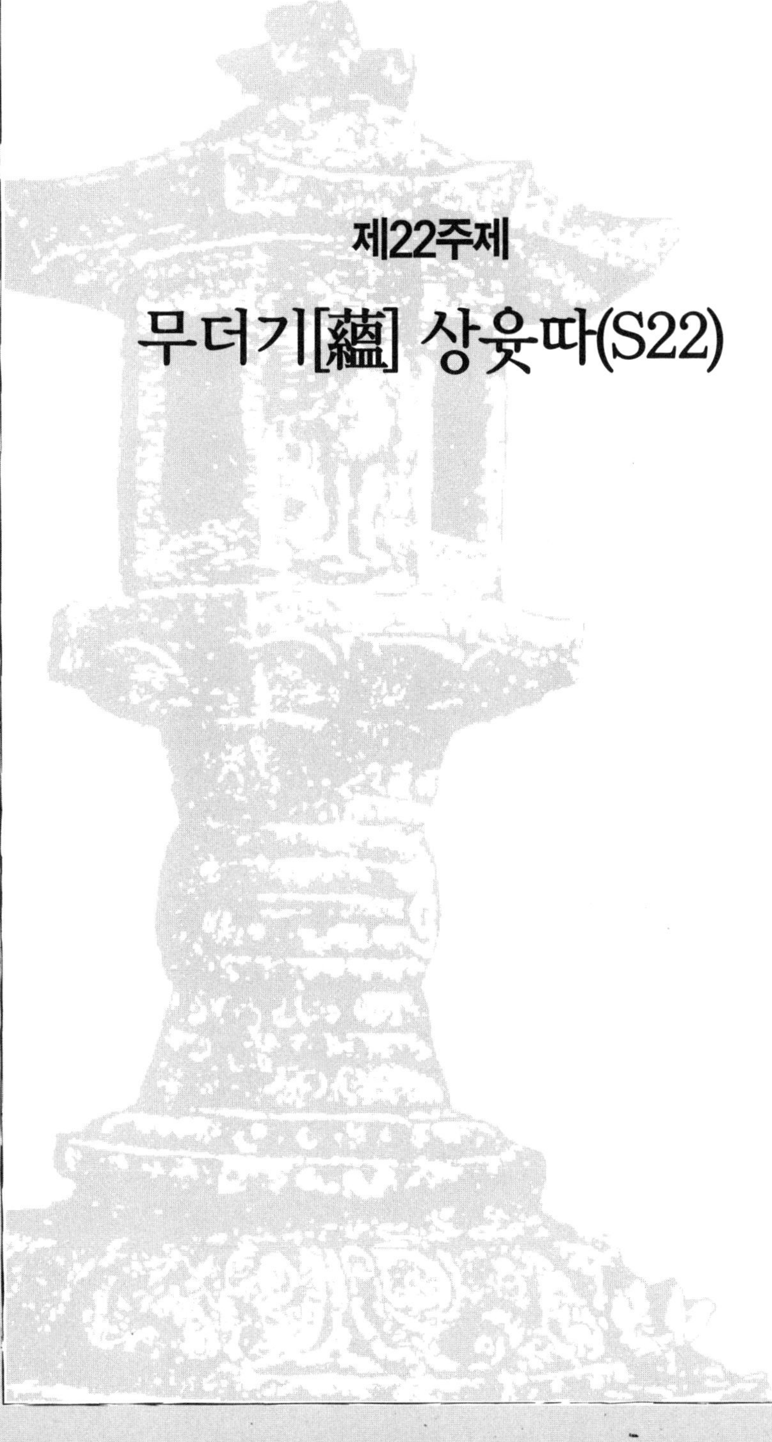

제22주제

무더기[蘊] 상윳따(S22)

그분 부처님 · 아라한 · 정등각자께 귀의합니다.

상윳따 니까야

제3권 오온을 위주로 한 가르침

Khandha-vagga

제22주제(S22)

무더기[蘊] 상윳따

Khandha-saṁyutta

I. 처음 50개 경들의 묶음

Mūlapaṇṇāsaka

제1장 나꿀라삐따 품

Nakulapitā-vagga

나꿀라삐따 경(S22:1)

Nakulapitā-sutta

1. 이와 같이 나는 들었다. 한때 세존께서는 박가에서 숨수마라 기리의 베사깔라 숲에 머무셨다.27)

---

27) 박가(Bhagga)는 종족 이름이면서 나라 이름이기도 하다. 이 나라는 꼬삼비에 예속되어 있었던 듯하며 왓지(Vajji) 공화국의 일원이었을 것이라는 설

2. 그때 나꿀라삐따 장자[28]가 세존께 다가갔다. 가서는 세존께

도 있다.(DPPN) 그래서 당시 인도 중원의 16국에는 포함되지 않는다. 박가는 웨살리와 사왓티 사이에 놓여 있었고 수도는 숨수마라기리(Suṁsumāra-giri, 악어산)였으며 그곳에 있는 숲이 베사깔라 숲(Bhesakalāvana)이다. 세존께서는 이곳에서 8번째 안거를 보내셨다고 한다.

주석서에 의하면(AA.ii.124; BvA.3) 세존께서 45년 동안 안거를 보내신 곳은 다음과 같다. 첫 번째 안거는 바라나시(Bārāṇasi) 이시빠따나(Isipatana)의 녹야원(Migadāya)에서 하셨다. 두 번째부터 네 번째는 라자가하(Rājagaha)의 대나무 숲(Veḷuvana), 다섯 번째는 웨살리(Vesāli)의 큰 숲[大林, Mahāvana]에 있는 중각강당(Kūṭāgārasālā), 여섯 번째는 마꿀라 산(Makulapabbata), 일곱 번째는 삼십삼천의 거주처(Tāvatiṁsa-bhavana), 여덟 번째는 박가(Bhagga)의 숨수마라기리(Suṁsumāragiri)에 있는 베사깔라 숲(Bhesakaḷāvana), 아홉 번째는 꼬삼비(Kosambi), 열 번째는 빠릴레야까(Pālileyyaka)의 밀림, 열한 번째는 날라(Nālā)의 바라문 마을(Brāhmaṇagāma), 열두 번째는 웨란자(Verañjā), 열세 번째는 짤리까(Cālikā)의 짤리까 산(Cālikāpabbata), 열네 번째는 사왓티(Sāvatthi)의 제따 숲(Jetavana), 열다섯 번째는 까삘라왓투(Kapilavatthu), 열여섯 번째는 알라위(Āḷavi), 열일곱 번째는 라자가하(Rājagaha), 열여덟 번째와 열아홉 번째는 짤리까 산(Cālikāpabbata), 스무 번째는 라자가하(Rājagaha)이다.(AA.ii.124; BvA.3)

그 후 스물한 번째부터 마흔세 번째까지의 23안거는 사왓티의 제따 숲과(18안거) 동쪽 원림[東園林, Pubbārāma]에서(5안거) 하셨다.(BvA.3) 그리고 마흔네 번째인 마지막 안거는 웨살리의 벨루와가마(벨루와 마을, Beḷuvagāma)에서 하셨다.(『디가 니까야』「대반열반경」(D16) §2.22)

『디가 니까야 주석서』에 의하면 세존께서는 웨사카 달(우리의 음력 4월)의 보름날 새벽에 반열반에 드셨다. 그러므로 두 달 뒤 아살하(Āsāḷha) 달 보름(음6월 보름)부터 시작되는 이 해의 안거는 하지 못하신 것이다. 여기에 대해서는『디가 니까야』제3권 부록『디가 니까야 주석서』서문 §§17~18을 참조할 것.

28) 나꿀라삐따(Nakulapitā)는 나꿀라의 아버지(pitā)라는 의미이다. 그의 아내는 나꿀라마따(Nakulamatā, 나꿀라의 어머니)로 나타난다. 나꿀라가 누구인지에 대해서 주석서는 설명하고 있지 않다.

그들은 이곳 박가(Bhagga)의 숨수마라기리(Suṁsumāragiri)에 살고 있었으며 세존께서 베사깔라 숲(Bhesakaḷāvana)에 오셔서 머무실 때 처음으로 세존을 찾아가 뵙고 발에 엎드려 '아들이여, 왜 이렇게 늦게 오셨습니까?' 라고 하면서 좋아하였다고 한다. 그들은 500생은 부처님의 부모였고 500생은 부처님의 큰아버지와 큰어머니였고 500생은 부처님의 작은 아버지와 작

절을 올리고 한 곁에 앉았다. 한 곁에 앉은 나꿀라삐따 장자는 세존께 이렇게 말씀드렸다.

3. "세존이시여, 저는 이제 늙어서 나이 들고 노쇠하고 연로하고 삶의 완숙기에 이르렀습니다. 저의 몸은 병이 들었고 저는 끊임없이 병고에 시달립니다. 세존이시여, 그러나 저는 세존과 마음에 새겨야 할 [고귀한] 비구들[29]을 거의 친견하지 못합니다.[30] 세존이시여, 세존께서 저를 훈도해 주소서. 세존이시여, 세존께서 저를 가르쳐주소서. 그러면 제게 오래도록 이익과 행복이 될 것입니다."

은 어머니였다고 주석서는 적고 있다.(AA.iii.95)
『앙굿따라 니까야』「하나의 모음」(A1:14:6-10과 7-9)에서 세존께서는 나꿀라삐따와 나꿀라마따를 두고 "친근한 자(vissāsaka)들 가운데서 으뜸"이라고 하시는데 바로 이런 이유 때문이다. 그들은 예류과를 얻었다고 한다. 본경 외에도 나꿀라삐따와 나꿀라마따에게 설하신 경들이 몇 개가 있는데, 부처님과 인연이 많았던 부부였고 『앙굿따라 니까야』「어울리는 삶 경」1(A4:55)에서 보듯이 금실이 좋은 부부였다.

29) '마음에 새겨야 할 [고귀한] 비구들'은 mano-bhāvanīyā bhikkhū를 옮긴 것이다. 여기서 mano-bhāvanīya는 자칫 '마음을 닦는'이나 '마음을 닦아야 하는'으로 옮길 수도 있지만 '마음에 존재하게 해야 할'로 직역되는 단어이다. 그래서 이렇게 풀어서 옮겼다. 주석서도 다음과 같이 설명하고 있다.
"'마음에 새겨야 할 [고귀한] 자들(mano-bhāvanīyā)'이란 마음을 향상하게 하는 자들(mana-vaḍḍhakā)이란 뜻이다. 그들을 친견하면 유익함을 통해서 마음이 향상하기(cittaṁ vaḍḍhati) 때문이니, 바로 사리뿟따와 목갈라나 등의 대장로들(mahā-therā)이 마음에 새겨야 할 [고귀한] 자들이다." (SA.ii.249~250)

30) '거의 친견하지 못합니다.'는 aniccadassāvī를 옮긴 것이다. 이것은 nicca-dassāvī(항상 보는 자)에 부정접두어 a-를 붙여서 만들어진 단어로 항상 보지 못하는 자라는 뜻이다. 주석서는 "병고(āturatā) 때문에 뵙고 싶은 때에 올 수가 없어서 가끔만(kadācideva) 뵐 수가 있습니다라는 뜻이다."(SA.ii.249)라고 설명하고 있다.
Ee, Be, Se에는 모두 이렇게 나타나지만, SS에 adhicca-dassāvī(가끔씩 뵙는 분)로 언급이 되는데 CPD의 제언처럼 더 원형에 가깝다고 여겨진다.

4. "참으로 그러하다, 장자여. 참으로 그러하다, 장자여. 그대의 몸은 고생이 가득하고[31] 참으로 거치적거린다. 장자여, 이런 몸을 끌고 다니면서 잠시라도 건강하다고 자부한다면 어찌 어리석은 사람과 다르지 않겠는가? 장자여, 그러므로 그대는 이와 같이 공부지어야 한다. '나의 몸은 병들었지만 마음은 병들지 않을 것이다.'라고 그대는 이와 같이 공부지어야 한다."

5. 그러자 나꿀라삐따 장자는 세존의 말씀을 [2] 기뻐하고 감사드린 뒤 자리에서 일어나 세존께 절을 올리고 오른쪽으로 [세 번] 돌아 [경의를 표한] 뒤에 사리뿟따 존자에게 다가갔다. 가서는 사리뿟따 존자에게 절을 올리고 한 곁에 앉았다. 한 곁에 앉은 나꿀라삐따 장자에게 사리뿟따 존자는 이렇게 말했다.

6. "장자여, 그대의 감각기관들은 참으로 고요하고 안색은 아주 맑고 빛납니다. 오늘 그대는 세존의 면전에서 법문을 들었습니까?"

"존자시여, 어찌 아니겠습니까? 오늘 저는 세존으로부터 감로의 법문으로 관정(灌頂)을 하였습니다."[32]

---

31) '고생이 가득하고'는 Ee: addha-bhūta를 옮긴 것이다. Be, Se에는 aṇḍa-bhūta로 나타나는데 '계란처럼 된'으로 직역할 수 있다. 주석서(Be)에 의하면 계란(aṇḍa)처럼 약하게(dubbala) 된 것을 뜻한다고 한다.(SA.ii.250) 역자는 보디 스님의 제언대로 addha-bhūta로 읽어서 옮겼다. 본서 제4권 「짓눌림 경」(S35:29) §3에서는 '짓눌린'으로 옮겼다. 이곳의 주해를 참조할 것.

32) '관정(灌頂)을 한'은 abhisitta를 옮긴 것이다. abhisitta는 abhi+√sic(*to anoint*)에서 파생된 과거분사이다. 본서 제1권 「산의 비유 경」(S3:25) §3이나 본서 「쇠똥 경」(S22:96) §6 등과 『디가 니까야』 「사문과경」(D2) §63 등에는 muddha-abhisitta 즉 머리에(muddha) 물이 뿌려진(abhisitta)으로 나타나는데, 문자 그대로 머리에 물을 뿌리는 관정의식이 거행된 것을 뜻한다. 이것의 명사 아비세까(abhiseka, Sk. abhiṣeka)는 관정의식 혹은 관

"장자여, 그러면 그대는 어떻게 세존으로부터 감로의 법문으로 관정을 하였습니까?"

7. "존자시여, 오늘 저는 세존께 다가갔습니다. 가서는 세존께 절을 올리고 한 곁에 앉았습니다. 한 곁에 앉은 저는 세존께 이렇게 말씀드렸습니다. '세존이시여, 저는 이제 늙어서 나이 들고 노쇠하고 연로하고 삶의 완숙기에 이르렀습니다. 저의 몸은 병이 들었고 저는 끊임없이 병고에 시달립니다. 세존이시여, 그래서 저는 세존과 마음에 새겨야 할 [고귀한] 비구들을 거의 친견하지 못합니다. 세존이시여, 세존께서 저를 훈도해 주소서. 세존이시여, 세존께서 저를 가르쳐주소서. 그러면 제게 오래도록 이익과 행복이 될 것입니다.'라고.

이렇게 말씀드리자 세존께서는 제게 이렇게 말씀하셨습니다. '참으로 그러하다, 장자여. 참으로 그러하다, 장자여. 그대의 몸은 고생이 가득하고 참으로 거치적거린다. 장자여, 이런 몸을 끌고 다니면서 잠시라도 건강하다고 자부한다면 어찌 어리석은 사람과 다르지 않겠는가? 장자여, 그러므로 그대는 이와 같이 공부지어야 한다. '나의 몸은 병들었지만 마음은 병들지 않을 것이다.'라고 그대는 이와 같이 공부지어야 한다.'라고.

존자시여, 저는 이와 같이 세존으로부터 감로의 법문으로 관정을 하였습니다."

정식을 뜻한다. 물을 신성시 하는 인도에서 제왕이나 태자의 책봉 때 거행하는 의식이며 관정식을 마친 왕이라야 진정한 왕으로 대접받는다. 서양에서 거행하던 대관식과 같은 의미를 가진다.(여기에 대해서는 본서 제3권 「쇠똥 경」(S22:96) §6의 주해도 참조할 것.)

장자는 부처님의 법문을 들은 것이 바로 물로 머리에 관정식을 거행한 것과 같이 신성한 것이었다고 말하는 것이다.

8. "장자여, 그런데 그대는 세존께 '세존이시여, 그러면 어떤 것이 몸도 병들고 마음도 병든 것입니까? 그리고 어떤 것이 몸은 병들었지만 마음은 병들지 않은 것입니까?'라고 더 질문을 드려야겠다는 영감이 떠오르지 않았습니까?"

"존자시여, [3] 이 말씀의 뜻을 바르게 이해하기 위해서 저희들은 아무리 먼 곳에서라도 사리뿟따 존자의 곁으로 와야 합니다. 그러니 사리뿟따 존자께서 이 말씀의 뜻을 설명해 주시면 감사하겠습니다."

9. "장자여, 그렇다면 이제 들으십시오. 듣고 마음에 잘 새기십시오. 나는 설할 것입니다."

"그렇게 하겠습니다, 존자시여."라고 나꿀라삐따 장자는 사리뿟따 존자에게 대답했다.

사리뿟따 존자는 이렇게 말했다.

10. "장자여, 그러면 어떤 것이 몸도 병들고 마음도 병든 것입니까?

장자여, 여기 배우지 못한 범부[33]는 성자들을 친견하지 못하고 성스러운 법에 능숙하지 못하고 성스러운 법에 인도되지 못하고 참된 사람들을 친견하지 못하고 참된 사람의 법에 능숙하지 못하여 물질[34]을 자아라고 관찰하고,[35] 물질을 가진 것이 자아라고 관찰하고,

---

33) '범부(puthujjana)'에 대한 설명은 본서 제2권 「배우지 못한 자 경」 1(S12:61) §3의 주해를 참조할 것. 주석서와 복주서들은 배우지 못한 범부(assuta-vā puthujjana)와 선한 범부(kalyāṇa-puthujjana)를 구분하고 있다. 이 둘은 아직 예류도에 도달하지 못했기 때문에 범부지만, 전자는 온·처·계·연 등의 법에 대한 이론적인 지혜(교학)도 없고 마음챙김의 확립 등의 수행도 하지 않은 자이다. 후자는 이 둘을 다 갖추어 예류도에 도달하기 위해서 노력하는 자이다.(SAṬ.ii.200)

34) 여기서 '물질'은 rūpa를 옮긴 것이다. 불교 전반에서 rūpa는 크게 두 가지 의미로 쓰인다. 넓게는 물질 전반을 뜻하는데 본경에서처럼 오온의 첫 번째

물질이 자아 안에 있다고 관찰하고, 물질 안에 자아가 있다고 관찰합니다. 그는 '나는 물질이다. 물질은 내 것이다.'라는 [견해에] 사로잡

인 색온(色蘊, rūpa-kkhandha)이 여기에 속한다. 이 경우에는 '물질'로 옮긴다.

본서 「삼켜버림 경」(S22:79) §4 등에서처럼 초기불전의 여러 곳에서는 "변형된다고 해서(ruppatīti kho) 물질이라 한다."라고 물질을 정의하고 있다. 여기서 변형(ruppana, ruppati)은 변화(viparinnāma)와는 다르다. 변형(變形)은 형태나 모양이 있는 것이 그 형태나 모양이 바뀌는 것을 말한다. 이것은 물질만의 특징이다. 느낌, 인식, 심리현상들, 알음알이와 같은 정신의 무더기들은 변화는 말할 수 있지만 변형은 없다. 형태나 모양이 없기 때문이다. 그래서 변형은 물질에만 있는 성질이다. 경전적이고 주석서적인 물질의 정의에 대해서는 본서 「삼켜버림 경」(S22:79) §4와 주해들을 참조할 것.

한편 상좌부 아비담마에서는 모두 28가지 물질을 정의하고 있고 『구사론』과 유식에서는 11가지 물질을 들고 있지만(권오민, 『아비달마 구사론』 제1권 13쪽 참조), 상좌부 아비담마에서는 물질을 모두 28가지로 분류하고 있는데 근본 물질 네 가지와 파생물질 24가지로 분류한 뒤에 파생물질을 다시 구체적 물질 14가지와 추상적 물질 10가지로 분류하여 설명하고 있다. 상좌부 아비담마에서 분류하여 설명하는 물질 전반에 대해서는 『아비담마 길라잡이』 제6장을 참조할 것.

둘째, rūpa는 본서 제1권 「다섯 왕 경」(S3:12) §3이나 본서 제4권 「육처 상윳따」(S35)의 여러 경들에서 보듯이 눈의 대상을 뜻하기도 한다. 이 경우에는 형상을 의미하기도 하고 색깔을 의미하기도 한다. 초기불전에서부터 눈의 대상으로서의 루빠는 형상과 색깔 둘 다를 의미한다. 『아비달마 구사론』 등에서는 루빠를 청황적백(青黃赤白)과 장단방원(長短方圓) 등으로 설명하고 있는데(권오민, 『아비달마 구사론』 제1권 15쪽 참조), 전자는 색깔을 후자는 형상을 뜻하는 것으로 이해할 수 있다. 지금까지 초기불전연구원에서는 눈의 대상을 '형상'으로 옮겼는데 색깔의 의미가 빠진 번역이라서 이번 『상윳따 니까야』 번역부터는 이 둘을 다 나타내는 '형색(形色)'으로 통일해서 옮기고 있다. 중국에서는 물질의 의미든 형색의 의미든 모두 색(色)으로 통일해서 옮겼다.

35) 이 이하에서는 20가지 '[불변하는] 자신이 존재한다는 견해(유신견, 有身見, sakkāya-diṭṭhi)'가 언급되고 있다. 여기서 보듯이 유신견은 오온의 각각에 대해서 ① 오온이 자아라고 ② 오온을 가진 것이 자아라고 ③ 오온이 자아 안에 있다고 ④ 오온 안에 자아가 있다고 관찰하는 20가지 견해(5×4=20)를 말한다. 유신견은 예류도에 듦으로써 없어진다. 본서 「자기 존재 경」(S22:105) §4에서는 취착의 [대상이 되는] 다섯 가지 무더기(오취온, 五取蘊)가 바로 자기 존재[有身, sakkāya]라고 나타난다.

힙니다.[36]

그러나 이처럼 '나는 물질이다. 물질은 내 것이다.'라는 [견해에] 사로잡힌 자의 물질은 변하고 다른 상태로 되어가기 때문에 그에게는 근심·탄식·육체적 고통·정신적 고통·절망이 일어납니다."

11. "그는 느낌[37]을 자아라고 관찰하고, 느낌을 가진 것이 자아

---

36) 주석서를 정리하면 다음과 같다.
'물질을 자아라고 관찰하고(rūpaṁ attato samanupassati)'는 물질과 자아는 구분할 수 없다고 하는 것이니, 마치 등불의 불꽃(acci)과 색깔(vaṇṇa)을 구분할 수 없는 것과 같다.
'물질을 가진 것이 자아라고 관찰하고(rūpavantaṁ vā attānaṁ)'는 물질이 아닌 것[無色, 非色, arūpa, 정신(nāma, 名) 즉 마음과 마음부수들]을 자아라고 간주하여 이것이 물질(몸)을 가지고 있다고 관찰하는 것이니, 마치 나무(rukkha)가 그림자(chāyā)를 가지고 있는 것과 같다.
'물질이 자아 안에 있다고 관찰하고(attani vā rūpaṁ)'란 물질이 아닌 [마음과 마음부수들]을 자아라고 간주하고 이 안에 물질이 놓여 있다고 관찰하는 것이니, 마치 꽃(puppha) 안에 향(gandha)이 있는 것과 같다.
'물질 안에 자아가 있다고 관찰한다(rūpasmiṁ vā attānaṁ).'는 것은 물질이 아닌 마음과 마음부수들을 자아라고 간주하고 이것이 물질 안에 놓여 있다고 관찰하는 것이니, 마치 보석(maṇi)이 상자(karaṇḍaka) 안에 놓여 있는 것처럼.
'[견해에] 사로잡힌다(pariyuṭṭhaṭṭhāyi).'는 것은 그는 이러한 생각을 갈애와 사견(taṇhā-diṭṭhi)으로 삼키고(gilitvā) 거기에 굳게 선 뒤(pariniṭṭhapetvā) 그것을 움켜쥐는 자(gaṇhanaka)가 된다는 뜻이다.
주석서는 이 가운데 '오온을 자아라고 관찰하는 것'은 단견(斷見, uccheda-diṭṭhi)과 비존재에 대한 견해[無有見, vibhava-diṭṭhi]에 속하고, 나머지 셋은 상견(常見, sassata-diṭṭhi)과 존재에 대한 견해[有見, bhava-diṭṭhi]에 속한다고 설명한다. 그러므로 20가지 유신견 가운데 5가지는 단견에, 15가지는 상견에 속하게 된다.
주석서는 또한 20가지 유신견은 모두 도에 장애가 되고(magg-āvaraṇā), 천상에 장애가 되며(sagg-āvaraṇā), 첫 번째 도(예류도)에 의해서 모두 제거된다(paṭhama-magga-vajjhā)고 덧붙이고 있다.(SA.ii.254~255)
자아의 문제는 정확한 분석과 해체(vibhaṅga, vibhajja)에 의해서 모두 척파된다. 자아의 문제에 대해서는 『디가 니까야』 「대인연경」(D15) §§25~32에 잘 분석되어 있으므로 참조할 것.

37) 초기불전에서 '느낌[受, vedanā]'은 대상을 좋아하고 미워하고 집착하고 염

라고 관찰하고, 느낌이 자아 안에 있다고 관찰하고, 느낌 안에 자아가 있다고 관찰합니다. 그는 '나는 느낌이다. 느낌은 내 것이다.'라는 [견해에] 사로잡힙니다.

그러나 이처럼 '나는 느낌이다. 느낌은 내 것이다.'라는 [견해에] 사로잡힌 자의 느낌은 변하고 다른 상태로 되어가기 때문에 그에게는 근심·탄식·육체적 고통·정신적 고통·절망이 일어납니다."

12. "그는 인식38)을 자아라고 관찰하고, 인식을 가진 것이 자아

오하는 등, 우리의 "정서적"이고 "감정적"인 의도나 반응 혹은 반작용[行, saṅkhāra]으로 발전하게 되는 단초가 되는, 즐겁거나 괴롭거나 즐겁지도 괴롭지도 않은 경험을 뜻한다. 느낌에 바탕을 두고 있는 심리현상들 예를 들면 탐욕이나 성냄이나 희열 등은 느낌의 영역에 속하지 않는다. 이들은 오온의 심리현상들[行, saṅkhārā]에 속한다. 그래서 느낌을 감정적·정서적인 '단초(端初)'가 되는 심리현상이라 표현하였다.

경들에 의하면 느낌에는 즐거운 것[樂, sukha]과 괴로운 것[苦, dukkha]과 괴롭지도 즐겁지도 않은 것[不苦不樂, adukkham-asukha]의 세 가지가 있다. 여기에 대해서는 본서 「삼켜버림 경」(S22:79) §5 등을 참조할 것. 그런데 아비담마에서는 이들 각각의 느낌에 육체적인 것과 정신적인 것을 구분하여 육체적 즐거움[樂, sukkha], 육체적 괴로움[苦, dukkha], 정신적 즐거움[喜, somanassa], 정신적 괴로움[憂, domanassa], 평온[捨, upekkhā]의 다섯으로 분류하고 있다.(『아비담마 길라잡이』 제3장 §2를 참조할 것) 한편 이 다섯은 본서 제5권 「기능 상윳따」(S48)의 제4장 즐거움의 기능 품에 나타나는 열 개의 경들(S48:31~40)에서 22가지 기능들 가운데 다섯 가지로 포함되어 나타난다. 이들의 차이점은 본서 제5권 「분석 경」 1/2(S48:36~37)에서 설명되고 있다. 여기서 sukha를 육체적 즐거움으로, dukkha를 육체적 괴로움으로, somanassa를 정신적 즐거움으로, domana-ssa를 정신적 괴로움으로 옮긴 것은 본서 제5권 「분석 경」 1(S48:36)의 설명을 따랐기 때문이다.

38) 느낌[受]이 예술적이고 정서적인 심리현상들[行]의 단초가 되는 것이라면, 인식[想]은 지식이나 철학이나 사상이나 이념과 같은 우리의 이지적인 심리현상들의 밑바탕이 되는 것이라 할 수 있다. 『청정도론』은 인식의 특징으로 "마치 목수들이 목재 등에 [먹줄로] 표시하는 것처럼, 인식할 수 있는 원인이 될 '표상을 만드는(nimitta-karaṇa) 역할'을 한다."(Vis.XIV.130)라고 설명하고 있다. 즉 우리는 인식이 만들어내는 표상(nimitta)에 따라서 그

라고 관찰하고, 인식이 자아 안에 있다고 관찰하고, 인식 안에 자아가 있다고 관찰합니다. 그는 '나는 인식이다. 인식은 내 것이다.'라는 [견해에] 사로잡힙니다.

그러나 이처럼 '나는 인식이다. 인식은 내 것이다.'라는 [견해에] 사로잡힌 자의 인식은 변하고 다른 상태로 되어가기 때문에 그에게는 근심·탄식·육체적 고통·정신적 고통·절망이 일어납니다."

대상에 대한 생각이나 사고나 사유나 견해 같은 지적인 반응을 일으키게 된다는 말이다.(본서 「삼켜버림 경」(S22:79) §6의 주해에 나타나는 준비단계의 인식 등 참조) 그러므로 인식은 더 구체적으로 말하자면 대상을 받아들여 그 대상에 대한 개념을 일으키고 그 대상에 고유한 이름을 짓는 작용이라 할 수 있다. 그래서 인도 문법학(Vyākaraṇa)에서 이 산냐(Sk. saṁjñā)는 문법학의 전문술어를 뜻하기도 한다.

그런데 이런 개념작용은 또 무수한 취착을 야기하고 해로운 심리현상들[不善法]을 일으키기 때문에 초기불전의 여러 문맥에서 인식은 부정적이고 극복되어야 할 것으로 언급되어 있다. 그래서 『숫따니빠따』(Sn) 제4장에서도 인식은 견해(見)와 더불어 극복되어야 할 것으로 나타나며, 특히 '사량분별하는 인식(papañca-saññā)'을 가지지 말 것을 초기불전들은 강조하고 있다.(『디가 니까야』 「제석문경」(D21) §§2.2.~2.3와 그곳의 주해들과 『맛지마 니까야』 「꿀 덩어리 경」(M18/i.111~112) §16 참조) 그리고 버리고 극복되어야 할 대표적인 인식으로 대한불교 조계종의 소의경전인 『금강경』은 아상(我相, ātmā-saṁjñā), 인상(人相, pudgala-saṁjñā), 중생상(衆生相, sattva-saṁjñā), 수자상(壽者相, jīva-saṁjñā), 즉 자아가 있다는 인식, 개아가 있다는 인식, 중생이 있다는 인식, 영혼이 있다는 인식을 들고 있음은 우리가 잘 알고 있다. 이러한 인식들은 단지 인식에만 머물지 않고 존재론적인 고정관념으로 고착된다고 이해한 구마라즙 스님은 이러한 인식을 상(想)으로 옮기지 않고 상(相)으로 옮겼다.

그리고 깨달음을 증득하고 해탈·열반을 실현하기 위해서 개발하고 닦아야 하는 인식도 나타나고 있다. 특히 『앙굿따라 니까야』에는 수행자들이 닦아야 할 여러 가지 조합의 인식들이 나타나고 있는데 예를 들면 「인식경」 2(A7:46)에서 부처님께서는 "부정(不淨)이라고 관찰하는 지혜에서 생긴 인식, 죽음에 대한 인식, 음식에 혐오하는 인식, 온 세상에 대해 기쁨이 없다는 인식, 오온에 대해서 무상(無常)이라고 관찰하는 지혜에서 생긴 인식, 무상한 오온에 대해서 괴로움이라고 관찰하는 지혜에서 생긴 인식, 괴로움인 오온에 대해서 무아라고 관찰하는 지혜에서 생긴 인식"을 들고 계신다. 이러한 인식은 본서 제5권 「부정 경」 등(S46:67~76)에도 열 가지로 나타나고 있다.

13. "그는 심리현상들[39)]을[40)] 자아라고 관찰하고, 심리현상들을

39) 여기서 '심리현상들'로 옮긴 원어는 상카라(saṅkhārā)이고 중국에서 행(行)으로 옮긴 술어이다. 오온의 문맥에서 나타나는 상카라는 항상 복수 형태로 나타나고 있음에 유념해야 한다. 초기불전연구원에서는 오온의 네 번째인 상카라[行]를 '심리현상들'로 옮기고 있다. 초기불전에서는 다양한 문맥에서 saṅkhāra가 나타나고 있는데 이러한 상카라의 용례와 한글로 옮기는 문제에 대해서는 바로 다음 주해를 참조할 것. 오온의 상카라에 대한 기본적인 설명은 본서 「삼켜버림 경」(S22:79) §7의 주해를 참조할 것.
『청정도론』 등의 주석서 문헌과 아비담마에서는 위의 느낌과 인식을 포함하여 모두 52가지의 심리현상들을 들고 있는데, 이들을 다시 공통되는 것들 13가지와 해로운 것들 14가지와 유익한 것들 25가지로 분류한 뒤에 이들을 다시 반드시들과 때때로들로 나누어서 고찰하고 있다. 여기에 대해서는 『아비담마 길라잡이』 제2장을 참조할 것.

40) 한편 옛날 중국에서 역경승들이 행(行)으로 옮긴 범어는 상카라(saṅkhāra, Sk.saṁskāra)인데 이것은 saṁ(함께)+√kṛ(하다, *to do*)에서 파생된 명사이다. 행한다는 의미를 지닌 어근 √kṛ의 의미를 적극적으로 살려서 중국에서 행(行)으로 정착시킨 것이다. 그러나 이 행으로 옮긴 상카라는 초기불전의 다양한 문맥에서 아주 많이 나타나고 있다. 그러므로 행이라는 한역 단어만을 가지고 상카라의 의미를 파악한다는 것은 무리라고 할 수 밖에 없다. 결국 그 의미는 초기불전에 나타나는 문맥을 통해서 파악할 수밖에 없는데 상카라는 경들에서 크게 다음의 네 가지 문맥에서 나타난다. 초기불전연구원에서는 초기에는 이 모두를 '상카라'로 음역을 하다가 니까야를 본격적으로 옮기면서 부터는 이 넷을 구분하여 한글로 정착시키고 있다.
첫째, 제행무상(諸行無常)과 제행개고(諸行皆苦)의 문맥에서 제행으로 나타나는데 항상 복수로 쓰인다. 이 경우의 제행은 유위법(有爲法, saṅkhata-dhamma)들을 뜻한다. 즉 열반을 제외한 물질적이고 정신적인 모든 유위법들을 행이라 불렀다. 이 경우에 행은 '형성된 것들'에 가까운 뜻이다. 초기불전연구원에서는 이렇게 통일해서 옮기고 있다. 그 외 목숨의 상카라(ayu-saṅkhāra), 존재의 상카라(bhava-saṅkhāra), 생명의 상카라(jīvita-saṅkhāra) 등의 형태로 나타나기도 하는데 이 경우도 '형성된 것'으로 이해하면 된다.
둘째, 오온의 네 번째인 행온(行蘊, saṅkhāra-kkhandha)으로 나타나는데 이 경우에도 예외 없이 복수로 쓰인다. 오온 가운데서 색(色, 물질)은 아비담마의 색법이고 수상행(受想行)은 아비담마의 심소법(心所法)들이고 식(識)은 아비담마의 심법이다. 그러므로 오온에서의 행은 상좌부 아비담마의 52가지 심소법들 가운데서 느낌[受]과 인식[想]을 제외한 나머지 심소법들 모두를 뜻하는데, 감각접촉, 의도, 주의, 집중, 의욕과 유익한[善] 심리현상들

가진 것이 자아라고 관찰하고, 심리현상들이 자아 안에 있다고 관찰하고, 심리현상들 안에 자아가 있다고 관찰합니다. 그는 '나는 심리현상들이다. 심리현상들은 내 것이다.'라는 [견해에] 사로잡힙니다.

그러나 이처럼 '나는 심리현상들이다. 심리현상들은 내 것이다.'라는 [견해에] 사로잡힌 자의 심리현상들은 변하고 다른 상태로 되어가기 때문에 [4] 그에게는 근심·탄식·육체적 고통·정신적 고통·

모두와 해로운[不善] 심리현상들 모두를 포함한다. 초기불전연구원에서는 이 경우의 행은 '심리현상들'로, 행온은 '심리현상들의 무더기'로 옮기고 있다.

셋째, 12연기의 두 번째 구성요소인 무명연행(無明緣行)으로 나타난다. 12연기에서의 행도 항상 복수로 나타나는데 『청정도론』에서 '공덕이 되는 행위(puñña-abhisaṅkhāra), 공덕이 되지 않는 행위, 흔들림 없는 행위'로 설명이 되듯이 이 경우의 행은 '업지음들' 혹은 '의도적 행위들'로 해석된다. 이 경우의 행은 업(karma)과 동의어이다. 그래서 서양에서도 *kamma-formations*(업형성들)로 이해하고 있다. 초기불전연구원에서는 '의도적 행위들'로 옮긴다.

넷째, 몸(身)과 말(口)과 마음(意)으로 짓는 세 가지 행위인 신행(身行, kāya-saṅkhāra), 구행(口行, vacī-saṅkhāra), 의행(意行, mano-saṅkhāra)으로 나타난다. 본서 제2권 「부미자 경」(S12:25) §§8~10과 『앙굿따라 니까야』 「상세하게 경」(A4:232) §3 등에서 보듯이 이때의 행은 의도적 행위이다. 그리고 『청정도론』에서는 이 삼행도 12연기의 행처럼 업형성 즉 의도적 행위로 이해한다.(『청정도론』 XVII.61 참조) 그래서 신행, 구행, 의행은 각각 신업, 구업, 의업의 삼업(三業)과 동의어가 된다.

그런데 이 신·구·의 삼행은 상황에 따라 '작용'으로 이해해야 하는 곳도 있다. 예를 들면 몸의 상카라(신행)를 들숨날숨으로, 말의 상카라(구행)를 일으킨 생각[尋, vitakka]과 지속적인 고찰[伺, vicāra]로, 마음의 상카라(의행)를 느낌과 인식으로 설명하는 경들이 몇 군데 나타난다.(본서 제4권 「까마부 경」 2(S41:6) §3이하를 참조) 이 경우에 상카라는 '작용' 정도로 이해해야 한다고 본다. 들숨날숨이나 생각과 고찰이나 느낌과 인식은 결코 의도적 행위가 될 수 없기 때문이다.

이처럼 행(상카라)은 그 용처에 따라서 그 의미를 각각 다르게 이해해야 한다. 그리고 상카라(saṅkhāra)에다 접두어 abhi-를 붙인 아비상카라(abhisaṅkhāra)가 나타나는데 이 경우는 의도적 행위를 뜻한다. 특히 『청정도론』과 주석서 문헌에서는 거의 예외 없이 의도적 행위를 뜻한다고 보여진다.(본서 제2권 「부미자 경」(S12:25) §8의 주해 참조) 그래서 본서에서 역자는 아비상카라를 '업형성'이나 '의도적 행위'로 옮기고 있다.

절망이 일어납니다."

14. "그는 알음알이[41]를 자아라고 관찰하고, 알음알이를 가진

---

41) '알음알이[識]'로 옮긴 원어는 viññāṇa인데 이것은 vi+√jñā(*to know*)에서 파생된 명사이다. 여러 초기불전에서는 "식별한다(vijānāti, 중국에서는 요별(了別)로 옮겼음)고 해서 알음알이라 한다."(본서 「삼켜버림 경」(S22:79) §8 참조)라고 알음알이를 정의하고 있다.

그리고 알음알이가 일어나는 것을 "눈과 형색을 조건으로 눈의 알음알이가 일어난다(cakkhuñ ca paṭicca rūpe ca uppajjati cakkhu-viññāṇaṁ)." (본서 제4권 「괴로움 경」(S35:106) §3) 등으로 경의 도처에서 표현하고 있다. 즉 알음알이는 안의 감각장소[內處, ajjhattika āyatana]와 대상[境, ārammaṇa, 혹은 밖의 감각장소[外處, bāhira āyatana]라고도 함]을 조건으로 해서 발생하는 것이다.

그리고 다른 여러 경에서는 "마노로 법을 안다(manasā dhammaṁ vijānāti)."(S35:70/iv.42)"라고도 설명하는 구절이 나타난다. 이를 종합해보면 '감각장소를 통해서 대상을 아는 것'을 알음알이라 한다는 것을 알 수 있다. 그래서 주석서 문헌에서는 마음(citta)을 "대상을 사량(思量)한다고 해서 마음이라 한다. [대상을] 안다는 뜻이다(cittan ti ārammaṇaṁ cintetī-ti cittaṁ; vijānātīti attho – DhsA.63)."라는 등으로 정의하고 있다.

그리고 초기불전과 『청정도론』 등의 주석서 문헌뿐만 아니라 북방 아비달마와 유식에서도 심·의·식(心·意·識, citta-mano-viññāṇa)은 동의어라고 한결같이 나타나고 설명되어 있다. 이미 초기불전의 몇 군데에서 "마음[心]이라고도 마노[意]라고도 알음알이[識]라고도 부른 것(yam kho vuccati cittam iti pi mano, iti pi viññāṇaṁ)"(본서 제2권 「배우지 못한 자 경」1(S12:61) §4와 주해 참조)이라고 나타난다.

그럼 이러한 마음[心], 마노[意], 알음알이[識]에 대해서 유념해야 할 몇 가지를 적어보자.

첫째, 마음 혹은 알음알이는 조건발생이다. 감각장소와 대상이라는 조건이 없이 혼자 독자적으로 존재하거나 일어나는 마음은 절대로 존재할 수가 없다.

둘째, 마음은 단지 대상을 아는 것일 뿐이다. 이 이상도 이하도 아니다. 이것은 남북 아비담마/아비달마와 유식에서도 마찬가지이다. 유식의 아뢰야식도 반드시 종근기라는 대상을 가진다. 그럼 마음은 어떻게 대상을 아는가? 상좌부 아비담마는 이것을 인식과정으로 정교하게 설명해낸다. 여기에 대해서는 『아비담마 길라잡이』 제4장을 참조할 것.

셋째, 마음은 단지 오온 가운데 하나일 뿐이다. 마음을 절대화하면 절대로 안된다. 마음을 절대화하면 즉시에 외도의 자아이론이나 개아이론이나 영혼이론이나 진인이론으로 떨어지고 만다. 이것이 『금강경』에 나타나는 산냐[相]의 이론이다. 이것은 우리 불교가 가장 유념하면서 고뇌해야 할 부분이기

것이 자아라고 관찰하고, 알음알이가 자아 안에 있다고 관찰하고, 알음알이 안에 자아가 있다고 관찰합니다. 그는 '나는 알음알이이다. 알음알이는 내 것이다.'라는 [견해에] 사로잡힙니다.

그러나 이처럼 '나는 알음알이이다. 알음알이는 내 것이다.'라는 [견해에] 사로잡힌 자의 알음알이는 변하고 다른 상태로 되어가기 때문에 그에게는 근심·탄식·육체적 고통·정신적 고통·절망이 일

도 하다.

넷째, 마음은 무상하다. 그리고 실체가 없는 것(무아)이다. 특히 본 「무더기 상윳따」(S22) 도처에서 알음알이를 위시한 오온의 무상은 강조되고 있다. 여기에 투철하고 사무쳐야 염오-이욕-소멸 혹은 염오-이욕-해탈-구경해탈지가 일어나서 깨달음을 성취하고 해탈·열반을 성취하고 성자가 된다. 그렇지 않고 마음을 절대화 해버리면 결코 깨달음을 실현할 수 없다. 오온을 절대화해버리면 그것을 부처님께서는 유신견이라 하셨고 이것은 중생을 중생이게끔 얽어매는 열 가지 족쇄 가운데 첫 번째로 초기불전의 도처에서 나타나며, 이러한 유신견이 있는 한 그는 성자의 초보단계인 예류자도 되지 못한다.

다섯째, 마음은 찰나생·찰나멸이다. 그래서 "비구들이여, 이것과 다른 어떤 단 하나의 법도 이렇듯 빨리 변하는 것을 나는 보지 못하나니, 그것은 바로 마음(citta)이다. 비구들이여, 마음이 얼마나 빨리 변하는지 그 비유를 드는 것도 쉽지 않다."(A.i.9)라고 『앙굿따라 니까야』는 강조하고 있다. 이것은 주석서와 아비담마에서 카나(khaṇa, 찰나, 순간)로 정착이 된다. 찰나의 구명(究明)은 주석서 문헌을 통해서 이루어낸 아비담마 불교의 핵심이라 해도 과언이 아니다. 마음을 위시한 법들은 찰나생·찰나멸하는 일어나고 사라짐(기멸)의 문제이지 있다·없다(유·무)의 문제가 아니다. 주석서는 더 나아가서 이 찰나도 다시 일어나고 머물고 무너지는(uppāda-ṭṭhiti-bhaṅga) 세 아찰나(亞刹那, *sub-moment*)로 구성된다고 설명하여 자칫 빠질지도 모르는 찰나의 실재성마저 거부하고 있다.

여섯째, 마음은 흐름(상속, 相續, santati)이다. 마음이 찰나생·찰나멸이라면 지금·여기에서 생생히 유지되어가는 우리의 이 마음은 무엇인가? 이렇게 명명백백한데 어떻게 없다 할 수 있는가? 초기불교와 주석서에서는 지금·여기에서 생생히 전개되는 이 마음을 흐름으로 설명한다. 이를 주석서에서는 심상속(心相續, citta-dhāra, citta-srota, 『금강경』 心流注)이니 바왕가의 흐름(bhavaṅga-sota) 등으로 표현하고 있으며 남북방 불교에서 공히 강조하고 있다. 마음은 마음을 일어나게 하는 근본원인인 갈애와 무명으로 대표되는 탐욕·성냄·어리석음(탐·진·치)이 다할 때까지 흐르는[相續] 것이다.

어납니다.

장자여, 이것이 몸도 병들고 마음도 병든 것입니다."42)

15. "장자여, 그러면 어떤 것이 몸은 병들었지만 마음은 병들지 않은 것입니까?

장자여, 여기 잘 배운 성스러운 제자는 성자들을 친견하고 성스러운 법에 능숙하고 성스러운 법에 인도되고 참된 사람들을 친견하고 참된 사람의 법에 능숙하여 물질을 자아라고 관찰하지 않고, 물질을 가진 것이 자아라고 관찰하지 않고, 물질이 자아 안에 있다고 관찰하지 않고, 물질 안에 자아가 있다고 관찰하지 않습니다.43) 그는 '나는 물질이다. 물질은 내 것이다.'라는 [견해에] 사로잡히지 않습니다.

이처럼 '나는 물질이다. 물질은 내 것이다.'라는 [견해에] 사로잡히지 않은 자의 물질은 변하고 다른 상태로 되어가지만 그에게는 근심 · 탄식 · 육체적 고통 · 정신적 고통 · 절망이 일어나지 않습니다."

16. "그는 느낌을 자아라고 관찰하지 않고, 느낌을 가진 것이 자아라고 관찰하지 않고, 느낌이 자아 안에 있다고 관찰하지 않고, 느낌 안에 자아가 있다고 관찰하지 않습니다. 그는 '나는 느낌이다. 느낌은 내 것이다.'라는 [견해에] 사로잡히지 않습니다.

이처럼 '나는 느낌이다. 느낌은 내 것이다.'라는 [견해에] 사로잡히지 않은 자의 느낌은 변하고 다른 상태로 되어가지만 그에게는 근

---

42) "몸(kāya)에 관한 한 부처님들도 병이 든다. 그러나 마음(citta)에 관한 한 탐욕과 성냄과 어리석음과 함께하면(rāga-dosa-moha-anugata) 병들었다(ātura)고 한다."(SA.ii.255)

43) 이것은 초기불전에서 예류자 이상의 경지에 든 사람을 표현하는 정형구로 많이 나타난다. 예류도자는 열 가지 족쇄 가운데 유신견과 의심과 계금취의 세 가지 족쇄를 풀어버린 자이다. 열 가지 족쇄에 대해서는 본서 제1권 「얼마나 끊음 경」(S1:5) {8}의 주해를 참조할 것.

심 · 탄식 · 육체적 고통 · 정신적 고통 · 절망이 일어나지 않습니다."

17. "그는 인식을 자아라고 관찰하지 않고, 인식을 가진 것이 자아라고 관찰하지 않고, 인식이 자아 안에 있다고 관찰하지 않고, 인식 안에 자아가 있다고 관찰하지 않습니다. 그는 '나는 인식이다. 인식은 내 것이다.'라는 [견해에] 사로잡히지 않습니다.

이처럼 '나는 인식이다. 인식은 내 것이다.'라는 [견해에] 사로잡히지 않은 자의 인식은 변하고 다른 상태로 되어가지만 그에게는 근심 · 탄식 · 육체적 고통 · 정신적 고통 · 절망이 일어나지 않습니다."

18. "그는 [5] 심리현상들을 자아라고 관찰하지 않고, 심리현상들을 가진 것이 자아라고 관찰하지 않고, 심리현상들이 자아 안에 있다고 관찰하지 않고, 심리현상들 안에 자아가 있다고 관찰하지 않습니다. 그는 '나는 심리현상들이다. 심리현상들은 내 것이다.'라는 [견해에] 사로잡히지 않습니다.

이처럼 '나는 심리현상들이다. 심리현상들은 내 것이다.'라는 [견해에] 사로잡히지 않은 자의 심리현상들은 변하고 다른 상태로 되어가지만 그에게는 근심 · 탄식 · 육체적 고통 · 정신적 고통 · 절망이 일어나지 않습니다."

19. "그는 알음알이를 자아라고 관찰하지 않고, 알음알이를 가진 것이 자아라고 관찰하지 않고, 알음알이가 자아 안에 있다고 관찰하지 않고, 알음알이 안에 자아가 있다고 관찰하지 않습니다. 그는 '나는 알음알이이다. 알음알이는 내 것이다.'라는 [견해에] 사로잡히지 않습니다.

이처럼 '나는 알음알이이다. 알음알이는 내 것이다.'라는 [견해에] 사로잡히지 않은 자의 알음알이는 변하고 다른 상태로 되어가지만 그에게는 근심·탄식·육체적 고통·정신적 고통·절망이 일어나지 않습니다."

장자여, 이것이 몸은 병들었지만 마음은 병들지 않은 것입니다."[44]

20. 사리뿟따 존자는 이렇게 말했다. 나꿀라삐따 장자는 마음이 흡족해져서 사리뿟따 존자의 말을 크게 기뻐하였다.

데와다하 경(S22:2)

Devadaha-sutta

1. 이와 같이 나는 들었다. 한때 세존께서는 삭까에서 데와다하[45]라는 삭까족들의 성읍에 머무셨다.

2. 그때 서쪽 지방으로 가고자 하는 많은 비구들이 세존께 다가갔다. 가서는 세존께 절을 올리고 한 곁에 앉았다. 한 곁에 앉은 비구

---

44) "'마음은 병들지 않은 것이다(no ca āturacitto).'라고 했다. 이것은 오염원이 없기(nikkilesatā) 때문에 마음이 병들지 않은 상태(anātura-bhāva)를 보여주는 것이다. 이와 같이 본경에서는 세상의 많은 사람들(lokiya-mahā-jana)은 몸도 병들고 마음도 병들지만, 번뇌 다한 자들(khīṇāsavā, 아라한)은 몸은 병들지만 마음은 병들지 않음을 보여주신 것이다. 일곱 가지 유학(有學, sekhā, 예류도부터 아라한도까지의 일곱을 뜻함)은 마음이 [완전히] 병든 것도 아니고 마음이 [완전히] 병들지 않은 것도 아니라고 알아야 한다. 그러나 그들은 오직 마음이 병들지 않음(anātura-cittatā)을 추구한다(bhajanti)."(SA.ii.255~256)

45) 삭까(Sakka)들의 성읍인 데와다하(Devadaha)는 부처님의 외갓집이 있는 곳이다. 부처님의 어머니인 마하마야(Mahāmāyā) 왕비와 양어머니이자 마하마야 왕비의 동생인 마하빠자빠띠 고따미(Mahāpajāpati Gotami, 뒤에 출가하여 최초의 비구니가 됨)가 데와다하(Devadaha)의 숩빠붓다(Suppa-buddha)의 딸들이기 때문이다.(AA.i.340)
DPPN에는(*s.v.* Koliyā) 데와다하가 라마가마(Rāmagāma)와 더불어 꼴리야 족(Koliyā)의 양대 도시로 언급되어 있고, *s.v.* Devadaha에는 사까의 성읍으로 나타나고 있다.

들은 세존께 이렇게 말씀드렸다.

3. "세존이시여, 저희들은 서쪽 지방으로 가서 서쪽 지방에서 거주하고자 합니다."46)

"비구들이여, 그대들은 사리뿟따에게 물어보았는가?"

"세존이시여, 저희들은 사리뿟따 존자에게 물어보지 않았습니다."

"비구들이여, 사리뿟따에게 물어보아라. 비구들이여, 사리뿟따는 현자이다. 그는 청정범행을 닦는 비구들을 도와주는 자이다."47) [6]

"그렇게 하겠습니다, 세존이시여."라고 비구들은 세존께 대답했다.

4. 그 무렵 사리뿟따 존자는 세존으로부터 멀지 않은 곳에 있는 어떤 계수나무 숲48)에 앉아있었다. 비구들은 세존의 말씀을 기뻐하고 감사드린 뒤 자리에서 일어나 세존께 절을 올리고 오른쪽으로 [세 번] 돌아 [경의를 표한] 뒤에 사리뿟따 존자에게 다가갔다. 가서는 사리뿟따 존자와 함께 환담을 나누었다. 유쾌하고 기억할 만한 이야기로 서로 담소를 나누고 한 곁에 앉았다. 한 곁에 앉은 비구들은

---

46) "거기서 삼개월간의 안거를 보내고자 한다(temāsaṁ vassāvāsaṁ)는 말이다."(SA.ii.256)

47) 주석서는 사리뿟따 존자가 동료 비구들에게 어떻게 물질적인 도움(āmisa-anuggaha)과 법의 도움(dhamma-anuggaha)을 주었는지를 상세하게 설명하고 있다.(SA.ii.256~257) 여기에 대해서는 나나뽀니까 스님의 "Sāriputta: The Marshal of the Dhamma"(Nyāaponika and Hecker, *Great Disciples of the Buddha*, pp.21~22)를 참조할 것.

48) '계수나무 숲'은 eḷagalā-gumba를 옮긴 것이다. PED는 eḷagalā를 *Cassia tora*라고 적고 있다.
"이 나무는 물이 계속해서 잘 흐르는 곳에서 자란다. 사람들은 네 곳에 기둥을 박은 천막(maṇḍapa)을 치고 이 나무가 그 위로 자라게 하여 그 천막에 그늘이 드리우게 한다. 그 아래 벽돌들을 놓고 그 위에다 모래를 뿌린다. 낮 동안에 이곳은 물에서 신선한 바람이 불어오는 시원한 곳이 된다."(SA.ii.257)

사리뿟따 존자에게 이렇게 말했다.

"도반 사리뿟따여, 우리는 서쪽 지방으로 가서 서쪽 지방에서 거주하고자 합니다. 우리는 스승님께 이미 여쭈었습니다."

5. "도반들이여, 끄샤뜨리야의 현자들과 바라문의 현자들과 장자의 현자들과 사문의 현자들은 다른 지방으로 간[49] 비구에게 질문을 합니다. 현자들은 '존자들의 스승은 어떤 교설을 가졌으며 무엇을 말씀하십니까? 그대 존자들은 어떠한 법들을 잘 배우고 잘 파악하고 마음에 잘 잡도리하고 잘 호지하고 통찰지로 잘 꿰뚫었습니까? 존자들이 그것을 설명하면 세존께서 설하신 것과 일치합니까? 존자들은 세존을 거짓으로 헐뜯지 않고 세존께서 설하신 것을 반복하여 잘 설합니까? 그래서 어떤 동료수행자도 나쁜 견해에 빠져 비난의 조건을 만나지 않게 됩니까?'[50]라고 검증을 하기 때문입니다."

"도반이여, 이 말씀의 뜻을 바르게 이해하기 위해서 저희들은 아무리 먼 곳에서라도 사리뿟따 존자의 곁으로 와야 합니다. 그러니 사리뿟따 존자가 이 말의 뜻을 설명해 주시면 감사하겠습니다."

6. "도반들이여, 그렇다면 이제 들으십시오. 듣고 마음에 잘 새기십시오. 나는 설할 것입니다."

---

49) "'다른 지방으로 간(nānā-verajja-gata)'이란 한 왕(rāja)이 [다스리는] 지방(rajja)과는 다른 지방으로 간이라는 뜻이다. virajja(다른 지방)란 다른 지방(añña rajja)을 말한다. 자신의 지역(sadesa)과 다른 곳을 다른 지역(videsa)이라 하듯이 지금 거주하는 지방과 다른 지방을 virajja(다른 지방)라 한다. 이것을 두고 verajja(다른 지방, virajja의 곡용형임)라 한다."(SA.ii.257)
비구들 입장에서 보면 다른 지방으로 간 것이 되고, 질문하는 사람들의 입장에서 보면 다른 지방 즉 자기들이 사는 지방으로 새로 온 비구가 된다.

50) 본 정형구에 대한 설명은 본서 제2권 「외도 경」(S12:24) §3의 주해를 참조할 것.

"그렇게 하겠습니다, 존자시여."라고 비구들은 사리뿟따 존자에게 대답했다. 사리뿟따 존자는 이렇게 말했다.

7. "도반들이여, [7] 다른 지방으로 간 비구에게 '존자들의 스승은 어떤 교설을 가졌으며 무엇을 말씀하십니까?'라고 질문을 하는 끄샤뜨리야의 현자들과 바라문의 현자들과 장자의 현자들과 사문의 현자들이 있을 것입니다. 현자들은 검증을 하기 때문입니다.

도반들이여, 이렇게 질문을 받으면 그대들은 이렇게 설명해야 합니다. '도반들이여, 우리의 스승께서는 욕탐51)을 길들이는 것을 말씀하셨습니다.'라고."

8. "이렇게 설명하면 끄샤뜨리야의 현자들과 바라문의 현자들과 장자의 현자들과 사문의 현자들은 '그러면 존자들의 스승은 무엇에 대한 욕탐을 길들이는 것을 말씀하십니까?'라고 다시 더 질문을 할 것입니다. 현자들은 검증을 하기 때문입니다.

---

51) '욕탐'은 chanda-rāga를 옮긴 것이다. 초기불전연구원에서는 이 단어를 문맥에 따라서 '욕망과 탐욕'이나 '욕탐'이나 '열렬한 욕망' 등으로 옮겨왔다. 본서에서는 대부분 욕탐으로 통일해서 옮기고 있으며 경우에 따라서는 욕망과 탐욕으로 옮기기도 하였다. 『닛데사』(의석)에 의하면 chanda-rāga의 찬다와 라가는 동의어로 취급되고 있다.(Nd2.115)(Se)
그런데 역자는 chanda-rāga를 문법적으로 분석하고 있는 주석서를 아직 보지 못하고 있다. 문법적으로는 '욕구와 탐욕'으로 해석해서 병렬복합어[相違釋, dvandva]로도 볼 수 있고, '욕구(chanda)와 함께하는 탐욕/욕망(rāga)'으로 해석해서 동격한정복합어[持業釋, karmadhāraya]로 이해할 수도 있을 것이다. 욕구와 탐욕이든 욕구를 가진 탐욕이든 줄이면 욕탐이 된다. 그래서 본서에서는 주로 욕탐으로 통일해서 옮기고 있다.
주석서는 이 욕탐(chanda-rāga)을 "해로운 생각(akusala-vitakka)으로 생각을 일으킨 대상에 대해서 약한(dubbala) 탐욕(rāga)이나 강한(balava) 탐욕이 일어나나니 이것을 여기서 갈애(taṇhā)라고 한다. 욕탐은 약한 탐욕의 동의어이다."(DA.ii.499)라고 설명하고 있다. 즉 강하거나 약한 모든 탐욕을 갈애라 하는데 이 가운데 상대적으로 약한 탐욕을 욕탐(chanda-rāga)이라 한다는 말이다.

도반들이여, 이렇게 질문을 받으면 그대들은 이렇게 설명해야 합니다.

'도반들이여, 스승께서는 물질에 대한 욕탐을 길들이는 것을 설하셨습니다. 스승께서는 느낌에 대한 … 인식에 대한 … 심리현상들에 대한 … 알음알이에 대한 욕탐을 길들이는 것을 설하셨습니다.'라고."

9. "이렇게 설명하면 끄샤뜨리야의 현자들과 바라문의 현자들과 장자의 현자들과 사문의 현자들은 '그러면 어떤 위험을 보기 때문에 존자들의 스승은 물질에 대한 … 느낌에 대한 … 인식에 대한 … 심리현상들에 대한 … 알음알이에 대한 욕탐을 길들이는 것을 설하셨습니까?'라고 다시 더 질문을 할 것입니다. 현자들은 검증을 하기 때문입니다.

도반들이여, 이렇게 질문을 받으면 그대들은 이렇게 설명해야 합니다.

'도반들이여, 물질에 대한 탐욕을 여의지 못하고 욕구를 여의지 못하고 애정을 여의지 못하고 갈증을 여의지 못하고 열기를 여의지 못하고 갈애를 여의지 못하면,[52] 그의 물질은 변하고 다른 상태로 되어가기 때문에 그에게는 근심·탄식·육체적 고통·정신적 고통·절망이 일어납니다.

느낌에 대한 … 인식에 대한 … 심리현상들에 대한 … 알음알이에 대한 탐욕을 여의지 못하고 욕구를 여의지 못하고 애정을 여의지 못하고 갈증을 여의지 못하고 열기를 여의지 못하고 갈애를 여의지 못하면, 그의 알음알이는 변하고 다른 상태로 되어가기 때문에 그에게

---

52) 주석서는 여기에 나타나는 '탐욕(rāga)', '욕구(chanda)', '애정(pema)', '갈증(pipāsa)', '열기(pariḷāha)'는 모두 '갈애(taṇhā)'와 동의어라고 설명하고 있다.(SA.ii.258) 탐욕과 욕구에 대해서는 본서 제5권 「분석 경」 2(S48:10) §5의 주해를 참조할 것.

는 근심·탄식·육체적 고통·정신적 고통·절망이 일어납니다.

도반들이여, 이러한 위험을 보기 때문에 우리의 스승께서는 물질에 대한 욕탐을 길들이는 것을 설하셨습니다. 이러한 위험을 보기 때문에 우리의 스승께서는 느낌에 대한 … 인식에 대한 … 심리현상들에 대한 … 알음알이에 대한 욕탐을 길들이는 것을 설하셨습니다.'라고."

10. "이렇게 [8] 설명하면 끄샤뜨리야의 현자들과 바라문의 현자들과 장자의 현자들과 사문의 현자들은 '그러면 어떤 이익을 보기 때문에 존자들의 스승은 물질에 대한 … 느낌에 대한 … 인식에 대한 … 심리현상들에 대한 … 알음알이에 대한 욕탐을 길들이는 것을 설하셨습니까?'라고 다시 더 질문을 할 것입니다. 현자들은 검증을 하기 때문입니다.

도반들이여, 이렇게 질문을 받으면 그대들은 이렇게 설명해야 합니다.

'도반들이여, 물질에 대한 탐욕을 여의고 욕구를 여의고 애정을 여의고 갈증을 여의고 열기를 여의고 갈애를 여읜 자의 물질은 변하고 다른 상태로 되어가지만 그에게는 근심·탄식·육체적 고통·정신적 고통·절망이 일어나지 않습니다.

느낌에 대한 … 인식에 대한 … 심리현상들에 대한 … 알음알이에 대한 탐욕을 여의고 욕구를 여의고 애정을 여의고 갈증을 여의고 열기를 여의고 갈애를 여읜 자의 물질은 변하고 다른 상태로 되어가지만 그에게는 근심·탄식·육체적 고통·정신적 고통·절망이 일어나지 않습니다.

도반들이여, 이러한 이익을 보기 때문에 우리의 스승께서는 물질에 대한 욕탐을 길들이는 것을 설하셨습니다. 이러한 이익을 보기 때문에 우리의 스승께서는 느낌에 대한 … 인식에 대한 … 심리현상들에 대한 … 알음알이에 대한 욕탐을 길들이는 것을 설하셨습니다.'라고."

11. "도반들이여,53) 해로운 법들을 골고루 갖추어 머무는 자가 만일 지금·여기에서 속상함이 없고 절망이 없고 열기가 없는 행복한 삶을 살고, 몸이 무너져 죽은 다음에는 좋은 곳[善處]에 [태어날 것이] 예상된다면 세존께서는 해로운 법들을 제거하는 것을 칭송하지 않으셨을 것입니다.

도반들이여, 그러나 해로운 법들을 골고루 갖추어 머무는 자는 지금·여기에서 속상하고 절망하고 열기가 있는 괴로운 삶을 살고, 몸이 무너져 죽은 다음에는 불행한 곳[惡處]에 [태어날 것이] 예상됩니다. 그래서 세존께서는 해로운 법들을 제거하는 것을 칭송하시는 것입니다."

12. "도반들이여, 유익한 법들을 구족하여 머무는 자가 만일 지금·여기에서 속상하고 절망하고 [9] 열기가 있는 괴로운 삶을 살고, 몸이 무너져 죽은 다음에는 불행한 곳[惡處]에 [태어날 것이] 예상된다면 세존께서는 유익한 법들을 구족하는 것을 칭송하지 않으셨을 것입니다.

도반들이여, 그러나 유익한 법들을 구족하여 머무는 자는 지금·여기에서 속상함이 없고 절망이 없고 열기가 없는 행복한 삶을 살고, 몸이 무너져 죽은 다음에는 좋은 곳[善處]에 [태어날 것이] 예상됩니다. 그래서 세존께서는 유익한 법들을 구족하는 것을 칭송하시는 것입니다."

---

53) 주석서에 의하면 이 이하의 문장은 오온에 대한 탐욕을 여의지 못한 자(avīta-rāga)가 직면할 위험(ādīnava)과 탐욕을 여읜 자가 얻게 될 이익(ānisaṁsa)을 보여주기 위해서 언급한 것이라고 한다.(SA.ii.258)

13. 사리뿟따 존자는 이렇게 말했다. 비구들은 마음이 흡족해져서 사리뿟따 존자의 말을 크게 기뻐하였다.

할릿디까니 경1(S22:3)

Hāliddikāni-sutta

1. 이와 같이 나는 들었다. 한때 마하깟짜나 존자[54]는 아완띠[55]에서 꾸라라가라의 빠빠따 산[56]에 머물렀다.

---

54) 마하깟짜나(Mahā-Kaccāna) 혹은 마하깟짜야나(Mahā-Kacāyana, 니까야에는 두 가지 표현이 다 나타남. 대가전연(大迦旃延, 摩訶迦旃延) 혹은 가전연(迦旃延)으로 한역되었음.) 존자는 이곳 아완띠(Avanti, 아래 주해 참조)의 수도인 웃제니(Ujjeni, 지금 인도 맛댜쁘라데쉬의 우자인 지방)의 짠다빳조따(Caṇḍappajjota) 왕의 궁중제관의 아들로 태어났으며 바라문 가문 출신이다. 깟짜나는 그의 족성이다. 그는 베다에 능통했으며 그의 부친이 죽은 뒤 대를 이어 궁중제관이 되었다. 그는 짠다빳조따 왕의 명으로 일곱 명의 친구들과 함께 부처님을 웃제니로 초대하기 위해서 부처님께 갔다가 설법을 듣고 무애해를 갖춘 아라한이 되어 출가하였다.(AA.i.206)
이런 이유 때문에 마하깟짜나 존자는 아완띠와는 인연이 많으며 특히 본경에서 언급되는 꾸라라가라(Kuraraghara)와는 많은 인연이 있었던 듯하다. 『앙굿따라 니까야』 「깔리 경」(A10:26)도 존자가 이곳에서 설한 것이다. 그리고 『앙굿따라 니까야』 「하나의 모음」에서 으뜸가는 사부대중으로 언급되고 있는 소나 꾸띠깐나(Soṇa Kuṭikaṇṇa) 존자(A1:14:2-9 참조)와 까띠야니(Kātiyānī) 청신녀(A1:14:7 8 참조)도 이곳 출신이었다.
『앙굿따라 니까야』 「하나의 모음」(A1:14:1-10)에는 마하깟짜나 존자가 "간략하게 설한 것에 대해 상세하게 그 뜻을 설명하는 자들 가운데서 으뜸"이라고 언급되고 있다. 주석서는 이 보기로 『맛지마 니까야』 「꿀 덩어리 경」(Madhupiṇḍika Sutta, M18)과 「깟짜나 뻬얄라」(M133인 듯)와 「도피안 경」(Pārāyana Sutta)을 들고 있다.(AA.i.209) 이 가운데 특히 『맛지마 니까야』의 두 경은 멋진 보기가 된다. 그리고 본경과 다음 경, 그리고 본서 제4권 「할릿디까니 경」(S35:130)과 「로힛짜 경」(S35:132) 등도 이러한 그의 재능을 잘 드러내고 있다. 북방에서도 깟짜나(가전연) 존자는 논의제일(論議第一)로 꼽힌다.

55) 아완띠(Avanti)는 옛 인도 중원의 16국(Mahājanapada) 가운데 하나로 마가다(Magadha)와 꼬살라(Kosala)와 왐사(Vaṁsa, Vatsa)와 더불어 4

2. 그때 할릿디까니 장자57)가 마하깟짜나 존자에게 다가갔다. 가서는 마하깟짜나 존자에게 절을 올리고 한 곁에 앉았다. 한 곁에 앉은 할릿디까니 장자는 마하깟짜나 존자에게 이렇게 말했다.

3. "존자시여, 세존께서는 『숫따니빠따』「앗타까 품」의 「마간디야의 질문 경」에서 이렇게 말씀하셨습니다.58)

'집을 버린 뒤 거처 없이 유행하며
마을에서 아무와도 관계 맺지 않는 성자는

대 강국으로 꼽혔다고 한다. 수도는 웃제니(Ujjenī, 지금의 Ujain)와 마힛사띠(Māhissati)였다. 한때 아완띠는 북쪽과 남쪽(Avanti Dakkhiṇā-patha)으로 분리되어 있었다고 하며, 이 둘은 각각의 수도였다고도 한다. 부처님 당시에는 빳조따 왕이 통치하였으며, 그는 그의 불같은 성품 때문에 짠다빳조따(Caṇḍa Pajjota)로 잘 알려졌다.(Vin.i.277)

56) '빠빠따 산'은 Papāta pabbata를 옮긴 것이다. 여기서 papāta는 '낭떠러지'를 뜻하는 보통명사로도 볼 수 있다. 『앙굿따라 니까야』「깔리 경」(A10:26) §1에서는 pavatta pabbata로 나타나는데 이런 이유로 이를 산협(山峽)으로 옮겼다. 그러나 본서에서는 papāta를 고유명사로 읽어서 빠빠따 산으로 옮긴다. pabbata가 산이기 때문에 이 전체를 산협(山峽)으로 보기에는 조금 무리가 따른다고 판단해서이다.

57) 할릿디까니 장자(Hāliddikāni gahapati)가 누군지 주석서와 복주서는 별다른 설명을 하지 않고 있다. 그와 관계된 경으로는 본경과 다음 경과 본서 제4권 「할릿다까니 경」(S35:130)이 니까야에 전승되어 오는데 모두 마하깟짜나 존자가 그에게 설한 경이다.

58) 『숫따니빠따』 제4장 {844} 게송이다.(Sn.165)
아래에 나타나는 그의 설명에서 보듯이, 마하깟짜나 존자는 본 게송의 첫 번째 구를 설명하면서 단어의 문자적인 뜻은 설명하지 않는다. 오히려 그는 이런 일상적인 단어들을 통해서 본 게송이 드러내고자 하는 상징적인 의미를 설명하려 한다. 이렇게 해서 게송에서는 분명하게 드러나지 않지만 교학상의 전문적인 용어들을 사용하여 본 게송에서 전달하고자 하는 교학적인 뜻을 드러내고자 한다. 이러한 해석 방법은 주석서 문헌들의 중요한 특징이 되었다.

감각적 욕망들을 없애고 [아무 것도] 기대하지 않으며
사람들과 다투는 말을 하지 않노라.'

존자시여, 이처럼 세존께서 간략하게 설하신 뜻을 어떻게 자세하게 알아야 합니까?"

4. "[장자여, 그러면 어떻게 집에서 유행합니까?][59]

장자여, 물질의 요소는 알음알이의 집이요, 물질의 요소에 대한 탐욕에 묶이는 것은 알음알이의 집에서 유행하는 것이라고 말합니다.[60] 느낌의 요소는 알음알이의 집이요, 느낌의 요소에 대한 탐욕

---

59) 문맥으로 볼 때 본 문단의 마지막에 평서문으로 나타나는 이 문장이 있어야 매끄럽지만 Ee, Se, Be에는 나타나지 않는다. 그래서 [ ]에 넣어서 옮겼다.

60) "여기서 '물질의 요소[色界, rūpa-dhātu]'는 물질의 무더기[色蘊, rūpa-kkhandha]를 뜻한다. '물질의 요소에 대한 탐욕에 묶이는 것'으로 옮긴 rūpa-dhātu-rāga-vinibaddha는 rūpa-dhātumhi(물질의 요소에 대한) rāgena(탐욕에 의해서) vinibaddha(묶임)으로 [분석된다.] 여기서 '알음알이'란 업을 짓는 알음알이(kamma-viññāṇa)를 뜻한다. '집에서 유행하는 것(oka-sārī)'이란 가정에서 유행하는 것(geha-sārī), 거주하는 곳에서 유행하는 것(ālaya-sārī)을 뜻한다. … 여기서 '집(oka)'이란 조건[緣, pacca-ya]의 뜻에서 말한 것이다."(SA.ii.258~259)
일반적으로 요소[界, dhātu]와 무더기[蘊, khandha]는 법들(dhammā)을 분류하는 서로 다른 방법에 속하는 술어이다. 그런데 본서 S22:45, 53, 54 등에서도 여기서처럼 계와 온은 섞여서 사용되기도 한다.
여기서는 오온 가운데서도 식온이 특별 취급되고 있다. 색·수·상·행·식의 오온은 모두 무상·고·무아의 삼특상에서 벗어날 수 없지만, 식온은 찰나생·찰나멸을 거듭하면서 한 개인이 윤회를 거듭할 때 그 영속성[相續]을 연결해 주는 실과 같은 역할을 하고 있다. 마하깟짜나 존자의 이런 설명은 본서 제2권 「의도 경」 1/2/3(S12:38~40)에서 보았듯이 [업을 짓는] 알음알이가 이전의 존재와 새로운 존재를 함께 연결시켜주는 그런 역할을 하는 것과 관계가 있다. 업을 짓는 알음알이를 포함한 윤회의 문제에 대해서는 본서 제2권 「의도 경」 1/2/3(S12:38~40)의 주해들, 특히 「의도 경」 1(S12:38)의 주해들을 참조할 것.
한편 나머지 네 가지 무더기들[蘊]은 알음알이의 거주처(viññāṇa-ṭṭhitiyo)의 역할을 한다.(본서 S22:53~54 참조) 그리고 알음알이는 자아로 간주되

에 묶이는 것은 알음알이의 집에서 유행하는 것이라고 말합니다. 인식의 요소는 알음알이의 집이요, [10] 인식의 요소에 대한 탐욕에 묶이는 것은 알음알이의 집에서 유행하는 것이라고 말합니다. 심리현상들의 요소는 알음알이의 집이요, 심리현상들의 요소에 대한 탐욕에 묶이는 것은 알음알이의 집에서 유행하는 것이라고 말합니다.

장자여, 이와 같이 집에서 유행합니다."61)

5. "장자여, 그러면 어떻게 집 없이 유행합니까?

장자여, 물질의 요소에 대한 욕구, 탐욕, 즐김, 갈애, 집착과 취착, 그리고 그런 [갈애와 사견이라는] 마음의 입각처와 [여기에 대한] 천착과 잠재성향들62)을 여래는 제거하셨고 그 뿌리를 자르셨고 줄기

는 실체는 아니지만 인식의 과정에서 연기적으로 일어나는 일련의 과정이기도 하다. 여기에 대해서는 『맛지마 니까야』 「긴 갈애를 부숨 경」(M38/i.256~60)을 참조할 것.

61) "그런데 왜 알음알이는 여기서 [알음알이의 집이라고] 언급되고 있지 않은가? 혼란을 피하기 위해서(sammoha-vighāt-attha)이다. 여기서 집이란 조건[緣, paccaya]의 뜻에서 말한 것이기 때문이다. 먼저 생긴(pure-jāta) 업을 짓는 알음알이(kamma-viññāṇa)는 나중에 생긴(pacchā-jāta) 업을 짓는 알음알이와 나중의 과보로 나타난 알음알이(vipāka-viññāṇa) 둘 다에게 조건이 된다. 그리고 [먼저 생긴] 과보로 나타난 알음알이는 [나중에 생긴] 과보로 나타난 알음알이와 [나중에 생긴] 업을 짓는 알음알이에게 조건이 된다. 그러므로 [여기서 알음알이를 포함시키면] '어떤 알음알이가 여기서 뜻하는 알음알이인가?'하는 혼란이 생기게 된다. 그래서 이런 혼란을 없애기 위해서 포함시키지 않은 것이다.
더군다나 나머지 네 가지 무더기들은 [알음알이의] 대상(혹은 토대, ārammaṇa)이 되어서 업을 짓는 알음알이의 거주처들(abhisaṅkhāra-viññāṇa-ṭṭhitiyo)이라 불린다. 이러한 사실을 보여주기 위해서 여기서 알음알이는 언급되지 않은 것이다."(SA.ii.259)

62) 욕구, 탐욕, 즐김, 갈애는 각각 chanda, rāga, nandi, taṇhā를 옮긴 것이고, 집착과 취착은 upāya와 upādānā를, 입각처와 천착과 잠재성향은 각각 adhiṭṭhāna, abhinivesa, anusaya를 옮긴 것이다.
욕구로 옮긴 chanda는 열의로도 옮기는데 여기에 대해서는 본서 제5권 「분

만 남은 야자수처럼 만드셨고 존재하지 않게 하셨고 미래에 다시는 일어나지 않게끔 하셨습니다.[63] 그래서 여래는 집 없이 유행하신다고 말합니다.

장자여, 느낌의 요소에 대한 … 인식의 요소에 대한 … 심리현상들의 요소에 대한 … 알음알이의 요소[64]에 대한 욕구, 탐욕, 즐김, 갈애, 집착과 취착, 그리고 그런 [갈애와 사견이라는] 마음의 입각처와 [여기에 대한] 천착과 잠재성향들을 여래는 제거하셨고 그 뿌리를 자르셨고 줄기만 남은 야자수처럼 만드셨고 존재하지 않게 하셨고 미래에 다시는 일어나지 않게끔 하셨습니다. 그래서 여래는 집 없이 유행하신다고 말합니다.

장자여, 이와 같이 집 없이 유행합니다."

6. "장자여, 그러면 어떻게 거처에서 유행합니까?

형색의 표상[65]이라는 거처에서 배회하고 묶이는 것[66]을 거처에

석 경」 2(S48:10) §5의 주해를 참조할 것. 집착과 취착(upāy'upādānā), [갈애와 사견이라는] 입각처(adhiṭṭhāna), 천착(abhinivesa)에 대해서는 본서 제2권 「깟짜나곳따 경」(S12:15) §5의 주해를 참조할 것.

63) 이 정형구는 아라한을 설명하는 정형구로 다른 경에서도 아주 많이 나타나고 있다. 간단한 설명은 본서 제2권 「무명을 조건함 경」 1(S12:35) §8의 주해를 참조할 것.
이것은 아라한들에 해당되는 정형구인데 여기서 정등각자인 여래를 언급한 것은 여래는 번뇌 다한 아라한으로 세상에서 가장 뛰어난 본보기(uparima-koṭi)가 되기 때문이라고 주석서는 적고 있다.(SA.ii.259)

64) "알음알이는 왜 여기서 언급되었는가? 오염원들이 제거되었음을 보여주기 위해서(kilesa-ppahāna-dassan-attha)이다. 오염원들은 다른 네 가지 무더기들만을 통해서는 다 제거되지 않고 오온 전체를 통해서만 모두 제거되기 때문이다."(SA.ii.259)

65) '표상'은 nimitta를 옮긴 것이다. 표상으로 옮긴 니밋따(nimitta)는 ni(아래로)+√mā(*to measure*)에서 파생된 중성명사이다. 초기불전과 특히 주석서 문헌에서는 표상(nimitta)라는 술어가 아주 많이 나타나는데 ① 신호, 표

서 유행한다고 합니다. 소리의 표상이라는 … 냄새의 표상이라는 … 맛의 표상이라는 … 감촉의 표상이라는 … 법의 표상이라는 거처에서 배회하고 묶이는 것을 거처에서 유행한다고 합니다.

장자여, 그러면 어떻게 거처 없이 유행합니까?

장자여, 형색의 표상이라는 거처에서 배회하고 묶이는 것을 여래는 제거하셨고 그 뿌리를 자르셨고 줄기만 남은 야자수처럼 만드셨고 존재하지 않게 하셨고 미래에 다시는 일어나지 않게끔 하셨습니다. 그래서 여래는 거처 없이 유행하신다고 말합니다.

시, 징조, 조짐 등의 뜻으로도 쓰이고(영어의 *sign*) ② 외관, 흔적, 자국, 특성, 성질 등의 뜻으로도 쓰이며(영어의 *mark*) ③ 영상, 잔영, 표상 등의 뜻으로도 쓰인다.(영어의 *image*) 주석서 문헌에서는 세 번째 의미로 많이 나타난다. 왜냐하면 이 의미로 쓰이는 표상은 특히 삼매 수행에서 아주 중요한 역할을 하기 때문이다. 본삼매의 증득은 준비단계의 표상, 익힌 표상, 닮은 표상이라는 세 단계를 거쳐서 이루어진다고 주석서 문헌들은 설명하고 있다. 여기에 대해서는 『아비담마 길라잡이』 제9장 §5 이하의 [해설]들을 참조할 것. 초기불전연구원에서는 여러 문맥에서 나타나는 nimitta를 모두 표상으로 통일해서 옮기고 있는데, 『디가니까야 주석서』에서 "인식의 원인(sañjānana-hetu)이 되기 때문에 '표상(nimitta)'이라 한다."(DA.ii.500)고 설명하고 있듯이 모든 종류의 인식은 대상이 드러내는 혹은 대상을 통해서 생기는 표상을 통해서 일어나는 것이기 때문이다.(여기에 대해서는 본서 「나꿀라삐따 경」(S22:1) §12의 주해도 참조할 것.) 표상은 한문의 表相 혹은 表象을 염두에 두고 한글로 표기한 것이다.

66) '형색의 표상이라는 거처에서 배회하고 묶이는 것'은 rūpa-nimitta-niketa-visāra-vinibandhā라는 긴 합성어를 풀어서 옮긴 것이다. 주석서는 다음과 같이 설명하고 있다.

"'형색(rūpa)' 그 자체는 오염원들의 조건이 된다는 뜻에서 '표상(nimitta)'이다. 그리고 이것은 [알음알이의] 대상이 되기 때문에 [알음알이가] 거주하는 곳이라는 뜻(ārammaṇa-kiriya-saṅkhāta-nivāsana-ṭṭhān-aṭṭha)에 의해서 '거처(niketa)'라고 한다. 그래서 형색의 표상이라는 거처가 된다. 그리고 visāra-vinibandha는 '배회함(visāra)'과 '묶임(vinibandda)'으로 분석된다. 그래서 전체적으로는 형색의 표상이라는 거처에서 배회하고 묶이는 것이 된다. 그래서 이것은 형색의 표상이라는 거처에서 생겨난 오염원의 배회(kilesa-visāra)와 오염원의 묶임(kilesa-bandhana)이라는 뜻이다." (SA.ii.259~260)

장자여, 소리의 표상이라는 … 냄새의 표상이라는 … 맛의 표상이라는 … 감촉의 표상이라는 … 법의 표상이라는 거처에서 배회하고 묶이는 것을 여래는 제거하셨고 그 뿌리를 자르셨고 줄기만 남은 야자수처럼 만드셨고 존재하지 않게 하셨고 [11] 미래에 다시는 일어나지 않게끔 하셨습니다. 그래서 여래는 거처 없이 유행하신다고 말합니다.67)

장자여, 이와 같이 거처 없이 유행합니다."

7. "장자여, 그러면 어떻게 마을에서 관계 맺습니까?

장자여, 여기 어떤 사람은 재가자들과 섞여 지내면서 기쁨을 같이 하고 슬픔을 같이 하며, 즐거운 일들을 즐거워하고 괴로운 일들을 괴로워하며, 해야 할 일들이 생기면 자신이 그것에 몰두합니다.68)

장자여, 이와 같이 마을에서 관계를 맺습니다.

장자여, 그러면 어떻게 마을에서 관계 맺지 않습니까?

---

67) "그런데 왜 여기서 다섯 가지 무더기들(오온)은 '집(oka)'이라 부르고 여섯 가지 대상들(육외처, 육경)은 '거처(niketa)'라 부르는가? 욕탐(chanda-rāga)의 강함과 약함(balava-dubbalatā) 때문이다. 거주하는 곳이라는 뜻(ālayaṭṭha)에서 집과 거처는 비슷하지만 집은 자신이 항상 머무는(nicca-nivāsana) 자신의 집(geha)을 뜻하고, 거처는 사람이 특별한 목적을 위해서 일시적으로 머무는 곳을 뜻하는데 정원(uyyāna) 등과 같은 곳이다. 욕탐이 자신의 아내나 자식들이나 재산이나 재물이 있는 자신의 집에서는 아주 강해지는 것처럼, 욕탐은 자신의 안에 있는 오온에 대해서는(ajjhattikesu khandhesu) 아주 강하다. 그러나 공원 등과 같은 거처에 대한 욕탐은 약하듯이, 외부의 감각대상들에 대한(bāhiresu chasu ārammaṇesu) 욕탐도 약하다. 그래서 각각 이렇게 다르게 부르는 것이다."(SA.ii.260)

"욕탐은 안의 오온에 대해서 더 강하기 때문에 안의 오온을 집(geha)이라 한다. 욕탐은 밖의 대상들에 대해서는 더 약하기 때문에 밖의 대상들을 거처(niketa)라 한다."(SAṬ.ii.187)

68) 본서 제1권 「나가닷따 경」(S9:7) §§2~3과 제4권 「나무 더미 비유 경」1(S35:241) §6 등에 의하면 마을에서 이러한 관계를 맺는 것은 출가자들에게는 적절하지 않는 것으로 나타나고 있다.

장자여, 여기 어떤 사람은 재가자들과 섞이지 않고 지내면서 기쁨을 같이 하지 않고 슬픔을 같이 하지 않으며, 즐거운 일들을 즐거워하지 않고 괴로운 일들을 괴로워하지 않으며, 해야 할 일들이 생기면 자신이 그것에 몰두하지 않습니다.

장자여, 이와 같이 마을에서 관계 맺지 않습니다."

8. "장자여, 그러면 어떻게 감각적 욕망들을 없애지 못합니까?

장자여, 여기 어떤 사람은 감각적 욕망들에 대한 탐욕을 여의지 못하고 애정을 여의지 못하고 갈증을 여의지 못하고 열기를 여의지 못하고 갈애를 여의지 못합니다.

장자여, 이와 같이 감각적 욕망들을 없애지 못합니다.

장자여, 그러면 어떻게 감각적 욕망들을 없앱니까?

장자여, 여기 어떤 사람은 감각적 욕망들에 대한 탐욕을 여의고 애정을 여의고 갈증을 여의고 열기를 여의고 갈애를 여읩니다.

장자여, 이와 같이 감각적 욕망들을 없앱니다."

9. "장자여, 그러면 어떻게 기대합니까?[69]

---

69) '기대하다'로 옮긴 원어는 Ee, Be: purakkharāno, Se: purekkharāno인데 『숫따니빠따』(Sn.177 {910})에도 후자로 나타난다. 일반적으로 이 단어는 '존경하다, 존중하다'는 의미로 쓰이지만 여기서는 문자 그대로 앞에(pure) 놓다(karoti)는 의미로 쓰였으며, 여기서는 원함을 통해서 미래에 대해서 계획하는 것을 뜻한다. 그래서 기대하다로 옮겼다.
주석서는 "윤회를 [자기] 앞에 놓는 것(vaṭṭaṁ purato kurumāno)"(SA.ii.260) 즉 자신의 윤회가 어떻게 되었으면 하고 기대하는 것으로 설명하고 있다.
그리고 기대하지 않는 것(apurekkharāno)은 이와 반대로 "윤회를 [자기] 앞에 놓지 않는 것(vaṭṭaṁ purato akurumāno)"으로 설명하고 있으며 『숫따니빠따 주석서』(SnA.ii.547)는 "미래에 자기 존재를 만들어내지 않는 것(āyatiṁ attabhāvaṁ anabhinibbattento)"으로 설명하고 있다.
마하깟짜나 존자의 이러한 설명은 부처님께서 '경사스러운 하나에 몰입함(Bhaddekaratta)'의 게송들을 설명하신 것(M131/iii.188 §§4~9)과 비슷

장자여, 여기 어떤 사람에게 이런 생각이 생깁니다. '미래에 이러한 물질이 있게 되기를. 미래에 이러한 느낌이 … 이러한 인식이 … 이러한 심리현상들이 … 이러한 알음알이가 있게 되기를.'이라고.

장자여, 이와 같이 기대합니다.

장자여, 그러면 어떻게 [아무 것도] 기대하지 않습니까?

장자여, 여기 어떤 사람에게 이런 생각이 생기지 않습니다. '미래에 이러한 물질이 있게 되기를. 미래에 이러한 느낌이 … 이러한 인식이 … 이러한 심리현상들이 … 이러한 알음알이가 있게 되기를.'이라고. [12]

장자여, 이와 같이 [아무 것도] 기대하지 않습니다."

10. "장자여, 그러면 어떻게 사람들과 다투는 말을 합니까?

장자여, 여기 어떤 사람은 이러한 말을 합니다. '그대는 이 법과 율을 제대로 모른다. 나야말로 이 법과 율을 제대로 안다.' '어찌 그대가 이 법과 율을 제대로 알겠는가?' '그대는 그릇된 도를 닦는 자이고 나는 바른 도를 닦는 자이다.' '[내 말은] 일관되지만 그대는 일관되지 않는다.' '그대는 먼저 설해야 할 것을 뒤에 설했고 뒤에 설해야 할 것을 먼저 설했다.' '그대가 [오랫동안] 주장해 오던 것은 [한 마디로] 논파되었다.' '나는 그대의 [교설의] 허점을 지적했다. 그대는 패했다. 비난으로부터 도망가라. 혹은 만약 할 수 있다면 [지금] 설명해 보라.'70) 라고.

하다.

70) 본문은 본서 제6권 「논쟁의 소지가 있음 경」(S56:9) §3과 『디가 니까야』 「범망경」(D1/i.8) §1.18 등에도 나타나는 정형구이다. 이것은 다른 교파에 속하는 유행승들 간의 뜨거운 철학적 논쟁에서 사용되던 문구들에서 유래된 듯하다. 뜨거운 논쟁에 대한 부처님의 평가는 특히 『숫따니빠따』 「여덟 편의 시 품」(Aṭṭhaka-vagga, Sn.151 이하)의 Sn4:8, 12, 13 경들에 잘 나타

장자여, 이와 같이 사람들과 다투는 말을 합니다.

장자여, 그러면 어떻게 사람들과 다투는 말을 하지 않습니까?

장자여, 여기 어떤 사람은 이러한 말을 하지 않습니다. '그대는 이 법과 율을 제대로 모른다. 나야말로 이 법과 율을 제대로 안다.' … '나는 그대의 [교설의] 허점을 지적했다. 그대는 패했다. 비난으로부터 도망가라. 혹은 만약 할 수 있다면 [지금] 설명해 보라.'라고.

장자여, 이와 같이 사람들과 다투는 말을 하지 않습니다."

11. "장자여, 세존께서 『숫따니빠따』 「앗타까 품」의 「마간디야의 질문 경」에서 이렇게 말씀하셨습니다.

> '집을 버린 뒤 거처 없이 유행하며
> 마을에서 아무와도 관계 맺지 않는 성자는
> 감각적 욕망들을 없애고 [아무 것도] 기대하지 않으며
> 사람들과 다투는 말을 하지 않노라.'

장자여, 이처럼 세존께서 간략하게 설하신 뜻을 이와 같이 자세하게 봐야 합니다."

할릿디까니 경2(S22:4)

1. 이와 같이 나는 들었다. 한때 마하깟짜나 존자가 아완띠에서 꾸라라가라의 빠빠따 산에 머물렀다. [13]

2. 그때 할릿디까니 장자가 마하깟짜나 존자에게 다가갔다. 가서는 마하깟짜나 존자에게 절을 올리고 한 곁에 앉았다. 한 곁에 앉은 할릿디까니 장자는 마하깟짜나 존자에게 이렇게 말했다.

나 있다.

3. "존자시여, 세존께서는 『디가 니까야』 「제석문경」(D21 §2.6)에서 이렇게 말씀하셨습니다. '갈애를 부수어 해탈한[71] 사문·바라문들만이 구경의 완성을 이루고 구경의 유가안은[72]을 얻고 구경의 청정범행을 닦고 구경의 목적을 얻으며 신과 인간들 가운데서 뛰어나다.'[73]라고.

존자시여, 이처럼 세존께서 간략하게 설하신 뜻을 어떻게 자세하게 알아야 합니까?"

4. "장자여, 물질의 요소에 대한 욕구, 탐욕, 즐김, 갈애, 집착과 취착, 그리고 그런 [갈애와 사견이라는] 마음의 입각처와 [여기에 대한] 천착과 잠재성향들을 부수고 빛바래게 하고 소멸[74]하고 포기하

---

71) "갈애를 부숨(taṇhā-saṅkhaya)이란 도(magga)와 열반이다. 도는 갈애를 부수고(saṅkhiṇāti) 파멸시킨다(vināseti)고 해서 갈애를 부숨이다. 열반은 갈애를 부수고 파멸시켜서 드러나는(āgamma) 것이기 때문에 갈애를 부숨이다. 갈애를 부수는 도에 의해서 해탈했고 갈애를 부숨인 열반 [안]으로 해탈한다, 향한다(확신한다, adhimuttā)고 해서 '갈애를 부수어 해탈함(taṇhā-saṅkhaya-vimuttā)'이다."(DA.iii.738)
해탈(vimutti)과 관련하여 '멸진'으로 옮기고 있는 khaya는 항상 탈격인 khayā로 나타나지만(아래 §4의 마지막 주해 참조) 본문에서처럼 'saṅkhaya'는 처소격인 saṅkhaye로 나타난다.(anuttare upadhisaṅkhaye vimutto = 존재의 근거를 모두 부수어 위없는 해탈을 성취하셨다. – S4:25 §4) 그래서 주석서의 문장을 '열반 [안]으로'라고 옮겼다.

72) 유가안은(瑜伽安隱, yogakkhema)에 대해서는 본서 제4권 「유가안은을 설하는 자 경」(S35:104) §2의 주해와 본서 제1권 「까시 바라드와자 경」(S7:11) {665}의 주해를 참조할 것.

73) '신과 인간들 가운데서 뛰어나다(seṭṭhā devamanussānaṁ).'는 이 부분은 『디가 니까야』 「제석문경」(D21) §2.6에는 나타나지 않고 있다. 그러나 『맛지마 니까야』 「짧은 갈애를 부숨 경」(M37/i.252) §2 등의 삭까의 말에는 나타나고 있다.

74) '소멸'은 nirodha를 옮긴 것이다. 이 단어는 ni(아래로) + √rudh(*to obstruct*)의 명사이다. 그래서 소멸, 억압, 파괴 등의 뜻이 된다. 초기불전에서

nirodha는 다음의 문맥에서 주로 나타난다.
첫째, 사성제의 멸성제(滅聖諦, dukkha-nirodha ariya-sacca)로 나타난다. 주석서 문헌들에서는 주로 멸제(滅諦, 소멸의 진리, nirodha-sacca)로 나타나지만 이 술어는 초기불전에서는 나타나지 않는다. 경에서는 항상 '괴로움의 소멸의 성스러운 진리(dukkha-nirodha ariya-sacca)'로 나타나거나 '괴로움의 소멸(dukkha-nirodha)'로만 나타난다. 이 경우의 소멸은 당연히 열반을 뜻한다.
초기불전에서 사성제는 항상 괴로움의 성스러운 진리[苦聖諦, dukkha ariya-sacca], 괴로움의 일어남의 성스러운 진리[苦集聖諦, dukkha-samudaya ariyasacca], 괴로움의 소멸의 성스러운 진리[苦滅聖諦, dukkhanirodha ariyasacca], 괴로움의 소멸로 인도하는 도닦음의 성스러운 진리(dukkha-nirodhagāmini paṭipadā ariyasacca)로 표현되어 나타난다. 이것을 주석서 문헌들에서는 dukkha-sacca(苦諦, 괴로움의 진리), samudaya-sacca(集諦, 일어남의 진리), nirodha-sacca(滅諦, 소멸의 진리), magga-sacca(道諦, 도의 진리)로 축약해서 전문술어화하고 있고 우리에게도 익숙하다.
한편 같은 구문은 초기불전의 여러 곳에서 loka(세상), loka-samudaya(세상의 일어남), loka-nirodha(세상의 소멸), lokanirodhagāmini paṭipadā(세상의 소멸로 인도하는 도닦음) 등으로 나타난다. 이것은 'X와 그 집·멸·도의 구문'으로 부를 수 있다. 즉 X, X-samudaya, X-nirodha, X-nirodha-gāmini paṭipadā로 초기불전의 도처에 나타나고 있다. 예를 들면, X 대신에 「인연 상윳따」(S12)에서는 연기의 12가지 구성요소들이 들어가서 나타나며, 「요소 상윳따」(S14)에서는 X 대신에 지·수·화·풍 사대가 들어가서 땅과 그 집·멸·도 등으로 나타나기도 하고 「무더기 상윳따」(S22)에서는 자기 존재[有身]와 그 집·멸·도로 나타나기도 한다. 물론 이 경우에도 소멸은 열반을 뜻한다.
둘째, 12연기의 구성요소들의 소멸로 나타난다.
본서 제2권 「인연 상윳따」(S12)의 도처에 12지 연기는 "무명이 남김없이 빛바래어 소멸하기 때문에 의도적 행위[行]들이 소멸하고, 의도적 행위들이 소멸하기 때문에 알음알이가 소멸하고, …"로 정형화되어 나타난다. 여기서 남김없이 빛바래어 소멸함은 asesa-virāga-nirodha를 옮긴 것인데 주석서는 이 소멸도 당연히 열반과 아라한과를 뜻한다고 설명하고 있다.
여기에 대해서는 본서 제2권 「연기 경」(S12:1)의 주해들과 특히 「분석 경」(S12:2) §16의 주해와 본서 「짐 경」(S22:22) §7의 주해 등을 참조할 것. 그리고 '남김없이 빛바래어 소멸함(asesa-virāga-nirodha)'과 '소멸/소멸함(nirodha)'의 차이에 대해서는 본서 제2권 「연기 경」(S12:1) §4의 세 번째 주해를 참조할 것.
셋째, 염오-이욕-소멸(nibbidā-virāga-nirodha)의 정형구로도 많이 나타난다. 이 경우의 소멸도 아라한과나 열반을 뜻한다.(본서 제2권 「설법자[法師] 경」(S12:16) §5의 주해와 본서 「과거·미래·현재 경」 1(S22:9) §3의 주해 등을 참조할 것.)
넷째, 무엇보다 소멸은 초기불전들 자체에서 이미 "일체의 생존(upadhi)에 대한 집착을 포기함(paṭinissagga), 갈애의 멸진(khaya), 탐욕의 빛바램[離慾, virāga], 소멸(nirodha), 열반이다."(본서 제1권 「권청 경」(S6:1) §2)라는 문맥에서 많이 나타난다. 그리고 "존재(오온)의 소멸이 열반이다." (본서 제2권 「꼬삼비 경」(S12:68) §5)라고도 나타난다. 그러므로 이 경우에도 소멸은 열반을 뜻한다.
다섯째, "떨쳐버림을 의지하고 탐욕의 빛바램을 의지하고 소멸을 의지하고 철저한 버림으로 기우는(vivekanissitaṁ virāganissitaṁ nirodhanissitaṁ vossaggapariṇāmiṁ) 바른 견해 등을 닦는다. …" 등으로 본서 제5권 「도 상윳따」(S45) 등에 정형화 되어서 많이 나타나고 있다.
본서 제5권 「비구 경」(S46:5)에 해당하는 복주서는 "'떨쳐버림을 의지하고 탐욕의 빛바램을 의지하고'라는 구문으로 모든 도의 역할과 과를 보이신 것이다. '소멸을 의지하고'라는 구문으로는 열반의 실현을 말씀하신 것이다."(SAṬ.ii.130)라고 설명하고 있다. 그러므로 이 경우의 소멸도 열반과 동의어이다. 이처럼 소멸은 니까야의 대부분의 문맥에서 열반과 동의어로 쓰이고 있다.
여섯째, 본서 제4권 「아난다 경」 1(S36:15) §5에는 anupubba-saṅkhārānaṁ nirodha(형성된 것들[行]이 차례로 소멸함)이라는 구절이 나타나는데 이것은 초선에서부터 제4선까지 그리고 공무변처에서부터 비상비비상처까지 그리고 상수멸의 아홉 가지 단계의 삼매를 차례대로 닦아서 거친 심리현상들을 차례차례 소멸해 가는 것을 뜻하고 있다. 이것은 『디가 니까야』 「합송경」(D33) §3.2 (6)과 『앙굿따라 니까야』 「차제멸(次第滅) 경」 (A9:31)에서는 아홉 가지 차례로 소멸함[九次第滅, nava anupubba-nirodhā]이라는 술어로 나타나고 있다. 이 아홉 가지 삼매의 경지는 본서 제4권 「한적한 곳에 감 경」(S36:11) §5 이하 등 본서의 여러 곳에서도 나타나고 있다. 본서 제1권 「반열반 경」(S6:15) §§3~4에서는 세존께서 초선부터 상수멸까지, 다시 상수멸부터 초선까지, 그리고 다시 초선에서부터 제4선에 들었다 나와서 반열반하신 것으로 나타나기도 한다.
일곱째, 그리고 여기서 언급한 상수멸(想受滅, saññā-vedayita-nirodha)은 주석서 문헌들에서는 소멸의 증득(nirodha-samāpatti, 멸진정)이라 불리며 중국에서는 멸진정(滅盡定)으로 옮겼다. 이 상수멸 혹은 멸진정에 들었다 나오면 불환과나 아라한과를 증득한다고 한다. 이처럼 여기서도 nirodha(소멸, 멸진)는 열반의 체험과 다름없는 경지로 쓰이고 있다.
소멸의 증득(nirodha-samāpatti, 멸진정)은 본서 제2권 「일곱 요소 경」 (S14:11) §5에도 나타난다. 이곳의 주해도 참조할 것. 그리고 상수멸에 대한

고 놓아버리기 때문에 마음이 잘 해탈했다고 합니다.[75]

장자여, 느낌의 요소에 대한 … 인식의 요소에 대한 … 심리현상들의 요소에 대한 … 알음알이의 요소에 대한 욕구, 탐욕, 즐김, 갈애, 집착과 취착, 그리고 그런 [갈애와 사견이라는] 마음의 입각처와 [여기에 대한] 천착과 잠재성향들을 부수고 빛바래게 하고 소멸하고 포기하고 놓아버리기 때문에 마음이 잘 해탈했다고 합니다."

5. "장자여, 세존께서는 『디가 니까야』 「제석문경」(D21 §2.6)에서 말씀하시기를 '갈애를 부수어 해탈한 사문・바라문들만이 구경의 완성을 이루고 구경의 유가안은을 얻고 구경의 청정범행을 닦고 구경의 목적을 얻으며 신과 인간들 가운데서 뛰어나다.'라고 하셨습니다.

장자여,세존께서 간략하게 설하신 뜻을 이와 같이 자세하게 알아야 합니다."

자세한 논의는 본서 제4권 「까마부 경」 2(S41:6) §§6~13까지를 참조할 것. 여덟째, 그리고 nirodha-dhamma(소멸하기 마련인 법)로도 자주 나타난다. 이것은 "'일어나는 법은 그 무엇이건 모두 소멸하기 마련인 법이다[集法卽滅法].'라는 티 없고 때가 없는 법의 눈[法眼]이 생겼다."(본서 제4권 「환자 경」 1(S35:74) §9 등)는 예류자의 정형구로도 나타나고, "무상하고 형성되었고[有爲] 조건에 의해서 생겨난 것이고 부서지기 마련인 법이며 사라지기 마련인 법이며 탐욕이 빛바래기 마련인 법이며 소멸하기 마련인 법이다."(본서 「아난다 경」(S22:21) §4 등)라는 정형구로도 나타난다.
이 외에도 nirodha는 여러 단어들과 합성어로 나타나서 소멸이나 열반을 뜻하고 있다.(PED 참조)

75) "부수고 빛바래게 하고 소멸하고 포기하고 놓아버리기 때문에 마음이 잘 해탈했다고 합니다."는 khayā virāgā nirodhā cāgā paṭinissaggā cittaṁ suvimuttanti vuccati를 옮긴 것이다. 『맛지마 니까야』 「여섯 가지 청정 경」(M112/iii.31) §6에도 이 문장이 나타나고 있다.

삼매 경(S22:5)

Samādhi-sutta

1. <사왓티의 아나타삔디까 원림(급고독원)에서>

3. "비구들이여, 삼매를 닦아라. 삼매에 든 비구는 있는 그대로 꿰뚫어 안다.76) 비구들이여, 그러면 무엇을 있는 그대로 꿰뚫어 아는가?

물질의 일어남과 사라짐, 느낌의 일어남과 사라짐, [14] 인식의 일어남과 사라짐, 심리현상들의 일어남과 사라짐, 알음알이의 일어남과 사라짐이다."77)

4. "비구들이여, 그러면 무엇이 물질의 일어남이고, 무엇이 느낌의 일어남이고, 무엇이 인식의 일어남이고, 무엇이 심리현상들의 일어남이고, 무엇이 알음알이의 일어남인가?

비구들이여, 여기 사람은 즐기고 환영하고 묶여 있다. 그러면 무엇

---

76) "세존께서는 이 비구들이 마음이 한 끝에 집중됨[心一境性, cittekaggatā = 삼매]으로부터 멀어지는 것을 보시고 '이들이 마음이 한 끝에 집중됨을 얻을 수 있도록 명상주제(kammaṭṭhāna)를 증장(phāti)시켜야겠다.'고 생각하시고 말씀하신 것이다."(SA.ii.261)
마음이 한 끝에 집중됨(심일경성)에 대해서는 본서 제5권 「삼매 경」(S45:28) §3의 주해를 참조할 것.
"여기서 '삼매(samādhi)'란 본삼매(appanā-samādhi)도 되고 근접삼매(upacāra-samādhi)도 된다. 명상주제란 삼매를 토대로 한(samādhi-pādaka) 위빳사나의 명상주제(vipassanā-kammaṭṭhāna)이다."(SAṬ.ii.188)

77) 본서 제2권 「십력 경」 1(S12:21) §4의 주해를 참조할 것.
본경에서 오온의 '일어남(samudaya)'과 '사라짐(atthaṅgama)'은 통시적(通時的, *diachronic*, 시간의 차이를 두고 일어나는 것)인 관점에서 설명되고 있으며, 본서 S22:56; 57 등에서는 공시적(共時的, *synchronic*, 동시에 일어나는 것)인 관점에서 설명되고 있다.

을 즐기고 환영하고 묶여 있는가?

그는 물질을 즐기고 환영하고 거기에 묶여 있다. 물질을 즐기고 환영하고 거기에 묶여 있는 자에게 즐김이 일어난다. 물질을 즐기는 것이 바로 취착이다. 그 취착을 조건으로 존재가, 존재를 조건으로 태어남이, 태어남을 조건으로 늙음·죽음과 근심·탄식·육체적 고통·정신적 고통·절망이 생긴다. 이와 같이 전체 괴로움의 무더기[苦蘊]가 발생한다."

그는 느낌을 … 인식을 … 심리현상들을 … 알음알이를 즐기고 환영하고 거기에 묶여 있다. 알음알이를 즐기고 환영하고 거기에 묶여 있는 자에게 즐김이 일어난다. 알음알이를 즐기는 것이 바로 취착이다. 그 취착을 조건으로 존재가, 존재를 조건으로 태어남이, 태어남을 조건으로 늙음·죽음과 근심·탄식·육체적 고통·정신적 고통·절망이 생긴다. 이와 같이 전체 괴로움의 무더기[苦蘊]가 발생한다.[78]

비구들이여, 이것이 물질의 일어남이고, 이것이 느낌의 일어남이고, 이것이 인식의 일어남이고, 이것이 심리현상들의 일어남이고, 이것이 알음알이의 일어남이다."

---

78) 본문의 결론 부분은 압축된 형태의 연기(緣起, paṭiccasamuppāda)의 가르침을 보여주고 있다. 여기서 '즐기고 환영하고 거기에 묶여 있는 것(abhinandato abhivadato ajjhosāya tiṭṭhato)'은 갈애의 작용이다. 이를 통한 즐김(nandi)은 취착(upādāna)이고 이를 조건으로 해서 연기의 다음 각지들이 흘러가는 것이다. 그러므로 본문은 현재의 오온에 대한 갈애가 다음 생의 새로운 오온이 일어나는 중요한 조건이 된다는 것을 드러내고 있다. 그러므로 본문은 오온의 발생에 대한 통시적(通時的)인 측면을 보여주고 있다 할 수 있다.

그러나 본서 「취착의 양상 경」(S22:56) §6 이하와 「일곱 가지 경우 경」(S22:57) §5 이하는 이와는 반대로 오온이 음식이나 감각접촉이나 정신·물질을 조건으로 하여 일어남을 설하고 있는데 이는 공시적(共時的)인 면을 드러내고 있다고 할 수 있다.

소멸에 대한 구문은 이와 반대로 이해하면 된다. 현재의 오온에 대한 갈애가 소멸되면, 다음 생의 새로운 오온이 일어나는 중요한 조건이 소멸된 것이다.

5. "비구들이여, 그러면 무엇이 물질의 사라짐이고, 무엇이 느낌의 사라짐이고, 무엇이 인식의 사라짐이고, 무엇이 심리현상들의 사라짐이고, 무엇이 알음알이의 사라짐인가?

비구들이여, 여기 사람은 즐기지 않고 환영하지 않고 묶여 있지 않다. 그러면 무엇을 즐기지 않고 환영하지 않고 묶여 있지 않는가?

그는 물질을 즐기지 않고 환영하지 않고 거기에 묶여 있지 않다. 물질을 즐기지 않고 환영하지 않고 거기에 묶여 있지 않는 자에게 즐김이 소멸한다. 즐기는 것이 소멸하기 때문에 취착이 소멸한다. 취착이 소멸하기 때문에 존재가 소멸하고, 존재가 소멸하기 때문에 태어남이 소멸하고, 태어남이 소멸하기 때문에 늙음·죽음과 근심·탄식·육체적 고통·정신적 고통·절망이 소멸한다. 이와 같이 전체 괴로움의 무더기[苦蘊]가 소멸한다."

그는 느낌을 [15] … 인식을 … 심리현상들을 … 알음알이를 즐기지 않고 환영하지 않고 거기에 묶여 있지 않다. 알음알이를 즐기지 않고 환영하지 않고 거기에 묶여 있지 않는 자에게 즐김이 소멸한다. 즐기는 것이 소멸하기 때문에 취착이 소멸한다. 취착이 소멸하기 때문에 존재가 소멸하고, 존재가 소멸하기 때문에 태어남이 소멸하고, 태어남이 소멸하기 때문에 늙음·죽음과 근심·탄식·육체적 고통·정신적 고통·절망이 소멸한다. 이와 같이 전체 괴로움의 무더기[苦蘊]가 소멸한다.

비구들이여, 이것이 물질의 사라짐이고, 이것이 느낌의 사라짐이고, 이것이 인식의 사라짐이고, 이것이 심리현상들의 사라짐이고, 이것이 알음알이의 사라짐이다."

홀로 앉음 경(S22:6)

Paṭisallāna-sutta

3. "비구들이여, 홀로 앉음[79]에 몰두하는 수행을 하라. 비구들이여, 홀로 앉는 비구는 있는 그대로 꿰뚫어 안다. 비구들이여, 그러면 무엇을 있는 그대로 꿰뚫어 아는가?

물질의 일어남과 사라짐, 느낌의 일어남과 사라짐, 인식의 일어남과 사라짐, 심리현상들의 일어남과 사라짐, 알음알이의 일어남과 사라짐이다."

… …

<이하 본경의 내용은 앞의 「삼매 경」(S22:5) §4 이하와 동일하다.>

취착에 의한 초조함 경1(S22:7)

Upādāparitassanā-sutta

3. "비구들이여, 그대들에게 취착에 의한 초조함과 취착하지 않음에 의한 초조하지 않음을 설하리라.[80] 이제 그것을 들어라. 듣고

79) '홀로 앉음'은 paṭisallāna를 옮긴 것인데 육체적으로 격리되고 한거하는 것을 뜻한다. 주석서는 이렇게 설명한다.
"세존께서는 이 비구들이 몸의 한거(kāya-viveka)로부터 멀어지는 것을 보시고 '이들이 몸의 한거를 얻을 수 있도록 명상주제(kammaṭṭhāna)를 증장(phāti)시켜야겠다.'고 생각하시고 말씀하신 것이다."(SA.ii.262)

80) 본경과 거의 같은 내용이 『맛지마 니까야』 「요약에 대한 분석경」(M138/iii.227~229) §§20~21에도 나타나고 있다. 본경에서 '취착하지 않음에 의한 초조하지 않음(anupādā-aparitassana)'으로 나타나는 부분이 M138의 해당부분에는 '취착하지 않음에 의한 초조함(anupādā paritassanā hoti)'으로 나타나는데, M138에 대한 주석서(MA.v.29)는 이것을 인정하면서 주석을 달고 있다. 그런데 이것은 보디 스님의 설명처럼 주석서 문헌들이 나타나기 이전에부터 있었던 것이며, 그래서 나쁘게 정착된 경문에 대한 나쁜 주석의 보기가 된다 할 수 있다. M138의 해당 부분도 본경처럼 고쳐서 읽는 것이 타당하다고 여겨진다.

마음에 잘 새겨라. 나는 설할 것이다." [16]

"그렇게 하겠습니다, 세존이시여."라고 비구들은 세존께 응답했다. 세존께서는 이렇게 말씀하셨다.

4. "비구들이여, 그러면 어떻게 해서 취착에 의한 초조함이 있게 되는가?

비구들이여, 여기 배우지 못한 범부는 성자들을 친견하지 못하고 성스러운 법에 능숙하지 못하고 성스러운 법에 인도되지 못하고 참된 사람들을 친견하지 못하고 참된 사람의 법에 능숙하지 못하여 물질을 자아라고 관찰하고, 물질을 가진 것이 자아라고 관찰하고, 물질이 자아 안에 있다고 관찰하고, 물질 안에 자아가 있다고 관찰한다.81) 그러나 그런 그의 물질은 변하고 다른 상태로 되어간다. 그의 물질이 변하고 다른 상태로 되어 가기 때문에 그의 알음알이는 '물질은 변화한다.'는 [생각에] 휩싸인다.82) 그러면 '물질은 변화한다.'는 [생각에] 휩싸여서 생긴 초조함과 [해로운] 심리상태가 일어나서83)

---

81) 오온을 이렇게 4가지로 관찰하는 것을 20가지 유신견(有身見, sakkāya-diṭṭhi)이라 한다. 유신견에 대해서는 본서 「나꿀라삐따 경」(S22:1) §10의 주해를 참조할 것.

82) '그의 알음알이는 '물질은 변화한다.'는 [생각에] 휩싸인다.'는 rūpa-vipari-ṇāma-anuparivatti-viññāṇaṁ을 풀어서 옮긴 것이다. 주석서는 "'나의 물질은 변화한다.'라거나 '오 참으로 내가 가졌던 것이 이제 더 이상 내게 없구나.'라는 등으로 업을 짓는 알음알이(kamma-viññāṇa)가 물질의 부서짐에 대한 [생각에] 휩싸이는 것(rūpa-bheda-anuparivatti)이다."(SA.ii.262)라고 설명하고 있어서 이렇게 풀어서 옮겼다.

83) '초조함과 [해로운] 심리상태가 일어나서'는 paritassanā-dhamma-sam-uppādā를 옮긴 것이다. 주석서는 "갈애의 초조함(taṇhā-paritassanā)과 해로운 법(불선법)의 일어남(akusala-dhamma-samuppādā)"(SA.ii.262)으로, 즉 병렬복합어로 설명하고 있어서 이렇게 옮겼다. 물론 격한정복합어[依主釋, tatpuruṣa]로 이해해서 '초조함 때문에 [해로운] 심리상태가 일어나서'로 옮길 수도 있다. 주석서와 복주서는 여기서 초조함으로 옮긴 pari-

그의 마음[84]을 사로잡아 머문다. 마음이 사로잡혔기 때문에 그는 겁을 먹고 걱정하고 안절부절못하고 그래서 취착에 의한 초조함이 있게 된다.

비구들이여, 여기 배우지 못한 범부는 성자들을 친견하지 못하고 성스러운 법에 능숙하지 못하고 성스러운 법에 인도되지 못하고 참된 사람들을 친견하지 못하고 참된 사람의 법에 능숙하지 못하여 느낌을 … 인식을 … 심리현상들을 … 알음알이를 자아라고 관찰하고, 알음알이를 가진 것이 자아라고 관찰하고, 알음알이가 자아 안에 있다고 관찰하고, 알음알이 안에 자아가 있다고 관찰한다. 그러나 그런 그의 알음알이는 변하고 다른 상태로 되어간다. [17] 그의 알음알이가 변하고 다른 상태로 되어 가기 때문에 그의 알음알이는 '알음알이는 변화한다.'는 [생각에] 휩싸인다. 그러면 '알음알이는 변화한다.'는 [생각에] 휩싸여서 생긴 초조함과 [해로운] 심리상태가 일어나서 그의 마음을 사로잡아 머문다. 마음이 사로잡혔기 때문에 그는 겁을 먹고 걱정하고 안절부절못하고 그래서 취착에 의한 초조함이 있게 된다."

---

tassanā를 갈애와 동의어로 설명하고 있다. 그러나 문맥으로 볼 때 여기서 초조함(paritassanā)은 두려움에 의한 초조함(bhaya-paritassanā)으로 이해된다.

paritassanā는 pari+√tras(*to tremble*)에서 파생된 명사이며 이 의미를 살려서 초조함으로 옮겼다. 『디가 니까야 주석서』에는 "초조함(paritassanā)이란 혼란스러움과 안절부절 못함을 뜻한다. 이것은 네 가지가 있다. 초조함에 의한 초조함, 갈애에 의한 초조함, 사견(邪見)에 의한 초조함, 지혜에 의한 초조함이다. … 여기서는 갈애에 의한 초조함과 사견에 의한 초조함을 말한다."(DA.i.111)라고 나타난다.

한편 본서 제2권 「철저한 검증 경」(S12:51) §9에서는 초조함(paritassanā)의 동사인 paritassati를 그곳의 문맥에 따라서 갈증 내다로 옮겼다. 이것은 본경에 해당하는 주석서에서 paritassnā를 갈애와 연결짓는 것과 관계가 있다.

84) "여기서 '마음(citta)'은 유익한 마음[善心, kusala-citta]을 뜻한다."(SA.ii.262)

비구들이여, 이렇게 해서 취착에 의한 초조함이 있게 된다.”

5. “비구들이여, 그러면 어떻게 해서 취착하지 않음에 의한 초조하지 않음이 있게 되는가?

비구들이여, 여기 잘 배운 성스러운 제자는 성자들을 친견하고 성스러운 법에 능숙하고 성스러운 법에 인도되고 참된 사람들을 친견하고 참된 사람의 법에 능숙하여 물질을 자아라고 관찰하지 않고, 물질을 가진 것이 자아라고 관찰하지 않고, 물질이 자아 안에 있다고 관찰하지 않고, 물질 안에 자아가 있다고 관찰하지 않는다. 그런 그의 물질은 변하고 다른 상태로 되어간다. 그의 물질은 변하고 다른 상태로 되어 가지만 그의 알음알이는 ‘물질은 변화한다.’는 [생각에] 휩싸이지는 않는다.85) 그러므로 ‘물질은 변화한다.’는 [생각에] 휩싸여서 생긴 초조함과 [해로운] 심리상태가 일어나서 그의 마음을 사로잡아 머물지 못한다. 마음이 사로잡히지 않았기 때문에 그는 근심하지 않고 걱정하지 않고 안절부절못하지 않고 그래서 취착하지 않음에 의한 초조하지 않음이 있게 된다.

비구들이여, 여기 잘 배운 성스러운 제자는 성자들을 친견하고 성스러운 법에 능숙하고 성스러운 법에 인도되고 참된 사람들을 친견하고 참된 사람의 법에 능숙하여 느낌을 … 인식을 … 심리현상들을
[18] … 알음알이를 자아라고 관찰하지 않고, 알음알이를 가진 것이

85) “‘물질은 변화한다.’는 [생각에] 휩싸이지는 않는다(na rūpa-vipariṇāma-anuparivatti).’는 것은 번뇌 다한 [아라한]에게는 업을 짓는 알음알이(kamma-viññāṇa)가 없다. 그러므로 물질의 부서짐에 대한 [생각에] 휩싸임(rūpa-bheda-anuparivatti)도 없다고 말씀하시는 것이다.”(SA.ii.262) 아라한은 더 이상 업을 짓지 않는다. 아라한이 일으키는 좋은 마음은 그래서 업을 짓는 알음알이라 하지 않고 단지 작용만 하는 마음(kiriya-citta)이라 부른다. 여기에 대해서는 『아비담마 길라잡이』 제1장 §15의 해설 등을 참조할 것.

자아라고 관찰하지 않고, 알음알이가 자아 안에 있다고 관찰하지 않고, 알음알이 안에 자아가 있다고 관찰하지 않는다. 그런 그의 알음알이는 변하고 다른 상태로 되어간다. 그의 알음알이는 변하고 다른 상태로 되어 가지만 그의 알음알이는 '알음알이는 변화한다.'는 [생각에] 휩싸이지는 않는다. 그러므로 '알음알이는 변화한다.'는 [생각에] 휩싸여서 생긴 초조함과 [해로운] 심리상태가 일어나서 그의 마음을 사로잡아 머물지 못한다. 마음이 사로잡히지 않았기 때문에 그는 근심하지 않고 걱정하지 않고 안절부절못하지 않고 그래서 취착하지 않음에 의한 초조하지 않음이 있게 된다.

비구들이여, 이렇게 해서 취착하지 않음에 의한 초조하지 않음이 있게 된다."

취착에 의한 초조함 경2(S22:8)

3. "비구들이여, 그대들에게 취착에 의한 초조함과 취착하지 않음에 의한 초조하지 않음을 설하리라. 이제 그것을 들어라. 듣고 마음에 잘 새겨라. 나는 설할 것이다."

"그렇게 하겠습니다, 세존이시여."라고 비구들은 세존께 응답했다. 세존께서는 이렇게 말씀하셨다.

4. "비구들이여, 그러면 어떻게 해서 취착에 의한 초조함이 있는가?

비구들이여, 여기 배우지 못한 범부는 물질을 '이것은 내 것이다. 이것은 나다. 이것은 나의 자아다.'라고 관찰한다.[86] 그러나 그런 그

---

86) 앞의 경이 전적으로 유신견을 골격으로 하고 있다면, 본경은 세 가지 거머쥠(gāha)을 뼈대로 하고 있다. 이 세 가지 가운데 '이것은 내 것이다(etaṁ mama).'라는 것은 갈애에 의한 거머쥠(taṇhā-gāha)이다. '이것은 나다

의 물질은 변하고 다른 상태로 되어간다. 그의 물질이 변하고 다른 상태로 되어 가기 때문에 그에게는 근심·탄식·육체적 고통·정신적 고통·절망이 일어난다.

비구들이여, 여기 배우지 못한 범부는 느낌을 … 인식을 … 심리현상들을 … 알음알이를 '이것은 내 것이다. 이것은 나다. 이것은 나의 자아다.'라고 관찰한다. 그러나 그런 그의 알음알이는 변하고 다른 상태로 되어간다. 그의 알음알이가 변하고 다른 상태로 되어 가기 때문에 그에게는 근심·탄식·육체적 고통·정신적 고통·절망이 일어난다.

비구들이여, 이렇게 해서 취착에 의한 초조함이 있다."

5. "비구들이여, 그러면 어떻게 해서 취착하지 않음에 의한 초조하지 않음이 있는가? [19]

비구들이여, 여기 잘 배운 성스러운 제자는 물질을 '이것은 내 것이다. 이것은 나다. 이것은 나의 자아다.'라고 관찰하지 않는다. 그런 그의 물질은 변하고 다른 상태로 되어가지만 그에게는 근심·탄식·육체적 고통·정신적 고통·절망이 일어나지 않는다.

비구들이여, 여기 잘 배운 성스러운 제자는 느낌을 … 인식을 … 심리현상들을 … 알음알이를 '이것은 내 것이다. 이것은 나다. 이것은 나의 자아다.'라고 관찰하지 않는다. 그런 그의 알음알이는 변하고 다른 상태로 되어가지만 그에게는 근심·탄식·육체적 고통·정신적 고

(esohamasmi).'라는 것은 자만에 의한 거머쥠(māna-gāha)이다. '이것은 나의 자아다(eso me attā).'라는 것은 견해에 의한 거머쥠(diṭṭhi-gāha)이다. 자세한 것은 본서 제2권 「배우지 못한 자 경」 1(S12:61) §4의 주해를 참조할 것.
그리고 앞의 경에서 초조함(paritassanā)은 갈애와 두려움의 초조함이었지만, 본경에서 초조함은 근심과 탄식 등의 초조함이다.

통 · 절망이 일어나지 않는다.

비구들이여, 이렇게 해서 취착하지 않음에 의한 초조하지 않음이 있다."

과거 · 미래 · 현재 경1(S22:9)

Atītānāgatapaccuppanna-sutta

3. "비구들이여, 과거와 미래의 물질은 무상하나니 하물며 현재는 말해서 무엇 하겠는가? 비구들이여, 이렇게 보는 잘 배운 성스러운 제자는 과거의 물질에 대해서 무관심하고, 미래의 물질을 즐거워하지 않으며, 현재의 물질에 대해서 염오하고[87] 탐욕이 빛바래게 하

---

87) '염오'는 nibbidā를 옮긴 것이다. 이 술어는 nis(부정접두어) + √vid(*to know, to find*)에서 파생된 명사이다. 베다문헌에서부터 nirvindati가 탈격과 함께 쓰이면 '제거하다, 싫어하다, 혐오하다'의 뜻으로 쓰인다. 산스끄리뜨로는 nirvid 혹은 nirvidā인데 중국에서는 염(厭)이나 염리(厭離)로 옮겼다. 그래서 염오(厭惡)로 옮기고 있다. 역겨워함, 넌더리 침 등으로도 옮길 수 있다. 초기불전연구원의 기존의 번역에서는 nibbidā를 '염오'로도 옮기고 '역겨워함'으로도 옮겼다. 그리고 이것의 동사 nibbindati도 적지 않게 나타나는데 이것은 모두 염오하다로 옮겼다.
예를 들면 본경과 같은 구문은 "형성된 것들[諸行]은 모두 역겨워 해야 마땅하며[厭惡] 그것에 대한 탐욕이 빛바래도록 해야 마땅하며[離慾] 해탈해야 마땅하다.[解脫]"(본서 제2권 「시작을 알지 못함 상윳따」(S15)에 포함된 20개 경들 전부와 『디가 니까야』 「마하수닷사나 경」(D17) §2.16 등)나, "전적으로 역겨워함으로 인도하고, 탐욕의 빛바램으로 인도하고, 소멸로 인도하고, 고요함으로 인도하고, 최상의 지혜로 인도하고, 바른 깨달음으로 인도하고, 열반으로 인도한다."(『앙굿따라 니까야』 「세정의식 경」(A10:107) §1 등. 같은 구문은 본서 제5권 「염오 경」(S46:20) §3 등에도 나타나고 있다.)로 옮겨서 '역겨워함'으로 옮겼다. 그러나 본서에서는 nibbidā를 모두 염오(厭惡)로 통일해서 옮기고 있다.
본서 전체에서 염오(nibbidā)가 들어가는 중요한 네 가지 정형구는 다음과 같이 옮기고 있다.
① "[오온 등에 대해서] 염오하고 탐욕이 빛바래게 하고 소멸하기 위해서 도를 닦는다."(본경 등)
② "[오온 등]에 대해서 염오한다. 염오하면서 탐욕이 빛바래고, 탐욕이 빛

고[88] 소멸[89]하기 위해서 도를 닦는다.[90]

바래므로 해탈한다. 해탈하면 해탈했다는 지혜가 있다."(본서 「무상 경」(S22:12) §3 등)

③ "형성된 것들[諸行]은 모두 염오해야 마땅하며 그것에 대한 탐욕이 빛바래도록 해야 마땅하며 해탈해야 마땅하다."(본서 제2권 「풀과 나무 경」(S15:1) §4 등)

④ "전적으로 염오함으로 인도하고, 탐욕의 빛바램으로 인도하고, 소멸로 인도하고, 고요함으로 인도하고, 최상의 지혜로 인도하고, 바른 깨달음으로 인도하고, 열반으로 인도한다."(본서 제5권 「염오 경」(S46:20) §3 등)

온·처·계 등에 대해서 염오하는 것은 초기불교수행에서 가장 중요한 단계이다. 그래서 주석서는 이 염오를 강한 위빳사나라고 설명하고 있다.(다음 문단 참조) 염오가 일어나지 않으면 도와 과의 증득은 있을 수 없다. 그러므로 정형구에는 항상 염오-이욕-소멸 혹은 염오-이욕-해탈-구경해탈지 등으로 나타나는 것이다.

주석서는 "'염오(nibbidā)'란 염오(역겨움)의 지혜(nibbidā-ñāṇa)를 말하는데 이것으로 강한 위빳사나(balava-vipassanā)를 드러내고 있다. 여기서 강한 위빳사나란 [10가지 위빳사나의 지혜 가운데] (4) 공포의 지혜(bhayat-ūpaṭṭhāne ñāṇa) (5) 위험을 관찰하는 지혜(ādīnava-anupassane ñāṇa) (7) 해탈하기를 원하는 지혜(muñcitukamyatā-ñāṇa) (9) 상카라[行]에 대한 평온의 지혜(saṅkhār-upekkhā-ñāṇa)의 네 가지 지혜와 동의어이다."(SA.ii.53, 본서 「의지처 경」(S12:23) §4에 대한 주석)

그리고 10가지 위빳사나의 지혜 가운데 여섯 번째는 바로 이 염오의 지혜(nibbida-ñāṇa)이다. 『아비담마 길라잡이』에서는 이것을 역겨움의 지혜로 옮겼으며, 『청정도론』에서는 역겨움(염오)을 관찰하는 지혜(nibbida-anupassanā-ñāṇa)로 나타나고 있다. 10가지 위빳사나의 지혜는 『아비담마 길라잡이』 제9장 §25와 §33을 참조할 것.

88) '탐욕의 빛바램'은 virāga를 옮긴 것이다. 이 술어는 vi(분리접두어) + rāga로 구성되었다. rāga는 물들인다는 동사 rañjati(√rañj, to dye)에서 파생되었다. 그러므로 rāga는 기본적으로 색깔이나 색조나 빛깔이나 물들임의 뜻이 있다. 그래서 마음이 물들은 상태, 즉 애정, 애착, 애욕, 갈망, 집착, 탐욕, 욕망 등의 뜻으로 쓰인다. 『청정도론』에서는 이성을 대상으로 자애를 닦으면 애욕이나 애정이 일어난다는 문맥에서도 나타나고 있다.(Vis.IX.6) 중국에서도 愛染, 愛欲, 愛著, 欲, 欲樂, 欲貪, 貪愛, 貪欲, 貪縛 등으로 다양하게 옮겼다.

이러한 rāga에다 분리접두어인 vi+가 첨가되어 이런 색깔이나 빛깔이 바래어가는 것을 뜻한다. 중국에서는 離垢, 離染, 離欲, 離貪으로 옮겼다. 이전의 초기불전연구원 번역서에서는 virāga를 '욕망의 빛바램'으로 옮긴 곳도 있고 '탐욕의 빛바램'으로 옮긴 곳도 있는데, rāga를 문맥에 따라 '탐욕'으로 비구들이여, 과거와 미래의 느낌은 … 인식은 … 심리현상들은 … 알음알이는 무상하나니 하물며 현재는 말해서 무엇 하겠는가? 비구들이여, 이렇게 보는 잘 배운 성스러운 제자는 과거의 알음알이에 대해서 무관심하고, 미래의 알음알이를 즐거워하지 않으며, 현재의 알음알이에 대해서 염오하고 탐욕이 빛바래게 하고 소멸하기 위해서 도를 닦는다."

과거 · 미래 · 현재 경2(S22:10)

3. "비구들이여, 과거와 미래의 물질은 괴로움이니 [20] 하물며 현재는 말해서 무엇 하겠는가? 비구들이여, 이렇게 보는 잘 배운 성스러운 제자는 과거의 물질에 대해서 무관심하고, 미래의 물질을 즐거워하지 않으며, 현재의 물질에 대해서 염오하고 탐욕이 빛바래게 하고 소멸하기 위해서 도를 닦는다.

비구들이여, 과거와 미래의 느낌은 … 인식은 … 심리현상들은 …

도 '욕망'으로도 옮긴 것과 같은 맥락이다. 그러나 본서에서는 모두 '탐욕의 빛바램[離慾]'으로 통일해서 옮기고 있다.

이미 여러 주해에서 살펴보았듯이 아비담마와 주석서들에서는 이 탐욕의 빛바램의 단계를 도(예류도부터 아라한도까지)가 드러나는 단계라고 설명한다.(본서 제2권 「연기 경」(S12:1) §4; 「기반 경」(S12:23) §4; 「눈[眼] 경」(S18:1) §5 등 참조)

89) '소멸(nirodha)'에 대한 여러 논의는 본서 「할릿디까니 경」2(S22:4) §4의 주해를 참조할 것. 소멸은 여기서처럼 염오-이욕-소멸의 정형구로도 많이 나타나는데 이 경우의 소멸을 과(果, phala) 특히 아라한과의 증득이라고 주석서는 밝히고 있다.(본서 제2권 「설법자[法師] 경」(S12:16) §5의 주해 등 참조)

90) "'소멸하기 위해서 도를 닦는다(nirodhāya paṭipanno).'는 것은 아라한도로부터 소멸하기 위해서(arahatta-maggā nirodhāya) 도를 닦는다는 뜻이다. 그러나 [아라한]과를 증득했을 때는(phala-patte) 참으로 소멸되었다(nirodhita)고 한다."(MA.iii.270)

알음알이는 괴로움이니 하물며 현재는 말해서 무엇 하겠는가? 비구들이여, 이렇게 보는 잘 배운 성스러운 제자는 과거의 알음알이에 대해서 무관심하고, 미래의 알음알이를 즐거워하지 않으며, 현재의 알음알이에 대해서 염오하고 탐욕이 빛바래게 하고 소멸하기 위해서 도를 닦는다."

과거·미래·현재 경3(S22:11)

3. "비구들이여, 과거와 미래의 물질은 무아이니 하물며 현재는 말해서 무엇 하겠는가? 비구들이여, 이렇게 보는 잘 배운 성스러운 제자는 과거의 물질에 대해서 무관심하고, 미래의 물질을 즐거워하지 않으며, 현재의 물질에 대해서 염오하고 탐욕이 빛바래게 하고 소멸하기 위해서 도를 닦는다.

비구들이여, 과거와 미래의 느낌은 … 인식은 … 심리현상들은 … 알음알이는 무아이니 하물며 현재는 말해서 무엇 하겠는가? 비구들이여, 이렇게 보는 잘 배운 성스러운 제자는 과거의 알음알이에 대해서 무관심하고, 미래의 알음알이를 즐거워하지 않으며, 현재의 알음알이에 대해서 염오하고 탐욕이 빛바래게 하고 소멸하기 위해서 도를 닦는다."

제1장 나꿀라삐따 품이 끝났다.

첫 번째 품에 포함된 경들의 목록은 다음과 같다.

① 나꿀라삐따 ② 데와다하
두 가지 ③~④ 할릿디까니 ⑤ 삼매 ⑥ 홀로 앉음
두 가지 ⑦~⑧ [21] 취착에 의한 초조함
세 가지 ⑨~⑪ 과거·미래·현재이다.

제2장 무상 품

Anicca-vagga

무상 경(S22:12)

Anicca-sutta

3. "비구들이여, 물질은 무상하고 느낌은 무상하고 인식은 무상하고 심리현상들은 무상하고 알음알이는 무상하다.

비구들이여, 이렇게 보는 잘 배운 성스러운 제자는 물질에 대해서도 염오하고, 느낌에 대해서도 염오하고, 인식에 대해서도 염오하고, 심리현상들에 대해서도 염오하고, 알음알이에 대해서도 염오한다.

염오하면서 탐욕이 빛바래고, 탐욕이 빛바래므로 해탈한다. 해탈하면 해탈했다는 지혜가 있다. '태어남은 다했다. 청정범행(梵行)은 성취되었다. 할 일을 다 해 마쳤다. 다시는 어떤 존재로도 돌아오지 않을 것이다.'라고 꿰뚫어 안다."91)

---

91) 본경을 위시해서 본품에 포함되어 있는 경들은 오온의 무상·고·무아를 통찰하여 오온에 대한 염오-이욕-해탈-구경해탈지를 설하는 전형적인 경들이다. 이미 본서 제2권 「눈[眼] 경」(S18:1) §5의 주해 등에서도 누차 밝혔지만 여기서 염오-이욕-해탈-구경해탈지는 차례대로 강한 위빳사나-도-과-반조를 뜻한다. 다시 한 번 주석서를 인용하면 다음과 같다.
"'염오(nibbidā)'란 염오의 지혜(nibbidā-ñāṇa)를 말하는데 이것으로 강한 위빳사나(balava-vipassanā)를 드러내고 있다."(SA.ii.53 = 「의지처 경」(S12:23) §4의 주해)
"'탐욕의 빛바램(이욕, virāga)'이란 도(magga, 즉 예류도, 일래도, 불환도, 아라한도)이다. '탐욕이 빛바래므로 해탈한다(virāgā vimuccati).'는 것은 탐욕의 빛바램이라는 도에 의해서 해탈한다는 과(phala)를 설하셨다. '해탈하면 해탈했다는 지혜가 있다(vimuttasmiṁ vimuttamiti ñāṇaṁ hoti).'는 것은 여기서 반조(paccavekkhaṇā)를 설하셨다.(virāgoti maggo, virāgā vimuccatīti ettha virāgena maggena vimuccatīti phalaṁ kathitaṁ. vimuttasmiṁ vimuttamiti ñāṇaṁ hotīti idha paccavekkha

괴로움 경(S22:13)

Dukkha-sutta

3. "비구들이여, 물질은 괴로움이고 느낌은 괴로움이고 인식은 괴로움이고 심리현상들은 괴로움이고 알음알이는 괴로움이다."

4. "비구들이여, 이렇게 보는 잘 배운 성스러운 제자는 물질에 대해서도 염오하고, 느낌에 대해서도 염오하고, 인식에 대해서도 염오하고, 심리현상들에 대해서도 염오하고, 알음알이에 대해서도 염오한다.

염오하면서 탐욕이 빛바래고, 탐욕이 빛바래므로 해탈한다. 해탈하면 해탈했다는 지혜가 있다. '태어남은 다했다. 청정범행(梵行)은 성취되었다. 할 일을 다 해 마쳤다. 다시는 어떤 존재로도 돌아오지 않을 것이다.'라고 꿰뚫어 안다."

-ṇā kathitā.)"(MA.ii.115 = 『맛지마 니까야』 「뱀의 비유 경」(M22) §29에 대한 주석)

다른 주석서를 인용하자면 다음과 같다.

"여기서 '여실지견(如實知見, yathābhūta-ñāṇadassana)'은 정신과 물질을 한정하는 지혜(nāmarūpa-pariccheda-ñāṇa)로부터 시작하는 얕은 위빳사나(taruṇa-vipassanā)이다. '염오(nibbidā)'는 강한 위빳사나(balava-vipassanā)이고 '탐욕의 빛바램(virāga)'은 도이다. '해탈과 [해탈]지견(vimutti-ñāṇadassana)'은 과의 해탈(phala-vimutti)과 반조의 지혜(paccavekkhaṇa-ñāṇa)를 뜻한다."(AA.iii.228)

한편 본서 「과거·미래·현재 경」 1(S22:9) 등 「무더기 상윳따」(S22)의 여러 곳에서는 오온의 무상·고·무아를 통찰하여 염오-이욕-소멸을 실현하는 것을 설하고 있다. 여기서도 당연히 염오는 강한 위빳사나요, 이욕은 도요 소멸은 아라한과라고 주석서들은 밝히고 있다. 본서 제2권 「설법자[法師] 경」(S12:16) §5의 주해와 「연기 경」(S12:1) §4의 주해와 「의지처 경」(S12:23) §4의 주해들을 참조할 것.

무아 경(S22:14)

Anatta-sutta

3. "비구들이여, 물질은 무아고 느낌은 무아고 인식은 무아고 심리현상들은 무아고 알음알이는 무아다."

4. "비구들이여, 이렇게 보는 잘 배운 성스러운 제자는 물질에 대해서도 염오하고, 느낌에 대해서도 염오하고, 인식에 대해서도 염오하고, 심리현상들에 대해서도 염오하고, 알음알이에 대해서도 염오한다.

염오하면서 탐욕이 빛바래고, 탐욕이 빛바래므로 해탈한다. 해탈하면 해탈했다는 지혜가 있다. '태어남은 다했다. 청정범행(梵行)은 성취되었다. 할 일을 다 해 마쳤다. 다시는 어떤 존재로도 돌아오지 않을 것이다.'라고 꿰뚫어 안다."

무상한 것 경(S22:15)

Yadanicca-sutta

3. "비구들이여, [22] 물질은 무상하다. 무상한 것은 괴로움이요, 괴로움인 것은 무아다. 무아인 것은 '이것은 내 것이 아니고, 이것은 내가 아니고, 이것은 나의 자아가 아니다.'라고 있는 그대로 바른 통찰지로 봐야 한다.92)

---

92) "'이것은 내 것이 아니고, 이것은 내가 아니고, 이것은 나의 자아가 아니다. (netaṁ mama, nesohamasmi, na meso atta)'라는 것은 [각각] 무상과 괴로움과 무아를 뜻한다."(SA.ii.372; MA.v.83)
"'이것은 내 것이 아니고'는 괴로움이라고 관찰하기 때문에 형성된 것들에 대한 견해에서 내 것이라는 생각(mamaṁ-kāra)이 없기 때문이다. '이것은 내가 아니고'라는 것은 무상이라고 관찰하기 때문에 이런 견해에서 나라는 생각(ahaṁ-kāra)이 없기 때문이다. '이것은 나의 자아가 아니다.'라는 것은

느낌은 … 인식은 … 심리현상들은 … 알음알이는 무상하다. 무상한 것은 괴로움이요, 괴로움인 것은 무아다. 무아인 것은 '이것은 내 것이 아니고, 이것은 내가 아니고, 이것은 나의 자아가 아니다.'라고 있는 그대로 바른 통찰지로 봐야 한다."

4. "비구들이여, 이렇게 보는 잘 배운 성스러운 제자는 … 다시는 어떤 존재로도 돌아오지 않을 것이라고 꿰뚫어 안다."

괴로움인 것 경(S22:16)

Yaṁdukkha-sutta

3. "비구들이여, 물질은 괴로움이요, 괴로움인 것은 무아다. 무아인 것은 '이것은 내 것이 아니고, 이것은 내가 아니고, 이것은 나의 자아가 아니다.'라고 있는 그대로 바른 통찰지로 봐야 한다.

느낌은 … 인식은 … 심리현상들은 … 알음알이는 괴로움이요, 괴로움인 것은 무아다. 무아인 것은 '이것은 내 것이 아니고, 이것은 내가 아니고, 이것은 나의 자아가 아니다.'라고 있는 그대로 바른 통찰지로 봐야 한다."

4. "비구들이여, 이렇게 보는 잘 배운 성스러운 제자는 … 다시는 어떤 존재로도 돌아오지 않을 것이라고 꿰뚫어 안다."

이런 견해에서 자아를 거머쥠(atta-ggāha)이 없기 때문이다."(MAṬ.ii.200)

"이 셋은 [각각] 갈애와 자만과 사견(taṇhā-māna-diṭṭhi)으로 거머쥠을 내던지는 것(gāha-paṭikkhepa)을 통해서 말씀하셨다. '있는 그대로 바른 통찰지로 봐야 한다(sammappaññāya daṭṭhabbaṁ).'는 것은 원인(hetu)과 이유(kāraṇa)와 위빳사나와 함께하는 도의 통찰지(sahavipassanāya maggapaññā)로써 봐야 한다는 뜻이다."(AA.ii.380)

무아인 것 경(S22:17)

Yadanattā-sutta

3. "비구들이여, 물질은 무아다. 무아인 것은 [23] '이것은 내 것이 아니고, 이것은 내가 아니고, 이것은 나의 자아가 아니다.'라고 있는 그대로 바른 통찰지로 봐야 한다.

느낌은 … 인식은 … 심리현상들은 … 알음알이는 무아다. 무아인 것은 '이것은 내 것이 아니고, 이것은 내가 아니고, 이것은 나의 자아가 아니다.'라고 있는 그대로 바른 통찰지로 봐야 한다."

4. "비구들이여, 이렇게 보는 잘 배운 성스러운 제자는 … 다시는 어떤 존재로도 돌아오지 않을 것이라고 꿰뚫어 안다."

원인 경1(S22:18)

Hetu-sutta

3. "비구들이여, 물질은 무상하다. 물질이 일어나는 원인과 조건도 역시 무상하다. 비구들이여, 물질은 무상에서 발생하였나니 그 어디에 항상함이 있겠는가?

느낌은 … 인식은 … 심리현상들은 … 알음알이는 무상하다. 알음알이가 일어나는 원인과 조건도 역시 무상하다. 비구들이여, 알음알이는 무상에서 발생하였나니 그 어디에 항상함이 있겠는가?"

4. "비구들이여, 이렇게 보는 잘 배운 성스러운 제자는 … 다시는 어떤 존재로도 돌아오지 않을 것이라고 꿰뚫어 안다."

원인 경2(S22:19)

3. "비구들이여, 물질은 괴로움이다. 물질이 일어나는 원인과 조건도 역시 괴로움이다. 비구들이여, 물질은 괴로움에서 발생하였나니 그 어디에 즐거움이 있겠는가?

느낌은 … 인식은 … 심리현상들은 … [24] 알음알이는 괴로움이다. 알음알이가 일어나는 원인과 조건도 역시 괴로움이다. 비구들이여, 알음알이는 괴로움에서 발생하였나니 그 어디에 즐거움이 있겠는가?"

4. "비구들이여, 이렇게 보는 잘 배운 성스러운 제자는 … 다시는 어떤 존재로도 돌아오지 않을 것이라고 꿰뚫어 안다."

원인 경3(S22:20)

3. "비구들이여, 물질은 무아다. 물질이 일어나는 원인과 조건도 역시 무아다. 비구들이여, 물질은 무아인 것에서 발생하였나니 그 어디에 자아가 있겠는가?

느낌은 … 인식은 … 심리현상들은 … 알음알이는 무아다. 알음알이가 일어나는 원인과 조건도 역시 무아다. 비구들이여, 알음알이는 무아에서 발생하였나니 그 어디에 자아가 있겠는가?"

4. "비구들이여, 이렇게 보는 잘 배운 성스러운 제자는 … 다시는 어떤 존재로도 돌아오지 않을 것이라고 꿰뚫어 안다."

아난다 경(S22:21)

Ānanda-sutta

2. 그때 아난다 존자가 세존께 다가갔다. 가서는 세존께 절을

올리고 한 곁에 앉았다. 한 곁에 앉은 아난다 존자는 세존께 이렇게 여쭈었다.

3. "세존이시여, '소멸, 소멸'이라고들 합니다. 세존이시여, 어떤 법들이 소멸하기 때문에 소멸이라고 합니까?"

4. "아난다여, 물질은 무상하고 형성되었고[有爲] 조건에 의해서 생겨난 것[緣而生]이고 부서지기 마련인 법이며 사라지기 마련인 법이며 탐욕이 빛바래기 마련인 법이며 소멸하기 마련인 법이다.93) 이것이 소멸하기 때문에 소멸이라고 한다.

아난다여, 느낌은 … 인식은 … 심리현상들은 [25] … 알음알이는 무상하고 형성되었고 조건에 의해서 생겨난 것이고 부서지기 마련인 법이며 사라지기 마련인 법이며 탐욕이 빛바래기 마련인 법이며 소멸하기 마련인 법이다. 이것이 소멸하기 때문에 소멸이라고 한다.

아난다여, 이러한 법들이 소멸하기 때문에 소멸이라고 한다."

제2장 무상 품이 끝났다.

두 번째 품에 포함된 경들의 목록은 다음과 같다.

① 무상 ② 괴로움 ③ 무아
④ 무상한 것 ⑤ 괴로움인 것 ⑥ 무아인 것
세 가지 ⑦~⑨ 원인 ⑩ 아난다이다.

---

93) 같은 문장이 본서 제2권 「조건 경」(S12:20) §5와 「지혜의 토대 경」2(S12:34) §4에서는 12연기의 구성요소들에 적용되어 나타나고, 본서 제4권 「무상 경」(S36:9) §3과 「한적한 곳에 감 경」(S36:11) §4에서는 세 가지 느낌에 적용되어 나타나고 있다.
'소멸(nirodha)'에 대한 여러 논의는 본서 「할릿디까니 경」2(S22:4) §4의 주해를 참조할 것.

제3장 짐 품

Bhāra-vagga

짐 경(S22:22)

Bhāra-sutta

2. "비구들이여, 그대들에게 짐과 짐을 나르는 사람과 짐을 지는 것과 짐을 내려놓는 것을 설하리라.94) … <S22:7 §3> …

3. "비구들이여, 어떤 것이 짐인가?

취착의 [대상이 되는] 다섯 가지 무더기[五取蘊]95)라는 것이 그에

---

94) 『청정도론』 XVI.87에는 본경에 나타나는 짐(bhāra) 등의 비유를 사용하여 사성제를 다음과 같이 비유하고 있다. "비유로: 괴로움의 진리는 짐(bhāra)처럼 보아야 한다. 일어남의 진리는 짐을 지는 것(bhār-ādāna)처럼, 소멸의 진리는 짐을 내려놓는 것(bhāra-nikkhepana)처럼, 도의 진리는 짐을 내려놓는 방법(bhāra-nikkhepan-upāya)처럼 보아야 한다."

95) '취착의 [대상이 되는] 다섯 가지 무더기[五取蘊]'는 pañca upādāna-kkhandhā를 옮긴 것이다. 초기불전연구원의 다른 책들에서 오취온(五取蘊)은 대부분 '다섯 가지 [나 등으로] 취착하는 무더기'로 옮겼는데 본서에서는 모두 '취착의 [대상이 되는] 다섯 가지 무더기'로 통일해서 옮기고 있다.
『청정도론』 XIV.215에서 "여기서 취착하는 무더기란 '취착의 대상(gocara)인 무더기들이 취착하는 무더기들이다.'라고 그 뜻을 알아야 한다.(upādāna-kkhandhā ti c'ettha, upādāna-gocarā khandhā upādāna-kkhandhā ti evam attho daṭṭhabbo.)"라고 설명하고 있어서 본서에서는 '대상'이라는 용어를 넣어서 옮겼다.
『아비담마 길라잡이』 제7장 §35 [해설]에서 밝히고 있듯이 ① 감각적 욕망에 대한 취착 ② 사견에 대한 취착 ③ 계율과 의례의식에 대한 취착 ④ 자아의 교리에 대한 취착이라는 이러한 네 가지 취착의 영역에 들어온 오온의 모든 요소들을 취착의 [대상이 되는] 무더기[取蘊]라 부른다. 오취온, 즉 취착의 [대상이 되는] 다섯 가지 무더기에는 세간에 속하는 모든 물질의 무더기(색)와 네 가지 정신의 무더기(수상행식)들이 포함된다. 출세간의 네 가지 정신의 무더기들은 취착의 [대상이 되는] 무더기에 포함되지 않는다. 이러한

대한 대답이다. 어떤 것이 다섯인가? 취착의 [대상이 되는] 물질의 무더기, 취착의 [대상이 되는] 느낌의 무더기, 취착의 [대상이 되는] 인식의 무더기, 취착의 [대상이 되는] 심리현상들의 무더기, 취착의 [대상이 되는] 알음알이의 무더기이다.

비구들이여, 이를 일러 짐이라 한다."96)

4. "비구들이여, 그러면 어떤 것이 짐을 나르는 사람인가? 이러한 이름과 이러한 족성을 가진 사람이라는 것이 그에 대한 대답이다. 비구들이여, 이를 일러 짐을 나르는 사람이라 한다."97)

넷은 취착의 대상이 될 수 없고, 탐욕과 사견의 대상이 될 수 없기 때문이다. 한편 본서 「무더기 경」(S22:48)은 오온과 오취온 즉 다섯 가지 무더기와 취착의 [대상이 되는] 다섯 가지 무더기의 차이를 설명하는 경전적 근거로 『청정도론』 XIV.214~215에 인용되어 나타나는 중요한 경이다. 이 둘의 차이를 비롯한 더 자세한 설명은 본서 「무더기 경」(S22:48)과 주해들을 참조할 것.

96) "취착의 [대상이 되는] 다섯 가지 무더기[五取蘊, pañcupādānakkhandhā]를 '짐(bhāra)'이라고 한 것은 무슨 뜻인가? 유지하는 데 짐이 된다(parihāra-bhāriya)는 뜻이다. 이것들(오취온)을 서게 하고, 가게 하고, 앉게 하고, 누워서 쉬게 하고, 목욕하게 하고, 장식하고, 먹이고, 영양을 보급하게 하는(ṭhāpana-gamana-nisīdāpana-nipajjāpana-nhāpana-maṇḍana-khādāpana-bhuñjāpana) 등을 통해서 유지하는 데 짐이 된다는 말이다. 그래서 유지하는 데 짐이 된다고 한 것이다."(SA.ii.263)

97) 여기서 '짐을 나르는 사람'은 bhārahāra puggala를 옮긴 것이다. 여기서 puggala는 보통명사로는 사람, 인간을 뜻하지만 전문술어로는 자아로 옮겨지는 atta(atman, 아뜨만)와 유사한 의미로 쓰인다. 그래서 이 경우에 중국에서는 보특가라(補特伽羅, 주로 반야부와 아비달마 논서들에 나타남)로 음역하기도 하고 사부(士夫)나 아(我)로 옮기기도 하였다. 역자는 개아(個我)로 옮긴다.
우리에게 독자부(犢子部, Sk. Vātsīputrīyā, Pāli. Vajjiputtikā)로 알려진 부파불교 교파의 핵심 가르침은 개아가 있다는 이론[個我說, Puggala-vāda, Sk. Pudgalavāda, 보특가라론, 補特伽羅論]인데 여기서 핵심이 바로 뿍갈라(뿌드갈라, 개아, 보특가라)이다.
세친(世親, Vasubandhu)은 『아비달마 구사론』 「파집아품」(破執我品)

5\. "비구들이여, [26] 그러면 어떤 것이 짐을 지는 것인가? 그것은 갈애이니,98) 다시 태어남을 가져오고99) 즐김과 탐욕이 함

에서 "그런데 독자부(犢子部)에서는 '보특가라(補特伽羅, pudgala)가 존재하니, 그것 자체는 온과 동일한 것도 아니며, 다른 것도 아니다'고 주장하고 있다. 이에 대해 마땅히 생각해 보아야 할 것이니, 그것을 실유(實有)라고 해야 할 것인가, 가유(假有)라고 해야 할 것인가?"라고 문제를 제기하고 독자부의 주장을 논파하고 있다.(여기에 대해서는 권오민, 『아비달마 구사론』 제4권 1361쪽 이하를 참조할 것.)
독자부에 의하면 이 개아는 오온에 즉한 것도 아니고 오온과 즉하지 않은 것도 아닌 것, 즉 소위 말하는 비즉비리온(非卽非離蘊)인데 이것이 변화에서도 지속하고 윤회를 하는 주체가 되어 열반을 얻는다고 주장한다. 이런 이론은 모든 불교의 교파로부터 강하게 거부되었으며 『구사론』 「파집아품」은 바로 이 독자부의 개아설(puggala-vāda)을 논파하는 것이기도 하다. 여기에 대해서는 Dutt, *Buddhist Sects in India*, pp.184～206을 참조할 것.
불교 주류의 교파는 이러한 뿍갈라 혹은 개아 혹은 인간 혹은 사람은 단지 오온에서 파생된(upādāya) 것으로, 세상에서 통용되는 인습적 표현(vohāra)이나 개념(paññatti)일 뿐, 그 자체로 본질적인 실체는 아니라고 설명한다. 개아나 자아에 대한 상좌부의 대응은 『논장』(Abhidhamma Piṭaka)의 다섯 번째인 『논사』(論事, Kathāvatthu) 제1장을 참조할 것.
그래서 본 문단에 해당하는 주석서도 이렇게 설명하고 있다.
"'짐을 나르는 사람(bhārahāra puggala)'에서의 사람(puggala)은 단지 인습적 표현일 뿐임(vohāra-matta)을 보여준다. 이 사람이라 불리는 것은 재생연결의 순간(paṭisandhi-kkhaṇa)에 오온이라는 짐(khandha-bhāra)을 집어 올려서(ukkhipitvā) 10년이든 20년이든 100년이든 수명이 있는 한 이 오온이라는 짐을 목욕시키고 먹이고 하는 등을 통해서 나르다가 죽음의 순간(cuti-kkhaṇa)에 그것을 버리고 다시 재생연결의 순간에 다른 오온이라는 짐을 취하기 때문이다."(SA.ii.263～264)

98) 본 문단의 이 갈애의 정형구는 본서 제6권 「초전법륜 경」(S56:11) §6과 『디가 니까야』 「대념처경」(D22) §19 등에서 집성제의 정형구로 나타나고, 아래 문단(§6)의 갈애의 소멸의 정형구는 멸성제의 정형구로 나타난다. 이 정형구들에 나타나는 용어들의 설명은 본서 제6권 「초전법륜 경」(S56:11) §6 이하의 주해들을 참조할 것.

99) '다시 태어남을 가져오는'은 ponobhavikā를 옮긴 것인데 이 단어는 '다시'를 뜻하는 puna(r)와 '존재'를 뜻하는 bhava가 합성되어서, 다시 이것의 곡용형을 취하여 '-ika(～하는 자)' 어미를 붙여서 만들어진 단어이다. 그래서 '다시 태어나게 하는 것'이라는 뜻이며 여성명사인 갈애(taṇhā)를 수식하기

께하며 여기저기서 즐기는 것이다. 즉 감각적 욕망에 대한 갈애[欲愛], 존재에 대한 갈애[有愛], 존재하지 않음에 대한 갈애[無有愛]가 그것이다.100)

비구들이여, 이를 일러 짐을 지는 것이라 한다."

6. "비구들이여, 그러면 어떤 것이 짐을 내려놓는 것인가?

이러한 갈애가 남김없이 빛바래어 소멸함, 버림, 놓아버림, 벗어남, 집착 없음이다.101)

때문에 여성형으로 나타난다. 주석서는 다음과 같이 설명하고 있다.
"'다시 태어남을 가져오는 것(ponobhavikā)'이란 다시 태어남을 생기게 하는 것(punabbhava-nibbattikā)이라는 말이다."(SA.ii.264)
"다시 태어남을 만드는 것(punabbhava-karaṇa)이 뿌납바와(punobbhava)이고, 습관적으로 다시 태어남을 만드는 것(punobbhavo sīlaṁ assa)이 '다시 태어남을 가져오는 것(ponobhavikā)'이다."(DA.iii.799)
이처럼 초기불전의 도처에서 갈애는 다시 태어남을 가져오는 것이라고 분명하게 정의되고 있다. 그러므로 섣불리 초기불전은 윤회나 재생을 설하지 않는다는 말을 일삼아서는 안된다.

100) "'여기저기서 즐기는 것(tatra tatra-abhinandinī)'이란 태어나는 곳(upapattiṭṭhāna)과 형색 등의 대상(ārammaṇa)들과 같은 여러 곳에서 즐기는 습성을 가진 것(abhinandana-sīlāva)을 말한다.
다섯 가닥의 감각적 욕망(pañca-kāma-guṇika)에 대한 탐욕(rāga)을 '감각적 욕망에 대한 갈애[欲愛, kāma-taṇhā]'라 한다. 욕계와 색계에 대한 욕망(rūpa-arūpa-bhava-rāga), 禪에 대한 열망(jhāna-nikanti), 상견과 함께하는(sassata-diṭṭhi-sahagata) 욕망 — 이것을 일러 '존재에 대한 갈애[有愛, bhava-taṇhā]'라 한다. 단견과 함께하는 욕망(uccheda-diṭṭhi-sahagata)을 '존재하지 않음에 대한 갈애[無有愛, vibhava-taṇhā]'라 한다."(SA.ii.264)

101) 여기서 '남김없이 빛바래어 소멸함, 버림, 놓아버림, 벗어남, 집착 없음'은 각각 asesa-virāga-nirodha, cāga, paṭinissagga, mutti, anālaya를 옮긴 것이다. 주석서는 이렇게 설명한다.
"이 [술어들은] 모두 열반의 동의어(sabbaṁ nibbānass'eva vevacanaṁ)이다. 왜냐하면 이것을 의지하여 갈애는 남김없이 빛바래고, 소멸하고, 버려지고, 놓아지고, 벗어나게 되기 때문이다. 그리고 여기에는 더 이상 감각적 욕망에 의지함(kām-ālaya)과 사견에 의지함(diṭṭh-ālaya)이 없다. 그래서 비구들이여, 이를 일러 짐을 내려놓는 것이라 한다."

7. 세존께서는 이렇게 말씀하셨다. 스승이신 선서께서는 이렇게 말씀하신 뒤 다시 [게송으로] 이와 같이 설하셨다.

"짐은 오온이요
짐을 나르는 자는 사람을 말하네.
짐을 지는 것은 세상에서 괴로움이요
짐을 내려놓는 것은 즐거움이라네.

무거운 짐을 내려놓고
다른 짐을 지지 않는 자는
갈애를 뿌리째 뽑아버려
갈증이 풀리고 [삼독의 불이] 꺼지노라."102)

통달한 지혜 경(S22:23)

Pariññā-sutta

2. "비구들이여, 철저하게 알아야 할 법들과 통달한 지혜103)를

열반은 이러한 이름들(nāmāni)을 가지게 되는 것이다."(SA.ii.264)
'남김없이 빛바래어 소멸함'에 대해서는 본서 제2권 「연기 경」(S12:1) §4의 주해를 참조할 것.

102) "'갈애를 뿌리째(samūlaṁ taṇhaṁ)'라고 했는데 무명(avijjā)이 바로 갈애의 뿌리(mūla)이다. '뽑아버려(abbuyha)'라는 것은 아라한도(arahatta-magga)에 의해서 그것을 뿌리째 뽑아버려(uddharitvā)라는 말이다. '갈증이 풀리고(nicchāta)'란 갈애가 없음(nittaṇha)을 말한다."(SA.ii.264)
'[삼독의 불이] 꺼진다.'는 parinibbuta(pari+nis+√vā(*to blow*)의 과거분사)를 옮긴 것인데 '완전한 열반(반열반)'을 뜻하는 parinibbāna와 같은 어원을 가지는 단어이다. 본서에서는 주로 '완전한 열반에 든'으로 옮겼는데 여기서는 문맥에 맞추어 이렇게 옮겼다.

103) '통달한 지혜'는 pariññā를 옮긴 것이다. 이 빠린냐(pariññā)는 일반적으로

설하리라. … <S22:7 §3> …

3. "비구들이여, 그러면 어떤 것이 철저하게 알아야 할 법들인가?

비구들이여, 물질은 철저하게 알아야 할 법이다. 느낌은 철저하게 알아야 할 법이다. 인식은 철저하게 알아야 할 법이다. 심리현상들은 철저하게 알아야 할 법이다. 알음알이는 철저하게 알아야 할 법이다.

비구들이여, 이를 일러 철저하게 알아야 할 법들이라 한다."

4. "비구들이여, 그러면 어떤 것이 통달한 지혜인가?

비구들이여, 탐욕의 멸진, 성냄의 멸진, 어리석음의 멸진이다.

비구들이여, 이를 일러 통달한 지혜라 한다."104)

최상의 지혜로 앎 경(S22:24)

Abhijāna-sutta

3. "비구들이여, [27] 물질을 최상의 지혜로 알지 못하고 철저하게 알지 못하고 탐욕이 빛바래지 못하고 제거하지 못하면 괴로움을 멸진할 수 없다.

통달지로 옮기고 있지만 본경에서는 일반적으로 쓰이는 세 가지 통달지(아래 S22:24 §4의 주해 참조)와는 다르게 쓰이고 있어서 구분하기 위해서 이것을 통달한 지혜로 옮겼다. 여기에 대해서는 바로 다음의 「최상의 지혜로 앎 경」(S22:24)의 주해를 참조할 것.

104) "'철저하게 알아야 할(pariññeyya)'이란 철저하게 알아야 함(parijānitabba), 완전히 초월해야 함(samatikkamitabba)이라는 뜻이다. '통달한 지혜(pariññā)'란 전적으로 통달한 지혜(accanta-pariññā), 초월함(samatikkamā)을 뜻한다. '탐욕의 멸진(rāga-kkhaya)' 등은 열반의 이름이다. 왜냐하면 이것이야말로 전적으로 통달한 지혜라고 하기 때문이다."(SA.ii.264) 주석서는 이처럼 본경에 나타나는 빠린냐(pariññā)를 전적으로 통달한 지혜(accanta-pariññā)로 설명하고 있는데, 이것은 세 가지 빠린냐(통달지, pariññā, 아래 주해 참조)와는 분명하게 구분이 된다. 이 둘을 분명하게 구분하기 위해서 역자는 본경의 빠린냐를 '통달한 지혜'로 옮겼다.

느낌을 … 인식을 … 심리현상들을 … 알음알이를 최상의 지혜로 알지 못하고 철저하게 알지 못하고 탐욕이 빛바래지 못하고 제거하지 못하면 괴로움을 멸진할 수 없다."

4. "비구들이여, 물질을 최상의 지혜로 알고 철저하게 알고 탐욕이 빛바래고 제거하면105) 괴로움을 멸진할 수 있다.106)

---

105) '최상의 지혜로 알고'와 '철저하게 알고'와 '탐욕이 빛바래고'와 '제거하는'은 각각 abhijānaṁ, parijānaṁ, virājayaṁ, pajahaṁ을 옮긴 것이다. 주석서는 이 넷을 다음과 같이 설명한다.
"'최상의 지혜로 알고(abhijānaṁ)'를 통해서는 안 것의 통달지[知遍知, ñātapariññā]를 말씀하셨다. 두 번째인 '철저하게 알고(parijānaṁ)'를 통해서는 조사의 통달지[審察遍知, tīraṇapariññā]를, 세 번째와 네 번째인 '탐욕의 빛바램(virājayaṁ)'과 '제거함(pajahaṁ)'을 통해서는 버림의 통달지[斷遍知, pahānapariññā]를 설하셨다. 이처럼 본경에서는 세 가지 통달지를 설하셨다."(SA.ii.264)
한편 주석서와 『청정도론』은 세 가지 통달지를 다음과 같이 설명하고 있다.
"세 가지 통달지가 있다. 그것은 ① 안 것의 통달지(ñātapariññā, 知遍知) ② 조사의 통달지(tīraṇapariññā, 審察遍知) ③ 버림의 통달지(pahāna-pariññā, 斷遍知)이다. 이러한 세 가지 통달지로 철저하게 안 뒤에 라는 뜻이다.
무엇이 안 것의 통달지인가? 오온에 대해서 철저하게 아는 것이다. 무엇이 조사의 통달지인가? 이렇게 안 뒤에 오온에 대해서 무상하고 괴로움이고 병이라는 등의 42가지 방법으로 조사하는 것을 말한다. 무엇이 버림의 통달지인가? 이렇게 조사한 뒤에 으뜸가는 도(agga-magga)에 의해서 욕탐(chanda-rāga)을 제거하는 것을 말한다."(SA.i.44~45)
"이 가운데 ① 물질은 변하는 특징을 가지고, 느낌은 느껴진 특징을 가진다고 이와 같이 그 법들의 개별적인 특징을 조사함으로써 생기는 통찰지가 안 것의 통달지이다. ② 물질은 무상하고 느낌은 무상하다는 방법으로 그 법들에게서 보편적인 특징을 제기한 뒤 생기는 보편적인 특징을 대상으로 가지는 위빳사나의 통찰지가 조사의 통달지이다. ③ 이런 법들에서 영원하다는 인식 등을 버림으로써 생긴 특징을 대상으로 가진 위빳사나의 통찰지가 버림의 통달지이다."(『청정도론』 XX.3)

106) 그런데 '최상의 지혜로 알다(abhijānāti)'와 '철저하게 알다(parijānāti)'는 주석서보다 경에서 더 예리하게 구분이 되고 있다.
경에서 최상의 지혜로 알다는 사성제를 통해서 생긴 지혜를 통해서 법을 바르게 아는 것을 말한다. 그와는 대조적으로 철저하게 알다는 일반적으로 아

느낌을 … 인식을 … 심리현상들을 … 알음알이를 최상의 지혜로 알고 철저하게 알고 탐욕이 빛바래고 제거하면 괴로움을 멸진할 수 있다."

욕탐 경(S22:25)

Chandarāga-sutta

3. "비구들이여, 그대들은 물질에 대한 욕탐을 제거하라. 그러면 물질은 제거될 것이고 그 뿌리가 잘릴 것이고 줄기만 남은 야자수처럼 될 것이고 존재하지 않게 될 것이고 미래에 다시는 일어나지 않게끔 될 것이다.

비구들이여, 그대들은 느낌에 대한 … 인식에 대한 … 심리현상들에 대한 … 알음알이에 대한 욕탐을 제거하라. 그러면 알음알이는 제거될 것이고 그 뿌리가 잘릴 것이고 줄기만 남은 야자수처럼 될 것이고 존재하지 않게 될 것이고 미래에 다시는 일어나지 않게끔 될 것이다."

달콤함 경1(S22:26)

Assāda-sutta107)

라한에 관계된 곳에서만 나타나고 최상의 지혜로 안 것을 통해서 성취된 지혜를 나타낸다. 그래서 『맛지마 니까야』의 첫 번째 경인 「근본에 대한 법문 경」(Mūlapariyāya Sutta, M1/i.4) §§27~50은 유학(sekha)은 땅부터 열반까지의 24가지 토대를 최상의 지혜로 안다(abhiññāya)고 표현하고 있고, 이것을 철저하게 알기 위해서(pariññeyyaṁ tassa) 유학은 더 공부지어야 하며, §§51~74에서는 아라한이 되어야 이것을 철저하게 알았다(pariññātaṁ tassa)고 일컬어진다고 설하고 있다.

107) 여기 나타나는 「달콤함 경」1/2/3(S22:26~28)은 본서 제2권 「요소 상윳따」(S14)의 S14:31~33과 같은 방법으로 구성이 되어 있고, 아래 「기뻐함 경」(S22:29)과 「일어남 경」(S22:30)의 두 경은 S14:35~36(이 두 경의

3. "비구들이여, 내가 깨닫기 전, 아직 완전한 깨달음을 성취하지 못한 보살이었을 때 이런 생각이 들었다.

'무엇이 물질의 달콤함이며 무엇이 위험함이며 무엇이 벗어남인가? 무엇이 느낌의 … 인식의 … 심리현상들의 … 알음알이의 달콤함이며 무엇이 위험함이며 무엇이 벗어남인가?'라고."

4. "비구들이여, [28] 그러자 나에게 이런 생각이 일어났다.

'물질을 반연하여 일어나는 육체적 즐거움과 정신적 즐거움이 물질의 달콤함이다. 물질이 무상하고 괴로움이고 변하기 마련인 것이 물질의 위험함이다. 물질에 대한 욕탐을 길들이고 욕탐을 제거하는 것이 물질로부터 벗어남이다.

느낌을 … 인식을 … 심리현상들을 … 알음알이를 반연하여 일어나는 육체적 즐거움과 정신적 즐거움이 알음알이의 달콤함이다. 알음알이가 무상하고 괴로움이고 변하기 마련인 것이 알음알이의 위험함이다. 알음알이에 대한 욕탐을 길들이고 욕탐을 제거하는 것이 알음알이로부터 벗어남이다.'라고."

5. "비구들이여, 만일 내가 이와 같이 취착의 [대상이 되는] 다섯 가지 무더기[五取蘊]의 달콤함을 달콤함이라고 위험함을 위험함이라고 벗어남을 벗어남이라고 있는 그대로 최상의 지혜로 알지 못하였다면, 나는 신과 마라와 범천을 포함한 세상에서, 사문·바라문과

제목도 각각 「기뻐함 경」과 「일어남 경」임)과 같은 방법으로 전개되고 있다. 주석서는 앞의 세 경들은 사성제를 논의 하고 있고 뒤의 두 경들은 윤회와 윤회로부터 벗어남(vaṭṭa-vivaṭṭa)을 설하고 있다고 적고 있다.(SA.ii.265) 여기에 대해서는 본서 제2권 「기뻐함 경」(S14:35) §3의 주해도 참조할 것. 그리고 본서 제2권 「괴로움 경」(S14:34)은 본서 「마할리 경」(S22:60)과 상응된다.

신과 사람을 포함한 무리 가운데에서 내 스스로 위없는 바른 깨달음을 실현하였다고 결코 천명하지 않았을 것이다.

비구들이여, 그러나 내가 이와 같이 취착의 [대상이 되는] 다섯 가지 무더기의 달콤함을 달콤함이라고 위험함을 위험함이라고 벗어남을 벗어남이라고 있는 그대로 최상의 지혜로 알았기 때문에, 나는 신과 마라와 범천을 포함한 세상에서, 사문·바라문과 신과 사람을 포함한 무리 가운데에서 내 스스로 위없는 바른 깨달음을 실현하였다고 천명하였다."

6. "그리고 나에게는 '나의 해탈은 확고부동하다. 이것이 나의 마지막 태어남이며, 이제 더 이상의 다시 태어남[再生]은 없다.'라는 지와 견이 일어났다."108)

달콤함 경2(S22:27)

3. "비구들이여, [29] 나는 물질의 달콤함을 찾기 위해 유행하였다. 나는 물질의 달콤함을 알았고 물질의 달콤함이라고 알려진 것을 통찰지로 분명하게 보았다.

비구들이여, 나는 물질의 위험함을 찾기 위해 유행하였다. 나는 물질의 위험함을 알았고 물질의 위험함이라고 알려진 것을 통찰지로 분명하게 보았다.

비구들이여, 나는 물질로부터 벗어남을 찾기 위해 유행하였다. 나는 물질로부터 벗어남을 알았고 물질로부터 벗어남이라고 알려진 것을 통찰지로 분명하게 보았다."

---

108) 본 정형구에 대해서는 본서 제2권 「깨닫기 전 경」(S14:31) §7의 주해들을 참조할 것.

4. "비구들이여, 나는 느낌의 …"

5. "비구들이여, 나는 인식의 …"

6. "비구들이여, 나는 심리현상들의 …"

7. "비구들이여, 나는 알음알이의 달콤함을 … 위험함을 … 벗어남을 … 통찰지로 분명하게 보았다.

비구들이여, 만일 내가 이와 같이 취착의 [대상이 되는] 다섯 가지 무더기[五取蘊]의 달콤함을 달콤함이라고 위험함을 위험함이라고 벗어남을 벗어남이라고 있는 그대로 최상의 지혜로 알지 못하였다면, 나는 신과 마라와 범천을 포함한 세상에서, 사문·바라문과 신과 사람을 포함한 무리 가운데에서 내 스스로 위없는 바른 깨달음을 실현하였다고 결코 천명하지 않았을 것이다.

비구들이여, 그러나 내가 이와 같이 취착의 [대상이 되는] 다섯 가지 무더기의 달콤함을 달콤함이라고 위험함을 위험함이라고 벗어남을 벗어남이라고 있는 그대로 최상의 지혜로 알았기 때문에, 나는 신과 마라와 범천을 포함한 세상에서, 사문·바라문과 신과 사람을 포함한 무리 가운데에서 내 스스로 위없는 바른 깨달음을 실현하였다고 천명하였다."

8. "그리고 나에게는 '나의 해탈은 확고부동하다. 이것이 나의 마지막 태어남이며, 이제 더 이상의 다시 태어남[再生]은 없다.'라는 지와 견이 일어났다."

달콤함 경3(S22:28)

3. "비구들이여, 만일 물질에 달콤함이 없다면 [30] 중생들은 물

질에 집착하지 않을 것이다. 비구들이여, 물질에는 달콤함이 있다. 그래서 중생들은 물질에 집착한다.

비구들이여, 만일 물질에 위험함이 없다면 중생들은 물질에 염오하지 않을 것이다. 비구들이여, 물질에는 위험함이 있다. 그래서 중생들은 물질에 염오한다.

비구들이여, 만일 물질에서 벗어남이 없다면 중생들은 물질로부터 벗어나지 못할 것이다. 비구들이여, 물질에는 벗어남이 있다. 그래서 중생들은 물질에서 벗어난다."

4. "비구들이여, 만일 느낌에 달콤함이 없다면 … 위험함이 없다면 … 벗어남이 없다면 …"

5. "비구들이여, 만일 인식에 달콤함이 없다면 … 위험함이 없다면 … 벗어남이 없다면 …"

6. "비구들이여, 만일 심리현상들에 달콤함이 없다면 … 위험함이 없다면 … 벗어남이 없다면 …"

7. "비구들이여, 만일 알음알이에 달콤함이 없다면 … 위험함이 없다면 … 벗어남이 없다면 …"

8. "비구들이여, 만일 중생들이 취착의 [대상이 되는] 다섯 가지 무더기의 달콤함을 달콤함이라고 위험함을 위험함이라고 벗어남을 벗어남이라고 있는 그대로 최상의 지혜로 알지 못하면, 중생들은 신과 마라와 범천을 포함한 세상으로부터, 사문·바라문과 신과 사람을 포함한 무리로부터 벗어나지 못하고 풀려나지 못하고 해탈하지 못하며 한계가 없는 마음으로 결코 머물지 못할 것이다.

비구들이여, 그러나 중생들이 이와 같이 취착의 [대상이 되는] 다섯 가지 무더기의 달콤함을 달콤함이라고 위험함을 위험함이라고 벗어남을 벗어남이라고 있는 그대로 최상의 지혜로 알 때, 중생들은 신과 마라와 [31] 범천을 포함한 세상으로부터, 사문・바라문과 신과 사람을 포함한 무리로부터 벗어나고 풀려나고 해탈하며 한계가 없는 마음으로 머물게 될 것이다."

기뻐함 경(S22:29)

Abhinandana-sutta

3. "비구들이여, 물질을 기뻐하는 자는 괴로움을 기뻐하는 자이다. 괴로움을 기뻐하는 자는 괴로움으로부터 해탈하지 못한다고 나는 말한다.

비구들이여, 느낌을 … 인식을 … 심리현상들을 … 알음알이를 기뻐하는 자는 괴로움을 기뻐하는 자이다. 괴로움을 기뻐하는 자는 괴로움으로부터 해탈하지 못한다고 나는 말한다."

4. "비구들이여, 물질을 기뻐하지 않는 자는 괴로움을 기뻐하지 않는 자이다. 괴로움을 기뻐하지 않는 자는 괴로움으로부터 해탈한다고 나는 말한다.

비구들이여, 느낌을 … 인식을 … 심리현상들을 … 알음알이를 기뻐하지 않는 자는 괴로움을 기뻐하지 않는 자이다. 괴로움을 기뻐하지 않는 자는 괴로움으로부터 해탈한다고 나는 말한다."

일어남 경(S22:30)

Uppāda-sutta

3. "비구들이여, 물질이 일어나고 지속하고 생기고 나타나는

것[109]은 [32] 다름 아닌 괴로움의 일어남과 병들의 지속과 늙음·죽음의 드러남이다.

비구들이여, 느낌이 … 인식이 … 심리현상들이 … 알음알이가 일어나고 지속하고 생기고 나타나는 것은 다름 아닌 괴로움의 일어남과 병들의 지속과 늙음·죽음의 드러남이다."

4. "비구들이여, 물질이 소멸하고 가라앉고 사라지는 것은 다름 아닌 괴로움의 소멸과 병들의 가라앉음과 늙음·죽음의 사라짐이다.

비구들이여, 느낌이 … 인식이 … 심리현상들이 … 알음알이가 소멸하고 가라앉고 사라지는 것은 다름 아닌 괴로움의 소멸과 병들의 가라앉음과 늙음·죽음의 사라짐이다."

재난의 뿌리 경(S22:31)

Aghamūla-sutta

2. "비구들이여, 재난[110]과 재난의 뿌리를 설하리라. … <S22:7 §3> …

3. "비구들이여, 그러면 어떤 것이 재난인가?

비구들이여, 물질은 재난이다. 느낌은 재난이다. 인식은 재난이다. 심리현상들은 재난이다. 알음알이는 재난이다.

비구들이여, 이를 일러 재난이라 한다."

4. "비구들이여, 그러면 어떤 것이 재난의 뿌리인가?

그것은 갈애이니, 다시 태어남을 가져오고 즐김과 탐욕이 함께하

---

109) 본서 제2권 「일어남 경」(S14:36) §3의 주해를 참조할 것.

110) 여기서 '재난'으로 옮긴 원어는 agha인데 주석서는 이것을 괴로움(dukkha)이라고 설명하고 있다.(SA.ii.265)

며 여기저기서 즐기는 것이다. 즉 감각적 욕망에 대한 갈애[欲愛], 존재에 대한 갈애[有愛], 존재하지 않음에 대한 갈애[無有愛]가 그것이다.

비구들이여, 이를 일러 재난의 뿌리라 한다."

부서지기 쉬운 것 경(S22:32)

Pabhaṅgu-sutta

2. "비구들이여, 부서지기 쉬운 것111)과 부서지지 않는 것을 설하리라. … <S22:7 §3> …

3. "비구들이여, 그러면 어떤 것이 부서지기 쉬운 것이며, 어떤 것이 부서지지 않는 것인가? [33]

비구들이여, 물질은 부서지기 쉬운 것이며, 그 [물질이] 소멸하고 가라앉고 사라지는 것이 부서지지 않는 것이다.

느낌은 … 인식은 … 심리현상들은 … 알음알이는 부서지기 쉬운 것이며, 그 [알음알이가] 소멸하고 가라앉고 사라지는 것이 부서지지 않는 것이다."

제3장 짐 품이 끝났다.

세 번째 품에 포함된 경들의 목록은 다음과 같다.

① 짐 ② 통달한 지혜 ③ 최상의 지혜로 앎
④ 욕탐, 세 가지 ⑤~⑦ 달콤함
⑧ 기뻐함 ⑨ 일어남 ⑩ 재난의 뿌리
열한 번째로 ⑪부서지기 쉬운 것이다.

---

111) "'부서지기 쉬운 것(pabhaṅgu)'이란 부서지는 고유성질을 가진 것(pabhijjana-sabhāva)이다. 이와 같이 여기서는 무상의 특상(anicca-lakkhaṇa)이 설해지고 있다."(SA.ii.265)

제4장 그대들의 것이 아님 품

Natumhāka-vagga

그대들의 것이 아님 경1(S22:33)

Natumhāka-sutta

3. "비구들이여, 그대들의 것이 아닌 것은 버려야 한다. 그대들이 그것을 버리면 이익과 행복이 있을 것이다.112) 비구들이여, 그러면 어떤 것이 그대들의 것이 아닌가?

비구들이여, 물질은 그대들의 것이 아니다. 그대들이 그것을 버리면 이익과 행복이 있을 것이다.

느낌은 … 인식은 … 심리현상들은 [34] … 알음알이는 그대들의 것이 아니다. 그대들이 그것을 버리면 이익과 행복이 있을 것이다."

4. "비구들이여, 예를 들면 사람들이 이 제따 숲에서 풀과 나무와 가지와 잎을 가져가거나 태우거나 하고 싶은 대로 한다 하자. 그러면 그대들에게 '사람들이 우리를 가져간다거나 태운다거나 하고 싶은 대로 한다.'라는 이런 생각이 들겠는가?"

"그렇지 않습니다, 세존이시여. 그것은 무슨 이유 때문인가요? 세존이시여, 그것은 자아가 아니고 자아에 속하는 것이 아니기 때문입

112) 『맛지마 니까야』 「뱀의 비유 경」(M22/i.140~141) §40에는 '오랜 세월(dīgha-rattaṁ)'이 포함되어 "오랜 세월 이익과 행복이 있을 것이다."로 나타난다. 그러나 본서 제4권 「그대들 것이 아님 경」1(S35:101)의 §3에도 오랜 세월이 없이 나타난다.
그리고 주석서는 욕탐을 버림(chanda-rāga-ppahāna)에 의해서 물질 등의 오온은 버려진다고 설명하고 있다.(SA.ii.265) 이것은 본서 「욕탐 경」(S22:25) §3과 「욕구를 버림 경」1/2(S22:111~112) §3에서도 언급되고 있다.

니다.”

“비구들이여, 그와 같이 물질은 그대들의 것이 아니다. 그대들이 그것을 버리면 이익과 행복이 있을 것이다. 느낌은 … 인식은 … 심리현상들은 … 알음알이는 그대들의 것이 아니다. 그대들이 그것을 버리면 이익과 행복이 있을 것이다.”

그대들의 것이 아님 경2(S22:34)

3. “비구들이여, 그대들의 것이 아닌 것은 버려야 한다. 그대들이 그것을 버리면 이익과 행복이 있을 것이다. 비구들이여, 그러면 어떤 것이 그대들의 것이 아닌가?

비구들이여, 물질은 그대들의 것이 아니다. 그대들이 그것을 버리면 이익과 행복이 있을 것이다.

느낌은 … 인식은 … 심리현상들은 … 알음알이는 그대들의 것이 아니다. 그대들이 그것을 버리면 이익과 행복이 있을 것이다.

비구들이여, 그대들의 것이 아닌 것은 버려야 한다. 그대들이 그것을 버리면 이익과 행복이 있을 것이다.”

비구 경1(S22:35)

Bhikkhu-sutta

2. 그때 [35] 어떤 비구가 세존께 다가갔다. 가서는 세존께 절을 올리고 한 곁에 앉았다. 한 곁에 앉은 그 비구는 세존께 이렇게 말씀드렸다.

3. “세존이시여, 세존께서 제게 간략하게 법을 설해 주시면 감사하겠습니다. 그러면 저는 세존으로부터 법을 들은 뒤 혼자 은둔하

여 방일하지 않고 열심히, 스스로 독려하며 지내고자 합니다."

4. "비구여, 어떤 것에 잠재성향을 가지면 그것에 의해서 명칭을 얻게 된다.113) 어떤 것에 잠재성향을 가지지 않으면 그것에 의해서 명칭을 얻지 않는다."

"세존이시여, 저는 잘 이해하였습니다. 선서시여, 저는 잘 이해하였습니다."

"비구여, 그러면 내가 간략하게 설한 것을 그대는 어떻게 상세하게 그 뜻을 이해하였는가?"

"세존이시여, 만일 물질에 대한 잠재성향을 가지면 그것에 의해서 명칭을 얻게 됩니다. 만일 느낌에 대한 … 인식에 대한 … 심리현상들에 대한 … 알음알이에 대한 잠재성향을 가지면 그것에 의해서 명칭을 얻게 됩니다.

세존이시여, 만일 물질에 대한 잠재성향을 가지지 않으면 그것에 의해서 명칭을 얻지 않게 됩니다. 만일 느낌에 대한 … 인식에 대한

---

113) '비구여, 어떤 것에 잠재성향을 가지면 그것에 의해서 명칭을 얻게 된다.'는 yaṁ kho bhikkhu anuseti tena saṅkhaṁ gacchati를 옮긴 것이다. 여기서 '잠재성향을 가지다.'로 옮긴 동사 anuseti는 잠재성향(anusaya)을 지칭하고 있다. 이것은 일곱 가지 잠재성향(본서 제5권 S45:175 참조)이 될 수도 있고 탐욕, 적의, 무명의 세 가지 잠재성향(제4권 S36:3 참조)일 수도 있다. 주석서는 이렇게 설명한다.
"만일 어떤 사람이 감각적 욕망 등에 대한 잠재성향을 통해서 물질에 대한 잠재성향을 가지고 있으면 그런 잠재성향에 의해서 그는 탐욕을 가졌고 적의를 가졌고 어리석다(ratto duṭṭho mūḷho)는 명칭(saṅkhā) 즉 개념(paññatti)을 가지게 된다. 만일 그런 잠재성향을 가지고 있지 않으면 그런 명칭을 얻지 않는다."(SA.ii.265)
그리고 보디 스님의 제언처럼 우리는 잠재성향을 통해서만이 아니라 오히려 오온 각각을 통해서도 특정 사람에 대한 명칭을 붙일 수 있다. 예를 들면 물질(색)적 특성을 중시하면 육체파라 하고 느낌(수)을 중시하면 기분파라 하고 인식(상)을 중시하면 이념적이라 하고 심리현상들(행)을 중시하면 행동파라 하고 알음알이(식)를 중시하면 사색적이라 부르는 등이다.

… 심리현상들에 대한 … 알음알이에 대한 잠재성향을 가지지 않으면 그것에 의해서 명칭을 얻지 않게 됩니다.

세존이시여, 저는 세존께서 간략하게 설하신 것을 이렇게 상세하게 그 뜻을 이해합니다."

5. "장하고 장하구나, 비구여. 비구여, 그대가 내가 간략하게 설한 것을 이렇게 상세하게 그 뜻을 이해하다니 장하구나.

비구여, 만일 물질에 대한 잠재성향을 가지면 그것에 의해서 명칭을 얻게 된다. 만일 느낌에 대한 … 인식에 대한 … 심리현상들에 대한 … 알음알이에 대한 잠재성향을 가지면 그것에 의해서 명칭을 얻게 된다.

비구여, 만일 물질에 대한 잠재성향을 가지지 않으면 그것에 의해서 명칭을 얻지 않게 된다. 만일 느낌에 대한 … 인식에 대한 … 심리현상들에 대한 … 알음알이에 대한 잠재성향을 가지지 않으면 그것에 의해서 명칭을 얻지 않게 된다.

비구여, 내가 간략하게 설한 것을 이렇게 상세하게 그 뜻을 보아야 한다."

6. 그때 비구는 세존의 말씀을 기뻐하고 [36] 감사드린 뒤 자리에서 일어나 세존께 절을 올리고 오른쪽으로 [세 번] 돌아 [경의를 표한] 뒤에 물러갔다.

7. 그때 그 비구는 혼자 은둔하여 방일하지 않고 열심히, 스스로 독려하며 지냈다. 그는 오래지 않아 좋은 가문의 아들들이 집에서 나와 출가하는 목적인 그 위없는 청정범행의 완성을 지금·여기에서 스스로 최상의 지혜로 알고 실현하고 구족하여 머물렀다. '태어남은 다했다. 청정범행은 성취되었다. 할 일을 다 해 마쳤다. 다시는 어떤 존

재로도 돌아오지 않을 것이다.'라고 최상의 지혜로 알았다.[114]

8. 그 비구는 아라한들 중의 한 분이 되었다.

비구 경2(S22:36)

2. 그때 어떤 비구가 세존께 다가갔다. 가서는 세존께 절을 올리고 한 곁에 앉았다. 한 곁에 앉은 그 비구는 세존께 이렇게 말씀드렸다.

3. "세존이시여, 세존께서 제게 간략하게 법을 설해 주시면 감사하겠습니다. 그러면 저는 세존으로부터 법을 들은 뒤 혼자 은둔하여 방일하지 않고 열심히, 스스로 독려하며 지내고자 합니다."

4. "비구여, 어떤 것에 잠재성향을 가지면 그것을 재어보게 되고[115] 그것을 재어보면 그것에 의해서 명칭을 얻게 된다. 어떤 것에 잠재성향을 가지지 않으면 그것을 재어보지 않게 되고 그것을 재어

---

114) 이 정형구에 대한 설명은 본서 제1권 「브라흐마데와 경」(S6:3) §2의 주해를 참조할 것.

115) '재어보다'로 옮긴 원어는 anumīyati이다. 주석서는 이 동사를 Sk. anumṛyate(Pāli. anumarati, 따라서 죽다)에 해당되는 것으로 간주하고 있다. 그래서 주석서는 이렇게 설명하고 있다.
"'재어보다'라는 것은 잠재성향이 죽을 때 그것이 향하는 물질도 따라서 죽는다(anumarati)는 뜻이다. 왜냐하면 대상이 부서지면(ārammaṇe bhijjamāne) 그것을 대상으로 가지는 법들도 유지되지 못하기 때문이다."(SA.ii.266)
그러나 anumīyati를 anumarati(죽다)와 연결짓는 주석서의 이런 설명은 익살스러운 설명일 뿐이다. 의심할 여지없이 anumīyati는 anu+√mā(*to measure*)에서 유래된 것이다. CPD도 이렇게 설명하고 있다. 그래서 재어보다로 옮긴 것이다. 같은 어근 √mā에서 파생된 단어로는 appameyya(측량할 수 없음)가 있다. 본서 제4권 「케마 경」(S44:1/iv.376~377 = M.i.487) §§7~8에서는 마치 큰 바닷물을 측량할 수 없듯이 여래도 오온의 한계를 벗어났기 때문에 측량할 수 없다고 나타나고 있다.

보지 않으면 그것에 의해서 명칭을 얻지 않는다.”

“세존이시여, 저는 잘 이해하였습니다. 선서시여, 저는 잘 이해하였습니다.”

“비구여, 그러면 내가 간략하게 설한 것을 그대는 어떻게 상세하게 그 뜻을 이해하였는가?”

“세존이시여, 만일 물질에 대한 잠재성향을 가지면 그것을 재어보게 되고 그것을 재어보면 그것에 의해서 명칭을 얻게 됩니다. 만일 느낌에 대한 … 인식에 대한 … 심리현상들에 대한 … 알음알이에 대한 잠재성향을 가지면 그것을 재어보게 되고 그것을 재어보면 그것에 의해서 명칭을 얻게 됩니다.

세존이시여, 만일 물질에 대한 잠재성향을 가지지 않으면 그것을 재어보지 않게 되고 [37] 그것을 재어보지 않으면 그것에 의해서 명칭을 얻지 않게 됩니다. 만일 느낌에 대한 … 인식에 대한 … 심리현상들에 대한 … 알음알이에 대한 잠재성향을 가지지 않으면 그것을 재어보지 않게 되고 그것을 재어보지 않으면 그것에 의해서 명칭을 얻지 않게 됩니다.

세존이시여, 저는 세존께서 간략하게 설하신 것을 이렇게 상세하게 그 뜻을 이해합니다.”

5. “장하고 장하구나, 비구여. 비구여, 그대가 내가 간략하게 설한 것을 이렇게 상세하게 그 뜻을 이해하다니 장하구나.

비구여, 만일 물질에 대한 잠재성향을 가지면 그것을 재어보게 되고 그것을 재어보면 그것에 의해서 명칭을 얻게 된다. 만일 느낌에 대한 … 인식에 대한 … 심리현상들에 대한 … 알음알이에 대한 잠재성향을 가지면 그것을 재어보게 되고 그것을 재어보면 그것에 의해서 명칭을 얻게 된다.

비구여, 만일 물질에 대한 잠재성향을 가지지 않으면 그것을 재어보지 않게 되고 그것을 재어보지 않으면 그것에 의해서 명칭을 얻지 않게 된다. 만일 느낌에 대한 … 인식에 대한 … 심리현상들에 대한 … 알음알이에 대한 잠재성향을 가지지 않으면 그것을 재어보지 않게 되고 그것을 재어보지 않으면 그것에 의해서 명칭을 얻지 않게 된다.

내가 간략하게 설한 것을 이렇게 상세하게 그 뜻을 보아야 한다."

6. 그때 비구는 세존의 말씀을 기뻐하고 감사드린 뒤 자리에서 일어나 세존께 절을 올리고 오른쪽으로 [세 번] 돌아 [경의를 표한] 뒤에 물러갔다.

7. 그때 그 비구는 혼자 은둔하여 방일하지 않고 열심히, 스스로 독려하며 지냈다. 그는 오래지 않아 좋은 가문의 아들들이 집에서 나와 출가하는 목적인 그 위없는 청정범행의 완성을 지금·여기에서 스스로 최상의 지혜로 알고 실현하고 구족하여 머물렀다. '태어남은 다했다. 청정범행은 성취되었다. 할 일을 다 해 마쳤다. 다시는 어떤 존재로도 돌아오지 않을 것이다.'라고 최상의 지혜로 알았다.

8. 그 비구는 아라한들 중의 한 분이 되었다.

아난다 경1(S22:37)

Ānanda-sutta

2. 그때 아난다 존자가 … 한 곁에 앉은 아난다 존자에게 세존께서는 이렇게 말씀하셨다.

3. "아난다여, 만일 사람들이 그대에게 묻기를 '도반 아난다여, 어떠한 법들의 일어남이 알아지고 사라짐이 알아지고 머문 것의 다르

게 됨이 알아집니까?'116)라고 한다면 그대는 어떻게 설명하겠는가?"

---

116) 여기서 '일어남', '사라짐', '머문 것의 다르게 됨'은 각각 uppāda, vaya, ṭhitassa aññathatta를 옮긴 것이다. 『앙굿따라 니까야』 제1권 「유위 경」(A3:47)에서 이 셋은 "형성된 것[有爲]에 있는 세 가지 형성된 것의 특징(tīṇi saṅkhatassa saṅkhata-lakkhaṇāni)"으로 나타나고 있다. 주석서는 이렇게 설명하고 있다.

"이것은 각각의 무더기의 일어남, 늙음, 부서짐(uppāda-jarā-bhaṅga)이라 불리는 세 가지 특징이 된다. 그래서 이것을 두고 '형성된 것[有爲]에 있는 세 가지 형성된 것의 특징'이라고 말씀하신 것이다."(SA.ii.266)

주석서들은 이 셋을 한 찰나에 존재하는 특정한 법의 세 아찰나(아찰나, *sub-moment*) 즉, 일어나고(uppāda) 머물고(ṭhiti) 부서지는(bhaṅga) 세 아찰나와 동일시한다. 여기에 대한 더 자세한 설명은 『아비담마 길라잡이』 제4장 §6과 해설을 참조할 것.

한편 주석서는 '머문 것의 다르게 됨(ṭhitassa aññathatta)'을 이렇게 설명한다.

"'머문 것의 다르게 됨'이란 유지되는 생명이 있는 것의 늙음(dharamānassa jīvamānassa jarā)을 말한다. 여기서 머문 것(ṭhiti)이란 생명기능[命根, jīvitindriya]이라 불리는 것이 유지되는 것(anupālana)의 이름(nāma)이기 때문이다. 그리고 다르게 됨이란 늙음(jarā)을 말한다. 그래서 고인은 이렇게 읊었다.

'일어남이란 태어남[生]이라 불리고 부서짐이란 사라짐이다.
다르게 됨이란 늙음이라 불리며 머묾은 유지됨을 말한다.'
(uppādo jāti akkhāto, bhaṅgo vutto vayoti ca
aññathattaṁ jarā vuttā, ṭhitī ca anupālanā.)"(SA.ii.266)

그리고 주석서는 정신의 법들(즉 심과 심소법들)에는 다르게 됨 혹은 늙음이 있을 수 없다는 다른 스승들의 의견을 소개한 뒤에 이것을 본경의 말씀으로 이렇게 논파하고 있다.

"다른 자들은 '비물질(=정신)의 법(arūpa-dhamma)들에는 늙는 순간(jarā-khaṇa)이란 것을 상정할 수가 없다.'라고 주장한다. [복주서: 비물질(정신)의 순간은 너무 짧기 때문에 늙음은 즉시 부서짐에 의해서 따라잡혀 버리기 때문이다.] 그러나 정등각자께서는 [본경에서] '느낌의 … 인식의 … 심리현상들의 … 알음알이의 일어남이 알아지고 사라짐이 알아지고 머문 것의 다르게 됨이 알아진다.'라고 말씀하셨다. 그러므로 정신의 법들에도 세 가지 특징이 알려진다."(SA.ii.267)

복주서는 늙는(다르게 되는) 아찰나가 있어야 함을 논리적으로 설명하고 있다. 만일 부서짐의 단계(bhaṅga-avatthā)가 일어남의 단계(uppāda-avatthā)와 다르다는 것이 인정되지 않는다면 일어날 때 그것은 바로 부서지는 모순

4. "세존이시여, [38] 만일 사람들이 제게 묻기를 '도반 아난다여, 어떠한 법들의 일어남이 알아지고 사라짐이 알아지고 머문 것의 다르게 됨이 알아집니까?'라고 한다면 저는 이렇게 설명할 것입니다.

'도반들이여, 물질의 일어남이 알아지고 사라짐이 알아지고 머문 것의 다르게 됨이 알아집니다. 느낌의 … 인식의 … 심리현상들의 … 알음알이의 일어남이 알아지고 사라짐이 알아지고 머문 것의 다르게 됨이 알아집니다. 도반들이여, 이러한 법들의 일어남이 알아지고 사라짐이 알아지고 머문 것의 다르게 됨이 알아집니다.'라고.

세존이시여, 그런 질문을 받으면 저는 이렇게 설명할 것입니다."

5. "장하고 장하구나, 아난다여. 아난다여, 물질의 일어남이 알아지고 사라짐이 알아지고 머문 것의 다르게 됨이 알아진다. 느낌의

이 생긴다. 그러므로 부서짐의 단계와 일어남의 단계는 별개의 것(bhinnā)이다. 그러므로 부서짐의 단계가 있기 위해서는 부서짐의 단계와 구분되는 부서짐을 직면하는 단계(bhaṅga-abhimukha-avatthā)도 인정해야 한다. (SAṬ.ii.194) 이처럼 상좌부에서는 이 세 단계(아찰나)를 한 찰나에 존재하는 유위법들의 세 가지 특징으로 설명하고 있다.

그러나 북방 아비달마의 중요 논서인 『구사론』과 특히 『구사론』에서 세친이 따르고 있는 경량부와 이를 비판적으로 계승하는 『성유식론』에서는 찰나가 가지는 이러한 세 가지 아찰나를 인정하지 않는다. 『구사론』 「분별근품」(分別根品)은 이 세 가지는 상속(相續, santati)의 세 가지 모습이라고 적용한다. 즉 특정한 현상들이 지속될 때 그 현상이 일어나는 최초찰나는 일어남이요 그 현상이 일정기간동안 지속되는 것은 머묾 혹은 다르게 됨이요 그 현상이 없어지는 것은 사라짐이라는 것이다. 이처럼 이 세 가지 특징은 상속에 적용되어야지 찰나에 적용되면 안된다고 주장한다. 그리고 그들은 찰나에는 일어남과 사라짐(生相과 滅相)만 있지 다르게 됨(住相)이나 머문 것의 다르게 됨(住異相)은 있지 않다고 주장한다.(권오민, 『아비달마구사론』 제1권 251쪽과 241쪽 이하를 참조할 것.)

그런데 상좌부 안에서도 『근본복주서』(Mūlaṭīka)의 저자인 아난다 논사(6 A.D.) 같은 분은 찰나에 있는 이러한 늙음 혹은 다르게 됨 혹은 머묾의 단계는 인정하지 않았다고 한다. 여기에 대해서는 『아비담마 길라잡이』 제4장 §6의 해설을 참조할 것.

… 인식의 … 심리현상들의 … 알음알이의 일어남이 알아지고 사라짐이 알아지고 머문 것의 다르게 됨이 알아진다. 아난다여, 이러한 법들의 일어남이 알아지고 사라짐이 알아지고 머문 것의 다르게 됨이 알아진다. 아난다여, 그대는 이렇게 설명해야 한다."

아난다 경2(S22:38)

2. 그때 아난다 존자가 … 한 곁에 앉은 아난다 존자에게 세존께서는 이렇게 말씀하셨다.

3. "아난다여, 만일 사람들이 그대에게 묻기를 '도반 아난다여, 어떠한 법들의 일어남이 알아졌고 사라짐이 알아졌고 머문 것의 다르게 됨이 알아졌습니까? 도반 아난다여, 어떠한 법들의 일어남이 알아질 것이고 사라짐이 알아질 것이고 머문 것의 다르게 됨이 알아질 것입니까? 도반 아난다여, 어떠한 법들의 일어남이 알아지고 사라짐이 알아지고 머문 것의 다르게 됨이 알아집니까?'라고 한다면 그대는 어떻게 설명하겠는가?"

4. "세존이시여, 만일 사람들이 제게 묻기를 '도반 아난다여, 어떠한 법들의 일어남이 알아졌고 사라짐이 알아졌고 머문 것의 다르게 됨이 알아졌습니까? 도반 아난다여, 어떠한 법들의 일어남이 알아질 것이고 사라짐이 알아질 것이고 [39] 머문 것의 다르게 됨이 알아질 것입니까? 도반 아난다여, 어떠한 법들의 일어남이 알아지고 사라짐이 알아지고 머문 것의 다르게 됨이 알아집니까?'라고 한다면 저는 이렇게 설명할 것입니다.

'도반들이여, 지나가 버렸고 소멸하였고 변해버린 물질의 일어남이 알아졌고 사라짐이 알아졌고 머문 것의 다르게 됨이 알아졌습니다. 지나가 버렸고 소멸하였고 변해버린 느낌의 … 인식의 … 심리현상들의 … 알음알이의 일어남이 알아졌고 사라짐이 알아졌고 머문 것의 다르게 됨이 알아졌습니다. 도반들이여, 이러한 법들의 일어남이 알아졌고 사라짐이 알아졌고 머문 것의 다르게 됨이 알아졌습니다.

도반들이여, 아직 생겨나지 않았고 나타나지 않은 물질의 일어남이 알아질 것이고 사라짐이 알아질 것이고 머문 것의 다르게 됨이 알아질 것입니다. 아직 생겨나지 않았고 나타나지 않은 느낌의 … 인식의 … 심리현상들의 … 알음알이의 일어남이 알아질 것이고 사라짐이 알아질 것이고 머문 것의 다르게 됨이 알아질 것입니다. 도반들이여, 이러한 법들의 일어남이 알아질 것이고 사라짐이 알아질 것이고 머문 것의 다르게 됨이 알아질 것입니다.

도반들이여, 생겨나고 나타나는 물질의 일어남이 알아지고 사라짐이 알아지고 머문 것의 다르게 됨이 알아집니다. 생겨나고 나타나는 느낌의 … 인식의 … 심리현상들의 … 알음알이의 일어남이 알아지고 사라짐이 알아지고 머문 것의 다르게 됨이 알아집니다. 도반들이여, 이러한 법들의 일어남이 알아지고 사라짐이 알아지고 머문 것의 다르게 됨이 알아집니다.'

세존이시여, 그런 질문을 받으면 저는 이렇게 설명할 것입니다."

5. "장하고 장하구나, 아난다여. 아난다여, 지나가 버렸고 소멸하였고 변해버린 물질의 일어남이 알아졌고 사라짐이 알아졌고 머문 것의 다르게 됨이 알아졌다. [40] 지나가 버렸고 소멸하였고 변해버린 느낌의 … 인식의 … 심리현상들의 … 알음알이의 일어남이 알아졌고 사라짐이 알아졌고 머문 것의 다르게 됨이 알아졌다. 아난다여, 이러한 법들의 일어남이 알아졌고 사라짐이 알아졌고 머문 것의 다르게 됨이 알아졌다.

아난다여, 아직 생겨나지 않았고 나타나지 않은 물질의 일어남이 알아질 것이고 사라짐이 알아질 것이고 머문 것의 다르게 됨이 알아질 것이다. 아직 생겨나지 않았고 나타나지 않은 느낌의 … 인식의 … 심리현상들의 … 알음알이의 일어남이 알아질 것이고 사라짐이 알아질 것이고 머문 것의 다르게 됨이 알아질 것이다. 아난다여, 이러한 법들의 일어남이 알아질 것이고 사라짐이 알아질 것이고 머문 것의 다르게 됨이 일아질 것이다.

아난다여, 생겨나고 나타나는 물질의 일어남이 알아지고 사라짐이 알아지고 머문 것의 다르게 됨이 알아진다. 생겨나고 나타나는 느낌의 … 인식의 … 심리현상들의 … 알음알이의 일어남이 알아지고 사라짐이 알아지고 머문 것의 다르게 됨이 알아진다. 아난다여, 이러한 법들의 일어남이 알아지고 사라짐이 알아지고 머문 것의 다르게 됨이 알아진다.

아난다여, 그런 질문을 받으면 그대는 이렇게 설명해야 한다."

이르게 하는 법 경1(S22:39)

Anudhamma-sutta

3. "비구들이여, [출세간]법에 이르게 하는 법을 닦는117) 비구에게는 이것이 [출세간법에] 이르게 하는 법이다.

그는 물질에 대해서 많은 염오를 하며118) 머물러야 하고, 느낌에

---

117) "'[출세간]법에 이르게 하는 법을 닦는(dhamma-anudhamma-ppaṭipanna)'이란 아홉 가지 출세간법(lokuttara-dhamma)들과 일치하는 법(anuloma-dhamma)인 예비단계의 도닦음(pubba-bhāga-paṭipada)을 닦는다는 뜻이다."(SA.ii.267)
아홉 가지 출세간법이란 네 가지 도와 네 가지 과와 열반의 아홉을 말한다. 본서 제2권 「설법자[法師] 경」(S12:16) §5의 주해도 참조할 것.

대해서 … 인식에 대해서 … 심리현상들에 대해서 … 알음알이에 대해서 많은 염오를 하며 머물러야 한다.

그가 물질에 대해서 많은 염오를 하며 머물고, 느낌에 대해서 … 인식에 대해서 … 심리현상들에 대해서 … 알음알이에 대해서 많은 염오를 하며 머물 때 그는 물질을 철저하게 알고, 느낌을 … 인식을 … 심리현상들을 … 알음알이를 철저하게 안다.

그가 물질을 철저하게 알고, 느낌을 … 인식을 … 심리현상들을 … 알음알이를 철저하게 알 때 물질로부터 해탈하고 [41] 느낌으로부터 해탈하고 인식으로부터 해탈하고 심리현상들로부터 해탈하고 알음알이로부터 해탈하고 태어남과 늙음·죽음과 근심·탄식·육체적 고통·정신적 고통·절망으로부터 해탈하고 괴로움으로부터 해탈한다고 나는 말한다."[119]

이르게 하는 법 경2(S22:40)

3. "비구들이여, [출세간]법에 이르게 하는 법을 닦는 비구에게는 이것이 [출세간법에] 이르게 하는 법이다.

---

118) '많은 염오를 하며'는 nibbidā-bahulaṁ을 옮긴 것이다. '염오(nibbidā)'는 강한 위빳사나를 뜻하는데 얕은 위빳사나인 있는 그대로 알고 봄[如實知見]을 따라서 생긴다. 여기에 대해서는 본서 제2권 「의지처 경」(S12:23) §4의 주해와 본서 「무상 경」(S22:12) §3의 주해를 참조할 것.

119) '철저하게 안다(parijānāti)'는 세 가지 통달지(pariññā)로 철저하게 아는 것이다. '해탈한다(parimuccati)'는 도의 순간(magga-kkhaṇa)에 일어나는 버림의 통달지(pahāna-pariññā)로 해탈한다는 말이다."(SA.ii.267)
달리 말하면 통달지는 아라한이 괴로움의 진리(고성제)를 통달하는 것을 뜻하고, 해탈은 아라한이 번뇌들을 다 멸진함에 의해서 재생(다시 태어남)으로부터 완전히 벗어나는 것을 뜻한다.
세 가지 통달지에 대해서는 본서 「최상의 지혜로 앎 경」(S22:24) §4의 주해를 참조할 것.

그는 물질에 대해서 … 느낌에 대해서 … 인식에 대해서 … 심리현상들에 대해서 … 알음알이에 대해서 무상을 관찰하면서 머물러야 한다. … 철저하게 안다. … 괴로움으로부터 해탈한다고 나는 말한다."

이르게 하는 법 경3(S22:41)

3. "비구들이여, [출세간]법에 이르게 하는 법을 닦는 비구에게는 이것이 [출세간법에] 이르게 하는 법이다.

그는 물질에 대해서 … 느낌에 대해서 … 인식에 대해서 … 심리현상들에 대해서 … 알음알이에 대해서 괴로움을 관찰하면서 머물러야 한다. … 철저하게 안다. … 괴로움으로부터 해탈한다고 나는 말한다."

이르게 하는 법 경4(S22:42)

3. "비구들이여, [출세간]법에 이르게 하는 법을 닦는 비구에게는 이것이 [출세간법에] 이르게 하는 법이다.

그는 물질에 대해서 … 느낌에 대해서 … 인식에 대해서 … 심리현상들에 대해서 … 알음알이에 대해서 무아를 관찰하면서 머물러야 한다. … 철저하게 안다. … 괴로움으로부터 해탈한다고 나는 말한다."

제4장 그대들의 것이 아님 품이 끝났다.

네 번째 품에 포함된 경들의 목록은 다음과 같다. [42]

두 가지 ①~② 그대들의 것이 아님
두 가지 ③~④ 비구, 두 가지 ⑤~⑥ 아난다
네 가지 ⑦~⑩ 이르게 하는 법이다.

제5장 자신을 섬으로 삼음 품

Attadīpa-vagga

자신을 섬으로 삼음 경(S22:43)

Attadīpa-sutta

3. "비구들이여, 자신을 섬으로 삼고 자신을 귀의처로 삼아 머물고 남을 귀의처로 삼아 머물지 말라. 법을 섬으로 삼고 법을 귀의처로 삼아 머물고 다른 것을 귀의처로 삼아 머물지 말라.[120]

비구들이여, 자신을 섬으로 삼고 자신을 귀의처로 삼아 머물고 남을 귀의처로 삼아 머물지 않으며, 법을 섬으로 삼고 법을 귀의처로 삼아 머물고 다른 것을 귀의처로 삼아 머물지 않는 자들은 '근심·탄식·육체적 고통·정신적 고통·절망은 무엇으로부터 생기고 무엇으

---

120) 이 말씀은 『디가 니까야』 「대반열반경」(D16) §2.26/ii.100에서 부처님께서 아난다에게 내리신 유명한 훈령이다. 이것은 본서 제5권 S47:9, 13, 14(S.v.154, 163, 164)와 『디가 니까야』 「전륜성왕 사자후경」(D26) §1에도 나타나고 있다. 여기서 자신으로 옮긴 단어는 우리가 일반적으로 자아(아뜨만)라 옮기는 attā이다. 여기에 대해서 주석서는 다음과 같이 설명한다.
"그런데 여기서 자신(attā, 자아)이란 무엇을 말하는가? 세간적이고 출세간적인 법(lokiya-lokuttara dhamma)이다. 그래서 바로 다음에 '법을 섬으로 삼고 법을 귀의처로 삼아 머물고 다른 것을 귀의처로 삼아 머물지 말라.'고 하신 것이다."(SA.ii.268)
물론 본경의 이 말씀은 세존께서 고구정녕하게 말씀하시는 자력적인 측면을 강조한 말씀이라고 먼저 받아들여야 할 것이다. 그리고 이러한 자력적인 측면이란 결국은 세존이 깨달으시고 확립하신 법(dhamma)이 될 수밖에 없다는 것이 주석서의 설명이라고 할 수 있다. 주석서의 이러한 설명은 본서 제1권 「존중 경」(S6:2) §2에서 세존께서 스스로 '아무도 존중할 사람이 없고 의지할 사람이 없이 머문다는 것은 괴로움이다.'라고 하신 뒤 §7에서 '참으로 나는 내가 바르게 깨달은 바로 이 법을 존경하고 존중하고 의지하여 머무르리라.'라고 내리신 결론과도 일치한다.

로부터 발생하는가?'라고 그 근원을 자세히 살펴봐야 한다.[121]

4. "비구들이여, 그러면 근심・탄식・육체적 고통・정신적 고통・절망은 무엇으로부터 생기고 무엇으로부터 발생하는가?

비구들이여, 여기 배우지 못한 범부는 성자들을 친견하지 못하고 성스러운 법에 능숙하지 못하고 성스러운 법에 인도되지 못하고 참된 사람들을 친견하지 못하고 참된 사람의 법에 능숙하지 못하여 물질을 자아라고 관찰하고, 물질을 가진 것이 자아라고 관찰하고, 물질이 자아 안에 있다고 관찰하고, 물질 안에 자아가 있다고 관찰한다. 그러나 그런 그의 물질은 변하고 다른 상태로 되어간다. 그의 물질이 변하고 다른 상태로 되어가기 때문에 그에게는 근심・탄식・육체적 고통・정신적 고통・절망이 일어난다.

그는 느낌을 … 인식을 … 심리현상들을 … 알음알이를 자아라고

---

121) '근원을 자세히 살펴봐야 한다.'는 Se: yoni yeva upaparikkhitabbā를 옮긴 것이다. Be에는 yeva가 빠져 있고, Ee에는 yoni yeva upaparikkhitabbo로 나타나는데 yoni를 남성명사로 취급하였다. yoni는 일반적으로 '자궁, 모태'를 뜻하며 여성명사이다. 역자는 이 경우에는 대부분 '모태'로 옮겼다. 주석서는 여기 나타나는 yoni를 kāraṇa(원인)로 설명하고 있다.(SA.ii.268) 이런 점을 감안하여 복주서는 "이곳으로부터 결과가 산출된다고 해서 yoni라 한다.(yavati etasmā phalaṁ pasavatīti yoni)"(SAṬ.ii.195)라고 설명하고 있다. 그래서 '근원'으로 옮겼다.
한편 본서 「포말 경」(22:95)에는 yoniso upaparikkhati(근원적으로 조사하다.)가 반복적으로 계속 나타나고 있다. 이런 점을 볼 때 본경에서도 yoni yeva upaparikkhitabbā(근원을 자세히 살펴봐야 한다.) 대신에 yoniso va upaparikkhitabbā(근원적으로 조사해야 한다.)로 읽는 것이 더 나은 듯하다. Ee에는 이문(異文, *v.l.*)으로 yoniso va를 들고 있기도 하다.
그리고 초기불전의 여러 곳에서 yoniso-manasikāra라는 술어가 나타나는데 중국에서는 여리작의(如理作意)로 정착이 되었고, 본서에서는 대부분 '지혜롭게 마음에 잡도리함'으로 통일해서 옮기고 있다. 초기불전연구원의 다른 책들에서는 '근원적으로 마음에 잡도리함', '지혜로운 주의'로 옮기기도 하였다. 여기에 대해서는 본서 제5권 「몸 경」(S46:2) §11의 해당 주해를 참조할 것.

관찰하고, 알음알이를 가진 것이 자아라고 관찰하고, 알음알이가 자아 안에 있다고 관찰하고, 알음알이 안에 자아가 있다고 관찰한다. [43] 그러나 그런 그의 알음알이는 변하고 다른 상태로 되어간다. 그의 알음알이가 변하고 다른 상태로 되어가기 때문에 그에게는 근심·탄식·육체적 고통·정신적 고통·절망이 일어난다."

5. "비구들이여, 그러나 물질의 무상함과 변화와 빛바램과 소멸을 체득하여 '이전의 물질과 지금의 물질, 그 모든 물질은 무상하고 괴로움이고 변하기 마련인 법이다.'라고 있는 그대로 바른 통찰지로 보는 자들은 근심·탄식·육체적 고통·정신적 고통·절망을 모두 버린다. 이런 것들을 버리면 갈증 내지 않는다.122) 갈증 내지 않으면 행복하게 머문다. 행복하게 머무는 비구를 [위빳사나의] 측면에서 [삼독의 불이] 꺼졌다고 한다.123)

---

122) '갈증 내지 않는다(na paritassati).'에 대해서는 위의 「취착에 의한 초조함 경」1(S22:7) §4의 주해와 본서 제2권 「철저한 검증 경」(S12:51) §9의 주해를 참조할 것.

123) '[위빳사나의] 측면에서 [삼독의 불이] 꺼졌다고 한다.'는 tadaṅga-nibbuto를 풀어서 옮긴 것이다. '꺼진'으로 옮긴 nibbuta는 nis+√vā(*to blow*) 혹은 nis+√vṛ(*to cover*)에서 파생된 과거분사인데 초기불전에서는 열반을 증득한 자를 표현하는 단어로 쓰인다. tad-aṅga-는 '그 측면'으로 직역할 수 있는데 아래 주석서의 설명을 참조하면 여기서는 위빳사나의 측면에서 열반을 증득한 자라는 뜻을 나타내는 것이다. 물론 모든 면에서 완전한 열반을 증득한 것이 아니라 어떤 한 측면을 통해서만 그것에 근접하는 경지를 얻었다는 뜻을 내포하고 있다고 할 수도 있다. 그러므로 이 전체는 '어떤 측면에서 열반을 얻은 자'로 해석할 수 있다. 주석서는 이렇게 설명한다.
"그런 위빳사나의 측면에서(vipassan-aṅgena) 오염원들이 꺼졌기 때문에(kilesānaṁ nibbutattā) tadaṅga-nibbuta라 한다. 본경에서는 위빳사나만을 설하셨다."(SA.ii.268)
다시 말하면 오온의 통찰을 통해서 삼독의 불이 꺼지게 되는 이런 수행은 위빳사나에만 적용되지 삼매나 사마타를 통한 증득에는 적용되지 않는다는 뜻이다. 그러므로 이것은 『청정도론』에서 말하는 마른 위빳사나를 닦은 자나 순수 위빳사나를 닦은 자(suddha-vipassaka, 『청정도론』 XVIII.8)와 관

비구들이여, 느낌의 … 인식의 … 심리현상들의 … 알음알이의 무상함과 변화와 빛바램과 소멸을 체득하여 '이전의 알음알이와 지금의 알음알이, 그 모든 알음알이는 무상하고 괴로움이고 변하기 마련인 법이다.'라고 있는 그대로 바른 통찰지로 보는 자들은 근심·탄식·육체적 고통·정신적 고통·절망을 모두 버린다. 이런 것들을 버리면 갈증 내지 않는다. 갈증 내지 않으면 행복하게 머문다. 행복하게 머무는 비구를 [위빳사나의] 측면에서 [삼독의 불이] 꺼졌다고 한다."

도닦음 경(S22:44)

Paṭipadā-sutta

3. "비구들이여, [44] 자기 존재[有身][124]의 일어남으로 인도하는 도닦음과 자기 존재의 소멸로 인도하는 도닦음을 설하리라. … <S22:7 §3> …

4. "비구들이여, 그러면 어떤 것이 자기 존재[有身]의 일어남으로 인도하는 도닦음인가?

비구들이여, 여기 배우지 못한 범부는 성자들을 친견하지 못하고 성스러운 법에 능숙하지 못하고 성스러운 법에 인도되지 못하고 참된 사람들을 친견하지 못하고 참된 사람의 법에 능숙하지 못하여 물질을 자아라고 관찰하고, 물질을 가진 것이 자아라고 관찰하고, 물질이 자아 안에 있다고 관찰하고, 물질 안에 자아가 있다고 관찰한다.

그는 느낌을 … 인식을 … 심리현상들을 … 알음알이를 자아라고 관찰하고, 알음알이를 가진 것이 자아라고 관찰하고, 알음알이가 자

계가 있다. 본서 제2권 「수시마 경」(S12:70) §14의 주해를 참조할 것.

124) 본서 「자기 존재 경」(S22:105) §4에는 취착의 [대상이 되는] 다섯 가지 무더기[五取蘊]가 바로 '자기 존재[有身, sakkāya]'라고 나타난다.

아 안에 있다고 관찰하고, 알음알이 안에 자아가 있다고 관찰한다.

비구들이여, 이를 일러 자기 존재[有身]의 일어남으로 인도하는 도닦음이라 한다. 비구들이여, 여기서 자기 존재의 일어남으로 인도하는 도닦음이란 괴로움의 일어남으로 인도하는 관찰125)이라는 것이 그 뜻이다."

5. "비구들이여, 그러면 어떤 것이 자기 존재[有身]의 소멸로 인도하는 도닦음인가?

비구들이여, 여기 잘 배운 성스러운 제자는 성자들을 친견하고 성스러운 법에 능숙하고 성스러운 법에 인도되고 참된 사람들을 친견하고 참된 사람의 법에 능숙하여 물질을 자아라고 관찰하지 않고, 물질을 가진 것이 자아라고 관찰하지 않고, 물질이 자아 안에 있다고 관찰하지 않고, 물질 안에 자아가 있다고 관찰하지 않는다.

그는 느낌을 … 인식을 … 심리현상들을 … 알음알이를 자아라고 관찰하지 않고, 알음알이를 가진 것이 자아라고 관찰하지 않고, 알음알이가 자아 안에 있다고 관찰하지 않고, 알음알이 안에 자아가 있다고 관찰하지 않는다.

비구들이여, 이를 일러 자기 존재의 소멸로 인도하는 도닦음이라 한다. 비구들이여, 여기서 자기 존재의 소멸로 인도하는 도닦음이란 괴로움의 소멸로 인도하는 관찰126)이라는 것이 그 뜻이다."

---

125) "'괴로움의 일어남으로 인도하는 관찰(dukkha-samudaya-gāminī samanupassanā)'에서 자기 존재(sakkāya)가 바로 괴로움이기 때문에 괴로움의 일어남이란 자기 존재의 일어남이다. 그러므로 [네 가지 방법으로] 물질을 자아라고 관찰하는 것이 바로 자기 존재(=괴로움)의 일어남으로 인도하는 도닦음이다. 여기서는 견해(diṭṭhi, 邪見)를 관찰이라고 하셨다."(SA.ii.268)

126) "'괴로움의 소멸로 인도하는 관찰(dukkha-nirodha-gāminī samanupassanā)'은 위빳사나와 더불어 네 가지 도의 지혜(catu-magga-ñāṇa)를

무상함 경1(S22:45)

Aniccatā-sutta

3. "비구들이여, 물질은 무상하다. 무상한 것은 괴로움이요, [45] 괴로움인 것은 무아다. 무아인 것은 '이것은 내 것이 아니고, 이것은 내가 아니고, 이것은 나의 자아가 아니다.'라고 있는 그대로 바른 통찰지로 봐야 한다. 이와 같이 있는 그대로 바른 통찰지로 보면 마음은 탐욕이 빛바래고 취착 없이 번뇌들로부터 해탈한다.127)

느낌은 … 인식은 … 심리현상들은 … 알음알이는 무상하다. 무상한 것은 괴로움이요, 괴로움인 것은 무아다. '이것은 내 것이 아니고, 이것은 내가 아니고, 이것은 나의 자아가 아니다.'라고 있는 그대로 바른 통찰지로 봐야 한다. 이와 같이 있는 그대로 바른 통찰지로 보면 마음은 탐욕이 빛바래고 취착 없이 번뇌들로부터 해탈한다."

4. "비구들이여, 만일 비구의 마음이 물질의 요소로부터 탐욕이 빛바래고 취착 없이 번뇌들로부터 해탈하고, 비구의 마음이 느낌의 요소로부터 … 인식의 요소로부터 … 심리현상들의 요소로부터 … 알음알이의 요소로부터 탐욕이 빛바래고 취착 없이 번뇌들로부터 해탈하면128) 해탈하기 때문에 안주하고, 안주하기 때문에 만족하고,129)

관찰하는 것을 말한다. 본경은 윤회와 윤회로부터 벗어남(vaṭṭa-vivaṭṭa)을 설하였다."(SA.ii.268)

127) "'있는 그대로 바른 통찰지로 봐야 한다(sammappaññāya daṭṭhabbaṁ).'는 것은 위빳사나와 더불어 도의 통찰지(magga-paññā)로 봐야 한다는 뜻이다. 도의 순간에 '탐욕이 빛바래고(virajjati)' 과의 순간에 '해탈한다(vimuccati).' '취착 없이 번뇌들로부터(anupādāya āsavehi)'라는 것은 취착 없는 소멸(anuppāda-nirodha)에 의해서 소멸되었기 때문에 번뇌들을 취하지 않는다는 말이다. 이렇게 해서 해탈한다(vimuccati)."(SA.ii.268~269)

128) "여기서 '물질의 요소(rūpa-dhātu)' 등은 과(phala)와 더불어 [일어나는]

만족하기 때문에 갈증 내지 않고, 갈증 내지 않으면 스스로 완전히 열반에 든다.130) 그는 '태어남은 다했다. 청정범행은 성취되었다. 할 일을 다 해 마쳤다. 다시는 어떤 존재로도 돌아오지 않을 것이다.'라고 꿰뚫어 안다."

무상함 경2(S22:46)

3. "비구들이여, 물질은 무상하다. 무상한 것은 괴로움이요, 괴로움인 것은 무아다. 무아인 것은 '이것은 내 것이 아니고, 이것은 내가 아니고, 이것은 나의 자아가 아니다.'라고 있는 그대로 바른 통찰지로 봐야 한다.

느낌은 … 인식은 … 심리현상들은 … 알음알이는 무상하다. 무상한 것은 괴로움이요, 괴로움인 것은 무아다. 무아인 것은 '이것은 내 것이 아니고, 이것은 내가 아니고, 이것은 나의 자아가 아니다.'라고 있는 그대로 바른 통찰지로 봐야 한다."

4. "이와 같이 있는 그대로 바른 통찰지로 보면 과거에 대한 견해를 가지지 않게 된다. 과거에 대한 견해가 없으면 [46] 미래에 대한

반조를 보여주시기 위해서(paccavekkhaṇa-dassan-attha) 설하셨다."(SA.ii.269)

주석서의 이런 설명을 토대로 해서 살펴보면 본경에서 설해지고 있는 통찰지로 봄-이욕-해탈-반조는 앞의 여러 경들에서 염오-이욕-해탈-구경해탈지의 구조와 같은 내용이 된다.(본서 「무상 경」(S22:12) §3의 주해 참조.)

129) "'안주함(ṭhita)'이란 더 이상 해야 할 일이 없기(kattabba-kicca-abhāva) 때문이다. '만족함(santusita)'이란 얻어야 할 것을 얻은 상태(pattabbaṁ patta-bhāva)이기 때문이다."(SA.ii.269)

130) '스스로 완전히 열반에 든다.'는 paccattaṁ yeva parinibbāyati를 옮긴 것이다. 여기서 paccattaṁ은 '개별적으로'라는 뜻인데 주석서는 스스로(sayam eva)라고 설명하고 있어서(SA.ii.269) 이렇게 옮겼다.

견해도 가지지 않게 된다.131) 미래에 대한 견해가 없으면 고집스러운 집착이 없다.132) 고집스러운 집착이 없으면 물질로부터 … 느낌으로부터 … 인식으로부터 … 심리현상들로부터 … 알음알이로부터 마음은 탐욕이 빛바래고 취착 없이 번뇌들로부터 해탈한다. 해탈하기 때문에 안주하고 안주하기 때문에 만족하고 만족하기 때문에 갈증 내지 않고 갈증 내지 않으면 스스로 완전히 열반에 든다. 그는 '태어남은 다했다. 청정범행은 성취되었다. 할 일을 다 해 마쳤다. 다시는 어떤 존재로도 돌아오지 않을 것이다.'라고 꿰뚫어 안다."

---

131) '과거에 대한 견해(pubbanta-anudiṭṭhi)'와 '미래에 대한 견해(aparanta-anudiṭṭhi)'는 62가지 견해를 상세하게 설하고 있는 『디가 니까야』 「범망경」(D1)을 통해서 분명하게 알 수 있다. 「범망경」은 모든 견해를 과거에 대한 것과 미래에 대한 것으로 양분하고 있다. 그 가운데 18가지 견해는 과거에 대한 것(§§1.29~2.35)이고 44가지는 미래에 대한 것(§§2.37~3.27)인데 본경에 해당하는 주석서도 이것을 밝히고 있다. 그리고 [이러한 견해들을 완전히 버림을 통해서(anavasesa-diṭṭhi-pahāna-kittana) - DAṬ.ii.196] 첫 번째 도(paṭhama-magga)를 설하신 것이라고 설명하고 있다.(SA.ii.269)

132) '고집스러운 집착'의 원어는 Se: thāmasā parāmaso가 Be: thāmaso parāmāso와 Ee: thāmaso parāmaso보다 더 나은 듯하다. 『맛지마 니까야』(M22/i.130과 M38/i.257 등)에도 Se와 같이 나타난다. 주석서는 이렇게 설명하고 있다.
"'고집스러운 집착이 없다.'는 것은 견해들에 대한 고집(diṭṭhi-thāmaso)과 견해들에 대한 집착(diṭṭhi-parāmāso)이 없다는 뜻이다. 이렇게 하여 첫 번째 도(paṭhama-magga)를 설하셨다. 이제 위빳사나와 더불어 세 가지 도(magga)와 과(phala)를 설하시기 위해서 '물질로부터' 등을 말씀하기 시작하셨다. 혹은 견해들은 위빳사나로 제거되었기(pahīnā) 때문에 여기서부터는 위빳사나와 더불어 네 가지 도를 말씀하기 시작하신 것으로 [이해해도 된다.]"(SA.ii.269)

관찰 경(S22:47)

Samanupassanā-sutta

3. "비구들이여, 어떤 사문들이든 바라문들이든 여러 가지 방법으로 자아를 관찰하는 자들은 모두 취착의 [대상이 되는] 다섯 가지 무더기[五取蘊]를 [자아로] 관찰하는 것이지 그 외 다른 것을 [관찰하는 것이] 아니다.

어떤 것이 다섯 가지인가? 비구들이여, 여기 배우지 못한 범부는 성자들을 친견하지 못하고 성스러운 법에 능숙하지 못하고 성스러운 법에 인도되지 못하고 참된 사람들을 친견하지 못하고 참된 사람의 법에 능숙하지 못하여 물질을 자아라고 관찰하고, 물질을 가진 것이 자아라고 관찰하고, 물질이 자아 안에 있다고 관찰하고, 물질 안에 자아가 있다고 관찰한다. 그는 느낌을 … 인식을 … 심리현상들을 … 알음알이를 자아라고 관찰하고, 알음알이를 가진 것이 자아라고 관찰하고, 알음알이가 자아 안에 있다고 관찰하고, 알음알이 안에 자아가 있다고 관찰한다. 이와 같이 하여 [사견을 통한] 관찰과 '나는 있다.'는 [사량분별이] 그에게서 사라지지 않는다.[133)]

---

133) '사라지지 않는다.'는 Ee의 adhigataṁ(얻는다, 증득한다) 대신에 Be, Se의 avigataṁ으로 읽은 것이다. 『앙굿따라 니까야』 「자애 경」(A6:13/iii.292) §7에 asmī ti kho me vigataṁ(나는 있다는 [자아의식이] 없어졌으며)으로 나타나는데 이것을 통해서 살펴보면 본경에서도 avigataṁ이 정확하다 할 수 있다. 본서 「케마까 경」(S22:89) §8에서도 이렇게 읽어서 옮겼다. 주석서는 다음과 같이 설명하고 있다.

"'이와 같이 하여 [사견을 통한] 관찰과(iti ayañceva samanupassanā)'라는 것은 이와 같이 견해(diṭṭhi = 邪見)로 관찰하는 것을 말한다. '나는 있다.'라는 [사량분별이] 그에게서 사라지지 않는다(asmīti cassa avigataṁ hoti).'는 것은 이러한 관찰이 있을 때 그에게는 '나는 있다.'라는 갈애와 자만과 사견이라 불리는(taṇhā-māna-diṭṭhi-saṅkhāta) 세 가지 사량분별(papañca-ttaya)이 사라지지 않는다는 말이다."(SA.ii.269)

여기서 [사견을 통한] 관찰은 개념적으로 형성된 견해이고, '나는 있다.'라는

4. "비구들이여, '나는 있다.'라는 [사량분별이] 생기면 눈의 감각기능, 귀의 감각기능, 코의 감각기능, 혀의 감각기능, 몸의 감각기능이라는 다섯 가지 감각기능들이 출현한다.134)

비구들이여, 거기에는 마노[意]가 있고 [마노의 대상인] 법들이 있고 무명의 요소가 있다.135) 무명과 함께하는 감각접촉에서 생긴136)

[사량분별]은 자만과 사견을 포함하는 무명의 더 미세한 현현(顯現)을 뜻한다. 여기에 대해서는 본서 「케마까 경」(S22:89) 전체에서 진행되는 중요한 대화를 참조할 것. 그리고 자아에 대한 견해(유신견)는 예류도에 의해서 제거되지만 '나는 있다.'라는 사량분별 즉 자만은 아라한도에 의해서 척파된다. 본서 제1권 「얼마나 끊음 경」(S1:5) {8}의 10가지 족쇄에 대한 주해를 참조할 것.

134) "'다섯 가지 감각기능들이 출현한다(pañcannaṁ indriyānaṁ avakkanti hoti).'는 것은 오염원들의 태어남(kilesa-jāta)이 있을 때 업과 오염원을 조건으로 하는(kamma-kilesa-paccaya) 다섯 가지 감각기능들의 생성(nibbatti)이 있게 된다는 말이다."(SA.ii.269)
'나는 있다.'라는 [사량분별이] 생기면 다섯 가지 감각기능들이 출현한다는 이 쉽지 않은 표현을 어떻게 받아들여야 할까? 자아가 있다는 미혹한 관념을 버리지 못하는 한 윤회의 과정은 지속된다는 뜻으로 이해하는 것이 합리적이라고 생각된다. 본서 제2권 「인연 상윳따」(S12)의 S12:39, 58, 39 등에서도 여기서 나타나는 출현(avakanti)이 알음알이의 출현이나 정신·물질의 출현이라는 표현으로 나타나서 새로운 삶(재생)이 시작되는 것을 뜻하는 것으로 쓰였기 때문이다. 출현(avakkanti)에 대한 더 자세한 논의는 본서 제2권 「알음알이 경」(S12:59) §3의 주해를 참조할 것.(이곳의 설명에 의하면 avakkanti는 더 구체적으로 '[모태에] 듦'으로 옮길 수 있다.)

135) "'마노가 있고(atthi mano)'라는 것은 업을 짓는 마노(kamma-mano)를 두고 말씀하신 것이다. '법들(dhammā)'이란 [마노의] 대상(ārammaṇa)을 말한다. '무명의 요소(avijjā-dhātu)'라는 것은 속행의 순간(javana-kkhaṇa)에 있는 무명이다.
이렇게도 설명할 수 있다. '마노'란 잠재의식(바왕가)의 순간(bhavaṅga-kkhaṇa)에는 과보로 나타난 마노의 요소(vipāka-mano-dhātu)이고 전향의 순간(āvajjana-kkhaṇa)에는 단지 작용만하는 마노의 요소(kiriya-mano-dhātu)이다."(SA.ii.270)
여기에 나타나는 전문술어들은 『아비담마 길라잡이』 제3장 §8 등의 해설들을 참조할 것.

느낌에 닿은 배우지 못한 범부는 '나는 있다.'라고도 생각하고, '나는 이것이다.'라고도 생각하고, '나는 있을 것이다.'라고도 생각하고, '나는 있지 않을 것이다.'라고도 생각하고, '나는 물질을 가지게 될 것이다.'라고도 생각하고, '나는 물질을 가지지 않을 것이다.'라고도 생각하고, '나는 인식을 가질 것이다.'라고도 생각하고, '나는 인식을 가지지 않을 것이다.'라고도 생각하고, '나는 인식을 가지지도 않고 인식을 가지지 않지도 않을 것이다.'라고도 생각한다."[137]

5. "비구들이여, [47] 비록 다섯 가지 감각기능들이 바로 거기에 남아있지만 잘 배운 성스러운 제자에게는 이들에 대한 무명을 제거하고 명지(明知)가 일어난다.[138] 그에게 무명이 제거되고 명지가 일

---

136) '무명과 함께하는 감각접촉에서 생긴'은 avijjā-samphassa-ja(무명의 감각접촉에서 생긴)를 옮긴 것인데 주석서에서 무명과 함께하는 감각접촉으로부터 생긴(avijjā-sampayutta-phassato jāta)으로 설명하고 있어서(SA.ii.269) 이렇게 옮겼다.

137) "'나는 있다.'라고도 생각하고(asmītipissa hoti)'라는 것은 갈애와 자만과 사견(taṇhā-māna-diṭṭhi)을 통해서 이렇게 생각한다는 말이다. "나는 이것이다.'라고도 생각하고(ayam aham asmi)'라는 것은 물질 등의 [오온] 가운데서 어떤 법을 취하여 '나는 이것이다.'라고 자아의 견해(atta-diṭṭhi)를 통해서 말하는 것이다. '나는 있을 것이다(bhavissaṁ).'라는 것은 상견(sassata-diṭṭhi)을 통해서, '나는 있지 않을 것이다.'라는 것은 단견(uccheda-diṭṭhi)을 통해서 말하는 것이다."(SA.ii.270)
이렇게 하여 본문은 연기(緣起)에 대한 새로운 형태를 제시하고 있다. 즉, [사견을 통한] 관찰과 '나는 있다.'는 [사량분별]은 과거의 원인이 되고 다섯 가지 감각기능들은 현재의 과보가 된다. 그리고 '자아가 있다.'라는 생각은 현재의 원인이 되고 이것은 다시 미래의 새로운 존재를 만들어 낼 것이다. 이렇게 보면 역시 본경에서 설하는 연기도 삼세양중인과의 측면에서 설명이 된다.

138) "'무명을 제거하고(avijjā pahīyati)'란 사성제(catu saccā)에 대해서 알지 못하는(aññāṇa-bhūtā) 무명을 제거한다는 말이다. '명지(明知)가 일어난다(vijjā uppajjati).'라는 것은 아라한도의 명지(arahatta-magga-vijjā)가 일어난다는 말이다."(SA.ii.270)

어나기 때문에 '나는 있다.'라고도 생각하지 않고, '나는 이것이다.'라고도 생각하지 않고, '나는 있을 것이다.'라고도 생각하지 않고, '나는 있지 않을 것이다.'라고도 생각하지 않고, '나는 물질을 가지게 될 것이다.'라고도 생각하지 않고, '나는 물질을 가지지 않을 것이다.'라고도 생각하지 않고, '나는 인식을 가질 것이다.'라고도 생각하지 않고, '나는 인식을 가지지 않을 것이다.'라고도 생각하지 않고, '나는 인식을 가지지도 않고 인식을 가지지 않지도 않을 것이다.'라고도 생각하지 않는다."139)

무더기[蘊] 경(S22:48)

Khandha-sutta

3. "비구들이여, 다섯 가지 무더기[五蘊]와 취착의 [대상이 되는] 다섯 가지 무더기[五取蘊]를 설하리라. … <S22:7 §3> …

4. "비구들이여, 그러면 어떤 것이 다섯 가지 무더기[五蘊]인가?

비구들이여, 그것이 어떠한 물질이건 — 그것이 과거의 것이건 미래의 것이건 현재의 것이건 안의 것이건 밖의 것이건 거칠건 미세하건 저열하건 수승하건 멀리 있건 가까이 있건 — 이를 일러 물질의 무더기[色蘊]라 한다.140)

---

139) "여기서 '나는 있다.'라는 것은 갈애와 자만과 견해이다. 그리고 업(kamma)과 다섯 가지 감각기능들 사이에서 하나의 연결(sandhi, 인-과의 연결)이 있다. 과보로 나타난 마노(vipāka-mano)를 다섯 가지 감각기능들의 편에 둔 뒤에 다섯 가지 감각기능들과 업의 사이에도 하나의 연결(과-인의 연결)이 있다. 이처럼 세 가지 사량분별(papañcā)은 과거의 길(addhā)이고 감각기능 등은 현재의 길이다. 거기서 업을 짓는 마노(kamma-mano)를 처음으로 한 뒤에 미래의 조건(paccaya)을 보여준 것이다."(SA.ii.270)
이러한 주석서의 설명에서 보듯이 주석서는 삼세양중인과로 본경의 연기를 설명하는 것이 분명하다.

그것이 어떠한 느낌이건 … 그것이 어떠한 인식이건 … 그것이 어떠한 심리현상들이건 … 그것이 어떠한 알음알이건 — 그것이 과거의 것이건 미래의 것이건 현재의 것이건 안의 것이건 밖의 것이건 거칠건 미세하건 저열하건 수승하건 멀리 있건 가까이 있건 — 이를 일러 알음알이의 무더기[識蘊]라 한다.

비구들이여, 이를 일러 다섯 가지 무더기라 한다."141)

5. "비구들이여, 그러면 어떤 것이 취착의 [대상이 되는] 다섯 가지 무더기[五取蘊]인가?

비구들이여, 그것이 어떠한 물질이건 — 그것이 과거의 것이건 미래의 것이건 현재의 것이건 안의 것이건 밖의 것이건 거칠건 미세하건 저열하건 수승하건 멀리 있건 가까이 있건 — 번뇌와 함께하고 취착되기 마련인 것142)을 일러 취착의 [대상이 되는] 물질의 무더기[色

140) 주석서는 여기서 무더기(khandha)를 더미(rāsi)로 해석하고 있다.(아래 주해 참조) 오온을 이처럼 각각 11가지로 분류하는 것은 『위방가』(Vbh.1~12)에서 자세히 설명되어 나타난다.

141) "여기서 색온은 욕계에 속하는 것(kāmāvacara)이고 나머지 네 가지 무더기는 네 가지 세상(욕계, 색계, 무색계, 출세간)에 속하는 것(catu-bhūmakā)이다."(SA.ii.270)

142) '번뇌와 함께하고(sāsavaṁ)'란 번뇌들의 대상이 됨(ārammaṇa-bhāva)에 의해서 조건이 된다(paccaya-bhūta)는 말이다. '취착되기 마련인 것(upādānīya)'이란 같은 방법으로 취착들의 조건(paccaya-bhūta)이 된다는 말이다. 문자적인 의미는 이러하다. 대상을 만들어서(ārammaṇaṁ katvā) 전개되는(pavatta) 번뇌들과 함께하는 것이 '번뇌와 함께하는 것'이다. 취착되어야 한다고 해서 '취착되기 마련인 것'이다.
여기서는 색온은 욕계에 속하는 것이고, 나머지는 삼계에 속하는 것들(te-bhūmakā)인데 위빳사나를 행함(vipassanā-cāra)을 통해서 설해진 것이다. 이처럼 여기서 물질은 더미라는 뜻(rās-aṭṭha)에서 무더기라 할 수 있기 때문에 무더기[蘊]들에 들어간다(paviṭṭha). 번뇌와 함께하는 더미라는 뜻(sāsava-rās-aṭṭha, 즉 번뇌의 대상이 되는 무더기라는 뜻)에서 취착의 [대상이 되는] 무더기[取蘊]들에도 들어간다. 그러나 느낌 등은 번뇌와

取蘊]라 한다.

그것이 어떠한 느낌이건 … 그것이 어떠한 인식이건 … 그것이 어떠한 심리현상들이건 … [48] 그것이 어떠한 알음알이건 — 그것이 과거의 것이건 미래의 것이건 현재의 것이건 안의 것이건 밖의 것이건 거칠건 미세하건 저열하건 수승하건 멀리 있건 가까이 있건 — 번뇌와 함께하고 취착되기 마련인 것을 일러 취착의 [대상이 되는] 알음알이의 무더기[識取蘊]라 한다.

비구들이여, 이를 일러 취착의 [대상이 되는] 다섯 가지 무더기라 한다."143)

함께하는 것들(sāsavā, 즉 번뇌의 대상이 되는 것들)도 있고 번뇌가 다한 것들(anāsavā, 즉 번뇌의 대상이 되지 않는 것들)도 있다. 이들은 더미라는 뜻에서 모두 무더기에 들어가지만 삼계에 속하는 것들만 번뇌와 함께한다(즉 번뇌의 대상이 된다)는 뜻에서 취착의 [대상이 되는] 무더기에 들어간다."(SA.ii.270)

본 주석서의 설명을 바탕으로 해서 다음의 주해를 음미해보기를 권한다.

143) 본경은 오온(pañcakkhandha)과 오취온(pañc' upādānakkhandha) 즉 다섯 가지 무더기와 취착의 [대상이 되는] 다섯 가지 무더기의 차이를 설명하는 경전적 근거로 『청정도론』 XIV.214~215에 인용되어 나타나는 중요한 경이다.

본문에서 분명하게 드러나듯이 오온(pañcakkhandha)과 오취온(pañc' upādānakkhandha)의 차이는 "번뇌와 함께하고 취착되기 마련인 것(sāsavam upādānīyaṁ)"이 나타나느냐 그렇지 않느냐는 것이다. 이 문장이 나타나지 않으면 그것은 오온이고 이 문장이 나타나면 그것은 오취온이다. 이런 기준을 가지고 살펴보면 순수한 오온은 번뇌와 취착이 없는 아라한에게 속하는 것으로 여겨진다. 과연 그런가? 먼저 이러한 기본 사항을 분명히 하고 몇 가지 논의를 진행해보자.

첫째, 일반적으로 살펴보면 오취온은 오온에 포함된다. 오온 가운데서 번뇌와 취착의 문제가 제기되는 것만을 오취온이라 부르기 때문에 오취온은 넓은 의미의 오온에 포함된다. 그래서 『청정도론』 XIV.215에서도 맨 마지막 문장에서 이 사실을 거론하고 있다.

둘째, "번뇌와 함께하고 취착되기 마련인 것(sāsavam upādānīyaṁ)"을 구체적으로 어떻게 이해해야 하는가 하는 것이다. 이것은 "번뇌와 취착의 대상이 되기 마련인 것"으로 해석해야 한다. 이것이 오취온을 이해하는 가장

소나 경1(S22:49)

Soṇa-sutta

1. 이와 같이 나는 들었다. 한때 세존께서는 라자가하에서 대나무 숲의 다람쥐 보호구역에 머무셨다.[144]

중요한 핵심이다. 그래서 위에 인용한 주석서에서도 "번뇌들의 대상이 됨(ārammaṇa-bhāva)에 의해서 취착(upādāna)의 조건이 되는 것"이라고 나타나고, 『청정도론』은 "취온이란 취착의 대상(upādāna-gocara)이 되는 온(upādānakkhandhā ti c'ettha, upādānagocarā khandhā)"(Vis. XIV.215)으로 설명하고 있다. 그래서 역자도 본서 전체에서 오취온을 '취착의 [대상이 되는] 다섯 가지 무더기'로 번역하고 있다. 이렇게 온과 취온을 구분하면 번뇌의 대상이 되고 취착의 대상이 되면 그것은 취온에 포함되고 그렇지 않으면 온에 포함된다.(anāsavā va khandhesu vuttā, sāsavā upādānakkhandhesu — Vis.XIV.215)

셋째, 그런데 아비담마에 의하면 물질(rūpa)은 반드시 번뇌와 취착의 대상이 된다.(Dhs §§1103, 1219와 『아비담마 길라잡이』 제6장 §6의 해설 참조.) 그러므로 물질은 기본적으로 모두 취온에 포함된다. 아라한의 몸(물질)도 중생들에게는 취착의 대상이 될 수 있다. 그리고 정신의 무더기들(수·상·행·식)도 번뇌와 취착의 대상이 되면 그것은 취온에 포함되고 그렇지 않으면 온에 포함된다.

넷째, 이런 기준을 가지고 보면 모든 범부의 오온은 오취온이 된다. 왜 그런가? 번뇌와 취착의 대상이 되기 때문이다. 아라한의 색온은 취온이 된다. 물질은 모두 취온에 속하기 때문이다. 그러나 더미(rasi)라는 뜻에서는 오온에도 포함된다고 『청정도론』은 적고 있다. 그리고 세간적인(즉 열반을 대상으로 하고 있지 않는) 아라한의 정신의 무더기들(수·상·행·식의 4온)도 취온이 된다. 왜 그런가? 이런 상태에 있는 아라한의 수·상·행·식은 남들의 취착의 대상이 되기 때문이다. 그러나 열반에 들어 있는 출세간 상태의 아라한의 4온은 남들의 취착의 대상이 될 수 없다.(DhsA.347, 남들이 그의 4온을 알 수 없기 때문에) 그러므로 이런 상태의 아라한의 4온이 엄밀한 의미에서 취온이 아닌 순수한 온이라고 할 수 있다.

요약하면, 모든 색·수·상·행·식은 더미(rāsi)라는 뜻에서는 모두 온(khandha)이라 불린다. 그러나 아라한이 열반을 대상으로 한(열반의 경지에 든) 경우의 수·상·행·식을 제외한 모든 오온은 모두 취착의 대상이 된다는 뜻에서 오취온이 된다.

더 자세한 논의는 보디 스님, "*Aggregates and Clinging Aggregates*"를 참조하고, 본서 「짐 경」(S22:22) §3의 주해도 참조할 것.

2. 그때 장자의 아들 소나[145]가 세존께 다가갔다. 가서는 세존께 절을 올리고 한 곁에 앉았다. 한 곁에 앉은 장자의 아들 소나에게 세존께서는 이렇게 말씀하셨다.

3. "소나여, 어떤 사문들이든 바라문들이든 무상하고 괴로움이고 변하기 마련인 법인 물질을 두고 '나는 뛰어나다.'라고 관찰하거나, '나는 동등하다.'라고 관찰하거나, '나는 저열하다.'라고 관찰하는[146] 자들은 있는 그대로 보지 못하는 자들 외에 그 무엇이겠는가?

소나여, 어떤 사문들이든 바라문들이든 무상하고 괴로움이고 변하기 마련인 법인 느낌을 두고 … 인식을 두고 … 심리현상들을 두고 … 알음알이를 두고 '나는 뛰어나다.'라고 관찰하거나, '나는 동등하다.'라고 관찰하거나, '나는 저열하다.'라고 관찰하는 자들은 있는 그대로 보지 못하는 자들 외에 그 무엇이겠는가?"

---

144) 라자가하(Rājagaha)는 부처님 시대에 인도 중원의 16국 가운데서 꼬살라(Kosala)와 더불어 가장 강성했던 나라인 마가다(Magadha)의 수도였다. 빔비사라(Bimbisāra) 왕과 그의 아들 아자따삿뚜(Ajātasattu)가 부처님 재세 시에 이곳의 왕위에 있었다. 중국에서 왕사성(王舍城)으로 옮겨져서 우리에게도 익숙한 지명이며, 지금도 전세계 불교도들의 순례 행렬이 끊이지 않고 있다. 이곳의 독수리봉 산(Gijjhakūṭa pabbata)은 본서 「왁깔리 경」(S22:87) §12와 제2권 「바위 경」(S4:11) §1 등, 초기불전의 여러 곳에 나타나고 있다. 본서 제1권 「사밋디 경」(S1:20) §1에는 이곳의 온천 원림도 나타난다.
대나무 숲(Veḷuvana)은 라자가하(왕사성)의 빔비사라왕이 부처님을 위해서 세운 불교 최초의 사원인 죽림정사가 있는 바로 그 대나무 숲이며 지금도 남아있다.

145) 장자의 아들 소나(Soṇa gahapatiputta)는 본서 제4권 「소나 경」(S35:128)에도 나타나는데 그가 누구인지 주석서와 복주서는 아무 언급이 없다.

146) 이 셋은 세 가지 '자만(māna)'이라 불린다. 이것은 『위방가』(Vbh.389~390)에서 9가지로 확장되어 설명된다. 9가지 자만에 대해서는 본서 제1권 「사밋디 경」(S1:20) §11의 주해를 참조할 것.

4. "소나여, 어떤 사문들이든 바라문들이든 무상하고 괴로움이고 변하기 마련인 법인 물질을 두고 '나는 뛰어나다.'라고도 관찰하지 않고, '나는 동등하다.'라고도 관찰하지 않고, [49] '나는 저열하다.'라고도 관찰하지 않는 자들은 있는 그대로 보는 자들 외에 그 무엇이겠는가?

소나여, 어떤 사문들이든 바라문들이든 무상하고 괴로움이고 변하기 마련인 법인 느낌을 두고 … 인식을 두고 … 심리현상들을 두고 … 알음알이를 두고 '나는 뛰어나다.'라고도 관찰하지 않고, '나는 동등하다.'라고도 관찰하지 않고, '나는 저열하다.'라고도 관찰하지 않는 자들은 있는 그대로 보는 자들 외에 그 무엇이겠는가?"

5. "소나여, 이를 어떻게 생각하는가? 물질은 항상한가, 무상한가?"

"무상합니다, 세존이시여."

"그러면 무상한 것은 괴로움인가, 즐거움인가?"

"괴로움입니다, 세존이시여."

"그러면 무상하고 괴로움이고 변하기 마련인 것을 두고 '이것은 내 것이다. 이것은 나다. 이것은 나의 자아다.'라고 관찰하는 것이 타당하겠는가?"

"그렇지 않습니다, 세존이시여."

"소나여, 이를 어떻게 생각하는가? 느낌은 … 인식은 … 심리현상들은 … 알음알이는 항상한가, 무상한가?"

"무상합니다, 세존이시여."

"그러면 무상한 것은 괴로움인가, 즐거움인가?"

"괴로움입니다, 세존이시여."

"그러면 무상하고 괴로움이고 변하기 마련인 것을 두고 '이것은 내 것이다. 이것은 나다. 이것은 나의 자아다.'라고 관찰하는 것이 타당하겠는가?"

"그렇지 않습니다, 세존이시여."

6. "소나여, 그러므로 그것이 어떠한 물질이건, 그것이 과거의 것이건 미래의 것이건 현재의 것이건 안의 것이건 밖의 것이건 거칠건 미세하건 저열하건 수승하건 멀리 있건 가까이 있건 '이것은 내 것이 아니요, 이것은 내가 아니며, 이것은 나의 자아가 아니다.'라고 있는 그대로 바른 통찰지로 보아야 한다.

소나여, 그것이 어떠한 느낌이건 … 그것이 어떠한 인식이건 … 그것이 어떠한 심리현상들이건 … 그것이 어떠한 알음알이건, 그것이 과거의 것이건 미래의 것이건 현재의 것이건 [50] 안의 것이건 밖의 것이건 거칠건 미세하건 저열하건 수승하건 멀리 있건 가까이 있건 '이것은 내 것이 아니요, 이것은 내가 아니며, 이것은 나의 자아가 아니다.'라고 있는 그대로 바른 통찰지로 보아야 한다."

7. "소나여, 이와 같이 보는 잘 배운 성스러운 제자는 물질에 대해서도 염오하고 느낌에 대해서도 염오하고 인식에 대해서도 염오하고 심리현상들에 대해서도 염오하고 알음알이에 대해서도 염오한다.

염오하면서 탐욕이 빛바래고, 탐욕이 빛바래기 때문에 해탈한다. 해탈하면 해탈했다는 지혜가 있다. '태어남은 다했다. 청정범행(梵行)은 성취되었다. 할 일을 다 해 마쳤다. 다시는 어떤 존재로도 돌아오지 않을 것이다.'라고 꿰뚫어 안다."

소나 경2(S22:50)

1. 이와 같이 나는 들었다. 한때 세존께서는 라자가하에서 대나무 숲의 다람쥐 보호구역에 머무셨다.

2. 그때 장자의 아들 소나가 세존께 다가갔다. 가서는 세존께 절을 올리고 한 곁에 앉았다. 한 곁에 앉은 장자의 아들 소나에게 세존께서는 이렇게 말씀하셨다.

3. "소나여, 어떤 사문이든 바라문이든 물질을 꿰뚫어 알지 못하고 물질의 일어남을 꿰뚫어 알지 못하고 물질의 소멸을 꿰뚫어 알지 못하고 물질의 소멸로 인도하는 도닦음을 꿰뚫어 알지 못하고, 느낌을 … 인식을 … 심리현상들을 … 알음알이를 꿰뚫어 알지 못하고 알음알이의 일어남을 꿰뚫어 알지 못하고 알음알이의 소멸을 꿰뚫어 알지 못하고 알음알이의 소멸로 인도하는 도닦음을 꿰뚫어 알지 못하는[147] 자들은 그 누구든지, 사문들 가운데서는 사문이라 불릴 수 없고 바라문들 가운데서는 바라문이라 불릴 수 없다. 그 존자들은 사문 생활의 결실이나 바라문 생활의 결실을 지금·여기에서 스스로 최상의 지혜로 알고 실현하여 드러내지 못한다."

4. "소나여, 어떤 사문이든 바라문이든 [51] 물질을 꿰뚫어 알고 물질의 일어남을 꿰뚫어 알고 물질의 소멸을 꿰뚫어 알고 물질의 소멸로 인도하는 도닦음을 꿰뚫어 알고, 느낌을 … 인식을 … 심리현상

---

147) 이것은 사성제 각각을 오온에다 적용시켜서 설하신 것인데, 이것은 본서 제6권 「초전법륜 경」(S56:11) §5에서 "요컨대 취착의 [대상이 되는] 다섯 가지 무더기[五取蘊]들 자체가 괴로움이다."라고 하신 부처님의 말씀과 부합된다. 한편 본서 제2권 「사문·바라문 경」 1(S12:13)에서는 사성제 각각을 12연기의 구성요소에다 적용시켜서 설하고 계신다. 그곳 §3의 주해도 참조할 것.

들을 … 알음알이를 꿰뚫어 알고 알음알이의 일어남을 꿰뚫어 알고 알음알이의 소멸을 꿰뚫어 알고 알음알이의 소멸로 인도하는 도닦음을 꿰뚫어 아는 자들은 그 누구든지, 사문들 가운데서는 사문이라 불릴 만하고 바라문들 가운데서는 바라문이라 불릴 만하다. 그 존자들은 사문 생활의 결실이나 바라문 생활의 결실을 지금·여기에서 스스로 최상의 지혜로 알고 실현하여 드러낸다."

즐김의 멸진 경1(S22:51)

Nandikkhaya-sutta

1. <사왓티의 아나타삔디까 원림(급고독원)에서>

3. "비구들이여, 비구가 무상한 물질을 무상하다고 보면 그것이 바른 견해이다. 그가 바르게 보면 염오한다. 즐김이 멸진하기 때문에 탐욕이 멸진하고 탐욕이 멸진하기 때문에 즐김이 멸진한다. 즐김과 탐욕이 멸진하기 때문에 마음은 해탈하나니 이를 두고 잘 해탈하였다고 한다.148)

비구들이여, 비구가 무상한 느낌을 … 인식을 … 심리현상들을 … 알음알이를 무상하다고 보면 그것이 바른 견해이다. 그가 바르게 보면 염오한다. 즐김이 멸진하기 때문에 탐욕이 멸진하고 탐욕이 멸진

---

148) "'즐김이 멸진하기 때문에 탐욕이 멸진하고 탐욕이 멸진하기 때문에 즐김이 멸진한다.'고 하셨다. 여기서 즐김(nandi)과 탐욕(rāga)은 뜻으로는 서로 다르지 않음(ninnānā-karaṇatā)을 설하셨다. 혹은, 염오를 관찰함(nibbida-anupassanā)을 통해서 염오하기 때문에 즐김을 제거하고 탐욕의 빛바램을 관찰함(virāga-anupassanā)을 통해서 탐욕이 빛바래기 때문에 탐욕을 제거한다. 이렇게 하여 위빳사나를 확립한 뒤에['즐김이 멸진하기 때문에 탐욕이 멸진하고'라는 구절이 위빳사나의 작용(vipassanā-kicca)의 귀결(pari-yosāna)이다. – SAṬ.ii.198] '탐욕이 멸진하기 때문에 즐김이 멸진한다.'라는 구절로 도(magga)를 보이신 뒤에 '즐김과 탐욕이 멸진하기 때문에 마음은 해탈하나니'라는 구절로 과(phala)를 보이신 것이다."(SA.ii.271)

하기 때문에 즐김이 멸진한다. 즐김과 탐욕이 멸진하기 때문에 마음은 해탈하나니 이를 두고 잘 해탈하였다고 한다."

즐김의 멸진 경2(S22:52)

3. "비구들이여, [52] 물질에 대해서 지혜롭게 마음에 잡도리하고 물질의 무상함을 있는 그대로 관찰하라. 비구들이여, 물질에 대해서 지혜롭게 마음에 잡도리하고 물질의 무상함을 있는 그대로 관찰하면 물질에 대해서 염오한다. 즐김이 멸진하기 때문에 탐욕이 멸진하고 탐욕이 멸진하기 때문에 즐김이 멸진한다. 즐김과 탐욕이 멸진하기 때문에 마음은 해탈하나니 이를 두고 잘 해탈하였다고 한다.

비구들이여, 느낌에 대해서 … 인식에 대해서 … 심리현상들에 대해서 … 알음알이에 대해서 지혜롭게 마음에 잡도리하고 알음알이의 무상함을 있는 그대로 관찰하라. 비구들이여, 알음알이에 대해서 지혜롭게 마음에 잡도리하고 알음알이의 무상함을 있는 그대로 관찰하면 알음알이에 대해서 염오한다. 즐김이 멸진하기 때문에 탐욕이 멸진하고 탐욕이 멸진하기 때문에 즐김이 멸진한다. 즐김과 탐욕이 멸진하기 때문에 마음은 해탈하나니 이를 두고 잘 해탈하였다고 한다."

제5장 자신을 섬으로 삼음 품이 끝났다.

다섯 번째 품에 포함된 경들의 목록은 다음과 같다.

① 자신을 섬으로 삼음 ② 도닦음
두 가지 ③~④ 무상함 ⑤ 관찰
⑥ 무더기[蘊], 두 가지 ⑦~⑧ 소나
두 가지 ⑨~⑩ 즐김의 소멸이다.

처음 50개 경들의 묶음이 끝났다.

여기에 포함된 품들의 목록은 다음과 같다. [53]

① 나꿀라삐따 ② 무상 ③ 짐
④ 그대들의 것이 아님 ⑤ 자신을 섬으로 삼음이다.

II. 가운데 50개 경들의 묶음

Majjhima-paññāsaka

제6장 속박 품

Upaya-vagga

속박 경(S22:53)

Upaya-sutta

1. <사왓티의 아나타삔디까 원림(급고독원)에서>

3. "비구들이여, 속박되면149) 해탈하지 못하고 속박되지 않으면 해탈한다.

비구들이여, 알음알이150)는 머무는 동안에 물질에 속박되어 머물게 되나니, 그것은 물질을 대상으로 하고 물질에 확립되고 즐김을 통해서 촉촉이 적셔져서151) 자라고 증장하고 충만하게 될 것이다.152)

---

149) '속박'은 Ee: upāyo(방법, 수단, 방편) 대신에 Be, Se: upayo로 읽은 것이다. 주석서는 이렇게 설명한다.
"'속박(upaya)'이란 갈애와 자만과 사견(taṇhā-māna-diṭṭhi)을 통해서 오온에 압도된 것(upagata)이다."(SA.ii.271)
본서 제2권 「깟짜나곳따 경」(S12:15) §5와 본서 「할릿디까니 경」 1(S22:3) §5 등에서는 집착으로 옮겼다.

150) "여기서 '알음알이(viññāṇa)'는 업을 짓는 알음알이(kamma-viññāṇa)이다."(SA.ii.271)

151) '즐김을 통해서 촉촉이 적셔져서'는 Ee: nandupasevana(즐김을 추구함) 대신에 Be, Se: nandupasecana(nandi-upasecana)로 읽은 것이다. 다음 경에서 씨앗이 물에 의해서 증장하는 비유를 참조했기 때문이다.

알음알이는 머무는 동안에 [느낌에 … 인식에 …][153] 심리현상들에 속박되어 머물게 되나니, 그것은 심리현상들을 대상으로 하고 심리현상들에 확립되고 즐김을 통해서 촉촉이 적셔져서 자라고 증장하고 충만하게 될 것이다."[154]

---

152) "'충만하게 될 것이다(vepullam āpajjeyya).'라는 것은 업의 속행을 지은 뒤(kammaṁ javāpetvā) 재생연결을 촉진할 능력이 있음(paṭisandhi-ākaḍḍhana-samatthatā)을 통해서 자라고 증장하고 충만하게 될 것이라는 말이다."(SA.ii.271)

153) Ee와 Be에는 [ ] 안에 넣어서 번역한 느낌과 인식이 나타나지 않는다. Se에는 나타난다. 그런데 『디가 니까야』 「합송경」(D33) §1.11 (18)에는 Se뿐만 아니라 Ee와 Be에도 이 둘이 나타나고 있다.

154) '비구들이여, 알음알이는'부터 본문단의 마지막까지는 「합송경」(D33) §1.11 (18)에서 '네 가지 알음알이의 거주처(viññāṇa-ṭṭhiti)'로 나타나고 있다. 거기서는 upāya로 읽어서 방편으로 옮겼고, 그곳의 원문에 충실하여 본경과는 조금 다르게 옮겼다. 알음알이는 물질・느낌・인식・심리현상들의 4온을 거주처로 삼아서 일어나고 여기에 머물기 때문에 이 넷을 알음알이의 거주처라 한다.(SA.ii.272) 알음알이의 거주처에 대해서는 본서 「씨앗 경」(S22:54) §7과 주해를 참조할 것.
왜 알음알이는 알음알이 자신과는 관계하지 않는가에 대해서는 본서 「할릿디까니 경」 1(S22:3) §4의 주해를 참조할 것. 이 경은 본경과 근본적으로 같은 입장을 취하고 있다. 그리고 본경과 다음 경은 본서 제2권 S12:38~40, S12:64와 본서 S22:3과도 비교해볼 것.
본경에서 보듯이 식온(알음알이의 무더기)은 오온 가운데서 나머지 네 가지 무더기들보다도 더 중요하게 취급되고 있다. 이런 입장이 자연스럽게 아비담마에 반영되어서 존재일반을 식(識) 혹은 마음[心] 위주로 살펴보게 된 것일 것이다. 그래서 수・상・행의 3온은 마음부수[心所, cetasikā]라고 하여 마음 혹은 식에 종속되고 부수된 것으로 간주하게 되었다. 특히 『아비달마 대비바사론』(阿毘達磨大毘婆沙論)이나 『아비달마 순정이론』(阿毘達磨順正理論)같은 북방 아비달마 논서에서는 심(心)을 심왕(心王)이라 표현하고 있으며, 이것은 중국의 유식학에서도 그대로 채용되었다. 그리고 유식에서는 한걸음 더 나아가서 물질을 포함한 일체가 식의 찰나생・찰나멸, 즉 식전변(識轉變)에 의해서 드러난 것[似顯]으로 이해하게 되었다.("이 식전변은 곧 분별이며, 그에 의해 분별된 것은 실재하지 않는다. 그러므로 이 모든 것(一切)은 다만 식일뿐(唯識)이다." – 『유식삼십송론』 제17번 게송. "식전변이란 인찰나가 멸하고 과찰나가 인찰나와 다르게 생기는 것이다. –

4. "비구들이여, 어떤 사람이 말하기를 '나는 물질과도 다르고 느낌과도 다르고 인식과도 다르고 심리현상들과도 다른 알음알이가 오거나 가거나 죽거나 다시 태어나거나 자라거나 증장하거나 충만하게 되는 것을 천명하리라.'라고 한다면 그런 경우는 존재하지 않는다."

5. "비구들이여, 만일 비구가 물질의 요소에 대한 탐욕을 제거하면 탐욕을 제거하였기 때문에 대상이 끊어지고[155] 알음알이는 확립되지 않는다.[156] 비구들이여, 만일 비구가 느낌의 요소에 대한 … 인식의 요소에 대한 … 심리현상들의 요소에 대한 … 알음알이의 요소에 대한 탐욕을 제거하면 탐욕을 제거하였기 때문에 대상이 끊어지고 알음알이는 확립되지 않는다."

『유식이십송론』에 대한 안혜 스님의 주석. 이지수, 「安慧의 釋에 따른 유식삼십송의 이해」 불교학보 80쪽 참조)

155) "'대상이 끊어지고(vocchijjat-ārammaṇa)'란 재생연결을 촉진할 능력(paṭisandhi-ākaḍḍhana-samatthatā)이 없기 때문에 대상이 끊어졌다고 하는 것이다."(SA.ii.272)
"업의 표상(kamma-nimitta) 등을 통해서 재생연결의 조건이 되는 것을 '대상(ārammaṇa)'이라고 한다. 이것은 재생연결을 생산하는 업(paṭisandhi-janaka kamma)을 [끊음을] 통해서 끊어진다는 뜻이다."(SAṬ.ii.198)
여기서 복주서는 이 대상을 재생연결이 일어나기 직전의 마지막 자와나 과정에서 생겨나는 업이나 업의 표상이나 태어날 곳의 표상이라는 대상이라고 설명하고 있다. 이것을 대상으로 해서 다음 생의 최초의 재생연결식이 결정되는 것이다. 여기에 대해서는 『아비담마 길라잡이』 제3장 §17의 해설 등을 참조할 것.
물론 복주서처럼 이 대상을 너무 이렇게 엄격하게 제한할 필요는 없을 수도 있다. 이 대상을 조건(paccaya) 정도로 이해하는 것이 더 부드러울 수도 있을 것이다. 여기에 대해서는 본서 제2권 「의도 경」 1(S12:38) §3의 주해를 참조할 것.

156) "업을 짓는 알음알이(kamma-viññāṇa)가 확립되지(patiṭṭhā) 못한다는 말이다."(SA.ii.272)

6. "알음알이가 확립되지 않고 증장하지 않으면 의도적 행위를 짓지 못하고 [54] 해탈한다.157) 해탈하기 때문에 안주하고 안주하기 때문에 만족하고 만족하기 때문에 갈증 내지 않고 갈증 내지 않으면 스스로 완전히 열반에 든다. '태어남은 다했다. 청정범행은 성취되었다. 할 일을 다 해 마쳤다. 다시는 어떤 존재로도 돌아오지 않을 것이다.'라고 꿰뚫어 안다."

씨앗 경(S22:54)
Bīja-sutta

3. "비구들이여, 다섯 종류의 씨앗이 있다. 무엇이 다섯인가?
뿌리로 번식하는 씨앗, 줄기로 번식하는 씨앗, 마디로 번식하는 씨앗, 싹으로 번식하는 씨앗, 다섯 번째로 종자(씨앗)로 번식하는 씨앗이다."158)

4. "비구들이여, 이러한 다섯 종류의 씨앗이 훼손되지 않고 썩지 않고 바람과 햇빛에 의해서 손상되지 않고 풍작을 가져올 수 있고 잘 심어졌지만 땅도 없고 물도 없다 하자. 그러면 이러한 다섯 종류의 씨앗이 자라거나 증장하거나 충만하게 되겠는가?"
"그렇지 않습니다, 세존이시여."

5. "비구들이여,159) 이러한 다섯 종류의 씨앗이 훼손되지 않고

157) "'의도적 행위를 짓지 못하고 해탈한다(anabhisaṅkhacca vimuttaṁ).'는 것은 재생연결을 의도적으로 형성하지 못하고(anabhisaṅkharitvā) 해탈한다는 말이다."(SA.ii.272)

158) 여기에 나타나는 다섯 가지 씨앗(bīja)은 우리가 알고 있는 종자라는 뜻이 아니라 번식하는 다섯 가지 수단을 말한다. 주석서는 『율장』(Vin.iv.35)을 인용하여 이 다섯 가지에 대한 보기를 들고 있다.

썩지 않고 바람과 햇빛에 의해서 손상되지 않고 풍작을 가져올 수 있지만 잘 심어지지 않았으며 땅도 있고 물도 있다 하자. 그러면 이러한 다섯 종류의 씨앗이 자라거나 증장하거나 충만하게 되겠는가?"

"그렇지 않습니다, 세존이시여."

6. "비구들이여, 이러한 다섯 종류의 씨앗이 훼손되지 않고 썩지 않고 바람과 햇빛에 의해서 손상되지 않고 풍작을 가져올 수 있고 잘 심어졌으며 땅도 있고 물도 있다 하자. 그러면 이러한 다섯 종류의 씨앗이 자라거나 증장하거나 충만하게 되겠는가?"

"그렇습니다, 세존이시여."

7. "비구들이여, 여기서 땅의 요소는 네 가지 알음알이의 거주처들[160]과 같다고 보아야 한다. 물의 요소는 즐김과 탐욕과 같다고 보아야 한다. 다섯 종류의 씨앗은 음식과 함께한 알음알이와 같다고 보아야 한다."[161]

8. "비구들이여, 알음알이는 머무는 동안에 물질에 속박되어 머

---

159) 본경의 이 §5는 Ee와 Se에만 나타나고 Be에는 나타나지 않는다.

160) "'네 가지 알음알이의 거주처들(catasso viññāṇa-ṭṭhitiyo)'이란 업을 짓는 알음알이(kamma-viññāṇa)의 대상(토대)이 되는(ārammaṇa-bhūtā) 물질 등의 네 가지 무더기(4온)를 말한다. 이들은 대상(토대)을 통해서 근거지가 되기 때문에(patiṭṭhā-bhūtattā) 땅의 요소[地大]와 같기 때문이다." (SA.ii.272)

161) "'즐김과 탐욕(nandi-rāga)'은 끈적거린다는 뜻에서 물의 요소와 같다. '음식과 함께한 알음알이(viññāṇaṁ sāhāraṁ)'는 조건과 함께한(sappaccaya) 업을 짓는 알음알이를 말한다. 이것은 씨앗이 땅에서 [자라는 것]처럼 대상이라는 땅에서(ārammaṇa-pathaviyaṁ) 자라기 때문이다."(SA.ii.272) 시적으로 표현하고 있는 식물의 비유는 본서 제1권 「셀라 경」(S5:9) {550}을, 알음알이를 씨앗과 비교하는 것은 『앙굿따라 니까야』 「존재 경」(A3:76/i.223~224)을 참조할 것.

물게 되나니, [55] 그것은 물질을 대상으로 하고 물질에 확립되고 즐김을 통해서 촉촉이 적셔져서 자라고 증장하고 충만하게 될 것이다.162)

알음알이는 머무는 동안에 느낌에 … 인식에 … 심리현상들에 속박되어 머물게 되나니, 그것은 심리현상들을 대상으로 하고 심리현상들에 확립되고 즐김을 통해서 촉촉이 적셔져서 자라고 증장하고 충만하게 될 것이다."

9. "비구들이여, 어떤 사람이 말하기를 '나는 물질과도 다르고 느낌과도 다르고 인식과도 다르고 심리현상들과도 다른 알음알이가 오거나 가거나 죽거나 다시 태어나거나 자라거나 증장하거나 충만하게 되는 것을 천명하리라.'라고 한다면 그런 경우는 존재하지 않는다."

10. "비구들이여, 만일 비구가 물질의 요소에 대한 탐욕을 제거하면 탐욕을 제거하였기 때문에 대상이 끊어지고 알음알이는 확립되지 않는다. 비구들이여, 만일 비구가 느낌의 요소에 대한 … 인식의 요소에 대한 … 심리현상들의 요소에 대한 … 알음알이의 요소에 대한 탐욕을 제거하면 탐욕을 제거하였기 때문에 대상이 끊어지고 알음알이는 확립되지 않는다."

11. "알음알이가 확립되지 않고 증장하지 않으면 의도적 행위를 짓지 못하고 해탈한다. 해탈하기 때문에 안주하고 안주하기 때문에 만족하고 만족하기 때문에 갈증 내지 않고 갈증 내지 않으면 스스로 완전히 열반에 든다. '태어남은 다했다. 청정범행은 성취되었다. 할 일을 다 해 마쳤다. 다시는 어떤 존재로도 돌아오지 않을 것이다.'라

---

162) 이하 본경의 마지막까지는 본서 「속박 경」(S22:53) §4 이하와 같다.

고 꿰뚫어 안다."

감흥어 경(S22:55)

Udāna-sutta

2. 거기서 세존께서는 감흥어를 읊으셨다.163)

"'[업 지음이] 존재하지 않았다면 나의 [오온]도 존재하지 않을 것이다. [업 지음은] 존재하지 않을 것이고 나에게는 [다시 태어남이] 존재하지 않을 것이다.'164)라고 이와 같이 [56] 확신하는 비구는 낮은

---

163) "강한 정신적인 행복이 일어나셨기(balava-somanassa-samuṭṭhāna) 때문에 세존께서는 이 감흥어를 읊으셨다. 그러면 무엇을 의지하여 [감흥어가] 생겼는가? 교법(sāsana)이 [해탈의] 출구(niyyānika, 벗어남, 『디가 니까야』 「삼명경」(D13) §11의 주해 참조)가 됨을 [의지하여 일어났다]."(SA.ii.273)

164) ' ' 안의 번역을 하면서 고려한 몇 가지 사항을 적어보면 다음과 같다.
첫째, 역자는 Ee: no c'assa no ca me siyā, na bhavissati na me bhavissati로 읽어서 해석을 하였다. Be에는 no cassaṁ no ca me siyā, nābhavissa na me bhavissati로 나타난다.
둘째, 같거나 거의 같은 문장이 『앙굿따라 니까야』 「불환자가 태어날 곳 경」(A7:52) §2와 『맛지마 니까야』 「확고부동함에 적합한 길(M106) §10과 §12에도 나타나고 있으며, 특히 본서 S22:81, S22:152, S24:4와 『앙굿따라 니까야』 「꼬살라 경」 1(A10:29) §12 등에서는 외도들의 단멸론으로 나타나고 있다.
셋째, 판본마다 가장 다르게 읽고 있는 부분은 첫 번째 구인데, no c'assa(*Opt.* 3인칭 단수)이냐 no c'assaṁ(*Opt.* 1인칭 단수)이냐 하는 것이다. 역자는 전자로 읽었다. 그리고 c'assa(ṁ)을 ce assa(ṁ)으로 읽느냐 ca assa(ṁ)으로 읽느냐에 따라 해석이 크게 달라진다. 이 경우도 역자는 전자로 읽고 해석했다.
넷째, 역자의 이런 해석은 주석서(Be)를 전적으로 의지했다. 주석서의 가장 큰 특징은 c'assa를 ce assa로 읽는다는 것이다. 보디 스님은 ca assa로 읽고 있다. 주석서의 직역은 일곱째를 참조할 것.
다섯째, 주석서는 먼저 no c'assaṁ(ce assaṁ)으로 읽어서 '만일 내가 존재하지 않는다면'으로 설명을 하였고, 두 번째 선택으로 no c'assa(ce assa)로 읽어서 '[과거에 업 지음이] 존재하지 않으면/않았다면'으로 설명을

했다. 역자는 두 번째를 따랐다.
여섯째, 보디 스님도 Ee: no c′assa no ca me siyā, na bhavissati na me bhavissati로 읽었다. 그리고 보디 스님의 가장 큰 특징은 c′assa를 ca assa로 읽고 있다는 것이다. 그는 북전 『우다나와르가』(Udānavarga, 出曜經, Uv 15:4)를 하나의 근거로 제시하고 있다. 그래서 그는,
"*It might not be, and it might not be for me;*
It will not be, [and] it will not be for me
([오온이] 존재하지 않았다면
나의 [오온]도 존재하지 않을 것이다.
[세상이] 존재하지 않을 것이고
나에게는 [세상이] 존재하지 않을 것이다.)"로 옮겼다.
그리고 그는 여기서 첫 번째 *it*는 개인의 오온을 뜻하고 두 번째 *it*는 오온을 통해서 이해된 세상을 뜻한다고 적고 있는데, 조금은 무리가 따르는 해석이라고 역자에게는 받아들여진다.
그는 이 감흥어를 이렇게 해석하고 있다.
"*The five aggregates can be terminated, and the world presented by them can be terminated. I will so strive that the five aggregates will be terminated, (and) so that the world presented by them will be terminated.*(오온은 끝이 날 수 있고, 오온에 의해서 전개되는 세상도 끝이 날 수 있다. 그러므로 나는 부지런히 노력하여 오온이 끝이 나도록 할 것이고 오온에 의해서 전개되는 세상도 끝이 나도록 할 것이다.)"
보디 스님은 이 감흥어에 대해서 장장 세 쪽에 가까운 주해를 달고 있다. 보디 스님, 1060~1063쪽 75번 주해를 참조할 것.
일곱째, 마지막으로 주석서(Be)의 설명을 직역하면 다음과 같다.
"'**[업 지음이] 존재하지 않았다면 나의 [오온]도 존재하지 않을 것이다.** (no cassaṁ, no ca me siyā)': 만일 내가 존재하지 않는다면(sace ahaṁ na bhaveyyaṁ) 나의 필수품(parikkhāra, 음식, 의복, 거처, 약품의 4가지 생활 필수품)도 존재하지 않을 것이다. 혹은 만일 나에게 과거에(atīte) 업을 형성함(kamma-abhisaṅkhāra)이 존재하지 않는다면(않았다면) 지금의(etarahi) 이 오온(khandha-pañcaka)도 존재하지 않을 것이다.
'**[업 지음은] 존재하지 않을 것이고 나에게는 [다시 태어남이] 존재하지 않을 것이다.**(nābhavissa, na me bhavissati)': 이제 나는 분투할 것이다(parakkamissāmi). 그래서 미래에(āyatiṁ) 나의 오온을 다시 태어나게 하는(khandha-abhinibbattaka) 업의 형성(kamma-saṅkhāra)은 존재하지 않을 것이다. 이것이 존재하지 않을 때(tasmiṁ asati) 미래에 재생(paṭisandhi)이라는 것은 나에게는 존재하지 않을 것이다."(SA.ii.275)
한편 미얀마어 번역본은 다음과 같이 옮겼다고 한다.
"만일 '나'라고 하는 법이 존재하지 않는다면 '나의 것'도 존재하지 않을 것이

단계의 족쇄[下分結]165)를 자를 것이다."

3. 이렇게 말씀하시자 어떤 비구가 세존께 이렇게 여쭈었다.

"세존이시여, 그러면 어떻게 해서 '[업 지음이] 존재하지 않았다면 나의 [오온]도 존재하지 않을 것이다. [업 지음은] 존재하지 않을 것이고 나에게는 [다시 태어남이] 존재하지 않을 것이다.'라고 이와 같이 확신하는 비구가 낮은 단계의 족쇄[下分結]를 자르게 됩니까?"

4. "비구여, 여기 배우지 못한 범부는 성자들을 친견하지 못하고 성스러운 법에 능숙하지 못하고 성스러운 법에 인도되지 못하고 참된 사람들을 친견하지 못하고 참된 사람의 법에 능숙하지 못하여 물질을 자아라고 관찰하고, 물질을 가진 것이 자아라고 관찰하고, 물질이 자아 안에 있다고 관찰하고, 물질 안에 자아가 있다고 관찰한다. 느낌을 … 인식을 … 심리현상들을 … 알음알이를 자아라고 관찰하고, 알음알이를 가진 것이 자아라고 관찰하고, 알음알이가 자아 안에 있다고 관찰하고, 알음알이 안에 자아가 있다고 관찰한다."

5. "그는 '물질은 무상하다. 물질은 무상하다.'라고 있는 그대로 꿰뚫어 알지 못하고, '느낌은 무상하다. 느낌은 무상하다.'라고 있는 그대로 꿰뚫어 알지 못하고, '인식은 무상하다. 인식은 무상하다.'라고 있는 그대로 꿰뚫어 알지 못하고, '심리현상들은 무상하다. 심리

다. 만일 업형성이 존재하지 않는다면 나에게 재생연결식(입태)이라는 것은 생기지 않을 것이다."(일창 스님 한글 옮김)

165) '낮은 단계의 족쇄[下分結, orambhāgiyāni saññojanāni]'는 유신견, 의심, 계율과 의례의식에 대한 취착, 감각적 욕망, 악의의 다섯 가지이다.(본서 제5권 「낮은 단계의 족쇄 경」(S45:179)을 참조할 것.) 이 낮은 단계의 족쇄들을 모두 다 자르면 그는 불환자가 된다. 낮은 단계의 족쇄를 포함한 '열 가지 족쇄(saṁyojana)'에 대한 설명은 본서 제1권 「얼마나 끊음 경」(S1:5) {8}의 주해를 참조할 것.

현상들은 무상하다.'라고 있는 그대로 꿰뚫어 알지 못하고, '알음알이는 무상하다. 알음알이는 무상하다.'라고 있는 그대로 꿰뚫어 알지 못한다.

그는 '물질은 괴로움이다. 물질은 괴로움이다.'라고 있는 그대로 꿰뚫어 알지 못하고, '느낌은 … 인식은 … 심리현상들은 … 알음알이는 괴로움이다. 알음알이는 괴로움이다.'라고 있는 그대로 꿰뚫어 알지 못한다."

그는 '물질은 무아다. 물질은 무아다.'라고 있는 그대로 꿰뚫어 알지 못하고, '느낌은 … 인식은 … 심리현상들은 … 알음알이는 무아다. 알음알이는 무아다.'라고 있는 그대로 꿰뚫어 알지 못한다."

그는 '물질은 형성된 것[有爲]이다. 물질은 형성된 것이다.'라고 있는 그대로 꿰뚫어 알지 못하고, '느낌은 … 인식은 … 심리현상들은 … 알음알이는 형성된 것이다. 알음알이는 형성된 것이다.'라고 있는 그대로 꿰뚫어 알지 못한다."

그는 '물질은 없어질 것이다.'166)라고 있는 그대로 꿰뚫어 알지 못하고, '느낌은 없어질 것이다.'라고 있는 그대로 꿰뚫어 알지 못하고, '인식은 없어질 것이다.'라고 있는 그대로 꿰뚫어 알지 못하고, '심리현상들은 없어질 것이다.'라고 있는 그대로 꿰뚫어 알지 못하고, '알음알이는 없어질 것이다.'라고 있는 그대로 꿰뚫어 알지 못한다."

6. "비구여, [57] 여기 잘 배운 성스러운 제자는 성자들을 친견하고 성스러운 법에 능숙하고 성스러운 법에 인도되고 참된 사람들을 친견하고 참된 사람의 법에 능숙하여 물질을 자아라고 관찰하지 않고, 물질을 가진 것이 자아라고 관찰하지 않고, 물질이 자아 안에 있다고 관찰하지 않고, 물질 안에 자아가 있다고 관찰하지 않는다.

---

166) 바로 다음 주해를 참조할 것.

느낌을 … 인식을 … 심리현상들을 … 알음알이를 자아라고 관찰하지 않고, 알음알이를 가진 것이 자아라고 관찰하지 않고, 알음알이가 자아 안에 있다고 관찰하지 않고, 알음알이 안에 자아가 있다고 관찰하지 않는다."

7. "그는 '물질은 무상하다. 물질은 무상하다.'라고 있는 그대로 꿰뚫어 알고, '느낌은 무상하다. 느낌은 무상하다.'라고 있는 그대로 꿰뚫어 알고, '인식은 무상하다. 인식은 무상하다.'라고 있는 그대로 꿰뚫어 알고, '심리현상들은 무상하다. 심리현상들은 무상하다.'라고 있는 그대로 꿰뚫어 알고, '알음알이는 무상하다. 알음알이는 무상하다.'라고 있는 그대로 꿰뚫어 안다.

그는 '물질은 괴로움이다. 물질은 괴로움이다.'라고 있는 그대로 꿰뚫어 알고, '느낌은 … 인식은 … 심리현상들은 … 알음알이는 괴로움이다. 알음알이는 괴로움이다.'라고 있는 그대로 꿰뚫어 안다.

그는 '물질은 무아다. 물질은 무아다.'라고 있는 그대로 꿰뚫어 알고, '느낌은 … 인식은 … 심리현상들은 … 알음알이는 무아다. 알음알이는 무아다.'라고 있는 그대로 꿰뚫어 안다.

그는 '물질은 형성된 것[有爲]이다. 물질은 형성된 것이다.'라고 있는 그대로 꿰뚫어 알고, '느낌은 … 인식은 … 심리현상들은 … 알음알이는 형성된 것이다. 알음알이는 형성된 것이다.'라고 있는 그대로 꿰뚫어 안다.

그는 '물질은 없어질 것이다.'167)라고 있는 그대로 꿰뚫어 알고,

---

167) "'물질은 없어질 것이다(rūpaṁ vibhavissati).'라는 것은 물질은 무너질 것이다(bhijjissati)라는 뜻이다. [멸할 것이다(vinassati)라는 뜻이다. 없어짐(vibhava)이란 바로 멸(vināsa)이기 때문이다. – SAṬ.ii.200] 없어짐을 보는(vibhava-dassana) 위빳사나를 통해서 물질의 없어짐이 있다. [없어짐을 봄이란 완전히 멸함(accantāya vināsa)을 보는 것이다. – *Ibid*] 네

'느낌은 없어질 것이다.'라고 있는 그대로 꿰뚫어 알고, '인식은 없어질 것이다.'라고 있는 그대로 꿰뚫어 알고, '심리현상들은 없어질 것이다.'라고 있는 그대로 꿰뚫어 알고, '알음알이는 없어질 것이다.'라고 있는 그대로 꿰뚫어 안다."

8. "비구여, 물질이 없어지고 느낌이 없어지고 인식이 없어지고 심리현상들이 없어지고 알음알이가 없어지기 때문에 '[업 지음이] 존재하지 않았다면 나의 [오온]도 존재하지 않을 것이다. [업 지음은] 존재하지 않을 것이고 나에게는 [다시 태어남이] 존재하지 않을 것이다.'라고 이와 같이 확신하는 비구는 낮은 단계의 족쇄[下分結]를 자를 것이다."

9. "세존이시여, '이와 같이 확신하는 비구는 낮은 단계의 족쇄[下分結]를 자를 것이다.'라고 하셨습니다. 어떻게 알고 어떻게 보면 즉시에 번뇌들이 멸진하게 됩니까?"168)

가지 도는 위빳사나와 함께하여 물질 등의 없어짐을 보는 것이기 때문이다. 본문은 이것을 두고 하신 말씀이다."(SA.ii.275)

"여기서 이것이란 성스러운 도를 뜻한다. 이 방법은 [네 가지 도라는] 보편적인 것을 밝혀서(sāmañña-jotanā) [불환도라는] 특별함으로 결론짓는 것(visesa-niṭṭhā)이어서 여기서는 세 번째 도(tatiya-magga, 즉 불환도, 본경의 주제가 낮은 단계의 족쇄를 잘라서 불환자가 되는 것이므로)를 뜻한다고 알아야 한다."(SAṬ.ii.200)

주석서와 복주서의 이 설명은 물질 등의 오온의 찰나멸을 통찰하는 위빳사나를 두고 한 설명임이 분명하다. 보디 스님은 여기서 없어진다는 것은 무여열반계(anupādisesa-nibbāna-dhātu, 아라한의 반열반)를 언급한 것이라고 이해하는 것이 앞의 감흥어와 더 잘 조화가 된다고 적고 있다.(보디 스님, 1063쪽 76번 주해 참조)

168) "'즉시에 번뇌들이 멸진하게 됩니까?(anantarā āsavānaṁ khayo hoti)'라는 것은 도와 과를 여쭌 것이다. 여기서 '즉시(anantarā)'라는 것에는 두 가지가 있는데 근접한 즉시(āsanna-anantara)와 먼 즉시(dūra-anantara)이다. 위빳사나는 도(magga)에게는 근접한 즉시가 되고 과(phala)에게는

"비구여, 여기 배우지 못한 범부는 두려워하지 않아야 할 것을 두려워한다. 비구여, 배우지 못한 범부에게는 '[업 지음이] 존재하지 않았다면 나의 [오온]도 존재하지 않을 것이다. [업 지음은] 존재하지 않을 것이고 나에게는 [다시 태어남이] 존재하지 않을 것이다.'라는 것은 두려운 것이기 때문이다.[169]

비구여, 그러나 잘 배운 성스러운 제자는 두려워하지 않아야 할 것을 두려워하지 않는다. 비구여, 잘 배운 성스러운 제자에게는 '[업 지음이] 존재하지 않았다면 나의 [오온]도 존재하지 않을 것이다. [업 지음은] 존재하지 않을 것이고 나에게는 [다시 태어남이] 존재하지 않을 것이다.'라는 것은 두려운 것이 아니기 때문이다."[170]

면 즉시가 된다. 그래서 '어떻게 알고 어떻게 보면 위빳사나를 [닦는] 즉시에(vipassanānantarā) 번뇌들이 멸진하게 되는 아라한과(arahatta-phala)를 얻게 됩니까?'라고 여쭌 것이다."(SA.ii.275~276)
본서 「빠릴레야 경」(S22:81) §6의 주해도 참조할 것.
이 비구는 어떻게 하면 낮은 단계의 족쇄[下分結]를 잘라서 성취되는 불환자라는 과정을 거치지 않고 즉시에 바로 아라한이 되는지를 세존께 여쭌 듯하다고 보디 스님은 제언을 하고 있다.(보디 스님, 1075쪽 131번 주해 참조)
여기에 대해서는 본서 「빠릴레야 경」(S22:81) §6의 주해도 참조할 것.

169) "'두려운 것이기 때문이다(tāso h'eso).'라는 것은 약한 위빳사나(dubbala-vipassanā)가 생긴 자는 자신에 대한 애착(atta-sineha)이 다할(pariyādātuṁ) 수가 없다. 그러므로 배우지 못한 범부에게는 '나는 이제 멸절할 것이고(ucchijjissāmi) 더 이상 아무 것도 존재하지 않을 것이다.'라고 하면서 자신이 낭떠러지(papāta)에 떨어진 것처럼 여길 것이기 때문이다."(SA.ii.276)
여기에 대해서는 『맛지마 니까야』 「뱀의 비유 경」(M22/i.136) §20과 아래 「찬나 경」(S22:90) §5의 주해를 참조할 것.

170) "'두려운 것이 아니기 때문이다(na h'eso tāso).'라는 것은 강한 위빳사나가 생긴 것(balava-vipassanā)을 말하나니, 잘 배운 성스러운 제자에게는 두려움(tāsa)이란 것이 없다는 말이다. 그에게는 '나는 멸절할 것이다.'라거나 '나는 없어질 것이다.'라는 생각이 없기 때문이다. 대신에 그에게는 '단지 형성된 것들[諸行, saṅkhārā]이 일어나고(uppajjanti) 단지 형성된 것들이 소멸할 뿐이다(nirujjhanti).'라는 생각이 있을 뿐이다."(SA.ii.276)

10. "비구여, [58] 알음알이는 머무는 동안에 물질에 속박되어 머물게 되나니, 그것은 물질을 대상으로 하고 물질에 확립되고 즐김을 통해서 촉촉이 적셔져서 자라고 증장하고 충만하게 될 것이다.171)

알음알이는 머무는 동안에 느낌에 … 인식에 … 심리현상들에 속박되어 머물게 되나니, 그것은 심리현상들을 대상으로 하고 심리현상들에 확립되고 즐김을 통해서 촉촉이 적셔져서 자라고 증장하고 충만하게 될 것이다."

11. "비구여, 어떤 사람이 말하기를 '나는 물질과도 다르고 느낌과도 다르고 인식과도 다르고 심리현상들과도 다른 알음알이가 오거나 가거나 죽거나 다시 태어나거나 자라거나 증장하거나 충만하게 되는 것을 천명하리라.'라고 한다면 그런 경우는 존재하지 않는다."

12. "비구여, 만일 비구가 물질의 요소에 대한 탐욕을 제거하면 탐욕을 제거하였기 때문에 대상이 끊어지고 알음알이는 확립되지 않는다. 비구들이여, 만일 비구가 느낌의 요소에 대한 … 인식의 요소에 대한 … 심리현상들의 요소에 대한 … 알음알이의 요소에 대한 탐욕을 제거하면 탐욕을 제거하였기 때문에 대상이 끊어지고 알음알이는 확립되지 않는다."

13. "알음알이가 확립되지 않고 증장하지 않으면 의도적 행위를 짓지 못하고 해탈한다. 해탈하기 때문에 안주하고 안주하기 때문에

"선한 범부(kalyāṇa-puthujjana)는 공포로 나타나는 지혜(bhayat-upaṭṭhāna-ñāṇa, 『청정도론』 XXI.§§29~34를 참조할 것.)를 통해서 '형성된 것들은 두려운 것(sabhayā)이다.'라고 위빳사나를 닦으면서 두려워하지 않는다(na uttasati)는 말이다."(SAṬ.ii.200)

171) 이하 본경의 마지막까지는 본서 「속박 경」(S22:53) §4 이하와 같다.

만족하고 만족하기 때문에 갈증 내지 않고 갈증 내지 않으면 스스로 완전히 열반에 든다. '태어남은 다했다. 청정범행은 성취되었다. 할 일을 다 해 마쳤다. 다시는 어떤 존재로도 돌아오지 않을 것이다.'라고 꿰뚫어 안다."

14. "비구여, 이렇게 알고 이렇게 보면 즉시에 번뇌들이 멸진하게 된다."

취착의 양상 경(S22:56)

Upādānaparipavatta-sutta

3. "비구들이여, 취착의 [대상이 되는] 다섯 가지 무더기[五取蘊]가 있다. 어떤 것이 다섯인가?

취착의 [대상이 되는] 물질의 무더기, [59] 취착의 [대상이 되는] 느낌의 무더기, 취착의 [대상이 되는] 인식의 무더기, 취착의 [대상이 되는] 심리현상들의 무더기, 취착의 [대상이 되는] 알음알이의 무더기이다."

4. "비구들이여, 만일 내가 취착의 [대상이 되는] 다섯 가지 무더기[五取蘊]와 그것의 네 가지 양상172)을 있는 그대로 최상의 지혜로 알지 못하였다면, 나는 신과 마라와 범천을 포함한 세상에서, 사문·바라문과 신과 사람을 포함한 무리 가운데에서 내 스스로 위없는 바른 깨달음을 실현하였다고 결코 천명하지 않았을 것이다.

---

172) 여기서 '양상'은 parivaṭṭa(문자적으로는 회전을 뜻함)를 옮긴 것이다. 복주서는 이렇게 설명한다.
"'네 가지 양상(catu-parivaṭṭa)'이란 오온의 각각(pacceka-kkhandha)에 대해서 사성제(catu ariya-sacca)를 돌리는 것(parivaṭṭana)을 뜻한다." (SAṬ.ii.201)

비구들이여, 그러나 나는 취착의 [대상이 되는] 다섯 가지 무더기[五取蘊]와 그것의 네 가지 양상을 있는 그대로 최상의 지혜로 알았기 때문에, 나는 신과 마라와 범천을 포함한 세상에서, 사문·바라문과 신과 사람을 포함한 무리 가운데에서 내 스스로 위없는 바른 깨달음을 실현하였다고 천명하였다."

5. "비구들이여, 그러면 어떻게 해서 취착의 [대상이 되는] 다섯 가지 무더기 각각에 대한 네 가지 양상이 있는가?

나는 물질을 최상의 지혜로 알았고 물질의 일어남을 최상의 지혜로 알았고 물질의 소멸을 최상의 지혜로 알았고 물질의 소멸로 인도하는 도닦음을 최상의 지혜로 알았고, 느낌을 … 인식을 … 심리현상들을 … 알음알이를 최상의 지혜로 알았고 알음알이의 일어남을 최상의 지혜로 알았고 알음알이의 소멸을 최상의 지혜로 알았고 알음알이의 소멸로 인도하는 도닦음을 최상의 지혜로 알았다."

6. "비구들이여, 그러면 어떤 것이 물질인가?

네 가지 근본물질과 네 가지 근본물질에서 파생된 물질[173] — 이를 일러 물질이라 한다.

음식이 일어나기 때문에 물질이 일어나고 음식이 소멸하기 때문에 물질이 소멸한다.[174] 여덟 가지 구성요소를 가진 성스러운 도[八支聖

---

173) '네 가지 근본물질에서 파생된 물질'은 catunnaṁ mahābhūtānam upādāya rūpaṁ을 직역한 것이다. 이것은 『아비담맛타 상가하』(Abhidhammattha Saṅgaha)에서도 그대로 도입되어 사용되고 있다.(『아비담마 길라잡이』 제6장 §2의 원문을 참조할 것) 아비담마에서는 이것을 파생된 물질[所造色, upādā-rūpa]이라 부른다. 이상하게도 니까야에서는 파생된 물질에 대한 분석이 전혀 나타나지 않는다. 이것의 분석은 『논장』(Abhidhamma Piṭaka)에서 처음 시작되고 있다. 아비담마에서는 네 가지 근본물질과 24가지 파생된 물질을 물질의 영역에 포함시키고 있다. 여기에 대해서는 『아비담마 길라잡이』 제6장 §§2~5와 해설들을 참조할 것.

道=팔정도]가 물질의 소멸로 인도하는 도닦음이니 그것은 바른 견해, 바른 사유, 바른 말, 바른 행위, 바른 생계, 바른 정진, 바른 마음챙김, 바른 삼매이다.

비구들이여, 어떤 사문들이든 바라문들이든 이와 같이 물질을 최상의 지혜로 알고 물질의 일어남을 최상의 지혜로 알고 물질의 소멸을 최상의 지혜로 알고 물질의 소멸로 인도하는 도닦음을 최상의 지혜로 안 뒤에, 물질을 염오하고 물질에 대한 탐욕이 빛바래고 물질을 소멸하기 위해서 도를 닦는 자들[175]은 잘 도를 닦는 자들이니, 잘 도를 닦는 자들은 이 법과 율에서 발판을 얻는다.[176]

비구들이여, 어떤 사문들이든 바라문들이든 이와 같이 물질을 최상의 지혜로 알고 물질의 일어남을 최상의 지혜로 알고 물질의 소멸을 최상의 지혜로 알고 물질의 소멸로 인도하는 도닦음을 최상의 지혜로 안 뒤에, 물질을 염오하고 물질에 대한 탐욕이 빛바래고 물질을 소멸하기 때문에 취착 없이 해탈한 자들은 잘 해탈하였나니, 잘 해탈한 자들은 독존(獨尊)이요 독존인 자들은 그들의 존재양상을 천명할 방법이 없다."[177]

---

174) 여기서 '음식(āhāra)'은 먹는 음식(kabaḷīkār-āhāra)을 말한다.(SA.ii.276) 음식이 육체적인 몸의 조건이 되는 것에 대해서는 본서 제2권 「음식 경」(S12:11) §3의 주해를 참조할 것.
한편 본경은 오온 각각이 일어나는 가까운 원인(padaṭṭhāna)을 설하고 있고, 반대로 본서 「삼매 경」(S22:5)은 오온 모두에 대한 먼 조건을 총체적으로 보여주고 있다.

175) "'도를 닦는 자들(paṭipannā)'이란 계(sīla)로부터 시작해서 아라한도에 이르기까지의 도를 닦는 자들이란 말이다."(SA.ii.276)

176) "'발판을 얻는다(gādhanti).'는 것은 확고하게 선다(patiṭṭhahanti)는 뜻이다. 이것으로 유학의 경지(sekkha-bhūmi)를 설하셨다."(SA.ii.276)
오온과 오온의 일어남과 소멸과 도닦음을 최상의 지혜로 안 뒤에 오온의 궁극적인 소멸인 열반의 실현을 위해서 도닦는 자인 유학이 되어야 비로소 부처님의 법과 율에서 발판을 얻은 자가 된다는 말씀이다.

7. "비구들이여, 그러면 어떤 것이 느낌인가?

비구들이여, [60] 여섯 가지 느낌의 무리가 있나니 눈의 감각접촉178)에서 생긴 느낌, 귀의 감각접촉에서 생긴 느낌, 코의 감각접촉

177) "여기서는 무학의 경지(asekkha-bhūmi)를 설하신다. '잘 해탈하였다(su-vimuttā).'는 것은 아라한과의 해탈(arahatta-phala-vimutti)로 잘 해탈하였다는 뜻이다.

'독존(獨尊, kevali)'이란 완성된 자(sakalino), 할 바를 모두 다 한 자(kata-sabba-kiccā)이다.

'존재양상을 천명할 방법이 없다(vaṭṭaṁ tesaṁ natthi paññāpanāya).'는 것은 남은 어떤 존재양상(vaṭṭa, 윤회)으로도 그들에 대해서 천명할 수 있는 그런 존재양상이 그들에게는 없다는 말이다. 혹은, 존재양상이란 것은 근거(kāraṇa)를 말한다. 뭐라고 천명할 수 있는 그런 근거가 없다는 말로도 [해석할 수 있다.] 여기서는 이러한 무학의 경지가 논의 되었다."(SA.ii.276 ~ 277)

'독존인 자들은 그들의 존재양상을 천명할 방법이 없다.'는 '독존인 자들에게 윤회란 [더 이상] 존재하지 않는다.'로도 옮길 수 있다. 역자는 주석서에 나타나는 vaṭṭa는 모두 윤회로 옮겼지만 경에 나타나는 vaṭṭa는 이처럼 존재양상으로 옮기고 있음을 밝힌다.

존재양상을 천명하지 못함은 「사리뿟따와 꼿티따 경」 4(S44:6) §6에도 나타난다. 한편 vaṭṭa는 『디가 니까야』 「대인연경」 (D15/ii.63) §22에는 vaṭṭaṁ vattati(존재양상은 전개된다)로 나타난다. 「대인연경」 (D15)은 알음알이와 정신·물질이 상호조건이 되어 9지 연기가 전개되는 과정을 설명하는 가르침을 담고 있는데 역자는 그곳에서 "알음알이와 정신·물질의 상호조건에 의해 [윤회는] 전개되는 것이다."라고 옮겼다. 사실 여기서 vaṭṭa는 윤회의 의미를 강하게 드러내고 있다. 그리고 이 경에 해당하는 『디가 니까야 주석서』는 "전개된다(vaṭṭaṁ vattati)는 것은 윤회의 존재양상(saṁsāra-vaṭṭa)이 전개된다는 말이다."(DA.ii.504)라고 설명하고 있기도 하다.

독존(獨尊)에 대해서는 본서 제1권 「불에 헌공하는 자 경」 (S7:8) {637}의 주해를, 아라한이 명칭을 넘어섰음에 대해서는 본서 「비구 경」 1(S22:35) §4와 주해를 참조할 것.

178) 감각접촉[觸, phassa]은 "세 가지 [즉 눈과 형색과 눈의 알음알이 등]의 동시발생(sannipāta, 三事和合)"(Vis.XIV.134)으로 정의된다. 중국에서도 『잡아함경』에서는 삼사화합생촉(三事和合生觸, 세 가지가 화합하여 감각접촉이 생긴다)으로 옮겼고, 불타발타라(佛馱跋陀羅, Buddhāvatāra)가 옮긴 『화엄경』에는 삼사화합유촉(三事和合有觸)으로 나타나기도 한다.

에서 생긴 느낌, 혀의 감각접촉에서 생긴 느낌, 몸의 감각접촉에서 생긴 느낌, 마노의 감각접촉에서 생긴 느낌이다.

비구들이여, 이를 일러 느낌이라 한다.

감각접촉이 일어나기 때문에 느낌이 일어나고 감각접촉이 소멸하기 때문에 느낌이 소멸한다. 여덟 가지 구성요소를 가진 성스러운 도[八支聖道=팔정도]가 느낌의 소멸로 인도하는 도닦음이니 그것은 바른 견해 … 바른 삼매이다.

비구들이여, 어떤 사문들이든 바라문들이든 이와 같이 느낌을 최상의 지혜로 알고 느낌의 일어남을 최상의 지혜로 알고 느낌의 소멸을 최상의 지혜로 알고 느낌의 소멸로 인도하는 도닦음을 최상의 지혜로 안 뒤에, 느낌을 염오하고 느낌에 대한 탐욕이 빛바래고 느낌을 소멸하기 위해서 도를 닦는 자들은 잘 도를 닦는 자들이니, 잘 도를 닦는 자들은 이 법과 율에서 발판을 얻는다.

비구들이여, 어떤 사문들이든 바라문들이든 이와 같이 느낌을 최상의 지혜로 알고 느낌의 일어남을 최상의 지혜로 알고 느낌의 소멸을 최상의 지혜로 알고 느낌의 소멸로 인도하는 도닦음을 최상의 지혜로 안 뒤에, 느낌을 염오하고 느낌에 대한 탐욕이 빛바래고 느낌을 소멸하기 때문에 취착 없이 해탈한 자들은 잘 해탈하였나니, 잘 해탈한 자들은 독존(獨尊)이요 독존인 자들은 그들의 존재양상을 천명할 방법이 없다."

8. "비구들이여, 그러면 어떤 것이 인식인가?

비구들이여, 여섯 가지 인식의 무리가 있나니 형색에 대한 인식,

이 감각접촉이 일어날 때 느낌, 인식, 의도 등과 같은 다른 법(심소법)들도 함께 일어난다. 그래서 감각접촉은 아비담마에서 '반드시들(sādhārana)'에 속한다.(『아비담마 길라잡이』 제2장 §2의 해설을 참조할 것.)

소리에 대한 인식, 냄새에 대한 인식, 맛에 대한 인식, 감촉에 대한 인식, 법에 대한 인식이다.

비구들이여, 이를 일러 인식이라 한다.

감각접촉이 일어나기 때문에 인식이 일어나고 감각접촉이 소멸하기 때문에 인식이 소멸한다. 여덟 가지 구성요소를 가진 성스러운 도[八支聖道=팔정도]가 인식의 소멸로 인도하는 도닦음이니 그것은 바른 견해 … 바른 삼매이다.

비구들이여, 어떤 사문들이든 바라문들이든 이와 같이 인식을 최상의 지혜로 알고 … 잘 도를 닦는 자들은 이 법과 율에서 발판을 얻는다.

비구들이여, 어떤 사문들이든 바라문들이든 이와 같이 인식을 최상의 지혜로 알고 … 잘 해탈한 자들은 독존(獨尊)이요 독존인 자들은 그들의 존재양상을 천명할 방법이 없다."

9. "비구들이여, 그러면 어떤 것이 심리현상들[行]인가?

비구들이여, 여섯 가지 의도의 무리가 있나니 형색에 대한 의도, 소리에 대한 의도, 냄새에 대한 의도, 맛에 대한 의도, 감촉에 대한 의도, 법에 대한 의도이다.

비구들이여, 이를 일러 심리현상들이라 한다.179)

---

179) '심리현상들[行]'은 saṅkhārā를 옮긴 것인데 이것은 오온 가운데서 행온(行蘊, saṅkhāra-kkhandha)을 뜻한다.(상카라(saṅkhāra)에 대한 네 가지 해석은 본서 제2권 「분석 경」(S12:2) §14의 주해를 참조할 것.) 『논장』과 주석서들에 의하면 행온은 느낌과 인식을 제외한 다른 모든 심리현상들을 다 포함하는 것이다. 그래서 『청정도론』 XIV.131~184에 나타나는 심리현상들의 무더기(행온)에 대한 설명에서는 느낌의 무더기(수온)와 인식의 무더기(상온)에 포함된 느낌과 인식을 제외한 50가지 심리현상(심소법)들이 포함되어 나타나고 있다. 그래서 초기불전연구원에서는 오온의 행온을 '심리현상들'로 정착시키고 있다. 심리현상들에 대해서는 본서 「삼켜버림 경」(S22:79) §7의 주해를 참조할 것.

감각접촉이 일어나기 때문에 심리현상들이 일어나고 감각접촉이 소멸하기 때문에 심리현상들이 소멸한다. 여덟 가지 구성요소를 가진 성스러운 도[八支聖道=팔정도]가 심리현상들의 소멸로 인도하는 도닦음이니 그것은 바른 견해 … 바른 삼매이다.

비구들이여, 어떤 사문들이든 바라문들이든 이와 같이 심리현상들을 최상의 지혜로 알고 … 잘 도를 닦는 자들은 이 법과 율에서 발판을 얻는다.

비구들이여, 어떤 사문들이든 바라문들이든 이와 같이 심리현상들을 최상의 지혜로 알고 … 잘 해탈한 자들은 독존(獨尊)이요 독존인 자들은 그들의 존재양상을 천명할 방법이 없다."

10. "비구들이여, 그러면 어떤 것이 알음알이인가?

비구들이여, 여섯 가지 알음알이의 무리가 있나니 형색에 대한 알음알이, 소리에 대한 알음알이, 냄새에 대한 알음알이, 맛에 대한 알음알이, 감촉에 대한 알음알이, 법에 대한 알음알이이다.

비구들이여, 이를 일러 알음알이라 한다.

정신·물질이 일어나기 때문에 알음알이가 일어나고 정신·물질이 소멸하기 때문에 알음알이가 소멸한다.180) 여덟 가지 구성요소를

행온이 느낌과 인식을 제외한 나머지 심리현상(심소법)들을 다 포함하기 때문에 보디 스님은 "*umbrella category*(우산의 범주)"라는 재미있는 표현을 사용하기도 한다. 그런데 본경에서 이러한 행온은 '의도의 무리(cetanā-kāya)'와 '의도(sancetanā)'라고 정의되고 있는데, 이것은 단지 행온에 포함된 여러 심리현상들 가운데 가장 중요한 요소를 말하고 있는 것이지 이것만이 행온을 뜻하는 것으로 받아들여서는 안된다.(보디 스님, 1065쪽 85번 주해도 참조할 것.)

180) 위에서 감각접촉은 느낌과 인식과 심리현상들의 조건이 되었다. 그러나 여기서는 정신·물질[名色, nāma-rūpa, 즉 식온을 제외한 나머지 4온 모두]이 알음알이의 조건이 되고 있다. 이것은 본서 「할릿디까니 경」 1(S22:3) §4에서 알음알이의 무더기[識蘊]를 제외한 나머지 4온이 '알음알이의 집

가진 성스러운 도[八支聖道=팔정도]가 알음알이의 소멸로 인도하는 도닦음이니 그것은 바른 견해 … 바른 삼매이다.

비구들이여, 어떤 사문들이든 바라문들이든 이와 같이 알음알이를 최상의 지혜로 알고 알음알이의 일어남을 최상의 지혜로 알고 알음알이의 소멸을 최상의 지혜로 알고 알음알이의 소멸로 인도하는 도닦음을 최상의 지혜로 안 뒤에, 알음알이를 염오하고 알음알이에 대한 탐욕이 빛바래고 알음알이를 소멸하기 위해서 도를 닦는 자들은 잘 도를 닦는 자들이니, 잘 도를 닦는 자들은 이 법과 율에서 발판을 얻는다.

비구들이여, 어떤 사문들이든 바라문들이든 이와 같이 알음알이를 최상의 지혜로 알고 알음알이의 일어남을 최상의 지혜로 알고 알음알이의 소멸을 최상의 지혜로 알고 알음알이의 소멸로 인도하는 도닦음을 최상의 지혜로 안 뒤에, 알음알이를 염오하고 알음알이에 대한 탐욕이 빛바래고 알음알이를 소멸하기 때문에 취착 없이 해탈한 자들은 잘 해탈하였나니, 잘 해탈한 자들은 독존(獨尊)이요 독존인 자들은 그들의 존재양상을 천명할 방법이 없다."

일곱 가지 경우 경(S22:57)

Sattaṭṭhāna-sutta

3. "비구들이여, 일곱 가지 경우에 능숙하고 세 가지를 면밀히 조사하는 비구는 이 법과 율에서 독존(獨尊)이요 삶을 완성한 최고의 인간이라 불린다."181)

(viññāṇassa oka)'이라 불린 것과 연결된다. 알음알이와 정신·물질이 서로서로 조건이 되는 것에 대해서는 본서 제2권 「도시 경」(S12:65) §5와 주해와 「갈대 다발 경」(S12:67) §4도 참조할 것.

4. "비구들이여, 그러면 어떻게 비구는 일곱 가지 경우에 능숙한가?

비구들이여, [62] 여기 비구는 물질을 꿰뚫어 알고[182] 물질의 일어남을 꿰뚫어 알고 물질의 소멸을 꿰뚫어 알고 물질의 소멸로 인도하는 도닦음을 꿰뚫어 알고 물질의 달콤함을 꿰뚫어 알고 물질의 위험함을 꿰뚫어 알고 물질로부터 벗어남을 꿰뚫어 안다.

느낌을 … 인식을 … 심리현상들을 … 알음알이를 꿰뚫어 알고 알음알이의 일어남을 꿰뚫어 알고 알음알이의 소멸을 꿰뚫어 알고 알음알이의 소멸로 인도하는 도닦음을 꿰뚫어 알고 알음알이의 달콤함을 꿰뚫어 알고 알음알이의 위험함을 꿰뚫어 알고 알음알이로부터 벗어남을 꿰뚫어 안다."

5. "비구들이여, 그러면 어떤 것이 물질인가?

네 가지 근본물질과 네 가지 근본물질에서 파생된 물질 — 이를 일러 물질이라 한다.

음식이 일어나기 때문에 물질이 일어나고 음식이 소멸하기 때문에 물질이 소멸한다. 여덟 가지 구성요소를 가진 성스러운 도[八支聖道=

---

181) 주석서는 본경을 칭송(ussadanandiya)과 고무(palobhanīya)에 대한 부처님의 말씀이라고 설명하고 있다. 마치 왕이 전쟁에서 승리하여 승리에 공을 세운 전사(yodha)들에게 높은 지위를 부여하여 다른 전사들도 영웅(sūra)이 되게 고무하듯이 세존께서도 본경에서 번뇌 다한 아라한들을 칭찬하고 칭송하시어 유학(sekkha)들로 하여금 아라한과를 증득하도록 고무하시기 때문이다.(SA.ii.277)
여기서 '일곱 가지 경우(satta-ṭṭhāna)'는 앞 경의 네 가지 양상(parivaṭṭa)과 본서 「달콤함 경」 1(S22:26)의 세 가지 경우를 조합한 것이다.

182) 비슷한 내용을 담고 있는 바로 앞의 「취착의 양상 경」(S22:56) §§5~6에는 '최상의 지혜로 알았다(abbhaññāsiṁ).'로 나타났는데, 여기서는 '꿰뚫어 안다(pajānāti).'로 나타나고 있다.

팔정도]가 물질의 소멸로 인도하는 도닦음이니 그것은 바른 견해, 바른 사유, 바른 말, 바른 행위, 바른 생계, 바른 정진, 바른 마음챙김, 바른 삼매이다.

물질을 반연하여 일어나는 육체적 즐거움과 정신적 즐거움이 물질의 달콤함이다. 물질은 무상하고 괴로움이고 변하기 마련인 법인 것이 물질의 위험함이다. 물질에 대한 욕탐을 길들이고 욕탐을 제거하는 것이 물질로부터 벗어남이다.

비구들이여, 어떤 사문들이든 바라문들이든, 이와 같이 물질을 최상의 지혜로 알고 물질의 일어남을 최상의 지혜로 알고 물질의 소멸을 최상의 지혜로 알고 물질의 소멸로 인도하는 도닦음을 최상의 지혜로 알고 물질의 달콤함을 최상의 지혜로 알고 물질의 위험함을 최상의 지혜로 알고 물질로부터 벗어남을 최상의 지혜로 안 뒤에, 물질을 염오하고 물질에 대한 탐욕이 빛바래고 물질을 소멸하기 위해서 도를 닦는 자들은 잘 도를 닦는 자들이니, 잘 도를 닦는 자들은 이 법과 율에서 발판을 얻는다.

비구들이여, 어떤 사문들이든 바라문들이든, 이와 같이 물질을 최상의 지혜로 알고 물질의 일어남을 최상의 지혜로 알고 물질의 소멸을 최상의 지혜로 알고 물질의 소멸로 인도하는 도닦음을 최상의 지혜로 알고 물질의 달콤함을 최상의 지혜로 알고 물질의 위험함을 최상의 지혜로 알고 [63] 물질로부터 벗어남을 최상의 지혜로 안 뒤에, 물질을 염오하고 물질에 대한 탐욕이 빛바래고 물질을 소멸하기 때문에 취착 없이 해탈한 자들은 잘 해탈하였나니, 잘 해탈한 자들은 독존(獨尊)이요 독존인 자들은 그들의 존재양상을 천명할 방법이 없다."

6. "비구들이여, 그러면 어떤 것이 느낌인가?

비구들이여, 여섯 가지 느낌의 무리가 있나니 눈의 감각접촉에서 생긴 느낌, 귀의 감각접촉에서 생긴 느낌, 코의 감각접촉에서 생긴 느낌, 혀의 감각접촉에서 생긴 느낌, 몸의 감각접촉에서 생긴 느낌, 마노의 감각접촉에서 생긴 느낌이다.

비구들이여, 이를 일러 느낌이라 한다.

감각접촉이 일어나기 때문에 느낌이 일어나고 감각접촉이 소멸하기 때문에 느낌이 소멸한다. 여덟 가지 구성요소를 가진 성스러운 도[八支聖道=팔정도]가 느낌의 소멸로 인도하는 도닦음이니 그것은 바른 견해 … 바른 삼매이다.

느낌을 반연하여 일어나는 육체적 즐거움과 정신적 즐거움이 느낌의 달콤함이다. 느낌은 무상하고 괴로움이고 변하기 마련인 법인 것이 느낌의 위험함이다. 느낌에 대한 욕탐을 길들이고 욕탐을 제거하는 것이 느낌으로부터 벗어남이다.

비구들이여, 어떤 사문들이든 바라문들이든, 이와 같이 느낌을 최상의 지혜로 알고 … 잘 도를 닦는 자들은 이 법과 율에서 발판을 얻는다.

비구들이여, 어떤 사문들이든 바라문들이든, 이와 같이 느낌을 최상의 지혜로 알고 … 잘 해탈한 자들은 독존(獨尊)이요 독존인 자들은 그들의 존재양상을 천명할 방법이 없다."

7. "비구들이여, 그러면 어떤 것이 인식인가?

비구들이여, 여섯 가지 인식의 무리가 있나니 형색에 대한 인식, 소리에 대한 인식, 냄새에 대한 인식, 맛에 대한 인식, 감촉에 대한 인식, 법에 대한 인식이다.

비구들이여, 이를 일러 인식이라 한다.

감각접촉이 일어나기 때문에 인식이 일어나고 감각접촉이 소멸하기 때문에 인식이 소멸한다. 여덟 가지 구성요소를 가진 성스러운 도

[八支聖道=팔정도]가 인식의 소멸로 인도하는 도닦음이니 그것은 바른 견해 … 바른 삼매이다."

인식을 반연하여 일어나는 육체적 즐거움과 정신적 즐거움이 인식의 달콤함이다. 인식은 무상하고 괴로움이고 변하기 마련인 법인 것이 인식의 위험함이다. 인식에 대한 욕탐을 길들이고 욕탐을 제거하는 것이 인식으로부터 벗어남이다.

비구들이여, 어떤 사문들이든 바라문들이든, 이와 같이 인식을 최상의 지혜로 알고 … 잘 도를 닦는 자들은 이 법과 율에서 발판을 얻는다.

비구들이여, 어떤 사문들이든 바라문들이든, 이와 같이 인식을 최상의 지혜로 알고 … 잘 해탈한 자들은 독존(獨尊)이요 독존인 자들은 그들의 존재양상을 천명할 방법이 없다."

8. "비구들이여, 그러면 어떤 것이 심리현상들인가?

비구들이여, 여섯 가지 의도의 무리가 있나니 형색에 대한 의도, 소리에 대한 의도, 냄새에 대한 의도, 맛에 대한 의도, 감촉에 대한 의도, 법에 대한 의도이다.

비구들이여, 이를 일러 심리현상들이라 한다.

감각접촉이 일어나기 때문에 심리현상들이 일어나고 감각접촉이 소멸하기 때문에 심리현상들이 소멸한다. [64] 여덟 가지 구성요소를 가진 성스러운 도[八支聖道=팔정도]가 심리현상들의 소멸로 인도하는 도닦음이니 그것은 바른 견해 … 바른 삼매이다."

심리현상들을 반연하여 일어나는 육체적 즐거움과 정신적 즐거움이 심리현상들의 달콤함이다. 심리현상들은 무상하고 괴로움이고 변하기 마련인 법인 것이 심리현상들의 위험함이다. 심리현상들에 대한 욕탐을 길들이고 욕탐을 제거하는 것이 심리현상들로부터 벗어남이다.

비구들이여, 어떤 사문들이든 바라문들이든, 이와 같이 심리현상들을 최상의 지혜로 알고 … 잘 도를 닦는 자들은 이 법과 율에서 발판을 얻는다.

비구들이여, 어떤 사문들이든 바라문들이든, 이와 같이 심리현상들을 최상의 지혜로 알고 … 잘 해탈한 자들은 독존(獨尊)이요 독존인 자들은 그들의 존재양상을 천명할 방법이 없다."

9. "비구들이여, 그러면 어떤 것이 알음알이인가?

비구들이여, 여섯 가지 알음알이의 무리가 있나니 형색에 대한 알음알이, 소리에 대한 알음알이, 냄새에 대한 알음알이, 맛에 대한 알음알이, 감촉에 대한 알음알이, 법에 대한 알음알이이다.

비구들이여, 이를 일러 알음알이라 한다.

정신·물질이 일어나기 때문에 알음알이가 일어나고 정신·물질이 소멸하기 때문에 알음알이가 소멸한다. 여덟 가지 구성요소를 가진 성스러운 도[八支聖道=팔정도]가 알음알이의 소멸로 인도하는 도닦음이니 그것은 바른 견해 … 바른 삼매이다.

알음알이를 반연하여 일어나는 육체적 즐거움과 정신적 즐거움이 알음알이의 달콤함이다. 알음알이는 무상하고 괴로움이고 변하기 마련인 법인 것이 알음알이의 위험함이다. 알음알이에 대한 욕탐을 길들이고 욕탐을 제거하는 것이 알음알이로부터 벗어남이다.

비구들이여, [65] 어떤 사문들이든 바라문들이든, 이와 같이 알음알이를 최상의 지혜로 알고 알음알이의 일어남을 최상의 지혜로 알고 알음알이의 소멸을 최상의 지혜로 알고 알음알이의 소멸로 인도하는 도닦음을 최상의 지혜로 안 뒤에, 알음알이를 염오하고 알음알이에 대한 탐욕이 빛바래고 알음알이를 소멸하기 위해서 도를 닦는 자들은 잘 도를 닦는 자들이니, 잘 도를 닦는 자들은 이 법과 율에서 발판을 얻는다.

비구들이여, 어떤 사문들이든 바라문들이든, 이와 같이 알음알이를 최상의 지혜로 알고 알음알이의 일어남을 최상의 지혜로 알고 알음알이의 소멸을 최상의 지혜로 알고 알음알이의 소멸로 인도하는 도닦음을 최상의 지혜로 안 뒤에, 알음알이를 염오하고 알음알이에 대한 탐욕이 빛바래고 알음알이를 소멸하기 때문에 취착 없이 해탈한 자들은 잘 해탈하였나니, 잘 해탈한 자들은 독존(獨尊)이요 독존인 자들은 그들의 존재양상을 천명할 방법이 없다."

10. "비구들이여, 이와 같이 비구는 일곱 가지 경우에 능숙하다."183)

11. "비구들이여, 그러면 어떻게 비구는 세 가지를 면밀히 조사하는가?184)

비구들이여, 여기 비구는 요소[界]에 따라서 면밀히 조사하고, 감각장소[處]에 따라서 면밀히 조사하고, 연기(緣起)에 따라서 면밀히 조사한다.185)

비구들이여, 이와 같이 비구는 세 가지를 면밀히 조사한다."

12. "비구들이여, 이와 같이 일곱 가지 경우에 능숙하고 세 가지

---

183) "이상으로 도와 과의 반조(magga-phala-paccavekkhaṇa)를 통해서 일곱 가지 경우에 능숙함에 대한 가르침을 마치셨다."(SA.ii.277)

184) '세 가지를 면밀히 조사하는 자(tividh-ūpaparikkhi)'는 본서 제2권의 「인연 상윳따」(S12)와 「요소 상윳따」(S14)와 제4권의 「육처 상윳따」(S35)를 통해서 상세하게 알 수 있다. 그리고 『맛지마 니까야』 「많은 요소 경」(Bahudhātuka Sutta, M115)에서도 요소와 감각장소와 연기는 자세하게 설명되어 있다.

185) 주석서는 '면밀히 조사하다(upaparikkhati)'를 요소와 감각장소와 연기의 고유성질(sabhāva)을 통해서 보고(passati) 살펴본다(oloketi)는 말이라고 설명하고 있다.(SA.ii.277)

를 면밀히 조사하는 비구는 이 법과 율에서 독존(獨尊)이요 삶을 완성한 최고의 인간이라 불린다."

정등각자 경(S22:58)

Sambuddha-sutta

3. "비구들이여, 여래·아라한·정등각자는 물질을 염오하고 물질에 대한 탐욕이 빛바래고 물질을 소멸하기 때문에 취착 없이 해탈한 정등각자라 불린다. 비구들이여, 통찰지로 해탈한[慧解脫] 비구186)도 물질을 염오하고 물질에 대한 탐욕이 빛바래고 물질을 소멸하기 때문에 취착 없이 해탈하였다. 그래서 그는 통찰지로 해탈한 자라 불린다.

비구들이여, 여래·아라한·정등각자는 느낌을 … 인식을 … 심리현상들을 … 알음알이를 염오하고 알음알이에 대한 탐욕이 빛바래고 알음알이를 소멸하기 때문에 취착 없이 해탈한 정등각자라 불린다. 비구들이여, 통찰지로 해탈한[慧解脫] 비구도 알음알이를 염오하고 [66] 알음알이에 대한 탐욕이 빛바래고 알음알이를 소멸하기 때문에 취착 없이 해탈하였다. 그래서 그는 통찰지로 해탈한 자라 불린다."

4. "비구들이여, 그러면 여래·아라한·정등각자와 통찰지로 해탈한 자의 차이점은 무엇이고, 특별한 점은 무엇이고, 다른 점은 무엇

186) 여기서는 문맥상 '통찰지로 해탈한 비구(bhikkhu paññā-vimutto)'는 아라한인 성스러운 제자 모두를 지칭하는 것으로 이해하는 것이 좋다. 본경에서 통찰지로 해탈한 자를 양면으로 해탈한 자(ubhatobhāga-vimutta)와 굳이 구분을 지을 필요는 없을 것이다.
양면해탈(ubhatobhāga-vimutti)과 통찰지를 통한 해탈(혜해탈, paññā-vimutti)에 대해서는 본서 제1권 「자자(自恣) 경」(S8:7) §6의 주해와 제2권 「선(禪)과 최상의 지혜 경」(S16:9) §17의 주해를 참조하고, 『디가 니까야』 제2권 「대인연경」(D15) §36의 주해도 참조할 것.

인가?"

"세존이시여, 저희들의 법은 세존을 근원으로 하며, 세존을 길잡이로 하며, 세존을 귀의처로 합니다. 세존이시여, 세존께서 방금 말씀하신 이 뜻을 [친히] 밝혀주신다면 참으로 감사하겠습니다. 세존으로부터 듣고 비구들은 그것을 잘 호지할 것입니다."

"비구들이여, 그렇다면 이제 그것을 들어라. 듣고 마음에 잘 새겨라. 나는 설할 것이다."

"그렇게 하겠습니다, 세존이시여."라고 비구들은 세존께 응답했다. 세존께서는 말씀하셨다.

5. "비구들이여, 여래·아라한·정등각자는 아직 일어나지 않은 도를 일으킨 분이고 아직 생기지 않은 도를 생기게 한 분이고 아직 설해지지 않은 도를 설한 분이고 도를 아는 분이고 도를 발견한 분이고 도에 능숙한 분이다. 그리고 지금의 제자들은 그 도를 따라가면서 머물고 나중에 그것을 구족하게 된다.

비구들이여, 이것이 여래·아라한·정등각자와 통찰지를 통한 해탈을 한 자의 차이점이고, 특별한 점이고, 다른 점이다."

무아의 특징 경(S22:59)

Anattalakkhaṇa-sutta[187)]

---

187) Ee의 경제목은 다섯(Pañca)이다. 본경에 나타나는 오비구를 뜻하는 것으로 보이는데 다섯 자체로는 큰 의미가 없다. 그래서 Be를 따랐다. 우리에게도 「무아상경」(無我相經)으로 알려져 있다. DPPN도 이 제목으로 설명하고 있고 보디 스님도 이것을 경제목으로 택했다.
본경은 부처님이 이 세상에서 하신 두 번째 설법으로 『율장』 『대품』(Vin. i.13~14)에서 언급되고 있는 유명한 가르침이다. 오비구는 부처님의 처음 설법(본서 제6권 「초전법륜 경, S56:11)을 듣고 이때 이미 유학(sekha)이 되어 있었으며, 본경을 듣고 아라한과를 증득하였다고 본경의 마지막에 나타

1. 이와 같이 나는 들었다. 한때 세존께서는 바라나시에서 이시빠따나의 녹야원에 머무셨다.[188)]

2. 거기서 세존께서는 "비구들이여."라고 오비구[189)]를 부르셨

나고 있다.

188) 바라나시(Bārāṇasi)는 부처님 당시 인도 중원의 16국 가운데 하나였던 까시까(Kāsikā, 혹은 Kāsi)의 수도였고 지금도 힌두교의 대표적 성지로 널리 알려진 곳이다. 현재 인도에서 사용하고 있는 공식 명칭은 Vārāṇasi(와라나시)이다. 까시까(까시)는 부처님 당시에는 꼬살라(Kosala)로 합병되어 꼬살라의 빠세나디 왕이 다스리고 있었다고 한다. 바라나시는 강가 강 옆에 있었기 때문에 수로의 요충이었다.
이시빠따나(Isipatana)는 부처님의 초전법륜지로 우리에게 잘 알려진 곳이다. 지금의 사르나트(Sārnath)로 바라나시에서 15㎞ 정도 떨어진 곳에 있다. 세존께서 우루웰라(Uruvelā)에서 고행을 그만두시자 다섯 비구는 이곳에 와서 머물렀다. 『맛지마 니까야 주석서』는 이시빠따나라는 지명의 유래를 다음과 같이 설명하고 있다.
"예전에 벽지불(paccekabuddha)들이 간다마다나(Gandhamādana) 산(히말라야에 있음)에서 7일 동안 멸진정에 들었다가 걸식을 하기 위해 허공을 날아오다가 이곳에 내려서(nipatati) 도시로 들어가서 걸식을 하여 공양을 마친 후 다시 이곳에서 허공으로 올라(uppatati) 떠났다고 한다. 그래서 성자(isi)들이 이곳에 내리고 이곳에서 올라갔다고 해서 이시빠따나(Isipatana)라 한다."(MA.ii.188)
녹야원으로 옮긴 원어는 Migadāya(미가다야)이다. 주석서는 "사슴(miga)들에게 두려움 없이 머무는 장소(abhayattha)로 주어졌기 때문에 미가다야라 한다."(MA.ii.188)고 설명하고 있다. 중국에서 녹야원(鹿野苑)으로 옮겼다. 부처님께서 다섯 비구에게 처음 설법(S56:11)을 하신 바로 그 동산이다.

한편 초기불전에는 라자가하의 맛다꿋치 녹야원(본서 제1권 「돌조각 경」(S1:38) §1; 「돌조각 경」(S4:13) §1; D16 §3.42), 박가의 악어산 베사깔라 숲에 있는 녹야원(본서 제4권 「나꿀라삐따 경」(S35:131) §1; M15), 사께따의 안자나 숲에 있는 녹야원(본서 제1권 「까꾸다 경」(S2:18) §1), 우준냐의 깐나까탈라 녹야원(M90) 등 여러 곳의 녹야원이 나타난다. 불교 수행자들뿐만 아니라 당시 여러 교단의 수행자들이 유행을 하다가 머물렀던 곳이기도 하다. 아마 각 지역에서 사슴을 보호하는 곳으로 지정한 곳인 듯하다.

189) '오비구'는 pañcavaggiyā bhikkhū를 옮긴 것이다. 직역하면 다섯 명의 무리에 속하는 비구들이다. 경에 나타나는 오비구는 예외 없이 이곳 녹야원에

다. "세존이시여."라고 비구들은 세존께 응답했다. 세존께서는 이렇게 말씀하셨다.190)

3. "비구들이여, 물질은 무아다.191) 만일 물질이 자아라면 이

서 부처님의 첫 출가제자가 된 꼰단냐 등의 다섯 비구들을 말한다. 그러므로 이 술어는 불특정한 다섯 명의 비구를 뜻하는 명사가 아니라 꼰단냐 존자를 위시한 특정한 다섯 비구를 뜻하는 고유명사이다. 그래서 오비구(五比丘)로 옮겼다.

오비구의 이름은 꼰단냐(Koṇḍañña, 혹은 안냐 꼰단냐, Aññā-Koṇḍañña, 본서 제1권 「꼰단냐 경」(S8:9)에 나타남), 밧디야(Bhaddiya), 왑빠(Vappa), 마하나마(Mahānāma, 본서 제4권 「족쇄 경」(S41:1) §4의 주해 참조), 앗사지(Assaji, 본서 「앗사지 경」(S22:88)에 나타남)이다. 오비구는 본서 제6권 「초전법륜 경」(S56:11)에도 나타나고 있다.

190) "아살하 달(음 6월)의 보름에(Āsāḷhi-puṇṇama-divase) 「초전법륜 경」(Dhammacakkappavattana, S56:11)을 설하신 뒤로 오비구는 차례대로 예류과(sotāpatti-phala)에 확립되었다. 그래서 '이제 이들의 번뇌를 모두 멸진하기 위해서(āsava-kkhayāya) 법을 설할 것이다.'라고 하시면서 그 뒤 다섯 번째 날에 [본경을] 설하셨다."(SA.ii.278)

191) 『맛지마 니까야 주석서』에는 무아인 이유를 다음의 넷으로 설명하고 있다. "공하고, 주인이 없고, 지배자가 아니고, 자아와 반대된다는 뜻(suñña-assāmika-anissara-attapaṭikkhep-aṭṭha)에 의해서, 이러한 네 가지 이유(kāraṇa) 때문에 '무아(anatta)'이다."(MA.ii.113)

『청정도론』 도 이렇게 설명하고 있다.

"'일어난 형성된 것들[行]은 머묾에 이르지 말고, 머묾에 이른 것은 늙지 말고, 늙음에 이른 것은 무너지지 말라'고 이 세 단계에 대해서 어느 누구도 지배력(vasavatti-bhāva)을 행사하지 못한다. 지배력을 행사하지 못하므로 공하다. 그러므로 공하고, 주인이 없고, 지배력을 행사하지 못하고(avasavatti), 자아와 반대되기 때문에 무아다."(VIS.XX.47)

한편, 본경에서는 두 가지 이유로 오온 즉 나라는 이 존재가 무아임을 천명하고 있다.

첫째, §3에서 오온에는 이와 같이 되어라 거나 이와 같이 되지 말라는 등의 지배력을 행사할 수 없기 때문(avasavattitā)이라고 설명하고 있다. 여기에 대해서는 『맛지마 니까야』 「짧은 삿짜까 경」(M35/i.230~233) §§9~22도 참조할 것.

둘째, §4에서는 삼특상을 통해서 설명하고 있다. 즉 무상하고 괴로움이라는 처음의 두 가지 특상을 통해서 무아라는 특상을 설명하고 있다.

물질은 고통이 따르지 않을 것이다. 그리고 물질에 대해서 '나의 물질은 이와 같이 되기를. 나의 물질은 이와 같이 되지 않기를.'이라고 하면 그대로 될 수 있을 것이다.

비구들이여, 그러나 물질은 무아이기 때문에 물질은 고통이 따른다. 그리고 물질에 대해서 '나의 물질은 이와 같이 되기를. 나의 물질은 이와 같이 되지 않기를.'이라고 하더라도 그대로 되지 않는다.

비구들이여, 느낌은 [67] … 인식은 … 심리현상들은 … 알음알이는 무아다. 만일 알음알이가 자아라면 이 알음알이는 고통이 따르지 않을 것이다. 그리고 알음알이에 대해서 '나의 알음알이는 이와 같이 되기를. 나의 알음알이는 이와 같이 되지 않기를.'이라고 하면 그대로 될 수 있을 것이다.

비구들이여, 그러나 알음알이는 무아이기 때문에 알음알이는 고통이 따른다. 그리고 알음알이에 대해서 '나의 알음알이는 이와 같이 되기를. 나의 알음알이는 이와 같이 되지 않기를.'이라고 하더라도 그대로 되지 않는다."

4. "비구들이여, 이를 어떻게 생각하는가? 물질은 항상한가, 무상한가?"

"무상합니다, 세존이시여."

"그러면 무상한 것은 괴로움인가, 즐거움인가?"

"괴로움입니다, 세존이시여."

"그러면 무상하고 괴로움이고 변하기 마련인 것을 두고 '이것은 내 것이다. 이것은 나다. 이것은 나의 자아다.'라고 관찰하는 것이 타당하겠는가?"

"그렇지 않습니다, 세존이시여."

"비구들이여, 이를 어떻게 생각하는가? 느낌은 … 인식은 … 심리현상들은 … 알음알이는 항상한가, 무상한가?"

"무상합니다, 세존이시여."

"그러면 무상한 것은 괴로움인가, 즐거움인가?" [68]

"괴로움입니다, 세존이시여."

"그러면 무상하고 괴로움이고 변하기 마련인 것을 두고 '이것은 내 것이다. 이것은 나다. 이것은 나의 자아다.'라고 관찰하는 것이 타당하겠는가?"

"그렇지 않습니다, 세존이시여."

5. "비구들이여, 그러므로 그것이 어떠한 물질이건, 그것이 과거의 것이건 미래의 것이건 현재의 것이건 안의 것이건 밖의 것이건 거칠건 미세하건 저열하건 수승하건 멀리 있건 가까이 있건 '이것은 내 것이 아니요, 이것은 내가 아니며, 이것은 나의 자아가 아니다.'라고 있는 그대로 바른 통찰지로 보아야 한다.

비구들이여, 그것이 어떠한 느낌이건 … 그것이 어떠한 인식이건 … 그것이 어떠한 심리현상들이건 … 그것이 어떠한 알음알이건, 그것이 과거의 것이건 미래의 것이건 현재의 것이건 안의 것이건 밖의 것이건 거칠건 미세하건 저열하건 수승하건 멀리 있건 가까이 있건 '이것은 내 것이 아니요, 이것은 내가 아니며, 이것은 나의 자아가 아니다.'라고 있는 그대로 바른 통찰지로 보아야 한다."

6. "비구들이여, 이와 같이 보는 잘 배운 성스러운 제자는 물질에 대해서도 염오하고 느낌에 대해서도 염오하고 인식에 대해서도 염오하고 심리현상들에 대해서도 염오하고 알음알이에 대해서도 염오한다.

염오하면서 탐욕이 빛바래고, 탐욕이 빛바래기 때문에 해탈한다.

해탈하면 해탈했다는 지혜가 있다. '태어남은 다했다. 청정범행(梵行)은 성취되었다. 할 일을 다 해 마쳤다. 다시는 어떤 존재로도 돌아오지 않을 것이다.'라고 꿰뚫어 안다."

7. 세존께서는 이렇게 말씀하셨다. 오비구는 흡족한 마음으로 세존의 말씀을 크게 기뻐하였다. 이 상세한 설명[授記][192]이 설해졌을 때 오비구는 취착이 없어져서 번뇌들로부터 마음이 해탈하였다.

마할리 경(S22:60)

Mahāli-sutta

1. 이와 같이 나는 들었다. 한때 세존께서는 웨살리에서 큰 숲[大林]의 중각강당에 머무셨다.[193]

---

192) '상세한 설명'으로 옮긴 원어는 veyyākaraṇa(웨야까라나)이다. 이것은 구분교(九分敎, navaṅga-satthu-sāsana, 아홉 가지 구성요소를 가진 스승의 교법)에서 세 번째로 나타나는데 주석서에서는 "게송이 없는 경(niggāthaka-sutta)"(DA.i.130)을 웨야까라나라고 정의하고 있으며 "게송 부분이 없기 때문에 이것은 웨야까라나라 불린다."(*Ibid*)라고 설명하고 있다. 대승경전들에서는 다분히 "부처님이 수행자에 내리는 깨달음의 약속"으로 설명하는 듯하지만 초기불전과는 관계가 없어 보인다. 중국에서는 이를 화가라나(和伽羅那) 또는 화라나(和羅那)로 음역하기도 하였고, 기별(記別), 기설(記說), 수결(受決), 수기(授記), 수기별(授記別), 수기(受記), 수결(授決), 기(記) 등으로도 번역하였다. 역자는 veyyākaraṇa가 산스끄리뜨로는 '문법'이라는 의미로도 사용되고 '설명, 해설' 등의 뜻으로도 쓰이기 때문에 본서에서 '상세한 설명'으로 옮기고 있다. 구분교(九分敎)에 대해서는 『앙굿따라 니까야』 「적게 배움 경」(A4:6)과 주해와 『디가 니까야』 제3권 부록 『디가 니까야 주석서』 서문 §67을 참조할 것.

193) 웨살리(Vesāli)는 공화국 체제를 유지했던 왓지(Vajji) 족들의 수도였다. 주석서는 "번창하게 되었기 때문에(visālabhāva-upagamanato) 웨살리라 한다."(DA.i.309)고 설명하고 있다. 웨살리와 부처님 교단은 많은 인연이 있었으며 많은 경들이 여기서 설해졌다.
특히 웨살리는 자이나교(니간타)의 창시자인 마하위라(Mahāvīra)의 고향인데, 자이나교의 『깔빠 수뜨라』(Kalpa Sūtra, sect. 122)에 의하면 마하

2\. 그때 릿차위의 마할리[194]가 세존께 다가갔다. [69] 가서는

위라는 42하안거 가운데 12안거를 웨살리에서 보냈다고 한다. 『맛지마 니까야』 「우빨리 경」(M56)과 「아바야 왕자 경」(M58) 등을 통해서 니간타들이 그들의 신도들이 불교로 전향하는 것을 막기 위해서 안간힘을 쓰는 것을 볼 수 있다.

웨살리에는 짜빨라(Cāpāla), 삿땀바까(Sattambaka), 바후뿟따(Bahuputta, 多子), 고따마(Gotama), 사란다다(Sārandada), 우데나(Udena) 등의 많은 탑묘(cetiya)들이 있었으며 주석서에 의하면 이들은 약카(yakkha, 야차)를 섬기는 곳이었다고 한다.(DA.ii.554) 약카는 자이나 문헌에서도 숭배의 대상으로 많이 등장하며 이런 점을 봐도 웨살리는 니간타(자이나) 등을 위시한 고행자, 유행승 등의 사문 전통이 강한 곳이었던 것 같다. 이런 영향 때문에 마할리도 본경에서 외도들의 가르침에 대해서 세존께 질문을 드리는 것일 것이다.

'큰 숲[大林]'은 Mahā(큰)-vana(숲)를 직역한 것이다. 세존께서 웨살리에 머무실 때는 주로 이 큰 숲의 중각강당에 계셨다고 한다. 초기불전에는 몇 군데 큰 숲이 언급되고 있다. 여기 웨살리의 마하와나(D6, M35; M36 M71; M105 등)와 까삘라왓투의 마하와나(D20; M18 등)와 우루웰라 근교의 마하와나(A.iv.437)와 네란자라(Nerañjarā) 강 언덕의 마하와나(DhA.i.86) 등이다.

'중각강당'은 kūṭāgārasālā를 옮긴 것인데 kūṭa(위층 누각[이 있는])-āgāra(집의)-sālā(강당)라는 뜻이다. 여기 kūṭa는 뾰족한 지붕(우리의 기와지붕이나 태국의 사원들처럼 위가 솟은 지붕)을 뜻하기도 하고 누각 등의 위층을 뜻하기도 하였다. 그래서 꾸따가라는 크고 좋은 저택을 뜻하는 의미로 쓰였다. 중국에서 중각강당(重閣講堂)이라 한역하였으며 역자도 이를 따랐다.

194) 릿차위(Licchavī)는 웨살리를 수도로 한 공화국 체제를 갖춘 왓지(Vajjī)국을 대표하는 종족의 이름이다. 왓지국은 몇몇 부족들로 이루어져 있었다고 하는데 그 가운데서 릿차위(Licchavī)와 위데하(Videha)가 강성하였다고 하며, 『브르하다란냐까 우빠니샤드』에 의하면 바라문 전통에서 성군으로 칭송받는 자나까(Janaka) 왕이 위데하의 왕이었다. 부처님 당시에는 릿차위가 강성하여(MA.i.394.) 초기불전에서는 릿차위와 왓지는 동일시되다시피 하고 있다. 왓지들은 끄샤뜨리야였으며 세존께서는 그들의 공화국 체제를 승가가 퇴보하지 않는 것과 견줄 정도로 칭송하셨다.(『디가 니까야』 제2권 「대반열반경」(D16) §§1.4~6 참조)

릿차위의 마할리(Mahāli Licchavi)는 부처님 당시에 릿차위의 수장이었다. 그는 그 당시 인도 최고의 상업도시요 교육도시로 알려진 딱까실라(Takka-silā)로 유학하여 빠세나디 꼬살라 왕(rājā Pasenadikosala)과 말라의 반

세존께 절을 올리고 한 곁에 앉았다. 한 곁에 앉은 릿차위의 마할리는 세존께 이렇게 여쭈었다.

3. "세존이시여, 뿌라나 깟사빠는 이렇게 말합니다. '중생들이 오염되는 것에는 어떤 원인도 어떤 조건도 없다. 어떤 원인도 어떤 조건도 없이 중생들은 오염된다. 중생들이 청정하게 되는 것에는 어떤 원인도 어떤 조건도 없다. 어떤 원인도 어떤 조건도 없이 중생들은 청정하게 된다.'라고. 여기에 대해서 세존께서는 어떻게 말씀하십니까?"195)

둘라(Bandhula) 왕자 등과 함께 공부하였다고 한다.(DhpA.i.338) 『앙굿따라 니까야』에도 「마할리 경」(A10:47)이 전해 온다.

195) 본문은 『디가 니까야』 제1권 「사문과경」(D2/i.53) §20에서는 막칼리 고살라(Makkhaligosāla)의 주장으로 나타나고 있다. 그리고 본서 「원인 경」(S24:7) §3에서는 누구의 주장이라는 것을 밝히지 않고 소개하기도 한다.
본경에서 마할리는 이것이 뿌라나 깟사빠(Pūraṇa Kassapa)의 이론이라고 하고 있지만, 이것은 「사문과경」(D2 §§19~21)에서는 막칼리 고살라(Makkhaligosāla)의 윤회를 통한 청정(saṁsāra-suddhi) 혹은 무인론(ahetuka-vāda)에 포함되어 나타나고 있다. 그렇지만 『앙굿따라 니까야』 「여섯 태생 경」(A6:57)에서는 이 이론을 막칼리 고살라가 아닌 뿌라나 깟사빠가 주장하였다고 나타난다.
『디가 니까야』 「사문과경」(D2/i.52 §17)에 나타나는 뿌라나 깟사빠(Pūraṇa Kassapa)의 도덕부정론(akiriya-vāda)은 본경과 다르다. 「사문과경」(D2)에는 "[자기 손으로 직접] 행하고 [명령하여] 행하게 하고 [남의 손 등을] 자르고 자르게 하고 [몽둥이로] 고문하고 고문하게 하고 [재물을 뺏는 등으로] 슬프게 하고 [다른 이들에게 시켜서] 슬퍼하게 하고 억압하고 억압하게 하고 생명을 죽이고 주지 않은 것을 가지고 문을 부수어 도둑질하고 약탈하고 주거침입을 하고 노상강도질을 하고 남의 아내를 범하고 거짓말을 하더라도 그 사람은 죄악을 범한 것이 아닙니다. … 보시하고 자신을 길들이고 제어하고 바른 말을 하더라도 공덕이 없으며 공덕이 생기지도 않습니다."로 나타난다. 그런데 본서 제5권 「아바야 경」(S46:56) §3에서는 또 다른 무인론(ahetuka-vāda)의 정형구가 뿌라나 깟사빠의 이론으로 나타나기도 한다.

4. “마할리여, 중생들이 오염되는 것에는 원인도 있고 조건도 있다. 원인과 조건과 더불어 중생들은 오염된다. 중생들이 청정하게 되는 것에는 원인도 있고 조건도 있다. 원인과 조건과 더불어 중생들은 청정하게 된다.”

5. “세존이시여, 그러면 중생들이 오염되는 것에는 어떤 원인과 어떤 조건이 있습니까? 어떤 원인과 어떤 조건 때문에 중생들은 오염됩니까?”

“마할리여, 만일 물질에 전적으로 괴로움만이 있고 물질이 괴로움에 떨어지고 괴로움에 빠져들고 즐거움에는 빠져들지 않는다면 중생들은 물질에 탐닉하지 않을 것이다. 마할리여, 그러나 물질에는 즐거움이 있고 물질은 즐거움에 떨어지고 즐거움에 빠져들고 괴로움에[만] 빠져들지는 않는다. 그래서 중생들은 물질에 탐닉한다.196) 탐닉하기 때문에 속박되고 속박되기 때문에 오염된다.

마할리여, 중생들이 오염되는 것에는 이러한 원인과 이러한 조건이 있다. 이러한 원인과 이러한 조건 때문에 중생들은 오염된다.

마할리여, 만일 느낌에 … 인식에 … 심리현상들에 [70] … 알음알이에 전적으로 괴로움만이 있고 알음알이가 괴로움에 떨어지고 괴로움에 빠져들고 즐거움에는 빠져들지 않는다면 중생들은 알음알이에 탐닉하지 않을 것이다. 마할리여, 그러나 알음알이에는 즐거움이 있고 알음알이는 즐거움에 떨어지고 즐거움에 빠져들고 괴로움에[만] 빠져들지는 않는다. 그래서 중생들은 알음알이에 탐닉한다. 탐닉하기 때문에 속박되고 속박되기 때문에 오염된다.

---

196) 오온에 적용되는 본경 §5 이하의 구문은 사대(四大)에 적용되어서 본서 제2권 「괴로움 경」(S14:34)에도 나타난다.

마할리여, 중생들이 오염되는 것에는 이러한 원인과 이러한 조건이 있다. 이러한 원인과 이러한 조건 때문에 중생들은 오염된다."

6. "세존이시여, 그러면 중생들이 청정하게 되는 것에는 어떤 원인과 어떤 조건이 있습니까? 어떤 원인과 어떤 조건 때문에 중생들은 청정하게 됩니까?"

"마할리여, 만일 물질에 전적으로 즐거움만이 있고 물질이 즐거움에 떨어지고 즐거움에 빠져들고 괴로움에는 빠져들지 않는다면 중생들은 물질에 탐닉하지 않을 것이다. 마할리여, 그러나 물질에는 괴로움이 있고 물질은 괴로움에 떨어지고 괴로움에 빠져들고 즐거움에[만] 빠져들지는 않는다. 그래서 중생들은 물질에 대해서 염오한다. 염오하면서 탐욕이 빛바래고 탐욕이 빛바래기 때문에 청정하게 된다.

마할리여, 중생들이 청정하게 되는 것에는 이러한 원인과 이러한 조건이 있다. 이러한 원인과 이러한 조건 때문에 중생들은 청정하게 된다.

마할리여, 만일 느낌에 … 인식에 … 심리현상들에 … 알음알이에 전적으로 즐거움만이 있고 알음알이가 즐거움에 떨어지고 즐거움에 빠져들고 괴로움에는 빠져들지 않는다면 중생들은 알음알이에 탐닉하지 않을 것이다. 마할리여, 그러나 알음알이에는 괴로움이 있고 알음알이는 괴로움에 떨어지고 괴로움에 빠져들고 즐거움에[만] 빠져들지는 않는다. 그래서 중생들은 알음알이에 대해서 염오한다. 염오하면서 탐욕이 빛바래고 탐욕이 빛바래기 때문에 청정하게 된다. [71]

마할리여, 중생들이 청정하게 되는 것에는 이러한 원인과 이러한 조건이 있다. 이러한 원인과 이러한 조건 때문에 중생들은 청정하게 된다."

불타오름 경(S22:61)

Āditta-sutta

1. <사왓티의 아나타삔디까 원림(급고독원)에서>

3. "비구들이여, 물질은 불타오르고, 느낌은 불타오르고, 인식은 불타오르고, 심리현상들은 불타오르고, 알음알이는 불타오른다."197)

4. "비구들이여, 이렇게 보는 잘 배운 성스러운 제자는 물질에 대해서도 염오하고 느낌에 대해서도 염오하고 인식에 대해서도 염오하고 심리현상들에 대해서도 염오하고 알음알이에 대해서도 염오한다.

염오하면서 탐욕이 빛바래고, 탐욕이 빛바래기 때문에 해탈한다. 해탈하면 해탈했다는 지혜가 있다. '태어남은 다했다. 청정범행(梵行)은 성취되었다. 할 일을 다 해 마쳤다. 다시는 어떤 존재로도 돌아오지 않을 것이다.'라고 꿰뚫어 안다."

언어표현의 길 경(S22:62)

Niruttipatha-sutta

3. "비구들이여, 세 가지 언어표현의 길, 이름붙이는 길, 개념의 길198)이 있나니 이것은 거부되지 않는 것이며, 과거의 [부처님에 의

---

197) 본경은 같은 이름을 가진 본서 제4권 「불타오름 경」(S35:28)의 축약된 형태라 할 수 있다. 제4권의 「불타오름 경」(S35:28)은 12가지 안팎의 감각장소들(6내처와 6외처)이 불탄다는 것을 불의 비유와 더불어 설하고 있는데 상좌부 전통에서 이 경은 부처님의 세 번째 설법으로 알려져 있다. 반면 본경은 오온에 초점이 맞추어져 있고 비유도 나타나지 않는다.

198) '언어표현의 길', '이름붙이는 길', '개념의 길'은 각각 nirutti-patha, adhivacana-patha, paññatti-patha를 옮긴 것이다. 주석서는 이렇게 설명하고 있다.
"언어표현(nirutti)이 바로 '언어표현의 길(nirutti-patha)'이다. 혹은 언어

해서도] 거부되지 않았고, 현재에도 거부되지 않으며, 미래에도 거부되지 않을 것이며, 지혜로운 사문들과 바라문들에 의해서 비난받지 않는 것이다. 무엇이 셋인가?"

4. "비구들이여, 어떤 물질이든 지나가 버렸고 소멸하였고 변해버린 것에 대해서는 '있었다'는 명칭과 '있었다'는 일반적 호칭과 '있었다'는 개념은 있지만, '있다'는 명칭도 없고 '있을 것이다'는 명칭도 없다.

비구들이여, 어떤 느낌이든 … 인식이든 … 심리현상들이든 … [72] 알음알이든 지나가 버렸고 소멸하였고 변해버린 것에 대해서는 '있었다'는 명칭과 '있었다'는 일반적 호칭과 '있었다'는 개념은 있지만, '있다'는 명칭도 없고 '있을 것이다'는 명칭도 없다."

표현과 그 언어표현을 통해서 알게 하려는(viññātabba) 뜻(attha)들의 길이 되기 때문에(pathattā) 길(patha)이다. 그래서 언어표현의 길이라 한다. 나머지 두 단어에도 이 방법이 적용된다. 이 셋은 서로서로 동의어(aññam-añña-vevacana)라고 알아야 한다."(SA.ii.279)

『논장』의 『담마상가니』(法集論, Dhs §§1306~1308)에 의하면 언어표현과 이름붙임과 개념은 동의어이고, 이들의 길(patha)은 일체법[諸法, sabb' eva dhammā]이라고 설명하고 있다. 『디가 니까야』「대인연경」(D15/ii.63~64) §22에는 알음알이를 포함한 정신·물질[名色, nāma-rūpa]이 언어표현의 길이요 이름붙이는 길이요 개념의 길이라고 나타나고 있다.(「대인연경」에서는 이 셋을 각각 언어표현을 얻는 길, 이름을 얻는 길, 개념을 얻는 길로 옮겼다.)

이런 출처를 통해서 살펴보면 본경에 해당하는 이 주석서의 설명은 조금 논점을 벗어난 것이 아닌가 여겨진다. 본경에서 언어표현의 길과 이름붙이는 길과 개념의 길은 과거, 현재, 미래의 오온을 뜻하고, 이런 오온에 붙게 되는 일시적인 '명칭(saṅkhā)', '일반적 호칭(samaññā)', '개념(paññatti)'은 언어표현과 이름붙임과 개념이라고 이해해야 한다.

한편 본경은 『논사』(論事, Kathāvatthu, Kv.150)에서 과거와 미래는 어떤 방식으로든 존재한다는 설일체유부(說一切有部, Sarvāstivāda, Pāli. Sabbatthivāda)의 입장을 논파하는 상좌부의 근거로 인용되어 나타나기도 한다.

5. "비구들이여, 어떤 물질이든 아직 생겨나지 않았고 나타나지 않은 것에 대해서는 '있을 것이다'는 명칭과 '있을 것이다'는 일반적 호칭과 '있을 것이다'는 개념은 있지만, '있다'는 명칭도 없고 '있었다'는 명칭도 없다.

비구들이여, 어떤 느낌이든 … 인식이든 … 심리현상들이든 … 알음알이든 아직 생겨나지 않았고 나타나지 않은 것에 대해서는 '있을 것이다'는 명칭과 '있을 것이다'는 일반적 호칭과 '있을 것이다'는 개념은 있지만, '있다'는 명칭도 없고 '있었다'는 명칭도 없다."

6. "비구들이여, 어떤 물질이든 생겨나고 나타나는 것에 대해서는 '있다'는 명칭과 '있다'는 일반적 호칭과 '있다'는 개념은 있지만, '있었다'는 명칭도 없고 '있을 것이다'는 명칭도 없다.

비구들이여, 어떤 느낌이든 … 인식이든 … 심리현상들이든 … 알음알이든 생겨나고 나타나는 것에 대해서는 '있다'는 명칭과 '있다'는 일반적 호칭과 '있다'는 개념은 있지만, '있었다'는 명칭도 없고 '있을 것이다'는 명칭도 없다."

7. "비구들이여, 이러한 세 가지 언어표현의 길, 이름붙이는 길, 개념의 길이 있나니 이것은 거부되지 않는 것이며, 과거의 [부처님에 의해서도] 거부되지 않았고, 현재에도 거부되지 않으며, [73] 미래에도 거부되지 않을 것이며, 지혜로운 사문들과 바라문들에 의해서 비난받지 않는 것이다."

8. "비구들이여, 욱깔라 지역 사람들199)과 왓사와 반냐 사람

199) 주석서에서 "욱깔라(Ukkalā)는 욱깔라 지방에 거주하는 사람들(Ukkala-janapada-vāsino)이다."(SA.ii.279)라고 설명하고 있어서 이렇게 옮겼다. CPD에 의하면 Okkala로도 불린다고 하는데 지금의 오릿사(Orissa) 주라

들200)은 원인 없음을 말하는 자(무인론자)들이요 [업]지음 없음을 말하는 자(도덕부정론자)들이요 아무 것도 없음을 말하는 자(허무론자)들이다. 그들조차도 이러한 세 가지 언어표현의 길, 이름붙이는 길, 개념의 길은 비난받지 않아야 하고 공박 받지 않아야 한다고 생각하였다. 그것은 무슨 이유에서인가? 그들은 비방과 공격과 논박을 두려워하였기 때문이다."

제6장 속박 품이 끝났다.

여섯 번째 품에 포함된 경들의 목록은 다음과 같다.

① 속박 ② 씨앗 ③ 감흥어
④ 취착의 양상 ⑤ 일곱 가지 경우
⑥ 정등각자 ⑦ 무아의 특징 ⑧ 마할리
⑨ 불타오름 ⑩ 언어표현의 길이다.

고 한다.(CPD, DPPN)

200) 원문은 Vassa-Bhañña인데 주석서는 이를 병렬복합어[相違釋, dvandva]로 해석하고 있어서(SA.ii.279) 이렇게 옮겼다. 『맛지마 니까야』 「위대한 사십 가지 경」(M117) §38에도 Vassa-Bhañña로 나타나고 있으며 그곳의 주석서도 본경에 해당하는 주석서와 같이 설명하고 있다. 한편 『앙굿따라 니까야』 「유행승 경」(A4:30) §5에는 Vassaṁ Bhañña로 나타나는데 그곳의 주석서도 "왓사(Vassa)와 반냐(Bhañña)라는 두 지역 사람들(janā)"(AA.iii.62)이라고만 할 뿐 자세한 설명이 없다.
주석서에 의하면 이 두 지역 사람들은 본서 「없음 경」 등(S24:5~7)에서 나타나는 세 가지 삿된 견해를 가진 자들로, ① 무인론자들(ahetuka-vādā = ucchedavādā(단멸론자들), 본서 「없음 경」(S24:5) §3) ② 도덕부정론자들(akiriya-vādā, 본서 「행위 경」(S24:6) §3) ③ 허무론자들(natthika-vādā = ahetuka-vādā(무인론자들), 본서 「원인 경」(S24:7) §3)이었다고 한다.(SA.ii.279)

제7장 아라한 품

Arahatta-vagga

취착함 경(S22:63)

Upādiyamāna-sutta

2. 그때 어떤 비구가 세존께 다가갔다. 가서는 세존께 절을 올리고 한 곁에 앉았다. 한 곁에 앉은 그 비구는 세존께 이렇게 말씀드렸다.

3. "세존이시여, 세존께서 제게 간략하게 법을 설해 주시면 감사하겠습니다. 그러면 저는 세존으로부터 법을 들은 뒤 혼자 은둔하여 방일하지 않고 열심히, 스스로 독려하며 지내고자 합니다."

4. "비구여, 취착하면 마라[201]에게 묶이고 취착하지 않으면 사악한 [마라]로부터 풀려난다."[202] [74]

"세존이시여, 저는 잘 이해하였습니다. 선서시여, 저는 잘 이해하였습니다."

"비구여, 그러면 내가 간략하게 설한 것을 그대는 어떻게 상세하게 그 뜻을 이해하였는가?"

5. "세존이시여, 물질을 취착하면 마라에게 묶이고 취착하지 않

---

201) '마라(Māra)'에 대해서는 본서 제1권 「고행 경」(S4:1) §3의 주해 참조.

202) "'취착하면(upādiyamāna)'이란 갈애와 자만과 사견을 통해서 붙잡고 있는 것이다."(SA.ii.280)
주석서는 다음의 두 경들에서 나타나는 '사랑하면(maññamāno)'과 '기뻐하면(abhinandamāno)'도 이것과 꼭 같이 설명하고 있다.

으면 사악한 [마라]로부터 풀려납니다. 느낌을 … 인식을 … 심리현상들을 … 알음알이를 취착하면 마라에게 묶이고 취착하지 않으면 사악한 [마라]로부터 풀려납니다.

세존이시여, 저는 세존께서 간략하게 설하신 것을 이렇게 상세하게 그 뜻을 이해하였습니다."

6. "장하고 장하구나, 비구여. 비구여, 그대가 내가 간략하게 설한 것을 이렇게 상세하게 그 뜻을 이해하다니 장하구나.

비구여, 물질을 취착하면 마라에게 묶이고 취착하지 않으면 사악한 [마라]로부터 풀려난다. 느낌을 … 인식을 … 심리현상들을 … 알음알이를 취착하면 마라에게 묶이고 취착하지 않으면 사악한 [마라]로부터 풀려난다.

비구여, 내가 간략하게 설한 것을 이렇게 상세하게 그 뜻을 보아야 한다."

7. 그때 비구는 세존의 말씀을 기뻐하고 감사드린 뒤 자리에서 일어나 세존께 절을 올리고 오른쪽으로 [세 번] 돌아 [경의를 표한] 뒤에 물러갔다.

8. 그때 그 비구는 혼자 은둔하여 방일하지 않고 열심히, 스스로 독려하며 지냈다. 그는 오래지 않아 좋은 가문의 아들들이 집에서 나와 출가하는 목적인 그 위없는 청정범행의 완성을 지금 · 여기에서 스스로 최상의 지혜로 알고 실현하고 구족하여 머물렀다. '태어남은 다했다. 청정범행은 성취되었다. 할 일을 다 해 마쳤다. 다시는 어떤 존재로도 돌아오지 않을 것이다.'라고 최상의 지혜로 알았다.

9. 그 비구는 아라한들 중의 한 분이 되었다.

사량함 경(S22:64)

Maññamāna-sutta

2. 그때 어떤 비구가 세존께 다가갔다. 가서는 세존께 절을 올리고 한 곁에 앉았다. 한 곁에 앉은 그 비구는 [75] 세존께 이렇게 말씀드렸다.

3. "세존이시여, 세존께서 제게 간략하게 법을 설해 주시면 감사하겠습니다. 그러면 저는 세존으로부터 법을 들은 뒤 혼자 은둔하여 방일하지 않고 열심히, 스스로 독려하며 지내고자 합니다."

4. "비구여, 사량(思量)하면 마라에게 묶이고 사량하지 않으면 사악한 [마라]로부터 풀려난다."

"세존이시여, 저는 잘 이해하였습니다. 선서시여, 저는 잘 이해하였습니다."

"비구여, 그러면 내가 간략하게 설한 것을 그대는 어떻게 상세하게 그 뜻을 이해하였는가?"

5. "세존이시여, 물질을 사량하면 마라에게 묶이고 사량하지 않으면 사악한 [마라]로부터 풀려납니다. 느낌을 … 인식을 … 심리현상들을 … 알음알이를 사량하면 마라에게 묶이고 사량하지 않으면 사악한 [마라]로부터 풀려납니다.

세존이시여, 저는 세존께서 간략하게 설하신 것을 이렇게 상세하게 그 뜻을 이해하였습니다."

6. "장하고 장하구나, 비구여. 비구여, 그대가 내가 간략하게 설한 것을 이렇게 상세하게 그 뜻을 이해하다니 장하구나.

비구여, 물질을 사랑하면 마라에게 묶이고 사랑하지 않으면 사악한 [마라]로부터 풀려난다. 느낌을 … 인식을 … 심리현상들을 … 알음알이를 사랑하면 마라에게 묶이고 사랑하지 않으면 사악한 [마라]로부터 풀려난다.

비구여, 내가 간략하게 설한 것을 이렇게 상세하게 그 뜻을 보아야 한다."

7. 그때 비구는 세존의 말씀을 기뻐하고 감사드린 뒤 자리에서 일어나 세존께 절을 올리고 오른쪽으로 [세 번] 돌아 [경의를 표한] 뒤에 물러갔다.

8. 그때 그 비구는 혼자 은둔하여 … 다시는 어떤 존재로도 돌아오지 않을 것이라고 최상의 지혜로 알았다.

9. 그 비구는 아라한들 중의 한 분이 되었다.

기뻐함 경(S22:65)

Abhinandamāna-sutta

2. 그때 어떤 비구가 세존께 다가갔다. 가서는 세존께 절을 올리고 한 곁에 앉았다. 한 곁에 앉은 그 비구는 세존께 이렇게 말씀드렸다.

3. "세존이시여, 세존께서 제게 간략하게 법을 설해 주시면 감사하겠습니다. 그러면 저는 세존으로부터 법을 들은 뒤 혼자 은둔하여 방일하지 않고 열심히, 스스로 독려하며 지내고자 합니다."

4. "비구여, 기뻐하면 마라에게 묶이고 기뻐하지 않으면 사악한

[마라]로부터 풀려난다."

"세존이시여, 저는 잘 이해하였습니다. 선서시여, 저는 잘 이해하였습니다."

"비구여, 그러면 내가 간략하게 설한 것을 그대는 어떻게 상세하게 그 뜻을 이해하였는가?"

5. "세존이시여, 물질을 기뻐하면 마라에게 묶이고 기뻐하지 않으면 사악한 [마라]로부터 풀려납니다. 느낌을 … 인식을 … 심리현상들을 … 알음알이를 기뻐하면 마라에게 묶이고 기뻐하지 않으면 사악한 [마라]로부터 풀려납니다. [76]

세존이시여, 저는 세존께서 간략하게 설하신 것을 이렇게 상세하게 그 뜻을 이해하였습니다."

6. "장하고 장하구나, 비구여. 비구여, 그대가 내가 간략하게 설한 것을 이렇게 상세하게 그 뜻을 이해하다니 장하구나.

비구여, 물질을 기뻐하면 마라에게 묶이고 기뻐하지 않으면 사악한 [마라]로부터 풀려난다. 느낌을 … 인식을 … 심리현상들을 … 알음알이를 기뻐하면 마라에게 묶이고 기뻐하지 않으면 사악한 [마라]로부터 풀려난다.

비구여, 내가 간략하게 설한 것을 이렇게 상세하게 그 뜻을 보아야 한다."

7. 그때 비구는 세존의 말씀을 기뻐하고 감사드린 뒤 자리에서 일어나 세존께 절을 올리고 오른쪽으로 [세 번] 돌아 [경의를 표한] 뒤에 물러갔다.

8. 그때 그 비구는 혼자 은둔하여 … 다시는 어떤 존재로도 돌

아오지 않을 것이라고 최상의 지혜로 알았다.

9. 그 비구는 아라한들 중의 한 분이 되었다.

무상 경(S22:66)

Anicca-sutta

2. 그때 어떤 비구가 세존께 다가갔다. 가서는 세존께 절을 올리고 한 곁에 앉았다. 한 곁에 앉은 그 비구는 세존께 이렇게 말씀드렸다.

3. "세존이시여, 세존께서 제게 간략하게 법을 설해 주시면 감사하겠습니다. 그러면 저는 세존으로부터 법을 들은 뒤 혼자 은둔하여 방일하지 않고 열심히, 스스로 독려하며 지내고자 합니다."

4. "비구여, 무상한 것에 대한 그대의 욕구를 버려야 한다."

"세존이시여, 저는 잘 이해하였습니다. 선서시여, 저는 잘 이해하였습니다."

"비구여, 그러면 내가 간략하게 설한 것을 그대는 어떻게 상세하게 그 뜻을 이해하였는가?"

5. "세존이시여, 물질은 무상하니 그것에 대한 저의 욕구를 버려야 합니다. 느낌은 … 인식은 … 심리현상들은 … 알음알이는 무상하니 그것에 대한 저의 욕구를 버려야 합니다.

세존이시여, 저는 세존께서 간략하게 설하신 것을 이렇게 상세하게 그 뜻을 이해하였습니다."

6. "장하고 장하구나, 비구여. 비구여, 그대가 내가 간략하게 설

한 것을 이렇게 상세하게 그 뜻을 이해하다니 장하구나.

비구여, 물질은 무상하니 그것에 대한 그대의 욕구를 버려야 한다. 느낌은 … 인식은 … 심리현상들은 … 알음알이는 무상하니 그것에 대한 그대의 욕구를 버려야 한다.

비구여, 내가 간략하게 설한 것을 이렇게 상세하게 그 뜻을 보아야 한다."

7. 그때 [77] 비구는 세존의 말씀을 기뻐하고 감사드린 뒤 자리에서 일어나 세존께 절을 올리고 오른쪽으로 [세 번] 돌아 [경의를 표한] 뒤에 물러갔다.

8. 그때 그 비구는 혼자 은둔하여 … 다시는 어떤 존재로도 돌아오지 않을 것이라고 최상의 지혜로 알았다.

9. 그 비구는 아라한들 중의 한 분이 되었다.

괴로움 경(S22:67)

Dukkha-sutta

2. 그때 어떤 비구가 세존께 다가갔다. 가서는 세존께 절을 올리고 한 곁에 앉았다. 한 곁에 앉은 그 비구는 세존께 이렇게 말씀드렸다.

3. "세존이시여, 세존께서 제게 간략하게 법을 설해 주시면 감사하겠습니다. 그러면 저는 세존으로부터 법을 들은 뒤 혼자 은둔하여 방일하지 않고 열심히, 스스로 독려하며 지내고자 합니다."

4. "비구여, 괴로운 것에 대한 그대의 욕구를 버려야 한다."

"세존이시여, 저는 잘 이해하였습니다. 선서시여, 저는 잘 이해하였습니다."

"비구여, 그러면 내가 간략하게 설한 것을 그대는 어떻게 상세하게 그 뜻을 이해하였는가?"

5. "세존이시여, 물질은 괴로움이니 그것에 대한 저의 욕구를 버려야 합니다. 느낌은 … 인식은 … 심리현상들은 … 알음알이는 괴로움이니 그것에 대한 저의 욕구를 버려야 합니다.

세존이시여, 저는 세존께서 간략하게 설하신 것을 이렇게 상세하게 그 뜻을 이해하였습니다."

6. "장하고 장하구나, 비구여. 비구여, 그대가 내가 간략하게 설한 것을 이렇게 상세하게 그 뜻을 이해하다니 장하구나.

비구여, 물질은 괴로움이니 그것에 대한 그대의 욕구를 버려야 한다. 느낌은 … 인식은 … 심리현상들은 … 알음알이는 괴로움이니 그것에 대한 그대의 욕구를 버려야 한다.

비구여, 내가 간략하게 설한 것을 이렇게 상세하게 그 뜻을 보아야 한다."

7. 그때 비구는 세존의 말씀을 기뻐하고 감사드린 뒤 자리에서 일어나 세존께 절을 올리고 오른쪽으로 [세 번] 돌아 [경의를 표한] 뒤에 물러갔다.

8. 그때 그 비구는 혼자 은둔하여 … 다시는 어떤 존재로도 돌아오지 않을 것이라고 최상의 지혜로 알았다.

9. 그 비구는 아라한들 중의 한 분이 되었다.

무아 경(S22:68)

Anatta-sutta

2. 그때 어떤 비구가 세존께 다가갔다. 가서는 세존께 절을 올리고 한 곁에 앉았다. 한 곁에 앉은 그 비구는 세존께 이렇게 말씀드렸다.

3. "세존이시여, 세존께서 제게 간략하게 법을 설해 주시면 감사하겠습니다. 그러면 저는 세존으로부터 법을 들은 뒤 혼자 은둔하여 방일하지 않고 열심히, 스스로 독려하며 지내고자 합니다."

4. "비구여, 무아인 것에 대한 그대의 욕구를 버려야 한다."

"세존이시여, 저는 잘 이해하였습니다. 선서시여, 저는 잘 이해하였습니다."

"비구여, [78] 그러면 내가 간략하게 설한 것을 그대는 어떻게 상세하게 그 뜻을 이해하였는가?"

5. "세존이시여, 물질은 무아이니 그것에 대한 저의 욕구를 버려야 합니다. 느낌은 … 인식은 … 심리현상들은 … 알음알이는 무아이니 그것에 대한 저의 욕구를 버려야 합니다.

세존이시여, 저는 세존께서 간략하게 설하신 것을 이렇게 상세하게 그 뜻을 이해하였습니다."

6. "장하고 장하구나, 비구여. 비구여, 그대가 내가 간략하게 설한 것을 이렇게 상세하게 그 뜻을 이해하다니 장하구나.

비구여, 물질은 무아이니 그것에 대한 그대의 욕구를 버려야 한다. 느낌은 … 인식은 … 심리현상들은 … 알음알이는 무아이니 그것에 대한 그대의 욕구를 버려야 한다.

비구여, 내가 간략하게 설한 것을 이렇게 상세하게 그 뜻을 보아야 한다."

7. 그때 비구는 세존의 말씀을 기뻐하고 감사드린 뒤 자리에서 일어나 세존께 절을 올리고 오른쪽으로 [세 번] 돌아 [경의를 표한] 뒤에 물러갔다.

8. 그때 그 비구는 혼자 은둔하여 … 다시는 어떤 존재로도 돌아오지 않을 것이라고 최상의 지혜로 알았다.

9. 그 비구는 아라한들 중의 한 분이 되었다.

자기 것이 아님 경(S22:69)
Anattaniya-sutta

2. 그때 어떤 비구가 세존께 다가갔다. 가서는 세존께 절을 올리고 한 곁에 앉았다. 한 곁에 앉은 그 비구는 세존께 이렇게 말씀드렸다.

3. "세존이시여, 세존께서 제게 간략하게 법을 설해 주시면 감사하겠습니다. 그러면 저는 세존으로부터 법을 들은 뒤 혼자 은둔하여 방일하지 않고 열심히, 스스로 독려하며 지내고자 합니다."

4. "비구여, 자기 것이 아닌 것[203]에 대한 그대의 욕구를 버려야 한다."

"세존이시여, 저는 잘 이해하였습니다. 선서시여, 저는 잘 이해하

---

203) "'자기 것이 아닌 것(anattaniya)'이란 자신의 소유(santaka)가 아닌 것, 자신의 생활필수품[資具, parikkhāra]이 됨에 있어서 공한 것(suññatā)을 뜻한다."(SA.ii.281)

였습니다."

"비구여, 그러면 내가 간략하게 설한 것을 그대는 어떻게 상세하게 그 뜻을 이해하였는가?"

5. "세존이시여, 물질은 자기 것이 아니니 그것에 대한 저의 욕구를 버려야 합니다. 느낌은 … 인식은 … 심리현상들은 … 알음알이는 자기 것이 아니니 그것에 대한 저의 욕구를 버려야 합니다.

세존이시여, 저는 세존께서 간략하게 설하신 것을 이렇게 상세하게 그 뜻을 이해하였습니다."

6. "장하고 장하구나, 비구여. 비구여, 그대가 내가 간략하게 설한 것을 이렇게 상세하게 그 뜻을 이해하다니 장하구나.

비구여, 물질은 자기 것이 아니니 그것에 대한 그대의 욕구를 버려야 한다. [79] 느낌은 … 인식은 … 심리현상들은 … 알음알이는 자기 것이 아니니 그것에 대한 그대의 욕구를 버려야 한다.

비구여, 내가 간략하게 설한 것을 이렇게 상세하게 그 뜻을 보아야 한다."

7. 그때 비구는 세존의 말씀을 기뻐하고 감사드린 뒤 자리에서 일어나 세존께 절을 올리고 오른쪽으로 [세 번] 돌아 [경의를 표한] 뒤에 물러갔다.

8. 그때 그 비구는 혼자 은둔하여 … 다시는 어떤 존재로도 돌아오지 않을 것이라고 최상의 지혜로 알았다.

9. 그 비구는 아라한들 중의 한 분이 되었다.

물들이는 것이 분명함 경(S22:70)

Rajanīyasaṇṭhita-sutta

2. 그때 어떤 비구가 세존께 다가갔다. 가서는 세존께 절을 올리고 한 곁에 앉았다. 한 곁에 앉은 그 비구는 세존께 이렇게 말씀드렸다.

3. "세존이시여, 세존께서 제게 간략하게 법을 설해 주시면 감사하겠습니다. 그러면 저는 세존으로부터 법을 들은 뒤 혼자 은둔하여 방일하지 않고 열심히, 스스로 독려하며 지내고자 합니다."

4. "비구여, [마음을] 물들임이 분명한 것[204]에 대한 그대의 욕구를 버려야 한다."

"세존이시여, 저는 잘 이해하였습니다. 선서시여, 저는 잘 이해하였습니다."

"비구여, 그러면 내가 간략하게 설한 것을 그대는 어떻게 상세하게 그 뜻을 이해하였는가?"

5. "세존이시여, 물질은 [마음을] 물들이는 것이 분명하니 그것에 대한 저의 욕구를 버려야 합니다. 느낌은 … 인식은 … 심리현상들은 … 알음알이는 [마음을] 물들이는 것이 분명하니 그것에 대한 저의 욕구를 버려야 합니다.

세존이시여, 저는 세존께서 간략하게 설하신 것을 이렇게 상세하게 그 뜻을 이해하였습니다."

---

204) "'[마음을] 물들이는 것이 분명한 것(rajanīya-saṇṭhita)'이란 물들이는 형태(rajanīya ākāra)에 의해서 분명한 것이니 애욕(rāga)의 조건이 되어서(paccaya-bhāva) 확립된 것(ṭhita)이라는 뜻이다."(SA.ii.281)

6. "장하고 장하구나, 비구여. 비구여, 그대가 내가 간략하게 설한 것을 이렇게 상세하게 그 뜻을 이해하다니 장하구나.

비구여, 물질은 [마음을] 물들이는 것이 분명하니 그것에 대한 그대의 욕구를 버려야 한다. 느낌은 … 인식은 … 심리현상들은 … 알음알이는 [마음을] 물들이는 것이 분명하니 그것에 대한 그대의 욕구를 버려야 한다.

비구여, 내가 간략하게 설한 것을 이렇게 상세하게 그 뜻을 보아야 한다."

7. 그때 비구는 세존의 말씀을 기뻐하고 감사드린 뒤 자리에서 일어나 세존께 절을 올리고 오른쪽으로 [세 번] 돌아 [경의를 표한] 뒤에 물러갔다.

8. 그때 그 비구는 혼자 은둔하여 … 다시는 어떤 존재로도 돌아오지 않을 것이라고 최상의 지혜로 알았다.

9. 그 비구는 아라한들 중의 한 분이 되었다.

라다 경(S22:71)205)

Rādha-sutta

2. 그때 라다 존자206)가 세존께 다가갔다. [80] 가서는 세존께 절을 올리고 한 곁에 앉았다. 한 곁에 앉은 라다 존자는 세존께 이렇

---

205) 본경은 본서 제2권 「잠재성향 경」(S18:21)과 본서 「라훌라 경」 1(S22:91)과 동일하다.

206) 라다 존자(āyasmā Rādha)에 대해서는 본서 「마라 경」(S23:1) §2의 주해를 참조할 것. 그리고 본서 「라다 상윳따」(S23)에 포함된 46개의 경들은 모두 세존께서 라다 존자에게 설하신 것이기도 하다.

게 여쭈었다.

3. "세존이시여, 어떻게 알고 어떻게 보아야 알음알이를 가진 이 몸과 밖의 모든 표상들에 대해서 '나'라는 생각과 '내 것'이라는 생각과 자만의 잠재성향이 일어나지 않게 됩니까?"

4. "라다여, 그것이 어떠한 물질이건, 그것이 과거의 것이건 미래의 것이건 현재의 것이건 안의 것이건 밖의 것이건 거칠건 미세하건 저열하건 수승하건 멀리 있건 가까이 있건 '이것은 내 것이 아니요, 이것은 내가 아니며, 이것은 나의 자아가 아니다.'라고 있는 그대로 바른 통찰지로 보아야 한다.

라다여, 그것이 어떠한 느낌이건 … 그것이 어떠한 인식이건 … 그것이 어떠한 심리현상들이건 … 그것이 어떠한 알음알이건, 그것이 과거의 것이건 미래의 것이건 현재의 것이건 안의 것이건 밖의 것이건 거칠건 미세하건 저열하건 수승하건 멀리 있건 가까이 있건 '이것은 내 것이 아니요, 이것은 내가 아니며, 이것은 나의 자아가 아니다.'라고 있는 그대로 바른 통찰지로 보아야 한다."

5. "라다여, 이렇게 알고 이렇게 보아야 알음알이를 가진 이 몸과 밖의 모든 표상들에 대해서 '나'라는 생각과 '내 것'이라는 생각과 자만의 잠재성향이 일어나지 않게 된다."

6. 그때 라다 존자는 혼자 은둔하여 … 다시는 어떤 존재로도 돌아오지 않을 것이라고 최상의 지혜로 알았다.

7. 라다 존자는 아라한들 중의 한 분이 되었다.

수라다 경(S22:72)[207]

Surādha-sutta

2. 그때 수라다 존자[208]가 세존께 다가갔다. 가서는 세존께 절을 올리고 한 곁에 앉았다. 한 곁에 앉은 수라다 존자는 세존께 이렇게 여쭈었다.

3. "세존이시여, 어떻게 알고 어떻게 보아야 [우리의] 마음은 알음알이를 가진 이 몸과 밖의 모든 표상들에 대해서 '나'라는 생각과 '내 것'이라는 생각과 자만을 제거하게 되고, 여러 가지 차별된 생각을 뛰어넘어 평화롭게 되고 잘 해탈하게 됩니까?"[209]

4. "수라다여, 그것이 어떠한 물질이건, 그것이 과거의 것이건 미래의 것이건 현재의 것이건 안의 것이건 밖의 것이건 거칠건 미세하건 저열하건 수승하건 멀리 있건 가까이 있건 '이것은 내 것이 아니요, 이것은 내가 아니며, 이것은 나의 자아가 아니다.'라고 있는 그대로 바른 통찰지로 본 뒤에 취착 없이 해탈한다.

수라다여, 그것이 어떠한 느낌이건 … 그것이 어떠한 인식이건 … 그것이 어떠한 심리현상들이건 … [81] 그것이 어떠한 알음알이건, 그것이 과거의 것이건 미래의 것이건 현재의 것이건 안의 것이건 밖

---

207) 본경은 본서 제2권 「빠짐 경」(S18:22)과 같고 본서 「라훌라 경」 2(S22:92)와 비슷하다.

208) 수라다 존자(āyasmā Surādha)는 라다 존자의 동생이었다고 한다. 형을 본보기로 하여 출가하였고 본경에서 보듯이 아라한이 되었다.(ThagA.ii.13~14) 그의 게송이 『장로게』(Thag) {135~136}으로 전해 온다.

209) '밖의 모든 표상들(bahiddhā sabba-nimittā)'과 '자만(māna)'에 대해서는 본서 제2권 「잠재성향 경」(S18:21) §3의 주해들을 참조하고 본문의 해석은 「빠짐 경」(S18:22) §3을 참조할 것.

의 것이건 거칠건 미세하건 저열하건 수승하건 멀리 있건 가까이 있건 '이것은 내 것이 아니요, 이것은 내가 아니며, 이것은 나의 자아가 아니다.'라고 있는 그대로 바른 통찰지로 본 뒤에 취착 없이 해탈한다."

5. "수라다여, 이렇게 알고 이렇게 보아야 마음은 알음알이를 가진 이 몸과 밖의 모든 표상들에 대하여 '나'라는 생각과 '내 것'이라는 생각과 자만을 제거하게 되고, 여러 가지 차별된 생각을 뛰어넘어 평화롭게 되고 잘 해탈하게 된다."

6. 그때 수라다 존자는 혼자 은둔하여 … 다시는 어떤 존재로도 돌아오지 않을 것이라고 최상의 지혜로 알았다.

7. 수라다 존자는 아라한들 중의 한 분이 되었다.

제7장 아라한 품이 끝났다.

일곱 번째 품에 포함된 경들의 목록은 다음과 같다.

① 취착함 ② 사량함 ③ 기뻐함
④ 무상 ⑤ 괴로움 ⑥ 무아
⑦ 자기 것이 아님 ⑧ 물들이는 것이 분명함
⑨ 라다 ⑩ 수라다 — 이러한 열 가지이다.

제8장 삼켜버림 품

Khajjanīya-vagga

달콤함 경(S22:73)

Assāda-sutta

3. "비구들이여, 배우지 못한 범부는 물질의 달콤함과 위험함과 벗어남을 있는 그대로 꿰뚫어 알지 못한다.

느낌의 … 인식의 … 심리현상들의 … 알음알이의 달콤함과 위험함과 벗어남을 있는 그대로 꿰뚫어 알지 못한다."

4. "비구들이여, 그러나 잘 배운 성스러운 제자는 물질의 달콤함과 위험함과 벗어남을 있는 그대로 꿰뚫어 안다. [82] 느낌의 … 인식의 … 심리현상들의 … 알음알이의 달콤함과 위험함과 벗어남을 있는 그대로 꿰뚫어 안다."

일어남 경1(S22:74)

Samudaya-sutta

3. "비구들이여, 배우지 못한 범부는 물질의 일어남과 사라짐과 달콤함과 위험함과 벗어남을 있는 그대로 꿰뚫어 알지 못한다.

느낌의 … 인식의 … 심리현상들의 … 알음알이의 일어남과 사라짐과 달콤함과 위험함과 벗어남을 있는 그대로 꿰뚫어 알지 못한다."

4. "비구들이여, 그러나 잘 배운 성스러운 제자는 물질의 일어남과 사라짐과 달콤함과 위험함과 벗어남을 있는 그대로 꿰뚫어 안

다. 느낌의 … 인식의 … 심리현상들의 … 알음알이의 일어남과 사라짐과 달콤함과 위험함과 벗어남을 있는 그대로 꿰뚫어 안다."

일어남 경2(S22:75)

3. "비구들이여, 잘 배운 성스러운 제자는 물질의 일어남과 사라짐과 달콤함과 위험함과 벗어남을 있는 그대로 꿰뚫어 안다.

느낌의 … 인식의 … 심리현상들의 … 알음알이의 일어남과 사라짐과 달콤함과 위험함과 벗어남을 있는 그대로 꿰뚫어 안다."

아라한 경1(S22:76)

Arahanta-sutta

3. "비구들이여, 물질은 무상하다. 무상한 것은 괴로움이요, 괴로움인 것은 무아다. 무아인 것은 [83] '이것은 내 것이 아니고, 이것은 내가 아니고, 이것은 나의 자아가 아니다.'라고 있는 그대로 바른 통찰지로 봐야 한다.

느낌은 … 인식은 … 심리현상들은 … 알음알이는 무상하다. 무상한 것은 괴로움이요, 괴로움인 것은 무아다. 무아인 것은 '이것은 내 것이 아니고, 이것은 내가 아니고, 이것은 나의 자아가 아니다.'라고 있는 그대로 바른 통찰지로 봐야 한다."

4. "비구들이여, 이렇게 보는 잘 배운 성스러운 제자는 물질에 대해서도 염오하고, 느낌에 대해서도 염오하고, 인식에 대해서도 염오하고, 심리현상들에 대해서도 염오하고, 알음알이에 대해서도 염오한다.

염오하면서 탐욕이 빛바래고, 탐욕이 빛바래므로 해탈한다. 해탈하면 해탈했다는 지혜가 있다. '태어남은 다했다. 청정범행(梵行)은 성취되었다. 할 일을 다 해 마쳤다. 다시는 어떤 존재로도 돌아오지 않을 것이다.'라고 꿰뚫어 안다."

5. "비구들이여, 중생의 거처[210]에 관한 한, 존재의 으뜸에 관한 한,[211] 세상에서는 아라한들이 으뜸이고 최상이다."

6. 세존께서는 이렇게 말씀하셨다. 스승이신 선서께서는 이렇게 말씀하신 뒤 다시 [게송으로] 이와 같이 설하셨다.

"아라한들은 행복하나니
그들에게 갈애란 없다네.
'나'라는 자만을 잘랐고
어리석음의 그물을 찢어버렸다네. {1}

흔들림 없음[212]에 도달한

---

210) 아홉 가지 '중생의 거처(sattāvāsa)'는 『앙굿따라 니까야』 제5권 「중생 경」(A9:24)과 『디가 니까야』 제3권 「합송경」(D33) §3.2 (3)과 「십상경」(D34) §2.2 (3)에 나열되어 나타난다. 이 아홉 가지 중생의 거처로는 ① 악처와 인간과 어떤 신들 ② 범중천 ③ 광음천 ④ 변정천 ⑤ 무상유정천 ⑥ 공무변처 ⑦ 식무변처 ⑧ 무소유처 ⑨ 비상비비상처를 들고 있다.

211) 『앙굿따라 니까야 주석서』에서는 아라한됨(arahatta)을 얻는 것이 '존재의 으뜸(bhavagga)'이라고 설명하고 있다.(AA.ii.107) 보디 스님은 본경에서 말하는 존재의 으뜸은 비상비비상처가 아닐까 제언하는데 주석서는 구체적인 설명을 하지 않는다. 주석서 문헌들에서도 "아래로는 무간지옥부터 위로는 존재의 으뜸까지(heṭṭhā avīciṁ upari bhavaggaṁ)"(SA.ii.287 등)라는 표현이 적지 않게 나타나는데, 이 경우에도 문맥상 존재의 으뜸은 비상비비상처로 보는 것이 타당하며, 미얀마에서도 비상비비상처를 존재의 으뜸으로 간주한다고 한다.

212) "'흔들림 없음(aneja)'이란 흔들림(ejā)이라 불리는 갈애를 제거한 상태(pahāna-bhūta)이니 바로 아라한됨(arahatta)을 말한다."(SA.ii.282) 흔들림(ejā)에 대해서는 본서 제4권 「동요 경」 1/2(S35:90~91)를 참조할 것.

그들의 마음은 맑으며
세상에 물들지 않는 그들은
최상의 존재이며 번뇌가 없다네. {2}

오온을 철저하게 알고
일곱 가지 정법[213]을 행동영역으로 하는
바른 사람들은 부처님의 가슴에서 태어난
아들이니 칭송되어야 하리. {3}

일곱 가지 보배[214]를 구족하고
삼학을 공부지었나니[215]
두려움과 공포를 제거한
대 영웅들은 유행한다네. {4}

열 가지 요소[216]를 구족한

---

213) 『디가 니까야』「합송경」(D33) §2.3 (5)와 『맛지마 니까야』「유학 경」(M53/i.356) §§11~17에 의하면 '일곱 가지 정법(바른 법, satta-saddhamma)'이란 믿음(saddha), 양심 있음(hirimā), 수치심 있음(ottappī), 많이 배움(bahussuta), 활발하게 정진함(āraddha-viriya), 마음챙김을 확립함(upaṭṭhita-sati), 통찰지를 가짐(paññavā)이다.

214) '일곱 가지 보배(satta-ratana)'는 일곱 가지 깨달음의 구성요소[七覺支, satta sambojjhaṅgā]를 말한다. 본서 제5권 「전륜성왕 경」(S46:42) §§3~4를 참조.

215) '삼학을 공부지음(tīsu sikkhāsu sikkhitā)'은 높은 계를 공부지음[增上戒學, adhisīla-sikkhā], 높은 마음을 공부지음[增上心學, adhicitta-sikkhā], 높은 통찰지를 공부지음[增上慧學, adhipaññā-sikkhā]이다. 본서 제1권 「깟사빠 경」1(S2:1) {255} 주해와 『앙굿따라 니까야』「사문 경」(A3:81) §1 등을 참조할 것.

216) '열 가지 요소(dasaṅga)'란 팔정도에다 바른 지혜(sammā-ñāṇa)와 바른 해탈(sammā-vimutti)을 더한 것이다. 『맛지마 니까야』「위대한 사십 가지 경」(M117/iii.76) §34에 의하면 이 10가지는 아라한 즉 무학(asekha)이 구족하고 있는 열 가지 구성요소이다. 본서 제2권 「열 가지 구성 요소

큰 나가[217]들은 삼매에 드나니
이들은 세상에서 최상이요
그들에게 갈애란 없다네. {5}

'이것은 [나의] 마지막 몸이다.'라는
무학의 지혜가 생겼기에
청정범행의 핵심에 관한 한
남들에게 의지하지 않는다네. {6} [84]

여러 가지 차별된 생각에 대해서 흔들리지 않고[218]
다시 태어남을 벗어났으며
제어된 경지에 도달하였나니
그들은 세상에서 승리자라네. {7}

위로 옆으로 아래로
그들에게는 즐김이란 없다네.
그들은 사자후를 토하나니
'부처님들은 세상에서 위없는 분이로다.'라고." {8}

아라한 경2(S22:77)

3. "비구들이여, 물질은 무상하다. 무상한 것은 괴로움이요, 괴

경」(S14:29) §3의 주해를 참조할 것.

217) 나가(nāga)에 대해서는 본서 제1권 「회합 경」(S1:37) {123}의 주해를 참조할 것.

218) "'여러 가지 차별된 생각에 흔들리지 않고(vidhāsu na vikampanti)'라는 것은 세 가지 자만의 부분(māna-koṭṭhāsa)에 흔들리지 않는다는 말이다." (SA.ii.282) 세 가지 자만이란 뛰어나다거나 동등하다거나 못하다는 것을 말한다.(본서 「소나 경」1(S22:49) §3 참조)

로움인 것은 무아다. 무아인 것은 '이것은 내 것이 아니고, 이것은 내가 아니고, 이것은 나의 자아가 아니다.'라고 있는 그대로 바른 통찰지로 봐야 한다.

느낌은 … 인식은 … 심리현상들은 … 알음알이는 무상하다. 무상한 것은 괴로움이요, 괴로움인 것은 무아다. 무아인 것은 '이것은 내 것이 아니고, 이것은 내가 아니고, 이것은 나의 자아가 아니다.'라고 있는 그대로 바른 통찰지로 봐야 한다."

4. "비구들이여, 이렇게 보는 잘 배운 성스러운 제자는 물질에 대해서도 염오하고, 느낌에 대해서도 염오하고, 인식에 대해서도 염오하고, 심리현상들에 대해서도 염오하고, 알음알이에 대해서도 염오한다.

염오하면서 탐욕이 빛바래고, 탐욕이 빛바래므로 해탈한다. 해탈하면 해탈했다는 지혜가 있다. '태어남은 다했다. 청정범행(梵行)은 성취되었다. 할 일을 다 해 마쳤다. 다시는 어떤 존재로도 돌아오지 않을 것이다.'라고 꿰뚫어 안다."

5. "비구들이여, 중생들의 거처에 관한 한, 존재의 으뜸에 관한 한, 세상에서는 아라한들이 으뜸이고 최상이다."

사자 경(S22:78)[219]

Sīha-sutta

3. "비구들이여, 동물의 왕 사자가 해거름에 굴에서 나온다. 굴

219) 게송을 포함한 본경은 『앙굿따라 니까야』 제2권 「사자 경」(A4:33)과 같은 내용을 담고 있다. 다만 거기서는 자기 존재가 언급되었고 본경에서는 오온이 언급되는 것만 다르다.

에서 나와서는 기지개를 켜고, 기지개를 켠 뒤 사방을 두루 굽어본다. 사방을 두루 굽어본 뒤 세 번 사자후를 토한다. 세 번 사자후를 토한 뒤 초원으로 들어간다.

비구들이여, [85] 짐승들은 동물의 왕인 사자의 포효하는 소리를 듣고는 대부분 두려워하고 공포를 느끼고 전율에 빠진다. 동굴에 사는 것은 동굴에 들어가고 물에 사는 것은 물에 들어가고 숲에 사는 것은 숲으로 들어가고 새들은 허공으로 날아오른다.

비구들이여, 마을이나 성읍이나 수도에서 견고한 밧줄에 묶인 왕의 코끼리라도 역시 두려움에 떨면서 그 포승을 자르거나 찢어발기고 대소변을 지리면서 이리저리 날뛴다.

비구들이여, 동물의 왕인 사자는 짐승들 가운데서 이처럼 크나큰 능력이 있고 이처럼 크나큰 힘이 있고 이처럼 크나큰 위력이 있다."

4. "비구들이여, 그와 같이220) 여기 여래가 이 세상에 출현한다. 그는 아라한[應供]이며, 완전히 깨달은 분[正等覺]이며, 명지와 실천이 구족한 분[明行足]이며, 피안으로 잘 가신 분[善逝]이며, 세상을 잘 알고 계신 분[世間解]이며, 가장 높은 분[無上士]이며, 사람을 잘 길들이는 분[調御丈夫]이며, 하늘과 인간의 스승[天人師]이며, 깨달은 분[佛]이며, 세존(世尊)이다.

그는 법을 설한다. '이것이 물질이요, 이것이 물질의 일어남이요, 이것이 물질의 사라짐이다. 이것이 느낌이요 … 인식이요 … 심리현

---

220) 주석서는 사자가 굴에서 나와서 포효하는 것과 부처님이 세상에 출현하여 법을 설하시는 것을 각 항목마다 자세하게 비교하여 설명하고 있다.(SA.ii. 285~287) 예를 들면, 사자가 포효하는 것은 부처님께서 녹야원에서 [처음으로] 법의 바퀴[法輪]를 굴리셨던 것(dhamma-cakka-ppava ttana)과 같고, 작은 짐승들이 두려워하고 공포를 느끼고 전율에 빠지는 것은 장수하는 신들이 부처님께서 사성제를 설하시는 것을 듣고 두려움의 지혜(ñāṇa-santāsa)가 생기는 것과 같다.

상들이요 … 알음알이요, 이것이 알음알이의 일어남이요, 이것이 알음알이의 사라짐이다.'라고."[221]

5. "비구들이여, 비록 신들이 장수하고 용모가 수려하고 아주 행복하고, 높은 천상의 궁전에서 오랜 시간을 머문다 하더라도 그들은 대부분[222] 여래의 설법을 듣고서 두려워하고 공포를 느끼고 전율에 빠진다. '존자들이여, 우리는 우리 자신들이 항상하다고 생각했는데 참으로 우리는 무상한 것이로군요. 존자들이여, 우리 자신들이 견고하다고 생각했는데 참으로 우리는 견고하지 못한 것이로군요. 존자들이여, 우리 자신들이 영원하다고 생각했는데 참으로 우리는 영원하지 않은 것이로군요. 존자들이여, 우리는 참으로 무상하고 견고하지도 않고 영원하지도 않고 자기 존재[有身, 五蘊][223]에 포함되

221) 본서 제2권 「십력 경」 1(S12:21) §4 등에도 나타난다. 이곳의 주해를 참조할 것. 본경에 해당하는 주석서는 오온의 일어남과 사라짐에 대해서 본서 「취착의 양상 경」(S22:56)을 인용하여 설명하고 있다.(SA.ii.288)

222) "'대부분(yebhuyyena)'이라고 하신 것은 성스러운 제자인 신들(ariya-sāvakā devā)을 제외한 대부분이라는 뜻이다. 성스러운 제자인 신들은 마음의 두려움과 공포(citt-utrāsa-bhaya)가 일어나지 않는다. 물론 이들도 절박함(saṁvigga)을 통해서 근원적으로 노력(yoniso padhāna)하여서 얻어야 할 것을 얻었기 때문에 절박함의 지혜(ñāṇa-saṁvega)는 있다. 그러나 그 외에 무상함(aniccatā)을 마음에 잡도리하는 신들에게는 마음의 두려움과 공포도 있으며 강한 위빳사나를 할 때(balava-vipassanā-kāla)에는 두려움의 지혜(ñāṇa-bhaya, 아래 복주서에서 말하는 공포로 나타나는 지혜인 듯함)도 일어난다."(SA.ii.288)
"여기서 절박함의 지혜(ñāṇa-saṁvega)란 공포로 나타나는 지혜(bhayat-upaṭṭhāna-ñāṇa, 『청정도론』 XXI.§§29~34를 참조할 것)를 말한다."(SAṬ.ii.209)

223) '자기 존재[有身]'는 sakkāya를 옮긴 것이다. 경우에 따라서는 '자기 존재 있음'으로도 옮겼다.(자기 존재(sakkāya)에 대한 설명은 본서 「자기 존재 경」(S22:105)과 제1권 「아누룻다 경」(S9:6) {774}의 주해도 참조할 것.) 여기서 자기 존재는 나라는 존재 즉 오온(오취온)을 뜻한다. 그래서 주석서는 "고유성질과 역할과 한계와 정의와 테두리를 통해서 모두 취착의 [대상

어[224] 있었군요.'라고 하면서.

비구들이여, 여래는 신을 포함한 세상에서 이처럼 크나큰 능력이 있고 이처럼 크나큰 힘이 있고 이처럼 크나큰 위력이 있다."

6. 세존께서는 이렇게 말씀하셨다. 스승이신 선서께서는 이렇게 말씀하신 뒤 다시 [게송으로] 이와 같이 설하셨다. [86]

"신들을 포함한 세상의 스승인 자는
이 세상 그 누구와도 견줄 수가 없다네.

그는 최상의 지혜로 알아 법바퀴를 굴리고
자기 존재[有身]와 자기 존재의 일어남과 소멸과
괴로움의 소멸로 인도하는 성스러운 팔정도를 설한다네.

긴 수명을 가졌고 아름답고 명성을 가진 신들조차
아라한·해탈한 자·여여한 자의 가르침 들은 뒤

'오, 참으로 우리는 자기 존재[有身]를 넘어서지 못했고
너무도 무상한 자들이로구나.'라면서

이 되는] 다섯 가지 무더기[五取蘊]를 보여주신 것이다."(AA.iii.72)라고 설명하고 있다.
한편 유신(有身)은 우리에게 유신견(有身見, sakkāya-diṭṭhi) 즉 나라는 고정 불변하는 실체가 있다는 잘못된 견해를 통해서 잘 알려져 있다. 부처님께서는 20가지로 유신견을 설명하시는데 오온이 자아다, 오온을 가진 것이 자아다, 오온이 자아 안에 있다, 오온 안에 자아가 있다고 주장하는 삿된 견해라고 하셨다.(유신견에 대해서는 본서 「나꿀라삐따 경」(S22:1) §10 이하를 참조할 것.)

224) "'자기 존재[有身, 五蘊]에 포함된(sakkāya-pariyāpannā)'이란 오온(五蘊, pañca-kkhandha)에 포함되었다는 말이다. 이처럼 정등각자께서 윤회의 결함(vaṭṭa-dosa)을 지적하시면서 [무상·고·무아의] 삼특상의 [도장을] 찍은(ti-lakkhaṇ-āhata) 법을 설하시자 신들에게는 두려움의 지혜가 생겨났다"(SA.ii.288)

사자 앞의 다른 동물들처럼 두려움과 전율에 빠졌다네."

삼켜버림 경(S22:79)

Khajjanīya-sutta

3. "비구들이여, 어떤 사문들이든 바라문들이든 수많은 전생의 갖가지 삶들을 기억하는 자들은 모두 취착의 [대상이 되는] 다섯 가지 무더기[五取蘊]를 기억하는 것이지 그 외 다른 것을 [기억하는 것이] 아니다.225) 무엇이 다섯인가?

비구들이여, '과거에 나는 이러한 물질(몸)을 가졌다.'라고 기억하면서 그는 단지 물질을 기억한다.226) '과거에 나는 이러한 느낌을 가

---

225) "여기서 '전생의 갖가지 삶들을 기억하는(pubbenivāsaṁ anussaramānā)'이란 신통지(abhiññā)를 통해서 기억하는 것(anussaraṇa)을 두고 말씀하신 것이 아니다. (즉 6신통 가운데 다섯 번째인 전생을 기억하는 지혜[宿命通, pubbenivāsa-anussati-ñāṇa]를 통해서가 아니라는 뜻.) 그러나 위빳사나(vipassanā)를 통해서 전생의 삶을 기억하는 사문·바라문들을 두고 이렇게 말씀하신 것이다."(SA.ii.289)
"여기서 '위빳사나를 통해서'라는 말은 단지 현재에서(etarahi) 물질이나 느낌 등을 기억하면서 '과거에 나는 이러한 느낌을 가졌다.'는 등으로 과거(atīta)의 물질이나 느낌을 현재의 것(paccuppanna)들이라고 [여겨서], 특별함이 없이 보는(visesa-abhāva-dassanā) 위빳사나를 통해서 라는 뜻이다."(SAṬ.ii.210)
복주서의 이러한 설명은 『청정도론』 XIX.1 이하에 나타나는 '의심을 극복함에 의한 청정(kaṅkhā-vitaraṇa-visuddhi, 度疑淸淨)'과 관계가 있다. 즉 현재의 원인과 결과를 잘 관찰하게 되면 과거와 미래를 따로 관찰하지 않아도 이러한 유추를 통해서 알게 된다는 말이다. 여기에 대해서는 『청정도론』 XIX.5 이하를 참조할 것. 한편 마하시 사야도는 이것을 '유추하는 위빳사나'라 부른다고 한다.

226) "'그는 단지 물질을 기억한다(rūpaṁ yeva anussarati).'는 것은 이와 같이 기억하면서 그는 다른 어떤 중생(satta)이나 개아(puggala)를 기억하는 것이 아니다. 단지 과거에 소멸되어버렸던(niruddha) 물질의 무더기(색온)를 기억할 뿐이다. 이것은 느낌 등에도 적용된다."(SA.ii.289)
그래서 주석서는 오취온을 기억하는 것일 뿐이라는 이 말씀은 공함[空性,

졌다.'라고 기억하면서 그는 단지 느낌을 기억한다. '과거에 나는 이러한 인식을 가졌다.'라고 기억하면서 그는 단지 인식을 기억한다. '과거에 나는 이러한 심리현상들을 가졌다.'라고 기억하면서 그는 단지 심리현상들을 기억한다. '과거에 나는 이러한 알음알이를 가졌다.'라고 기억하면서 그는 단지 알음알이를 기억한다."

4. "비구들이여, 그러면 왜 물질이라 부르는가?[227] 변형(變形)된다[228]고 해서 물질이라 한다. 그러면 무엇에 의해서

---

suññatā]을 설하신 부분(pabba)이라고 덧붙이고 있다.(*Ibid*)

227) 이제 여기서 이렇게 오온의 특징을 하나하나 정의하면서 다시 설하시는 이유를 주석서는 "공함에 대해서는 말씀하셨지만 공함의 특징(suññatā-lakkhaṇa)에 대해서는 말씀하시지 않으셨기 때문에 공함도 완결된 것은 아니다. 그래서 공함의 특징을 보여주시기 위해서 '그러면 왜 물질이라 부르는가?' 등으로 말씀하시는 것이다."(SA.ii.289~290)라고 설명하고 있다. 여기에 대해서 복주서는 이렇게 설명을 덧붙이고 있다.
"'보여주시기 위해서(dassetuṁ)'라고 했다. 물질 등은 자아(attā)가 아니고 자아에 속하는 것(attaniyā)도 아니고 실체가 없고(asārā) 지배자가 아니다(anissarā). 그래서 이들은 공(suññā)하다. 이러한 그들의 성질(bhāva)을 공함[空性, suññatā]이라 한다. 이러한 공함의 특징을 '변형됨(ruppana)' 등을 통해서 '보여주시기 위해서'라는 뜻이다."(SA.ii.210)

228) "'변형된다고 해서(ruppatīti kho)'라고 했다. 여기서 '~고 해서(iti)'는 원인을 지칭하는 것(kāraṇ-uddesa)이다. '변형되기 때문에, 그래서 물질이라 한다고 말해진다.'는 뜻이다. '변형되다(ruppati)'는 것은 혼란스럽게 되다, 부딪치다, 억압되다, 부서지다는 뜻이다(kuppati ghaṭṭīyati pīḷīyati, bhijjatī ti attho)."(SA.ii.290)
"'변형된다(ruppati).'고 했다. 이것은 물질(rūpa)이라는 것은 차가움 등의 변형시키는 조건과 접촉(virodhi-paccaya-sannipāta)하여 다르게 생성됨(visadis-uppatti)을 두고 말한 것이다."(SAṬ.ii.210)
여기서 변형(ruppana, ruppati)은 변화(viparinnāma)와 다르다는 것을 말하고 싶다. 변형(變形, *deformation*)은 형태나 모양이 있는 것이 그 형태나 모양이 바뀌는 것을 말한다. 이것은 물질만의 특징이다. 느낌, 인식, 심리현상들, 알음알이와 같은 정신의 무더기들은 변화는 말할 수 있지만 변형은 없다. 형태나 모양이 없기 때문이다. 그래서 변형은 물질에만 있는 성질이다. (바로 아래 주해 참조) 이런 이해를 바탕으로 다른 주석서들을 살펴보자.

변형되는가? 차가움에 의해서도 변형되고, 더움에 의해서도 변형되고, 배고픔에 의해서도 변형되고, 목마름에 의해서도 변형되고, 파리, 모기, 바람, 햇빛, 파충류들에 의해서도 변형된다.

비구들이여, 이처럼 변형된다고 해서 물질이라 한다."[229]

5. "비구들이여, 그러면 왜 느낌이라 부르는가?

느낀다고 해서 느낌이라 한다.[230] 그러면 무엇을 느끼는가? 즐거

『청정도론』(XIV.34)에서도 "그 중에서 차가움 등으로 인해 변형되는(ruppana) 특징을 가진 것들은 무엇이든 모두 하나로 묶어 물질의 무더기라고 알아야 한다."로 나타난다. 주석서 문헌들에는 rūpa를 ruppati(변형되다) 혹은 ruppana(변형되는)의 성질을 가진 것이라고 정의하고 있다. ruppana는 √rup(*to break, to violate*)에서 파생된 중성명사이며, rūpa(色)를 설명하는 단어로 다른 주석서 등에서도 많이 나타나고 있다.

가장 오래된 주석서이며 『쿳다까 니까야』(Khuddaka Nikāya, 小部)에 포함되어 있는 『닛데사』(Niddesa, 義釋)』(Nd1.4)에서도 이 √rup의 동사인 ruppati를 본경의 주석서처럼 '변형되다, 혼란스럽게 되다, 부딪치다, 억압되다, 부서지다.'와 동의어로 취급하고 있다. 『논장』의 여러 주석서들도 마찬가지다.

이러한 전통적인 견해를 따라서 초기불전연구원에서는 ruppati를 '변형되다'로 옮기고 있으며(『아비담마 길라잡이』 제6장 처음 해설 참조), 보디 스님은 '*is deformed*'로 옮기고 있다.

229) "법들에는 보편적이고 개별적인(sāmañña-paccatta) 두 가지 특징(lakkha-ṇa)이 있다.(중국에서는 보편적 특징을 공상(共相)으로 개별적 특징을 자상(自相)으로 옮겼다.) 이 둘 가운데서 물질의 무더기를 [변형된다는] 개별적인 특징[自相, paccatta-lakkhaṇa = sabhāva-lakkhaṇa]을 통해서 드러내셨다. [변형되는 것은] 물질의 무더기에만 있고 느낌 등에는 없기 때문에 개별적인 특징이라 불린다. 무상·고·무아라는 특징(anicca-dukkha-anatta-lakkhaṇa)은 느낌 등에도 있다. 그래서 이것은 보편적 특징[共相, sāmañña-lakkhaṇa]이라 불린다."(SA.ii.291~292)

즉 변형(變形, *deformation*)은 형체를 가진 물질에만 적용되는 개별적이고 특수한 성질이다. 그래서 이런 변형이라는 물질에만 존재하는 개별적인 특징을 가지고 물질을 설명하셨다는 뜻이다. 느낌, 인식, 심리현상들, 알음알이는 형태가 없기 때문에 변형은 존재할 수 없다.

230) "'느낀다(vedayati).'는 것은 여기서 오직 느낌(vedanā va)이 느끼는 것이

움도 느끼고 괴로움도 느끼고 [87] 괴롭지도 즐겁지도 않은 것도 느낀다.

비구들이여, 이처럼 느낀다고 해서 느낌이라 한다."

6. "비구들이여, 그러면 왜 인식이라 부르는가?

인식한다고 해서 인식이라 한다. 그러면 무엇을 인식하는가? 푸른 것도 인식하고[231] 노란 것도 인식하고 빨간 것도 인식하고 흰 것도 인식한다.

비구들이여, 이처럼 인식한다고 해서 인식이라 한다."

7. "비구들이여, 그러면 왜 심리현상들이라 부르는가?

형성된 것을 계속해서 형성한다고 해서 심리현상들이라 한다.[232]

지 다른 중생(satta)이나 개아(puggala)가 느끼는 것이 아니다. 왜냐하면 느낌은 느끼는 특징을 가졌기(vedayita-lakkhaṇā) 때문에 토대와 대상을 반연하여(vatth-ārammaṇaṁ paṭicca) 느낌이 오직 느끼는 것이다. 이처럼 세존께서는 여기서도 [느낀다는] 느낌의 개별적 특징(paccatta-lakkhaṇa)을 분석하신 뒤에(bhājetvā) 설하셨다."(SA.ii.292)

231) "'푸른 것도 인식하고(nīlampi sañjānāti)'라는 것은 푸른 꽃이나 천에 대해서 준비단계(parikamma)의 [인식을] 만든 뒤에 근접단계(upacāra)나 본단계(appanā)의 [인식을] 얻으면서 인식한다. 여기서 인식이라는 것은 준비단계의 인식(parikamma-saññā)도 해당되고 근접단계(upacāra-saññā)의 인식도 해당되고 본 단계의 인식(appanā-saññā)도 해당된다. 그리고 푸른 것에 대해서 푸르다고 일어나는 인식도 해당된다. 이 방법은 노란 것 등에도 적용된다. 여기서도 세존께서는 인식하는 특징을 가진(sañjānana-lakkhaṇa) 인식의 개별적인 특징(paccatta-lakkhaṇa)을 분석하신 뒤에 설하셨다."(SA.ii.292)
한편 여기에 나타나는 준비단계와 근접단계와 본단계는 삼매 수행에도 적용되어서 설명되고 있다. 여기에 대해서는 『아비담마 길라잡이』 제9장 §4와 해설 등을 참조할 것.

232) '형성된 것을 계속해서 형성한다고 해서 심리현상들이라 한다.'는 saṅkhataṁ abhisaṅkharontīti tasmā saṅkhārā ti vuccanti를 옮긴 것이다. 설명은 아래 주해를 참조할 것.

그러면 어떻게 형성된 것을 계속해서 형성하는가? 물질이 물질이게끔 형성된 것을 계속해서 형성한다.[233] 느낌이 느낌이게끔 형성된 것을 계속해서 형성한다. 인식이 인식이게끔 형성된 것을 계속해서 형성한다. 심리현상들이 심리현상들이게끔 형성된 것을 계속해서 형성한다. 알음알이가 알음알이이게끔 형성된 것을 계속해서 형성한다.

---

233) "'물질이 물질이게끔 형성된 것을 계속해서 형성한다(rūpaṁ rūpattāya saṅkhataṁ abhisaṅkharonti).'고 했다. 마치 죽이 됨(yāgutta)을 위해서 죽(yāgu)을 쑤고 과자가 됨(pūvatta)을 위해서 과자(pūva)를 만들 듯이 조건[緣, paccaya]들에 의해서 함께 뭉쳐져서 만들어진 상태(samāgantvā katabhāva)라고 해서 형성된 것(saṅkhata)이라는 이름을 얻었다(laddha-nāma). 그리고 이렇게 해서 형성된 물질이라는 그러한 물질됨(rūpatta)을 위해서 계속 형성한다, 모은다, 적집한다, 생산한다(abhisaṅkharoti āyūha-ti sampiṇḍeti, nipphādeti)는 것이 '물질이 물질이게끔 형성된 것을 계속해서 형성한다.'는 뜻이다. 느낌 등에 대해서도 같은 방법이 적용된다. 간략하게 말하면 다음과 같다. 자기 자신(즉 行)과 함께 생겨난 물질과 느낌 등의 법들(오온)을 계속해서 형성한다, 생기게 한다(nibbatteti)는 뜻이다.
여기서도 세존께서는 의도하는 특징(cetayita-lakkhaṇa) [왜냐하면 심리현상들의 무더기(행온)에 속하는 법들 가운데서(saṅkhāra-kkhandha-dhammānaṁ) 의도가 으뜸가는 상태(cetanā-padhānatta)이기 때문이다. – SAṬ.ii.211]을 가진 심리현상의 개별적 특징을 분석하신 뒤에 설하셨다."(SA.ii.292)
즉, 심리현상들 가운데는 의도가 으뜸이고 이 의도는 다른 정신·물질들(법들)을 계속 형성하는 개별적 특징을 가지고 있다는 말이다.
여기서 주목할 것은 행온에 속하는 법들(거듭 강조하지만 행온의 행은 항상 복수로 나타나고 있다) 가운데서 의도(cetanā)가 으뜸가는 상태라고 하는 복주서의 설명이다. 혹자들은 오온의 행온을 의도적 행위나 업형성 혹은 업형성력 등으로 이해하고 옮기는 경우가 있는데 이것은 행온의 한 부분인 cetanā(의도)만을 부각시킨 역어이다.
행온에는 이 의도를 포함한 50가지 심리현상들(느낌과 인식을 제외한 모든 심리현상, 혹은 심소법들)을 다 포함한다는 것이 주석서와 복주서들을 비롯한 아비담마의 한결같은 설명이다. 그래서 초기불전연구원에서는 행온을 심리현상들의 무더기라고 옮겨서 정착시키고 있는 것이다. 여기에 대해서는 본서 「취착의 양상 경」(S22:56) §9의 주해도 참조할 것.
그리고 중국에서 행(行)으로 통일해서 옮기고 있는 상카라(saṅkhāra)의 네 가지 의미에 대해서는 본서 「나꿀라삐따 경」(S22:1) §13의 주해와 제1권 「분석 경」(S12:2) §14의 주해를 참조할 것.

비구들이여, 그래서 형성된 것을 계속해서 형성한다고 해서 심리현상들이라 한다."

8. "비구들이여, 그러면 왜 알음알이라 부르는가?

식별한다고 해서 알음알이라 한다. 그러면 무엇을 식별하는가? 신 것도 식별하고 쓴 것도 식별하고 매운 것도 식별하고 단 것도 식별하고 떫은 것도 식별하고 떫지 않은 것도 식별하고 짠 것도 식별하고 싱거운 것도 식별한다.234)

비구들이여, 이처럼 식별한다고 해서 알음알이라 한다."235)

---

234) 여기에 나타나는 '신 것', '쓴 것', '매운 것', '단 것', '떫은 것', '떫지 않은 것', '짠 것', '싱거운 것'의 여덟 가지 맛은 순서대로 각각 ambila, tittaka, kaṭuka, madhuka, khārika, akhārika, loṇaka, aloṇaka를 옮긴 것이다.

235) 본문에서 보듯이 여기에 나타나는 알음알이에 대한 설명은 인식(saññā)의 설명과 유사하다. 인식의 경우는 눈의 대상을 예로 들었고 여기서는 혀의 대상인 맛을 들고 있다. 주석서는 그 이유를 다음과 같이 설명하고 있다.
"그런데 대상(ārammaṇa)을 외관과 모양으로 받아들이는 것(ākāra-saṇṭhāna-gahaṇa)은 인식에 있어서 두드러진 것(pākaṭā)이다. 그러므로 인식은 눈의 문(cakkhu-dvāra)에서 분석하셨다(vibhattā). 그러나 외관과 모양이 없이도 대상의 개별적인 차이를 받아들이는 것(paccatta-bheda-gahaṇa)은 알음알이에 있어서 두드러진 것이다. 그러므로 이것은 혀의 문(jivhā-dvāra)에서 분석하였다."(SA.ii.293) 이렇게 설명한 뒤 주석서는 인식과 알음알이와 통찰지는 점진적으로 깊어지는 인지의 과정이라는 것을 『청정도론』 XIV.3~5와 같은 방법으로 설명하고 있다.

그러나 본경을 위시한 니까야들에서 이 설명을 받아들이기는 어렵다. 알음알이는 단지 여섯 감각기능을 통해서 대상을 아는 작용을 뜻한다는 것이 니까야에 나타나는 알음알이의 설명이다. 그래서 주석서 문헌에서 알음알이[識, viññāṇa]와 마음[心, citta]과 마노[意, mano]는 '대상을 아는 것(ārammaṇaṁ vijānāti – ItA.ii.9; ārammaṇaṁ cinteti – DhsA.63 등)'으로 정의되고 있다. 물론 이러한 아는 작용은 반드시 느낌과 인식과 심리현상들과 같은 심소법들의 도움이 있어야 한다고 아비담마는 덧붙이고 있다.

예를 들면 특정 찰나에 알음알이가 일어나서 대상을 이영애라고 아는 것은 그 찰나에 함께 일어난 인식의 도움이 있기 때문이다. 그러나 비록 인식이 이영애라고 '인식'을 하지만 이영애라고 '아는 것'은 알음알이의 역할이다.

9. "비구들이여, 여기에 대해서[236] 잘 배운 성스러운 제자는 이와 같이 숙고한다.

'나는 지금 물질에 의해서 삼켜지고 있다.[237] 마치 지금 현재에 내가 물질에 의해서 삼켜지고 있듯이 과거에도 나는 물질에 의해서 삼켜졌다. 내가 만일 미래의 물질을 즐긴다면 마치 지금 현재에 내가 물질에 의해서 삼켜지고 있듯이 미래에도 나는 물질에 의해서 삼켜질 것이다.'라고. 그는 이와 같이 숙고하여 과거의 물질에 대해서 무관심하고 미래의 물질을 즐기지 않고 현재의 물질을 염오하고 물질에 대한 탐욕을 빛바래고 물질을 소멸하기 위해서 도를 닦는다.[238]

느낌이 이영애가 아름답다고 '느끼지만' 알음알이가 이런 느낌의 도움을 받아서 아름답다고 '아는 것'이다. 같이하여 대상을 탐하거나 싫어하는 등등은 이런 기능을 담당하는 탐욕, 성냄 등의 심리현상들의 도움으로 알음알이가 그렇게 '아는 것'이다. 이처럼 인식(상)을 비롯한 느낌(수)과 심리현상들(행)은 알음알이에 종속되고 부수된 것이라서 알음알이(식)와 느낌·인식·심리현상들(수·상·행)은 전혀 다른 역할을 한다. 그래서 여러 북방 아비달마 논서와 유식에 관계된 논서들에서는 이러한 알음알이 혹은 마음을 심왕(心王)이라 표현하는 것이다. 알음알이의 중요성에 대해서는 본서 「속박 경」(S22:53) §3의 주해를 참조할 것.
주석서적인 입장에서 보자면 인식(saññā)은 『담마상가니 주석서』(DhsA. 110~111)에서, 알음알이(viññāṇa)는 마음(citta)이라는 주제로 『담마상가니 주석서』(DhsA.63~64)에서 더 깊이 논의되고 있다.

236) "첫 번째 부분(pabba)은 공함[空性, suññatā]에 대해서, 두 번째 부분은 공함의 특징[空相, suññatā-lakkhaṇa]에 대해서 설명하셨다. 이처럼 두 부분에서는 무아의 특징(anatta-lakkhaṇa)을 말씀하신 뒤에, 이제 괴로움의 특징(dukkha-lakkhaṇa)을 보여주시기 위해서 '비구들이여, 여기에 대해서'라고 말씀하시는 것이다."(SA.ii.295)

237) "여기서 '삼켜지고 있다(khajjāmi).'는 것은 개(sunakha)가 고기(maṁsa)를 이리저리 물어뜯어서(luñcitvā) 삼키는 것처럼, 그와 같이 물질이 나를 삼키는 것이 아니다. 그러나 더러운 옷을 입은 자(kiliṭṭha-vattha-nivattha)가 그 때문에 기분을 잡쳐서(pīḷa) '이 옷이 나를 삼키는군!'이라고 내뱉는 것처럼, 그와 같이 이제 이 물질도 기분을 잡치게 하는 것을 두고(pīḷaṁ uppādentaṁ) 삼킨다고 표현한 것이라고 알아야 한다."(*Ibid*)

'나는 지금 느낌에 의해서 … 인식에 의해서 … 심리현상들에 의해서 … 알음알이에 의해서 삼켜지고 있다. 마치 [88] 지금 현재에 내가 알음알이에 의해서 삼켜지고 있듯이 과거에도 나는 알음알이에 의해서 삼켜졌다. 내가 만일 미래의 알음알이를 즐긴다면 마치 지금 현재에 내가 알음알이에 의해서 삼켜지고 있듯이 미래에도 나는 알음알이에 의해서 삼켜질 것이다.'라고. 그는 이와 같이 숙고하여 과거의 알음알이에 대해서 무관심하고 미래의 알음알이를 즐기지 않고 현재의 알음알이를 염오하고 알음알이에 대한 탐욕을 빛바래고 알음알이를 소멸하기 위해서 도를 닦는다."

10. "비구들이여, 이를 어떻게 생각하는가? 물질은 항상한가, 무상한가?"239)

"무상합니다, 세존이시여."

"그러면 무상한 것은 괴로움인가, 즐거움인가?"

"괴로움입니다, 세존이시여."

"그러면 무상하고 괴로움이고 변하기 마련인 것을 두고 '이것은 내 것이다. 이것은 나다. 이것은 나의 자아다.'라고 관찰하는 것이 타당하겠는가?"

"그렇지 않습니다, 세존이시여."

---

238) 본 문단의 '과거의 물질에 대해서 무관심하고, … 물질을 소멸하기 위해서 도를 닦는다.'라는 마지막 부분은 본서 「과거·미래·현재 경」 1/2/3(S22:9~11의 결론부분에도 나타나고 있다.

239) "그런데 이 질문은 왜 시작하셨는가? 이 부분(즉 §9)에서는 괴로움의 특징(dukkha-lakkhaṇa)을 설하신 것이지 무상의 특징(anicca-lakkhaṇa)을 설하신 것이 아니다. 이것을 보여주시기 위해서 이렇게 말씀하시기 시작하신 것이다. 그리고 [무상·고·무아의] 세 가지 특징들(tīṇi lakkhaṇāni)을 함께 모아서(samodhānetvā) 보여주시기 위해서 [이 질문을] 시작하신 것이다."(SA.ii.296)

"비구들이여, 이를 어떻게 생각하는가? 느낌은 … 인식은 … 심리현상들은 … [89] 알음알이는 항상한가, 무상한가?"

"무상합니다, 세존이시여."

"그러면 무상한 것은 괴로움인가, 즐거움인가?"

"괴로움입니다, 세존이시여."

"그러면 무상하고 괴로움이고 변하기 마련인 것을 두고 '이것은 내 것이다. 이것은 나다. 이것은 나의 자아다.'라고 관찰하는 것이 타당하겠는가?"

"그렇지 않습니다, 세존이시여."

11. "비구들이여, 그러므로 그것이 어떠한 물질이건, 그것이 과거의 것이건 미래의 것이건 현재의 것이건 안의 것이건 밖의 것이건 거칠건 미세하건 저열하건 수승하건 멀리 있건 가까이 있건 '이것은 내 것이 아니요, 이것은 내가 아니며, 이것은 나의 자아가 아니다.'라고 있는 그대로 바른 통찰지로 보아야 한다.

비구들이여, 그것이 어떠한 느낌이건 … 그것이 어떠한 인식이건 … 그것이 어떠한 심리현상들이건 … 그것이 어떠한 알음알이건, 그것이 과거의 것이건 미래의 것이건 현재의 것이건 안의 것이건 밖의 것이건 거칠건 미세하건 저열하건 수승하건 멀리 있건 가까이 있건 '이것은 내 것이 아니요, 이것은 내가 아니며, 이것은 나의 자아가 아니다.'라고 있는 그대로 바른 통찰지로 보아야 한다."

12. "비구들이여, 이를 두고 성스러운 제자는 허물어나가지 쌓아올리지 않는다고 하고, 버리지 취착하지 않는다고 하고, 흩어버리지 모으지 않는다고 하고, 끄지 지피지 않는다고 한다.[240]

---

240) 여기서 '허물어나가지 쌓아올리지 않는다.' 등은 모두 윤회(vaṭṭa)를 허물어

그러면 어떤 것을 허물어나가지 쌓아올리지 않는가? 그는 물질을 허물어나가지 쌓아올리지 않는다. 느낌을 … 인식을 … 심리현상들을 … 알음알이를 허물어나가지 쌓아올리지 않는다.

그러면 어떤 것을 버리지 취착하지 않는가? 그는 물질을 버리지 취착하지 않는다. 느낌을 … 인식을 … 심리현상들을 … 알음알이를 버리지 취착하지 않는다.

그러면 어떤 것을 흩어버리지 모으지 않는가? 그는 물질을 흩어버리지 모으지 않는다. 느낌을 … 인식을 … 심리현상들을 … 알음알이를 흩어버리지 모으지 않는다.

그러면 [90] 어떤 것을 끄지 지피지 않는가? 그는 물질을 끄지 지피지 않는다. 느낌을 … 인식을 … 심리현상들을 … 알음알이를 끄지 지피지 않는다."

13. "비구들이여, 이와 같이 보는 잘 배운 성스러운 제자는[241]

나가고 쌓아올리지 않는다는 등으로 적용시키는 것으로 주석서는 설명하고 있다.(SA.ii.296) 이런 표현을 볼 때 이 부분은 유학(sekha)의 경지를 묘사하고 있다 하겠다. 무학인 아라한은 윤회를 허물어나가는 것이 아니라 완전히 없애버려 더 이상 윤회하지 않기 때문이다.

241) 주석서는 본 문단이 설명하고자 하는 것이 무엇인가에 대한 각각 다른 4가지 견해를 소개하고 있다.
"'비구들이여, 이와 같이 보는 잘 배운 성스러운 제자는'이라는 말씀을 왜 시작하셨는가? ① 윤회를 없앤 뒤에(vaṭṭaṁ vināsetvā) 머무는 위대한 번뇌 다한 자(mahā-khīṇ-āsava, 아라한)를 보여주시기 위해서 시작하셨다. ② 혹은, 지금까지는 위빳사나를 설하셨지만 이제는 위빳사나와 함께하는 네 가지 도(magga)를 보여주시기 위해서 이 말씀을 시작하셨다. ③ 혹은, 지금까지는 첫 번째 도를 설하셨고 이제는 위빳사나와 더불어 세 가지 도를 보여주시기 위해서 이것을 시작하셨다. ④ 혹은, 지금까지는 세 가지 도를 설하셨고 이제는 위빳사나와 함께하는 아라한도(arahatta-magga)를 보여주시기 위해서 이 말씀을 시작하셨다."(SA.ii.296)
물론 주석서에서 특정한 사안에 대해서 여러 견해를 함께 소개할 때는 첫 번째에 소개하는 것이 정설이다. 다른 경들과 비교해 봐도 본 문단은 아라한의 물질에 대해서도 염오하고 느낌에 대해서도 염오하고 인식에 대해서도 염오하고 심리현상들에 대해서도 염오하고 알음알이에 대해서도 염오한다.

염오하면서 탐욕이 빛바래고, 탐욕이 빛바래기 때문에 해탈한다. 해탈하면 해탈했다는 지혜가 있다. '태어남은 다했다. 청정범행(梵行)은 성취되었다. 할 일을 다 해 마쳤다. 다시는 어떤 존재로도 돌아오지 않을 것이다.'라고 꿰뚫어 안다."

14. "비구들이여, 이를 두고 비구는 허물어나가지 않고 쌓아올리지도 않지만 이미 쌓아올리지 않은 채로 머문다고 하고, 버리지도 않고 취착하지도 않지만 이미 버린 채로 머문다고 하고, 흩어버리지도 않고 모으지도 않지만 이미 흩어버린 채로 머문다고 하고, *끄*지도 않고 지피지도 않지만 이미 끈 채로 머문다고 한다.[242]

경지를 설명하는 것이 분명하다.

242) Ee와 Be는 본 문단을 다음과 같이 끊어서 읽고 있다.
"ayaṁ vuccati, bhikkhave, bhikkhu nevācināti na apacināti, apacinitvā ṭhito neva pajahati na upādiyati, pajahitvā ṭhito neva visineti na ussineti, visinetvā ṭhito neva vidhūpeti na sandhūpeti. vidhūpetvā ṭhito kiñca nevācināti na apacināti? apacinitvā ṭhito rūpaṁ nevācināti na apacināti …"
이것은 "비구들이여, 이를 두고 비구는 허물어나가지도 않고 쌓아올리지도 않는다고 하고, 이미 쌓아올리지 않은 채로 머물면서 버리지도 않고 취착하지도 않는다고 하고, 이미 버린 채로 머물면서 흩어버리지도 않고 모으지도 않는다고 하고, 이미 흩어버린 채로 머물면서 *끄*지도 않고 지피지도 않는다고 한다. 그러면 이미 끈 채로 머물면서 어떤 것을 허물어나가지도 않고 쌓아올리지도 않는가? 이미 쌓아올리지 않고 머물면서 물질을 허물어나가지도 않고 쌓아올리지도 않는다. …"로 해석이 되어서 어색해진다. 그리고 뒷부분으로 가면 편집도 이상하게 된다.
그런데 보디 스님은 이 부분을 다음과 같이 끊어 읽고 있다.
"ayaṁ vuccati, bhikkhave, bhikkhu nevācināti na apacināti apacinitvā ṭhito; neva pajahati na upādiyati pajahitvā ṭhito; neva visineti na ussineti visinetvā ṭhito; neva vidhūpeti na sandhūpeti

그러면 어떤 것을 허물어나가지도 않고 쌓아올리지도 않지만 그는 이미 쌓아올리지 않은 채로 머무는가? 그는 물질을 허물어나가지도 않고 쌓아올리지도 않지만 이미 허물고 나서 머문다. 그는 느낌을 … 인식을 … 심리현상들을 … 알음알이를 허물어나가지도 않고 쌓아올리지도 않지만 이미 허문 채로 머문다.

그러면 어떤 것을 버리지도 않고 취착하지도 않지만 이미 버린 채로 머무는가? 그는 물질을 버리지도 않고 취착하지도 않지만 이미 버린 채로 머문다. 느낌을 … 인식을 … 심리현상들을 … 알음알이를 버리지도 않고 취착하지도 않지만 이미 버린 채로 머문다.

그러면 어떤 것을 흩어버리지도 않고 모으지도 않지만 이미 흩어버린 채로 머무는가? 그는 물질을 흩어버리지도 않고 모으지도 않지만 이미 흩어버린 채로 머문다. 느낌을 … 인식을 … 심리현상들을 … 알음알이를 흩어버리지도 않고 모으지도 않지만 이미 흩어버린 채로 머문다.

그러면 어떤 것을 끄지도 않고 지피지도 않지만 이미 끈 채로 머무는가? 그는 물질을 끄지도 않고 지피지도 않지만 이미 끈 채로 머문다. 느낌을 … 인식을 … 심리현상들을 … 알음알이를 끄지도 않고 지피지도 않지만 이미 끈 채로 머문다."

15. "비구들이여, 이와 같이 마음이 해탈한 비구에게 신들은 인드라와 범천과 빠자빠띠와 더불어 멀리서도 예배를 할 것이다. [91]

'좋은 태생을 가지신 인간인 당신께 귀의합니다.

---

vidhūpetvā ṭhito. kiñca nevācināti na apacināti apacinitvā ṭhito? rūpaṁ nevācināti na apacināti …"
이렇게 해야 전체 문법구조도 맞고 의미도 통한다고 여겨진다. 역자는 이를 따라서 본문과 같이 옮겼다.

최고의 인간인 당신께 귀의합니다.
그러나 당신이 대상으로 하여 참선하는 그것을
우리는 알지 못합니다.'라고."[243]

걸식 경(S22:80)

Piṇḍolya-sutta

1. 한 때 세존께서는 삭까[244]에서 까삘라왓투[245]의 니그로다

---

243) 이것은 『앙굿따라 니까야』 「산다 경」(A11:10/v.324~326) §4에도 나타나는 게송이다. 본경에 해당하는 주석서는 이렇게 적고 있다.
"이렇게 하여 세존께서는 본경을 통해서 삼계로부터 멀어지게 하신 뒤에(tīhi bhavehi vinivattetvā) 아라한됨을 정점(kūṭa)으로 취하여 설하셨다. 설법이 끝나자 500명의 비구들이 아라한됨에 확립되었다."(SA.ii.297)

244) '삭까'는 Sakkā(복수로 나타남)를 옮긴 것이며, 부처님이 태어나신 나라의 이름이다. 이 단어는 나라 이름임과 동시에 족성(族姓)이어서 우리에게 석가족(釋迦族)으로 알려진 종족과 관련되어 있다. 초기불전에는 석가족이나 삭까에 대해서 Sakyā, Sakkā, Sākiyā의 세 가지 표현이 나타난다. 초기불전에서 종족과 지명은 항상 복수로 나타나고 있다. 그래서 여기서도 모두 복수로 표기하였음을 밝힌다.
① 먼저 Sakyā에 대해서 살펴보자. 『디가 니까야』 「암밧타 경」(D3) §1.16에 나타나듯이 석가족의 이름은 사까(sāka) 나무에서 유래되었다. 그래서 이 단어는 '사까 나무에 속하는'이라는 뜻에서 샤꺄(sākyā)로 표기 되지만 빠알리 표기법에 의하면 복자음 앞에는 항상 단모음이 오게 된다. 그래서 '-ky-'라는 복자음 앞에 단모음 '-a'가 와서 Sakyā라고 표기되고 있다. 본서에서 '사꺄들'로 옮긴 단어는 모두 이 Sakyā이다. 초기불전에서는 주로 사꺄족 혹은 석가족(釋迦族)이라는 종족을 나타내는 경우에 쓰이고 있다. 이 경우 모두 '사꺄들'로 옮겼다. 본서 제1권 「불방일 경」 2(S3:18) §4 등 여러 곳에서 Sakyānaṁ nigama(사꺄들의 성읍) 등으로 나타나고 있다.
② Sakkā에 대해서 살펴보면 다음과 같다. 빠알리에서는 서로 다른 음운군의 복자음은 잘 사용하지 않는다. 그래서 복자음 '-ky-'는 '-kk-'로 되어서 Sakkā라고도 나타난다. 본서를 비롯한 초기불전에서는 석가족들이 사는 곳(지명)으로 대부분 나타난다. 이 경우에는 복수로 나타나지만 '삭까'로 단수로 옮겼다.
③ Sākiyā에 대해서 살펴보자. Sakka는 중국에서 제석(帝釋)이나 석제(釋帝)로 옮긴 Sakka(Sk. Śakra, 인드라)와 혼동이 된다. 그래서 복자음을 회

원림에 머무셨다.

2. 그때 세존께서는 어떤 특별한 이유 때문에 비구 승가를 해산하신 뒤[246] 오전에 옷매무새를 가다듬고 발우와 가사를 수하시고 걸

피하는 빠알리 속성상 '-i-' 음절을 넣어서 Sākiyā라고도 표기되기도 하였는데 이것은 주석서와 복주서에 많이 나타난다. 이것은 주로 석가족 종족을 나타내는 것으로 쓰이고 있다. 예를 들면 본서 제6권 「깔리고다 경」(S55:39) §2에는 "삭까의 여인 깔리고다(Kāḷigodhā Sākiyānī)"라는 표현이 나타나는데 이 Sākiyānī는 Sākiya의 여성명사이다.

그리고 이 문맥에서 살펴봐야 할 단어로 Sakyaputta와 Sakyaputtiya가 있다.

④ Sakyaputta는 사꺄(Sakya)의 아들(putta)이란 뜻으로 부처님을 지칭하는 말이다. 부처님은 사꺄 즉 석가족의 아들이기 때문이다. 석가족 출신은 모두 Sakyaputta로 불릴 수 있지만 경에서는 이 단어를 세존께만 한정시켜서 사용하고 있다.

⑤ 한편 Sakyaputtiya는 Sakyaputta에서 파생된 단어로 '석가족 아들인 [부처님]에 속하는 자'라는 뜻이다. 그래서 이 단어는 부처님의 제자[들]을 지칭하는 단어로 여러 곳에서 나타나고 있다. 예를 들면 본서 「수찌무키 경」(S28:10) §6에는 samaṇā Sakyaputtiyā(석가족 아들의 제자인 사문들)이라는 표현이 나타나고 있다. 본서에서는 '석가족 후예인 [고따마]의 제자' 등으로 옮겼다.

앞에서 밝혔듯이 초기불전에는 석가족이나 삭까에 대해서 Sakyā, Sakkā, Sākiyā의 세 가지 표현이 나타난다. 역자는 지명일 때는 주로 '삭까'로, 사람일 때는 주로 '사꺄 사람'이나 '사까족'으로 옮기고 있는데, 빠알리 경에 표기되어 있는 대로 삭까와 사꺄를 혼용하여 옮기고 있음을 밝힌다.

245) 까삘라왓투(Kapilavatthu)는 부처님의 고향이자 히말라야 가까운 곳에 있는 석가족들의 수도이며 까삘라 선인(仙人)의 충고로 옥까까 왕의 왕자들이 터를 닦은 도시이다. 그래서 까삘라왓투라고 이름 지었다.(DA.i.259) 부처님 당시에는 숫도다나를 왕으로 한 공화국이었다.

246) 주석서에 의하면 세존께서는 사왓티에서 안거를 하신 뒤에 많은 비구 승가와 함께 까삘라왓투로 유행을 하셨다고 한다. 그들이 도착하자 사꺄들(석가족)은 승가를 위해서 많은 공양물을 준비하여 세존을 뵈러 갔다. 그러자 그 공양물의 배분을 놓고 비구들에게 다툼이 생겼는데 이 때문에 세존께서는 승가를 해산(paṇāmita)시켰다고 한다. 비구는 이러한 옷 등의 생활필수품들을 얻기 위해서 출가한 것이 아니라, 아라한됨을 원인(arahatta-hetu)으로 해서 출가한 것이라는 것을 분명히 하기 위해서 이렇게 하셨다고 주석서

식을 위해서[247] 까삘라왓투로 들어가셨다. 까삘라왓투에서 걸식하여 공양을 마치고 걸식에서 돌아오셔서 낮 동안의 머묾을 위해서 큰 숲[大林]으로 가셨다. 큰 숲으로 들어가서 낮 동안의 머묾을 위해 작은 웰루와 나무 아래 앉으셨다. 그때 세존께서 한적한 곳에 가서 홀로 앉아있는 중에 문득 이런 생각이 마음에 일어났다.[248]

3. '나는 비구 승가를 해산하였다. 그 가운데는 출가한 지 얼마 되지 않았고 근래에 이 법과 율에 들어온 신참 비구들이 있다. 만일 그들이 나를 보지 못하면 변질되고 바뀔 것이다. 예를 들면 막 태어난 어린 송아지가 어미를 보지 못하면 변질되고 바뀌는 것과 같다.

그와 같이 그 가운데는 출가한 지 얼마 되지 않았고 근래에 이 법과 율에 들어온 신참 비구들이 있다. 만일 그들이 나를 보지 못하면 변질되고 바뀔 것이다. 예를 들면 어린 씨앗이 물을 얻지 못하면 변질되고 바뀌는 것과 같다.

그와 같이 그 가운데는 출가한 지 얼마 되지 않았고 근래에 이 법

는 적고 있다.(SA.ii.297~298)

247) '걸식을 위해서'는 piṇḍāya를 옮긴 것이다. 삔다(piṇḍa)는 원래 덩어리를 뜻했고 덩어리로 뭉친 음식이나 과자류 일반을 삔다라 불렀다. 삔다는 수행자들에게 공양하는 음식을 통칭하게 된듯하다.
초기불전연구원에서는 piṇḍāya를 '탁발을 위해서'와 '걸식을 위해서'로 혼용하여 옮겼으나 본서 전체에서 역자는 '걸식을 위해서'로 통일하여 옮기려 노력하였다. CBETA를 검색해보면 중국에서 4아함을 옮길 때 거의 예외없이 이것을 걸식(乞食)으로 옮기고 있으며, 『금강경』에서 구마라즙 스님과 현장 스님도 이렇게 옮기고 있기 때문이다. CBETA에 의하면 탁발(托鉢)이라는 술어는 후대의 선어록에서 주로 사용한 것으로 나타난다.

248) 이하 본경에 나타나는 일화는 『맛지마 니까야』 「짜뚜마 경」(Cātuma-sutta, M67/i.457~459)과 유사하다. 「짜뚜마 경」에는 짜뚜마의 석가족들이 먼저 세존께 권청을 하고 그 뒤에 사함빠띠 범천이 세존께 권청을 하는 것으로 나타나고 있다.

과 율에 들어온 신참 비구들이 있다. 그러니 내가 전에 비구 승가를 보호하였듯이 지금도 비구 승가를 보호해야 할 것이다.'

4. 그러자 사함빠띠 범천249)이 마음으로 세존이 마음에 일으키신 생각을 알고 마치 힘센 사람이 구부렸던 팔을 펴고 폈던 팔을 구부리는 것처럼 범천의 세계에서 사라져서 세존의 앞에 나타났다.

그때 [92] 사함빠띠 범천은 한쪽 어깨가 드러나게 윗옷을 입고 세존을 향해 합장하고 이렇게 말했다.

"참으로 그러하옵니다, 세존이시여. 참으로 그러하옵니다, 선서시여. 세존이시여, 세존께서는 비구 승가를 해산하셨습니다.

그 가운데는 출가한 지 얼마 되지 않았고 근래에 이 법과 율에 들어온 신참 비구들이 있습니다. 만일 그들이 세존을 뵙지 못하면 변질되고 바뀔 것입니다. 예를 들면 막 태어난 어린 송아지가 어미를 보지 못하면 변질되고 바뀌는 것과 같습니다.

그와 같이 그 가운데는 출가한 지 얼마 되지 않았고 근래에 이 법과 율에 들어온 신참 비구들이 있습니다. 만일 그들이 세존을 뵙지 못하면 변질되고 바뀔 것입니다. 예를 들면 어린 씨앗이 물을 얻지 못하면 변질되고 바뀌는 것과 같습니다.

그와 같이 그 가운데는 출가한 지 얼마 되지 않았고 근래에 이 법과 율에 들어온 신참 비구들이 있습니다. 만일 그들이 세존을 뵙지 못하면 변질되고 바뀔 것입니다.

세존이시여, 세존께서는 비구 승가를 기쁘게 해 주소서. 세존이시여, 세존께서는 비구 승가를 반겨주소서. 세존이시여, 세존께서 전에 비구 승가를 보호하셨듯이 지금도 비구 승가를 보호해 주소서."

---

249) 사함빠띠 범천(brahmā Sahampati)에 대해서는 본서 제1권 「권청(勸請) 경」(S6:1) §4의 주해를 참조할 것.

5. 세존께서는 침묵으로 허락하셨다. 그러자 사함빠띠 범천은 세존께서 허락하신 것을 알고서 자리에서 일어나 세존께 절을 올리고 오른쪽으로 [세 번] 돌아 [경의를 표한] 뒤에 물러갔다.

6. 세존께서는 해거름에 홀로 앉음을 풀고 일어나셔서 니그로다 원림으로 가셨다. 가셔서는 지정된 자리에 앉으셨다. 자리에 앉으신 세존께서는 '비구들이 혼자서나 둘씩 뉘우치는 모습으로 나에게 다가오기를.'이라고 신통의 행을 나투셨다.250)

그러자 비구들은 혼자서나 둘씩 뉘우치는 모습으로 [93] 세존께 다가갔다. 가서는 세존께 절을 올리고 한 곁에 앉았다. 한 곁에 앉은 비구들에게 세존께서는 이렇게 말씀하셨다.

7. "비구들이여, 걸식이라는 것은 삶을 영위하는 가장 미천한 [방법]이다. 세상에서 '그대는 손에 그릇을 들고 걸식하러 돌아다니는구나.'라는 것은 욕하는 말이다.251) 비구들이여, 그러나 좋은 가문

---

250) "그러면 왜 세존께서는 그들에게 이러한 신통을 나투셨는가? 그들의 이익을 원하셨기(hita-patthana) 때문이다. 만일 그들이 무리를 지어서(vagga-vaggā) 오게 되면 부처님을 존중(buddha-gārava)하지 않게 되고, 설법(dhamma-desana)을 받아들이기가 힘들기 때문이다. 그러나 두려워하고(sabhaya) 부끄러워하면서(sasārajja) 혼자나 둘이 오게 되면, 부처님을 존중하고 섬기게 되고 설법을 받아들일 수 있을 것이라고 생각하신 뒤에 그들의 이익을 위해서 이러한 신통을 나투신 것이다."(SA.ii.300)

251) "'욕하는 말(abhisāpa)'이란 욕설(험한 말, akkosa)이다. 화가 난 사람은 상대에게 '가사를 입고 동냥그릇(kapāla, 외도들이 사용하는 그릇을 뜻함)이나 들고 걸식이나 하면서 돌아다녀라.'고 욕을 한다. 혹은 '그대가 아직 행하지 못한 것이 있소이까? 그대는 불굴의 정진력을 갖추고 있으면서도 양심과 수치심을 버리고 거지(kapaṇa)처럼 발우를 들고 걸식하러 돌아다니다니.'라고 욕을 한다."(SA.ii.301)
본 문단과 다음 문단은 『쿳다까 니까야』의 『여시어경』(It.89~90)에도 나타난다.

의 아들들은 바른 목적을 추구하는 자들이어서 바른 목적을 반연하여 이러한 [걸식하는] 삶을 산다. 왕에게 이끌려서도 아니고 도둑에게 이끌려서도 아니며, 빚 때문에, 두려움 때문에, 생계를 꾸려가기 위해서 [이러한 삶을 사는 것이] 아니다. 오직 '나는 태어남과 늙음과 죽음과 근심·탄식·육체적 고통·정신적 고통·절망에 빠져 있고 괴로움에 빠져 있고 괴로움에 압도되었다. 그러나 이제 나에게 전체 괴로움의 무더기의 끝이 드러날 것이다.'라는 [생각으로 이러한 삶을 사는 것이다.]"

8. "비구들이여, 좋은 가문의 아들이 이와 같이 출가하였지만 그는 아직 욕심이 많고 감각적 욕망들에 깊이 탐닉하고 악의에 찬 마음을 가졌고 타락한 생각을 품었으며 마음챙김을 놓아버리고 분명히 알아차림[正知]이 없고 집중되지 못하며 마음이 산란하고 감각기능이 제어되지 않았다. 비구들이여, 예를 들어 화장터에서 사용된 나무토막이 있어 양끝은 불타고 중간은 악취가 난다면 마을에서도 그것을 장작으로 사용하지 않을 것이고 숲에서도 장작으로 사용하지 않을 것이다. 비구들이여, 이러한 사람은 그와 같다고 나는 말한다. 그는 재가의 쾌락을 버렸지만 사문 생활의 결실을 성취하지는 못하였다."

9. "비구들이여, 세 가지 해로운 생각이 있나니 감각적 욕망에 대한 생각과 악의에 대한 생각과 해코지에 대한 생각이다.[252)] 비구들이여, 그러면 어디서 이러한 세 가지 해로운 생각이 남김없이 소멸되는가? 네 가지 마음챙김의 확립에 마음이 확립되어 머물거나 표상

252) "이 말씀은 왜 하셨는가? 위에서 말한 사람이 가진 화장터에서 사용된 나무토막과도 같은 성질(chava-alāta-sadisa-bhāva)은 부모나 스승이나 은사가 만든 것이 아니요 자신이 가진 사악한 생각(pāpa-vitakka) 때문에 생긴 것이라는 것을 보여주시기 위해서 하셨다."(SA.ii.303)

없는 삼매[253]를 닦을 때 그렇게 된다. 비구들이여, 이것이 표상 없는 삼매를 닦아야 하는 충분한 이유이다. 표상 없는 삼매를 닦고 많이 [공부]지으면 큰 결실이 있고 큰 이익이 있다."

10. "비구들이여, 두 가지 견해가 있나니 존재에 대한 견해[有見]와 존재하지 않음에 대한 견해[無有見]이다.[254] [94] 잘 배운 성스러운 제자는 이 경우에 대해서 이렇게 숙고한다. '그런데 이 세상에서 내가 비난받지 않고 취착할 수 있는 것이 있을까?'라고.

그는 이와 같이 꿰뚫어 안다. '참으로 이 세상에서 내가 비난받지 않고 취착할 수 있는 것은 아무 것도 없다. 나는 물질을 취착할 것이고 느낌을 취착할 것이고 인식을 취착할 것이고 심리현상들을 취착할 것이고 알음알이를 취착할 것이기 때문이다. 그런 나에게 취착을 조건으로 존재가, 존재를 조건으로 태어남이, 태어남을 조건으로 늙

253) "'표상 없는 삼매(animitta samādhi)'는 위빳사나의 삼매(vipassanā-sam-ādhi)를 말한다. 이것은 항상하다는 표상 등을 뽑아버리기(samugghāta-na) 때문에 표상 없음(animitta)이라고 하기 때문이다.
여기서 네 가지 마음챙김의 확립은 혼합된 [도](missakā)이고 표상 없는 삼매는 예비단계의 [도](pubbabhāga)이다. 혹은 표상 없는 삼매가 혼합된 [도]이고 마음챙김의 확립이 예비단계의 [도]라고 알아야 한다."(SA.ii.303)
혼합된 도란 예비단계의 도와 완성된 출세간도가 섞여 있는 것을 말하고 예비단계의 도란 출세간도를 얻기 위해서 닦는 그 이전 단계의 도를 뜻한다. 여기에 대해서는 『네 가지 마음챙기는 공부』 82~84쪽을 참조할 것.
표상 없는 삼매에 대해서는 본서 제4권 「표상 없음 경」(S40:9)의 내용과 주해들과, 「공한 삼매 경」(S43:4) §3과 주해와, 「무위 경」(S43:12) (7)을 참조할 것.

254) 여기서 '존재에 대한 견해[有見, bhava-diṭṭhi]'는 상견(常見, sassata-diṭṭhi)을 뜻하고, '존재하지 않음에 대한 견해[無有見, vibhavadiṭṭhi]'는 단견(斷見, uccheda-diṭṭhi)을 뜻한다. 주석서는 이렇게 설명한다.
"이 두 가지 견해를 말씀하시는 것은, 표상 없는 삼매를 닦는 것(animitta-samādhi-bhāvanā)이 이러한 세 가지 크게 [잘못된] 생각(mahā-vitakka)을 제거할 뿐만 아니라, 상견과 단견도 역시 뿌리 뽑는다(samugghāta)는 것을 보여주시기 위함이다."(SA.ii.303)

음·죽음과 근심·탄식·육체적 고통·정신적 고통·절망이 생길 것이다. 이와 같이 전체 괴로움의 무더기[苦蘊]가 발생할 것이다.'라고."255)

11. "비구들이여, 이를 어떻게 생각하는가? 물질은 항상한가, 무상한가?"

"무상합니다, 세존이시여."

"그러면 무상한 것은 괴로움인가, 즐거움인가?"

"괴로움입니다, 세존이시여."

"그러면 무상하고 괴로움이고 변하기 마련인 것을 두고 '이것은 내 것이다. 이것은 나다. 이것은 나의 자아다.'라고 관찰하는 것이 타당하겠는가?"

"그렇지 않습니다, 세존이시여."

"비구들이여, 이를 어떻게 생각하는가? 느낌은 … 인식은 … 심리현상들은 … 알음알이는 항상한가, 무상한가?"

"무상합니다, 세존이시여."

"그러면 무상한 것은 괴로움인가, 즐거움인가?"

"괴로움입니다, 세존이시여."

"그러면 무상하고 괴로움이고 변하기 마련인 것을 두고 '이것은 내 것이다. 이것은 나다. 이것은 나의 자아다.'라고 관찰하는 것이 타당하겠는가?"

"그렇지 않습니다, 세존이시여."

---

255) 여기서 세존께서는 오온에 대한 취착(upādāna)을 12연기의 9번째 구성요소인 취착과 연결짓고 계신다. 그래서 이와 같은 현재의 오온에 대한 취착이 존재와 태어남과 늙음·죽음, 즉 윤회를 떠받치는 원인이라는 것을 보여주고 계신다. 같은 내용을 담은 구절이 『맛지마 니까야』 「마간디야 경」(M75/i.511~512) §§24~25에도 나타난다.

12. "비구들이여, 그러므로 그것이 어떠한 물질이건 … 그것이 어떠한 느낌이건 … 그것이 어떠한 인식이건 … 그것이 어떠한 심리현상들이건 … 그것이 어떠한 알음알이건, 그것이 과거의 것이건 미래의 것이건 현재의 것이건 안의 것이건 밖의 것이건 거칠건 미세하건 저열하건 수승하건 멀리 있건 가까이 있건 '이것은 내 것이 아니요, 이것은 내가 아니며, 이것은 나의 자아가 아니다.'라고 있는 그대로 바른 통찰지로 보아야 한다."

13. "비구들이여, 이와 같이 보는 잘 배운 성스러운 제자는 물질에 대해서도 염오하고 느낌에 대해서도 염오하고 인식에 대해서도 염오하고 심리현상들에 대해서도 염오하고 알음알이에 대해서도 염오한다.

염오하면서 탐욕이 빛바래고, 탐욕이 빛바래기 때문에 해탈한다. 해탈하면 해탈했다는 지혜가 있다. '태어남은 다했다. 청정범행(梵行)은 성취되었다. 할 일을 다 해 마쳤다. 다시는 어떤 존재로도 돌아오지 않을 것이다.'라고 꿰뚫어 안다."[256]

빠릴레야 경(S22:81)

Pārileyya-sutta

1. 이와 같이 나는 들었다. 한때 세존께서는 꼬삼비에서 고시따 원림에 머무셨다.[257]

---

256) "설법이 끝나자 500명의 비구들은 무애해(paṭisambhidā)를 갖춘 아라한됨을 증득하였다."(SA.ii.303)

257) 꼬삼비(Kosambī)는 당시 인도 중원의 16국 가운데 하나였던 왐사(Vaṁsa, Sk. Vatsa)의 수도였다.(J.iv.28; vi.236) 부처님 재세 시에는 빠란따빠(Parantapa)가 왕이었으며 그의 아들 우데나(Udena)가 대를 이었다고 한

2. 그때 세존께서는 아침에 옷매무새를 가다듬고 발우와 가사를 수하시고 걸식을 위해서 꼬삼비로 들어가셨다. 꼬삼비에서 걸식하여 공양을 마치고 걸식에서 돌아오셔서 [95] 거처를 잘 정리한 뒤에 발우와 가사를 수하시고 시중드는 사람들에게 알리지도 않고 비구 승가에게 작별을 고하지도 않고 혼자 동행인 없이 유행을 떠나셨다.258)

그러자 세존께서 떠나신 지 오래지 않아서 어떤 비구가 아난다 존자에게 다가갔다. 가서는 아난다 존자에게 이렇게 말했다.

3. "도반 아난다여, 세존께서 거처를 잘 정리한 뒤에 발우와 가

다.(MA.ii.740; DhA.i.164) 주석서에 의하면 꾸숨바(Kusumba, Kusumbha) 선인이 머물던 아쉬람의 근처에 도시를 만들었다고 해서 꼬삼비(Kosambī)라고 한다.(UdA.248; SnA.300; MA.i.535) 또 다른 설명에 의하면 큰 꼬삼바 나무(Kosamba-rukkha, 님 나무)들이 도시의 주위에 많이 있다고 해서 꼬삼비라고 한다.(MA.i.539; PsA.413)
주석서에 의하면 꼬삼비에는 세 개의 원림이 있었는데, 본경에 나타나는 고시따 원림(Ghositārāma)은 고시따 상인(seṭṭhi)이 만든 것이고, 꾹꿋따 상인이 만든 꾹꿋따 원림(Kukkuṭārāma)과, 빠와리까 상인이 기증한 빠와리까 망고 숲(Pāvārikambavana)이 있었다고 한다.(DA.i.319) 그 외에도 꼬삼비의 우데나 공원과 심사빠 숲(Siṁsapāvana)이 다른 경들에 나타난다.
고시따 상인 혹은 장자에 대해서는 본서 제4권 「고시따 경」(S35:129) §2의 주해를 참조할 것.
아래 주해에서 보듯이 꼬삼비 비구들 사이에 큰 분열이 생겨서 세존께서 꼬삼비를 떠나시는 것으로 대처하신 것도 초기불전에서는 잘 알려진 사건이다.(M48; Vin.i.337~357; J.iii.486) 꼬삼비는 야무나 강변에 위치하며 현재 인도 웃따라쁘라데쉬 주의 알라하바드(Allahabad)에서 150Km 정도 떨어진 Kosam이라는 두 마을이라고 학자들은 말한다.(DPPN)

258) 주석서에 의하면 본경은 꼬삼비에서 있었던 비구들의 분쟁(kalaha)과 관계된 것이라고 한다. 세존께서는 세 번이나 비구들을 중재하셨지만 비구들이 화합을 하지 않자 세존께서는 혼자 계시기로 작정하고 이렇게 유행을 떠나신 것이다.(SA.ii.304) 여기에 대한 자세한 내용은 『율장』의 『대품』(Vin.i.337~357)과 Ñāṇamoli, *Life of the Buddha*, pp. 109~119를 참조할 것.

사를 수하시고 시중드는 사람들에게 알리지도 않고 비구 승가에게 작별을 고하지도 않고 혼자 동행인 없이 유행을 떠나셨습니다."

"도반이여, 세존께서 거처를 잘 정리한 뒤에 발우와 가사를 수하시고 시중드는 사람들에게 알리지도 않고 비구 승가에게 작별을 고하지도 않고 혼자 동행인 없이 유행을 떠나셨을 때는 세존께서 혼자 머물고자 하셔서입니다. 그때는 아무도 세존을 따라가서는 안됩니다."

4. 그때 세존께서는 차례차례 유행을 하시어 빠릴레야까에 도착하셨다. 세존께서는 거기 빠릴레야까에서 상서로운 살라 나무 아래 머무셨다.[259)]

그때 많은 비구들[260)]이 아난다 존자에게 다가갔다. 가서는 아난다 존자와 함께 환담을 나누었다. 유쾌하고 기억할 만한 이야기로 서로 담소를 한 뒤 한 곁에 앉았다. 한 곁에 앉은 비구들은 아난다 존자에게 이렇게 말했다.

"도반 아난다여, 우리가 세존의 면전에서 직접 설법을 들은 지가 오래되었습니다. 도반 아난다여, 우리는 세존의 면전에서 직접 설법을 들었으면 합니다."

5. 그러자 아난다 존자는 비구들과 함께 빠릴레야까의 성스러운 살라 나무 아래로 세존께 다가갔다. 가서는 세존께 절을 올리고 한 곁에 앉았다. 한 곁에 앉은 비구들에게 세존께서는 법다운 이야기

---

259) "빠릴레야에 사는 사람들(Pālileyya-vāsino)이 세존께 보시를 하여 빠릴레야에서 멀지 않은 잘 보호된 숲에 세존을 위해서 나뭇잎으로 만든 거처(paṇṇa-sāla)를 만들었다. 거기에 이 '상서로운 살라 나무(bhadda-sāla)'가 있었다. 세존께서 빠릴레야 도시를 의지하여 이 나무 아래(rukkha-mūla)에 머무신 것을 말한다."(SA.ii.305)

260) 주석서에 의하면 이 비구들은 분쟁을 일으킨 꼬삼비의 비구들이 아니라, 여러 곳에서 안거를 마치고(vassaṁ-vutthā) 세존께 문안을 드리러 온 5백 명의 다른 비구들이라고 한다.(SA.ii.305)

로 가르치고 격려하고 분발하게 하고 기쁘게 하셨다.

6. 그때 [96] 어떤 비구에게 이런 생각이 마음에 일어났다. '어떻게 알고 어떻게 보아야 즉시에 번뇌들이 멸진할까?'라고.261)

---

261) 본서 「감홍어 경」(S22:55) §9와 그 주해를 참조할 것. 본경에 해당하는 주석서는 이렇게 설명하고 있다.
"'즉시에 번뇌들이 멸진함(anantarā āsavānaṁ khayo)'이란 도의 바로 다음에 틈 없이 뒤따라오는[無間](magga-anantara) 아라한과(arahatta-phala)를 말한다."(SA.ii.306)
아비담마와 주석서 문헌에서 과(果)는 도(道)의 바로 다음 찰나에 따라오는 것으로 설명하기 때문에(『아비담마 길라잡이』 제4장 §22와 제1장 §27의 해설 참조) 즉시에 번뇌가 멸진한다는 것을 주석서와 아비담마 문헌들은 이렇게 설명하고 있다.
한편 보디 스님은, 여기서 이 비구에게 일어난 생각은 '어떻게 하면 예류자와 일래자와 불환자의 과정을 거치지 않고 바로 아라한이 될 수 있을까?'하는 것이라고 보는 것이 더 타당하다고 의문을 제기하고 있다.(보디 스님, 1075쪽 131번 주해 참조)
초기불전을 대하면서 생기는 의문 가운데 하나는 네 가지 도(예류도부터 아라한도)는 반드시 순차적으로 생기는가, 아니면 앞의 도가 없이 뒤의 도가 바로 생길 수 있는가(즉 예류도 없이 일래도가 바로 생길 수 있고, 예류도와 일래도가 없이도 불환도가 바로 생길 수 있고, 예류도 · 일래도 · 불환도가 없이 바로 아라한도가 생길 수 있는가)하는 것이다.
『청정도론』(XXII.31)은 예류도 · 일래도 · 불한도 · 아라한도를 '순서대로 얻어야 할 네 가지 [도의] 지혜(anukkamena pattabbāni cattāri ñāṇā-ni)'로 설명하고 있다. 즉 아라한도를 증득하기 위해서는 예류도부터 아라한도까지의 모든 과정을 다 거쳐야한다는 것이다. 이렇게 본다면 위에 소개한 보디 스님의 의문은 상좌부 불교의 입장에서는 인정되지 않는 것으로 여겨진다. 미얀마 고승 마하시 사야도도 앞의 과정을 다 거친 뒤에 아라한이 된다고 설명했다고 한다.(일창 스님과 우 또다나 스님의 제언)
여러 아비담마 문헌에서는 열 가지 족쇄(saṁyojana)는 일시에 다 제거되는 것이 아니라고 설명하고 있다.(Dhs 220 등; DhsA.66~67 등) 열 가지 족쇄 가운데 앞의 세 가지는 봄[見, dassana]에 의해서 즉각적으로 해결되고, 이렇게 되면 예류자가 된다. 나머지 족쇄들은 봄[見]에 의해서가 아니라 닦아서[修, bhāvanā] 점진적으로 풀린다. 그래서 아라한이 되기 위해서는 먼저 견도(見道, dassama-magga, MA.i.75 등)로 세 가지 족쇄를 풀고, 점점 더 닦아서 수도(修道, bhāvanā-magga)로 나머지 족쇄들도 해결해야한다. 그러므로 아라한이 되기 위해서는 짧은 시간일지라도 반드시 먼저 예류 세존께서는 마음으로 그 비구의 마음을 아시고 비구들을 불러서 말씀하셨다.

"비구들이여, 나는 분명하게 구분하여 법을 설하였다.[262] 나는 분명하게 구분하여 네 가지 마음챙김의 확립을 설하였고, 분명하게 구분하여 네 가지 바른 노력을 설하였고, 분명하게 구분하여 네 가지 성취수단을 설하였고, 분명하게 구분하여 다섯 가지 기능을 설하였고, 분명하게 구분하여 다섯 가지 힘을 설하였고, 분명하게 구분하여 일곱 가지 깨달음의 구성요소를 설하였고, 분명하게 구분하여 여덟 가지 구성요소를 가진 성스러운 도를 설하였다.[263]

비구들이여, 이와 같이 나는 분명하게 구분하여 법을 설하였다. 그런데도 여기 어떤 비구에게 '어떻게 알고 어떻게 보아야 즉시에 번뇌들이 멸진할까?'라는 생각이 마음에 일어났다."

자, 일래자, 불환자를 거쳐야하는 것이다. 열 가지 족쇄와 성자들의 경지에 대해서는 본서 제1권 「얼마나 끊음 경」(S1:5) §3의 주해를 참조할 것.

아라한이 되기 위해서는 예류자 등의 앞의 세 과정을 다 거쳐야 하는가 그렇지 않은가 하는 이러한 문제는 우리나라 불교에서 첨예하게 논쟁하는 돈오돈수(頓悟頓修)와 돈오점수(頓悟漸修)와 연관이 있다. 북방의 『구사론』도 이 문제를 견도(見道)와 수도(修道)로 자세하게 논의하고 있는데(제6장 「분별근품」 등을 참조할 것), 남방 상좌부와 같은 입장이다. 『성유식론』과 『유가사지론』 등의 유식 문헌에서도 견도와 수도는 자세히 논의 되고 있다.

262) "'분명하게 구분하여(vicayaso)'라는 것은 여러 법들의 고유성질을 구분할 수 있는(sabhāva-vicinana-samattha) 지혜(ñāṇa)로 한계를 정한 뒤에(paricchinditvā)라는 뜻이다. 여기서 '법(dhamma)'이란 교법(sāsana-dhamma)을 뜻한다. 네 가지 마음챙김의 확립(사념처) 등의 [37보리분법]을 부분별로(koṭṭhāse) 한계를 정한 뒤에 법을 설하셨는데 이것을 드러내기 위해서 이렇게 말씀하신 것이다."(SA.ii.306)

263) 이상은 37보리분법(菩提分法, 깨달음의 편에 있는 법, bodhi-pakkhiyā dhammā = 助道品)이다. 37가지에 대한 설명은 본서 제5권 해제 §5-(1)과 「도 상윳따」(S45)의 첫 번째 주해와 『아비담마 길라잡이』 제7장의 III. 보리분(菩提分)의 길라잡이(§§24~33)의 설명과 『청정도론』 XXII.32~43 등을 참조할 것.

7. "비구들이여, 그러면 어떻게 알고 어떻게 보아야 즉시에 번뇌들이 멸진하는가?

비구들이여, 여기 배우지 못한 범부는 성자들을 친견하지 못하고 성스러운 법에 능숙하지 못하고 성스러운 법에 인도되지 못하고 참된 사람들을 친견하지 못하고 참된 사람의 법에 능숙하지 못하여 물질을 자아라고 관찰한다. 그의 이런 관찰은 하나의 심리현상[行]일 뿐이다.264)

그러면 이런 심리현상은 무엇이 그 근원이며, 무엇으로부터 일어나고, 무엇으로부터 생기며, 무엇으로부터 발생하는가?

비구들이여, 배우지 못한 범부는 무명과 함께하는 감각접촉에서 생긴265) 느낌에 닿으면 갈애가 일어나나니 이런 심리현상은 바로 이

---

264) 주석서는 이 구절을 "'이런 관찰(sā samanupassanā)'이란 견해라는 관찰(diṭṭhi-samanupassanā)이다. '하나의 심리현상일 뿐(saṅkhāro so)'이란 하나의 견해라는 심리현상일 뿐(diṭṭhi-saṅkhāro so)이라는 말이다."(SA.ii.306)로 해석하고 있다.
여기서 관건은 심리현상으로 옮긴 상카라[行, saṅkhāra]를 무엇으로 이해할 것인가 하는 것이다. 상카라는 조건 지워진 모든 유위법들[諸行]과 심리현상들(오온의 행온)과 의도적 행위(12연기의 행)라는 세 가지로 해석할 수 있다. 주석서는 여기서 상카라는 견해라는 상카라라고 설명하고 있어서 역자는 이것을 심리현상으로 이해하였다. 견해(사견)는 오온의 행온(심리현상들의 무더기)에 속하기 때문이다. 아무튼 주석가들이 말하는 saṅkhata-saṅkhāra(조건지워진 유위법과 심리현상으로서의 상카라)와 abhisaṅkhāraṇa-saṅkhāra(의도적 행위로서의 상카라) 가운데 전자로 해석한 것이다. 보디 스님도 이렇게 해석해서 '*a formation*'으로 옮겼다.
중요한 것은 자아라는 관찰을 이렇게 하나의 견해의 문제, 즉 하나의 심리현상의 문제로 환원시켜버리면 이러한 견해든 심리현상이든 그것은 당연히 '형성된 것[有爲, saṅkhata]'일 뿐이고 '조건발생[緣起, paṭiccasamuppanna]'일 뿐이다. 그러면 이것은 무상·고·무아의 원리가 적용될 수밖에 없고 여기에 사무치면 염오-이욕-소멸이 일어나서 즉시에 번뇌들이 멸진하는 것이다.

265) '무명과 함께하는 감각접촉에서 생긴(avijjā-samphassa-ja)'에 대해서는 본서 「관찰 경」(S22:47) §4의 주해를 참조할 것.

갈애에서 생긴다.

그런데 이 갈애도 무상하고 형성되었고[有爲] 조건에 의해서 생겨난 것[緣而生]이다. 이 느낌도 무상하고 형성되었고 조건에 의해서 생겨난 것이다. 이 감각접촉도 무상하고 형성되었고 조건에 의해서 생겨난 것이다. 이 무명도 무상하고 형성되었고 조건에 의해서 생겨난 것이다. [97]

비구들이여, 이와 같이 알고 이와 같이 보면 즉시에 번뇌들이 멸진한다."

8. "그는 물질을 자아라고 관찰하지 않지만 물질을 가진 것이 자아라고 관찰한다. 그의 이런 관찰은 하나의 심리현상일 뿐이다.

그러면 이런 심리현상은 무엇이 그 근원이며, 무엇으로부터 일어나고, 무엇으로부터 생기며, 무엇으로부터 발생하는가?

비구들이여, 배우지 못한 범부는 무명과 함께하는 감각접촉에서 생긴 느낌에 닿으면 갈애가 일어나나니 이런 심리현상은 바로 이 갈애에서 생긴다.

그런데 이 갈애도 … 느낌도 … 감각접촉도 … 무명도 무상하고 형성되었고[有爲] 조건에 의해서 생겨난 것[緣而生]이다.

비구들이여, 이와 같이 알고 이와 같이 보면 즉시에 번뇌들이 멸진한다."

9. "그는 물질을 자아라고 관찰하지 않고 물질을 가진 것이 자아라고 관찰하지 않지만 물질이 자아 안에 있다고 관찰한다. 그의 이런 관찰은 하나의 심리현상일 뿐이다.

그러면 이런 심리현상은 무엇이 그 근원이며, 무엇으로부터 일어나고, 무엇으로부터 생기며, 무엇으로부터 발생하는가?

비구들이여, 배우지 못한 범부는 무명과 함께하는 감각접촉에서 생긴 느낌에 닿으면 갈애가 일어나나니 이런 심리현상은 바로 이 갈애에서 생긴다.

그런데 이 갈애도 … 느낌도 … 감각접촉도 … 무명도 무상하고 형성되었고[有爲] 조건에 의해서 생겨난 것[緣而生]이다.

비구들이여, 이와 같이 알고 이와 같이 보면 즉시에 번뇌들이 멸진한다."

10. "그는 물질을 자아라고 관찰하지 않고 물질을 가진 것이 자아라고 관찰하지 않고 물질이 자아 안에 있다고 관찰하지 않지만 물질 안에 자아가 있다고 관찰한다. 그의 이런 관찰은 하나의 심리현상일 뿐이다.

그러면 이런 심리현상은 무엇이 그 근원이며, 무엇으로부터 일어나고, 무엇으로부터 생기며, 무엇으로부터 발생하는가?

비구들이여, 배우지 못한 범부는 무명과 함께하는 감각접촉에서 생긴 느낌에 닿으면 갈애가 일어나나니 이런 심리현상은 바로 이 갈애에서 생긴다.

그런데 [98] 이 갈애도 … 느낌도 … 감각접촉도 … 무명도 무상하고 형성되었고[有爲] 조건에 의해서 생겨난 것[緣而生]이다.

비구들이여, 이와 같이 알고 이와 같이 보면 즉시에 번뇌들이 멸진한다."

11. "그는 물질을 자아라고 관찰하지 않고, 물질을 가진 것이 자아라고 관찰하지 않고, 물질이 자아 안에 있다고 관찰하지 않고, 물질 안에 자아가 있다고 관찰하지 않는다.

그러나 그는 느낌을 … 인식을 … 심리현상들을 …알음알이를 자아라고 관찰하고, 알음알이를 가진 것이 자아라고 관찰하고, 알음알이가 자아 안에 있다고 관찰하고, 알음알이 안에 자아가 있다고 관찰한다. 그의 이런 관찰은 하나의 심리현상일 뿐이다.

그러면 이런 심리현상은 무엇이 그 근원이며, 무엇으로부터 일어나고, 무엇으로부터 생기며, 무엇으로부터 발생하는가?

비구들이여, 배우지 못한 범부는 무명과 함께하는 감각접촉에서 생긴 느낌에 닿으면 갈애가 일어나나니 이런 심리현상은 바로 이 갈애에서 생긴다.

그런데 이 갈애도 … 느낌도 … 감각접촉도 … 무명도 무상하고 형성되었고[有爲] 조건에 의해서 생겨난 것[緣而生]이다.

비구들이여, 이와 같이 알고 이와 같이 보면 즉시에 번뇌들이 멸진한다."

12. "그는 물질을 … 느낌을 … 인식을 … 심리현상들을 …알음알이를 자아라고 관찰하지 않고, 알음알이를 가진 것이 자아라고 관찰하지 않고, 알음알이가 자아 안에 있다고 관찰하지 않고, 알음알이 안에 자아가 있다고 관찰하지 않는다.

그러나 그는 이런 견해를 가지고 있다. '이 자아가 바로 이 세상이다. 그것은 죽은 뒤에 항상하고 견고하고 영원하며 변하지 않을 것이다.'266)라고. 그러나 이러한 영원하다는 견해[常見]는 하나의 심리현상일 뿐이다.

그러면 이런 심리현상은 무엇이 그 근원이며, 무엇으로부터 일어나고, 무엇으로부터 생기며, 무엇으로부터 발생하는가?

---

266) '이 자아가 곧 이 세상이다(so attā so loko).'라는 이러한 견해는 『우빠니샤드』로부터 유래된 것인 듯하다. 여기에 대해서는 Wijesekera, "An Aspect of Upainṣadic Ātman and Buddhist 'Anattā'", *Buddhist and Vedic Studies*, pp. 261~263을 참조할 것. 주석서는 이 견해에 대한 아무런 설명도 하지 않는다.

비구들이여, 배우지 못한 범부는 무명과 함께하는 감각접촉에서 생긴 느낌에 닿으면 갈애가 일어나나니 이런 심리현상은 바로 이 갈애에서 생긴다.

그런데 이 갈애도 … 느낌도 … 감각접촉도 … 무명도 무상하고 형성되었고[有爲] 조건에 의해서 생겨난 것[緣而生]이다.

비구들이여, 이와 같이 알고 이와 같이 보면 즉시에 번뇌들이 멸진한다."

13. "그는 물질을 … [99] 느낌을 … 인식을 … 심리현상들을 … 알음알이를 자아라고 관찰하지 않고, 알음알이를 가진 것이 자아라고 관찰하지 않고, 알음알이가 자아 안에 있다고 관찰하지 않고, 알음알이 안에 자아가 있다고 관찰하지 않는다.

그리고 그는 이런 견해도 가지고 있지 않다. '이 자아가 바로 이 세상이다. 그것은 죽은 뒤에 항상하고 견고하고 영원하며 변하지 않을 것이다.'라고.

그러나 그는 이러한 견해를 가지고 있다. '내가 존재하지 않았다면 나의 것도 존재하지 않았을 것이다. 나는 존재하지 않을 것이고 나의 것도 존재하지 않을 것이다.'267)라고. 그러나 이러한 단멸한다는 견해[斷見]는 하나의 심리현상일 뿐이다.

---

267) Se, Ee: no c' assaṁ no ca me siyā, na bhavissāmi na me bhavissati로 읽어서 옮긴 것이다. 주석서는 이렇게 설명한다.
"만일 내가 존재하지 않았다면 나의 소유물(parikkhāra)도 존재하지 않았을 것이다. 그런데 만일 미래에도 내가 존재하지 않는다면 그와 같이 나의 소유물도 존재하지 않을 것이다. 이 경우에는 세존께서 그 비구들이 계속해서 거머쥐고 있는 견해(gahita-gahita-diṭṭhi)를 내려놓게 하시기 위해서 설하신 것이다."(SA.ii.306)
같은 구문이 본서 「나의 존재는 있지 않음 경」(S22:153) §3에도 나타나고 있으며, 거의 같은 구문이 본서 「감흥어 경」(S22:55) §2에도 나타났다. 이 구문에 대한 설명은 이 경에 대한 주해를 참조할 것.

그러면 이런 심리현상은 무엇이 그 근원이며, 무엇으로부터 일어나고, 무엇으로부터 생기며, 무엇으로부터 발생하는가?

비구들이여, 배우지 못한 범부는 무명과 함께하는 감각접촉에서 생긴 느낌에 닿으면 갈애가 일어나나니 이런 심리현상은 바로 이 갈애에서 생긴다.

그런데 이 갈애도 … 느낌도 … 감각접촉도 … 무명도 무상하고 형성되었고[有爲] 조건에 의해서 생겨난 것[緣而生]이다.

비구들이여, 이와 같이 알고 이와 같이 보면 즉시에 번뇌들이 멸진한다."

14. "그는 물질을 … 느낌을 … 인식을 … 심리현상들을 …알음알이를 자아라고 관찰하지 않고, 알음알이를 가진 것이 자아라고 관찰하지 않고, 알음알이가 자아 안에 있다고 관찰하지 않고, 알음알이 안에 자아가 있다고 관찰하지 않는다.

그리고 그는 이런 견해도 가지고 있지 않다. '이 자아가 바로 이 세상이다. 그것은 죽은 뒤에 항상하고 견고하고 영원하며 변하지 않을 것이다.'라고.

그리고 그는 이러한 견해도 가지고 있지 않다. '내가 존재하지 않았다면 나의 것도 존재하지 않았을 것이다. 나는 존재하지 않을 것이고 나의 것도 존재하지 않을 것이다.'라고.

그러나 그는 정법을 회의하고 의심하고 바른 결론에 도달하지 못한다. 비구들이여, 그런데 정법을 회의하고 의심하고 바른 결론에 도달하지 못하는 것은 하나의 심리현상일 뿐이다.

그러면 이런 심리현상은 무엇이 그 근원이며, 무엇으로부터 일어나고, 무엇으로부터 생기며, 무엇으로부터 발생하는가?

비구들이여, 배우지 못한 범부는 무명과 함께하는 감각접촉에서

생긴 느낌에 닿으면 갈애가 일어나나니 이런 심리현상은 바로 이 갈애에서 생긴다.268)

그런데 이 갈애도 무상하고 형성되었고[有爲] 조건에 의해서 생겨난 것[緣而生]이다. 이 느낌도 무상하고 형성되었고 조건에 의해서 생겨난 것이다. 이 감각접촉도 무상하고 형성되었고 조건에 의해서 생겨난 것이다. 이 무명도 무상하고 형성되었고 조건에 의해서 생겨난 것이다."

15. "비구들이여, 이와 같이 알고 이와 같이 보면 즉시에 번뇌들이 멸진한다."269)

보름밤 경(S22:82)

Puṇṇamā-sutta270)

1. 이와 같이 나는 들었다. 한때 [100] 세존께서는 고귀한 비구

---

268) "갈애와 함께한 마음(taṇhā-sampayutta-citta)에 의심(vicikicchā)이란 존재하지 못한다. 그런데 어떻게 의심이라는 심리현상이 갈애로부터 생긴다고 하는가? [갈애가] 버려지지 않았기 때문(appahīnattā)이다. 왜냐하면 의심은 갈애를 버리지 못한 자에게서 일어나기 때문에 이렇게 말한 것이다." (SA.ii.306)
『아비담마 길라잡이』 제2장 §13에 의하면 탐욕(즉 갈애)은 8가지 탐욕에 뿌리한 마음에서만 일어난다. 그러므로 한 찰나의 마음에 갈애와 의심은 동시에 일어나지 못한다. 그래서 갈애와 함께한 마음에 의심은 존재하지 못한다고 한 것이다. 그렇지만 본경에서 이렇게 설하시는 것은 갈애를 버리지 못한 범부에게만 의심이 일어나기 때문이라고 주석서는 설명하고 있다. 의심은 예류자가 되기 위해서 극복해야 하는 세 가지(유신견, 계금취, 의심) 가운데 하나이기 때문이다.

269) "본경에서는 23가지 경우를 통해서 아라한됨을 증득하는 위빳사나를 설하셨다."(SA.ii.306)

270) 본경은 『맛지마 니까야』 「긴 보름밤 경」(Mahāpuṇṇama-sutta, M109)과 동일하다.

승가와 함께 사왓티에서 동쪽 원림[東園林]에 있는 미가라마따(녹자모)의 강당에 머무셨다.271)

2. 그 무렵 세존께서는 보름 포살일의 보름밤에 비구 승가에 둘러싸여서 노지에 앉아 계셨다. 그때 어떤 비구가 자리에서 일어나서 한쪽 어깨가 드러나게 윗옷을 입고 세존을 향해 합장하고 이렇게 말씀드렸다.

3. "세존이시여, 만일 세존께서 저의 질문에 대한 설명을 해 주실 기회를 내어주신다면 저는 세존께 어떤 문제를 질문 드리고자 합

---

271) 동쪽 원림[東園林, Pubbārāma]은 사왓티의 동쪽 대문 밖에 있는 원림이다. 바로 이곳에 위사카(Visākhā) 즉 미가라마따가 세존과 승단을 위해서 본경의 미가라마따(녹자모)의 강당(Migāramātu-pāsāda)을 건립하였다. 미가라마따(녹자모)의 강당(Migāramātupāsāda)은 미가라마따(미가라의 어머니, 녹자모, 鹿子母)라 불렸던 위사카(Visākhā)가 동원림을 9천만의 돈을 들여 구입하고 다시 9천만의 돈을 들여 지은 이층으로 된 큰 건물이었다. 각 층에는 각각 500개씩의 방이 있었다고 한다. 부처님께서 후반부 20여 년을 사왓티에 머무실 때 이곳과 급고독원을 번갈아가면서 머무셨다고 한다. 그러므로 많은 경들이 이곳에서 설해진 것으로 나타난다.

미가라마따(Migāramātā, 녹자모)는 여신도 위사카(Visākhā)를 뜻한다. (AA.ii.124) 위사카는 앙가(Aṅga)의 밧디야(Bhaddiya)에서 다난자야라는 아주 부유한 장자의 딸로 태어났다. 그녀는 어렸을 때 자기 고장으로 오신 부처님의 법문을 듣고 예류과를 얻었다고 한다. 뒤에 아버지가 꼬살라의 사께따로 이사를 가게 되어 사께따에 정착해서 살았으며 그래서 사왓티의 미가라(Migāra)와 결혼하였다고 한다. 위사카는 『앙굿따라 니까야』 「하나의 모음」(A1:14:7-2)에서 "보시하는 여신도들 가운데 으뜸"이라 부처님께서 칭송하신 여신도이다.

위사카는 미가라(Migāra)의 아내였다. 그런데도 위사카가 미가라마따(Migāra-mātā) 즉 미가라의 어머니(녹자모, 鹿子母)라 불린 데는 재미있는 일화가 있다. 그녀의 남편 미가라는 니간타(Nigaṇṭha)의 열렬 신도였는데 나중에 위사카의 설득으로 휘장 뒤에서나마 부처님의 설법을 듣고 예류과를 얻었다고 한다. 그래서 그의 아내에게 너무도 감사하여 '당신은 오늘부터 나의 어머니요.'라고 하였다고 한다. 그래서 그녀는 위사카라는 이름보다 미가라의 어머니(미가라마따)로 더 알려지게 되었다고 한다.(AA.i.417)

니다."

"비구여, 그렇다면 그대는 제 자리에 앉아서 원하는 대로 물어보라."

"그렇게 하겠습니다, 세존이시여."라고 그 비구는 세존께 대답한 뒤 자신의 자리에 앉아서 세존께 이렇게 여쭈었다.

4. "세존이시여, 취착의 [대상이 되는] 다섯 가지 무더기[五取蘊]는 취착의 [대상이 되는] 물질의 무더기, 취착의 [대상이 되는] 느낌의 무더기, 취착의 [대상이 되는] 인식의 무더기, 취착의 [대상이 되는] 심리현상들의 무더기, 취착의 [대상이 되는] 알음알이의 무더기가 아닙니까?"

"비구여, 취착의 [대상이 되는] 다섯 가지 무더기[五取蘊]는 취착의 [대상이 되는] 물질의 무더기, 취착의 [대상이 되는] 느낌의 무더기, 취착의 [대상이 되는] 인식의 무더기, 취착의 [대상이 되는] 심리현상들의 무더기, 취착의 [대상이 되는] 알음알이의 무더기이다."

5. "감사합니다, 세존이시여."라고 그 비구는 세존의 말씀을 기뻐하고 감사드린 뒤 계속해서 질문을 드렸다.

"세존이시여, 그러면 취착의 [대상이 되는] 다섯 가지 무더기는 무엇을 뿌리로 합니까?"

"비구여, 취착의 [대상이 되는] 다섯 가지 무더기는 욕구를 뿌리로 한다."272)

6. "감사합니다, 세존이시여."라고 그 비구는 세존의 말씀을 기

---

272) '욕구를 뿌리로 한다.'는 chanda-mūlakā를 옮긴 것이다. 주석서는 "갈애라는 욕구를 뿌리로 한다(taṇhā-chanda-mūlakā)."(SA.ii.307)라고 설명하고 있다. 오온이 어떻게 갈애로부터 일어나는가 하는 것은 본서 「삼매 경」(S22:5) §4와 주해를 참조할 것.

뻐하고 감사드린 뒤 계속해서 질문을 드렸다.

"세존이시여, 그러면 취착이 바로 취착의 [대상이 되는] 다섯 가지 무더기입니까, 아니면 취착과 취착의 [대상이 되는] 다섯 가지 무더기는 다릅니까?"

"비구여, 취착과 취착의 [대상이 되는] 다섯 가지 무더기는 같은 것도 아니요, [101] 취착과 취착의 [대상이 되는] 다섯 가지 무더기는 서로 다른 것도 아니다. 다섯 가지 무더기에 대한 욕탐이 거기서 취착이다."273)

7. "감사합니다, 세존이시여."라고 그 비구는 세존의 말씀을 기뻐하고 감사드린 뒤 계속해서 질문을 드렸다.

"세존이시여, 그러면 취착의 [대상이 되는] 다섯 가지 무더기에 대한 욕탐에는 차이가 있습니까?"

"그러하다, 비구여. 비구여, 여기 어떤 사람에게 이런 생각이 생긴다. '미래에 이러한 물질이 있게 되기를. 미래에 이러한 느낌이 … 이러한 인식이 … 이러한 심리현상들이 … 이러한 알음알이가 있게 되

---

273) 이것은 『맛지마 니까야』 「짧은 방등경」(M44/i.299~300) §6에도 나타난다. 취착과 욕탐에 대해서는 아래 「취착 경」(S22:121) §3도 참조할 것. 주석서는 이렇게 설명하고 있다.
"'취착과 취착의 [대상이 되는] 다섯 가지 무더기는 같은 것이 아니다.' 왜냐하면 단지 욕탐만(chanda-rāga-matta)을 가지고 오온이라고 하지 못하기 때문이다.
'취착과 취착의 [대상이 되는] 다섯 가지 무더기는 서로 다른 것도 아니다.' 왜냐하면 ① 함께 생긴(sahajāta) [조건이 되고] ② 대상(ārammaṇa)의 [조건이 되기 때문에] 오온을 떠나서 취착이란 것은 있을 수가 없기 때문이다. ① 갈애와 함께하는 마음(taṇhā-sampayutta citta)이 일어날 때 그 마음과 함께 생긴 물질을 물질의 무더기라 하고, 갈애를 제외한 나머지 정신의 법들을 네 가지 무더기라고 한다. 그래서 함께 생긴 [조건]으로도 오온을 떠나서 취착이란 있을 수 없다. ② 취착이란 것은 물질 등의 오온 가운데 어떤 것을 대상으로 하여 일어나기 때문에 대상의 [조건]으로서도 역시 오온을 떠난 취착이란 있을 수 없다."(SA.ii.307)

기를.'이라고.

비구여, 이와 같이 다섯 가지 무더기에 대한 욕탐에는 차이가 있다."

8. "감사합니다, 세존이시여."라고 그 비구는 세존의 말씀을 기뻐하고 감사드린 뒤 계속해서 질문을 드렸다.

"세존이시여, 그러면 어떻게 해서 무더기[蘊]들에 대해서 무더기라는 술어가 있습니까?"

"비구여, 그것이 어떠한 물질이건 — 그것이 과거의 것이건 미래의 것이건 현재의 것이건 안의 것이건 밖의 것이건 거칠건 미세하건 저열하건 수승하건 멀리 있건 가까이 있건 — 이를 일러 물질의 무더기[色蘊]라 한다. 그것이 어떠한 느낌이건 … 그것이 어떠한 인식이건 … 그것이 어떠한 심리현상들이건 … 그것이 어떠한 알음알이건 — 그것이 과거의 것이건 미래의 것이건 현재의 것이건 안의 것이건 밖의 것이건 거칠건 미세하건 저열하건 수승하건 멀리 있건 가까이 있건 — 이를 일러 알음알이의 무더기[識蘊]라 한다.

비구여, 이렇게 해서 무더기들에 대해서 무더기라는 술어가 있다."

9. "감사합니다, 세존이시여."라고 그 비구는 세존의 말씀을 기뻐하고 감사드린 뒤 계속해서 질문을 드렸다.

"세존이시여, 그러면 무엇을 원인으로 하고 무엇을 조건으로 하여 물질의 무더기는 드러납니까? 무엇을 원인으로 하고 무엇을 조건으로 하여 느낌의 무더기는 드러납니까? 무엇을 원인으로 하고 무엇을 조건으로 하여 인식의 무더기는 드러납니까? 무엇을 원인으로 하고 무엇을 조건으로 하여 심리현상들의 무더기는 드러납니까? 무엇을 원인으로 하고 무엇을 조건으로 하여 알음알이의 무더기는 드러납니까?"

"비구여, 네 가지 근본물질[四大]을 원인으로 하고 네 가지 근본물질을 조건으로 하여 물질의 무더기는 드러난다. 감각접촉을 원인으로 하고 감각접촉을 조건으로 하여 느낌의 무더기는 드러난다. 감각접촉을 원인으로 하고 감각접촉을 조건으로 하여 인식의 무더기는 드러난다. [102] 감각접촉을 원인으로 하고 감각접촉을 조건으로 하여 심리현상들의 무더기는 드러난다. 정신·물질을 원인으로 하고 정신·물질을 조건으로 하여 알음알이의 무더기는 드러난다."

10. "감사합니다, 세존이시여."라고 그 비구는 세존의 말씀을 기뻐하고 감사드린 뒤 계속해서 질문을 드렸다.

"세존이시여, 그러면 어떻게 해서 [불변하는] 자신이 존재한다는 견해[有身見]가 있습니까?"

"비구여, 여기 배우지 못한 범부는 성자들을 친견하지 못하고 성스러운 법에 능숙하지 못하고 성스러운 법에 인도되지 못하고 참된 사람들을 친견하지 못하고 참된 사람의 법에 능숙하지 못하여 물질을 자아라고 관찰하고, 물질을 가진 것이 자아라고 관찰하고, 물질이 자아 안에 있다고 관찰하고, 물질 안에 자아가 있다고 관찰한다. 느낌을 … 인식을 … 심리현상들을 … 알음알이를 자아라고 관찰하고, 알음알이를 가진 것이 자아라고 관찰하고, 알음알이가 자아 안에 있다고 관찰하고, 알음알이 안에 자아가 있다고 관찰한다.

비구여, 이렇게 해서 [불변하는] 자신이 존재한다는 견해[有身見]가 있다."

11. "감사합니다, 세존이시여."라고 그 비구는 세존의 말씀을 기뻐하고 감사드린 뒤 계속해서 질문을 드렸다.

"세존이시여, 그러면 어떻게 해서 [불변하는] 자신이 존재한다는 견해[有身見]가 없습니까?"

"비구여, 여기 잘 배운 성스러운 제자는 성자들을 친견하고 성스러운 법에 능숙하고 성스러운 법에 인도되고 참된 사람들을 친견하고 참된 사람의 법에 능숙하여 물질을 자아라고 관찰하지 않고, 물질을 가진 것이 자아라고 관찰하지 않고, 물질이 자아 안에 있다고 관찰하지 않고, 물질 안에 자아가 있다고 관찰하지 않는다. 느낌을 … 인식을 … 심리현상들을 … 알음알이를 자아라고 관찰하지 않고, 알음알이를 가진 것이 자아라고 관찰하지 않고, 알음알이가 자아 안에 있다고 관찰하지 않고, 알음알이 안에 자아가 있다고 관찰하지 않는다.

비구여, 이렇게 해서 [불변하는] 자신이 존재한다는 견해[有身見]가 없다."

12. "감사합니다, 세존이시여."라고 그 비구는 세존의 말씀을 기뻐하고 감사드린 뒤 계속해서 질문을 드렸다.

"세존이시여, 그러면 무엇이 물질의 달콤함이며 무엇이 위험함이며 무엇이 벗어남입니까? 무엇이 느낌의 … 인식의 … 심리현상들의 … 알음알이의 달콤함이며 무엇이 위험함이며 무엇이 벗어남입니까?"

"비구여, 물질을 반연하여 일어나는 육체적 즐거움과 정신적 즐거움이 물질의 달콤함이다. 물질이 무상하고 괴로움이고 변하기 마련인 것이 물질의 위험함이다. 물질에 대한 욕탐을 길들이고 욕탐을 제거하는 것이 물질로부터 벗어남이다.

느낌을 … [103] 인식을 … 심리현상들을 … 알음알이를 반연하여 일어나는 육체적 즐거움과 정신적 즐거움이 알음알이의 달콤함이다. 알음알이가 무상하고 괴로움이고 변하기 마련인 것이 알음알이의 위험함이다. 알음알이에 대한 욕탐을 길들이고 욕탐을 제거하는 것이 알음알이로부터 벗어남이다.”

13. “감사합니다, 세존이시여.”라고 그 비구는 세존의 말씀을 기뻐하고 감사드린 뒤 계속해서 질문을 드렸다.

“세존이시여, 그러면 어떻게 알고 어떻게 보아야 알음알이를 가진 이 몸과 밖의 모든 표상들에 대하여 ‘나’라는 생각과 ‘내 것’이라는 생각과 자만의 잠재성향이 일어나지 않게 됩니까?”

“비구여, 그것이 어떠한 물질이건, 그것이 과거의 것이건 미래의 것이건 현재의 것이건 안의 것이건 밖의 것이건 거칠건 미세하건 저열하건 수승하건 멀리 있건 가까이 있건 ‘이것은 내 것이 아니요, 이것은 내가 아니며, 이것은 나의 자아가 아니다.’라고 있는 그대로 바른 통찰지로 보아야 한다.

그것이 어떠한 느낌이건 … 그것이 어떠한 인식이건 … 그것이 어떠한 심리현상들이건 … 그것이 어떠한 알음알이건, 그것이 과거의 것이건 미래의 것이건 현재의 것이건 안의 것이건 밖의 것이건 거칠건 미세하건 저열하건 수승하건 멀리 있건 가까이 있건 ‘이것은 내 것이 아니요, 이것은 내가 아니며, 이것은 나의 자아가 아니다.’라고 있는 그대로 바른 통찰지로 보아야 한다.

비구여, 이렇게 알고 이렇게 보아야 알음알이를 가진 이 몸과 밖의 모든 표상들에 대하여 ‘나’라는 생각과 ‘내 것’이라는 생각과 자만의 잠재성향이 일어나지 않게 된다.”

14. 그때 어떤 비구에게 이런 생각이 마음에 일어났다. ‘참으로 물질은 자아가 아니라고 한다. 느낌은 … 인식은 … 심리현상들은 … 알음알이는 자아가 아니라고 한다. 그런데 자아가 없이 지은 업들은 도대체 어떤 자아와 접촉하는가?’[274]라고.

15. 그때 세존께서는 마음으로 그 비구의 마음을 아시고 비구들을 불러서 말씀하셨다.

"비구들이여, 이런 경우가 있다. 여기 어떤 쓸모없는 인간은 체득하지 못하고서 무명에 빠지고 갈애에 지배된 마음으로 스승의 교법을 능가하리라고 하면서 '참으로 물질은 자아가 없다고 한다. 느낌은 …인식은 … 심리현상들은 … 알음알이는 자아가 없다고 한다. 그런데 자아가 없이 지은 업들은 [104] 도대체 어떤 자아와 접촉하는가?' 라고 생각할 것이다. 비구들이여, 나는 이런 법들에 대해서 여기저기서 [다음과 같은] 질의응답으로 그대들을 훈련시켰다."[275]

16. "비구들이여, 이를 어떻게 생각하는가? 물질은 항상한가, 무상한가?"

"무상합니다, 세존이시여."

"그러면 무상한 것은 괴로움인가, 즐거움인가?"

"괴로움입니다, 세존이시여."

"그러면 무상하고 괴로움이고 변하기 마련인 것을 두고 '이것은

---

274) '자아가 없이 지은 업들은 도대체 어떤 자아와 접촉하는가?'는 『맛지마 니까야』 「긴 보름밤 경」(M109/iii.19) §14의 anattakatāni kammāni kam attānaṁ phusissanti로 읽어서 옮긴 것이다.
Be, Se는 kam attānaṁ 대신에 katham attānaṁ으로, Ee는 katam attānaṁ으로 나타나는데 Ee는 kam attānaṁ으로 수정되어야 하는 것이 아닌가 한다. 『맛지마 니까야 주석서』에는 이 비구는 상견(常見, sassata-dassana)에 빠져서 이렇게 말했다고 적혀 있다.(MA.iv.79)

275) '비구들이여, 나는 이런 법들에 대해서 여기저기서 [다음과 같은] 질의응답으로 그대들을 훈련시켰다.'는 Be, Se: paṭipucchā-vinītā kho me tumhe bhikkhave tatra tatra tesu tesu dhammesu를 옮긴 것이다. Ee는 이렇게 고쳐서 읽어야 한다. 주석서는 '질의응답을 통한 훈련(paṭipucchā-vinītā)'에 대한 설명을 하고 있지 않지만 바로 아래에 나타나는 오온의 무상·고·무아에 대한 교리문답을 이렇게 표현한 것이다.

내 것이다. 이것은 나다. 이것은 나의 자아다.'라고 관찰하는 것이 타당하겠는가?"

"그렇지 않습니다, 세존이시여."

"비구들이여, 이를 어떻게 생각하는가? 느낌은 … 인식은 … 심리현상들은 … 알음알이는 항상한가, 무상한가?"

"무상합니다, 세존이시여."

"그러면 무상한 것은 괴로움인가, 즐거움인가?"

"괴로움입니다, 세존이시여."

"그러면 무상하고 괴로움이고 변하기 마련인 것을 두고 '이것은 내 것이다. 이것은 나다. 이것은 나의 자아다.'라고 관찰하는 것이 타당하겠는가?"

"그렇지 않습니다, 세존이시여."

17. "비구들이여, 그러므로 그것이 어떠한 물질이건, 그것이 과거의 것이건 미래의 것이건 현재의 것이건 안의 것이건 밖의 것이건 거칠건 미세하건 저열하건 수승하건 멀리 있건 가까이 있건 '이것은 내 것이 아니요, 이것은 내가 아니며, 이것은 나의 자아가 아니다.'라고 있는 그대로 바른 통찰지로 보아야 한다.

비구들이여, 그것이 어떠한 느낌이건 … 그것이 어떠한 인식이건 … 그것이 어떠한 심리현상들이건 … 그것이 어떠한 알음알이건, 그것이 과거의 것이건 미래의 것이건 현재의 것이건 안의 것이건 밖의 것이건 거칠건 미세하건 저열하건 수승하건 멀리 있건 가까이 있건 '이것은 내 것이 아니요, 이것은 내가 아니며, 이것은 나의 자아가 아니다.'라고 있는 그대로 바른 통찰지로 보아야 한다."

18. "비구들이여, 이와 같이 보는 잘 배운 성스러운 제자는 물질

에 대해서도 염오하고 느낌에 대해서도 염오하고 인식에 대해서도 염오하고 심리현상들에 대해서도 염오하고 알음알이에 대해서도 염오한다.

염오하면서 탐욕이 빛바래고, 탐욕이 빛바래기 때문에 해탈한다. 해탈하면 해탈했다는 지혜가 있다. '태어남은 다했다. 청정범행(梵行)은 성취되었다. 할 일을 다 해 마쳤다. 다시는 어떤 존재로도 돌아오지 않을 것이다.'라고 꿰뚫어 안다."276)

19. 두 가지는 무더기에 관한 것이며
술어와 원인에 대해서도 [그러하다.]
두 가지는 자기 존재에 대해서이고
달콤함과 알음알이를 가진 [몸에 대해서] 각각 하나이다.
이렇게 하여 모두 열 가지를 비구는 여쭈었다.

제8장 삼켜버림 품이 끝났다.

여덟 번째 품에 포함된 경들의 목록은 다음과 같다.

① 달콤함, 두 가지 ②~③ 일어남
두 가지 ④~⑤ 아라한
⑥ 사자 ⑦ 삼켜버림 ⑧ 걸식
⑨ 빠릴레야 ⑩ 보름밤이다.

---

276) 『맛지마 니까야』 「긴 보름밤 경」(M109) §18에는 이 다음에 "세존께서는 이렇게 말씀하셨다. 그 비구들은 마음이 흡족해져서 세존의 말씀을 크게 기뻐하였다. 이 상세한 설명[授記]이 설해졌을 때 60명의 비구들의 마음은 취착이 없어져서 번뇌들로부터 해탈했다."는 구절이 나타나고 있으며, 아래 게송은 나타나지 않는다. 본경의 게송은 Be, Ee에만 나타나고 Se에는 나타나지 않는다.

제9장 장로 품

Thera-vagga

아난다 경(S22:83)

Ānanda-sutta

1. 한 때 [105] 아난다 존자는 사왓티에서 제따 숲의 아나타삔디까 원림(급고독원)에 머물렀다.

2. 거기서 아난다 존자는 "도반 비구들이여."라고 비구들을 불렀다. "도반이여."라고 비구들은 아난다 존자에게 응답했다. 아난다 존자는 이렇게 말했다.

3. "도반들이여, 뿐나 만따니뿟따 존자277)는 우리가 신참 [비

---

277) 뿐나 만따니뿟따 존자(āyasamā Puṇṇa Mantāṇiputta, Sk. Pūrṇa Maitrāyaṇīputa, 부루나 미다라니자, 富樓那 彌多羅尼子) 혹은 만따니의 아들 뿐나 존자는 우리에게 설법제일 부루나(富樓那) 존자로 알려진 분이다. 그는 까삘라왓투에서 가까운 도나왓투(Donavatthu)의 바라문 가문에서 태어났다. 그의 어머니 만따니는 안냐꼰단냐 존자(āyasmā Añña-koṇḍañña, 본서 제1권 「꼰단냐 경」(S8:9) §2의 주해 참조)의 여동생이었다. 꼰단냐 존자가 아라한이 된 후 그를 출가시켰다. 그는 까삘라왓투에서 머물면서 수행하여 아라한이 되었다. 그는 그의 동향 사람 500명을 출가하게 하여 열 가지 설법의 기본(dasa kathāvatthūni)을 가르쳤다 하며 그들은 모두 아라한이 되었다고 한다.(AA.i.199~204)
그는 세존을 뵙기 위해서 사왓티로 왔으며 사리뿟따 존자가 그의 명성을 듣고 그를 시험한 것이 저 유명한 『맛지마 니까야』의 「역마차 경」(M24)이다. 이 경에서 그는 부처님 가르침을 일곱 가지 청정[七淸淨]으로 요약 설명하여 사리뿟따 존자의 감탄을 자아내게 하였으며 이것은 『청정도론』 등에서 상좌부 수행의 핵심으로 정착이 되었다.(칠청정은 『아비담마 길라잡이』 9장 §22 이하를 참조할 것.) 이런 이유 등으로 세존께서는 『앙굿따라 니까야』 「하나의 모음」(A1:14:1-9)에서 그를 "법을 설하는 자(dhamma-kathika)들 가운데서 으뜸"이라고 칭찬하시는 것이다.

구]였을 때 많은 도움을 주었습니다. 그는 우리들에게 이와 같이 교계를 하였습니다."

4. "도반 아난다여, 취착하기 때문에[278] '나는 있다.'는 [사량분별이] 있나니 취착하지 않기 때문이 아닙니다. 그러면 무엇을 취착하기 때문에 '나는 있다.'는 [사량분별이] 있으며 취착하지 않기 때문이 아닙니까? 물질을 취착하기 때문에 '나는 있다.'는 [사량분별이] 있나니 취착하지 않기 때문이 아닙니다. 느낌을 … 인식을 … 심리현상들을 … 알음알이를 취착하기 때문에 '나는 있다.'는 [사량분별이] 있나니 취착하지 않기 때문이 아닙니다.

도반 아난다여, 예를 들면 여인이나 남자가 젊으면 치장하기를 좋

그런데 본서 제4권 「뿐나 경」(S35:88 = 『맛지마 니까야』 「교계 뿐나 경」, M145)에 나타나는 뿐나 존자는 뿐나 만따니뿟따 존자와는 다른 사람이다. 그는 수나빠란따(Sunāparanta, 지금의 마하라쉬뜨라 주)의 숩빠라까(Sup-pāraka, 뭄바이 근처라고 함)에서 장자의 아들로 태어났으며 사업차 사왓티에 왔다가 부처님의 가르침을 듣고 출가하였다. 「교계 뿐나 경」에는 그가 세존의 허락을 받고 고향인 수나빠란따로 전법을 떠나는 것이 묘사되어 있다. 그는 수나빠란따 지방에서 크게 전법활동을 하다가 순교하였다. 북방불교에서는 이 뿐나 존자를 설법제일로 여기는 듯하다.

278) 여기서 '취착하기 때문에'로 옮긴 원어는 upādāya이다. upādāya는 두 가지로 해석이 가능하다. 첫째는 upādiyati의 절대분사로 '취착한 뒤에'로 직역할 수 있다. 둘째는 일종의 관형구로서 '파생된, 조건으로 하는'으로 해석이 된다. 예를 들면 catunnañ ca mahābhūtānaṁ upādāya rūpam(네 가지 근본물질에서 파생된 물질, 본서 제2권 「분석 경」(S12:2) §12)을 들 수 있다. 본경에서도 이 두 가지 뜻을 다 적용할 수 있는데 문자적인 뜻을 존중하여 역자는 전자로 옮겼다.
본문은 '반연하기 때문에 '나는 있다.'는 [사량분별이] 있나니 …' 등으로 해석할 수도 있다. 실제로 주석서는 "upādāya는 '나름대로', '~에 대해서', '~를 두고', '반연하여'(āgamma ārabbha sandhāya paṭicca)라는 뜻이다."(SA.ii.308)라고 동의어를 나열하여 후자의 뜻으로 설명하고 있다. 아래 거울의 비유도 두 뜻을 다 비유한 것으로 설명할 수 있다. 그리고 본서 「나의 것 경」(S22:151) §3의 '무엇을 취착하고(kiṁ upādāya)'도 두 가지 의미로 다 사용되고 있다.

아하여, 깨끗하고 흠 없는 거울이나 맑은 물에 자신의 얼굴모습을 비추어 봅니다. 그때 그는 취착하면서 쳐다보지 취착하지 않으면서 보지 않습니다. 그와 같이 물질을 취착하기 때문에 '나는 있다.'는 [사량분별이] 있나니 취착하지 않기 때문이 아닙니다. 느낌을 … 인식을 … 심리현상들을 … 알음알이를 취착하기 때문에 '나는 있다.'는 [사량분별이] 있나니 취착하지 않기 때문이 아닙니다."

5. "도반 아난다여, 이를 어떻게 생각합니까? 물질은 항상합니까, 무상합니까?"

"무상합니다, 도반이여."

"그러면 무상한 것은 괴로움입니까, 즐거움입니까?"

"괴로움입니다, 도반이여."

"그러면 무상하고 괴로움이고 변하기 마련인 것을 두고 '이것은 내 것이다. 이것은 나다. 이것은 나의 자아다.'라고 관찰하는 것이 타당하겠습니까?"

"그렇지 않습니다, 도반이여."

"도반 아난다여, 이를 어떻게 생각합니까? 느낌은 … 인식은 … 심리현상들은 … 알음알이는 항상합니까, 무상합니까?"

"무상합니다, 도반이여."

"그러면 무상한 것은 괴로움입니까, 즐거움입니까?"

"괴로움입니다, 도반이여."

"그러면 무상하고 괴로움이고 변하기 마련인 것을 두고 '이것은 내 것이다. 이것은 나다. 이것은 나의 자아다.'라고 관찰하는 것이 타당하겠습니까?"

"그렇지 않습니다, 도반이여."

6. "도반 아난다여, 그러므로 그것이 어떠한 물질이건 … 그것이 어떠한 느낌이건 … 그것이 어떠한 인식이건 … 그것이 어떠한 심리현상들이건 … 그것이 어떠한 알음알이건, 그것이 과거의 것이건 미래의 것이건 현재의 것이건 안의 것이건 밖의 것이건 거칠건 미세하건 저열하건 수승하건 멀리 있건 가까이 있건 '이것은 내 것이 아니요, 이것은 내가 아니며, 이것은 나의 자아가 아니다.'라고 있는 그대로 바른 통찰지로 보아야 합니다."

7. "도반 아난다여, 이와 같이 보는 잘 배운 성스러운 제자는 물질에 대해서도 염오하고 느낌에 대해서도 염오하고 인식에 대해서도 염오하고 심리현상들에 대해서도 염오하고 알음알이에 대해서도 염오합니다.

염오하면서 탐욕이 빛바래고, 탐욕이 빛바래기 때문에 해탈합니다. 해탈하면 해탈했다는 지혜가 있습니다. '태어남은 다했다. 청정범행(梵行)은 성취되었다. 할 일을 다 해 마쳤다. 다시는 어떤 존재로도 돌아오지 않을 것이다.'라고 꿰뚫어 압니다."

8. "도반들이여, 뿐나 만따니뿟따 존자는 우리가 [106] 신참 [비구]였을 때 많은 도움을 주었습니다. 그는 우리들에게 이와 같이 교계를 하였습니다. 나는 뿐나 만따니뿟따 존자의 설법을 듣고 법을 관통하였습니다."279)

---

279) "'나는 법을 관통하였다(dhammo me abhisamito).'는 것은 나는 지혜(ñāṇa)에 의해서 사성제의 법(catu-sacca-dhamma)을 관통하여 예류자가 되었다(sotāpanno'smi)는 뜻이다."(SA.ii.308)
여기뿐만 아니라 다른 문맥에서도 '관통(abhisamaya)'은 사성제를 관통하는 것을 말한다. 관통에 대해서는 본서 제2권 「사꺄무니 고따마 경」(S12:10) §4의 주해를 참조할 것.

뗏사 경(S22:84)

Tissa-sutta

2. 그 무렵 세존의 고종사촌인 뗏사 존자[280]가 많은 비구들에게 이렇게 말했다.

"도반들이여, 요즘 저의 몸은 무겁고 방향 감각을 잃어버리게 됩니다. 법들도 제게 분명하게 드러나지 않습니다.[281] 해태와 혼침이 저의 마음을 사로잡아버립니다. 아무런 즐거움 없이 청정범행을 닦고 있고 법들에 대한 의심이 있습니다."

3. 그때 많은 비구들이 세존께 다가갔다. 가서는 세존께 절을 올리고 한 곁에 앉았다. 한 곁에 앉은 비구들은 세존께 이렇게 말씀드렸다.

"세존이시여, 세존의 고종사촌인 뗏사 존자가 많은 비구들에게 이렇게 말하였습니다. '도반들이여, 요즘 저의 몸은 무겁고 방향 감각

---

280) DPPN에 의하면 뗏사 존자(āyasmā Tissa)는 세존의 고모인 아미따(Amitā)의 아들이라고 한다. 본서 제2권 「뗏사 경」(S21:9)에 의하면 세존과는 고종사촌지간(pitucchā-putta)이었다.(DhpA.i.37에도 나타남)

281) 이 정형구는 본서 제5권 「병 경」(S47:9) §6, 「쭌다 경」(S47:13) §5, 『디가 니까야』 「대반열반경」(D16) §2.24, 『앙굿따라 니까야』 「은사 경」(A5 :56) 등에도 나타난다.
여기서 '무겁고'는 madhuraka-jāta를 옮긴 것인데 문자적으로 madhuraka는 달콤한, 명랑한 등을 뜻하지만 PED의 설명처럼 '달콤한 술로 가득한, 취한'의 뜻도 된다. 그래서 madhuraka-jāta는 '술취한 사람처럼 된'으로 직역할 수 있고 그래서 무겁고로 의역을 하였다. 주석서도 "무거운 상태가 되어서 행동하기에 적합하지 않은(sañjāta-garubhāvo viya akammañño)"(SA.ii.309)으로 설명하고 있다. 본서 제1권 「숙까 경」 1(S10:9) {842}의 주해에 나타나는 madhu-pitā(술을 마신 듯이)에 대한 설명도 참조할 것.
주석서는 '법들(dhammā)'은 교학으로서의 법(pariyatti-dhammā)을 뜻한다고 밝히고 있다.(SA.ii.309) 그런데 『앙굿따라 니까야』 「은사 경」(A5:56) §1에 해당하는 주석서에는 "사마타와 위빳사나의 법이 분명하게 드러나지 않는다는 뜻이다."(AA.iii.259)로 설명되어 있다.

을 잃어버리게 됩니다. 법들도 제게 분명하게 드러나지 않고 해태와 혼침이 저의 마음을 사로잡아버립니다. 아무런 즐거움 없이 청정범행을 닦고 있고 법들에 대한 의심이 있습니다.'라고."

4. 그때 세존께서는 어떤 비구를 불러서 말씀하셨다.

"오라, 비구여. 그대는 내 이름으로 '도반 띳사여, 스승께서 그대를 부르십니다.'라고 띳사 비구를 불러오라.

"그렇게 하겠습니다, 세존이시여."라고 비구는 세존께 대답한 뒤 띳사 존자에게 다가갔다. 가서는 띳사 존자에게 이렇게 말했다.

"도반 띳사여, 스승께서 그대를 부르십니다."

"알겠습니다, 도반이여."라고 띳사 존자는 비구에게 대답한 뒤 세존께 다가갔다. 가서는 세존께 절을 올리고 한 곁에 앉았다. 한 곁에 앉은 띳사 존자에게 세존께서는 이렇게 말씀하셨다.

5. "띳사여, 그대가 [107] 많은 비구들에게 '도반들이여, 요즘 저의 몸은 무겁고 방향 감각을 잃어버리게 됩니다. … 법들에 대한 의심이 있습니다.'라고 말한 것이 사실인가?"

"그렇습니다, 세존이시여."

"띳사여, 이를 어떻게 생각하는가? 물질에 대한 탐욕을 여의지 못하고 욕구를 여의지 못하고 애정을 여의지 못하고 갈증을 여의지 못하고 열기를 여의지 못하고 갈애를 여의지 못하는 자의 물질은 변하고 다른 상태로 되어가기 때문에 그에게는 근심·탄식·육체적 고통·정신적 고통·절망이 일어나는가?"

"그렇습니다, 세존이시여."

"장하고 장하구나, 띳사여. 띳사여, 물질에 대한 탐욕을 여의지 못한 자는 이와 같이 된다.

떳사여, 이를 어떻게 생각하는가? 느낌에 대한 … 인식에 대한 … 심리현상들에 대한 … 알음알이에 대한 탐욕을 여의지 못하고 욕구를 여의지 못하고 애정을 여의지 못하고 갈증을 여의지 못하고 열기를 여의지 못하고 갈애를 여의지 못하는 자의 알음알이는 변하고 다른 상태로 되어가기 때문에 그에게는 근심·탄식·육체적 고통·정신적 고통·절망이 일어나는가?"

"그렇습니다, 세존이시여."

"장하고 장하구나, 떳사여. 떳사여, 알음알이에 대한 탐욕을 여의지 못한 자는 이와 같이 된다."

6. "떳사여, 이를 어떻게 생각하는가? 물질에 대한 탐욕을 여의고 욕구를 여의고 애정을 여의고 갈증을 여의고 열기를 여의고 갈애를 여읜 자의 물질은 변하고 다른 상태로 되어가지만 그 때문에 그에게 근심·탄식·육체적 고통·정신적 고통·절망이 일어나는가?"

"그렇지 않습니다, 세존이시여."

"장하고 장하구나, 떳사여. 떳사여, 물질에 대한 탐욕을 여읜 자는 이와 같이 된다.

떳사여, 이를 어떻게 생각하는가? 느낌에 대한 … 인식에 대한 … 심리현상들에 대한 … 알음알이에 대한 탐욕을 여의고 욕구를 여의고 [108] 애정을 여의고 갈증을 여의고 열기를 여의고 갈애를 여읜 자의 알음알이는 변하고 다른 상태로 되어가지만 그 때문에 그에게 근심·탄식·육체적 고통·정신적 고통·절망이 일어나는가?"

"그렇지 않습니다, 세존이시여."

"장하고 장하구나, 떳사여. 떳사여, 알음알이에 대한 탐욕을 여읜 자는 이와 같이 된다."

7. "띳사여, 이를 어떻게 생각하는가? 물질은 항상한가, 무상한가?"

"무상합니다, 세존이시여."

"그러면 무상한 것은 괴로움인가, 즐거움인가?"

"괴로움입니다, 세존이시여."

"그러면 무상하고 괴로움이고 변하기 마련인 것을 두고 '이것은 내 것이다. 이것은 나다. 이것은 나의 자아다.'라고 관찰하는 것이 타당하겠는가?"

"그렇지 않습니다, 세존이시여."

"띳사여, 이를 어떻게 생각하는가? 느낌은 … 인식은 … 심리현상들은 … 알음알이는 항상한가, 무상한가?"

"무상합니다, 세존이시여."

"그러면 무상한 것은 괴로움인가, 즐거움인가?"

"괴로움입니다, 세존이시여."

"그러면 무상하고 괴로움이고 변하기 마련인 것을 두고 '이것은 내 것이다. 이것은 나다. 이것은 나의 자아다.'라고 관찰하는 것이 타당하겠는가?"

"그렇지 않습니다, 세존이시여."

8. "띳사여, 그러므로 그것이 어떠한 물질이건 … 그것이 어떠한 느낌이건 … 그것이 어떠한 인식이건 … 그것이 어떠한 심리현상들이건 … 그것이 어떠한 알음알이건, 그것이 과거의 것이건 미래의 것이건 현재의 것이건 안의 것이건 밖의 것이건 거칠건 미세하건 저열하건 수승하건 멀리 있건 가까이 있건 '이것은 내 것이 아니요, 이것은 내가 아니며, 이것은 나의 자아가 아니다.'라고 있는 그대로 바

른 통찰지로 보아야 한다."

9. "띳사여, 이와 같이 보는 잘 배운 성스러운 제자는 물질에 대해서도 염오하고 느낌에 대해서도 염오하고 인식에 대해서도 염오하고 심리현상들에 대해서도 염오하고 알음알이에 대해서도 염오한다.

염오하면서 탐욕이 빛바래고, 탐욕이 빛바래기 때문에 해탈한다. 해탈하면 해탈했다는 지혜가 있다. '태어남은 다했다. 청정범행(梵行)은 성취되었다. 할 일을 다 해 마쳤다. 다시는 어떤 존재로도 돌아오지 않을 것이다.'라고 꿰뚫어 안다."

10. "띳사여, 예를 들면 여기 두 사람이 있는데 한 사람은 길을 잘 알지 못하고 다른 한 사람은 길을 잘 안다고 하자. 길을 잘 알지 못하는 사람이 길을 잘 아는 사람에게 길을 물으면 그 사람은 이렇게 대답할 것이다. '여보시오, 이 길을 따라 잠시 가시오. 이 길을 따라 잠시 가면 두 갈래 길이 나타날 것이오. 그러면 왼쪽을 버리고 오른쪽으로 가시오. 그리고 그 길을 따라 잠시 가시오. 그 길을 따라 잠시 가면 깊은 밀림이 나타날 것이오. 그러면 그 길을 따라 잠시 가시오. 그 길을 따라 잠시 가면 크게 패인 늪지대가 나타날 것이오. 그러면 그 길을 따라 잠시 가시오. 그 길을 따라 잠시 가면 험한 낭떠러지가 나타날 것이오. 그러면 그 길을 따라 잠시 가시오. 그 길을 따라 잠시 가면 아름다운 평원이 나타날 것이오.'라고."

11. "띳사여, 이 비유는 뜻을 바르게 전달하기 위해서 내가 만든 것이다. 그 뜻은 이와 같다.

띳사여, 길을 잘 알지 못하는 사람은 범부를 두고 한 말이고, 길을 잘 아는 사람은 여래·아라한·정등각자를 두고 한 말이다.

두 갈래 길은 의심을 두고 한 말이고, [109] 왼쪽 길은 여덟 가지로 된 그릇된 도를 두고 한 말이니 그릇된 견해, 그릇된 사유 … 그릇된 삼매이며, 오른쪽 길은 여덟 가지로 된 성스러운 도를 두고 한 말이니 바른 견해, 바른 사유 … 바른 삼매이다.

깊은 밀림은 무명을 두고 한 말이고, 크게 패인 늪지대는 감각적 욕망들을 두고 한 말이며, 험한 낭떠러지는 절망과 분노를 두고 한 말이고, 아름다운 평원은 열반을 두고 한 말이다.

즐거워하라, 띳사여. 즐거워하라, 띳사여. 나는 교계하기 위해서 있고 나는 보호하기 위해서 있으며 나는 가르치기 위해서 있다."

12. 세존께서는 이렇게 말씀하셨다. 띳사 존자는 마음이 흡족해져서 세존의 말씀을 크게 기뻐하였다.282)

야마까 경(S22:85)

Yamaka-sutta

1. 이와 같이 나는 들었다. 한때 사리뿟따 존자는 사왓티에서 제따 숲의 아나타삔디까 원림(급고독원)에 머물렀다.

2. 그 무렵 야마까라는 비구283)에게 '내가 세존이 설하신 법을 깊이 이해하기로는 번뇌 다한 비구는 몸이 무너지면 단멸하고 파멸하여 죽은 후에는 더 이상 존재하지 않는다.'라는 이러한 나쁜 견해가 생겼다.284)

---

282) "그는 크게 기뻐하였을 뿐만 아니라 스승의 곁에서 이러한 안식(安息, assāsa)을 얻은 뒤에 애를 쓰고(ghaṭenta) 정진하여(vāyamanta) 며칠 뒤(katipāha)에는 아라한됨에 확립되었다."(SA.ii.310)

283) 주석서와 복주서는 야마까 비구(Yamaka bhikkhu)가 누구인지 설명을 하지 않고 있다.

284) 이 비구의 견해는 일반적인 단멸론[斷見, uccheda-diṭṭhi]과는 다르다. 그

3. 많은 비구들이 야마까라는 비구에게 '내가 세존이 설하신 법을 깊이 이해하기로는 번뇌 다한 비구는 몸이 무너지면 단멸하고 파멸하여 죽은 후에는 더 이상 존재하지 않는다.'라는 이러한 나쁜 견해가 생겼다고 들었다.

그러자 많은 비구들이 야마까 존자에게 다가갔다. 가서는 야마까 존자와 함께 환담을 나누었다. 유쾌하고 기억할 만한 이야기로 서로 담소를 나누고 한 곁에 앉았다. 한 곁에 앉은 비구들은 야마까 존자에게 이렇게 말했다.

4. "도반 야마까여, 그대에게 [110] '내가 세존이 설하신 법을 깊이 이해하기로는 번뇌 다한 비구는 몸이 무너지면 단멸하고 파멸하여 죽은 후에는 더 이상 존재하지 않는다.'라는 이러한 삿된 견해가 일어난 것이 사실입니까?"

"그렇습니다, 도반들이여. 내가 세존이 설하신 법을 깊이 이해하기로는 번뇌 다한 비구는 몸이 무너지면 단멸하고 파멸하여 죽은 후에는 더 이상 존재하지 않습니다."

"도반 야마까여, 그렇게 말하지 마시오. 세존을 비방하지 마시오. 세존을 비방하는 것은 좋은 일이 못됩니다. 세존께서는 '번뇌 다한 비구는 몸이 무너지면 단멸하고 파멸하여 죽은 후에는 더 이상 존재하지 않는다.'라고 말씀하지 않으셨기 때문입니다."

는 보통의 중생들은 윤회를 거듭하지만 깨달은 아라한은 단멸한다는 견해를 가지고 있다. 주석서는 이렇게 설명한다.

"만일 그가 '형성된 것들[行, saṅkhārā]은 일어났다가는 소멸한다. 형성된 것들의 전개(saṅkhāra-ppavatta)는 더 이상 전개되지 않는다(apavatta).' 고 한다면 이것은 '나쁜 견해(diṭṭhi-gata)'가 아니고, 교법과 조화가 되는 지혜(sāsana-avacarika ñāṇa)가 될 것이다. 그런데 그는 '중생(satta)이 단멸하고 소멸한다.'고 했기 때문에 나쁜 견해가 생긴 것이다."(SA.ii.310)

5. 비구들은 이렇게 말했지만 야마까 존자는 더욱더 고집스럽게 집착하여 이렇게 주장하였다.

"내가 세존이 설하신 법을 깊이 이해하기로는 번뇌 다한 비구는 몸이 무너지면 단멸하고 파멸하여 죽은 후에는 더 이상 존재하지 않습니다."

6. 이처럼 비구들은 야마까 존자가 이러한 나쁜 견해로부터 벗어나게 할 수가 없었다. 그러자 비구들은 자리에서 일어나 사리뿟따 존자에게 다가갔다. 가서는 사리뿟따 존자에게 이렇게 말했다.

"도반 사리뿟따여, 야마까라는 비구에게 '내가 세존이 설하신 법을 깊이 이해하기로는 번뇌 다한 비구는 몸이 무너지면 단멸하고 파멸하여 죽은 후에는 더 이상 존재하지 않는다.'라는 이러한 나쁜 견해가 생겼습니다. 그러니 사리뿟따 존자는 연민을 일으켜 야마까 비구에게 가는 것이 좋겠습니다."

7. 사리뿟따 존자는 침묵으로 허락하였다. 그러자 사리뿟따 존자는 해거름에 홀로 앉음을 풀고 일어나 야마까 존자에게 다가갔다. 가서는 야마까 존자와 함께 환담을 나누었다. 유쾌하고 기억할 만한 이야기로 서로 담소를 하고서 한 곁에 앉았다. 한 곁에 앉은 사리뿟따 존자는 야마까 존자에게 이렇게 말했다.

"도반 야마까여, 그대에게 '내가 세존이 설하신 법을 깊이 이해하기로는 [111] 번뇌 다한 비구는 몸이 무너지면 단멸하고 파멸하여 죽은 후에는 더 이상 존재하지 않는다.'라는 이러한 삿된 견해가 일어난 것이 사실입니까?"

"그렇습니다, 도반이여. 내가 세존이 설하신 법을 깊이 이해하기로는 번뇌 다한 비구는 몸이 무너지면 단멸하고 파멸하여 죽은 후에는 더 이상 존재하지 않습니다."

8. "도반 야마까여, 이를 어떻게 생각합니까? 물질은 항상합니까, 무상합니까?"

"무상합니다, 도반이여."

"그러면 무상한 것은 괴로움입니까, 즐거움입니까?"

"괴로움입니다, 도반이여."

"그러면 무상하고 괴로움이고 변하기 마련인 것을 두고 '이것은 내 것이다. 이것은 나다. 이것은 나의 자아다.'라고 관찰하는 것이 타당하겠습니까?"

"그렇지 않습니다, 도반이여."

"도반 야마까여, 이를 어떻게 생각합니까? 느낌은 … 인식은 … 심리현상들은 … 알음알이는 항상합니까, 무상합니까?"

"무상합니다, 도반이여."

"그러면 무상한 것은 괴로움입니까, 즐거움입니까?"

"괴로움입니다, 도반이여."

"그러면 무상하고 괴로움이고 변하기 마련인 것을 두고 '이것은 내 것이다. 이것은 나다. 이것은 나의 자아다.'라고 관찰하는 것이 타당하겠습니까?"

"그렇지 않습니다, 도반이여."

9. "도반 야마까여, 그러므로 그것이 어떠한 물질이건 … 그것이 어떠한 느낌이건 … 그것이 어떠한 인식이건 … 그것이 어떠한 심리현상들이건 … 그것이 어떠한 알음알이건, 그것이 과거의 것이건 미래의 것이건 현재의 것이건 안의 것이건 밖의 것이건 거칠건 미세하건 저열하건 수승하건 멀리 있건 가까이 있건 '이것은 내 것이 아

니요, 이것은 내가 아니며, 이것은 나의 자아가 아니다.'라고 있는 그대로 바른 통찰지로 보아야 합니다."

10. "도반 야마까여, 이와 같이 보는 잘 배운 성스러운 제자는 물질에 대해서도 염오하고 느낌에 대해서도 염오하고 인식에 대해서도 염오하고 심리현상들에 대해서도 염오하고 알음알이에 대해서도 염오합니다.

염오하면서 탐욕이 빛바래고, 탐욕이 빛바래기 때문에 해탈합니다. 해탈하면 해탈했다는 지혜가 있습니다. '태어남은 다했다. 청정범행(梵行)은 성취되었다. 할 일을 다 해 마쳤다. 다시는 어떤 존재로도 돌아오지 않을 것이다.'라고 꿰뚫어 압니다."[285)]

11. "도반 야마까여, 이를 어떻게 생각합니까? (1) 그대는 물질을 여래라고 관찰합니까?"[286)]

"그렇지 않습니다, 도반이여."

---

285) "[무상·고·무아의] 세 가지 양상에 대한 가르침이 끝났을(ti-parivaṭṭa-desana-avasāna) 때 장로는 예류자가 되었다. 그러나 그가 [그의 나쁜 견해에] 몰두하고 있는지(anuyoga-vatta)를 드러내게 하기 위해서 다음의 질문을 계속하는 것이다."(SA.ii.310)

286) 주석서는 여기서 '여래(tathāgata)'는 중생(satta)을 뜻한다고 밝힌 뒤 오온을 적집한 뒤(sampiṇḍetvā) 이것을 여래라고 관찰할 수 있는가라고 질문한 것이라고 설명하고 있다.(SA.ii.311) 그래서 미안마어 번역본에는 본문에서 바로 '중생'으로 번역하고 있다고 하며 빠알리-미안마어 사전에도 나타난다고 한다.(일창 스님의 제언)
그러나 이 설명은 문맥과 잘 일치하지 않는 것으로 여겨진다. 오히려 여기서 여래는 아라한을 존재로 실체화한 것으로 이해하는 것이 좋다. 야마까는 번뇌 다한 존재를 먼저 상정한 뒤에 이 존재는 죽은 후에 더 이상 존재하지 않는다는 단멸론을 가졌기 때문이다. 아라한(vimutta-citta bhikkhu)이 여래로 실체화되는 비슷한 사례를 『맛지마 니까야』「불에 대한 왓차곳따 경」(M72/i.486~488) §14이하와 「뱀의 비유 경」(M22/i.140) §36에서도 찾아볼 수 있다.

"그대는 느낌을 … 인식을 … 심리현상들을 … 알음알이를 여래라고 관찰합니까?"

"그렇지 않습니다, 도반이여."

12. "도반 야마까여, 이를 어떻게 생각합니까? (2) 그대는 물질 안에 여래가 있다고 관찰합니까?"

"그렇지 않습니다, 도반이여."

"그대는 느낌 안에 … 인식 안에 … 심리현상들 안에 … 알음알이 안에 여래가 있다고 관찰합니까?"

"그렇지 않습니다, 도반이여."

"그러면 (3) 그대는 여래는 물질과 다르다고 관찰합니까?"

"그렇지 않습니다, 도반이여."

"그러면 그대는 여래는 느낌과 … 인식과 … 심리현상들과 … 알음알이와 다르다고 관찰합니까?"

"그렇지 않습니다, 도반이여."

13. "도반 야마까여, 이를 어떻게 생각합니까? (4) 그대는 물질과 느낌과 인식과 심리현상들과 알음알이가 [모두 합해진 것이] 여래라고 관찰합니까?"

"그렇지 않습니다, 도반이여." [112]

14. "도반 야마까여, 이를 어떻게 생각합니까? 그러면 (5) 그대는 물질도 아니요 느낌도 아니요 인식도 아니요 심리현상들도 아니요 알음알이도 아닌 것이 여래라고 관찰합니까?"

"그렇지 않습니다, 도반이여."287)

---

287) 이상 다섯 가지로 사리뿟따 존자는 야마까 존자에게 오온과 여래와의 관계를 질문하고 있다. 이 가운데 처음의 셋, 즉 ① 오온을 여래라고 관찰하는 것

15. "도반 야마까여, 이처럼 그대는 지금 · 여기(현재)에서도 여래에 대해 진실함과 확고함을 얻지 못하고 있습니다. 그런데도 그대가 '내가 세존이 설하신 법을 깊이 이해하기로는 번뇌 다한 비구는 몸이 무너지면 단멸하고 파멸하여 죽은 후에는 더 이상 존재하지 않는다.'라고 설명하는 것이 타당합니까?"

"도반 사리뿟따여, 저는 전에 현명하지 못하여 나쁜 견해에 빠져 있었습니다. 그러나 이제는 사리뿟따 존자께서 법을 설하는 것을 듣고 나쁜 견해를 제거하고 법을 관통하였습니다."288)

16. "도반 야마까여, 만일 그대에게 묻기를 '도반 야마까여, 번뇌 다한 비구는 몸이 무너져 죽은 후에는 어떻게 됩니까?'라고 한다면 그대는 어떻게 설명하겠습니까?"

"도반이여, 만일 제게 묻기를 '도반 야마까여, 번뇌 다한 비구는 몸

과 ② 오온 안에 여래가 있다고 관찰하는 것과 ③ 오온은 여래와 다르다고 관찰하는 것의 셋은 『맛지마 니까야』 「근본에 대한 법문 경」(M1)에서 땅 등의 24가지를 "땅을 생각하고, 땅에서 생각하고, 땅으로부터 생각하고(paṭhaviṁ maññati, paṭhaviyā maññati, paṭhavito maññati)"(M1 §3, 등)라는 세 가지로 관찰하는 것과 같은 방법이다.

그리고 이것은 본서 제4권 「뿌리 뽑는데 어울림 경」(S35:30) §3과 「뿌리 뽑는데 도움이 됨 경」 1(S35:31) §3에서 "눈을 사량하지 않고, 눈에서 사량하지 않고, 눈으로부터 사량하지 않고(cakkhuṁ na maññati cakkhusmiṁ na maññati cakkhuto na maññati)"라고 여섯 가지 감각장소[六處]를 관찰하는 것과도 같은 방법이다.

그리고 ④ 네 번째인 오온이 [모두 합해진 것이] 여래라고 관찰하는 것은 오온의 적집으로 여래를 상정하고, ⑤ 다섯 번째인 오온이 아닌 것이 여래라고 관찰하는 것은 오온을 초월한 것으로 여래를 상정하는 것이다. 이러한 관찰은 20가지 유신견과도 관계가 있다. 한편 이러한 다섯 가지 관찰은 『중론송』 제22장 「관여래품」의 첫 번째 게송에 나타나는 여래에 대한 다섯 가지 추구와도 비교가 된다.(김성철 옮김 『중론』 367쪽 이하와 김인덕, 『중론송 연구』 291쪽 이하를 참조할 것.)

288) '법을 관통함'에 대해서는 본서 「아난다 경」(S22:83) §8의 주해를 참조할 것.

이 무너져 죽은 후에는 어떻게 됩니까?'라고 한다면 저는 이렇게 설명하겠습니다. '도반들이여, 물질은 무상합니다. 무상한 것은 괴로움이요 괴로움인 것은 소멸되었고 사라졌습니다. 느낌은 … 인식은 … 심리현상들은 … 알음알이는 무상합니다. 무상한 것은 괴로움이요 괴로움인 것은 소멸되었고 사라졌습니다.' 도반이여, 저는 이렇게 대답하겠습니다."289)

17. "장하고 장합니다, 야마까여. 그렇다면 나는 그대를 위해서 비유를 들겠습니다. 그러면 이 뜻에 대한 지혜가 분명하게 될 것입니다.

도반 야마까여, 예를 들면 장자나 장자의 아들이 부자여서 큰 재물과 큰 재산을 가졌는데 호위무사들이 잘 보호하고 있다 합시다. 그런데 그의 이로움을 바라지 않고 이익을 바라지 않고 유가안은(瑜伽安隱)을 바라지 않고 그의 목숨을 빼앗아버리려는 어떤 사람이 온다고 합시다. [113] 그러면 그 사람에게는 이런 생각이 들 것입니다. '이 장자나 장자의 아들이 부자여서 큰 재물과 큰 재산을 가졌는데 호위무사들이 잘 보호하고 있다. 그러니 힘으로 그의 목숨을 빼앗는 것이 쉽지 않겠구나. 그러니 나는 그의 측근이 되어서 목숨을 빼앗아야겠다.'라고.

그래서 그는 장자나 장자의 아들에게 다가가서 '주인이시여, 저는 당신을 섬기고자 합니다.'라고 말할 것입니다. 그러면 장자나 장자의 아들이 그렇게 하도록 할 것이고 그는 그를 섬길 것입니다. 그는 먼저 일어나고 나중에 자고 시중을 잘 들고 행실이 훌륭하고 좋은 말을 할 것입니다. 그러면 장자나 장자의 아들은 그 사람을 친구로 여기고

---

289) 이것은 다음에 나타나는 본서 「아누라다 경」(S22:86) §16에서 "아누라다여, 나는 이전에도 지금에도 괴로움과 괴로움의 소멸을 천명할 뿐이다."라고 결론 내리신 유명한 말씀에 대한 부연설명이라 하기에 손색이 없어 보인다.

흉금을 나누는 사이로 대하고 그에게 큰 신뢰를 가질 것입니다. 그러면 그 사람은 '장자나 장자의 아들이 나에게 큰 신뢰를 가지고 있구나.'라고 알게 되고 그가 혼자 있을 때 시퍼런 칼로 그의 목숨을 빼앗아버릴 것입니다."

18. "도반 야마까여, 이를 어떻게 생각합니까? 그 사람이 장자나 장자의 아들에게 다가가서 '주인이시여, 저는 당신을 섬기고자 합니다.'라고 말할 때에 비록 장자나 장자의 아들이 '이 사람은 나를 죽일 사람이다.'라고 알지 못한다 하더라도 그 살인자는 살인자이지 않습니까?

그가 먼저 일어나고 나중에 자고 시중을 잘 들고 행실이 훌륭하고 좋은 말을 할 때에도 비록 장자나 장자의 아들이 '이 사람은 나를 죽일 사람이다.'라고 알지 못한다 하더라도 그 살인자는 살인자이지 않습니까?

장자나 장자의 아들이 혼자 있는 것을 알고 시퍼런 칼로 그의 목숨을 빼앗을 때에도 비록 장자나 장자의 아들이 '이 사람은 나를 죽일 사람이다.'라고 알지 못한다 하더라도 그 살인자는 살인자이지 않습니까?"

"참으로 그렇습니다, 도반이여."

19. "도반 야마까여, 그와 같이[290] 배우지 못한 범부는 성자들을

---

290) 주석서는 다음과 같이 비유를 적용(opamma-saṁsandana)시키고 있다. 여기서 윤회에 집착하는(vaṭṭa-sannissita) 배우지 못한 범부는 어리석은 장자의 아들이다. 힘없고 부서지기 쉬운 오온은 그를 살해하려는 적과 같다. 적이 장자에게 와서 그를 섬기는 것은 재생연결의 순간(paṭisandhikkhaṇa)에 오온이 생기는 것과 같다. 장자가 적을 친구로 여기는 것은 범부가 오온을 내 것이라고 여기는 때와 같다. 장자가 적을 자신의 친구라고 여기면서 존중하는 것은 범부가 오온을 위해서 목욕시키고 먹이고 하는 등과 같다. 적

친견하지 못하고 성스러운 법에 능숙하지 못하고 성스러운 법에 인도되지 못하고 참된 사람들을 친견하지 못하고 참된 사람의 법에 능숙하지 못하여 물질을 자아라고 관찰하고, 물질을 가진 것이 자아라고 관찰하고, 물질이 자아 안에 있다고 관찰하고, 물질 안에 자아가 있다고 관찰합니다. 느낌을 … 인식을 … 심리현상들을 … 알음알이를 [114] 자아라고 관찰하고, 알음알이를 가진 것이 자아라고 관찰하고, 알음알이가 자아 안에 있다고 관찰하고, 알음알이 안에 자아가 있다고 관찰합니다."

20. "그는 '물질은 무상하다, 물질은 무상하다.'라고 있는 그대로 꿰뚫어 알지 못하고,[291] '느낌은 무상하다, 느낌은 무상하다.'라고 있는 그대로 꿰뚫어 알지 못하고, '인식은 무상하다, 인식은 무상하다.'라고 있는 그대로 꿰뚫어 알지 못하고, '심리현상들은 무상하다, 심리현상들은 무상하다.'라고 있는 그대로 꿰뚫어 알지 못하고, '알음알이는 무상하다, 알음알이는 무상하다.'라고 있는 그대로 꿰뚫어 알지 못합니다."

21. "그는 '물질은 괴로움이다, 물질은 괴로움이다.'라고 있는 그대로 꿰뚫어 알지 못하고, '느낌은 괴로움이다, 느낌은 괴로움이다.'라고 있는 그대로 꿰뚫어 알지 못하고, '인식은 괴로움이다, 인식은 괴로움이다.'라고 있는 그대로 꿰뚫어 알지 못하고, '심리현상들은 괴로움이다, 심리현상들은 괴로움이다.'라고 있는 그대로 꿰뚫어 알지 못하고, '알음알이는 괴로움이다, 알음알이는 괴로움이다.'라고 있는

이 장자를 살해하는 것은 오온이 무너져서 범부의 목숨이 다하는 것(jīvita-pariyādāna)과 같다.(SA.ii.311~312)

291) 이하 §§20~23의 네 문단은 본서 「감홍어 경」(S22:55) §5에도 나타나고 있다.

그대로 꿰뚫어 알지 못합니다.”

22. “그는 ‘물질은 무아다, 물질은 무아다.’라고 있는 그대로 꿰뚫어 알지 못하고, ‘느낌은 무아다, 느낌은 무아다.’라고 있는 그대로 꿰뚫어 알지 못하고, ‘인식은 무아다, 인식은 무아다.’라고 있는 그대로 꿰뚫어 알지 못하고, ‘심리현상들은 무아다, 심리현상들은 무아다.’라고 있는 그대로 꿰뚫어 알지 못하고, ‘알음알이는 무아다, 알음알이는 무아다.’라고 있는 그대로 꿰뚫어 알지 못합니다.”

23. “그는 ‘물질은 형성되었다[有爲], 물질은 형성되었다.’라고 있는 그대로 꿰뚫어 알지 못하고, ‘느낌은 형성되었다, 느낌은 형성되었다.’라고 있는 그대로 꿰뚫어 알지 못하고, ‘인식은 형성되었다, 인식은 형성되었다.’라고 있는 그대로 꿰뚫어 알지 못하고, ‘심리현상들은 형성되었다, 심리현상들은 형성되었다.’라고 있는 그대로 꿰뚫어 알지 못하고, ‘알음알이는 형성되었다, 알음알이는 형성되었다.’라고 있는 그대로 꿰뚫어 알지 못합니다.”

24. “그는 ‘물질은 살인자다, 물질은 살인자다.’라고 있는 그대로 꿰뚫어 알지 못하고, ‘느낌은 살인자다, 느낌은 살인자다.’라고 있는 그대로 꿰뚫어 알지 못하고, ‘인식은 살인자다, 인식은 살인자다.’라고 있는 그대로 꿰뚫어 알지 못하고, ‘심리현상들은 살인자다, 심리현상들은 살인자다.’라고 있는 그대로 꿰뚫어 알지 못하고, ‘알음알이는 살인자다, 알음알이는 살인자다.’라고 있는 그대로 꿰뚫어 알지 못합니다.”

25. “그는 물질을 가까이하고 취착하고 ‘나의 자아다.’라고 고수합니다.[292] 느낌을 … 인식을 … 심리현상들을 … 알음알이를 가까

이하고 취착하고 '나의 자아다.'라고 고수합니다. 이처럼 취착의 [대상이 되는] 다섯 가지 무더기를 가까이하고 취착하여 그에게는 오랜 세월 손해가 있고 괴로움이 있게 됩니다."

26. "도반 야마까여, 그러나 잘 배운 성스러운 제자는 성자들을 친견하고 성스러운 법에 능숙하고 성스러운 법에 인도되고 참된 사람들을 친견하고 참된 사람의 법에 능숙하여 물질을 자아라고 관찰하지 않고, 물질을 가진 것이 자아라고 관찰하지 않고, 물질이 자아 안에 있다고 관찰하지 않고, 물질 안에 자아가 있다고 관찰하지 않습니다. 느낌을 … 인식을 … 심리현상들을 … 알음알이를 자아라고 관찰하지 않고, 알음알이를 가진 것이 자아라고 관찰하지 않고, 알음알이가 자아 안에 있다고 관찰하지 않고, 알음알이 안에 자아가 있다고 관찰하지 않습니다."

27. "그는 [115] '물질은 무상하다, 물질은 무상하다.'라고 있는 그대로 꿰뚫어 알고, '느낌은 무상하다, 느낌은 무상하다.'라고 있는 그대로 꿰뚫어 알고, '인식은 무상하다, 인식은 무상하다.'라고 있는 그대로 꿰뚫어 알고, '심리현상들은 무상하다, 심리현상들은 무상하다.'라고 있는 그대로 꿰뚫어 알고, '알음알이는 무상하다, 알음알이는 무상하다.'라고 있는 그대로 꿰뚫어 압니다."

28. "그는 '물질은 괴로움이다, 물질은 괴로움이다.'라고 있는 그대로 꿰뚫어 알고, '느낌은 괴로움이다, 느낌은 괴로움이다.'라고 있는 그대로 꿰뚫어 알고, '인식은 괴로움이다, 인식은 괴로움이다.'라고 있는 그대로 꿰뚫어 알고, '심리현상들은 괴로움이다, 심리현상들

---

292) '가까이하고 취착하고 고수한다(upeti upādiyati adhiṭṭhāti).'는 본서 제2권 「깟짜나곳따 경」(S12:15) §5에도 나타나고 있다. 그곳의 주해를 참조할 것.

은 괴로움이다.'라고 있는 그대로 꿰뚫어 알고, '알음알이는 괴로움이다, 알음알이는 괴로움이다.'라고 있는 그대로 꿰뚫어 압니다."

29. "그는 '물질은 무아다, 물질은 무아다.'라고 있는 그대로 꿰뚫어 알고, '느낌은 무아다, 느낌은 무아다.'라고 있는 그대로 꿰뚫어 알고, '인식은 무아다, 인식은 무아다.'라고 있는 그대로 꿰뚫어 알고, '심리현상들은 무아다, 심리현상들은 무아다.'라고 있는 그대로 꿰뚫어 알고, '알음알이는 무아다, 알음알이는 무아다.'라고 있는 그대로 꿰뚫어 압니다."

30. "그는 '물질은 형성되었다[有爲], 물질은 형성되었다.'라고 있는 그대로 꿰뚫어 알고, '느낌은 형성되었다, 느낌은 형성되었다.'라고 있는 그대로 꿰뚫어 알고, '인식은 형성되었다, 인식은 형성되었다.'라고 있는 그대로 꿰뚫어 알고, '심리현상들은 형성되었다, 심리현상들은 형성되었다.'라고 있는 그대로 꿰뚫어 알고, '알음알이는 형성되었다, 알음알이는 형성되었다.'라고 있는 그대로 꿰뚫어 압니다."

31. "그는 '물질은 살인자다, 물질은 살인자다.'라고 있는 그대로 꿰뚫어 알고, '느낌은 살인자다, 느낌은 살인자다.'라고 있는 그대로 꿰뚫어 알고, '인식은 살인자다, 인식은 살인자다.'라고 있는 그대로 꿰뚫어 알고, '심리현상들은 살인자다, 심리현상들은 살인자다.'라고 있는 그대로 꿰뚫어 알고, '알음알이는 살인자다, 알음알이는 살인자다.'라고 있는 그대로 꿰뚫어 압니다."

32. "그는 물질을 가까이하지 않고 취착하지 않고 '나의 자아다.'라고 고수하지 않습니다. 느낌을 … 인식을 … 심리현상들을 … 알음알이를 가까이하지 않고 취착하지 않고 '나의 자아다.'라고 고수하지

않습니다. 이처럼 취착의 [대상이 되는] 다섯 가지 무더기를 가까이 하지 않고 취착하지 않기 때문에 그에게는 오랜 세월 이익이 있고 행복이 있게 됩니다."

33. "도반 사리뿟따여, 참으로 존자들은 이처럼 동료 수행자를 연민하고 동료 수행자의 이로움을 원하여 교계하고 가르침을 베푸는 그런 분들입니다. 저는 사리뿟따 존자가 베푸신 이러한 설법을 듣고 취착이 없어져서 번뇌들로부터 마음이 해탈하였습니다."293)

34. 사리뿟따 존자는 이렇게 설하였고 야마까 존자는 마음이 흡족해져서 사리뿟따 존자의 가르침을 크게 기뻐하였다.

아누라다 경(S22:86)294)

Anurādha-sutta

1. 이와 같이 나는 들었다. [116] 한때 세존께서는 웨살리에서 큰 숲[大林]의 중각강당에 머무셨다.

2. 그 무렵 아누라다 존자295)는 세존으로부터 멀지 않은 숲속의 토굴에 머물고 있었다. 그때 많은 외도 유행승들이 아누라다 존자에게 다가갔다. 가서는 아누라다 존자와 함께 환담을 나누었다. 유쾌하고 기억할 만한 이야기로 서로 담소를 나누고 한 곁에 앉았다. 한 곁에 앉은 외도 유행승들은 아누라다 존자에게 이렇게 말했다.

---

293) '취착이 없어져 번뇌들로부터 마음이 해탈했다.'는 이 문장은 Be에는 나타나지 않는다.

294) 본경은 본서 제4권 「아누라다 경」(S44:2)과 같다.

295) 주석서와 복주서는 아누라다 존자(āyasmā Anurādha)가 누구인지 설명하지 않고 있다.

3. "도반 아누라다여, 그분 여래[296]는 최상의 사람이며, 최고의 사람이며, 최고에 도달한 분입니다.[297] 여래는 이러한 [자기 자신]에 대해서 '여래는 죽고 난 후에도 존재한다.'라거나, '여래는 죽고 난 후에 존재하지 않는다.'라거나, '여래는 죽고 난 후에 존재하기도 하고 존재하지 않기도 한다.'라거나, '여래는 죽고 난 후에 존재하는 것도 아니요 존재하지 않는 것도 아니다.'라는 이러한 네 가지 경우로 천명하십니다."[298]

4. 이렇게 말하자 아누라다 존자는 외도 유행승들에게 이렇게 말했다.

"도반들이여, 그분 여래는 최상의 사람이며, 최고의 사람이며, 최고에 도달한 분입니다. 그러나 여래는 이러한 [자기 자신]에 대해서 '여래는 죽고 난 후에도 존재한다.'라거나, '여래는 죽고 난 후에 존재하지 않는다.'라거나, '여래는 죽고 난 후에 존재하기도 하고 존재하지 않기도 한다.'라거나, '여래는 죽고 난 후에 존재하는 것도 아니요 존재하지 않는 것도 아니다.'라는 이러한 네 가지 경우로 천명하시지 않습니다."[299]

---

296) 여기서 여래는 앞 경에 해당하는 주석서가 중생(satta)이라 정의한 것과는 관계가 없다. 여기서 여래는 부처님 혹은 아라한을 뜻한다.

297) '최상의 사람이며, 최고의 사람이며, 최고에 도달한 분(uttama-purisa, parama-purisa, parama-pattipatta)'이라는 이 표현은 본서 제4권 「토론장 경」(S44:9) §3 이하에도 나타나고 있다.

298) 이 네 가지는 모두 여래를 자아로 파악하기 때문에 생긴 것이다. 첫 번째 견해는 상견을, 두 번째는 단견을, 세 번째는 혼합주의(일부 상견)를, 네 번째는 회피하는 회의론을 나타낸다. 본서 제3권 「왓차곳따 상윳따」(S33)의 55개 경들과 제5권 「설명하지 않음 상윳따」(S44)에 포함된 11개 경 모두는 전적으로 이 네 가지 주제를 다루고 있다. 본서 제2권 「사후(死後) 경」(S16:12)도 그렇다.

5. 이렇게 말하자 외도 유행승들은 아누라다 존자에게 이렇게 말했다.

"이 비구는 출가한 지 얼마 되지 않는 신참인 모양이다. 만일 장로라면 어리석고 우둔한 자일 것이다."

6. 외도 유행승들은 이렇게 아누라다 존자에게 신참이라는 말과 어리석다는 말로 모욕한 뒤에 자리에서 일어나서 나갔다. [117]

외도 유행승들이 나간 지 오래지 않아서 아누라다 존자에게 이런 생각이 들었다. '만일 그 외도 유행승들이 나에게 더 질문을 했더라면 나는 어떻게 대답해야 세존께서 설하신 것과 일치하여, 세존을 거짓으로 헐뜯지 않고 세존께서 설하신 것을 반복하여 설한 것이 될까? [세존께서 설했다고 전해진 이것을 반복하더라도] 어떤 동료수행자도 나쁜 견해에 빠져 비난의 조건을 만나지 않게 될까?'라고.

7. 그러자 아누라다 존자는 세존께 다가갔다. 가서는 세존께 절을 올리고 한 곁에 앉았다. 한 곁에 앉은 아누라다 존자는 세존께 이렇게 말씀드렸다.

"세존이시여, 저는 세존으로부터 멀지 않은 숲속의 토굴에 머물고 있었습니다. 그때 많은 외도 유행승들이 … 제게 이렇게 말했습니다.

'도반 아누라다여, 그분 여래는 최상의 사람이며, 최고의 사람이며, 최고에 도달한 분입니다. 여래는 이러한 [자기 자신]에 대해서 '여래는 죽고 난 후에도 존재한다.'라거나, '여래는 죽고 난 후에 존재하지

---

299) "아누라다 존자에게는 '이것은 교법(sāsana)에 위배(paṭipakkhā)되고 상반(paṭivilomā)된다. 스승께서는 이들이 말하는 것처럼 [여래에 대해서] 서술하지 않으실 것이다. 스승께서는 분명히 다르게 말씀하실 것이다.'라는 생각이 들었기 때문에 이렇게 말한 것이다."(SA.ii.312)

않는다.'라거나, '여래는 죽고 난 후에 존재하기도 하고 존재하지 않기도 한다.'라거나, '여래는 죽고 난 후에 존재하는 것도 아니요 존재하지 않는 것도 아니다.'라는 이러한 네 가지 경우로 천명하십니다.'

이렇게 말하자 저는 외도 유행승들에게 이렇게 말하였습니다.

'도반들이여, 그분 여래는 최상의 사람이며, … 이러한 네 가지 경우로 천명하시지 않습니다.'

이렇게 말하자 외도 유행승들은 제게 이렇게 말하였습니다.

'이 비구는 출가한 지 얼마 되지 않는 신참인 모양이다. 만일 장로라면 어리석고 우둔한 자일 것이다.'

외도 유행승들은 이렇게 제게 신참이라는 말과 어리석다는 말로 모욕한 뒤 자리에서 일어나 나갔습니다.

외도 유행승들이 [118] 나간 지 오래지 않아서 제게 이런 생각이 들었습니다. '만일 그 외도 유행승들이 나에게 더 질문을 했더라면 나는 어떻게 대답해야 세존께서 설하신 것과 일치하여, 세존을 거짓으로 헐뜯지 않고 세존께서 설하신 것을 반복하여 설한 것이 될까? [세존께서 설했다고 전해진 이것을 반복하더라도] 어떤 동료수행자도 나쁜 견해에 빠져 비난의 조건을 만나지 않게 될까?'라고."

8. "아누라다여, 이를 어떻게 생각하는가? 물질은 항상한가, 무상한가?"

"무상합니다, 세존이시여."

"그러면 무상한 것은 괴로움인가, 즐거움인가?"

"괴로움입니다, 세존이시여."

"그러면 무상하고 괴로움이고 변하기 마련인 것을 두고 '이것은 내 것이다. 이것은 나다. 이것은 나의 자아다.'라고 관찰하는 것이 타당하겠는가?"

"그렇지 않습니다, 세존이시여."

"아누라다여, 이를 어떻게 생각하는가? 느낌은 … 인식은 … 심리현상들은 … 알음알이는 항상한가, 무상한가?"

"무상합니다, 세존이시여."

"그러면 무상한 것은 괴로움인가, 즐거움인가?"

"괴로움입니다, 세존이시여."

"그러면 무상하고 괴로움이고 변하기 마련인 것을 두고 '이것은 내 것이다. 이것은 나다. 이것은 나의 자아다.'라고 관찰하는 것이 타당하겠는가?"

"그렇지 않습니다, 세존이시여."

9. "아누라다여, 그러므로 그것이 어떠한 물질이건 … 그것이 어떠한 느낌이건 … 그것이 어떠한 인식이건 … 그것이 어떠한 심리현상들이건 … 그것이 어떠한 알음알이건, 그것이 과거의 것이건 미래의 것이건 현재의 것이건 안의 것이건 밖의 것이건 거칠건 미세하건 저열하건 수승하건 멀리 있건 가까이 있건 '이것은 내 것이 아니요, 이것은 내가 아니며, 이것은 나의 자아가 아니다.'라고 있는 그대로 바른 통찰지로 보아야 한다."

10. "아누라다여, 이와 같이 보는 잘 배운 성스러운 제자는 물질에 대해서도 염오하고 느낌에 대해서도 염오하고 인식에 대해서도 염오하고 심리현상들에 대해서도 염오하고 알음알이에 대해서도 염오한다.

염오하면서 탐욕이 빛바래고, 탐욕이 빛바래기 때문에 해탈한다. 해탈하면 해탈했다는 지혜가 있다. '태어남은 다했다. 청정범행(梵行)은 성취되었다. 할 일을 다 해 마쳤다. 다시는 어떤 존재로도 돌아오지 않을 것이다.'라고 꿰뚫어 안다."

11. "아누라다여, 이를 어떻게 생각하는가? (1) 그대는 물질을 여래라고 관찰하는가?"

"그렇지 않습니다, 세존이시여."

"그대는 느낌을 … 인식을 … 심리현상들을 … 알음알이를 여래라고 관찰하는가?"

"그렇지 않습니다, 세존이시여."

12. "아누라다여, 이를 어떻게 생각하는가? (2) 그대는 물질 안에 여래가 있다고 관찰하는가?"

"그렇지 않습니다, 세존이시여."

"그대는 느낌 안에 … 인식 안에 … 심리현상들 안에 … 알음알이 안에 여래가 있다고 관찰하는가?"

"그렇지 않습니다, 세존이시여."

13. "아누라다여, 이를 어떻게 생각하는가? (3) 그대는 물질과 느낌과 인식과 심리현상들과 알음알이가 [모두 합해진 것이] 여래라고 관찰하는가?"

"그렇지 않습니다, 세존이시여."

14. "아누라다여, 이를 어떻게 생각하는가? (4) 그러면 그대는 물질도 아니요 느낌도 아니요 인식도 아니요 심리현상들도 아니요 알음알이도 아닌 것이 여래라고 관찰하는가?"

"그렇지 않습니다, 세존이시여."

15. "아누라다여, 이처럼 그대는 지금·여기(현재)에서도 여래는 실재하고 견고하다고[300] 입증하지 못하고 있다. 그런데도 그대가 이

렇게 설명하는 것이 타당하겠는가? 즉 '도반들이여, 그분 여래는 최상의 사람이며, 최고의 사람이며, 최고에 도달한 분입니다. 여래께서는 이러한 [자신에 대해서] [119] '여래는 죽고 난 후에도 존재한다.' 라거나, '여래는 죽고 난 후에 존재하지 않는다.'라거나, '여래는 죽고 난 후에 존재하기도 하고 존재하지 않기도 한다.'라거나, '여래는 죽고 난 후에 존재하는 것도 아니요 존재하지 않는 것도 아니다.'라는 이러한 네 가지 경우 가운데 하나로 천명하십니다.'라고"

"그렇지 않습니다, 세존이시여."301)

---

300) '실재하고 견고하다고'는 saccato thetato를 옮긴 것이다. 주석서에서 "실재하는 것과 견고한 것(bhūtato ca thirato ca)"(MA.i.70)이라고 설명하고 있어서 이렇게 옮겼다.

301) 본경의 흐름을 살펴보면, 본경 §§8~9에서 세존께서는 먼저 개념적 존재를 오온으로 해체하시어 이 오온 각각이 무상이고 괴로움이고 무아임을 천명하신다. 이렇게 하여 §10에서는 각각 강한 위빳사나-도-아라한과-반조로 설명이 되는 염오-이욕-해탈-구경해탈지를 성취하여 아라한이 됨을 천명하신다. 그런 뒤 §§11~14에서 다섯 가지 방법으로 지금·여기에서 전개되고 있는 오온을 여래라고 볼 수 없다고 단정하신다. 이런 배경을 가지고 마지막으로 여기 §15에서 내생에 여래가 존재한다거나 존재하지 않는다라거나 하는 언급 자체가 전혀 잘못되었음을 결론짓고 계신다.
이처럼 부처님께서는 분석적인 방법으로 본 「무더기 상윳따」(S22) 전체에서 오온의 무상·고·무아의 통찰과 염오-이욕-해탈-구경해탈지(혹은 염오-이욕-소멸)을 거듭 강조하고 계신다.
그런데 여기 「무더기 상윳따」 뿐만 아니라 본서 제4권 「육처 상윳따」(S35)에서도 오온에 대한 멋진 비유가 나타나고 있다. 제4권 「류트 비유 경」(S35:246) §6에서 세존께서는 류트의 비유를 드신 뒤에 §7에서 이런 방법으로 오온을 탐구하면 "'나'라거나 '내 것'이라거나 '나는 있다.'라는 [견해 등은] 더 이상 그에게 존재하지 못한다."고 강조하신다. 여기에 대해서 주석서는 이렇게 설명한다.
"여기서 류트는 오온이고 왕은 수행자(yoga-avacara)라고 봐야 한다. 왕이 류트를 열 조각으로 부순 뒤에 살펴보고 소리를 발견하지 못하여 류트에 대한 흥미가 없어진(anatthika) 것처럼, 수행자도 오온에 대해서 명상하여(sammasanta) '나(ahaṁ)'라거나 '내 것(mamaṁ)'이라고 취할 수 있는 것을 보지 못하고 오온에 대해서 흥미를 잃게 된다. 그래서 그가 오온을 명상(khandha-sammasana)하는 것을 보여주시기 위해서 이렇게 말씀하신

16. "장하고 장하구나, 아누라다여. 아누라다여, 나는 이전에도 지금에도 괴로움과 괴로움의 소멸을 천명할 뿐이다."302)

왁깔리 경(S22:87)

Vakkali-sutta

1. 이와 같이 나는 들었다. 한때 세존께서는 라자가하에서 대나무 숲의 다람쥐 보호구역에 머무셨다.

2. 그 무렵 왁깔리 존자303)는 도기공의 집에 머물고 있었는데

것이다."(SA.iii.67)
이 비유야말로 나라는 존재를 오온으로 해체해서 보면 오온에 대한 염오-이욕-소멸 혹은 염오-이욕-해탈-구경해탈지가 생긴다는 본「무더기 상윳따」(S22)의 가르침에 대한 멋진 비유라 할 수 있다.

302) 이 말씀은 두 가지 차원에서 이해할 수 있다. 첫째는 세존께서는 사후의 문제와 같은 형이상학적인 질문에 대한 대답을 하시지 않고 지금·여기(현재)에서 괴로움의 소멸에 도달하는 실천적인 길을 설할 뿐이라고 이해하는 것이다. 그러나 이런 이해만으로는 여래에 대한 관찰과는 연결짓지 못한다. 그러므로 다른 해석이 필요하다.
둘째는 여래란 무상한 여러 현상들이 합성된 것이요 그래서 괴로움이요 그래서 불변하는 실체가 없는 것이며 그래서 이것은 단지 인습적 표현(vohāra)일 뿐이라는 것이다. 그러므로 여래에 대한 모든 사유나 설명은 단지 인습적인 것에 지나지 않는다. 그러므로 이러한 인습적인 것에 대한 설명은 하지 않고 존재의 근원적인 문제인 괴로움과 괴로움의 소멸만을 천명한다는 것이다. 꼭 같은 방법으로 "비구들이여, 나는 이전에도 지금에도 괴로움과 괴로움의 소멸을 천명할 뿐이다."라고 말씀하시는『맛지마 니까야』「뱀의 비유 경」(M22/i.140~141) §38도 이런 해석을 뒷받침해 주고 있다. 위의「야마까 경」(S22:85) §16도 참조할 것.

303) 왁깔리 존자(āyasmā Vakkali)는 사왓티의 바라문 가문 출신이다. 그는 삼베다에 능통했는데 처음 부처님을 뵙자 그분에게서 눈을 뗄 수가 없었다고 한다. 그래서 세존 가까이 있기 위해서 출가하였다고 하며, 먹고 씻고 하는 때를 제외하고는 온통 부처님만 생각하였다고 한다.(AA.i.250) 세존께서 본 경 §8에서 왁깔리에게 하신 "법을 보는 자는 나를 보고 나를 보는 자는 법을

중병에 걸려 아픔과 고통에 시달리고 있었다.[304] 그때 왁깔리 존자는 간병하는 [비구]들을 불러서 말했다.

3. "이리 오시오, 도반들이여. 그대들은 세존께 가시오. 가서는 나의 이름으로 세존의 발에 머리 조아려 절을 올리고 '세존이시여, 왁깔리 비구가 중병에 걸려 아픔과 고통에 시달리고 있습니다. 지금 그가 세존의 발에 머리 조아려 절을 올립니다.'라고 말씀드려 주시오. 그리고 다시 '세존이시여, 세존께서는 연민을 일으키시어 왁깔리 비구에게로 와주시면 감사하겠습니다.'라고 여쭈어 주시오."

4. "알겠습니다, 도반이여."이라고 그 비구들은 왁깔리 존자에게 대답한 뒤 세존께 다가갔다. 가서는 세존께 절을 올리고 한 곁에 앉았다. 한 곁에 앉은 비구들은 세존께 이렇게 말씀드렸다.

본다(yo kho dhammaṁ passati so maṁ passati; yo maṁ passati so dhammaṁ passati)."는 말씀은 아주 유명하다.

한편 그의 아라한과의 증득과 죽음에 대해서는 경들과 주석서마다 조금씩 다르다. 『앙굿따라 니까야』 「하나의 모음」(A1:14:2-11)에 해당하는 주석서에 의하면 그가 세존 곁에 있는 것을 너무 좋아하였기 때문에 안거를 마치던 날 세존께서 이제 떠나라는 말씀을 하시자 슬퍼서 독수리봉 산의 절벽에서 떨어졌는데 세존께서 "오라, 왁깔리여."라 부르는 말씀을 듣고 환희하여 허공을 날아오르면서 아라한과를 얻었다고 적고 있다.(AA.i.250~251) 그러나 본경 §§18~21을 종합해보면 그는 마지막 병상에서 세존의 말씀을 들은 뒤 자결하면서 아라한과를 얻은 것이 된다.(S.iii.119*ff*)

여러 주석서들은 그가 신심 깊은 자(saddhādhimutta)들 가운데 으뜸이라고 부처님께서 인정하셨다고 적고 있다. 그리고 『앙굿따라 니까야』 「하나의 모음」(A1:14:2-11)에서도 그는 "신심 깊은 자(saddhādhimutta)들 가운데 으뜸"이라고 언급되고 있다.

304) 주석서는, "존자는 안거를 마치고(vuttha-vassa) 세존을 뵈러 가는 중이었는데 이 도시에서 중병(mahā-ābādha)에 걸려서 걸을 수가 없었다. 그래서 사람들이 그를 들것(mañcaka-sivika)에 실은 뒤 도기공의 집(kumbhakāra-sālā)으로 데리고 갔다. 이 집은 작업장(kamma-sālā)이지 살림집(nivesana-sālā)은 아니었다."(SA.ii.313)고 적고 있다.

"세존이시여, 왁깔리 비구가 중병에 걸려 아픔과 고통에 시달리고 있습니다. 지금 그가 세존의 발에 머리 조아려 절을 올립니다. 그리고 다시 말씀드립니다. '세존이시여, 세존께서는 연민을 일으키시어 왁깔리 비구에게로 와주시면 감사하겠습니다.'라고."

세존께서는 침묵으로 허락하셨다.

5. 그때 세존께서는 옷매무새를 가다듬고 발우와 가사를 수하고 왁깔리 존자에게로 가셨다. [120] 왁깔리 존자는 세존께서 멀리서 오시는 것을 보고 침상에서 [몸을] 움직였다.[305] 그러자 세존께서는 왁깔리 존자에게 이렇게 말씀하셨다.

"그만 하여라, 왁깔리여. 침상에서 움직이지 말라. 여기에 마련된 자리가 있구나. 나는 앉아야겠다."

6. 세존께서는 마련된 자리에 앉으셨다. 자리에 앉으신 뒤 세존께서는 왁깔리 존자에게 이렇게 말씀하셨다.

"왁깔리여, 어떻게 견딜 만한가? 그대는 편안한가? 괴로운 느낌이 물러가고 더 심하지는 않는가? 차도가 있고 더 심하지 않다는 것을 알겠는가?"

"세존이시여, 저는 견디기가 힘듭니다. 편안하지 않습니다. 괴로운 느낌은 더 심하기만 하고 물러가지 않습니다. 더 심하기만 하고 차도가 없다고 알아질 뿐입니다."

---

305) '[몸을] 움직이다.'는 samadhosi를 옮긴 것이다. 주석서는 이렇게 설명하고 있다.
"samadhosi란 이리저리 흔들었다(samantato adhosi)는 말이다. 움직임(calanākāra)을 통해서 존경(apaciti)을 표하였다는 말이다. 사람들은 중병에 걸렸더라도 연장자(buḍḍha-tara)를 보면 일어남(uṭṭhānākāra)을 통해서 존경을 표함이 마땅하기 때문이다."(SA.ii.313)

7. "왁깔리여, 그대는 후회할 일이 있는가? 그대는 자책할 일이 있는가?"

"그러합니다, 세존이시여. 저는 후회할 일이 적지 않고 자책할 일이 적지 않습니다."

"왁깔리여, 그러면 그대는 계행에 대해서 자신을 비난할 일을 하지 않았는가?"

"그렇지 않습니다, 세존이시여. 저는 계행에 대해서 자신을 비난할 일을 하지 않았습니다."

"왁깔리여, 만일 계행에 대해서 자신을 비난할 일을 하지 않았다면 그대는 무엇을 후회하고 무엇을 자책하는가?"

"세존이시여, 저는 오랫동안 세존을 친견하러 가고 싶어 했습니다. 그러나 저의 몸에는 세존을 친견하러 갈만한 힘마저도 없습니다."

8. "왁깔리여, 그만 하여라. 그대가 썩어문드러질 이 몸을 봐서 무엇 하겠는가? 왁깔리여, 법을 보는 자는 나를 보고 나를 보는 자는 법을 본다.306) 왁깔리여, 법을 볼 때 나를 보고 나를 볼 때 법을 보기

---

306) "세존께서는 '대왕이여, 여래는 법을 몸으로 하는 자입니다(dhammakāyo kho, mahārāja, tathāgato).'라고 하셨는데 [이 말씀을 통해서] 당신이 법을 몸으로 함(dhamma-kāyatā)을 보이신 것이다. 아홉 가지 출세간법(lokuttara-dhamma)이 여래의 몸이기 때문이다."(SA.ii.314)
그러나 '대왕이여, 여래는 법을 몸으로 하는 자입니다.'라고 주석서에서 인용하고 있는 이 문장은 니까야에서 찾기가 힘들다. 대신에 "와셋타여, 여래에게는 '법을 몸으로 가진 자'라는 이런 다른 이름이 있기 때문이다(tathāgatassa hetaṁ vāseṭṭha adhivacanaṁ dhammakāyo iti pi)."(D27/iii.84)라는 『디가 니까야』 「세기경」(D27) §9를 인용할 수 있다. 아홉 가지 출세간법은 예류도, 예류과부터 아라한도, 아라한과까지의 8가지와 열반을 뜻한다.
두 번째 구절에서 '나를 보는 자는 법을 본다.'고 하셨는데 이것은 진정으로 부처님을 뵙기 위해서는 부처님이 깨달으신 법을 봐야 한다는 뜻임이 분명하다. 그렇기 때문에 세존께서는 바로 다음 문단에서 왁깔리 존자와 교리문

때문이다."

9. "왁깔리여, 이를 어떻게 생각하는가? 물질은 항상한가, 무상한가?" [121]

"무상합니다, 세존이시여."

"그러면 무상한 것은 괴로움인가, 즐거움인가?"

"괴로움입니다, 세존이시여."

"그러면 무상하고 괴로움이고 변하기 마련인 것을 두고 '이것은 내 것이다. 이것은 나다. 이것은 나의 자아다.'라고 관찰하는 것이 타당하겠는가?"

"그렇지 않습니다, 세존이시여."

"왁깔리여, 이를 어떻게 생각하는가? 느낌은 … 인식은 … 심리현상들은 … 알음알이는 항상한가, 무상한가?"

"무상합니다, 세존이시여."

"그러면 무상한 것은 괴로움인가, 즐거움인가?"

"괴로움입니다, 세존이시여."

"그러면 무상하고 괴로움이고 변하기 마련인 것을 두고 '이것은 내 것이다. 이것은 나다. 이것은 나의 자아다.'라고 관찰하는 것이 타당하겠는가?"

"그렇지 않습니다, 세존이시여."

10. "왁깔리여, 그러므로 그것이 어떠한 물질이건 … 그것이 어떠한 느낌이건 … 그것이 어떠한 인식이건 … 그것이 어떠한 심리현상들이건 … 그것이 어떠한 알음알이건, 그것이 과거의 것이건 미래

답을 하시는 것이다. 부처님이 체득하신 무상·고·무아의 법을 봐서 염오-이욕-해탈-구경해탈지를 성취하여 깨달음을 실현해야 진정으로 부처님을 보는 것이기 때문이다.

의 것이건 현재의 것이건 안의 것이건 밖의 것이건 거칠건 미세하건 저열하건 수승하건 멀리 있건 가까이 있건 '이것은 내 것이 아니요, 이것은 내가 아니며, 이것은 나의 자아가 아니다.'라고 있는 그대로 바른 통찰지로 보아야 한다."

11. "왁깔리여, 이와 같이 보는 잘 배운 성스러운 제자는 물질에 대해서도 염오하고 느낌에 대해서도 염오하고 인식에 대해서도 염오하고 심리현상들에 대해서도 염오하고 알음알이에 대해서도 염오한다.

염오하면서 탐욕이 빛바래고, 탐욕이 빛바래기 때문에 해탈한다. 해탈하면 해탈했다는 지혜가 있다. '태어남은 다했다. 청정범행(梵行)은 성취되었다. 할 일을 다 해 마쳤다. 다시는 어떤 존재로도 돌아오지 않을 것이다.'라고 꿰뚫어 안다."

12. 그때 세존께서는 왁깔리 존자에게 법을 설하시고 격려하시고 분발하게 하시고 기쁘게 하신 뒤 자리에서 일어나 독수리봉 산[307]으로 가시었다. 그러자 왁깔리 존자는 세존께서 나가신지 오래되지 않아 간병하는 [비구]들을 불러서 말했다.

"이리 오시오, 도반들이여. 나를 침상째 들어서 이시길리 산비탈의 검은 바위[308]로 옮겨다 주시오. 어찌 나와 같은 자가 집안에서 임종

---

307) '독수리봉 산'으로 옮긴 원어는 Gijjhakūṭa pabbata이다. 주석서에서는 "독수리(gijjha)들이 그곳의 봉우리(kūṭa)들에 살았다고 해서, 혹은 그곳의 봉우리가 독수리를 닮았다고 해서 독수리봉이다."(DA.ii.516)라고 설명하고 있다. 독수리봉은 라자가하를 에워싸고 있는 다섯 봉우리 가운데 하나이다. 독수리봉으로 올라가는 기슭에는 데와닷따가 부처님을 시해하려고 바위를 굴렸던 곳이 있으며(Vin.ii.193 등) 이곳에서 설하신 경들이 다수 전해 온다. 지금도 세계에서 많은 불자들이 성지순례를 하는 곳이다. 특히 『법화경』이 설해진 곳이라 하여 대승불교권에서 신성시 하고 있다. 실제로 가보면 날개를 접은 독수리 모양을 한 바위가 있다.

308) 바로 이곳 '이시길리 산비탈의 검은 바위(Isigili-passa-kāla-silā)에서 고

할 생각을 하겠소?"

"그렇게 하겠습니다, 도반이여."라고 비구들은 왁깔리 존자에게 대답한 뒤 왁깔리 존자를 침상째 들어서 이시길리 산비탈의 검은 바위로 옮겨다 놓았다.

13. 그때 세존께서는 그날 밤을 독수리봉 산에서 머무셨다. 그날 두 신이 밤이 아주 깊었을 때 아주 멋진 모습을 하고 온 제따 숲을 환하게 밝히면서 세존께 다가갔다. 다가가서는 세존께 절을 올린 뒤 한 곁에 섰다. 한 곁에 서서 한 신이 세존께 이렇게 말씀드렸다.

"세존이시여, 왁깔리 비구는 해탈하고자 의도하고 있습니다."[309]

그러자 다른 신은 세존께 이렇게 말씀드렸다.

"세존이시여, 그는 반드시 잘 해탈한 자로 해탈할 것입니다."[310]

두 신은 세존께 이렇게 말씀드렸다. 이렇게 말씀드린 뒤 세존께 절을 올리고 오른쪽으로 [세 번] 돌아 [경의를 표한] 뒤에 거기서 사라졌다.

14. 세존께서는 그 밤이 지나자 비구들을 불러서 말씀하셨다.

디까 존자(āyasmā Godhika)도 자결을 하였다. 본서 제1권 「고디까 경」(S4:23) §7을 참조할 것.

309) "'해탈하고자 의도한다(vimokkhāya ceteti).'는 것은 도의 해탈(magga-vimokkha)을 하고자 의도한다는 말이다."(SA.ii.314)
여기서 해탈로 옮긴 단어는 vimokkha인데 이 단어는 일반적으로 해탈로 옮기는 vimutti와 같은 어원(vi+√muc, *to release*)에서 파생된 단어이다. 쓰이는 문맥은 다르지만 의미는 같다. 역자는 둘 다 해탈로 옮기고 있다.

310) "'잘 해탈한 자로 해탈할 것입니다(suvimutto vimuccissati).'라는 것은 아라한과의 해탈(arahatta-phala-vimutti)로 해탈한 자가 되어 해탈할 것이라는 뜻이다. 이 신들은 그가 어떤 방법(nīhāra)으로 위빳사나를 일으키든 그는 곧바로(anantarāyena) 아라한됨(arahatta)을 얻을 것이라고 알았기 때문에 이렇게 말한 것이다."(SA.ii.314)

"비구들이여, 그대들은 왁깔리 비구에게 가라. 가서는 왁깔리 비구에게 이렇게 말하라. '도반 왁깔리여, 세존의 말씀과 [122] 두 신의 말을 들으시오. 도반이여, 어젯밤에 두 신이 밤이 아주 깊었을 때 아주 멋진 모습을 하고 온 제따 숲을 환하게 밝히면서 세존께 다가갔습니다. 다가가서는 세존께 절을 올린 뒤 한 곁에 서서 한 신이 세존께 이렇게 말씀드렸습니다. '세존이시여, 왁깔리 비구는 해탈하고자 의도하고 있습니다.'라고. 그러자 다른 신은 세존께 이렇게 말씀드렸습니다. '세존이시여, 그는 반드시 잘 해탈한 자로 해탈할 것입니다.'라고. 그리고 세존께서는 이렇게 말씀하셨습니다. '왁깔리여, 두려워하지 말라. 왁깔리여, 두려워하지 말라. 그대의 죽음은 죄악이 되지 않을 것이다. 그대는 죄짓는 자로 임종하지 않을 것이다.'라고."

15. "그렇게 하겠습니다, 세존이시여."라고 비구들은 세존께 대답한 뒤 왁깔리 비구에게 다가갔다. 가서는 왁깔리 비구에게 이렇게 말했다.

"도반 왁깔리여, 세존의 말씀과 두 신의 말을 들으시오."

그때 왁깔리 존자는 간병하는 [비구]들을 불러서 말했다.

"오시오, 도반들이여. 나를 침상에서 내려 주시오. 어찌 나와 같은 사람이 높은 자리에 앉아서 그분 세존의 교법을 들을 생각을 하겠습니까?"

"그렇게 하겠습니다, 도반이여."라고 비구들은 왁깔리 존자에게 대답한 뒤 왁깔리 존자를 침상에서 내려놓았다.

16. "도반이여, 어젯밤에 두 신이 밤이 아주 깊었을 때 아주 멋진 모습을 하고 온 제따 숲을 환하게 밝히면서 세존께 다가갔습니다. 다가가서는 세존께 절을 올린 뒤 한 곁에 서서 한 신이 세존께 이렇

게 말씀드렸습니다. '세존이시여, 왁깔리 비구는 해탈하고자 의도하고 있습니다.'라고. 그러자 다른 신은 세존께 이렇게 말씀드렸습니다. '세존이시여, 그는 반드시 잘 해탈한 자로 해탈할 것입니다.'라고. 그리고 세존께서는 이렇게 말씀하셨습니다. '왁깔리여, 두려워하지 말라. 왁깔리여, 두려워하지 말라. 그대의 죽음은 죄악이 되지 않을 것이다. 그대는 죄짓는 자로 임종하지 않을 것이다.'라고."

17. "도반들이여, 그렇다면 나의 이름으로 세존의 발에 머리 조아려 절을 올려주시고, '세존이시여, 왁깔리 비구가 중병에 걸려 아픔과 고통에 시달리고 있습니다. 지금 그가 세존의 발에 머리 조아려 절을 올립니다.'라고 말씀드려 주십시오. 그리고 다시 이렇게 말씀드려주십시오.

'세존이시여, 저는 물질은 무상하다는 것에 대해서 의문이 없습니다. 무상한 것은 괴로움이다라는 것에 대해서 의문이 없습니다. 저는 무상하고 괴로움이고 변하기 마련인 법에 대해서 제 자신이 욕구나 탐욕이나 애정이 없다는 것에 대해서 의심하지 않습니다. [123] 저는 느낌은 … 인식은 … 심리현상들은 … 알음알이는 무상하다는 것에 대해서 의문이 없습니다. 무상한 것은 괴로움이다라는 것에 대해서 의문이 없습니다. 저는 무상하고 괴로움이고 변하기 마련인 법에 대해서 제 자신이 욕구나 탐욕이나 애정이 없다는 것에 대해서 의심하지 않습니다.'라고."

"그렇게 하겠습니다, 도반이여."라고 비구들은 왁깔리 존자에게 대답한 뒤 물러갔다.

18. 그러자 왁깔리 존자는 비구들이 물러간 지 오래지 않아서 칼을 사용해서 [자결을 하였다.][311]

19. 그때 비구들은 세존께 다가갔다. 가서는 세존께 절을 올린 뒤 한 곁에 앉았다. 한 곁에 앉은 비구들은 세존께 이렇게 말씀드렸다.

"세존이시여, 왁깔리 비구가 중병에 걸려 아픔과 고통에 시달리고 있습니다. 지금 그가 세존의 발에 머리 조아려 절을 올립니다. 그리고 이렇게 말씀드립니다. '세존이시여, 저는 물질은 무상하다는 것에 대해서 의문이 없습니다. 무상한 것은 괴로움이다라는 것에 대해서 의문이 없습니다. 저는 무상하고 괴로움이고 변하기 마련인 법에 대해서 제 자신이 욕구나 탐욕이나 애정이 없다는 것에 대해서 의심하지 않습니다. 저는 느낌은 … 인식은 … 심리현상들은 … 알음알이는 무상하다는 것에 대해서 의문이 없습니다. 무상한 것은 괴로움이다

---

311) 경문을 통해서 보면 왁깔리는 자신이 이미 아라한이라고 생각하고 있었던 것으로 보인다. 그러나 주석서의 입장은 다르다. 주석서는 이렇게 말한다.
"장로는 자신을 과대평가(adhimānika)하고 있었다고 한다. 그는 삼매와 위빳사나로 오염원들을 억압(vikkhambhita)하고 있었기 때문에 오염원이 출몰하는 것(samudācāra)을 보지 못하고 '나는 번뇌 다한 자다.'라는 인식을 가져서 '내가 이 괴로운 삶을 사는 것이 무슨 소용이 있는가? 나는 칼을 사용해서 죽음을 택할 것이다.'라고 날카로운 칼로 목의 핏줄(kaṇṭha-nāḷa)을 끊었다. 그러자 그에게 괴로운 느낌이 일어났다. 그는 그 순간에 자신이 범부의 상태임을 알고 즉시 자신의 근본 명상주제(mūla-kammaṭṭhāna)를 취해서 명상을 하여(sammasanta) 아라한이 되자마자 임종을 하였다.
그러면 반조(paccavekkhaṇā)는 어떻게 되었는가?(아라한이 되자마자 죽어버리면 반조할 순간이 없기 때문에 하는 말임) 번뇌 다한 [아라한]에게는 최대 19가지 반조만이 있기 때문에 문제가 되지 않는다.(즉 아라한에게는 반조할 번뇌가 남아있지 않기 때문에 반조를 하지 않아도 된다는 뜻임. 여기에 대해서는 『아비담마 길라잡이』 제9장 §34의 59-2의 해설을 참조할 것.)" (SA.ii.314~315)
아무튼 주석서도 그가 아라한으로 임종하였음을 말하고 있다. 그리고 본경 §21에서 세존께서도 그가 완전한 열반에 들었다고 말씀하고 계신다.
본서 제1권 「고디까 경」(S4:23)에서 고디까 존자는 이러한 확신이 없이 자결을 하였다. 그는 일시적인 마음의 해탈(sāmāyika cetovimutti)을 얻고 나오고 하기를 일곱 번이나 거듭한 뒤에 자결을 했기 때문이다. 물론 그도 임종하여 완전한 열반에 들었다고 세존께서 인정하셨다.(S4:23 §9)

라는 것에 대해서 의문이 없습니다. 저는 무상하고 괴로움이고 변하기 마련인 법에 대해서 제 자신이 욕구나 탐욕이나 애정이 없다는 것에 대해서 의심하지 않습니다.'"

20. 그때 세존께서는 비구들을 불러서 말씀하셨다.

"비구들이여, 이시길리 산비탈의 검은 바위로 가자. 거기서 좋은 가문의 아들 왁깔리가 칼을 사용해서 [자결을 하였다.]"

"그렇게 하겠습니다, 세존이시여."라고 비구들은 세존께 대답했다.

세존께서는 많은 비구들과 함께 이시길리 산비탈의 검은 바위로 가셨다. 거기서 세존께서는 왁깔리 존자가 침상위에서 몸통이 거꾸로 된 채로 엎드려 있는 것을 보셨다.

그 무렵 [124] 자욱한 연기와 어둠의 소용돌이가 동쪽으로 움직이고 서쪽으로 움직이고 북쪽으로 움직이고 남쪽으로 움직이고 위로 움직이고 아래로 움직이고 간방위로 움직이고 있었다.

21. 그러자 세존께서는 비구들을 불러서 말씀하셨다.

"비구들이여, 그대들은 여기 자욱한 연기와 어둠의 소용돌이가 동쪽으로 움직이고 … 간방위로 움직이는 것을 보는가?"

"그렇습니다, 세존이시여."

"비구들이여, 이것은 사악한 마라가 '좋은 가문의 아들 왁깔리의 알음알이는 어디에 머물고 있는가?'라고 좋은 가문의 아들 왁깔리의 알음알이를 찾고 있는 것이다."

비구들이여, 그러나 좋은 가문의 아들 왁깔리는 알음알이가 [그 어디에도] 머물지 않고 완전한 열반에 들었다."

앗사지 경(S22:88)

Assaji-sutta

1. 이와 같이 나는 들었다. 한때 세존께서는 라자가하에서 대나무 숲의 다람쥐 보호구역에 머무셨다.

2. 그 무렵 앗사지 존자[312]는 깟사빠까 원림에 머물고 있었는데 중병에 걸려 아픔과 고통에 시달리고 있었다. 그때 앗사지 존자는 간병하는 [비구]들을 불러서 말했다.

---

312) 앗사지 존자(āyasmā Assaji)는 오비구 가운데 마지막으로 언급되는 분이다. 그는 오비구 가운데 맨 마지막으로 예류자가 되었다고 한다.(AA.i.84) 그리고 오비구와 함께 본서 「무아의 특징 경」(無我相經, Anattalakkhaṇa-sutta, S22:59/iii.66f)을 듣고 아라한이 되었다. 사리뿟따 존자가 진리를 찾아다니던 끝에 라자가하에서 걸식을 하는 앗사지 존자의 엄정한 품행을 보고 그가 공양을 마칠 때를 기다려 앗사지 존자에게 그의 스승과 가르침에 대해서 질문하자 그는 다음의 유명한 게송으로 대답을 한다.

"원인으로부터 생긴 법들
그들의 원인을 여래는 말씀하셨고
그들의 소멸도 [말씀하셨나니]
대사문은 이렇게 설하시는 분입니다."(Vin.i.40)
(ye dhammā hetuppabhavā
tesaṁ hetuṁ Tathāgato āha
tesañ ca yo nirodho
evaṁvādī Mahāsamaṇo
諸法從緣起 如來說是因
彼法因緣盡 是大沙門說 ― 『根本說一切有部毘奈耶』)

사리뿟따 존자는 게송의 첫 번째 두 구절을 듣고 예류과를 얻었다고 한다.(Vin.i.39~40, DhpA.i.75ff) 사리뿟따 존자는 그 후로 항상 앗사지 존자에게 큰 존경을 표했다고 한다.(DhpA.iv.150~151)
그리고 『맛지마 니까야』 「짧은 삿짜까 경」(M35)에서 그는 니간타의 후예인 삿짜까가 부처님 가르침에 대해서 질문을 하자, 부처님께서는 오온의 무상과 무아를 가르치신다고 대답한다.(§4) 이것이 인연이 되어 삿짜까는 500명의 릿차위들을 데리고 세존께 질문을 드리러 가게 된다.

3. "이리 오시오, 도반들이여. 그대들은 세존께 가시오. 가서는 나의 이름으로 세존의 발에 머리 조아려 절을 올리고 '세존이시여, 앗사지 비구가 중병에 걸려 아픔과 고통에 시달리고 있습니다. 지금 그가 세존의 발에 머리 조아려 절을 올립니다.'라고 말씀드려 주시오. 그리고 다시 '세존이시여, 세존께서는 연민을 일으키시어 앗사지 비구에게로 와주시면 감사하겠습니다.'라고 여쭈어 주시오."

"알겠습니다, 도반이여."이라고 그 비구들은 앗사지 존자에게 대답한 뒤 세존께 다가갔다. 가서는 세존께 절을 올리고 한 곁에 앉았다. 한 곁에 앉은 비구들은 세존께 이렇게 말씀드렸다.

4. "세존이시여, 앗사지 비구가 중병에 걸려 아픔과 고통에 시달리고 있습니다. 지금 그가 세존의 발에 머리 조아려 절을 올립니다. 그리고 다시 말씀드립니다. '세존이시여, 세존께서는 연민을 일으키시어 앗사지 비구에게로 와주시면 감사하겠습니다.'라고."

세존께서는 침묵으로 허락하셨다.

5. 그때 [125] 세존께서는 해거름에 [낮 동안의] 홀로 앉으심을 풀고 자리에서 일어나 앗사지 존자에게로 가셨다. 앗사지 존자는 세존께서 멀리서 오시는 것을 보고 침상에서 [몸을] 움직였다. 그러자 세존께서는 앗사지 존자에게 이렇게 말씀하셨다.

"그만 하여라, 앗사지여. 침상에서 움직이지 말라. 여기에 마련된 자리가 있구나. 나는 앉아야겠다."

세존께서는 마련된 자리에 앉으셨다. 자리에 앉으신 뒤 세존께서는 앗사지 존자에게 이렇게 말씀하셨다.

6. "앗사지여, 어떻게 견딜 만한가? 그대는 편안한가? 괴로운

느낌이 물러가고 더 심하지는 않는가? 차도가 있고 더 심하지 않다는 것을 알겠는가?"

"세존이시여, 저는 견디기가 힘듭니다. 편안하지 않습니다. 괴로운 느낌은 더 심하기만 하고 물러가지 않습니다. 더 심하기만 하고 물러가지 않는다고 알아질 뿐입니다."

"앗사지여, 그대는 후회할 일이 있는가? 그대는 자책할 일이 있는가?"

"그러합니다, 세존이시여. 저는 후회할 일이 적지 않고 자책할 일이 적지 않습니다."

"앗사지여, 그러면 그대는 계행에 대해서 자신을 비난할 일을 하였는가?"

"그렇지 않습니다, 세존이시여. 저는 계행에 대해서 자신을 비난할 일을 하지 않았습니다."

7. "앗사지여, 만일 계행에 대해서 자신을 비난할 일을 하지 않았다면 그대는 무엇을 후회하고 무엇을 자책하는가?"

"세존이시여, 전에 제가 아팠을 때는 몸의 작용313)을 계속적으로

313) "여기서 '몸의 작용(kāya-saṅkhāra)'이란 들숨과 날숨이다. 왜냐하면 제4선을 통해서 들숨날숨을 고요하게 하면서 머물기 때문이다."(SA.ii.315) 『맛지마 니까야』 「염처경」(M10/i.56) §4와 「짧은 방등경」(M44/i.301) §14에서도 들숨날숨이 몸의 작용이라고 나타나며, 본서 제4권 「한적한 곳에 감 경」(S36:11) §5에서도 제4선에서는 들숨날숨이 멈춘다고 설하고 있다. 한편 본서 전체에서 역자는 kāya-saṅkhāra(신행, 身行)를 크게 두 가지로 옮기고 있다. 여기서처럼 '몸의 작용'으로도 옮기기도 하고, '몸의 의도적 행위'로도 옮긴다. 삼행(三行) 즉 신행(身行, kāya-sañkhāra)과 구행(口行, vaci-saṅkhāra)과 심행(心行, citta-saṅkhāra)의 문맥에서 나타날 때와 (예를 들면 본서 제4권 「까마부 경」 2(S41:6) §3) 여기서처럼 들숨날숨을 뜻할 때는 '몸의 작용'으로 옮기고 있으며, 12연기 각지 가운데 두 번째인 의도적 행위(saṅkhāra)를 설명하는 문맥에서 나타날 때는 '몸의 의도적 행위'로 옮기고 있다.(예를 들면 본서 제2권 「분석 경」(S12:2) §14)

고요하게 하면서 [제4선에 들어] 머물렀습니다. 그러나 [지금은] 그런 삼매에 들지 못합니다. 세존이시여, 제가 그런 삼매에 들지 못하기 때문에 '내가 쇠퇴하지 않기를.'이라는 생각이 일어납니다."314)

"앗사지여, 삼매를 속재목[心材]으로 여기고 삼매를 사문의 결실이라 여기는315) 사문이나 바라문들은 삼매에 들지 못하면 그들에게 '우리는 쇠퇴하지 않기를.'이라는 생각이 들 것이다."

8. "앗사지여, 이를 어떻게 생각하는가? 물질은 … 느낌은 … 인식은 … 심리현상들은 … 알음알이는 항상한가, 무상한가?"

"무상합니다, 세존이시여."

"그러면 무상한 것은 괴로움인가, 즐거움인가?"

"괴로움입니다, 세존이시여."

"그러면 무상하고 괴로움이고 변하기 마련인 것을 두고 '이것은 내 것이다. 이것은 나다. 이것은 나의 자아다.'라고 관찰하는 것이 타

초기불전연구원에서는 신행, 구행. 심행을 각각 '몸의 행위'와 '말의 행위'와 '마음의 행위'로도 옮기기도 하였으나, 본서 제4권 「까마부 경」 2(S41:6) §3 이하를 참조하여 이 경우도 모두 몸의 작용[身行], 말의 작용[口行], 마음의 작용[心行]으로 통일하여 옮겼다. 이 셋을 의도적 행위로만 보기에는 무리가 따르기 때문이다.

314) "그는 병에 걸렸기(ābādha-dosa) 때문에 전에 얻었던 모든 본삼매의 증득(appit-appitā samāpatti)으로부터 떨어져버렸다. 그래서 '내가 교법(sāsana)으로부터 쇠퇴하지 않기를.'이라는 생각이 든 것이다."(SA.ii.315)

315) "'삼매를 속재목[心材]으로 여기고 삼매를 사문의 결실이라 여기는(samādhi-sārakā samādhisāmaññā)'이란 삼매를 속재목(sāra)으로 여기고 사문됨(사문의 결실, sāmañña)으로 생각한다는 뜻이다. 세존께서는 여기서 '그러나 나의 교법(sāsana)에서는 이것이 속재목이 아니다. 위빳사나와 도와 과(vipassanā-magga-phalāni)가 속재목이다. 그런데 그대는 삼매로부터 쇠퇴하였다고 해서 왜 교법으로부터 쇠퇴하였다고 생각하는가?'라고 장로를 안심시키신 뒤에 이제 세 가지로 된 설법(ti-parivaṭṭa dhamma-desana)을 시작하시는 것이다."(SA.ii.315)

당하겠는가?"

"그렇지 않습니다, 세존이시여."

9. "앗사지여, 그러므로 그것이 어떠한 물질이건 … 그것이 어떠한 느낌이건 … 그것이 어떠한 인식이건 … 그것이 어떠한 심리현상들이건 … [126] 그것이 어떠한 알음알이건, 그것이 과거의 것이건 미래의 것이건 현재의 것이건 안의 것이건 밖의 것이건 거칠건 미세하건 저열하건 수승하건 멀리 있건 가까이 있건 '이것은 내 것이 아니요, 이것은 내가 아니며, 이것은 나의 자아가 아니다.'라고 있는 그대로 바른 통찰지로 보아야 한다."

10. "앗사지여, 이와 같이 보는 잘 배운 성스러운 제자는 물질에 대해서도 염오하고 느낌에 대해서도 염오하고 인식에 대해서도 염오하고 심리현상들에 대해서도 염오하고 알음알이에 대해서도 염오한다.

염오하면서 탐욕이 빛바래고, 탐욕이 빛바래기 때문에 해탈한다. 해탈하면 해탈했다는 지혜가 있다. '태어남은 다했다. 청정범행(梵行)은 성취되었다. 할 일을 다 해 마쳤다. 다시는 어떤 존재로도 돌아오지 않을 것이다.'라고 꿰뚫어 안다."[316]

11. "만일 그가 즐거운 느낌을 느끼면 그는 그것이 무상한 줄 꿰뚫어 안다.[317] 그것이 연연할 것이 못되는 줄 꿰뚫어 안다. 그것이

316) "세 가지로 된 설법(ti-parivaṭṭa-desana = 무상·고·무아의 삼특상에 대한 설법)이 끝나자 그는 아라한됨을 증득하였다.(그러나 본서 「무아의 특징 경」(S22:59) §7에는 「무아의 특징 경」을 듣고 아라한이 된 것으로 나타남) 이제 그에게 [아라한의] 항상 머묾(satata-vihāra)을 보여주시기 위해서 '그는 몸이 무너지는 느낌을 느끼면서는 …'이라는 [이 다음 가르침을] 설하셨다."(SA.ii.315)

317) 여기서부터 본경의 마지막까지는 본서 제2권 「철저한 검증 경」(S12:51) §§10~12(§12의 비유 부분은 본경과 다름)와 제4권 「간병실 경」1(S36:7)

즐길만한 것이 아니라는 것을 꿰뚫어 안다. 만일 그가 괴로운 느낌을 느끼면 그는 그것이 무상한 줄 꿰뚫어 안다. 그것이 연연할 것이 못되는 줄 꿰뚫어 안다. 그것이 즐길만한 것이 아니라는 것을 꿰뚫어 안다. 만일 그가 괴롭지도 즐겁지도 않은 느낌을 느끼면 그는 그것이 무상한 줄 꿰뚫어 안다. 그것이 연연할 것이 못되는 줄 꿰뚫어 안다. 그것이 즐길만한 것이 아니라는 것을 꿰뚫어 안다."

만일 그가 즐거운 느낌을 느끼면 그는 그것에 매이지 않고 그것을 느낀다. 만일 괴로운 느낌을 느끼면 그는 그것에 매이지 않고 그것을 느낀다. 만일 괴롭지도 즐겁지도 않은 느낌을 느끼면 그는 그것에 매이지 않고 그것을 느낀다."

12. 그는 몸이 무너지는 느낌을 느끼면서는 '나는 지금 몸이 무너지는 느낌을 느낀다.'라고 꿰뚫어 안다. 목숨이 끊어지는 느낌을 느끼면서는 '나는 지금 목숨이 끊어지는 느낌을 느낀다.'라고 꿰뚫어 안다. 그리고 그는 '지금 곧 이 몸 무너져 목숨이 끊어지면, 즐길 것이라고는 하나도 없는 이 모든 느낌들도 싸늘하게 식고 말 것이다.'라고 꿰뚫어 안다."

13. "앗사지여, 예를 들면 기름을 반연하고 심지를 반연하여 기름 등불이 탄다 하자. 거기에다 어떤 사람이 시시때때로 기름을 부어 넣지 않고 심지를 올려주지 않으면 그 기름 등불은 꺼질 것이다.[318)]

---

§§9~11(§11의 비유 부분은 본경과 다름)과 제6권 「등불 비유 경」(S54:8) §§9~11(§11의 비유 부분은 본경과 다름)에도 나타나고 있다. 경문에 대한 설명은 제2권 「철저한 검증 경」(S12:51) §§10~13의 주해를 참조할 것.

318) 본서 제2권 「족쇄 경」 1(S12:53) §§3~4에도 이 비유가 12연기를 설명하는 것으로 나타나고 있다. 본 가르침은 본서 제4권 「간병실 경」 1/2(S36:7~8) §11과 제6권 「등불 비유 경」(S54:8) §24에도 나타나고 있다.

앗사지여, 그와 같이 비구는 몸이 무너지는 느낌을 느끼면서는 '나는 지금 몸이 무너지는 느낌을 느낀다.'라고 꿰뚫어 안다. 목숨이 끊어지는 느낌을 느끼면서는 '나는 지금 목숨이 끊어지는 느낌을 느낀다.'라고 꿰뚫어 안다. 그리고 그는 '지금 곧 이 몸 무너져 목숨이 끊어지면, 즐길 것이라고는 하나도 없는 이 모든 느낌들도 싸늘하게 식고 말 것이다.'라고 꿰뚫어 안다."

케마까 경(S22:89)
Khemaka-sutta

1. 이와 같이 나는 들었다. 한때 많은 장로 비구들이 꼬삼비에서 고시따 원림에 머물렀다.

2. 그 무렵 케마까 존자319)는 도기공의 집에 머물고 있었는데 중병에 걸려 아픔과 고통에 시달리고 있었다. [127] 그때 장로 비구들은 해거름에 홀로 앉음을 풀고 일어나 다사까 존자320)를 불러서 말했다.

---

319) 주석서와 복주서는 케마까 존자(āyasmā Khemaka)가 누구인지 설명을 하지 않고 있다.

320) DPPN은 다사까 존자(āyasmā Dāsaka)가 『장로게』(Thag.4) {17}을 지은 다사까 존자와 동일인이 아닐까 추측하고 있다. 『장로게 주석서』에 의하면 『장로게』 {17}을 지은 다사까 존자는 사왓티에서 태어났으며 아나타삔디까(급고독) 장자에 의해서 승원을 돌보는 일(vihāra-paṭijaggana-kamma)에 고용되었다고 한다. 그는 그 일을 하다가 부처님의 설법을 듣고 신심이 생겨서 출가하였다고 한다. 주석서는 다른 견해도 적고 있다. 그는 아나타삔디까 장자의 하녀(dāsa)의 아들이었다. 그래서 이름도 다사까(dāsaka, 하녀의 아들)가 된 것이다. 장자는 그가 출가할 수 있도록 하인의 신분에서 해방시켜주었다. 그는 깟사빠 부처님 시대에 출가한 스님이었는데 자기의 개인적인 용무를 위해서 어떤 아라한에게 일을 시켜서 그 과보로 금생에 하녀의 아들로 태어나게 되었다고 한다.(ThagA.72~73)

3. "이리 오시오, 도반 다사까여. 그대는 케마까 비구에게 가시오. 가서는 케마까 비구에게 이렇게 말하시오. '도반이여, 장로 비구들이 그대에게 이렇게 묻습니다. '도반이여, 어떻게 견딜 만합니까? 그대는 편안합니까? 괴로운 느낌이 물러가고 더 심하지는 않습니까? 차도가 있고 더 심하지 않다는 것을 알겠습니까?"라고."

4. "그렇게 하겠습니다, 도반들이여."라고 다사까 존자는 장로 비구들에게 대답한 뒤 케마까 존자에게 다가갔다. 가서는 케마까 존자에게 이렇게 말했다.

"도반이여, 장로 비구들이 그대에게 이렇게 묻습니다. '도반이여, 어떻게 견딜 만합니까? 그대는 편안합니까? 괴로운 느낌이 물러가고 더 심하지는 않습니까? 차도가 있고 더 심하지 않다는 것을 알겠습니까?'라고."

"도반이여, 나는 견디기가 힘듭니다. 편안하지 않습니다. 괴로운 느낌은 더 심하기만 하고 물러가지 않습니다. 더 심하기만 하고 물러가지 않는다고 알아질 뿐입니다."

5. 그러자 다사까 존자는 장로 비구들에게 다가갔다. 가서는 장로 비구들에게 이렇게 말했다.

"도반들이여, 케마까 비구는 이렇게 말하였습니다. '도반이여, 나는 견디기가 힘듭니다. 편안하지 않습니다. 괴로운 느낌은 더 심하기만 하고 물러가지 않습니다. 더 심하기만 하고 물러가지 않는다고 알아질 뿐입니다.'라고."

"이리 오시오, 도반 다사까여. 그대는 케마까 비구에게 가시오. 가서는 케마까 비구에게 이렇게 말하시오. '도반이여, 장로 비구들이 그대에게 이렇게 말합니다. '도반이여, 세존께서는 취착의 [대상이 되는] 다섯 가지 무더기[五取蘊]를 설하셨나니 취착의 [대상이 되는] 물질의 무더기, 취착의 [대상이 되는] 느낌의 무더기, 취착의 [대상이 되는] 인식의 무더기, 취착의 [대상이 되는] 심리현상들의 무더기, 취착의 [대상이 되는] 알음알이의 무더기입니다. 그런데 케마까 존자는 이러한 취착의 [대상이 되는] 다섯 가지 무더기 가운데 어떤 것을 자아라거나 자아에 속하는 것이라고 관찰합니까?'라고."

6. "그렇게 하겠습니다, 도반들이여."라고 다사까 존자는 장로 비구들에게 대답한 뒤 케마까 존자에게 다가갔다. 가서는 케마까 존자에게 이렇게 말했다.

"도반이여, 장로 비구들이 그대에게 이렇게 말합니다. '도반이여, 세존께서는 취착의 [대상이 되는] 다섯 가지 무더기를 설하셨나니 … 자아라거나 자아에 속하는 것이라고 관찰합니까?'라고."

"도반이여, [128] 세존께서는 취착의 [대상이 되는] 다섯 가지 무더기를 설하셨나니 … 나는 이러한 취착의 [대상이 되는] 다섯 가지 무더기 가운데 어떤 것도 자아라거나 자아에 속하는 것이라고 관찰하지 않습니다."

7. 그때 다사까 존자는 장로 비구들에게 다가갔다. 가서는 장로 비구들에게 이렇게 말했다.

"도반들이여, 케마까 비구는 이렇게 말하였습니다. '도반이여, 세존께서는 취착의 [대상이 되는] 다섯 가지 무더기를 설하셨나니 … 나는 이러한 취착의 [대상이 되는] 다섯 가지 무더기 가운데 어떤 것도 자아라거나 자아에 속하는 것이라고 관찰하지 않습니다.'라고."

"이리 오시오, 도반 다사까여. 그대는 케마까 비구에게 가시오. 가서는 케마까 비구에게 이렇게 말하시오. '도반이여, 장로 비구들이 그대에게 이렇게 말합니다. '도반이여, 세존께서는 취착의 [대상이 되는] 다섯 가지 무더기를 설하셨나니 … 그런데 만일 케마까 존자가 이러한 취착의 [대상이 되는] 다섯 가지 무더기 가운데 어떤 것도 자아라거나 자아에 속하는 것이라고 관찰하지 않는다면 케마까 존자는 번뇌 다한 아라한입니까?'라고."

8. "그렇게 하겠습니다, 도반들이여."라고 다사까 존자는 장로 비구들에게 대답한 뒤 케마까 존자에게 다가갔다. 가서는 케마까 존자에게 이렇게 말했다.

"도반이여, 장로 비구들이 그대에게 이렇게 말합니다. '도반이여, 세존께서는 취착의 [대상이 되는] 다섯 가지 무더기를 설하셨나니 … 그런데 만일 케마까 존자가 이러한 취착의 [대상이 되는] 다섯 가지 무더기 가운데 어떤 것도 자아라거나 자아에 속하는 것이라고 관찰하지 않는다면 케마까 존자는 번뇌 다한 아라한입니까?'라고."

"도반이여, 세존께서는 취착의 [대상이 되는] 다섯 가지 무더기를 설하셨나니 … 나는 이러한 취착의 [대상이 되는] 다섯 가지 무더기 가운데 어떤 것도 자아라거나 자아에 속하는 것이라고 관찰하지 않지만 나는 번뇌 다한 아라한은 아닙니다.

도반이여, 그러나 나는 취착의 [대상이 되는] 다섯 가지 무더기에 대해서 '나는 있다.'라는 [사량분별이] 사라지지는 않았지만[321] [이들 가운데 그 어느 것에 대해서도] '이것이 나다.'라고는 관찰하지 않습니다."[322]

---

321) '사라지지는 않았지만'은 avigataṁ으로 읽고 옮긴 것이다. Ee, Be, Se의 모든 판본에서 adhigataṁ(얻은, 증득한, 이해한)으로 나타나지만 이렇게 되면 뜻이 통하지 않는다. 그래서 보디 스님은 avigataṁ으로 제언하고 있고(보디 스님, 1082~1083쪽 176번 주해 참조) 역자도 이를 따랐다. 본서 「관찰 경」(S22:47) §3의 주해도 참조할 것.

9. 그때 [129] 다사까 존자는 장로 비구들에게 다가갔다. 가서는 장로 비구들에게 이렇게 말했다.

"도반들이여, 케마까 비구는 이렇게 말하였습니다. '도반이여, 세존께서는 취착의 [대상이 되는] 다섯 가지 무더기를 설하셨나니 … 나는 취착의 [대상이 되는] 다섯 가지 무더기에 대해서 '나는 있다.'라는 [사량분별이] 사라지지는 않았지만 [이들 가운데 그 어느 것에 대해서도] '이것이 나다.'라고는 관찰하지 않습니다.'라고."

"이리 오시오, 도반 다사까여. 그대는 케마까 비구에게 가시오. 가서는 케마까 비구에게 이렇게 말하시오. '도반이여, 장로 비구들이 그대에게 이렇게 말합니다. '도반 케마까여, 그대는 '나는 있다.'라는 [사량분별이] 사라지지는 않았다고 말합니다. 그렇다면 그대는 물질을 두고 '나는 있다.'라고 말합니까, 아니면 물질을 떠나서 '나는 있다.'라고 말합니까? 느낌을 두고 … 인식을 두고 … 심리현상들을 두고 … 알음알이를 두고 '나는 있다.'라고 말합니까, 아니면 알음알이를 떠나서 '나는 있다.'라고 말합니까? 도반 케마까여, 그대가 '나는 있다.'라고 말할 때는 어떤 것을 두고 '나는 있다.'라고 합니까?'라고.'"

10. "그렇게 하겠습니다, 도반들이여."라고 다사까 존자는 장로 비구들에게 대답한 뒤 케마까 존자에게 다가갔다. 가서는 케마까 존

---

322) 본문은 유학(sekha)과 아라한의 차이를 분명히 보여준다. 유학은 오온을 나라고 생각하는 20가지 유신견은 극복하였지만 아직 "오온에 대한 '나는 있다.'라는 미세한 자만과 '나는 있다.'라는 [미세한] 욕구(anusahagato asmī ti māno asmīti chando – 아래 본문 §23에 나타남)" 등은 버리지 못했다. 그러나 무학인 아라한은 모든 그릇된 생각의 근본 뿌리인 무명(avijjā)을 모두 제거하였기 때문에 이러한 '나'라거나 '내 것'이라는 관념이 남아있지 않다. 케마까 존자는 적어도 예류자는 되었다.(어떤 자들은 그가 일래자였다고도 하고 어떤 자들은 불환자였다고 한다는 견해를 복주서는 적고 있다. SAṬ. ii.220)

자에게 이렇게 말했다.

"도반 케마까여, 장로 비구들이 그대에게 이렇게 말합니다. '도반 케마까여, 그대는 '나는 있다.'라는 [사랑분별이] 사라지지는 않았다고 말합니다. 그렇다면 그대는 물질을 두고 '나는 있다.'라고 말합니까, … 도반 케마까여, 그대가 '나는 있다.'라고 말할 때는 어떤 것을 두고 '나는 있다.'라고 합니까?'라고."

"도반 다사까여, 이 정도로 충분합니다. 왜 그대가 이 일로 왔다갔다해야 합니까? 도반이여, 지팡이를 주십시오. 내가 장로 비구들에게 직접 가겠습니다."

11. 그러자 케마까 존자는 지팡이를 짚고 장로 비구들에게 다가갔다. 가서는 장로 비구들과 함께 환담을 나누었다. 유쾌하고 기억할 만한 이야기로 서로 담소를 나누고 한 곁에 앉았다. [130] 한 곁에 앉은 케마까 존자에게 장로 비구들은 이렇게 말했다.

"도반 케마까여, 그대는 '나는 있다.'라는 [사량분별이] 사라지지는 않았다고 말합니다. 그렇다면 그대는 물질을 두고 '나는 있다.'라고 말합니까, 아니면 물질을 떠나서 '나는 있다.'라고 말합니까? 느낌을 두고 … 인식을 두고 … 심리현상들을 두고 … 알음알이를 두고 '나는 있다.'라고 말합니까, 아니면 알음알이를 떠나서 '나는 있다.'라고 말합니까? 도반 케마까여, 그대가 '나는 있다.'라고 말할 때는 어떤 것을 두고 '나는 있다.'라고 합니까?"

12. "도반들이여, 나는 물질을 두고 '나는 있다.'라고도 말하지 않고, 물질을 떠나서 '나는 있다.'라고도 말하지 않습니다. 느낌을 두고 … 인식을 두고 … 심리현상들을 두고 … 알음알이를 두고 '나는 있다.'라고도 말하지 않고, 알음알이를 떠나서 '나는 있다.'라고도 말

하지 않습니다.

도반들이여, 나는 취착의 [대상이 되는] 다섯 가지 무더기에 대해서 '나는 있다.'라는 [사량분별이] 사라지지는 않았지만 [이들 가운데 그 어느 것에 대해서도] '이것이 나다.'라고는 관찰하지 않습니다.

도반들이여, 예를 들면 청련이나 홍련이나 백련의 향기가 난다고 합시다. 그런데 어떤 사람이 말하기를 향기는 꽃잎에서 난다고 하거나 꽃자루[323]에서 난다고 하거나 암술에서 난다고 한다면 그는 바르게 말한 것입니까?"

"그렇지 않습니다, 도반이여."

"도반들이여, 그렇다면 어떻게 설명해야 바르게 설명하는 것입니까?"

"도반이여, 꽃에서 향기가 난다고 설명해야 바르게 설명하는 것입니다."

"도반들이여, 그와 같이 나는 물질을 두고 '나는 있다.'라고도 말하지 않고, 물질을 떠나서 '나는 있다.'라고도 말하지 않습니다. 느낌을 두고 … 인식을 두고 … 심리현상들을 두고 … 알음알이를 두고 '나는 있다.'라고도 말하지 않고, 알음알이를 떠나서 '나는 있다.'라고도 말하지 않습니다.

도반들이여, 나는 취착의 [대상이 되는] 다섯 가지 무더기에 대해서 '나는 있다.'라는 [사량분별이] 사라지지는 않았지만 [이들 가운데 그 어느 것에 대해서도] '이것이 나다.'라고는 관찰하지 않습니다."

13. "도반들이여, 성스러운 제자에게 다섯 가지 낮은 단계의 족쇄[下分結]가 제거 되었다 하더라도, 취착의 [대상이 되는] 다섯 가지

---

323) '꽃자루'는 보디 스님의 제언에 따라 Ee, Be, Se의 vaṇṇassa(색깔, 아름다움, 외관) 대신에 SS의 vaṇṭassa로 읽어서 옮긴 것이다.

무더기에 대한 '나는 있다.'라는 미세한[324] 자만과 '나는 있다.'라는 [미세한] 욕구와 '나는 있다.'라는 [미세한] 잠재성향이 완전히 뿌리 뽑히지는 않습니다.

그는 나중에 취착의 [대상이 되는] 다섯 가지 무더기[五取蘊]들의 일어나고 사라짐을 관찰하며 머뭅니다. '이것이 물질이다. 이것이 물질의 일어남이다. [131] 이것이 물질의 사라짐이다. 이것이 느낌이다 … 인식이다 … 심리현상들이다 … 이것이 알음알이다. 이것이 알음알이의 일어남이다. 이것이 알음알이의 사라짐이다.'라고.

그가 취착의 [대상이 되는] 다섯 가지 무더기들의 일어나고 사라짐을 관찰하며 머물 때 취착의 [대상이 되는] 다섯 가지 무더기에 대한 '나는 있다.'라는 미세한 자만과 '나는 있다.'라는 [미세한] 욕구와 '나는 있다.'라는 [미세한] 잠재성향은 완전히 뿌리 뽑히게 됩니다."

14. "도반들이여, 예를 들면 더럽고 때가 묻은 천이 있는데 주인이 그것을 세탁업자에게 맡긴다 합시다. 그러면 세탁업자는 그것을 소금물이나 잿물이나 쇠똥에 고루 비벼서 빤 뒤 맑은 물에 헹굴 것입니다.

이렇게 해서 그 천은 청정하고 깨끗하게 되었지만 미세한 소금물 냄새나 잿물 냄새나 쇠똥 냄새는 뿌리 뽑히지 않을 것입니다. 세탁업자가 이런 천을 주인에게 돌려주면 주인은 그 천을 냄새를 제거하는 상자에다 넣을 것입니다. 그러면 뿌리 뽑히지 않고 남아있던 미세한 소금물 냄새나 잿물 냄새나 쇠똥 냄새는 모두 뿌리 뽑히게 될 것입니다."[325]

---

324) '미세한'은 anusahagato를 옮긴 것인데 주석서에서 sukhumo(미세한, 섬세한)로 설명하고 있어서(SA.ii.316) 이렇게 옮겼다.

325) 주석서는 이 비유를 다음과 같이 적용시키고 있다.

도반들이여, 그와 같이 성스러운 제자에게 다섯 가지 낮은 단계의 족쇄[下分結]가 제거 되었다 하더라도, 취착의 [대상이 되는] 다섯 가지 무더기에 대한 '나는 있다.'라는 미세한 자만과 '나는 있다.'라는 [미세한] 욕구와 '나는 있다.'라는 [미세한] 잠재성향이 완전히 뿌리 뽑히지는 않습니다.

그는 나중에 취착의 [대상이 되는] 다섯 가지 무더기들의 일어나고 사라짐을 관찰하며 머뭅니다. '이것이 물질이다. 이것이 물질의 일어남이다. 이것이 물질의 사라짐이다. 이것이 느낌이다 … 인식이다 … 심리현상들이다 … 이것이 알음알이다. 이것이 알음알이의 일어남이다. 이것이 알음알이의 사라짐이다.'라고.

그가 취착의 [대상이 되는] 다섯 가지 무더기들의 일어나고 사라짐을 관찰하며 머물 때 취착의 [대상이 되는] 다섯 가지 무더기에 대한 '나는 있다.'라는 미세한 자만과 '나는 있다.'라는 [미세한] 욕구와 '나는 있다.'라는 [미세한] 잠재성향은 완전히 뿌리 뽑히게 됩니다."

15. 이렇게 말하자 장로 비구들은 케마까 존자에게 이렇게 말했다.

"더러운 천(kiliṭṭha-vattha)은 범부(puthujjana)의 마음의 행로(cittācāra)와 같다. 세 가지 세제(khārā)는 [무상·고·무아의] 삼[특상]을 관찰(anupassanā)하는 것이다. 세 가지 세제에 의해서 세탁된 천은 설법으로 문질러진(maddita) 불환자(anāgāmi)의 마음의 행로와 같다. 미세한 소금물 등의 냄새(ūsādi-gandha)는 아라한도로 박멸되어야 할(arahatta-magga-vajjhā) 오염원들(kilesā)이다. 냄새를 제거하는 상자(gandha-karaṇḍaka)는 아라한도의 지혜요, 냄새를 제거하는 상자에 들어가서 미세한 소금물 냄새 등이 모두 뿌리 뽑히는 것은 아라한도에 의해서 모든 오염원들이 멸진되는 것(sabba-kilesa-kkhaya)이다. 마치 냄새가 완전히 제거된 옷을 입고 축제일(chaṇa-divasa)에 여러 곳으로 좋은 향기를 뿜으면서 다니는 것처럼 번뇌 다한 자는 계의 향기(sīla-gandha) 등으로 시방(十方)을 원하는 대로 다니게 된다."(SA.ii.317)

"우리는 케마까 존자를 [132] 성가시게 하려고 이런 질문을 한 것이 아닙니다. 그러나 케마까 존자는 그분 세존의 교법을 자세하게 설명하고 가르치고 천명하고 확립하고 드러내고 분석하고 명확하게 할 수 있기 때문입니다.

이처럼 케마까 존자는 그분 세존의 교법을 자세하게 설명하고 가르치고 천명하고 확립하고 드러내고 분석하고 명확하게 하였습니다."

16. 케마까 존자의 말을 들은 장로 비구들은 이처럼 마음이 흡족해져서 케마까 존자의 말을 크게 기뻐하였다.

17. 이 상세한 설명[授記]이 설해졌을 때 60명의 장로 비구와 케마까 존자는 취착이 없어져서 번뇌들로부터 마음이 해탈하였다.

찬나 경(S22:90)

Channa-sutta

1. 이와 같이 나는 들었다. 한때 많은 장로 비구들이 바라나시에서 이시빠따나의 녹야원에 머물렀다.

2. 그 무렵 찬나 존자326)는 해거름에 홀로 앉음을 풀고 일어나

---

326) 주석서에 의하면 찬나 존자(āyasmā Channa)는 세존께서 출가하실 때 마차를 몰던 찬나였다고 한다. 그도 뒤에 출가하였지만 그는 세존과 가까운 사이였던 것에 대해서 지나친 자만과 오만이 생겨서(makkhī ceva paḷāsī) 다른 비구들을 험담하며 지냈다고 한다.(SA.ii.317)
부처님께서는 반열반하실 때 특별히 찬나 존자를 언급하시면서 그에게 일종의 집단 따돌림인 최고의 처벌(brahma-daṇḍa)을 주라고 당부하셨다.(『디가 니까야』「대반열반경」(D16) §6.4 참조) 세존께서는 찬나와의 인연을 중히 여기시어 임종의 마지막 침상에 누우셔서도 그를 구제할 방법을 찾으신 것이다. 『율장』에 의하면 찬나 비구는 이 처벌을 받고 정신이 들어서 자만심과 제멋대로 하는 성질을 꺾고 홀로 한거하여 열심히 정진하였으며 마침내 아라한이 되었다고 한다.(Vin.ii.292) 부처님의 대자대비를 실감케 하

[승원의] 열쇠를 가지고 이 승원에서 저 승원으로 찾아다니면서 [이렇게 말했다.]

3. "장로 존자들께서는 저를 훈도해 주소서. 장로 존자들께서는 저를 가르쳐 주소서. 장로 존자들께서는 제가 법을 볼 수 있도록 제게 법을 설해 주소서."

4. 이렇게 말하자 장로 비구들은 찬나 존자에게 이렇게 말했다.

"도반 찬나여, 물질은 무상하고 느낌은 무상하고 인식은 무상하고 심리현상들은 무상하고 알음알이는 무상합니다. 물질은 무아고 느낌은 무아고 인식은 무아고 심리현상들은 무아고 알음알이는 무아입니다. 모든 형성된 것들은 무상하고[諸行無常] 모든 법들은 무아입니다[諸法無我]."327)

는 대목이다.

본경은 찬나에게 이러한 최고의 처벌이 내려진 후에 생긴 일화를 담고 있다.

327) "'모든 형성된 것들은 무상하다[諸行無常, sabbe saṅkhārā aniccā].'라는 것은 삼계에 속하는 모든 형성된 것들(te-bhūmaka-saṅkhārā)은 무상하다는 말이다. '모든 법들은 무아다[諸法無我, sabbe dhammā anattā].'라는 것은 4가지 세계(삼계 + 출세간)에 속하는 모든 법들(catu-bhūmaka-dhammā)은 무아라는 말이다.

이처럼 그 비구들은 장로에게 무상의 특상(anicca-lakkhaṇa)과 무아의 특상(anatta-lakkhaṇa)의 두 가지 특상은 말했으나 괴로움의 특상(dukkha-lakkhaṇa)은 말하지 않았다. 왜? 그들은 생각하기를 이 비구는 시비걸기를 좋아하기(vādī) 때문에 괴로움의 특상을 언급하는 순간에 '물질도 … 알음알이도 괴로움이라면 도도 괴로움이요 과도 괴로움이다. 그러니 그대들은 괴로움을 얻은(dukkha-ppattā) 비구에 지나지 않는다.'라고 여길 것이다. 그래서 두 가지 특상만 말한 것이다."(SA.ii.318)

한편 『맛지마 니까야』 「짧은 삿짜까 경」(M35/i.228과 230) §4와 §9에서도 앗사지 존자는 니간타의 후예인 삿짜까에게 오온의 무상과 무아만을 설하는 것으로 나타나는데, 이 경에 해당하는 주석서도 위와 같은 설명을 하고 있다.(MA.ii.271)

5. 그때 찬나 존자에게 이런 생각이 들었다.

'나도 '물질은 무상하고 느낌은 무상하고 인식은 무상하고 심리현상들은 무상하고 알음알이는 무상하다. 물질은 무아고 [133] 느낌은 무아고 인식은 무아고 심리현상들은 무아고 알음알이는 무아다. 모든 형성된 것들은 무상하고[諸行無常] 모든 법들은 무아다[諸法無我].' 라고 알고 있다.

그러나 나의 마음은 모든 형성된 것들이 가라앉음, 모든 재생의 근거를 놓아버림, 갈애의 멸진, 탐욕의 빛바램, 소멸, 열반에 들어가지 못하고 청정한 믿음을 가지지 못하고 안정되지 못하고 확신하지 못한다. 대신에 초조함에 기인한 취착이 생겨서 나의 마음은 '그런데 도대체 누가 나의 자아인가?'[328]라는 것으로 다시 되돌아오고 더 이상 넘어가지 않는다. 그러나 법을 본 자에게는 이런 생각이 일어나지 않는다. 누가 나로 하여금 법을 볼 수 있도록 나에게 법을 설해줄 것

---

328) '그런데 도대체 누가 나의 자아인가?'에 대한 원문은 atha ko carahi me attā이다. 주석서는 이렇게 설명한다.
"이 장로는 조건(paccaya)을 파악하지 못하고(apariggahetvā) 위빳사나를 시작하였다. 그의 약한 위빳사나(dubbala-vipassanā)는 자아라고 거머쥐는 것(atta-gāha)을 철저하게 제거할 수가 없었다. 그래서 형성된 것들이 공하다고 드러나게 되자 '나는 이제 멸절할 것이고(ucchijjissāmi) 파멸할 것이다(vinassissāmi).'라는 단견(uccheda-diṭṭhi)과 두려움(paritassanā)이 생긴 것이다. 그는 자신이 낭떠러지(pāpata)에서 떨어지는 것처럼 여겼기 때문에 '그런데 도대체 누가 나의 자아인가?'라고 한 것이다."(SA.ii.318)
여기에 대해서는 본서 「보름밤 경」(S22:82) §15와 주해도 참조할 것.
한편 조건을 파악함(paccaya-pariggaha)은 칠청정(『아비담마 길라잡이』 §22 참조) 가운데 네 번째인 의심을 극복함에 의한 청정(kaṅkhā-vitaraṇa-visuddhi)의 내용이다. 이것은 나를 이루는 오온, 즉 정신과 물질의 원인과 조건을 정확히 파악하는 것인데, 오온을 무상·고·무아로 통찰하는 본격적인 위빳사나에 앞서서 반드시 파악해야 하는 것으로 『청정도론』에는 언급되어 있다.(『청정도론』 XIX.1 이하와 『아비담마 길라잡이』 제9장 §31을 참조할 것.)

인가?'

6. 그러자 찬나 존자에게 이런 생각이 들었다.

'아난다 존자는 스승께서 칭찬하셨고 지혜로운 동료 수행자들이 존중한다. 지금 아난다 존자는 꼬삼비에서 고시따 원림에 머물고 있다. 아난다 존자는 나로 하여금 법을 볼 수 있도록 나에게 법을 설해 줄 수 있을 것이다. 그리고 나는 아난다 존자에 대한 깊은 신뢰가 있다. 그러니 나는 아난다 존자에게 가야겠다.'

그때 찬나 존자는 거처를 잘 정리한 뒤에 발우와 가사를 수하고 꼬삼비에 있는 고시따 원림으로 아난다 존자에게 다가갔다. 가서는 아난다 존자와 함께 환담을 나누었다. 유쾌하고 기억할 만한 이야기로 서로 담소를 나누고 한 곁에 앉았다. 한 곁에 앉은 찬나 존자는 아난다 존자에게 이렇게 말했다.

7. "도반 아난다여, 한때 나는 바라나시에서 이시빠따나의 녹야원에서 머물렀습니다. 그때 나는 해거름에 홀로 앉음을 풀고 일어나 [승원의] 열쇠를 가지고 이 승원에서 저 승원으로 찾아다니면서 [이렇게 말하였습니다.] '장로 존자들께서는 저를 훈도해 주소서. 장로 존자들께서는 저를 가르쳐 주소서. 장로 존자들께서는 제가 법을 볼 수 있도록 제게 법을 설해 주소서.'라고.

이렇게 말하자 장로 비구들은 나에게 이렇게 말하였습니다. '도반 찬나여, 물질은 무상하고 느낌은 무상하고 인식은 무상하고 심리현상들은 무상하고 알음알이는 무상합니다. 물질은 무아고 느낌은 무아고 인식은 무아고 심리현상들은 무아고 알음알이는 무아입니다. 모든 형성된 것들은 무상하고[諸行無常] 모든 법들은 무아입니다[諸法無我].'라고.

그때 나에게 이런 생각이 들었습니다. '나도 '물질은 무상하고 [134] … 모든 법들은 무아다[諸法無我].'라고 알고 있다. 그러나 나의 마음은 … 다시 되돌아오고 더 이상 넘어가지 않는다. 그러나 법을 본 자에게는 이런 생각이 일어나지 않는다. 누가 나로 하여금 법을 볼 수 있도록 나에게 법을 설해줄 것인가?'라고.

그러자 나에게 이런 생각이 들었습니다. '아난다 존자는 스승께서 칭찬하셨고 지혜로운 동료 수행자들이 존중한다. 지금 아난다 존자는 꼬삼비에서 고시따 원림에 머물고 있다. 아난다 존자는 나로 하여금 법을 볼 수 있도록 나에게 법을 설해줄 수 있을 것이다. 그리고 나는 아난다 존자에 대한 깊은 신뢰가 있다. 그러니 나는 아난다 존자에게 가야겠다.'라고.

아난다 존자께서는 저를 훈도해 주소서. 아난다 존자께서는 저를 가르쳐 주소서. 아난다 존자께서는 제가 법을 볼 수 있도록 제게 법을 설해 주소서."

8. "이 정도로도 나는 찬나 존자 때문에 기쁩니다. 그러니 찬나 존자는 이제 스스로를 활짝 열었고 자신의 삭막함[329]을 부수었습니다. 도반 찬나여, 귀를 기울이십시오. 그대는 법을 알 수 있을 것입니다."

---

329) 『앙굿따라 니까야』 제3권 「삭막함 경」(A5:205), 제5권 「마음의 삭막함 경」(A9:71), 제6권 「삭막함 경」(A10:14) 등과, 『디가 니까야』 제3권 「합송경」(D33) §2.1, 『맛지마 니까야』 「마음의 삭막함 경」(M16) §§3~6 등에는 '다섯 가지 마음의 삭막함(pañca cetokhilā)'이 나타나고 있다.
이 다섯 가지는 스승과 법과 승가와 계율에 대해서 회의하고 의심하고 확신을 가지지 못하고 청정한 믿음을 가지지 못하는 네 가지에다, 동료 수행자들에게 화내고 기뻐하지 않고 불쾌하게 여기고 삭막해지는 것을 더한 것이다. 여기서 찬나 존자의 경우는 다섯 번째 마음의 삭막함을 이제 부수었다고 아난다 존자가 칭송하는 것이다.

그때 찬나 존자에게는 '내가 법을 알 수 있다고 하는구나!'라는 크고 광대한 희열과 환희가 생겼다.

9. "도반 찬나여, 나는 세존의 면전에서 [다음과 같이] 깟짜나곳따 비구를 훈도하는 것을 들었고 면전에서 받아 지녔습니다.330)

'깟짜야나여, [135] 이 세상은 대부분 두 가지를 의지하고 있나니 그것은 있다는 관념과 없다는 관념이다.

깟짜야나여, 세상의 일어남을 있는 그대로 바른 통찰지로 보는 자에게는 세상에 대한 없다는 관념이 존재하지 않는다. 깟짜야나여, 세상의 소멸을 있는 그대로 바른 통찰지로 보는 자에게는 세상에 대한 있다는 관념이 존재하지 않는다.

깟짜야나여, 세상은 대부분 [갈애와 사견이라는 두 가지에 대한] 집착과 취착과 천착에 묶여 있다. 그러나 [바른 견해를 가진 성스러운 제자는] 이러한 집착과 취착과 [갈애와 사견이라는] 마음의 입각처와 [여기에 대한] 천착과 잠재성향을 [가지지 않기 때문에], '나의 자아'라고 가까이하지 않고 취착하지 않고 고수하지 않는다. 그는 '단지 괴로움이 일어날 뿐이고, 단지 괴로움이 소멸할 뿐이다.'라는데 대해서 의문을 가지지 않고 의심하지 않는다. 여기에 대한 그의 지혜는 다른 사람을 의지하지 않는다. 깟짜야나여, 이렇게 해서 바른 견해가 있게 된다.

깟짜야나여, '모든 것은 있다.'는 이것이 하나의 극단이고 '모든 것은 없다.'는 이것이 두 번째 극단이다. 깟짜야나여, 이러한 양 극단을 의지하지 않고 중간[中]에 의해서 여래는 법을 설한다.

무명을 조건으로 의도적 행위들이, 의도적 행위들을 조건으로 알

---

330) 이하 인용되고 있는 부분은 본서 제2권 「깟짜나곳따 경」(S12:15) §§4~6과 일치한다. 본문에 대한 설명은 이 경의 해당 주해들을 참조할 것.

음알이가, 알음알이를 조건으로 정신·물질이, 정신·물질을 조건으로 여섯 감각장소가, 여섯 감각장소를 조건으로 감각접촉이, 감각접촉을 조건으로 느낌이, 느낌을 조건으로 갈애가, 갈애를 조건으로 취착이, 취착을 조건으로 존재가, 존재를 조건으로 태어남이, 태어남을 조건으로 늙음·죽음과 근심·탄식·육체적 고통·정신적 고통·절망이 있다. 이와 같이 전체 괴로움의 무더기[苦蘊]가 발생한다.

그러나 무명이 남김없이 빛바래어 소멸하기 때문에 의도적 행위들이 소멸하고, 의도적 행위들이 소멸하기 때문에 알음알이가 소멸하고, 알음알이가 소멸하기 때문에 정신·물질이 소멸하고, 정신·물질이 소멸하기 때문에 여섯 감각장소가 소멸하고, 여섯 감각장소가 소멸하기 때문에 감각접촉이 소멸하고, 감각접촉이 소멸하기 때문에 느낌이 소멸하고, 느낌이 소멸하기 때문에 갈애가 소멸하고, 갈애가 소멸하기 때문에 취착이 소멸하고, 취착이 소멸하기 때문에 존재가 소멸하고, 존재가 소멸하기 때문에 태어남이 소멸하고, 태어남이 소멸하기 때문에 늙음·죽음과 근심·탄식·육체적 고통·정신적 고통·절망이 소멸한다. 이와 같이 전체 괴로움의 무더기[苦蘊]가 소멸한다.'"331)

10. "도반 아난다여, 참으로 그러합니다. 참으로 존자들은 이처럼 동료 수행자를 연민하고 그의 이로움을 원하여 교계하고 가르침을 베푸는 그런 분들입니다. 저는 아난다 존자가 베푸신 이러한 설법을 듣고 법을 관통하였습니다."

---

331) 아난다 존자가 여기서 본서 제2권 「깟짜나곳따 경」(S12:15) §§4~6을 인용한 것은 특별히 돋보인다. 이 경(S12:15)은 연기의 가르침이 어떻게 상견과 단견을 극복하는가를 극명하게 보여주고 있으며, 아울러 단지 괴로움의 일어남과 소멸이 있을 뿐이라는 연기의 가르침을 통해서 자아가 있다는 견해를 척파하고 있기 때문이다.

라훌라 경1(S22:91)[332]

Rāhula-sutta

1. <사왓티의 아나타삔디까 원림(급고독원)에서>

2. 그때 라훌라 존자[333]가 세존께 다가갔다. 가서는 세존께 절을 올리고 한 곁에 앉았다. 한 곁에 앉은 라훌라 존자는 세존께 [136] 이렇게 여쭈었다.

3. "세존이시여, 어떻게 알고 어떻게 보면 알음알이를 가진 이 몸과 밖의 모든 표상들에 대해 '나'라는 생각과 '내 것'이라는 생각과 자만의 잠재성향이 일어나지 않게 됩니까?"

4. "라훌라여, 그것이 어떠한 물질이건, 그것이 과거의 것이건 미래의 것이건 현재의 것이건 안의 것이건 밖의 것이건 거칠건 미세하건 저열하건 수승하건 멀리 있건 가까이 있건 '이것은 내 것이 아니요, 이것은 내가 아니며, 이것은 나의 자아가 아니다.'라고 있는 그대로 바른 통찰지로 보아야 한다.

라훌라여, 그것이 어떠한 느낌이건 … 그것이 어떠한 인식이건 … 그것이 어떠한 심리현상들이건 … 그것이 어떠한 알음알이건, 그것이 과거의 것이건 미래의 것이건 현재의 것이건 안의 것이건 밖의 것이건 거칠건 미세하건 저열하건 수승하건 멀리 있건 가까이 있건 '이것은 내 것이 아니요, 이것은 내가 아니며, 이것은 나의 자아가 아니다.'라고 있는 그대로 바른 통찰지로 보아야 한다."

---

332) 본경은 본서 「라다 경」(S22:71)의 마지막 문단을 제외한 것과 같은 내용을 담고 있다.

333) 라훌라 존자(āyasmā Rāhula)에 대해서는 본서 제2권 「눈[眼] 경」(S18:1) §2의 주해를 참조할 것.

5. "라홀라여, 이렇게 알고 이렇게 보아야 알음알이를 가진 이 몸과 밖의 모든 표상들에 대하여 '나'라는 생각과 '내 것'이라는 생각과 자만의 잠재성향이 일어나지 않게 된다."

라훌라 경2(S22:92)[334)]

2. 그때 라훌라 존자가 세존께 다가갔다. 가서는 세존께 절을 올리고 한 곁에 앉았다. 한 곁에 앉은 라훌라 존자는 세존께 이렇게 여쭈었다.

3. "세존이시여, 어떻게 알고 어떻게 보아야 [우리의] 마음은 알음알이를 가진 이 몸과 밖의 모든 표상들에 대하여 '나'라는 생각과 '내 것'이라는 생각과 자만을 제거하게 되고, 여러 가지 차별된 생각을 뛰어넘어 평화롭게 되고 잘 해탈하게 됩니까?"

4. "라훌라여, 그것이 어떠한 물질이건, 그것이 과거의 것이건 미래의 것이건 현재의 것이건 안의 것이건 밖의 것이건 거칠건 미세하건 저열하건 수승하건 멀리 있건 가까이 있건 '이것은 내 것이 아니요, 이것은 내가 아니며, 이것은 나의 자아가 아니다.'라고 있는 그대로 바른 통찰지로 본 뒤에 취착 없이 해탈한다.

라훌라여, 그것이 어떠한 느낌이건 … 그것이 어떠한 인식이건 … 그것이 어떠한 심리현상들이건 … 그것이 어떠한 알음알이건, 그것이 과거의 것이건 미래의 것이건 현재의 것이건 안의 것이건 밖의 것이건 거칠건 미세하건 저열하건 수승하건 멀리 있건 가까이 있건 '이

---

334) 본경은 본서 「수라다 경」(S22:72)의 마지막 문단을 제외한 것과 같은 내용을 담고 있다.

것은 내 것이 아니요, 이것은 내가 아니며, 이것은 나의 자아가 아니다.'라고 [137] 있는 그대로 바른 통찰지로 본 뒤에 취착 없이 해탈한다."

5. "라훌라여, 이렇게 알고 이렇게 보아야 마음은 알음알이를 가진 이 몸과 밖의 모든 표상들에 대하여 '나'라는 생각과 '내 것'이라는 생각과 자만을 제거하게 되고, 여러 가지 차별된 생각을 뛰어넘어 평화롭게 되고 잘 해탈하게 된다."

제9장 장로 품이 끝났다.

아홉 번째 품에 포함된 경들의 목록은 다음과 같다.

① 아난다 ② 띳사 ③ 야마까
④ 아누라다 ⑤ 왁깔리
⑥ 앗사지 ⑦ 케마까 ⑧ 찬나
두 가지 ⑨~⑩ 라훌라이다.

제10장 꽃 품

Puppha-vagga

강 경(S22:93)

Nadī-sutta

3. "비구들이여, 예를 들면 산에서 쏟아지는 강물이 [떨어진 풀과 나뭇잎 등을] 쓸어 가면서 급류와 함께 멀리 흐른다고 하자. 그런데 만일 그 강의 양쪽 둑에 까사 풀이 자라서 그 둑에 붙어 있고, 꾸사 풀도 자라서 그 둑에 붙어 있고, 밥바자 풀도 … 비라나 풀도 … 나무도 자라서 그 둑에 붙어 있다고 하자.

그런데 사람이 급류에 휩쓸려 떠내려가다가 까사 풀을 거머쥐면 그것은 떨어져 나가 버릴 것이고 그래서 그는 그 때문에 재난에 봉착하게 될 것이다. 꾸사 풀을 … 밥바자 풀을 … 비라나 풀을 … 나무를 거머쥐면 그것은 [138] 떨어져 나가 버릴 것이고 그래서 그는 그 때문에 재난에 봉착하게 될 것이다."

4. "비구들이여, 그와 같이 배우지 못한 범부는 성자들을 친견하지 못하고 성스러운 법에 능숙하지 못하고 성스러운 법에 인도되지 못하고 참된 사람들을 친견하지 못하고 참된 사람의 법에 능숙하지 못하여 물질을 자아라고 관찰하고, 물질을 가진 것이 자아라고 관찰하고, 물질이 자아 안에 있다고 관찰하고, 물질 안에 자아가 있다고 관찰한다. 그러나 그런 그의 물질은 떨어져 나가 버리고 그래서 그는 그 때문에 재난에 봉착하게 된다.

느낌을 … 인식을 … 심리현상들을 … 알음알이를 자아라고 관찰하고, 알음알이를 가진 것이 자아라고 관찰하고, 알음알이가 자아 안에 있다고 관찰하고, 알음알이 안에 자아가 있다고 관찰한다. 그러나 그런 그의 알음알이는 떨어져 나가 버리고 그래서 그는 그 때문에 재난에 봉착하게 된다."

5. "비구들이여, 이를 어떻게 생각하는가? 물질은 … 느낌은 … 인식은 … 심리현상들은 … 알음알이는 항상한가, 무상한가?"

"무상합니다, 세존이시여."

"그러면 무상한 것은 괴로움인가, 즐거움인가?"

"괴로움입니다, 세존이시여."

"그러면 무상하고 괴로움이고 변하기 마련인 것을 두고 '이것은 내 것이다. 이것은 나다. 이것은 나의 자아다.'라고 관찰하는 것이 타당하겠는가?"

"그렇지 않습니다, 세존이시여."

6. "비구들이여, 그러므로 그것이 어떠한 물질이건 … 그것이 어떠한 느낌이건 … 그것이 어떠한 인식이건 … 그것이 어떠한 심리현상들이건 … 그것이 어떠한 알음알이건, 그것이 과거의 것이건 미래의 것이건 현재의 것이건 안의 것이건 밖의 것이건 거칠건 미세하건 저열하건 수승하건 멀리 있건 가까이 있건 '이것은 내 것이 아니요, 이것은 내가 아니며, 이것은 나의 자아가 아니다.'라고 있는 그대로 바른 통찰지로 보아야 한다."

7. "비구들이여, 이와 같이 보는 잘 배운 성스러운 제자는 물질에 대해서도 염오하고 느낌에 대해서도 염오하고 인식에 대해서도 염오하고 심리현상들에 대해서도 염오하고 알음알이에 대해서도 염오한다.

염오하면서 탐욕이 빛바래고, 탐욕이 빛바래기 때문에 해탈한다. 해탈하면 해탈했다는 지혜가 있다. '태어남은 다했다. 청정범행(梵行)은 성취되었다. 할 일을 다 해 마쳤다. 다시는 어떤 존재로도 돌아오지 않을 것이다.'라고 꿰뚫어 안다."

꽃 경(S22:94)

Puppha-sutta

3. "비구들이여, 나는 세상과 다투지 않는다.335) 세상336)이 나와 다툰다. 비구들이여, 법을 말하는 자는 세상의 누구와도 다투지 않는다."

비구들이여, 세상에서 현자들이 없다고 동의하는 것을 나도 역시 없다고 말한다. 세상에서 현자들이 있다고 동의하는 것을 나도 역시 있다고 말한다."337)

---

335) "'다툰다(vivadati)'는 것은 무상·고·무아·부정(不淨, asubha)이라고 고유성질에 따라(yathā-sabhāva) 말하는 것에 대해서, 항상함·즐거움·자아·깨끗함[常·樂·我·淨]이라고 말하면서 다투는 것이다."(SA.ii.320)
『앙굿따라 니까야』「전도(顚倒) 경」(A4:49)과 『청정도론』 XXII.53 등에서는 이렇게 여기는 것을 전도(顚倒, vipallāsa)라 부르고 있다.

336) "본경에는 세 가지 세상을 설하고 있다. 본 문단의 '나는 세상과 다투지 않는다.'는 것은 중생의 세상[衆生世間, satta-loka]이다. [§6의] '비구들이여, 세상에는 세상의 법이 있나니'라는 것은 유위의 세상(saṅkhāra-loka)이다. [§8의] '여래는 세상에서 태어나서 세상에서 자랐지만'이라는 것은 [눈에] 보이는 세상[器世間, okāsa-loka]이다."(SA.ii.320)
초기불전에 나타나는 세상의 세 가지 의미에 대해서는 본서 제1권 「로히땃사 경」(S2:26) §2의 주해를 참조할 것.

337) 본경의 이 부분은 본서 제2권 「깟짜나곳따 경」(S12:15)과 좋은 대조가 된다. 여기 「꽃 경」에서 세존께서는 모든 존재론적인 명제를 거부하지는 않으신다고 한다. 단지 체험 가능한 한계를 넘어선 것을 거부하신다고 한다. 그러나 「깟짜나곳따 경」 §6은 "깟짜야나여, '모든 것은 있다.'는 이것이 하나의 극단이고 '모든 것은 없다.'는 이것이 두 번째 극단이다. 깟짜야나여, 이러한

4. "비구들이여, 그러면 무엇을 두고 세상에서 현자들은 없다고 동의하고 나도 역시 없다고 말하는가?

비구들이여, [139] 항상하고 견고하고 영원하며 변하지 않기 마련인 물질은 없다고 세상에서 현자들은 동의하며 나도 역시 없다고 말한다.

항상하고 견고하고 영원하며 변하지 않기 마련인 느낌은 … 인식은 … 심리현상들은 … 알음알이는 없다고 세상에서 현자들은 동의하며 나도 역시 없다고 말한다."

비구들이여, 이것을 두고 세상에서 현자들은 없다고 동의하고 나도 역시 없다고 말한다."

5. "비구들이여, 그러면 무엇을 두고 세상에서 현자들은 있다고 동의하고 나도 역시 있다고 말하는가?

비구들이여, 무상하고 괴롭고 변하기 마련인 그러한 물질이 있다고 세상에서 현자들은 동의하며 나도 역시 있다고 말한다.

무상하고 괴롭고 변하기 마련인 그러한 느낌이 … 인식이 … 심리

양 극단을 의지하지 않고 중간[中]에 의해서 여래는 법을 설한다."라고 하면서, 존재나 비존재에 대한 고정불변하고 본질적인 개념을 배제하고 '중간의 가르침(majjhena dhammaṁ deseti)'을 천명한다.

물론 본경도 '중간의 가르침'을 천명하지만, 본경은 이러한 존재론적인 논점들에 대해서 "비구들이여, 세상에서 현자들이 없다고 동의하는 것을 나도 역시 없다고 말한다. 세상에서 현자들이 있다고 동의하는 것을 나도 역시 있다고 말한다."라고 분명한 입장을 밝히고 있다는 것이 차이점이다.

그리고 유념해서 살펴볼 것은 본경은 무상한 흐름인 오온의 존재를 분명히 하고 계시기 때문에 이것은 존재를 환영이나 환상으로 보려는 자들에게 대한 부처님의 명쾌한 답변이 된다. 초기불전에서는 존재를 온·처·계·연 등으로 해체해서 이들의 무상·고·무아를 천명하지 존재 자체가 환영이라는 등의 표현은 하지 않는다. 환영(幻影, māyā)이나 가탁(假託, adhyāsa, *imposing*)은 샹까라(Śaṅkara)를 개산조로 하는 불이일원론(不二一元論, Advaita) 베단따 학파(Vedānta)에서 주창한 이론일 뿐이다.

현상들이 … 알음알이가 있다고 세상에서 현자들은 동의하며 나도 역시 있다고 말한다.

비구들이여, 이것을 두고 세상에서 현자들은 있다고 동의하고 나도 역시 있다고 말한다."

6. "비구들이여, 세상에는 세상의 법[338]이 있나니 여래는 이것을 완전하게 깨달았고 관통하였다. 완전하게 깨닫고 관통한 뒤 알게 하고 가르치고 천명하고 확립하고 드러내고 분석하고 명확하게 한다.

비구들이여, 그러면 세상에는 어떠한 세상의 법이 있어서 여래는 이것을 완전하게 깨달았고 관통하였으며, 완전하게 깨닫고 관통한 뒤 알게 하고 가르치고 천명하고 확립하고 드러내고 분석하고 명확하게 하는가?"

7. "비구들이여, 물질은 세상에 있는 세상의 법이니 여래는 이것을 완전하게 깨달았고 관통하였다. 완전하게 깨닫고 관통한 뒤 알게 하고 가르치고 천명하고 확립하고 드러내고 분석하고 명확하게 한다. 여래가 이것을 알게 하고 가르치고 천명하고 확립하고 드러내고 [140] 분석하고 명확하게 하는데도 그것을 알지 못하고 보지 못하는 자는 어리석은 범부이니 이렇게 어둠에 빠지고 눈이 멀어서 알지 못하고 보지 못하는 자에게 내가 무엇을 할 수 있겠는가?

느낌은 … 인식은 … 심리현상들은 … 알음알이는 세상에 있는 세

---

338) "'세상의 법(loka-dhamma)'이란 오온을 말한다. 이것은 허물어지는 고유성질을 가졌기(lujjana-sabhāvatta) 때문에 세상의 법이라 부른다."(SA.ii.320)
본서 제4권 「세상 경」(S35:82) §4에서도 loka(세상)는 lujjati(부서지다)에서 파생된 것으로 이해하고 있다. 이런 어원은 언어학적으로는 인정하기 어렵지만 교육적인 목적에는 도움이 된다. 어원상으로 loka는 √lok/loc(*to see, to light*)에서 파생된 명사이다.

상의 법이니 여래는 이것을 완전하게 깨달았고 관통하였다. 완전하게 깨닫고 관통한 뒤 알게 하고 가르치고 천명하고 확립하고 드러내고 분석하고 명확하게 한다. 여래가 이것을 알게 하고 가르치고 천명하고 확립하고 드러내고 분석하고 명확하게 하는데도 그것을 알지 못하고 보지 못하는 자는 어리석은 범부이니 이렇게 어둠에 빠지고 눈이 멀어서 알지 못하고 보지 못하는 자에게 내가 무엇을 할 수 있겠는가?"

8. "비구들이여, 예를 들면 청련이나 홍련이나 백련이 물에서 생겨서 물에서 자라지만 물을 벗어나서 물에 젖지 않고 피어 있는 것과 같다.[339]

그와 같이 여래는 세상에서 태어나서 세상에서 자랐지만 세상을 지배한 뒤 세상에 젖지 않고 머문다."

포말 경(S22:95)

Pheṇa-sutta

1. 이와 같이 나는 들었다. 한때 세존께서는 아욧자[340]에서 강가 강의 언덕에 머무셨다.

---

339) 이 비유는 『앙굿따라 니까야』 「세상 경」(A4:36/ii.38~39) §3과 「바후나 경」(A10:81/v.152) §4에도 나타난다.

340) 아욧자(Ayojjha) 혹은 아윳자(Ayujjha)는 니까야에서는 본경에서만 나타나고 있다. 몇몇 MSS에서는 본서 제4권 「나무 더미 비유 경」 1(S35:241)에 꼬삼비 대신에 아욧자가 나타나기도 한다고 한다. 아욧자의 산스끄리뜨는 아요다(아요디야, Ayodhya)이다. 본경의 아욧자는 강가 강의 언덕에 있다고 나타나기 때문에, 인도의 서사시 『라마야나』(Rāmayāna)에 수도로 나타나고 지금도 힌두교의 가장 중요한 성지 중의 하나인 아요다(아요디야, Ayodhya)와는 다른 곳이거나, 본경의 언급이 조금 거칠게 되었거나 둘 중의 하나일거라고 DPPN은 적고 있다.

2. 거기서 세존께서는 비구들을 불러서 말씀하셨다.341)

3. "비구들이여, 예를 들면 이 강가 강이 포말덩이를 싣고 흐르는데 눈을 가진 사람이 이것을 쳐다보고 면밀히 살펴보고 근원적으로 조사한다 하자. 그가 그 [포말덩이를] 쳐다보고 면밀히 살펴보고 근원적으로 조사해보면 그것은 텅 빈 것으로 드러나고 공허한 것으로 드러나고 실체가 없는 것으로 드러날 것이다. 비구들이여, 포말덩이에 무슨 실체가 있겠는가?"342)

---

341) "아욧자 도시에 거주하는 사람(Ayojjha-pura-vāsi)들이 세존께서 많은 비구들과 함께 유행을 하시다가 그들의 도시에 오신 것을 보고 강가 강이 굽어지는 곳의 큰 숲으로 장엄된 지역(mahā-vanasaṇḍa-maṇḍita-ppadesa)에 스승을 위해서 승원(vihāra)을 지어드렸다. 스승께서 이곳에 머무신 것을 두고 이렇게 말한 것이다.
세존께서는 그 승원에 머무시던 어느 날 해거름에 향실(香室, 향기로운 거주처, gandhakuṭi)로부터 나오셔서 강가 강의 언덕에 마련된 자리에 앉아서 강가 강에 흘러가는 큰 포말덩이(pheṇa-piṇḍa)를 보셨다. 이것을 본 뒤 오온에 관계된 법을 설해야겠다고 생각하시어 주위에 앉아있던 비구들에게 이렇게 말씀하신 것이다."(SA.ii.320)

342) 주석서는 물질(즉 몸)이 어떻게 포말덩이와 같은지를 자세하게 설명하고 있다.(SA.ii.320~321) 중요한 몇 가지를 간추려보면 다음과 같다.
마치 포말덩이가 실체가 없듯이(nissāra), 이 물질(몸)도 항상한 실체와 견고한 실체와 자아라는 실체가 없기에(nicca-sāra-dhuva-sāra-atta-sāra-viraha) 실체가 없다(nissāra). 마치 포말덩이가 구멍이 숭숭 뚫려 있고 균열이 있고 많은 벌레들이 사는 것처럼, 이 몸도 그와 같다. 마치 포말덩이가 퍼져서 마침내는 부서져버리듯이, 이 몸도 죽음의 아가리(maraṇa-mukha)에서 가루로 만들어져(cuṇṇa-vicuṇṇa) 버린다.
이것은 『위방가 주석서』(VbhA.33~35)에도 나타나고 있다. 물질은 존재하지 않는 것이 아니고 환영도 아니다. 그러나 항상하고 견고하지 않기에 실체가 없는 것(nissāra)이다. 실체 없음(nissāra)이란 표현이 오온을 가장 적확하게 표현한 것이라고 역자는 파악한다.
한편 본경에 해당하는 복주서는 다음과 같이 실체 없음을 설명하고 있다.
"무상함(aniccatā) 때문에 실체가 아님(asāratā)이 성립되고 실체가 아님 때문에 무상함이 성립된다. 그러므로 무상하기 때문에 항상함이라는 실체(nicca-sāra), 강건함이라는 실체(thirabhāva-sāra), 견고함이라는 실체

4. "비구들이여, 그와 같이 그것이 어떠한 물질이건 — 그것이 과거의 것이건 미래의 것이건 현재의 것이건 안의 것이건 밖의 것이건 거칠건 미세하건 저열하건 수승하건 멀리 있건 가까이 있건 — [141] 비구는 그것을 쳐다보고 면밀히 살펴보고 근원적으로 조사한다. 그가 그 [물질을] 쳐다보고 면밀히 살펴보고 근원적으로 조사해보면 그것은 텅 빈 것으로 드러나고 공허한 것으로 드러나고 실체가 없는 것[343]으로 드러난다. 비구들이여, 물질에 무슨 실체가 있겠는가?"

5. "비구들이여, 예를 들면 가을에 굵은 빗방울의 비가 떨어질 때 물에 거품이 생겼다가는 사라지는데 눈을 가진 사람이 이것을 쳐다보고 면밀히 살펴보고 근원적으로 조사한다 하자. 그가 그 [거품을] 쳐다보고 면밀히 살펴보고 근원적으로 조사해보면 그것은 텅 빈 것으로 드러나고 공허한 것으로 드러나고 실체가 없는 것으로 드러날 것이다. 비구들이여, 거품에 무슨 실체가 있겠는가?

비구들이여, 그와 같이 그것이 어떠한 느낌이건 … 비구는 그것을 쳐다보고 면밀히 살펴보고 근원적으로 조사한다. 그가 그 [느낌을] 쳐다보고 면밀히 살펴보고 근원적으로 조사해보면 그것은 텅 빈 것

(dhuva-sāra)는 결코 없으며, 주인이 거주한다는 의미(sāmī-nivāsī-kāraka-bhūta)의 자아의 통제 하에 있는 것이라고는 결코 없다는 뜻이다. 그래서 '실체가 없다(nissāra).'고 한 것이다."(SAṬ.ii.223)
그 외에도 주석서들과 특히 복주서들은 무아를 실체 없음(nissāra)으로 설명하고 있다.

343) 본경 전체에서 '텅 빈 것'은 rittaka를, '공허한 것'은 tucchaka를, '실체가 없는 것'은 asāraka를, '실체'는 sāra를 옮긴 것이다. 여기서 sāra는 나무의 심재(心材)를 뜻하기도 하고, 본질이나 핵심(*substance. essence*)을 뜻하기도 한다.(PED 참조) 이처럼 이미 초기불전에서부터 부처님께서 오온이 실체가 없음을 강조하고 계신다.

으로 드러나고 공허한 것으로 드러나고 실체가 없는 것으로 드러난다. 비구들이여, 느낌에 무슨 실체가 있겠는가?"344)

6. "비구들이여, 예를 들면 무더운 여름의 마지막 달 한낮에 신기루가 생기는데 눈을 가진 사람이 이것을 쳐다보고 면밀히 살펴보고 근원적으로 조사한다 하자. 그가 그 [신기루를] 쳐다보고 면밀히 살펴보고 근원적으로 조사해보면 그것은 텅 빈 것으로 드러나고 공허한 것으로 드러나고 실체가 없는 것으로 드러날 것이다. 비구들이여, 신기루에 무슨 실체가 있겠는가?

비구들이여, 그와 같이 그것이 어떠한 인식이건 … 비구는 그것을 쳐다보고 면밀히 살펴보고 근원적으로 조사한다. 그가 그 [인식을] 쳐다보고 면밀히 살펴보고 근원적으로 조사해보면 그것은 텅 빈 것으로 드러나고 공허한 것으로 드러나고 실체가 없는 것으로 드러난다. 비구들이여, 인식에 무슨 실체가 있겠는가?"345)

---

344) 주석서를 요약하면 다음과 같다.
'거품(bubbula)'은 연약하고 잡을 수가 없다. 쥐는 순간에 터져버리기 때문이다. 그와 같이 느낌도 항상하지 않고 견고하지 않아서 연약하고 잡을 수가 없다. 마치 거품이 조그마한 물에서 생겼다가는 사라지고 오래 가지 않듯이 느낌도 그와 같다. 손가락 한 번 튀기는 순간(eka-cchara-kkhaṇa)에 십만 꼬띠(koṭi, 1꼬띠는 천만임. 그러므로 십만 꼬띠는 1조가 됨.) 개의 느낌들이 일어나고 사라진다. 그리고 거품이 물의 표면과 물방울과 물의 더러움과 물 받는 통이라는 조건들에 의해서 일어나듯이 느낌도 감각장소(vatthu)와 대상(ārammaṇa)과 오염원의 더러움(kilesa-jalla)과 감각접촉의 자극(phassa-saṅghaṭṭana)이라는 네 가지 조건을 반연하여 일어난다.(SA.ii.322)

345) "인식도 실체가 아님이라는 뜻(asārak-aṭṭha)에서 '신기루(marīcikā)'와 같다. 왜냐하면 신기루를 잡아서 마시거나 목욕하거나 물주전자에 채울 수가 없기 때문이다. 그리고 신기루가 많은 사람들을 속이듯이(vippalambheti) 인식도 그러하다. 여러 가지 색깔에 대해서 아름답다, 즐겁다, 항상하다고 말하게 하여 사람들을 속이기 때문이다."(SA.ii.322)
여기서 인식도 실체 없음 혹은 실체 아님을 뜻하는 assāraka로 표현되고 있다.

7. "비구들이여, 예를 들면 속재목[心材]이 필요한 사람이 속재목을 찾고 속재목을 탐색하여 돌아다니다가 날카로운 도끼를 들고 숲에 들어간다 하자. 그는 거기서 파초와 줄기가 크고 곧고 싱싱하지만 안이 꽉 차지 않은 것346)을 볼 것이다. 그는 그것의 뿌리를 자를 것이다. 뿌리를 자르고 꼭대기를 자를 것이다. 꼭대기를 자른 뒤 잔가지와 잎사귀를 깨끗하게 제거할 것이다. 이처럼 잔가지와 잎사귀까지 깨끗하게 제거해버리고 나면 그는 겉재목[白木質]조차도 얻을 수 없을 것이다. 그러니 어디서 속재목을 얻겠는가?

그때 눈을 가진 사람이 이것을 쳐다보고 면밀히 살펴보고 근원적으로 조사한다 하자. 그가 그 [파초 줄기를] 쳐다보고 면밀히 살펴보고 [142] 근원적으로 조사해보면 그것은 텅 빈 것으로 드러나고 공허한 것으로 드러나고 실체가 없는 것으로 드러날 것이다. 비구들이여, 파초 줄기에 무슨 실체가 있겠는가?

비구들이여, 그와 같이 그것이 어떠한 심리현상들이건 … 비구는 그것을 쳐다보고 면밀히 살펴보고 근원적으로 조사한다. 그가 그 [심리현상들을] 쳐다보고 면밀히 살펴보고 근원적으로 조사해보면 그것은 텅 빈 것으로 드러나고 공허한 것으로 드러나고 실체가 없는 것으로 드러난다. 비구들이여, 심리현상들에 무슨 실체가 있겠는가?"347)

---

346) '안이 꽉 차지 않은 것'은 akukkuka-jāta를 의역한 것이다. 주석서에서 "안에 유조직(柔組織)이 들어 있지 않은 것(anto asañjāta-ghana-daṇḍaka)" (SA.ii.322)으로 설명하고 있기 때문이다. 이것은 야자수 나무의 껍질이 시멘트 같이 생겨서 두껍지만 내부가 비어 있는 것을 말한다.

347) "마치 파초 줄기(kadali-kkhandha)가 많은 잎과 껍질 등으로 조합(bahu-patta-vaṭṭi-samodhāna)되어 있듯이 심리현상들의 무더기도 많은 법들로 조합(bahu-dhamma-samodhāna)되어 있다. 마치 파초 줄기가 외부의 잎과 껍질 등의 색깔이 서로 다르고 내부의 것들도 서로 다른 등의 여러 가지 특징(nānā-lakkhaṇa)을 가지고 있듯이 심리현상들의 무더기도 감각접

8\. "비구들이여, 예를 들면 요술사나 요술사의 도제가 대로에서 요술을 부리는데 눈을 가진 사람[348]이 이것을 쳐다보고 면밀히 살펴보고 근원적으로 조사한다 하자. 그가 그 [요술을] 쳐다보고 면밀히 살펴보고 근원적으로 조사해보면 그것은 텅 빈 것으로 드러나고 공허한 것으로 드러나고 실체가 없는 것으로 드러날 것이다. 비구들이여, 요술에 무슨 실체가 있겠는가?

비구들이여, 그와 같이 그것이 어떠한 알음알이이건 … 비구는 그것을 쳐다보고 면밀히 살펴보고 근원적으로 조사한다. 그가 그 [알음알이를] 쳐다보고 면밀히 살펴보고 근원적으로 조사해보면 그것은 텅 빈 것으로 드러나고 공허한 것으로 드러나고 실체가 없는 것으로 드러난다. 비구들이여, 알음알이에 무슨 실체가 있겠는가?"[349]

촉의 특징이 다르고 의도 등의 특징도 서로 다르다. 그러나 이들의 조합을 두고 심리현상들의 무더기라 부른다. 이처럼 심리현상들의 무더기는 파초 줄기와 같다."(SA.ii.323)

이렇게 서로 다른 개별적인 특징을 아비담마에서는 개별적 특징[自相, paccatta-lakkhaṇa = sabhāva-lakkhaṇa]이라 부른다. 그렇지만 이런 유위법들은 모두 무상하고 고요 무아라는 보편적인 특징을 가지고 있는데 이것을 보편적 특징[共相, sāmañña-lakkhaṇa]이라 한다.

이 자상(自相)과 공상(共相)은 법(dhamma)을 파악하고 규명하고 이해하고 정의하는 가장 중요한 방법론으로 아비담마/아비달마와 중관과 유식과 여래장 계열의 모든 논서에 적용되어 나타나고 있다. 그러므로 자상과 공상에 대한 이해가 없이 불교교학을 논할 수가 없다 해도 과언이 아니다. 법의 자상(自相)과 공상(共相) 등에 대한 논의는 본서 제4권 「육처 상윳따」(S36)의 해제 §3-(6) '어떻게 해탈·열반을 실현할 것인가'에 나타나고 있으므로 그 부분을 참조하기 바란다. 그리고 본서 「삼켜버림 경」(S22:79) §4의 주해도 참조할 것.

348) "'눈을 가진 사람(cakkhumā purisa)'이란 육체적인 눈[肉眼, maṁsa-cakkhu]과 통찰지의 눈[慧眼, paññā-cakkhu]이라는 두 가지 눈을 가진 사람을 뜻한다. 육체적인 눈이란 깨끗한 손상되지 않은 안구(apagata-paṭala-piḷaka)를 말하고 통찰지의 눈이란 실체 없음을 보는 능력(asāra-bhāva-dassana-samattha)을 뜻한다."(SA.ii.323)

9. "비구들이여, 이렇게 보는 잘 배운 성스러운 제자는 물질에 대해서도 염오하고, 느낌에 대해서도 염오하고, 인식에 대해서도 염오하고, 심리현상들에 대해서도 염오하고, 알음알이에 대해서도 염오한다.

염오하면서 탐욕이 빛바래고, 탐욕이 빛바래므로 해탈한다. 해탈하면 해탈했다는 지혜가 있다. '태어남은 다했다. 청정범행(梵行)은 성취되었다. 할 일을 다 해 마쳤다. 다시는 어떤 존재로도 돌아오지 않을 것이다.'라고 꿰뚫어 안다."

10. 세존께서는 이렇게 말씀하셨다. 스승이신 선서께서는 이렇

---

349) "알음알이도 역시 실체가 아님이라는 뜻(asārak-aṭṭha)에서 그리고 거머쥘 것이 없다는 뜻(agayhūpag-aṭṭha)에서 요술과 같다. 알음알이는 요술보다도 더 일시적이고 재빠르다(lahu-paccupaṭṭhānā). 같은 마음을 가지고 사람이 오고 가고 서고 앉는 것처럼 보이지만 올 때의 마음과 가고 서고 앉을 때의 마음은 서로 다르다. 이처럼 알음알이는 요술과 같다.
요술은 많은 사람(mahā-jana)을 속인다(vañceti). 알음알이도 많은 사람을 속인다. 같은 마음이 오고 가고 서고 앉는 것처럼 보이지만 올 때의 마음과 가고 서고 앉는 때의 마음은 서로 다르다. 이처럼 알음알이는 요술과 같다."(SA.ii.323)
이 비유를 토대로 하여 알음알이가 가진 현혹시키는 성질에 대한 현대적 비유는 냐나몰리(Ñāṇamoli) 스님, *The Magic of the Mind*, pp.5~7에도 나타나고 있다.
주석서는 여기서 알음알이도 실체 아님(asāraka)으로 설명하고 있다. 이와 같이 본경에 해당하는 주석서는 오온 가운데 수(느낌)를 제외한 색·상·행·식을 모두 실체 없음(nissāra, asāraka)이라는 술어로 표현하고 있다.
그러나 『디가 니까야 복주서』는 "여기서 무상하고 괴롭기 때문에 느낌(vedanā)은 자아가 없고(atta-rahitā) 실체가 아니고(asārā) 실체가 없고(nissārā) 지배자가 아니고(avasavattinī) 공허한 것(tucchā)이다."(DAṬ.iii.287)라고 하여 느낌도 실체 아님(asāra)과 실체 없음(nissāra)으로 설명하고 있다. 그리고 위의 느낌에 해당하는 주석서에서 느낌(수)은 손가락 한 번 튀기는 사이에 십만 꼬띠(1조) 번이 일어나고 사라지는 거품(bubbula)에 비유하고 있기 때문에 무엇보다도 생생하게 실체 없음을 보여주고 있다. 이처럼 오온은 실체 없음으로 설명된다.

게 말씀하신 뒤 다시 [게송으로] 이와 같이 설하셨다.

“물질은 포말덩이와 같고 느낌은 물거품과 같고
인식은 신기루와 같고 심리현상들은 파초와 같으며
알음알이는 요술과 같다고 태양의 후예는 밝혔도다. {1}

면밀히 살펴보고 근원적으로 조사해보고
지혜롭게 관찰해보면 그것은 텅 비고 공허한 것이로다. {2}

광대한 통찰지를 [143] 가진 분은 이 몸에 대해서
세 가지를 제거하여 물질이 버려진 것을 보도다. {3}

생명과 온기와 알음알이가
이 몸을 떠나면
그것은 던져져서 의도 없이 누워 있고
남들의 음식이 될 뿐이로다.350) {4}

이러한 이것은 흐름이며 요술이어서
어리석은 자를 현혹시키며
이것은 살인자라 불리나니
여기에 실체란 없도다.351) {5}

---

350) 『맛지마 니까야』 「긴 방등경」(M43/i.296) §24에서 사리뿟따 존자가 “도반이여, 수명과 온기와 알음알이의 세 가지 법들이 이 몸을 떠날 때 이 몸은 내던져지고 내팽개쳐져서 마치 통나무처럼 누워 있게 됩니다.”라고 비슷한 말을 하고 있다. 그리고,

“오래지 않아 이 몸도 땅 위에 누워 있으리니
알음알이가 떠나 내팽개쳐져 쓸모없는 나무토막처럼.”(Dhp {41})
(aciraṁ vatayaṁ kāyo, pathaviṁ adhisessati
chuddho apetaviññāṇo, niratthaṁva kaliṅgaraṁ)

이라는 『법구경』(Dhp.6) {41}도 참조할 것.

비구는 열심히 정진하여
이와 같이 [오]온을 굽어봐야 하나니
날마다 낮과 밤 할 것 없이
알아차리고 마음챙기라. {6}

모든 속박을 제거해야 하고
자신을 의지처로 삼아야 하리니
머리에 불붙는 것처럼 행해야 하고
떨어지지 않는 경지352)를 간절히 원해야 하리." {7}

쇠똥 경(S22:96)

Gomaya-sutta

---

351) "'어리석은 자를 현혹시킨다(māyāyaṁ bālalāpini).'는 것은 알음알이의 무더기(viññāṇa-kkhandha)를 두고 한 말이다.
이 무더기라 불리는 것은 두 가지 이유에서 '살인자(vadhaka)'라 불린다. 첫째는 무더기들은 서로서로를 죽이기(ghātana) 때문이고, 둘째는 무더기들이 있을 때 살인(vadha)이란 것이 알려지기 때문이다.
즉 (1) 땅의 요소(pathavī-dhātu)가 무너지면(bhijjamānā) 나머지 요소들도 데리고 함께 무너지고, 물의 요소 등도 마찬가지이다. 물질의 무더기(rūpa-kkhandha)가 무너지면 정신의 무더기들(arūpa-kkhandha)도 데리고 함께 무너지고, 정신의 무더기들에서 느낌 등도 마찬가지이다. (2) 무더기들이 있기 때문에 살해하고 묶고 자르는(vadha-bandhana-ccheda) 등도 생겨난다. 이처럼 이들이 있을 때 살인하는 성질(vadha-bhāva)로부터 살인자 됨(vadhakatā)이 알려지게 되는 것이다."(SA.ii.324)
오온을 살인자에 비유하는 다른 경으로는 본서 제3권 「야마까 경」(S22:85) §§17~18을 참조할 것.

352) "'떨어지지 않는 경지(accuta pada)'란 열반이다."(SA.ii.324)
"'떨어지지 않는 경지'란 열반이다. 이것은 스스로가 떨어지지 않는 성질(acavana-dhammatta)을 가졌고 증득한 자들에게 떨어지지 않는 원인이 있기(accuti-hetu-bhāva) 때문에 여기에 떨어짐이란 없다. 그래서 '떨어지지 않음(accuta)'이라 한다. 유위법들(saṅkhata-dhammā)과 섞이지 않고 이것을 원하는 자들은 도닦음으로 성취해야하기 때문에(paṭipajjitabbatā) '경지(pada)'라고 불린다."(ThagA.i.18)

1. <사왓티의 아나타삔디까 원림(급고독원)에서>

2. 그때 어떤 비구가 세존께 다가갔다. 가서는 세존께 절을 올리고 한 곁에 앉았다. 한 곁에 앉은 그 비구는 세존께 이렇게 여쭈었다.

3. "세존이시여, 항상하고 견고하고 영원하고 변하지 않기 마련이며 영원 그 자체인 것처럼 확고부동하게 존속할 그런 물질이 있습니까?

세존이시여, 항상하고 견고하고 영원하고 변하지 않기 마련이며 영원 그 자체인 것처럼 확고부동하게 존속할 그런 느낌이 … 인식이 … 심리현상들이 … [144] 알음알이가 있습니까?"

4. "비구여, 항상하고 견고하고 영원하고 변하지 않기 마련이며 영원 그 자체인 것처럼 확고부동하게 존속할 그런 물질은 없다.

비구여, 항상하고 견고하고 영원하고 변하지 않기 마련이며 영원 그 자체인 것처럼 확고부동하게 존속할 그런 느낌은 … 인식은 … 심리현상들은 … 알음알이는 없다."

5. 그때 세존께서는 작은 쇠똥 덩어리를 손에 들고 비구에게 이렇게 말씀하셨다.

"비구여, 이만큼이라도 항상하고 견고하고 영원하고 변하지 않기 마련이며 영원 그 자체인 것처럼 확고부동하게 존속할 그런 자기 존재란 것은 결코 있지 않다.

비구여, 만일 이만큼이라도 항상하고 견고하고 영원하고 변하지 않기 마련인 그런 자기 존재란 것이 있다면 바르게 괴로움을 멸진하기 위해서 청정범행을 닦는 것을 천명하지 못할 것이다.[353] 그러나 이만큼이라도 항상하고 견고하고 영원하고 변하지 않기 마련인 그런 자기 존재란 있지 않기 때문에 바르게 괴로움을 멸진하기 위해서 청정범행을 닦는 것을 천명하는 것이다."

6. "비구여, 먼 옛날에 나는 관정(灌頂)의 대관식을 거행한[354] 끄샤뜨리야 왕이었다.[355]

관정한 끄샤뜨리야 왕인 나에게는 8만 4천의 도시가 있었나니 수도 꾸사와띠가 최상이었다.

---

353) "'청정범행을 닦는 것을 천명하지 못할 것이다.'라는 것은 이 도라는 청정범행을 닦는 것(magga-brahmacariya-vāsa)을 천명하지 못한다는 말이다. 왜냐하면 도는 삼계의 형성된 것들[有爲](tebhūmaka-saṅkhāra)을 그치게 하면서(vivaṭṭento) 일어나기 때문이다. 만일 이만큼이라도 자기 존재(atta-bhāva)가 항상한 것이라면 도를 일으켜서 형성된 것들의 윤회(saṅkhāra-vaṭṭa)를 그치게 할 수가 없다. 그래서 청정범행을 닦는 것을 천명하지 못한다."(SA.ii.324)

354) '관정의 대관식을 거행한'은 muddhāvasitta를 풀어서 옮긴 것이다. 이 단어는 muddhā(머리)-avasitta(ava+√sic, *to anoint*에서 파생된 과거분사)로 분석된다. 문자적으로는 '머리에 물을 뿌린'이란 뜻이며 머리에 물을 뿌리는 관정의식을 마친 자를 뜻한다. 그래서 주석서는 "머리(muddhā)에 물을 뿌린 자(avasitta), 관정의식(abhiseka)을 마친 자라는 뜻이다."(AA.iii.113)라고 설명하고 있다. 그래서 '관정의 대관식을 거행한'으로 풀어서 옮겼다.
관정의 대관식은 물을 신성시 여기는 인도에서 제왕이나 태자의 책봉 때 거행하는 의식이며 관정식을 마친 왕이라야 진정한 왕으로 대접받는다. 서양에서 거행하던 대관식과 같은 의미를 가진다.
본서 「나꿀라삐따 경」(S22:1) §6의 주해도 참조할 것.

355) "만일 어떤 형성된 것이라도 항상한 것이 있다면 내가 마하수닷사나(Mahā-sudassana) 왕이었을 때 누렸던 번영(anubhūtā sampatti)도 항상한 것이었을 것이다. 그러나 그것도 무상한 것임을 보여주시기 위해서 이 일화를 말씀하셨다."(SA.ii.324)
본경에도 나타나는 마하수닷사나 왕의 번영은 『디가 니까야』 「마하수닷사나 경」(D17) 전체에 상세하게 묘사되고 있다. 특히 본경의 §6은 D17의 §2.5와 같고, 아래 §7은 D17의 §2.15와 같다.

관정한 끄샤뜨리야 왕인 나에게는 8만 4천의 궁전이 있었나니 담마 궁전이 최상이었다.

관정한 끄샤뜨리야 왕인 나에게는 8만 4천의 중각강당이 있었나니 대장엄 중각강당이 최상이었다.

관정한 끄샤뜨리야 왕인 나에게는 8만 4천의 침상이 있었나니 황금으로 된 것, 은으로 된 것, 상아로 된 것, 향나무로 된 것, 다리에 동물 형색을 새긴 것, 긴 술을 가진 덮개가 깔린 것, 천 조각을 덧댄 이불이 깔린 것, 영양 가죽 깔개를 가진 것, [145] 차양으로 가린 것, 붉은 베개와 붉은 발 받침을 가진 것이었다.

관정한 끄샤뜨리야 왕인 나에게는 8만 4천의 코끼리가 있었나니 황금으로 장식되고 황금의 깃발을 가지고 황금의 그물로 덮였으며 우뽀사타 코끼리 왕이 최상이었다.

관정한 끄샤뜨리야 왕인 나에게는 8만 4천의 말이 있었나니 황금으로 장식되고 황금 깃발을 가지고 황금의 그물로 덮였으며 왈라하까 말의 왕이 최상이었다.

관정한 끄샤뜨리야 왕인 나에게는 8만 4천의 마차가 있었나니 사자 가죽으로 덮인 것, 호랑이 가죽으로 덮인 것, 표범 가죽으로 덮인 것, 황색 천으로 덮인 것, 황금으로 장식된 것, 황금의 깃발을 가진 것, 황금의 그물로 덮인 것들이며 웨자얀따 마차가 최상이었다.

관정한 끄샤뜨리야 왕인 나에게는 8만 4천의 보배가 있었나니 보배보가 최상이었다.

관정한 끄샤뜨리야 왕인 나에게는 8만 4천의 여인들이 있었나니 수밧다 왕비가 최상이었다.

관정한 끄샤뜨리야 왕인 나에게는 8만 4천의 장자가 있었나니 장자보가 최상이었다.

관정한 끄샤뜨리야 왕인 나에게는 8만 4천의 끄샤뜨리야 가신(家臣)들이 있었나니 주장신보(국무대신)가 최상이었다.

관정한 끄샤뜨리야 왕인 나에게는 8만 4천의 암소들이 있었나니 황마로 된 끈을 가졌으며 은으로 된 우유통을 가졌다.

관정한 끄샤뜨리야 왕인 나에게는 8만 4천의 옷이 있었나니 섬세한 아마로 된 것, 섬세한 면으로 된 것, 섬세한 비단으로 된 것, 섬세한 모직으로 된 것이었다.

관정한 끄샤뜨리야 왕인 나에게는 8만 4천의 탈리빠까(밥 보시)[356]가 있었나니 저녁과 아침에 밥을 원하는 자가 먹었다."

7. "비구여, 그러나 그들 8만 4천의 도시 가운데 내가 살았던 곳은 오직 한 곳이었으니 수도 꾸사와띠였다.

비구여, 그들 8만 4천의 궁전 가운데 내가 머물렀던 곳은 [146] 오직 한 곳이었으니 담마 궁전이었다.

비구여, 그들 8만 4천의 중각강당 가운데서 내가 머물렀던 곳은 오직 한 곳이었으니 대장엄 중각강당이었다.

비구여, 그들 8만 4천의 침상 가운데 내가 사용했던 것은 오직 하나뿐이었으니 그것은 금으로 만든 것이었거나, 은으로 만든 것이었거나, 상아로 만든 것이었거나, 혹은 향나무로 만든 것이었다.

비구여, 그들 8만 4천의 코끼리 가운데 내가 탔던 것은 오직 우뽀

---

356) 주석서에 의하면 탈리빠까(thāli-pāka)는 결혼식(maṅgala)이나 축제 등에서 준비하는 음식이다.(DA.i.267) 『앙굿따라 니까야 주석서』에서는 "존경하는 사람에게 드리기에 적당한 밥(bhatta)"(AA.ii.266)이라고 설명하고 있다. 탈리빠까의 산스끄리뜨는 스탈리빠까(sthālīpāka)인데, 바라문들의 『제의서』에 의하면 스탈리빠까는 가정제사(pāka-yajña) 가운데 하나이다. 본경의 주석서에서도 결혼식에서 준비하는 음식이라고 했듯이 이 제사 의식은 특히 결혼을 한 부부가 결혼 후 처음 맞이하는 보름날에 올리는 제사 의식이며, 그 후 일생 동안 매달 그믐과 보름에 실행하는 제사이다.(DVR)

사타 코끼리 왕뿐이었다.

비구여, 그들 8만 4천의 말 가운데서 내가 탔던 것은 오직 왈라하까 말의 왕뿐이었다.

비구여, 그들 8만 4천의 마차 가운데서 내가 탔던 것은 웨자얀따 마차 오직 하나뿐이었다.

비구여, 그들 8만 4천의 여인들 가운데 끄샤뜨리야 여인이나 웰라미까 여인 한 사람만이 시중을 들었다.[357]

비구여, 그들 8만 4천의 옷 가운데 내가 입었던 것은 오직 하나뿐이었으니 그것은 섬세한 아마로 된 것이거나, 섬세한 면으로 된 것이거나, 섬세한 비단으로 된 것이거나, 혹은 섬세한 모직으로 된 것이었다.

비구여, 그들 8만 4천의 탈리빠까(밥 보시) 가운데 내가 먹었던 것은 오직 하나였나니 한 날리까 분량의 쌀밥과 그 안에 부은 국(카레)이 전부였다."[358]

8. "보라, 비구여. 그 형성된 것들[行]은 모두 지나갔고 소멸하였고 변해버렸다. 아난다여, 이와 같이 형성된 것들은 무상하다.[359]

---

357) 한편 Ee, Be, Se에는 모두, 앞의 §6에서 '말'과 '옷' 사이에 언급되어 나타났던 '보배', '장자', '가신', '암소'와 관련된 문장들이 여기 §8에는 나타나지 않고 있다.

358) 새겨들어야 할 가르침이다. 제아무리 큰 궁전에 살아도 자는 곳은 한두 평 남짓한 침상뿐이며, 제 아무리 많은 재물과 재산과 음식이 있어도 한 끼 먹는 것은 일정분량의 밥과 반찬이다. 그 이상을 먹으면 배탈이 나고 병이 들 뿐이다.

359) "마치 어떤 사람이 높은 짬빠까 나무(campaka-rukkha)에 사다리(nisseṇi)를 놓고 올라가서 짬빠까 꽃을 꺾어서 내려오듯이 세존께서도 마하수닷사나 왕의 번영(sampatti)의 이야기로 올라가서 그 번영의 꼭대기(sampatti-matthaka)에 놓여 있는 무상의 특상(anicca-lakkhaṇa)을 가지고 내려오신 것이다."(SA.ii.326)

비구여, 이와 같이 형성된 것은 견고하지 않다. 비구여, 이와 같이 형성된 것들은 안식(安息)을 주지 못한다. [147] 비구여, 그러므로 형성된 것들은 모두 염오해야 마땅하며 그것에 대한 탐욕이 빛바래도록 해야 마땅하며 해탈해야 마땅하다."360)

손톱 끝 경(S22:97)

Nakhasikhā-sutta

2. 그때 어떤 비구가 세존께 다가갔다. 가서는 세존께 절을 올리고 한 곁에 앉았다. 한 곁에 앉은 그 비구는 세존께 이렇게 여쭈었다.

3. "세존이시여, 항상하고 견고하고 영원하고 변하지 않기 마련이며 영원 그 자체인 것처럼 확고부동하게 존속할 그런 물질이 있습니까?

세존이시여, 항상하고 견고하고 영원하고 변하지 않기 마련이며 영원 그 자체인 것처럼 확고부동하게 존속할 그런 느낌이 … 인식이 … 심리현상들이 … 알음알이가 있습니까?"

4. "비구여, 항상하고 견고하고 영원하고 변하지 않기 마련이며 영원 그 자체인 것처럼 확고부동하게 존속할 그런 물질은 없다.

---

360) 이 구절은 『디가 니까야』 제2권 「마하수닷사나 경」(D17)을 통해서도 세존께서 제자들에게 간곡하게 전하고자 하시는 메시지이다. 세속적인 것이든 비세속적인 것이든 그 성취가 아무리 뛰어나다 해도 그것에 조금이라도 의미를 부여하는 한 염오-이욕-해탈은 불가능하다. 상카라(행, 유위)들로 표현되는 세상의 모든 것에 대해서 사무치도록 넌더리치지[厭惡] 못하는 한 해탈·열반은 학자들의 공허한 구호에 지나지 않을 것이다. 염오(厭惡, nibbidā)-탐욕의 빛바램[離慾, virāga]-해탈(vimutti)·소멸(nirodha)은 초기불전의 도처에서 부처님께서 열반의 실현을 위해서 강조하고 계시는 체계이다. 여기에 대해서는 역자가 본서 전체에서 주해와 해제를 통해서 누차 강조하고 있다.

비구여, 항상하고 견고하고 영원하고 변하지 않기 마련이며 영원 그 자체인 것처럼 확고부동하게 존속할 그런 느낌은 … 인식은 … 심리현상들은 … 알음알이는 없다."

5. 그때 세존께서는 조그만 먼지를 손톱 끝에 올린 뒤 비구에게 말씀하셨다.

"비구여, 이만큼이라도 항상하고 견고하고 영원하고 변하지 않기 마련이며 영원 그 자체인 것처럼 확고부동하게 존속할 그런 물질은 결코 있지 않다.

비구여, 만일 이만큼이라도 항상하고 견고하고 영원하고 변하지 않기 마련인 그런 물질이 있다면 바르게 괴로움을 멸진하기 위해서 청정범행을 닦는 것을 천명하지 못할 것이다. 그러나 이만큼이라도 항상하고 견고하고 영원하고 변하지 않기 마련인 그런 물질은 있지 않기 때문에 바르게 괴로움을 멸진하기 위해서 청정범행을 닦는 것을 천명하는 것이다.

비구여, [148] 이만큼이라도 항상하고 견고하고 영원하고 변하지 않기 마련이며 영원 그 자체인 것처럼 확고부동하게 존속할 그런 느낌은 … 인식은 … 심리현상들은 … 알음알이는 결코 있지 않다.

비구여, 만일 이만큼이라도 항상하고 견고하고 영원하고 변하지 않기 마련인 그런 알음알이가 있다면 바르게 괴로움을 멸진하기 위해서 청정범행을 닦는 것을 천명하지 못할 것이다. 그러나 이만큼이라도 항상하고 견고하고 영원하고 변하지 않기 마련인 그런 알음알이는 있지 않기 때문에 바르게 괴로움을 멸진하기 위해서 청정범행을 닦는 것을 천명하는 것이다."

6. "비구여, 이를 어떻게 생각하는가? 물질은 … 느낌은 … 인

식은 … 심리현상들은 … 알음알이는 항상한가, 무상한가?" [149]

"무상합니다, 세존이시여."

"그러면 무상한 것은 괴로움인가, 즐거움인가?"

"괴로움입니다, 세존이시여."

"그러면 무상하고 괴로움이고 변하기 마련인 것을 두고 '이것은 내 것이다. 이것은 나다. 이것은 나의 자아다.'라고 관찰하는 것이 타당하겠는가?"

"그렇지 않습니다, 세존이시여."

7. "비구여, 그러므로 그것이 어떠한 물질이건 … 그것이 어떠한 느낌이건 … 그것이 어떠한 인식이건 … 그것이 어떠한 심리현상들이건 … 그것이 어떠한 알음알이건, 그것이 과거의 것이건 미래의 것이건 현재의 것이건 안의 것이건 밖의 것이건 거칠건 미세하건 저열하건 수승하건 멀리 있건 가까이 있건 '이것은 내 것이 아니요, 이것은 내가 아니며, 이것은 나의 자아가 아니다.'라고 있는 그대로 바른 통찰지로 보아야 한다."

8. "비구여, 이와 같이 보는 잘 배운 성스러운 제자는 물질에 대해서도 염오하고 느낌에 대해서도 염오하고 인식에 대해서도 염오하고 심리현상들에 대해서도 염오하고 알음알이에 대해서도 염오한다.

염오하면서 탐욕이 빛바래고, 탐욕이 빛바래기 때문에 해탈한다. 해탈하면 해탈했다는 지혜가 있다. '태어남은 다했다. 청정범행(梵行)은 성취되었다. 할 일을 다 해 마쳤다. 다시는 어떤 존재로도 돌아오지 않을 것이다.'라고 꿰뚫어 안다."

간단함 경(S22:98)

Suddhika-sutta

2. 그때 어떤 비구가 세존께 다가갔다. 가서는 세존께 절을 올리고 한 곁에 앉았다. 한 곁에 앉은 그 비구는 세존께 이렇게 여쭈었다.

3. "세존이시여, 항상하고 견고하고 영원하고 변하지 않기 마련이며 영원 그 자체인 것처럼 확고부동하게 존속할 그런 물질이 있습니까?

세존이시여, 항상하고 견고하고 영원하고 변하지 않기 마련이며 영원 그 자체인 것처럼 확고부동하게 존속할 그런 느낌이 … 인식이 … 심리현상들이 … 알음알이가 있습니까?"

4. "비구여, 항상하고 견고하고 영원하고 변하지 않기 마련이며 영원 그 자체인 것처럼 확고부동하게 존속할 그런 물질은 없다.

비구여, 항상하고 견고하고 영원하고 변하지 않기 마련이며 영원 그 자체인 것처럼 확고부동하게 존속할 그런 느낌은 … 인식은 … 심리현상들은 … 알음알이는 없다."

가죽 끈 경1(S22:99)
Gaddula-sutta

3. "비구들이여, 그 시작을 알지 못하는 것이 바로 윤회이다. 중생들은 무명에 덮이고 갈애에 묶여서 치달리고 윤회하기 때문에 [윤회의] 처음 시작점은 결코 식별되지 못한다."[361]

4. "비구들이여, 저 큰 바다가 모두 말라 들어가고 메말라버려 존재하지 않게 되는 그런 때가 있을 것이다.[362] 비구들이여, 비록 그

---

361) 본서 제2권 「풀과 나무 경」(S15:1) §3 등과 같다. 이곳 §3의 주해를 참조할 것.

362) 불에 의해서 세상이 파괴되는 현상은 『청정도론』 XIII.32~41에 잘 묘사되어 있다.

렇다 하더라도 중생들이 무명에 덮이고 갈애에 묶여서 치달리는 한 그들의 괴로움은 끝이 나지 않는다고 나는 말한다.

비구들이여, 산의 왕 수미산이 다 타서 없어지는 그런 때가 있을 것이다. 비구들이여, 비록 그렇다 하더라도 [150] 중생들이 무명에 덮이고 갈애에 묶여서 치달리는 한 그들의 괴로움은 끝이 나지 않는다고 나는 말한다.

비구들이여, 대지가 다 타서 없어지는 그런 때가 있을 것이다. 비구들이여, 비록 그렇다 하더라도 중생들이 무명에 덮이고 갈애에 묶여서 치달리는 한 그들의 괴로움은 끝이 나지 않는다고 나는 말한다."

5. "비구들이여, 예를 들면 가죽 끈에 묶인 개가 튼튼한 기둥이나 지주(支柱)에 단단히 묶여, 그 기둥이나 지주 주위를 맴돌고 따라 도는 것과 같다.363)

비구들이여, 그와 같이 배우지 못한 범부는 성자들을 친견하지 못하고 성스러운 법에 능숙하지 못하고 성스러운 법에 인도되지 못하고 참된 사람들을 친견하지 못하고 참된 사람의 법에 능숙하지 못하여 물질을 자아라고 관찰하고, 물질을 가진 것이 자아라고 관찰하고, 물질이 자아 안에 있다고 관찰하고, 물질 안에 자아가 있다고 관찰한다. 느낌을 … 인식을 … 심리현상들을 … 알음알이를 자아라고 관찰하고, 알음알이를 가진 것이 자아라고 관찰하고, 알음알이가 자아 안에 있다고 관찰하고, 알음알이 안에 자아가 있다고 관찰한다.

---

363) '개(sā, sunakha)'의 비유는 『맛지마 니까야』 「다섯과 셋 경」(M102/ii. 232~233) §12에서 "예를 들면 가죽 끈에 묶인 개가 튼튼한 기둥이나 지주에 단단히 묶여, 그 기둥이나 지주 주위를 맴돌고 따라 도는 것과 같다. 그와 같이 이들 존재하고 있는 중생의 단멸과 파멸과 비존재(uccheda, vināsa, vibhava)를 가르치는 사문・바라문들은 자기 존재(sakkāya)를 두려워하고 자기 몸을 혐오하기 때문에 자기 존재 주위를 맴돌고 자기 존재 주위를 따라 돌고 있다."라고 나타난다.

그는 물질 주위를 맴돌고 따라 돌며, 느낌 … 인식 … 심리현상들 … 알음알이 주위를 맴돌고 따라 돈다. 그는 물질로부터 해탈하지 못하고 느낌으로부터 … 인식으로부터 … 심리현상들로부터 … 알음알이로부터 해탈하지 못하고 태어남과 늙음·죽음과 근심·탄식·육체적 고통·정신적 고통·절망으로부터 해탈하지 못하고 괴로움으로부터 해탈하지 못한다고 나는 말한다."[364]

6. "비구들이여, 그러나 잘 배운 성스러운 제자는 성자들을 친견하고 성스러운 법에 능숙하고 성스러운 법에 인도되고 참된 사람들을 친견하고 참된 사람의 법에 능숙하여 물질을 자아라고 관찰하지 않고, 물질을 가진 것이 자아라고 관찰하지 않고, 물질이 자아 안에 있다고 관찰하지 않고, 물질 안에 자아가 있다고 관찰하지 않는다. 느낌을 … 인식을 … 심리현상들을 … 알음알이를 자아라고 관찰하지 않고, 알음알이를 가진 것이 자아라고 관찰하지 않고, 알음알이가 자아 안에 있다고 관찰하지 않고, 알음알이 안에 자아가 있다고 관찰하지 않는다.

그는 물질 주위를 맴돌지 않고 따라 돌지 않으며, 느낌 … 인식 … 심리현상들 … 알음알이 주위를 맴돌지 않고 따라 돌지 않는다. 그는 물질로부터 해탈하고 느낌으로부터 … 인식으로부터 … 심리현상들로부터 … 알음알이로부터 해탈하고 태어남과 늙음·죽음과 근심·탄식·육체적 고통·정신적 고통·절망으로부터 해탈하고 괴로움으로부터 해탈한다고 나는 말한다."

---

364) "여기서 '개(sunakha)'는 윤회에 빠진(vaṭṭa-nissita) 어리석은 자(bāla)와 같다. '가죽 끈(gaddula)'은 견해(diṭṭhi)이고 '기둥(thambha)'은 자기 존재(sakkāya)이다. 가죽 끈에 묶여서 기둥에 단단히 묶여 있는 개가 기둥 주위를 맴도는 것처럼, 견해와 갈애(diṭṭhi-taṇhā)에 의해서 자기 존재에 묶여 있는 범부도 자기 존재 주위를 맴도는 것(sakkāya-anuparivattana)과 같다고 알아야 한다."(SA.ii.327)

가죽 끈 경2(S22:100)

Gaddula-sutta

3. "비구들이여, [151] 그 시작을 알지 못하는 것이 바로 윤회이다. 중생들은 무명에 덮이고 갈애에 묶여서 치달리고 윤회하기 때문에 [윤회의] 처음 시작점은 결코 식별되지 못한다."

4. "비구들이여, 저 큰 바다가 모두 말라 들어가고 메말라버려 존재하지 않게 되는 그런 때가 있을 것이다. …"

5. "비구들이여, 예를 들면 가죽 끈에 묶인 개가 튼튼한 기둥이나 지주(支柱)에 단단히 묶여 있으면, 간다 하더라도 그 기둥이나 지주 주위만을 가게 되고, 멈춘다 하더라도 그 기둥이나 지주 주위에만 멈추게 되고, 앉는다 하더라도 그 기둥이나 지주 주위에만 앉게 되고, 눕는다 하더라도 그 기둥이나 지주 주위에만 눕게 되는 것과 같다.

비구들이여, 그와 같이 여기 배우지 못한 범부는 물질을 '이것은 내 것이다. 이것은 나다. 이것은 나의 자아다.'라고 관찰한다. 느낌을 … 인식을 … 심리현상들을 … 알음알이를 '이것은 내 것이다. 이것은 나다. 이것은 나의 자아다.'라고 관찰한다.

그는 간다 하더라도 취착의 [대상이 되는] 다섯 가지 무더기[五取蘊] 주위만을 가게 되고, 멈춘다 하더라도 취착의 [대상이 되는] 다섯 가지 무더기 주위에만 멈추게 되고, 앉는다 하더라도 취착의 [대상이 되는] 다섯 가지 무더기 주위에만 앉게 되고, 눕는다 하더라도 취착의 [대상이 되는] 다섯 가지 무더기 주위에만 눕게 된다."

6. "비구들이여, 그러므로 여기서 그대들은 '오랜 세월 이 마음은 탐욕과 성냄과 어리석음으로 오염되었다.'라고 끊임없이 자신의

마음을 반조해야 한다. 비구들이여, 마음이 오염되기 때문에 중생들은 오염되고 마음이 깨끗하기 때문에 중생들은 청정하게 된다."

7. "비구들이여, 그대들은 '행실도(行實圖)'라는 그림365)을 본적이 있는가?"

"그렇습니다, 세존이시여."

"비구들이여, 그 '행실도'라는 그림도 마음으로 생각하여 [그린 것]이다. 그렇지만 '행실도'라는 그림보다 마음은 더 다양하다.366)

비구들이여, 그러므로 여기서 그대들은 '오랜 세월 이 마음은 탐욕과 성냄과 어리석음으로 오염되었다.'라고 끊임없이 자신의 마음을

---

365) "행실도(行實圖)'라는 그림'으로 옮긴 원문은 caranaṁ nāma cittaṁ이다. 여기서 citta는 Sk. citra에 해당하는 것으로 그림을 뜻한다. carana는 일반적으로 '행위, 행실'을 뜻한다. 그래서 역자는 아래 주석서를 참조해서 '행실도(行實圖)'로 옮겼다. 주석서는 이 부분을 이렇게 설명한다.
"'행실도(行實圖)'라는 그림은 가지고 다니는 그림(vicaraṇa-citta)을 말한다.[그들은 이 그림을 가지고 다니기 때문이다. SAṬ.ii.225] 상카(Saṅkhā)라는 바라문 외도들(brāhmaṇa-pāsaṇḍikā)이 있다. 그들은 화포(paṭa-koṭṭhaka)에다 여러 가지 선처와 악처(sugati-duggati)를 통해서 번영과 파멸(sampatti-vipatti)에 대한 [그림을] 그린 뒤에 '이런 업을 지으면 이런 과보를 받고 저런 업을 지으면 저런 과보를 받는다.'라고 보여주면서 그 그림(citta)을 가지고 다닌다(vicaranti)."(SA.ii.327)

366) '비구들이여, 그 '행실도'라는 그림도 마음으로 생각하여 [그린 것]이다. 그렇지만 '행실도'라는 그림보다 마음은 더 다양하다.'로 옮긴 원문은 caranaṁ nāma cittaṁ citteneva cittitaṁ tena pi kho bhikkhave caraṇena cittena cittaññeva cittataraṁ이다. 여기서 citta는 그림도 뜻하고 마음도 뜻하는 동음이의어(同音異義語)이다. cittita(Ee: cintita)는 마음의 경우에는 '생각 된'이란 뜻이 되고 그림의 경우에는 '다양하게 [그린]'의 뜻이 된다. 주석서는 이렇게 설명한다.
"'마음으로 생각하여(citten'eva cittita)'란, 화가(citta-kāra)에 의해서 생각된 뒤(cintetvā)에 그려졌기 때문에(katattā) 마음으로 생각되었다(cinti-ta)는 뜻이다."(SA.ii.327)
한편 『법구경 주석서』(DhpA.64~65)는 본 구절을 인용하여 어떻게 마음이 세상을 그리는지를 설명하고 있다.

반조해야 한다. 비구들이여, 마음이 오염되기 때문에 중생들은 오염되고 마음이 깨끗하기 때문에 중생들은 청정하게 된다."

8. "비구들이여, [152] 나는 축생으로 태어난 생명들보다 더 다양한 다른 어떤 하나의 무리도 보지 못한다. 비구들이여, 축생으로 태어난 생명들도 마음에 의해서 다양하게 [태어난] 것이다. 그렇지만 축생으로 태어난 중생들보다 마음은 더 다양하다.367)

비구들이여, 그러므로 여기서 그대들은 '오랜 세월 이 마음은 탐욕과 성냄과 어리석음으로 오염되었다.'라고 끊임없이 자신의 마음을 반조해야 한다. 비구들이여, 마음이 오염되기 때문에 중생들은 오염되고 마음이 깨끗하기 때문에 중생들은 청정하게 된다."

9. "비구들이여, 예를 들면 염색공이나 화가가 물감이나 붉은 랙(*lac*)이나 노란 심황이나 남색의 쪽이나 심홍색의 꼭두서니로 잘 연마된 판자나 벽이나 흰 천에다 사지를 모두 다 갖춘 여인의 모양이

---

367) 여기서도 cittita(Ee: cintita)는 마음의 경우에는 '생각 된'이란 뜻이 되고 그림의 경우에는 '다양하게 [그린]'의 뜻이 된다. 주석서는 "업의 마음에 의해서 생각되었기 때문(혹은, 다양하게 [그린 것]이기 때문)이다(kamma-citteneva cittitā)."(SA.ii.327)라고 설명하고 있다. 역자는 '마음에 의해서 다양하게 [태어난] 것'으로 옮겼다.
주석서는 계속해서 다음과 같이 설명한다. 여기서 '무리'는 nikāya를 옮긴 것이다.
"꿩이나 메추리(vaṭṭaka-tittira) 등은 '우리는 이렇게 다양하게(cittā) 될 것이다.'라고 하면서 업을 쌓지 않는다. 그러나 업이 [그들로 하여금 그러한] 종(種, 모태, yoni)에 태어나게 한 것이다. 그들의 다양함(citta-bhāva)은 종(種)을 근원(yoni-mūlaka)으로 한다. 왜냐하면 특정 종으로 태어난 중생들은 그런 종과 유사한 다양성(sadisa-cittā)을 가졌기 때문이다. 이처럼 종이 됨에 따라 다양성이 있다. 물론 종이란 업에 의해서 성취된 것(kamma-siddhā)이라고 알아야 한다."(SA.ii.327~328)
업은 의도(cetanā)이고 의도는 마음(citta)과 함께 일어나는 심소법들(마음부수법들, cetasikā) 가운데 하나이다. 『법구경 주석서』(DhpA.64~65)는 이 구절도 길게 논의하고 있다.

나 남자의 모양을 그리는 것과 같다.368)

비구들이여, 그와 같이 배우지 못한 범부는 물질을 거듭해서 생기게 하고 느낌을 … 인식을 … 심리현상들을 … 알음알이를 거듭해서 생기게 한다."369)

10. "비구들이여, 이를 어떻게 생각하는가? 물질은 … 느낌은 … 인식은 … 심리현상들은 … 알음알이는 항상한가, 무상한가?"

"무상합니다, 세존이시여."

"그러면 무상한 것은 괴로움인가, 즐거움인가?"

"괴로움입니다, 세존이시여."

"그러면 무상하고 괴로움이고 변하기 마련인 것을 두고 '이것은 내 것이다. 이것은 나다. 이것은 나의 자아다.'라고 관찰하는 것이 타당하겠는가?"

"그렇지 않습니다, 세존이시여."

11. "비구들이여, 그러므로 그것이 어떠한 물질이건 … 그것이 어떠한 느낌이건 … 그것이 어떠한 인식이건 … 그것이 어떠한 심리현상들이건 … 그것이 어떠한 알음알이건, 그것이 과거의 것이건 미래의 것이건 현재의 것이건 안의 것이건 밖의 것이건 거칠건 미세하

---

368) 이 비유는 본서 제2권 「탐욕 있음 경」(S12:64) §5에도 나타난다. 이 비유의 적용에 대해서는 그곳의 주해를 참조할 것.

369) "미숙한(acheka) 화가는 마음에 들지 않는(amanāpa) 형상을 그리고, 노련한 자(cheka)는 마음에 들고 멋진 그림을 그린다. 그와 같이 범부(puthujjana)는 해로운 마음[不善心, akusala-citta]이나 지혜가 없는 유익한(ñāṇa-vippayutta-kusala) [마음]으로는 눈 등이 갖추어지지 않은 추한 모습(virūpa)을 생기게 하고(samuṭṭhāpeti), 지혜가 있는 유익한 [마음]으로는 눈 등이 갖추어진 좋은 모습(abhirūpa)을 생기게 한다는 말이다."(SA.ii.328)
여기에 대해서는 본서 제2권 「탐욕 있음 경」(S12:64) §5의 주해도 참조할 것.

건 저열하건 수승하건 멀리 있건 가까이 있건 '이것은 내 것이 아니요, 이것은 내가 아니며, 이것은 나의 자아가 아니다.'라고 있는 그대로 바른 통찰지로 보아야 한다."

12. "비구들이여, 이와 같이 보는 잘 배운 성스러운 제자는 물질에 대해서도 염오하고 느낌에 대해서도 염오하고 인식에 대해서도 염오하고 심리현상들에 대해서도 염오하고 알음알이에 대해서도 염오한다.

염오하면서 탐욕이 빛바래고, 탐욕이 빛바래기 때문에 해탈한다. 해탈하면 해탈했다는 지혜가 있다. '태어남은 다했다. 청정범행(梵行)은 성취되었다. 할 일을 다 해 마쳤다. 다시는 어떤 존재로도 돌아오지 않을 것이다.'라고 꿰뚫어 안다."

까뀌 자루 경(S22:101)
Vāsijaṭa-sutta

3. "비구들이여, 나는 알고 보는 자에게 번뇌가 멸진한다고 말하지 알지 못하고 보지 못하는 자에게 [번뇌가 멸진한다고 말하지 않는다].

비구들이여, 그러면 무엇을 알고 무엇을 보는 자에게 번뇌가 멸진하는가? '이것이 물질이다. 이것이 물질의 일어남이다. 이것이 물질의 사라짐이다. 이것이 느낌이다. 이것이 느낌의 일어남이다. 이것이 느낌의 사라짐이다. 이것이 인식이다. 이것이 인식의 일어남이다. 이것이 인식의 사라짐이다. 이것이 심리현상[行]들이다. 이것이 심리현상들의 일어남이다. 이것이 심리현상들의 사라짐이다. 이것이 알음알이다. 이것이 알음알이의 일어남이다. 이것이 알음알이의 [153] 사라짐이다.'라고 이와 같이 알고 이와 같이 보는 자에게 번뇌는 멸진한다."370)

4. "비구들이여,[371] 수행에 몰두하지 않고 머무는 비구에게 '오, 참으로 나의 마음은 취착이 없어져서 번뇌들로부터 마음이 해탈하기를.'이라는 이러한 소망이 일어날지도 모른다. 그러나 그의 마음은 결코 취착 없이 번뇌들로부터 해탈하지 못한다.

그것은 무슨 이유 때문인가? 수행하지 않았기 때문이라는 것이 그 대답이다. 무엇을 수행하지 않았기 때문인가? 네 가지 마음챙김의 확립[四念處], 네 가지 바른 노력[四正勤], 네 가지 성취수단[四如意足], 다섯 가지 기능[五根], 다섯 가지 힘[五力], 일곱 가지 깨달음의 구성요소[七覺支], 여덟 가지 구성요소를 가진 성스러운 도[八支聖道]이다."[372]

5. "비구들이여, 예를 들면 암탉이 여덟 개나 열 개나 열 두 개의 계란을 품는다 하자. 그런데 암탉은 계란에 바르게 앉지도 못하고 바르게 온기를 주지도 못하고 바르게 다루지도 못한다. 그러면서도 그 암탉에게 이런 소망이 일어날 것이다. '오, 이 병아리들이 발톱 끝이나 부리로 계란의 껍질을 잘 부순 뒤 안전하게 뚫고 나오기를.'이라고. 그렇지만 병아리들은 발톱 끝이나 부리로 계란의 껍질을 잘 부순 뒤 안전하게 뚫고 나올 수 없다.

그것은 무슨 이유 때문인가? 그 암탉이 계란에 바르게 앉지 못했고 바르게 온기를 주지 못했고 바르게 다루지 못했기 때문이다."[373]

---

370) 이상은 본서 제2권 「의지처 경」(S12:23) §3에도 나타난다.

371) 이하 본경의 마지막까지는 『앙굿따라 니까야』 제4권 「수행 경」(A7:67)과 같은 내용이다.

372) 이것은 37보리분법(菩提分法, 깨달음의 편에 있는 법, bodhi-pakkhiya-dhammā = 助道品)이다. 37가지에 대한 설명은 본서 제5권 해제 §5-(1)과 「도 상윳따」(S45)의 첫 번째 주해와 『아비담마 길라잡이』 제7장의 III. 보리분(菩提分)의 길라잡이(§§24~33)의 설명과 『청정도론』 XXII.32~43 등을 참조할 것.

6. "비구들이여, 그와 같이 수행에 몰두하지 않고 머무는 비구에게 이러한 소망374)이 일어날 것이다. '오, 참으로 나는 취착이 없어져서 번뇌들로부터 마음이 해탈하기를.'이라고. 그러나 그는 결코 취착이 없어져서 번뇌들로부터 마음이 해탈하지 못한다.

그것은 무슨 이유 때문인가? 수행하지 않았기 때문이라는 것이 그 대답이다. 무엇을 수행하지 않았기 때문인가? 네 가지 마음챙김의 확립[四念處], 네 가지 바른 노력[四正勤], 네 가지 성취수단[四如意足], 다섯 가지 기능[五根], 다섯 가지 힘[五力], 일곱 가지 깨달음의 구성요소[七覺支], 여덟 가지 구성요소를 가진 성스러운 도[八支聖道]이다."

---

373) 주석서는 이 비유를 다음과 같이 적용시키고 있다. 요약하여 옮긴다.
'암탉(kukkuṭi)'이 바르게 앉고 바르게 온기를 주고 계란을 바르게 다루는 것은 비구가 수행에 전념(bhāvā-anuyoga)하는 것과 같다. 암탉이 세 가지 노력으로 계란을 썩지 않게 하는 것은 비구가 [무상·고·무아에 대한] 세 가지 관찰을 구족(tividha-anupassanā-sampādana)하여 위빳사나의 지혜(vipassanā-ñāṇa)가 쇠퇴하지 않는 것과 같다. 계란에 습기를 없애 주는 것은 비구가 삼계에 대한 집착을 말리는 것(bhavattaya-anugata-nikanti-sineha-pariyādāna)과 같다. 계란의 껍질이 얇아지는 것은 무명이 엷어지는 것(tanu-bhāva)과 같다. '병아리들(kukkuṭa-potakā)'이 계란 안에서 성숙하는 것은 위빳사나의 지혜가 성숙하는 것(sūra-bhāva)과 같다. 병아리들이 껍질을 안전하게 뚫고 나오는 것은 비구가 무명의 껍질을 깨고 아라한이 되는 때(arahatta-patta-kāla)와 같다. 병아리들이 들판을 다니면서 그 부락을 아름답게 만드는 것은 위대한 아라한들이 열반을 대상으로 하여(nibbān-ārammaṇa) 과의 증득(phala-samāpatti)에 들어 머물면서 자신이 거주하는 가람(伽藍, saṅghārāma)을 장엄하는 것과 같다.(SA.ii.329~330)
한편 이 병아리들의 비유는 『맛지마 니까야』 「추론 경」(M16/i.104) §27과 「유학 경」(M53/i.357~358) §§19~22에도 나타나는데 다르게 적용이 되고 있다. 『율장』(Vin.iii.3~5)도 참조할 것.

374) 본경에서 계속 나타나고 있는 '소망'은 icchā(願, 바램)의 역어이다. 이런 측면에서 본경은 청정범행을 닦아서 과를 실현하는데(phalassa adhigamāya) 과연 소원(희망, āsa)을 가지는 것(āsañ ce pi karitvā)이 필요한가라는 질문을 다루고 있는 『맛지마 니까야』 「부미자 경」(M126)과 비교가 된다.

7\. "비구들이여, 수행에 몰두하여 머무는 비구에게 [154] 이러한 소망은 일어나지 않을 것이다. '오, 참으로 나는 취착이 없어져서 번뇌들로부터 마음이 해탈하기를.'이라고. 그러나 그는 취착이 없어져서 번뇌들로부터 마음이 해탈한다.

그것은 무슨 이유 때문인가? 수행하기 때문이라는 것이 그 대답이다. 무엇을 수행하기 때문인가? 네 가지 마음챙김의 확립[四念處], 네 가지 바른 노력[四正勤], 네 가지 성취수단[四如意足], 다섯 가지 기능[五根], 다섯 가지 힘[五力], 일곱 가지 깨달음의 구성요소[七覺支], 여덟 가지 구성요소를 가진 성스러운 도[八支聖道]이다."

8\. "비구들이여, 예를 들면 암탉이 여덟 개나 열 개나 열 두 개의 계란을 품는다 하자. 그런데 암탉은 계란에 바르게 앉고 바르게 온기를 주고 바르게 다룬다. 그렇지만 그 암탉에게 이런 소망은 일어나지 않을 것이다. '오, 이 병아리들이 발톱 끝이나 부리로 계란의 껍질을 잘 부순 뒤 안전하게 뚫고 나오기를.'이라고. 그렇지만 병아리들은 발톱 끝이나 부리로 계란의 껍질을 잘 부순 뒤 안전하게 뚫고 나올 수 있다.

그것은 무슨 이유 때문인가? 그 암탉이 계란에 바르게 앉았고 바르게 온기를 주었고 바르게 다루었기 때문이다."

9\. "비구들이여, 그와 같이 수행에 몰두하여 머무는 비구에게 이러한 소망은 일어나지 않을 것이다. '오, 참으로 나는 취착이 없어져서 번뇌들로부터 마음이 해탈하기를.'이라고. 그러나 그는 취착이 없어져서 번뇌들로부터 마음이 해탈한다.

그것은 무슨 이유 때문인가? 수행하기 때문이라는 것이 그 대답이다. 무엇을 수행하기 때문인가? 네 가지 마음챙김의 확립[四念處], 네 가지 바른 노력[四正勤], 네 가지 성취수단[四如意足], 다섯 가지 기능[五根], 다섯 가지 힘[五力], 일곱 가지 깨달음의 구성요소[七覺支], 여덟 가지 구성요소를 가진 성스러운 도[八支聖道]이다."

10. "비구들이여, 예를 들면 목수나 목수의 도제는 까뀌 자루에 생긴 손가락 자국이나 엄지손가락 자국을 보고 '오늘은 나의 까뀌 자루가 이만큼 닳았고 어제는 이만큼 닳았고 그 전에는 이만큼 닳았다.'라고 알지 못한다. 대신에 다 닳았을 때 닳았다고 안다.

그와 같이 수행에 몰두하여 머무는 [155] 비구는 '오늘은 나의 번뇌들이 이만큼 멸진했고 어제는 이만큼 멸진했고 그 전에는 이만큼 멸진했다.'라고 알지 못한다. 대신에 [번뇌가] 멸진했을 때 멸진했다고 안다."

11. "비구들이여, 예를 들면 넝쿨로 된 밧줄로 묶어 만든 배가 바다를 항해하면서 육 개월 동안 바닷물에 떠다니다가 겨울철에 뭍에 닿는다 하자. 그러면 그 밧줄들은 바람과 햇볕에 퇴락할 것이고 다시 우기에 많은 비에 젖으면 쉽게 푸석푸석해질 것이고 썩어버릴 것이다.375)

---

375) 이 비유는 본서 제5권 「배 경」(S45:158) §3에도 나타나고 있다. 주석서는 앞의 병아리들의 비유보다 이 비유를 더 정밀하게 적용시키고 있다. 요약하면 다음과 같다.
배(nāvā)는 수행자(yoga-avacara)와 같다. 밧줄이 바닷물에 의해서 푸석푸석해지는 것은 비구가 출가하여 공부하고 질문하는(uddesa-paripuccha) 등을 통해서 그의 족쇄(saṁyojana)가 약해지는 것과 같다. 배가 뭍에 닿는 것은 비구가 명상주제(kammaṭṭhāna)를 들고 숲에 머무는 것과 같다. 낮 동안에 밧줄들이 바람과 햇볕에 퇴락하는 것은 위빳사나의 지혜로 비구의 갈애가 마르는 것과 같다. 밤에 눈으로 젖는 것은 비구의 마음이 참선에서 생긴 희열과 환희(pīti-pāmojja)로 젖는 것과 같다.('밤에 눈으로 젖는 것'은 경에는 나타나지 않지만 주석서에는 이렇게 설명되어 나타난다.) 비가 내리는 것은 아라한도의 지혜와 같다. 밧줄이 썩는 것은 아라한과를 증득

그와 같이 수행에 몰두하여 머무는 비구의 [열 가지] 족쇄는 쉽게 푸석푸석해지고 썩어버린다."

무상의 [관찰로 생긴] 인식 경(S22:102)

Aniccasaññā-sutta

3. "비구들이여, 무상의 [관찰로 생긴] 인식을 닦고 많이 [공부] 지으면 모든 감각적 욕망에 대한 탐욕을 없애게 되고, 모든 물질에 대한 탐욕을 없애게 되고, 모든 존재에 대한 탐욕을 없애게 되고,[376] 모든 무명을 없애게 되고, 모든 '나'라는 자만을 없애고 뿌리 뽑게 된다."[377]

(arahatta-phala-adhigama)하는 것과 같다. 밧줄이 낡은 상태에서도 유지가 되는 것은 아라한이 많은 사람들을 섭수(anugganhanta)하여 수명이 다하도록(yāvat-āyukaṁ) 머무는 것과 같다. 낡은 밧줄이 끊어지는 것은 아라한이 무여열반의 요소로 반열반하는 것(anupādisesāya nibbāna-dhātuyā parinibbuta)과 같다.(SA.ii.330~331)

376) '물질에 대한 탐욕'은 rūpa-rāga를, '존재에 대한 탐욕'은 bhava-rāga를 옮긴 것인데, 이처럼 물질과 존재가 같이 나타나는 경우는 다른 경에서는 찾아보기 힘들다. 물질 혹은 색계는 존재(bhava)에 포함되기 때문이다.
그리고 rūpa-rāga가 나타나면 arūpa-rāga가 나타나야 전자는 색계에 대한 탐욕, 후자는 무색계에 대한 탐욕이 되어 색계에 대한 집착과 무색계에 대한 집착으로 배대가 된다. 아니면 rūpa-rāga는 생략되는 것이 옳을 것이다. 그래서 그런지 보디 스님은 본경에서 rūpa-rāga를 빼버리고 옮기지 않았다.
역자는 여기서는 arūpa-rāga(무색계에 대한 탐욕)가 나타나지 않기 때문에 rūpa-rāga를 색계에 대한 탐욕이 아니라 '물질에 대한 탐욕'으로 옮겼다. 본경에 해당하는 주석서는 아무 설명을 하지 않는다. 본서 제4권 「우빠와나 경」(S35:70) §4에서는 그곳의 문맥에 따라서 rūpa-rāga를 '형색에 대한 탐욕'으로 옮겼다.

377) 감각적 욕망에 대한 탐욕은 불환도에 의해서 뿌리가 뽑히고, 물질에 대한 탐욕 혹은 존재에 대한 탐욕과 무명과 '나'라는 자만은 아라한됨에 의해서 뿌리 뽑힌다. 여기에 대해서는 본서 「감흥어 경」(S22:55) §2의 주해를 참조할 것. 열 가지 족쇄에 대해서는 본서 제1권 「얼마나 끊음 경」(S1:5) {8}의 주

4. "비구들이여, 예를 들면 가을에 농부가 큰 쟁기로 땅을 갈면서 거기에 퍼져 있는 잡초의 뿌리를 모두 뽑아내버리고 땅을 가는 것과 같다. 비구들이여, 그와 같이 무상의 [관찰로 생긴] 인식을 닦고 많이 [공부]지으면 모든 감각적 욕망에 대한 탐욕을 없애게 되고, 모든 물질에 대한 탐욕을 없애게 되고, 모든 존재에 대한 탐욕을 없애게 되고, 모든 무명을 없애게 되고, 모든 '나'라는 자만을 없애고 뿌리 뽑게 된다."

5. "비구들이여, 예를 들면 갈대를 뽑는 사람이 갈대를 뽑아서 윗부분을 잡고 앞뒤로 흔들고 아래로 내려치는 것과 같다. 비구들이여, 그와 같이 무상의 [관찰로 생긴] 인식을 닦고 많이 [공부]지으면 … 없애고 뿌리 뽑게 된다."

6. "비구들이여, 예를 들면 망고가 주렁주렁 열린 것을 줄기째 자르면 [156] 그 줄기에 달려 있는 모든 망고가 다 떨어지는 것과 같다. 비구들이여, 그와 같이 무상의 [관찰로 생긴] 인식을 닦고 많이 [공부]지으면 … 없애고 뿌리 뽑게 된다."

7. "비구들이여, 예를 들면 뾰족지붕이 있는 집의 서까래들은 모두 뾰족지붕으로 향하고 뾰족지붕으로 기울고 뾰족지붕으로 모이나니, 뾰족지붕이 그들 가운데 으뜸이라 불리는 것과 같다.378) 비구들이여, 그와 같이 무상의 [관찰로 생긴] 인식을 닦고 많이 [공부]지으면 … 없애고 뿌리 뽑게 된다."

해를 참조할 것.

378) 본 비유와 아래에 나타나는 6개의 비유는 본서 제5권 「뾰족지붕 경」 등(S45:141~147)에서 각각 다르게 적용되어 나타난다.

8. "비구들이여, 예를 들면 향기로운 뿌리들 가운데 안식향이 으뜸인 것과 같다. 비구들이여, 그와 같이 무상의 [관찰로 생긴] 인식을 닦고 많이 [공부]지으면 … 없애고 뿌리 뽑게 된다."

9. "비구들이여, 예를 들면 향기로운 속재목들 가운데 붉은 전단향이 으뜸인 것과 같다. 비구들이여, 그와 같이 무상의 [관찰로 생긴] 인식을 닦고 많이 [공부]지으면 … 없애고 뿌리 뽑게 된다."

10. "비구들이여, 예를 들면 향기로운 꽃들 가운데 재스민 꽃이 으뜸인 것과 같다. 비구들이여, 그와 같이 무상의 [관찰로 생긴] 인식을 닦고 많이 [공부]지으면 … 없애고 뿌리 뽑게 된다."

11. "비구들이여, 예를 들면 어떤 작은 왕이든지 그들 모두는 전륜성왕에 복속되나니, 전륜성왕이 그들 가운데 으뜸인 것과 같다. 비구들이여, 그와 같이 무상의 [관찰로 생긴] 인식을 닦고 많이 [공부]지으면 … 없애고 뿌리 뽑게 된다."

12. "비구들이여, 예를 들면 어떤 종류의 별빛이라 하더라도 그 모두는 달빛의 16분의 1에도 미치지 못하나니, 달빛은 그들 가운데 으뜸이라 불리는 것과 같다. 비구들이여, 그와 같이 무상의 [관찰로 생긴] 인식을 닦고 많이 [공부]지으면 … 없애고 뿌리 뽑게 된다."

13. "비구들이여, 예를 들면 가을의 구름 한 점 없는 높은 창공에 떠오르는 태양은 허공의 모든 어두움을 흩어버리면서 빛나고 반짝이고 광휘로운 것과 같다.[379] 비구들이여, 그와 같이 무상의 [관찰로 생긴] 인식을 닦고 많이 [공부]지으면 모든 감각적 욕망에 대한

---

379) 이 떠오르는 태양의 비유는 본서 제1권 「수시마 경」(S2:29) §7에도 나타났다.

탐욕을 없애게 되고, 모든 물질에 대한 탐욕을 없애게 되고, 모든 존재에 대한 탐욕을 없애게 되고, 모든 무명을 없애게 되고, 모든 '나'라는 자만을 없애고 뿌리 뽑게 된다."

14. "비구들이여, 그러면 어떻게 무상의 [관찰로 생긴] 인식을 닦고 [157] 많이 [공부]지으면 모든 감각적 욕망에 대한 탐욕을 없애게 되고, 모든 물질에 대한 탐욕을 없애게 되고, 모든 존재에 대한 탐욕을 없애게 되고, 모든 무명을 없애게 되고, 모든 '나'라는 자만을 없애고 뿌리 뽑게 되는가?

이것이 물질이요, 이것이 물질의 일어남이요, 이것이 물질의 사라짐이다. 이것이 느낌이요 … 인식이요 … 심리현상들이요 … 알음알이요, 이것이 알음알이의 일어남이요, 이것이 알음알이의 사라짐이다.

비구들이여, 이와 같이 무상의 [관찰로 생긴] 인식을 닦고 많이 [공부]지으면 모든 감각적 욕망에 대한 탐욕을 없애게 되고, 모든 물질에 대한 탐욕을 없애게 되고, 모든 존재에 대한 탐욕을 없애게 되고, 모든 무명을 없애게 되고, 모든 '나'라는 자만을 없애고 뿌리 뽑게 된다."

제10장 꽃 품이 끝났다.

열 번째 품에 포함된 경들의 목록은 다음과 같다.

① 강 ② 꽃 ③ 포말 ④ 쇠똥 ⑤ 손톱 끝 ⑥ 간단함
두 가지 ⑦~⑧ 가죽 끈 ⑨ 까뀌 자루 ⑩ 무상의 인식이다.

가운데 50개 경들의 묶음이 끝났다.

여기에 포함된 품들의 목록은 다음과 같다.

① 속박 ② 아라한 ③ 삼켜버림 ④ 장로 ⑤ 꽃이다.

III. 마지막 50개 경들의 묶음

Upari-paññāsaka

제11장 구분 품

Anta-vagga

구분 경(S22:103)

Anta-sutta

1. <사왓티의 아나타삔디까 원림(급고독원)에서>

3. "비구들이여, 네 가지 부분[380]이 있다. 무엇이 넷인가? [158] 자기 존재[有身]에 대한 부분, 자기 존재의 일어남에 대한 부분, 자기 존재의 소멸에 대한 부분, 자기 존재의 소멸로 인도하는 도닦음에 대한 부분이다."

4. "비구들이여, 그러면 어떤 것이 자기 존재에 대한 부분인가? 취착의 [대상이 되는] 다섯 가지 무더기[五取蘊]라는 것이 그에 대한 대답이다. 어떤 것이 다섯인가? 취착의 [대상이 되는] 물질의 무더기, 취착의 [대상이 되는] 느낌의 무더기, 취착의 [대상이 되는] 인식의 무더기, 취착의 [대상이 되는] 심리현상들의 무더기, 취착의 [대상이 되는] 알음알이의 무더기이다.

380) 여기서 '부분'으로 옮긴 원어는 antā(끝들)인데 주석서에서 부분들(koṭṭhāsā)로 설명하고 있어서 이렇게 옮겼다. 계속해서 주석서는 이렇게 말한다. "본경은 사성제(catu-sacca)를 통해서 오온을 설명하고 있다."(SA.ii.332)

비구들이여, 이를 일러 자기 존재에 대한 부분이라 한다."

5. "비구들이여, 그러면 어떤 것이 자기 존재의 일어남에 대한 부분인가?

그것은 갈애이니, 다시 태어남을 가져오고 즐김과 탐욕이 함께하며 여기저기서 즐기는 것이다. 즉 감각적 욕망에 대한 갈애[欲愛], 존재에 대한 갈애[有愛], 존재하지 않음에 대한 갈애[無有愛]가 그것이다.

비구들이여, 이를 일러 자기 존재의 일어남에 대한 부분이라 한다."

6. "비구들이여, 그러면 어떤 것이 자기 존재의 소멸에 대한 부분인가?

이러한 갈애가 남김없이 빛바래어 소멸함, 버림, 놓아버림, 벗어남, 집착 없음이다.

비구들이여, 이를 일러 자기 존재의 소멸에 대한 부분이라 한다."

7. "비구들이여, 그러면 어떤 것이 자기 존재의 소멸로 인도하는 도닦음에 대한 부분인가?

여덟 가지 구성요소를 가진 성스러운 도[八支聖道=팔정도]이니 그것은 바른 견해, 바른 사유, 바른 말, 바른 행위, 바른 생계, 바른 정진, 바른 마음챙김, 바른 삼매이다.

비구들이여, 이를 일러 자기 존재의 소멸로 인도하는 도닦음에 대한 부분이라 한다."

8. "비구들이여, 이러한 네 가지 부분이 있다."

괴로움 경(S22:104)

Dukkha-sutta

3. "비구들이여, 그대들에게 괴로움과 괴로움의 일어남과 괴로움의 소멸과 괴로움의 소멸로 인도하는 도닦음을 설하리니 그것을 들어라."

4. "비구들이여, 그러면 어떤 것이 괴로움인가?

취착의 [대상이 되는] 다섯 가지 무더기[五取蘊]라는 것이 그에 대한 대답이다. 어떤 것이 다섯인가? 취착의 [대상이 되는] 물질의 무더기, 취착의 [대상이 되는] 느낌의 무더기, 취착의 [대상이 되는] 인식의 무더기, 취착의 [대상이 되는] 심리현상들의 무더기, 취착의 [대상이 되는] 알음알이의 무더기이다.

비구들이여, 이를 일러 괴로움이라 한다."

5. "비구들이여, 그러면 어떤 것이 괴로움의 일어남인가?

그것은 갈애이니, 다시 태어남을 가져오고 즐김과 탐욕이 함께하며 여기저기서 즐기는 것이다. 즉 감각적 욕망에 대한 갈애[欲愛], 존재에 대한 갈애[有愛], 존재하지 않음에 대한 갈애[無有愛]가 그것이다.

비구들이여, 이를 일러 괴로움의 일어남이라 한다."

6. "비구들이여, 그러면 어떤 것이 괴로움의 소멸인가?

이러한 갈애가 남김없이 빛바래어 소멸함, 버림, 놓아버림, 벗어남, 집착 없음이다.

비구들이여, 이를 일러 괴로움의 소멸이라 한다."

7. "비구들이여, [159] 그러면 어떤 것이 괴로움의 소멸로 인도하는 도닦음인가?

여덟 가지 구성요소를 가진 성스러운 도[八支聖道=팔정도]이니 그것은 바른 견해, 바른 사유, 바른 말, 바른 행위, 바른 생계, 바른 정진, 바른 마음챙김, 바른 삼매이다.

비구들이여, 이를 일러 괴로움의 소멸로 인도하는 도닦음이라 한다."

자기 존재 경(S22:105)

Sakkāya-sutta

3. "비구들이여, 그대들에게 자기 존재[有身]와 자기 존재의 일어남과 자기 존재의 소멸과 자기 존재의 소멸로 인도하는 도닦음을 설하리니 그것을 들어라."

4. "비구들이여, 그러면 어떤 것이 자기 존재인가?

취착의 [대상이 되는] 다섯 가지 무더기[五取蘊]라는 것이 그에 대한 대답이다. 어떤 것이 다섯인가? 취착의 [대상이 되는] 물질의 무더기, 취착의 [대상이 되는] 느낌의 무더기, 취착의 [대상이 되는] 인식의 무더기, 취착의 [대상이 되는] 심리현상들의 무더기, 취착의 [대상이 되는] 알음알이의 무더기이다.

비구들이여, 이를 일러 자기 존재라 한다."

5. "비구들이여, 그러면 어떤 것이 자기 존재의 일어남인가?

그것은 갈애이니, 다시 태어남을 가져오고 즐김과 탐욕이 함께하며 여기저기서 즐기는 것이다. 즉 감각적 욕망에 대한 갈애[欲愛], 존재에 대한 갈애[有愛], 존재하지 않음에 대한 갈애[無有愛]가 그것이다.

비구들이여, 이를 일러 자기 존재의 일어남이라 한다."

6. "비구들이여, 그러면 어떤 것이 자기 존재의 소멸인가?

이러한 갈애가 남김없이 빛바래어 소멸함, 버림, 놓아버림, 벗어남, 집착 없음이다.

비구들이여, 이를 일러 자기 존재의 소멸이라 한다."

7. "비구들이여, 그러면 어떤 것이 자기 존재의 소멸로 인도하는 도닦음인가?

여덟 가지 구성요소를 가진 성스러운 도[八支聖道=팔정도]이니 그것은 바른 견해, 바른 사유, 바른 말, 바른 행위, 바른 생계, 바른 정진, 바른 마음챙김, 바른 삼매이다.

비구들이여, 이를 일러 자기 존재의 소멸로 인도하는 도닦음이라 한다."

통달해서 알아야 함 경(S22:106)

Pariññeyya-sutta

3. "비구들이여, 그대들에게 통달해서 알아야 할 법들과 통달한 지혜와 통달해서 아는 사람에 대해서 설하리니 그것을 들어라."381)

4. "비구들이여, 그러면 어떤 것이 통달해서 알아야 할 법들인가?

비구들이여, 물질은 통달해서 알아야 할 법이다. 느낌은 … 인식은 … 심리현상들은 … 알음알이는 통달해서 알아야 할 법이다.

---

381) 주석서는 '통달해서 알아야 함(pariññeya)'과 '통달한 지혜(pariññā)'를 각각 완전히 건너야 함(samatikkamitabba)과 완전히 건넘(samatikkamā)으로 설명하고 있다.(SA.ii.333) 이 둘에 대한 설명은 본서 「통달한 지혜 경」(S22:23) §4의 주해와 「최상의 지혜로 앎 경」(S22:24) §3의 주해를 참조할 것. 통달해서 아는 사람(pariññātāvi puggala)은 물론 인습적인 표현(vohāra) 혹은 개념(paññatti)이다. 여기에 대해서는 본서 「짐 경」(S22:22) §4의 주해를 참조할 것.

비구들이여, 이를 일러 통달해서 알아야 할 법들이라 한다.

비구들이여, [160] 그러면 어떤 것이 통달한 지혜인가?

탐욕이 다함, 성냄이 다함, 어리석음이 다함이다.382)

비구들이여, 이를 일러 통달한 지혜라 한다.

비구들이여, 그러면 어떤 것이 통달해서 아는 사람인가?

이러한 이름과 이러한 족성을 가진 아라한이라는 것이 그에 대한 대답이다.

비구들이여, 이를 일러 통달해서 아는 사람이라 한다."

사문 경1(S22:107)

Samaṇa-sutta

3. "비구들이여, 취착의 [대상이 되는] 다섯 가지 무더기[五取蘊]가 있다. 어떤 것이 다섯인가?

취착의 [대상이 되는] 물질의 무더기, 취착의 [대상이 되는] 느낌의 무더기, 취착의 [대상이 되는] 인식의 무더기, 취착의 [대상이 되는] 심리현상들의 무더기, 취착의 [대상이 되는] 알음알이의 무더기이다."

4. "비구들이여, 어떤 사문이든 바라문이든 이러한 취착의 [대상이 되는] 다섯 가지 무더기의 달콤함과 위험함과 벗어남을 있는 그대로 꿰뚫어 알지 못하는 자들은 그 누구든지, 사문들 가운데서는 사문이라 불릴 수 없고 바라문들 가운데서는 바라문이라 불릴 수 없다. 그 존자들은 사문 생활의 결실이나 바라문 생활의 결실을 지금·여기에서 스스로 최상의 지혜로 알고 실현하여 드러내지 못한다."

---

382) "이 셋을 통해서 열반(nibbāna)을 말씀하셨다."(SA.ii.333)

5. "비구들이여, 그러나 어떤 사문이든 바라문이든 이러한 취착의 [대상이 되는] 다섯 가지 무더기의 달콤함과 위험함과 벗어남을 있는 그대로 꿰뚫어 아는 자들은 그 누구든지, 사문들 가운데서는 사문이라 불릴 만하고 바라문들 가운데서는 바라문이라 불릴 만하다. 그 존자들은 사문 생활의 결실이나 바라문 생활의 결실을 지금·여기에서 스스로 최상의 지혜로 알고 실현하여 드러낸다."

사문 경2(S22:108)

3. "비구들이여, 취착의 [대상이 되는] 다섯 가지 무더기[五取蘊]가 있다. 어떤 것이 다섯인가?

취착의 [대상이 되는] 물질의 무더기 … 취착의 [대상이 되는] 알음알이의 무더기이다."

4. "비구들이여, 어떤 사문이든 바라문이든 이러한 취착의 [대상이 되는] 다섯 가지 무더기의 일어남과 사라짐과[383] 달콤함과 위험함과 벗어남을 있는 그대로 꿰뚫어 알지 못하는 자들은 그 누구든지 … 지금·여기에서 스스로 최상의 지혜로 알고 실현하여 드러내지 못한다."

5. "비구들이여, 그러나 어떤 사문이든 바라문이든 이러한 취착의 [대상이 되는] 다섯 가지 무더기의 일어남과 사라짐과 달콤함과 위험함과 벗어남을 있는 그대로 꿰뚫어 아는 자들은 그 누구든지 … 지금·여기에서 스스로 최상의 지혜로 알고 실현하여 드러낸다."

---

383) 본경은 앞 경에다 '일어남과 사라짐(samudayañ ca atthagamañ ca)'의 이 둘이 더 첨가되었다.

흐름에 든 자[預流者] **경**(S22:109)

Sotāpanna-sutta

3. "비구들이여, 취착의 [대상이 되는] 다섯 가지 무더기[五取蘊]가 있다. 어떤 것이 다섯인가?

취착의 [대상이 되는] 물질의 무더기 … 취착의 [대상이 되는] 알음알이의 무더기이다."

4. "비구들이여, 성스러운 제자가 이러한 취착의 [대상이 되는] 다섯 가지 무더기의 일어남과 사라짐과 [161] 달콤함과 위험함과 벗어남을 있는 그대로 꿰뚫어 알 때, 이를 일러 성스러운 제자는 흐름에 든 자[預流者]여서 [악취에] 떨어지지 않는 법을 가졌고 [해탈이] 확실하며 완전한 깨달음으로 나아간다고 한다."

아라한 경(S22:110)

Arahanta-sutta

3. "비구들이여, 취착의 [대상이 되는] 다섯 가지 무더기[五取蘊]가 있다. 어떤 것이 다섯인가?

취착의 [대상이 되는] 물질의 무더기 … 취착의 [대상이 되는] 알음알이의 무더기이다."

4. "비구들이여, 비구는 이러한 취착의 [대상이 되는] 다섯 가지 무더기의 일어남과 사라짐과 달콤함과 위험함과 벗어남을 있는 그대로 분명하게 안 뒤 취착 없이 해탈한다.[384] 비구들이여, 이를 일

---

384) 바로 앞의 「흐름에 든 자[預流者] 경」(S22:109)과 본경을 비교해보면 예류자와 아라한은 오온을 있는 그대로 아는 것은 동일하다. 그러나 아라한은 이러한 이해를 통해서 모든 번뇌를 다 멸진하였지만, 예류자(일래자와 불환

러 비구는 아라한이고 번뇌가 다했고 삶을 완성했으며 할 바를 다했고 짐을 내려놓았으며 참된 이상을 실현했고 삶의 족쇄를 부수었으며 바른 구경의 지혜로 해탈했다고 한다."

욕구를 버림 경1(S22:111)

Chandappahāna-sutta

3. "비구들이여, 물질에 대한 욕구와 탐욕과 즐김과 갈애를 버려라. 그렇게 하면 그 물질은 버려질 것이고 그 뿌리가 잘리고 줄기만 남은 야자수처럼 되고 존재하지 않게 되고 미래에 다시는 일어나지 않게끔 될 것이다.

느낌에 대한 … 인식에 대한 … 심리현상들에 대한 … 알음알이에 대한 욕구와 탐욕과 즐김과 갈애를 버려라. 그렇게 하면 그 알음알이는 버려질 것이고 그 뿌리가 잘리고 줄기만 남은 야자수처럼 되고 존재하지 않게 되고 미래에 다시는 일어나지 않게끔 될 것이다."

욕구를 버림 경2(S22:112)

3. "비구들이여, 물질에 대한 욕구, 탐욕, 즐김, 갈애, 집착과 취착, 그리고 그런 [갈애와 사견이라는] 마음의 입각처와 [여기에 대한] 천착과 잠재성향들을 [162] 버려라. 그렇게 하면 그 물질은 버려질 것이고 그 뿌리가 잘리고 줄기만 남은 야자수처럼 되고 존재하지 않게 되고 미래에 다시는 일어나지 않게끔 될 것이다.

느낌에 대한 … 인식에 대한 … 심리현상들에 대한 … 알음알이에

자도 포함)는 아직 그렇지는 못하다. 그리고 예류자는 성스러운 제자(ariya-sāvaka)로 명명되고 있지만, 아라한은 비구(bhikkhu)라 불려지고 있는 것도 주목할 만하다.

대한 욕구, 탐욕, 즐김, 갈애, 집착과 취착, 그리고 그런 [갈애와 사견이라는] 마음의 입각처와 [여기에 대한] 천착과 잠재성향들을 버려라. 그렇게 하면 그 알음알이는 버려질 것이고 그 뿌리가 잘리고 줄기만 남은 야자수처럼 되고 존재하지 않게 되고 미래에 다시는 일어나지 않게끔 될 것이다."

제11장 구분 품이 끝났다.

열한 번째 품에 포함된 경들의 목록은 다음과 같다.

① 구분 ② 괴로움 ③ 자기 존재
④ 통달해서 알아야 함, 두 가지 ⑤~⑥ 사문
⑦ 흐름에 든 자[預流者] ⑧ 아라한
두 가지 ⑨~⑩ 욕구를 버림이다.

제12장 설법자 품

Dhammakathika-vagga

무명 경(S22:113)

Avijjā-sutta

2. 그때 어떤 비구가 세존께 다가갔다. 가서는 세존께 절을 올리고 한 곁에 앉았다. 한 곁에 앉은 그 비구는 세존께 이렇게 여쭈었다.

3. "세존이시여, '무명, 무명'이라고들 합니다. 세존이시여, 어떤 것이 무명이고 어떻게 해서 무명에 빠지게 됩니까?"

4. "비구여, 여기 배우지 못한 범부는 물질을 꿰뚫어 알지 못하고 물질의 일어남을 꿰뚫어 알지 못하고 물질의 소멸을 꿰뚫어 알지 못하고 물질의 소멸로 인도하는 도닦음을 꿰뚫어 알지 못한다.

느낌을 … 인식을 … 심리현상들을 … 알음알이를 꿰뚫어 알지 못하고 알음알이의 일어남을 꿰뚫어 알지 못하고 알음알이의 소멸을 꿰뚫어 알지 못하고 알음알이의 소멸로 인도하는 도닦음을 꿰뚫어 알지 못한다. [163]

비구여, 이를 일러 무명이라 하고 이렇게 해서 무명에 빠지게 된다."

명지 경(S22:114)

Vijjā-sutta

3. "세존이시여, '명지, 명지'라고들 합니다. 세존이시여, 어떤 것이 명지이고 어떻게 해서 명지를 얻게 됩니까?"

4. "비구여, 여기 잘 배운 성스러운 제자는 물질을 꿰뚫어 알고 물질의 일어남을 꿰뚫어 알고 물질의 소멸을 꿰뚫어 알고 물질의 소멸로 인도하는 도닦음을 꿰뚫어 안다.

느낌을 … 인식을 … 심리현상들을 … 알음알이를 꿰뚫어 알고 알음알이의 일어남을 꿰뚫어 알고 알음알이의 소멸을 꿰뚫어 알고 알음알이의 소멸로 인도하는 도닦음을 꿰뚫어 안다.

비구들이여, 이를 일러 명지라 하고 이렇게 해서 명지를 얻게 된다."

설법자 경1(S22:115)

Dhammakathika-sutta

3. "세존이시여, '법을 설하는 [비구], 법을 설하는 [비구]'라고들 합니다. 세존이시여, 어떻게 해서 법을 설하는 [비구]가 됩니까?"385)

4. "비구여, 만일 물질을 염오하고 물질에 대한 탐욕을 빛바래게 하고 물질을 소멸하기 위해서 법을 설하면 그를 '법을 설하는 비구'라 부르기에 적당하다. 만일 물질을 염오하고 물질에 대한 탐욕을 빛바래게 하고 물질을 소멸하기 위해서 도를 닦으면 그를 '[출세간] 법에 이르게 하는 법을 닦는 비구'라 부르기에 적당하다. 만일 물질을 염오하고 물질에 대한 탐욕을 빛바래고 물질을 소멸하였기 때문에 취착 없이 해탈하였다면 그를 '지금·여기에서 열반을 증득한 비구'라 부르기에 적당하다.386)

만일 느낌을 … 만일 인식을 … 만일 심리현상들을 … 만일 알음

---

385) 본서 제2권 「설법자 경」(S12:16) §3에도 이 질문이 나타나고 있다.

386) 여기에 대해서는 본서 제2권 「설법자 경」(S12:16) §§4~6의 주해들을 참조할 것.

알이를 염오하고 알음알이에 대한 탐욕을 빛바래게 하고 알음알이를 소멸하기 위해서 법을 설하면 그를 '법을 설하는 비구'라 부르기에 적당하다. 만일 알음알이를 염오하고 알음알이에 대한 탐욕을 빛바래게 하고 알음알이를 소멸하기 위해서 도를 닦으면 그를 '[출세간]법에 이르게 하는 법을 닦는 비구'라 부르기에 적당하다. 만일 알음알이를 염오하고 [164] 알음알이에 대한 탐욕을 빛바래고 알음알이를 소멸하였기 때문에 취착 없이 해탈하였다면 그를 '지금 · 여기에서 열반을 증득한 비구'라 부르기에 적당하다."

설법자 경2(S22:116)

3. "세존이시여, '법을 설하는 [비구], 법을 설하는 [비구]'라고들 합니다. 세존이시여, 어떻게 해서 법을 설하는 [비구]가 되고, 어떤 것이 [출세간]법에 이르게 하는 법을 닦는 [비구]이며, 어떤 것이 지금 · 여기에서 열반을 증득한 [비구]입니까?"

4. "비구여, 만일 물질을 염오하고 물질에 대한 탐욕을 빛바래게 하고 물질을 소멸하기 위해서 법을 설하면 그를 '법을 설하는 비구'라 부르기에 적당하다. 만일 물질을 염오하고 물질에 대한 탐욕을 빛바래게 하고 물질을 소멸하기 위해서 도를 닦으면 그를 '[출세간]법에 이르게 하는 법을 닦는 비구'라 부르기에 적당하다. 만일 물질을 염오하고 물질에 대한 탐욕을 빛바래고 물질을 소멸하였기 때문에 취착 없이 해탈하였다면 그를 '지금 · 여기에서 열반을 증득한 비구'라 부르기에 적당하다.

만일 느낌을 … 만일 인식을 … 만일 심리현상들을 … 만일 알음알이를 염오하고 알음알이에 대한 탐욕을 빛바래게 하고 알음알이를 소멸하기 위해서 법을 설하면 그를 '법을 설하는 비구'라 부르기에 적당하다. 만일 알음알이를 염오하고 알음알이에 대한 탐욕을 빛바래게 하고 알음알이를 소멸하기 위해서 도를 닦으면 그를 '[출세간] 법에 이르게 하는 법을 닦는 비구'라 부르기에 적당하다. 만일 알음알이를 염오하고 알음알이에 대한 탐욕을 빛바래고 알음알이를 소멸하였기 때문에 취착 없이 해탈하였다면 그를 '지금・여기에서 열반을 증득한 비구'라 부르기에 적당하다."

속박 경(S22:117)

Bandhanā-sutta

3. "비구들이여, 여기 배우지 못한 범부는 성자들을 친견하지 못하고 성스러운 법에 능숙하지 못하고 성스러운 법에 인도되지 못하고 참된 사람들을 친견하지 못하고 참된 사람의 법에 능숙하지 못하여 물질을 자아라고 관찰하고, 물질을 가진 것이 자아라고 관찰하고, 물질이 자아 안에 있다고 관찰하고, 물질 안에 자아가 있다고 관찰한다.

비구들이여, 이를 일러 배우지 못한 범부는 물질의 속박에 묶이고, 안팎의 속박에 묶이고, [이] 언덕을 보지 못하고, 저언덕을 보지 못하고,[387] 속박되어 늙고[388] 속박되어 죽고 속박된 채 이 세상에서 저 세상으로 간다고 한다. [165]

느낌을 … 인식을 … 심리현상들을 … 알음알이를 자아라고 관찰하고, 알음알이를 가진 것이 자아라고 관찰하고, 알음알이가 자아 안

---

387) "'[이]언덕을 보지 못함(atīra-dassī)'에서 '언덕(tiira)'이란 윤회(vaṭṭa)를 말하고, '저언덕(pāra)'은 열반을 말한다. '속박(baddha)'이란 오염원의 구속(kilesa-bandhana)에 속박된 것이다.(SA.ii.333)

388) '속박되어 늙고'는 Ee, Se: baddho jāyati(속박되어 태어나고) 대신에 Be: baddho jīyati로 읽어서 옮긴 것이다.

에 있다고 관찰하고, 알음알이 안에 자아가 있다고 관찰한다.

비구들이여, 이를 일러 배우지 못한 범부는 알음알이의 속박에 묶이고, 안팎의 속박에 묶이고, [이]언덕을 보지 못하고, 저언덕을 보지 못하고, 속박되어 늙고 속박되어 죽고 속박된 채 이 세상에서 저 세상으로 간다고 한다."

4. "비구들이여, 그러나 잘 배운 성스러운 제자는 성자들을 친견하고 성스러운 법에 능숙하고 성스러운 법에 인도되고 참된 사람들을 친견하고 참된 사람의 법에 능숙하여 물질을 자아라고 관찰하지 않고, 물질을 가진 것이 자아라고 관찰하지 않고, 물질이 자아 안에 있다고 관찰하지 않고, 물질 안에 자아가 있다고 관찰하지 않는다.

비구들이여, 이를 일러 잘 배운 성스러운 제자는 물질의 속박에 묶이지 않고, 안팎의 속박에 묶이지 않고, [이]언덕을 보고, 저언덕을 보아서 괴로움으로부터 완전히 해탈한다고 한다.

느낌을 … 인식을 … 심리현상들을 … 알음알이를 자아라고 관찰하지 않고, 알음알이를 가진 것이 자아라고 관찰하지 않고, 알음알이가 자아 안에 있다고 관찰하지 않고, 알음알이 안에 자아가 있다고 관찰하지 않는다.

비구들이여, 이를 일러 잘 배운 성스러운 제자는 물질의 속박에 묶이지 않고, 안팎의 속박에 묶이지 않고, [이]언덕을 보고, 피안을 보아서 괴로움으로부터 완전히 해탈한다고 한다."

질문 경1(S22:118)

Paripucchita-sutta[389)]

---

389) Ee에는 본경과 다음 경의 경제목이 parimucchita로 나타나는데 paripucchita(질문)의 오기임이 분명하다. PED에도 parimucchita라는 단어는

3. "비구들이여, 이를 어떻게 생각하는가? 그대들은 물질을 '이것은 내 것이다. 이것은 나다. 이것은 나의 자아다.'라고 관찰하는가?"

"그렇지 않습니다, 세존이시여."

"장하구나, 비구들이여. 그대들은 물질을 '이것은 내 것이 아니다, 이것은 내가 아니다. 이것은 나의 자아가 아니다'라고 있는 그대로 바른 통찰지로 보아야 한다."

"비구들이여, 이를 어떻게 생각하는가? 그대들은 느낌을 … 인식을 … 심리현상들을 … [166] 알음알이를 '이것은 내 것이다. 이것은 나다. 이것은 나의 자아다.'라고 관찰하는가?"

"그렇지 않습니다, 세존이시여."

"장하구나, 비구들이여. 그대들은 알음알이를 '이것은 내 것이 아니다, 이것은 내가 아니다. 이것은 나의 자아가 아니다'라고 있는 그대로 바른 통찰지로 보아야 한다."

4. "비구들이여, 이와 같이 보는 잘 배운 성스러운 제자는 물질에 대해서도 염오하고 느낌에 대해서도 염오하고 인식에 대해서도 염오하고 심리현상들에 대해서도 염오하고 알음알이에 대해서도 염오한다.

염오하면서 탐욕이 빛바래고, 탐욕이 빛바래기 때문에 해탈한다. 해탈하면 해탈했다는 지혜가 있다. '태어남은 다했다. 청정범행(梵行)은 성취되었다. 할 일을 다 해 마쳤다. 다시는 어떤 존재로도 돌아오지 않을 것이다.'라고 꿰뚫어 안다."

나타나지 않는다. Be, Se에는 「질문 경」(Paripucchita-sutta)으로 나타나고 보디 스님도 이를 경제목으로 삼았으며 역자도 이를 채택했다. DPPN에는 parimucchita로 나타난다.

질문 경2(S22:119)

3. "비구들이여, 이를 어떻게 생각하는가? 그대들은 물질을 '이것은 내 것이 아니다. 이것은 내가 아니다. 이것은 나의 자아가 아니다.'라고 관찰하는가?"

"그렇습니다, 세존이시여."

"장하구나, 비구들이여. 그대들은 물질을 '이것은 내 것이 아니다, 이것은 내가 아니다. 이것은 나의 자아가 아니다.'라고 있는 그대로 바른 통찰지로 보아야 한다."

"비구들이여, 이를 어떻게 생각하는가? 그대들은 느낌을 … 인식을 … 심리현상들을 … 알음알이를 '이것은 내 것이다. 이것은 나다. 이것은 나의 자아다.'라고 관찰하는가?"

"그렇지 않습니다, 세존이시여."

"장하구나, 비구들이여. 그대들은 알음알이를 '이것은 내 것이 아니다, 이것은 내가 아니다. 이것은 나의 자아가 아니다.'라고 있는 그대로 바른 통찰지로 보아야 한다."

4. "비구들이여, 이와 같이 보는 잘 배운 성스러운 제자는 물질에 대해서도 염오하고 느낌에 대해서도 염오하고 인식에 대해서도 염오하고 심리현상들에 대해서도 염오하고 알음알이에 대해서도 염오한다.

염오하면서 탐욕이 빛바래고, 탐욕이 빛바래기 때문에 해탈한다. 해탈하면 해탈했다는 지혜가 있다. '태어남은 다했다. 청정범행(梵行)은 성취되었다. 할 일을 다 해 마쳤다. 다시는 어떤 존재로도 돌아오지 않을 것이다.'라고 꿰뚫어 안다."

족쇄 경(S22:120)

Saṁyojana-sutta

2. "비구들이여, 족쇄의 [대상이] 되는 법들과 족쇄에 대해서 설하리라. … <S22:7 §3> …

3. "비구들이여, 그러면 어떤 것이 족쇄의 [대상이] 되는 법들이며, 어떤 것이 족쇄인가?

비구들이여, 물질은 족쇄의 [대상이] 되는 법이며, 거기에 대한 욕탐이 족쇄이다.

느낌은 … 인식은 … 심리현상들은 … [167] 알음알이는 족쇄의 [대상이] 되는 법이며, 거기에 대한 욕탐이 족쇄이다.

비구들이여, 이것이 족쇄의 [대상이] 되는 법들이며, 이것이 족쇄이다."

취착 경(S22:121)

Upadāna-sutta

2. "비구들이여, 취착의 [대상이] 되는 법들과 취착에 대해서 설하리라. … <S22:7 §3> …

3. "비구들이여, 그러면 어떤 것이 취착의 [대상이] 되는 법들이며, 어떤 것이 취착인가?

비구들이여, 물질은 취착의 [대상이] 되는 법이며, 거기에 대한 욕탐이 취착이다.

느낌은 … 인식은 … 심리현상들은 … 알음알이는 취착의 [대상이] 되는 법이며, 거기에 대한 욕탐이 취착이다.

비구들이여, 이것이 취착의 [대상이] 되는 법들이며, 이것이 취착이다."

계 경(S22:122)
Sīla-sutta

1. 이와 같이 나는 들었다. 한때 사리뿟따 존자와 마하꼿티따 존자[390]는 바라나시에서 이시빠따나의 녹야원에 머물렀다.

2. 그때 마하꼿티따 존자가 해거름에 홀로 앉음을 풀고 일어나 사리뿟따 존자에게 다가갔다. 가서는 사리뿟따 존자와 함께 환담을 나누었다. 유쾌하고 기억할 만한 이야기로 서로 담소를 하고서 한 곁에 앉았다. 한 곁에 앉은 마하꼿티따 존자는 사리뿟따 존자에게 이렇게 말했다.

3. "도반 사리뿟따여, 계를 지키는 비구는 어떤 법들을 지혜롭게 마음에 잡도리해야 합니까?"

"도반 꼿티따여, 계를 지키는 비구는 취착의 [대상이 되는] 다섯 가지 무더기를 무상하다고 괴로움이라고 병이라고 종기라고 쇠살이

---

390) 마하꼿티따 존자(āyasmā Mahākoṭṭhita)는 『앙굿따라 니까야』 제1권 「하나의 모음」(A1:14:3-10)에서 "무애해(paṭisambhidā)를 얻은 비구들 가운데 으뜸"이라고 언급되고 있다. 그는 사왓티의 부유한 바라문 가문에서 태어났고 삼베다에 통달했다고 하며 부처님의 설법을 듣고 출가하여 곧 아라한이 되었다고 한다.(AA.i.286)
그는 본경 외에도 여러 경에서 특히 사리뿟따 존자와 담론을 나누고 있는데, 예를 들면 본서 「일어나기 마련임 경」 2(S22:127)부터 「꼿티따 경」 3(S22:135)까지의 9개 경들을 들 수 있다. 『장로게』(Thag)에는 사리뿟따 존자가 마하꼿티따 존자를 칭송하는 게송(Thag {1006~1008})이 나타날 정도로 두 분은 교분이 깊었다고 DPPN은 적고 있다.
C.Rh.D의 지적처럼(KS 2:79, n.1) 이 두 분은 아라한이었기 때문에 이들의 대화는 모르는 것에 대한 문답이라기보다는 제자들을 교육시키기 위한 것이라고 받아들여야 할 것이다.

라고 재난이라고 질병이라고 남[他]이라고 부서지기 마련인 것이라고 공한 것이라고 무아라고391) 지혜롭게 마음에 잡도리해야 합니다.

어떤 것이 다섯입니까? 취착의 [대상이 되는] 물질의 무더기 … 취착의 [대상이 되는] 알음알이의 무더기입니다. 도반 꼿티따여, 계를 지키는 비구는 취착의 [대상이 되는] 다섯 가지 무더기를 무상하다고 괴로움이라고 … 무아라고 지혜롭게 마음에 잡도리해야 합니다.

도반이여, 계를 지키는 [168] 비구가 취착의 [대상이 되는] 다섯 가지 무더기를 무상하다고 괴로움이라고 … 무아라고 지혜롭게 마음에 잡도리하면 예류과를 실현하게 된다는 것은 이치에 맞습니다."

4. "도반 사리뿟따여, 그러면 예류자가 된 비구는 어떤 법들을 지혜롭게 마음에 잡도리해야 합니까?"

"도반 꼿티따여, 예류자가 된 비구는 취착의 [대상이 되는] 다섯 가지 무더기를 무상하다고 괴로움이라고 … 무아라고 지혜롭게 마음에 잡도리해야 합니다.

도반이여, 그런데 예류자가 된 비구가 취착의 [대상이 되는] 다섯

391) 여기서 나열되는 '무상', '괴로움', '병', '종기', '쇠살', '재난', '질병', '남[他]', '부서지기 마련인 것', '공한 것', '무아'의 11개의 술어들은 각각 anicca, dukkha, roga, gaṇḍa, salla, agha, ābādha, para, paloka, suñña, anatta를 옮긴 것이다. 이들은 『맛지마 니까야』 「긴 말룽꺄 경」(M64/i.435) §9와 「디가나카 경」(M74/i.500) §9, 그리고 『앙굿따라 니까야』 「다른 점 경」 2(A4:124/ii.128) §1과 「선(禪) 경」(A9:36/iv.422~423) §2 등에도 나타난다. 그리고 이것은 『무애해도』(Ps.ii.238)에서 40가지로 확장이 되고, 그것은 다시 『청정도론』(Vis.XX.19~20)에서 설명이 되고 있다.
한편 본경에 해당하는 주석서는 이 11개를 삼특상으로 간추려서 설명하고 있다. 즉, 무상과 부서지기 마련임은 무상의 특상을 마음에 잡도리하는 것(anicca-manasikāra)이고, 공과 무아는 무아를, 괴로움부터 남[他]까지의 나머지 7가지는 괴로움의 특상을 마음에 잡도리하는 것을 뜻한다고 설명하고 있다.(SA.ii.334). 그러나 『청정도론』(Vis.XX.20)과 『무애해도』(Ps.iii.146)에서는 남[他]인 것(para)을 무아에다 포함시키고 있는데 이것이 더 타당하다고 생각된다.

가지 무더기를 무상하다고 괴로움이라고 … 무아라고 지혜롭게 마음에 잡도리하면 일래과를 실현하게 된다는 것은 이치에 맞습니다."

5. "도반 사리뿟따여, 그러면 일래자가 된 비구는 어떤 법들을 지혜롭게 마음에 잡도리해야 합니까?"

"도반 꼿티따여, 일래자가 된 비구도 취착의 [대상이 되는] 다섯 가지 무더기를 무상하다고 괴로움이라고 … 무아라고 지혜롭게 마음에 잡도리해야 합니다.

도반이여, 그런데 일래자가 된 비구가 취착의 [대상이 되는] 다섯 가지 무더기를 무상하다고 괴로움이라고 … 무아라고 지혜롭게 마음에 잡도리하면 불환과를 실현하게 된다는 것은 이치에 맞습니다."

6. "도반 사리뿟따여, 그러면 불환자가 된 비구는 어떤 법들을 지혜롭게 마음에 잡도리해야 합니까?"

"도반 꼿티따여, 불환자가 된 비구도 취착의 [대상이 되는] 다섯 가지 무더기를 무상하다고 괴로움이라고 … 무아라고 지혜롭게 마음에 잡도리해야 합니다.

도반이여, 그런데 불환자가 된 비구가 취착의 [대상이 되는] 다섯 가지 무더기를 무상하다고 괴로움이라고 … 무아라고 지혜롭게 마음에 잡도리하면 아라한과를 실현하게 된다는 것은 이치에 맞습니다."

7. "도반 사리뿟따여, 그러면 아라한은 어떤 법들을 지혜롭게 마음에 잡도리해야 합니까?"

"도반 꼿티따여, 아라한도 취착의 [대상이 되는] 다섯 가지 무더기를 무상하다고 괴로움이라고 병이라고 종기라고 쇠살이라고 재난이라고 질병이라고 남[他]이라고 부서지기 마련인 것이라고 공한 것이라고 무아라고 지혜롭게 마음에 잡도리해야 합니다.

도반이여, 아라한이 다시 더 해야 할 것이란 없고 [169] 더 보태야 할 것도 없습니다.[392] 그렇지만 이러한 법들을 닦고 많이 [공부]지으면 지금 · 여기에서 행복하게 머물게 되고[393] 마음챙김과 알아차림이 있게 됩니다."

잘 배움 경(S22:123)

Sutavā-sutta

<본경은 '계를 지키는' 대신에 '잘 배운'이 나타나는 것을 제외하고는 모두 바로 앞의 「계 경」(S22:122)과 같은 내용을 담고 있다.>

깝빠 경1(S22:124)[394]

Kappa-sutta

2\. 그때 깝빠 존자[395]가 세존께 다가갔다. 가서는 세존께 절을 올리고 한 곁에 앉았다. 한 곁에 앉은 깝빠 존자는 세존께 이렇게 여

---

392) 본경에 해당하는 주석서에는 여기에 대한 설명이 나타나지 않는다. 그러나 『앙굿따라 니까야』 「메기야 경」(A9:3)에 해당하는 주석서는 다음과 같이 설명하고 있다.
"'다시 더 해야 할 것이란 없고(natthi kiñci uttarikaraṇīyaṁ)'라는 것은 사성제에 대해서 해야 할 네 가지 의무(kicca, 사성제 각각에 대해서 안 · 지 · 혜 · 명 · 광이 생긴 것을 뜻함. S56:11 §§9~12참조)를 다 했기 때문에 다른 더 해야 할 것이 없다는 말이다.
'더 보태야 할 것도 없다(katassa vā paṭicayo).'라는 것은 이미 닦아진 도(bhāvita-magga)에 대해서 다시 더 닦을 것이 없고 이미 버려진 오염원들(pahīna-kilesā)에 대해서 다시 더 버려야 할 것이 없다는 말이다."(AA.iv.165)

393) 여기에 대해서는 본서 제2권 「비구 경」(S17:30) §4의 주해를 참조할 것.

394) 본경은 본서 「라다 경」(S22:71) 등과 같은 내용을 담고 있다.

395) 주석서와 복주서는 깝빠 존자(āyasmā Kappa)가 누구인지 설명을 하지 않고 있다.

쭈었다.

3. "세존이시여, 어떻게 알고 어떻게 보아야 알음알이를 가진 이 몸과 밖의 모든 표상들에 대하여 '나'라는 생각과 '내 것'이라는 생각과 자만의 잠재성향이 일어나지 않게 됩니까?"

4. "깝빠여, 그것이 어떠한 물질이건, 그것이 과거의 것이건 미래의 것이건 현재의 것이건 안의 것이건 밖의 것이건 거칠건 미세하건 저열하건 수승하건 멀리 있건 가까이 있건 '이것은 내 것이 아니요, 이것은 내가 아니며, 이것은 나의 자아가 아니다.'라고 있는 그대로 바른 통찰지로 보아야 한다.

깝빠여, 그것이 어떠한 느낌이건 … 그것이 어떠한 인식이건 … 그것이 어떠한 심리현상들이건 … 그것이 어떠한 알음알이건, 그것이 과거의 것이건 미래의 것이건 현재의 것이건 안의 것이건 밖의 것이건 거칠건 미세하건 저열하건 수승하건 멀리 있건 가까이 있건 '이것은 내 것이 아니요, 이것은 내가 아니며, 이것은 나의 자아가 아니다.'라고 있는 그대로 바른 통찰지로 보아야 한다.

깝빠여, 이렇게 알고 이렇게 보아야 알음알이를 가진 이 몸과 밖의 모든 표상들에 대하여 '나'라는 생각과 '내 것'이라는 생각과 자만의 잠재성향이 일어나지 않게 된다."

깝빠 경2(S22:125)[396]

2. 그때 [170] 깝빠 존자가 세존께 다가갔다. 가서는 세존께 절을 올리고 한 곁에 앉았다. 한 곁에 앉은 깝빠 존자는 세존께 이렇게 여쭈었다.

---

396) 본경은 본서 「수라다 경」(S22:72) 등과 같은 내용을 담고 있다.

3. "세존이시여, 어떻게 알고 어떻게 보아야 [우리의] 마음은 알음알이를 가진 이 몸과 밖의 모든 표상들에 대하여 '나'라는 생각과 '내 것'이라는 생각과 자만을 제거하게 되고, 여러 가지 차별된 생각을 뛰어넘어 평화롭게 되고 잘 해탈하게 됩니까?"

4. "깝빠여, 그것이 어떠한 물질이건, 그것이 과거의 것이건 미래의 것이건 현재의 것이건 안의 것이건 밖의 것이건 거칠건 미세하건 저열하건 수승하건 멀리 있건 가까이 있건 '이것은 내 것이 아니요, 이것은 내가 아니며, 이것은 나의 자아가 아니다.'라고 있는 그대로 바른 통찰지로 본 뒤에 취착 없이 해탈한다.

깝빠여, 그것이 어떠한 느낌이건 … 그것이 어떠한 인식이건 … 그것이 어떠한 심리현상들이건 … 그것이 어떠한 알음알이건, 그것이 과거의 것이건 미래의 것이건 현재의 것이건 안의 것이건 밖의 것이건 거칠건 미세하건 저열하건 수승하건 멀리 있건 가까이 있건 '이것은 내 것이 아니요, 이것은 내가 아니며, 이것은 나의 자아가 아니다.'라고 있는 그대로 바른 통찰지로 본 뒤에 취착 없이 해탈한다.

깝빠여, 이렇게 알고 이렇게 보아야 마음은 알음알이를 가진 이 몸과 밖의 모든 표상들에 대하여 '나'라는 생각과 '내 것'이라는 생각과 자만을 제거하게 되고, 여러 가지 차별된 생각을 뛰어넘어 평화롭게 되고 잘 해탈하게 된다."

제12장 설법자 품이 끝났다.

열두 번째 품에 포함된 경들의 목록은 다음과 같다.

① 무명 ② 명지, 두 가지 ③~④ 설법자 ⑤ 속박, 두 가지 ⑥~⑦ 질문
⑧ 족쇄 ⑨ 취착 ⑩ 계 ⑪ 잘 배움, 두 가지 ⑫~⑬ 깝빠이다.

제13장 무명 품

Avijjā-vagga

일어나기 마련임 경1(S22:126)

Samudayadhamma-sutta

2. 그때 [171] 어떤 비구가 세존께 다가갔다. 가서는 세존께 절을 올리고 한 곁에 앉았다. 한 곁에 앉은 그 비구는 세존께 이렇게 여쭈었다.

3. "세존이시여, '무명, 무명'이라고들 합니다. 세존이시여, 어떤 것이 무명이고 어떻게 해서 무명에 빠지게 됩니까?"

4. "비구여, 여기 배우지 못한 범부는 '일어나기 마련인 물질, 일어나기 마련인 물질'이라고 있는 그대로 꿰뚫어 알지 못하고 '사라지기 마련인 물질, 사라지기 마련인 물질'이라고 있는 그대로 꿰뚫어 알지 못하고 '일어나고 사라지기 마련인 물질, 일어나고 사라지기 마련인 물질'이라고 있는 그대로 꿰뚫어 알지 못한다.

'일어나기 마련인 느낌 … 일어나기 마련인 인식 … 일어나기 마련인 심리현상들 … 일어나기 마련인 알음알이, 일어나기 마련인 알음알이'라고 있는 그대로 꿰뚫어 알지 못하고 '사라지기 마련인 알음알이, 사라지기 마련인 알음알이'라고 있는 그대로 꿰뚫어 알지 못하고 '일어나고 사라지기 마련인 알음알이, 일어나고 사라지기 마련인 알음알이'라고 있는 그대로 꿰뚫어 알지 못한다.

비구여, 이를 일러 무명이라 하고 이렇게 해서 무명에 빠지게 된다."

5. 이렇게 말씀하시자 그 비구는 세존께 이렇게 여쭈었다.

"세존이시여, '명지, 명지'라고들 합니다. 세존이시여, 어떤 것이 명지이고 어떻게 해서 명지를 얻게 됩니까?"

6. "비구여, 여기 잘 배운 성스러운 제자는 '일어나기 마련인 물질, 일어나기 마련인 물질'이라고 있는 그대로 꿰뚫어 알고 '사라지기 마련인 물질, 사라지기 마련인 물질'이라고 있는 그대로 [172] 꿰뚫어 알고 '일어나고 사라지기 마련인 물질, 일어나고 사라지기 마련인 물질'이라고 있는 그대로 꿰뚫어 안다.

'일어나기 마련인 느낌 … 일어나기 마련인 인식 … 일어나기 마련인 심리현상들 … 일어나기 마련인 알음알이, 일어나기 마련인 알음알이'라고 있는 그대로 꿰뚫어 알고 '사라지기 마련인 알음알이, 사라지기 마련인 알음알이'라고 있는 그대로 꿰뚫어 알고 '일어나고 사라지기 마련인 알음알이, 일어나고 사라지기 마련인 알음알이'라고 있는 그대로 꿰뚫어 안다.

비구여, 이를 일러 명지라 하고 이렇게 해서 명지를 얻게 된다."

일어나기 마련임 경2(S22:127)

1. 이와 같이 나는 들었다. 한때 사리뿟따 존자와 마하꼿티따 존자는 바라나시에서 이시빠따나의 녹야원에 머물렀다.

2. 그때 마하꼿티따 존자가 해거름에 홀로 앉음을 풀고 일어나 사리뿟따 존자에게 다가갔다. 가서는 사리뿟따 존자와 함께 환담을 나누었다. 유쾌하고 기억할 만한 이야기로 서로 담소를 하고서 한 곁에 앉았다. 한 곁에 앉은 마하꼿티따 존자는 사리뿟따 존자에게 이렇

게 말했다.

3. "도반 사리뿟따여, '무명, 무명'이라고들 합니다. 도반이여, 어떤 것이 무명이고 어떻게 해서 무명에 빠지게 됩니까?"

4. "도반이여, 여기 배우지 못한 범부는 '일어나기 마련인 물질, 일어나기 마련인 물질'이라고 있는 그대로 꿰뚫어 알지 못하고 '사라지기 마련인 물질, 사라지기 마련인 물질'이라고 있는 그대로 꿰뚫어 알지 못하고 '일어나고 사라지기 마련인 물질, 일어나고 사라지기 마련인 물질'이라고 있는 그대로 꿰뚫어 알지 못합니다.

'일어나기 마련인 느낌 … 일어나기 마련인 인식 … 일어나기 마련인 심리현상들 … 일어나기 마련인 알음알이, 일어나기 마련인 알음알이'라고 있는 그대로 꿰뚫어 알지 못하고 '사라지기 마련인 알음알이, 사라지기 마련인 알음알이'라고 있는 그대로 꿰뚫어 알지 못하고 '일어나고 사라지기 마련인 알음알이, 일어나고 사라지기 마련인 알음알이'라고 있는 그대로 꿰뚫어 알지 못합니다.

도반이여, 이를 일러 무명이라 하고 이렇게 해서 무명에 빠지게 됩니다."

일어나기 마련임 경3(S22:128)

1. 이와 같이 나는 들었다. 한때 [173] 사리뿟따 존자와 마하꼿티따 존자는 바라나시에서 이시빠따나의 녹야원에 머물렀다.

2. 그때 마하꼿티따 존자가 해거름에 홀로 앉음을 풀고 일어나 사리뿟따 존자에게 다가갔다. 가서는 사리뿟따 존자와 함께 환담을 나누었다. 유쾌하고 기억할 만한 이야기로 서로 담소를 하고서 한 곁

에 앉았다. 한 곁에 앉은 마하꼿티따 존자는 사리뿟따 존자에게 이렇게 말했다.

3. "도반 사리뿟따여, '명지, 명지'라고들 합니다. 도반이여, 어떤 것이 명지이고 어떻게 해서 명지를 얻게 됩니까?"

4. "도반이여, 여기 잘 배운 성스러운 제자는 '일어나기 마련인 물질, 일어나기 마련인 물질'이라고 있는 그대로 꿰뚫어 알고 '사라지기 마련인 물질, 사라지기 마련인 물질'이라고 있는 그대로 꿰뚫어 알고 '일어나고 사라지기 마련인 물질, 일어나고 사라지기 마련인 물질'이라고 있는 그대로 꿰뚫어 압니다.

'일어나기 마련인 느낌 … 일어나기 마련인 인식 … 일어나기 마련인 심리현상들 … 일어나기 마련인 알음알이, 일어나기 마련인 알음알이'라고 있는 그대로 꿰뚫어 알고 '사라지기 마련인 알음알이, 사라지기 마련인 알음알이'라고 있는 그대로 꿰뚫어 알고 '일어나고 사라지기 마련인 알음알이, 일어나고 사라지기 마련인 알음알이'라고 있는 그대로 꿰뚫어 압니다.

도반이여, 이를 일러 명지라 하고 이렇게 해서 명지를 얻게 됩니다."

달콤함 경1(S22:129)

Assāda-sutta

1. 이와 같이 나는 들었다. 한때 사리뿟따 존자와 마하꼿티따 존자는 바라나시에서 이시빠따나의 녹야원에 머물렀다.

2. 그때 마하꼿티따 존자가 해거름에 … 한 곁에 앉은 마하꼿티따 존자는 사리뿟따 존자에게 이렇게 말했다.

3. “도반 사리뿟따여, ‘무명, 무명’이라고들 합니다. 도반이여, 어떤 것이 무명이고 어떻게 해서 무명에 빠지게 됩니까?”

4. “도반이여, 여기 배우지 못한 범부는 물질의 달콤함과 위험함과 벗어남을 있는 그대로 꿰뚫어 알지 못합니다.

느낌의 … 인식의 … 심리현상들의 … 알음알이의 달콤함과 위험함과 벗어남을 있는 그대로 꿰뚫어 알지 못합니다.

도반이여, 이를 일러 무명이라 하고 이렇게 해서 무명에 빠지게 됩니다.”

달콤함 경2(S22:130)

1. 이와 같이 나는 들었다. 한때 사리뿟따 존자와 마하꼿티따 존자는 바라나시에서 이시빠따나의 녹야원에 머물렀다.

2. 그때 마하꼿티따 존자가 해거름에 … 한 곁에 앉은 마하꼿티따 존자는 사리뿟따 존자에게 이렇게 말했다.

3. “도반 사리뿟따여, [174] ‘명지, 명지’라고들 합니다. 도반이여, 어떤 것이 명지이고 어떻게 해서 명지를 얻게 됩니까?”

4. “도반이여, 여기 잘 배운 성스러운 제자는 물질의 달콤함과 위험함과 벗어남을 있는 그대로 꿰뚫어 압니다.

느낌의 … 인식의 … 심리현상들의 … 알음알이의 달콤함과 위험함과 벗어남을 있는 그대로 꿰뚫어 압니다.

도반이여, 이를 일러 명지라 하고 이렇게 해서 명지를 얻게 됩니다.”

일어남 경1(S22:131)

Samudaya-sutta

1. 이와 같이 나는 들었다. 한때 사리뿟따 존자와 마하꼿티따 존자는 바라나시에서 이시빠따나의 녹야원에 머물렀다.

2. 그때 마하꼿티따 존자가 해거름에 … 한 곁에 앉은 마하꼿티따 존자는 사리뿟따 존자에게 이렇게 말했다.

3. "도반 사리뿟따여, '무명, 무명'이라고들 합니다. 도반이여, 어떤 것이 무명이고 어떻게 해서 무명에 빠지게 됩니까?"

4. "도반이여, 여기 배우지 못한 범부는 물질의 일어남과 사라짐과 달콤함과 위험함과 벗어남을 있는 그대로 꿰뚫어 알지 못합니다.

느낌의 … 인식의 … 심리현상들의 … 알음알이의 일어남과 사라짐과 달콤함과 위험함과 벗어남을 있는 그대로 꿰뚫어 알지 못합니다.

도반이여, 이를 일러 무명이라 하고 이렇게 해서 무명에 빠지게 됩니다."

일어남 경2(S22:132)

1. 이와 같이 나는 들었다. 한때 사리뿟따 존자와 마하꼿티따 존자는 바라나시에서 이시빠따나의 녹야원에 머물렀다.

2. 그때 마하꼿티따 존자가 해거름에 … 한 곁에 앉은 마하꼿티따 존자는 사리뿟따 존자에게 이렇게 말했다.

3. "도반 사리뿟따여, '명지, 명지'라고들 합니다. 도반이여, 어떤 것이 명지이고 어떻게 해서 명지를 얻게 됩니까?"

4. “도반이여, 여기 잘 배운 성스러운 제자는 물질의 일어남과 사라짐과 달콤함과 위험함과 벗어남을 있는 그대로 꿰뚫어 압니다.

느낌의 … 인식의 … 심리현상들의 … 알음알이의 일어남과 사라짐과 달콤함과 위험함과 벗어남을 있는 그대로 꿰뚫어 압니다.

도반이여, 이를 일러 명지라 하고 이렇게 해서 명지를 얻게 됩니다.”

꼿티따 경1(S22:133)

Koṭṭhita-sutta

1. 이와 같이 나는 들었다. 한때 [175] 사리뿟따 존자와 마하꼿티따 존자는 바라나시에서 이시빠따나의 녹야원에 머물렀다.

2. 그때 사리뿟따 존자가 해거름에 … 한 곁에 앉은 사리뿟따 존자는 마하꼿티따 존자에게 이렇게 말했다.

3. “도반 마하꼿티따여, ‘무명, 무명’이라고들 합니다. 도반이여, 어떤 것이 무명이고 어떻게 해서 무명에 빠지게 됩니까?”

4. “도반이여, 여기 배우지 못한 범부는 물질의 달콤함과 위험함과 벗어남을 있는 그대로 꿰뚫어 알지 못합니다.

느낌의 … 인식의 … 심리현상들의 … 알음알이의 달콤함과 위험함과 벗어남을 있는 그대로 꿰뚫어 알지 못합니다.

도반이여, 이를 일러 무명이라 하고 이렇게 해서 무명에 빠지게 됩니다.”

5. 이렇게 말하자 사리뿟따 존자는 마하꼿티따 존자에게 이렇게 말했다.

"도반 마하꼿티따여, '명지, 명지'라고들 합니다. 도반이여, 어떤 것이 명지이고 어떻게 해서 명지를 얻게 됩니까?"

6. "도반이여, 여기 잘 배운 성스러운 제자는 물질의 달콤함과 위험함과 벗어남을 있는 그대로 꿰뚫어 압니다.

느낌의 … 인식의 … 심리현상들의 … 알음알이의 달콤함과 위험함과 벗어남을 있는 그대로 꿰뚫어 압니다.

도반이여, 이를 일러 명지라 하고 이렇게 해서 명지를 얻게 됩니다."

꼿티따 경2(S22:134)

1. 이와 같이 나는 들었다. 한때 사리뿟따 존자와 마하꼿티따 존자는 바라나시에서 이시빠따나의 녹야원에 머물렀다.

2. 그때 사리뿟따 존자가 해거름에 … 한 곁에 앉은 사리뿟따 존자는 마하꼿티따 존자에게 이렇게 말했다.

3. "도반 마하꼿티따여, '무명, 무명'이라고들 합니다. 도반이여, 어떤 것이 무명이고 어떻게 해서 무명에 빠지게 됩니까?"

4. "도반이여, 여기 배우지 못한 범부는 물질의 일어남과 사라짐과 달콤함과 위험함과 벗어남을 있는 그대로 꿰뚫어 알지 못합니다.

느낌의 … 인식의 … 심리현상들의 … 알음알이의 일어남과 사라짐과 달콤함과 위험과 벗어남을 있는 그대로 꿰뚫어 알지 못합니다.

도반이여, [176] 이를 일러 무명이라 하고 이렇게 해서 무명에 빠지게 됩니다."

5. 이렇게 말하자 사리뿟따 존자는 마하꼿티따 존자에게 이렇

게 말했다.

"도반 마하꼿티따여, '명지, 명지'라고들 합니다. 도반이여, 어떤 것이 명지이고 어떻게 해서 명지를 얻게 됩니까?"

6. "도반이여, 여기 잘 배운 성스러운 제자는 물질의 일어남과 사라짐과 달콤함과 위험함과 벗어남을 있는 그대로 꿰뚫어 압니다.

느낌의 … 인식의 … 심리현상들의 … 알음알이의 일어남과 사라짐과 달콤함과 위험함과 벗어남을 있는 그대로 꿰뚫어 압니다.

도반이여, 이를 일러 명지라 하고 이렇게 해서 명지를 얻게 됩니다."

꼿티따 경3(S22:135)

1. 이와 같이 나는 들었다. 한때 사리뿟따 존자와 마하꼿티따 존자는 바라나시에서 이시빠따나의 녹야원에 머물렀다.

2. 그때 사리뿟따 존자가 해거름에 … 한 곁에 앉은 사리뿟따 존자는 마하꼿티따 존자에게 이렇게 말했다.

3. "도반 마하꼿티따여, '무명, 무명'이라고들 합니다. 도반이여, 어떤 것이 무명이고 어떻게 해서 무명에 빠지게 됩니까?"

4. "도반이여, 여기 배우지 못한 범부는 물질을 꿰뚫어 알지 못합니다. 물질의 일어남을 꿰뚫어 알지 못합니다. 물질의 소멸을 꿰뚫어 알지 못합니다. 물질의 소멸로 인도하는 도닦음을 꿰뚫어 알지 못합니다.

느낌을 … 인식을 … 심리현상들을 … 알음알이를 꿰뚫어 알지 못합니다. 알음알이의 일어남을 꿰뚫어 알지 못합니다. 알음알이의 소멸을 꿰뚫어 알지 못합니다. 알음알이의 소멸로 인도하는 도닦음을 꿰뚫어 알지 못합니다.

도반이여, 이를 일러 무명이라 하고 이렇게 해서 무명에 빠지게 됩니다."

5. 이렇게 말하자 사리뿟따 존자는 마하꼿티따 존자에게 이렇게 말했다.

"도반 마하꼿티따여, '명지, 명지'라고들 합니다. 도반이여, 어떤 것이 명지이고 어떻게 해서 명지를 얻게 됩니까?"

6. "도반이여, 여기 잘 배운 성스러운 제자는 물질을 꿰뚫어 압니다. 물질의 일어남을 [177] 꿰뚫어 압니다. 물질의 소멸을 꿰뚫어 압니다. 물질의 소멸로 인도하는 도닦음을 꿰뚫어 압니다.

느낌을 … 인식을 … 심리현상들을 … 알음알이를 꿰뚫어 압니다. 알음알이의 일어남을 꿰뚫어 압니다. 알음알이의 소멸을 꿰뚫어 압니다. 알음알이의 소멸로 인도하는 도닦음을 꿰뚫어 압니다.

도반이여, 이를 일러 명지라 하고 이렇게 해서 명지를 얻게 됩니다."

제13장 무명 품이 끝났다.

열세 번째 품에 포함된 경들의 목록은 다음과 같다.

세 가지 ①~③ 일어나기 마련임
두 가지 ④~⑤ 달콤함
두 가지 ⑥~⑦ 일어남
세 가지 ⑧~⑩ 꼿티따이다.

제14장 뜨거운 불더미 품

Kukkuḷa-vagga

뜨거운 불더미 경(S22:136)

Kukkuḷa-sutta

1. <사왓티의 아나타삔디까 원림(급고독원)에서>

3. "비구들이여, 물질은 뜨거운 불더미397)다. 느낌은 뜨거운 불더미다. 인식은 뜨거운 불더미다. 심리현상들은 뜨거운 불더미다. 알음알이는 뜨거운 불더미다.

비구들이여, 이렇게 보는 잘 배운 성스러운 제자는 물질에 대해서도 염오하고, 느낌에 대해서도 염오하고, 인식에 대해서도 염오하고, 심리현상들에 대해서도 염오하고, 알음알이에 대해서도 염오한다.

염오하면서 탐욕이 빛바래고, 탐욕이 빛바래므로 해탈한다. 해탈하면 해탈했다는 지혜가 있다. '태어남은 다했다. 청정범행(梵行)은 성취되었다. 할 일을 다 해 마쳤다. 다시는 어떤 존재로도 돌아오지 않을 것이다.'라고 꿰뚫어 안다."

---

397) '뜨거운 불더미(kukkuḷa)'는 본서 제1권 「사누 경」(S10:5) {824}에도 나타난다. 주석서는 이렇게 설명하고 있다.
"'뜨거운 불더미'는 뜨겁게 불타오르는 큰 잿더미(chārika-rāsi)와 같은 큰 열기(열병, mahā-pariḷāha)를 말한다. 본경에서는 괴로움의 특상을 설하셨다."(SA.ii.334)

무상 경1(S22:137)

Anicca-sutta

3. "비구들이여, 무상한 것에 대한 그대들의 욕구를 버려야 한다. 비구들이여, 그러면 무엇이 무상한 것인가?

비구들이여, [178] 물질은 무상하다. 여기에 대한 그대들의 욕구를 버려야 한다. 느낌은 … 인식은 … 심리현상들은 … 알음알이는 무상하다. 여기에 대한 그대들의 욕구를 버려야 한다. 비구들이여, 무상한 것에 대한 그대들의 욕구를 버려야 한다."

무상 경2(S22:138)

3. "비구들이여, 무상한 것에 대한 그대들의 탐욕을 버려야 한다. 비구들이여, 그러면 무엇이 무상한 것인가?

비구들이여, 물질은 무상하다. 여기에 대한 그대들의 탐욕을 버려야 한다. 느낌은 … 인식은 … 심리현상들은 … 알음알이는 무상하다. 여기에 대한 그대들의 탐욕을 버려야 한다. 비구들이여, 무상한 것에 대한 그대들의 탐욕을 버려야 한다."

무상 경3(S22:139)

3. "비구들이여, 무상한 것에 대한 그대들의 욕탐을 버려야 한다. 비구들이여, 그러면 무엇이 무상한 것인가?

비구들이여, 물질은 무상하다. 여기에 대한 그대들의 욕탐을 버려야 한다. 느낌은 … 인식은 … 심리현상들은 … 알음알이는 무상하다. 여기에 대한 그대들의 욕탐을 버려야 한다. 비구들이여, 무상한 것에 대한 그대들의 욕탐을 버려야 한다."

괴로움 경1/2/3(S22:140~142)

3. "비구들이여, 괴로운 것에 대한 그대들의 욕구를 버려야 한다.(S22:140) …

탐욕을 버려야 한다.(S22:141) …

욕탐을 버려야 한다.(S22:142) …

4. "비구들이여, 물질은 괴로움이다. 여기에 대한 그대들의 욕탐을 버려야 한다. 느낌은 … 인식은 … 심리현상들은 … 알음알이는 괴로움이다. 여기에 대한 그대들의 욕탐을 버려야 한다. 비구들이여, 괴로운 것에 대한 그대들의 욕탐을 버려야 한다."

무아 경1/2/3(S22:143~145)

3. "비구들이여, 무아인 것에 대한 그대들의 욕구를 버려야 한다.(S22:143) … [179]

탐욕을 버려야 한다.(S22:144) …

욕탐을 버려야 한다.(S22:145) …

4. "비구들이여, 물질은 무아다. 여기에 대한 그대들의 욕탐을 버려야 한다. 느낌은 … 인식은 … 심리현상들은 … 알음알이는 무아다. 여기에 대한 그대들의 욕탐을 버려야 한다. 비구들이여, 무아인 것에 대한 그대들의 욕탐을 버려야 한다."

염오를 많이 함 경(S22:146)

Nibbidābahula-sutta

3. "비구들이여, 믿음으로 출가한 선남자가 물질에 염오하기를

많이 하고 느낌에 … 인식에 … 심리현상들에 … 알음알이에 염오하기를 많이 하는 것이 법에 수순하는 것이다."[398]

4. "그가 물질에 염오하기를 많이 하면서 머물고 느낌에 … 인식에 … 심리현상들에 … 알음알이에 염오하기를 많이 하면서 머물면 그는 물질을 철저하게 알고 느낌을 … 인식을 … 심리현상들을 … 알음알이를 철저하게 안다."

5. "그가 물질을 철저하게 알고 느낌을 … 인식을 … 심리현상들을 … 알음알이를 철저하게 알면 물질로부터 벗어나게 되고 느낌으로부터 … 인식으로부터 … 심리현상들로부터 … 알음알이로부터 벗어나게 되고 태어남과 늙음으로부터, 근심・탄식・육체적 고통・정신적 고통・절망으로부터 벗어나게 되고 괴로움으로부터 벗어나게 된다."

무상을 관찰함 경(S22:147)[399]

Aniccānupassī-sutta

3. "비구들이여, 믿음으로 출가한 선남자가 물질에 대해서 무상을 관찰하며 머물고, 느낌에 대해서 … 인식에 대해서 … 심리현상들

---

398) 본서 「이르게 하는 법 경」 1(S22:39) §3과 주해들을 참조할 것.

399) 본경과 다음의 두 경들 즉 S22:147~149에 대한 Ee의 경제목은 kula-puttena dukkhā 1/2이다. 그러나 경의 내용상 이것은 잘 어울리지 않는다. 그래서 Be, Se를 따라서 경제목을 정했다.
무엇보다도 Ee에는 다음의 「괴로움을 관찰함 경」(S22:148)이 생략되어 나타난다. 그러나 Be와 Se에는 독립된 경으로 나타나고 있다. 물론 보디 스님도 독립된 경으로 간주하고 있으며, 역자도 이를 따라 독립된 경으로 옮겼다. 그러다 보니 S22:149부터 마지막 경까지는 Ee의 경번호보다 하나씩 증가하고 있다.

에 대해서 … 알음알이에 대해서 무상을 관찰하며 머무는 것이 법에 수순하는 것이다. …

… 태어남과 늙음으로부터, 근심·탄식·육체적 고통·정신적 고통·절망으로부터 벗어나게 되고 [180] 괴로움으로부터 벗어나게 된다."

괴로움을 관찰함 경(S22:148)

Dukkhānupassī-sutta

3. "비구들이여, 믿음으로 출가한 선남자가 물질에 대해서 괴로움을 관찰하며 머물고, 느낌에 대해서 … 인식에 대해서 … 심리현상들에 대해서 … 알음알이에 대해서 괴로움을 관찰하며 머무는 것이 법에 수순하는 것이다. …

… 태어남과 늙음으로부터, 근심·탄식·육체적 고통·정신적 고통·절망으로부터 벗어나게 되고 괴로움으로부터 벗어나게 된다."

무아를 관찰함 경(S22:149)

Anattānupassī-sutta

3. "비구들이여, 믿음으로 출가한 선남자가 물질에 대해서 무아를 관찰하며 머물고, 느낌에 대해서 … 인식에 대해서 … 심리현상들에 대해서 … 알음알이에 대해서 무아를 관찰하며 머무는 것이 법에 수순하는 것이다. …

… 태어남과 늙음으로부터, 근심·탄식·육체적 고통·정신적 고통·절망으로부터 벗어나게 되고 괴로움으로부터 벗어나게 된다."

제14장 뜨거운 불더미 품이 끝났다.

열네 번째 품에 포함된 경들의 목록은 다음과 같다.

① 뜨거운 불더미, 세 가지 ②~④ 무상
세 가지 ⑤~⑦ 괴로움, 세 가지 ⑧~⑩ 무아
⑪ 염오를 많이 함 ⑫ 무상을 관찰함
⑬ 괴로움을 관찰함 ⑭ 무아를 관찰함이다.

제15장 견해 품

Diṭṭhi-vagga

내적인 것 경(S22:150)

Ajjhatta-sutta

3. "비구들이여, 무엇이 있을 때, 그리고 무엇을 취착하여400) 내적인 즐거움과 괴로움이 일어나는가?"

"세존이시여, [181] 저희들의 법은 세존을 근원으로 하며, 세존을 길잡이로 하며, 세존을 귀의처로 합니다. 세존이시여, 세존께서 방금 말씀하신 이 뜻을 [친히] 밝혀주신다면 참으로 감사하겠습니다. 세존으로부터 듣고 비구들은 그것을 잘 호지할 것입니다."

"비구들이여, 그렇다면 이제 그것을 들어라. 듣고 마음에 잘 새겨라. 나는 설할 것이다."

"그렇게 하겠습니다, 세존이시여."라고 비구들은 세존께 응답했다.

4. "비구들이여, 물질이 있을 때, 그리고 물질을 취착하여 내적인 즐거움과 괴로움이 일어난다. 느낌이 … 인식이 … 심리현상들이 … 알음알이가 있을 때, 그리고 알음알이를 취착하여 내적인 즐거움과 괴로움이 일어난다."

5. "비구들이여, 이를 어떻게 생각하는가? 물질은 항상한가, 무상한가?"

"무상합니다, 세존이시여."

---

400) "'무엇을 취착하여(kiṁ upādāya)'는 '무엇을 조건으로 하여(kiṁ paṭicca)'라는 뜻이다."(SA.ii.335)

"그러면 무상한 것은 괴로움인가, 즐거움인가?"

"괴로움입니다, 세존이시여."

"그러면 무상하고 괴로움이고 변하기 마련인 것을 취착하지 않는데도 내적인 즐거움과 괴로움이 일어나겠는가?"

"그렇지 않습니다, 세존이시여."

"비구들이여, 이를 어떻게 생각하는가? 느낌은 … 인식은 … 심리현상들은 … 알음알이는 항상한가, 무상한가?"

"무상합니다, 세존이시여."

"그러면 무상한 것은 괴로움인가, 즐거움인가?"

"괴로움입니다, 세존이시여."

"그러면 무상하고 괴로움이고 변하기 마련인 것을 취착하지 않는데도 내적인 즐거움과 괴로움이 일어나겠는가?"

"그렇지 않습니다, 세존이시여."

6. "비구들이여, 이렇게 보는 잘 배운 성스러운 제자는 물질에 대해서도 염오하고, 느낌에 대해서도 염오하고, 인식에 대해서도 염오하고, 심리현상들에 대해서도 염오하고, 알음알이에 대해서도 염오한다.

염오하면서 탐욕이 빛바래고, 탐욕이 빛바래므로 해탈한다. 해탈하면 해탈했다는 지혜가 있다. '태어남은 다했다. 청정범행(梵行)은 성취되었다. 할 일을 다 해 마쳤다. 다시는 어떤 존재로도 돌아오지 않을 것이다.'라고 꿰뚫어 안다."

이것은 나의 것 경(S22:151)

Etaṁmama-sutta

3. "비구들이여, 무엇이 있을 때, 그리고 무엇을 취착하고 무엇을 천착(穿鑿)하여401) '이것은 내 것이다. 이것은 나다. 이것은 나의 자아다.'라고 관찰하는가?"

"세존이시여, 저희들의 법은 세존을 근원으로 하며, 세존을 길잡이로 하며, 세존을 귀의처로 합니다. …" …

4. "비구들이여, 물질이 있을 때, 그리고 물질을 취착하고 [182] 물질을 천착하여 '이것은 내 것이다. 이것은 나다. 이것은 나의 자아다.'라고 관찰한다. 느낌이 … 인식이 … 심리현상들이 … 알음알이가 있을 때, 그리고 알음알이를 취착하고 알음알이를 천착하여 '이것은 내 것이다. 이것은 나다. 이것은 나의 자아다.'라고 관찰한다."

5. "비구들이여, 이를 어떻게 생각하는가? 물질은 항상한가, 무상한가?"

"무상합니다, 세존이시여."

"그러면 무상한 것은 괴로움인가, 즐거움인가?"

---

401) 여기서도 주석서는 '무엇을 천착하여(kiṁ abhinivissa)'를 '무엇을 조건으로 하여(kiṁ paṭicca)'로 해석하고 있다.(SA.ii.335) 이렇게 하여 주석서는 무엇을 천착하여를 무엇을 취착하여와 동의어로 취급하여 모두 무엇을 조건으로 하여로 이해하고 있다.
그러나 절대분사 abhinivissa의 명사인 abhinivesa는 주로 항상(nicca)하다거나 자아(atta)라거나 하는 등의 사견으로 대상을 천착하고 고수하고 집착하는 뜻으로 설명된다.(DAṬ.i.135; MAṬ.i.92; Nd1A.163 등) 그래서 초기불전연구원에서는 천착으로 옮기고 있다.
그러므로 여기서도 오온에 대한 취착을 넘어서서 오온을 두고 항상하다, 즐겁다, 자아다는 등으로 깊이 천착하고 이런 견해를 고수하는 것으로 이해해야 한다.

"괴로움입니다, 세존이시여."

"그러면 무상하고 괴로움이고 변하기 마련인 것을 취착하지 않는데도 '이것은 내 것이다. 이것은 나다. 이것은 나의 자아다.'라고 관찰하겠는가?"

"그렇지 않습니다, 세존이시여."

"비구들이여, 이를 어떻게 생각하는가? 느낌은 … 인식은 … 심리현상들은 … 알음알이는 항상한가, 무상한가?"

"무상합니다, 세존이시여."

"그러면 무상한 것은 괴로움인가, 즐거움인가?"

"괴로움입니다, 세존이시여."

"그러면 무상하고 괴로움이고 변하기 마련인 것을 취착하지 않는데도 '이것은 내 것이다. 이것은 나다. 이것은 나의 자아다.'라고 관찰하겠는가?"

"그렇지 않습니다, 세존이시여."

6. "비구들이여, 이렇게 보는 잘 배운 성스러운 제자는 물질에 대해서도 염오하고, 느낌에 대해서도 염오하고, 인식에 대해서도 염오하고, 심리현상들에 대해서도 염오하고, 알음알이에 대해서도 염오한다.

염오하면서 탐욕이 빛바래고, 탐욕이 빛바래므로 해탈한다. 해탈하면 해탈했다는 지혜가 있다. '태어남은 다했다. 청정범행(梵行)은 성취되었다. 할 일을 다 해 마쳤다. 다시는 어떤 존재로도 돌아오지 않을 것이다.'라고 꿰뚫어 안다."

이 자아 경(S22:152)

Soattā-sutta

3. "비구들이여, 무엇이 있을 때, 그리고 무엇을 취착하고 무엇을 천착(穿鑿)하여 '이 자아가 바로 이 세상이다. 그것은 죽은 뒤에 항상하고 견고하고 영원하며 변하지 않을 것이다.'라는 [삿된] 견해가 일어나는가?"402)

"세존이시여, 저희들의 법은 세존을 근원으로 하며, 세존을 길잡이로 하며, 세존을 귀의처로 합니다. …" …

4. "비구들이여, 물질이 있을 때, 그리고 물질을 취착하고 물질을 천착하여 '이 자아가 바로 이 세상이다. 그것은 죽은 뒤에 항상하고 견고하고 영원하며 변하지 않을 것이다.'라는 [삿된] 견해가 일어난다. 느낌이 … 인식이 … 심리현상들이 … 알음알이가 있을 때, 그리고 알음알이를 취착하고 알음알이를 천착하여 [183] '이 자아가 바로 이 세상이다. 그것은 죽은 뒤에 항상하고 견고하고 영원하며 변하지 않을 것이다.'라는 [삿된] 견해가 일어난다."

5. "비구들이여, 이를 어떻게 생각하는가? 물질은 항상한가, 무상한가?"

"무상합니다, 세존이시여."

"그러면 무상한 것은 괴로움인가, 즐거움인가?"

"괴로움입니다, 세존이시여."

"그러면 무상하고 괴로움이고 변하기 마련인 것을 취착하지 않는데도 '이 자아가 바로 이 세상이다. 그것은 죽은 뒤에 항상하고 견고하

---

402) 이것은 상견(常見)에 대한 전형적인 표현이다. 여기에 대해서는 본서 「빠릴레야 경」(S22:81) §12와 주해를 참조할 것.

고 영원하며 변하지 않을 것이다.'라는 [삿된] 견해가 일어나겠는가?"

"그렇지 않습니다, 세존이시여."

"비구들이여, 이를 어떻게 생각하는가? 느낌은 … 인식은 … 심리현상들은 … 알음알이는 항상한가, 무상한가?"

"무상합니다, 세존이시여."

"그러면 무상한 것은 괴로움인가, 즐거움인가?"

"괴로움입니다, 세존이시여."

"그러면 무상하고 괴로움이고 변하기 마련인 것을 취착하지 않는데도 '이 자아가 바로 이 세상이다. 그것은 죽은 뒤에 항상하고 견고하고 영원하며 변하지 않을 것이다.'라는 [삿된] 견해가 일어나겠는가?"

"그렇지 않습니다, 세존이시여."

6. "비구들이여, 이렇게 보는 잘 배운 성스러운 제자는 물질에 대해서도 염오하고, 느낌에 대해서도 염오하고, 인식에 대해서도 염오하고, 심리현상들에 대해서도 염오하고, 알음알이에 대해서도 염오한다.

염오하면서 탐욕이 빛바래고, 탐욕이 빛바래므로 해탈한다. 해탈하면 해탈했다는 지혜가 있다. '태어남은 다했다. 청정범행(梵行)은 성취되었다. 할 일을 다 해 마쳤다. 다시는 어떤 존재로도 돌아오지 않을 것이다.'라고 꿰뚫어 안다."

나의 존재는 있지 않음 경(S22:153)

Nocamesiyā-sutta

3. "비구들이여, 무엇이 있을 때, 그리고 무엇을 취착하고 무엇을 천착(穿鑿)하여 '내가 존재하지 않았다면 나의 것도 존재하지 않

았을 것이다. 나는 존재하지 않을 것이고 나의 것도 존재하지 않을 것이다.'라는 [삿된] 견해가 일어나는가?"403)

"세존이시여, 저희들의 법은 세존을 근원으로 하며, 세존을 길잡이로 하며, 세존을 귀의처로 합니다. …" …

4. "비구들이여, 물질이 있을 때, 그리고 물질을 취착하고 물질을 천착하여 '내가 존재하지 않았다면 나의 것도 존재하지 않았을 것이다. 나는 존재하지 않을 것이고 나의 것도 존재하지 않을 것이다.' 라는 [삿된] 견해가 일어난다. 느낌이 … 인식이 … 심리현상들이 … [184] 알음알이가 있을 때, 그리고 알음알이를 취착하고 알음알이를 천착하여 '내가 존재하지 않았다면 나의 것도 존재하지 않았을 것이다. 나는 존재하지 않을 것이고 나의 것도 존재하지 않을 것이다.'라는 [삿된] 견해가 일어난다."

5. "비구들이여, 이를 어떻게 생각하는가? 물질은 항상한가, 무상한가?" …

"그러면 무상하고 괴로움이고 변하기 마련인 것을 취착하지 않는데도 '내가 존재하지 않았다면 나의 것도 존재하지 않았을 것이다. 나는 존재하지 않을 것이고 나의 것도 존재하지 않을 것이다.'라는 [삿된] 견해가 일어나겠는가?"

"그렇지 않습니다, 세존이시여."

"비구들이여, 이를 어떻게 생각하는가? 느낌은 … 인식은 … 심리현상들은 … 알음알이는 항상한가, 무상한가?" …

"그러면 무상하고 괴로움이고 변하기 마련인 것을 취착하지 않는

---

403) 이것은 단견(斷見)에 대한 전형적인 표현이다. 본서 「빠릴레야 경」(S22:81) §13과 주해를 참조할 것.

데도 '내가 존재하지 않았다면 나의 것도 존재하지 않았을 것이다. 나는 존재하지 않을 것이고 나의 것도 존재하지 않을 것이다.'라는 [삿된] 견해가 일어나겠는가?"

"그렇지 않습니다, 세존이시여."

6. "비구들이여, 이렇게 보는 잘 배운 성스러운 제자는 … 다시는 어떤 존재로도 돌아오지 않을 것이라고 꿰뚫어 안다."

삿된 견해 경(S22:154)

Micchādiṭṭhi-sutta

3. "비구들이여, 무엇이 있을 때, 그리고 무엇을 취착하고 무엇을 천착(穿鑿)하여 삿된 견해가 일어나는가?"404)

---

404) 본품에 포함된 첫 번째 경인 「내적인 것 경」(S22:150)부터 바로 앞의 「나의 존재는 있지 않음 경」(S22:153)까지의 4개의 경에는 삿된 견해의 내용이 나타났지만 본경에는 그런 내용이 없이 단지 '삿된 견해(micchā-diṭṭhi)'로만 나타나고 있다. 그러면 여기서 말하는 삿된 견해는 구체적으로 무엇일까?
요약해서 말하자면, 이 삿된 견해는 『디가 니까야』 「범망경」(D1)에서 상세하게 나열되고 있는 62견을 지칭하는 것도 되고(『앙굿따라 니까야 주석서』(AA.iii.415)도 이렇게 설명하고 있다.), 「사문과경」(D2)에 나타나는 육사외도들의 6가지 견해를 지칭하는 것도 된다. 무엇보다도 아래 「견해 상윳따」(S24)의 96개 경들에 나타나는 모두 26가지의 삿된 견해를 지칭하는 것으로 이해해도 된다.(「견해 상윳따」(S24)의 주해를 참조할 것.)
이러한 모든 삿된 견해는 오온의 무상함과 괴로움과 무아임을 철견하지 못해서 그것을 '나'로 '내 것'으로 '나의 자아'로 움켜쥐고 있기 때문이라는 것이 본경을 위시한 본품과 본 상윳따에 포함되어 있는 많은 경들이 밝히고 있는 것이다.
그리고 이러한 삿된 견해로부터 벗어나는 방법은 다름 아닌 오온의 무상·고·무아를 꿰뚫어서 이들에 대해서 염오-이욕-소멸 혹은 염오-이욕-해탈-구경해탈지를 완성하는 것이다. 다른 말로 강조하자면, '나'라는 존재를 오온으로 해체해서 여실지견하여 강한 위빳사나-도-과-반조를 실현하는 것이 부처님 가르침의 핵심임을 우리는 본 상윳따를 위시한 본서의 여러 경들을

"세존이시여, 저희들의 법은 세존을 근원으로 하며, 세존을 길잡이로 하며, 세존을 귀의처로 합니다. …" …

4. "비구들이여, 물질이 있을 때, 그리고 물질을 취착하고 물질을 천착하여 삿된 견해가 일어난다. 느낌이 … 인식이 … 심리현상들이 … 알음알이가 있을 때, 그리고 알음알이를 취착하고 알음알이를 천착하여 삿된 견해가 일어난다."

5. "비구들이여, 이를 어떻게 생각하는가? 물질은 항상한가, 무상한가?" …

"그러면 무상하고 괴로움이고 변하기 마련인 것을 취착하지 않는데도 삿된 견해가 일어나겠는가?"

"그렇지 않습니다, 세존이시여."

"비구들이여, 이를 어떻게 생각하는가? 느낌은 … 인식은 … 심리현상들은 … 알음알이는 항상한가, 무상한가?" [185] …

"그러면 무상하고 괴로움이고 변하기 마련인 것을 취착하지 않는데도 삿된 견해가 일어나겠는가?"

"그렇지 않습니다, 세존이시여."

6. "비구들이여, 이렇게 보는 잘 배운 성스러운 제자는 … 다시는 어떤 존재로도 돌아오지 않을 것이라고 꿰뚫어 안다."

통해서 분명하게 살펴보았다. 여기에 대해서는 본서 「과거·미래·현재 경」 1(S22:9)의 주해들과 본서 해제 59~60쪽을 참조할 것.

유신견 경(S22:155)
Sakkāyadiṭṭhi-sutta

3. "비구들이여, 무엇이 있을 때, 그리고 무엇을 취착하고 무엇을 천착(穿鑿)하여 [불변하는] 자신이 존재한다는 견해[有身見][405]가 일어나는가?"

"세존이시여, 저희들의 법은 세존을 근원으로 하며, 세존을 길잡이로 하며, 세존을 귀의처로 합니다. …" …

4. "비구들이여, 물질이 있을 때, 그리고 물질을 취착하고 물질을 천착하여 [불변하는] 자신이 존재한다는 견해[有身見]가 일어난다. 느낌이 … 인식이 … 심리현상들이 … 알음알이가 있을 때, 그리고 알음알이를 취착하고 알음알이를 천착하여 [불변하는] 자신이 존재한다는 견해[有身見]가 일어난다."

5. "비구들이여, 이를 어떻게 생각하는가? 물질은 항상한가, 무상한가?" …

"그러면 무상하고 괴로움이고 변하기 마련인 것을 취착하지 않는데도 [불변하는] 자신이 존재한다는 견해[有身見]가 일어나겠는가?"

"그렇지 않습니다, 세존이시여."

"비구들이여, 이를 어떻게 생각하는가? 느낌은 … 인식은 … 심리현상들은 … 알음알이는 항상한가, 무상한가?" …

"그러면 무상하고 괴로움이고 변하기 마련인 것을 취착하지 않는데도 [불변하는] 자신이 존재한다는 견해[有身見]가 일어나겠는가?"

"그렇지 않습니다, 세존이시여."

---

405) '[불변하는] 자신이 존재한다는 견해[有身見, sakkāya-diṭṭhi]'에 대해서는 본서 「나꿀라삐따 경」(S22:1) §10의 주해를 참조할 것.

6. "비구들이여, 이렇게 보는 잘 배운 성스러운 제자는 … 다시는 어떤 존재로도 돌아오지 않을 것이라고 꿰뚫어 안다."

자아에 대한 견해 경(S22:156)

Attānudiṭṭhi-sutta

3. "비구들이여, 무엇이 있을 때, 그리고 무엇을 취착하고 무엇을 천착(穿鑿)하여 자아에 대한 견해406)가 일어나는가?"

"세존이시여, 저희들의 법은 세존을 근원으로 하며, 세존을 길잡이로 하며, 세존을 귀의처로 합니다. …" …

4. "비구들이여, 물질이 있을 때, 그리고 물질을 취착하고 물질을 천착하여 자아에 대한 견해가 일어난다. [186] 느낌이 … 인식이 … 심리현상들이 … 알음알이가 있을 때, 그리고 알음알이를 취착하고 알음알이를 천착하여 자아에 대한 견해가 일어난다."

5. "비구들이여, 이를 어떻게 생각하는가? 물질은 항상한가, 무상한가?" …

"그러면 무상하고 괴로움이고 변하기 마련인 것을 취착하지 않는데도 자아에 대한 견해가 일어나겠는가?"

"그렇지 않습니다, 세존이시여."

"비구들이여, 이를 어떻게 생각하는가? 느낌은 … 인식은 … 심리현상들은 … 알음알이는 항상한가, 무상한가?" …

---

406) '자아에 대한 견해(atta-anudiṭṭhi)'는 『무애해도』(Ps.i.143)에서 20가지 유신견으로 정의되고 있다. 『앙굿따라 니까야 주석서』(AA.iii.415)에서도 이렇게 설명하고 있다. 20가지 유신견은 본서 「나꿀라삐따 경」(S22:1) §10과 주해를 참조할 것.

"그러면 무상하고 괴로움이고 변하기 마련인 것을 취착하지 않는데도 자아에 대한 견해가 일어나겠는가?"

"그렇지 않습니다, 세존이시여."

6. "비구들이여, 이렇게 보는 잘 배운 성스러운 제자는 … 다시는 어떤 존재로도 돌아오지 않을 것이라고 꿰뚫어 안다."

천착(穿鑿) **경**1(S22:157)

Abhinivesa-sutta

3. "비구들이여, 무엇이 있을 때, 그리고 무엇을 취착하고 무엇을 천착(穿鑿)하여 족쇄와 천착과 속박407)이 일어나는가?"

"세존이시여, 저희들의 법은 세존을 근원으로 하며, 세존을 길잡이로 하며, 세존을 귀의처로 합니다. …" …

4. "비구들이여, 물질이 있을 때, 그리고 물질을 취착하고 물질을 천착하여 족쇄와 천착과 속박이 일어난다. 느낌이 … 인식이 … 심리현상들이 … 알음알이가 있을 때, 그리고 알음알이를 취착하고 알음알이를 천착하여 족쇄와 천착과 속박이 일어난다."

5. "비구들이여, 이를 어떻게 생각하는가? 물질은 항상한가, 무상한가?" …

"그러면 무상하고 괴로움이고 변하기 마련인 것을 취착하지 않는데도 족쇄와 천착과 속박이 일어나겠는가?"

"그렇지 않습니다, 세존이시여."

---

407) "'천착(abhinivesā)'은 갈애와 자만과 견해(taṇhā-māna-diṭṭhi)를 말한다. '속박(vinibandhā)'이란 '몸에 대해 탐욕을 여의지 못하여(A10:14 §5 등)' 생긴 정신적인 속박(cetaso-vinibandhā)을 말한다."(SAṬ.ii.233)

"비구들이여, 이를 어떻게 생각하는가? 느낌은 … 인식은 … 심리현상들은 … 알음알이는 항상한가, 무상한가?" …

"그러면 무상하고 괴로움이고 변하기 마련인 것을 취착하지 않는데도 족쇄와 천착과 속박이 일어나겠는가?"

"그렇지 않습니다, 세존이시여."

6. "비구들이여, 이렇게 보는 잘 배운 성스러운 제자는 … 다시는 어떤 존재로도 돌아오지 않을 것이라고 꿰뚫어 안다."

천착 경2(S22:158)

3. "비구들이여, [187] 무엇이 있을 때, 그리고 무엇을 취착하고 무엇을 천착(穿鑿)하여 족쇄와 천착과 속박과 탐착이 일어나는가?"408)

"세존이시여, 저희들의 법은 세존을 근원으로 하며, 세존을 길잡이로 하며, 세존을 귀의처로 합니다. …" …

4. "비구들이여, 물질이 있을 때, 그리고 물질을 취착하고 물질을 천착하여 족쇄와 천착과 속박과 탐착이 일어난다. 느낌이 … 인식이 … 심리현상들이 … 알음알이가 있을 때, 그리고 알음알이를 취착하고 알음알이를 천착하여 족쇄와 천착과 속박과 탐착이 일어난다."

5. "비구들이여, 이를 어떻게 생각하는가? 물질은 항상한가, 무상한가?" …

"그러면 무상하고 괴로움이고 변하기 마련인 것을 취착하지 않는데도 족쇄와 천착과 속박과 탐착이 일어나겠는가?"

"그렇지 않습니다, 세존이시여."

---

408) "'탐착(ajjhosānā)'이란 갈애와 견해의 탐착을 말한다."(SAṬ.ii.234)

"비구들이여, 이를 어떻게 생각하는가? 느낌은 … 인식은 … 심리현상들은 … 알음알이는 항상한가, 무상한가?" …

"그러면 무상하고 괴로움이고 변하기 마련인 것을 취착하지 않는데도 족쇄와 천착과 속박과 탐착이 일어나겠는가?"

"그렇지 않습니다, 세존이시여."

6. "비구들이여, 이렇게 보는 잘 배운 성스러운 제자는 … 다시는 어떤 존재로도 돌아오지 않을 것이라고 꿰뚫어 안다."

아난다 경(S22:159)

Ānanda-sutta

2. 그때 아난다 존자가 세존께 다가갔다. 가서는 세존께 절을 올린 뒤 한 곁에 앉았다. 한 곁에 앉은 아난다 존자는 세존께 이렇게 말씀드렸다.

3. "세존이시여, 세존께서 제게 간략하게 법을 설해 주시면 감사하겠습니다. 그러면 저는 세존으로부터 법을 들은 뒤 혼자 은둔하여 방일하지 않고 열심히, 스스로 독려하며 지내고자 합니다."409)

---

409) "아난다 존자는 다른 비구들이 오온에 대한 명상주제(pañca-kkhandha-kammaṭṭhāna)를 받아서 적용하고 노력하여 아라한됨을 얻은 뒤에 스승의 곁에서 구경의 지혜(aññā)를 수기하는 것을 보고 '나도 그렇게 하리라.'고 생각하여 세존께 다가갔다. 스승께서는 당신이 살아계실 때 장로가 나머지 세 가지 도를 얻어 오염원들을 다 제거하지 못할 것을 아셨지만(그때 아난다 존자는 예류자였음), '그의 마음을 섭수해 주리라.'라고 하시면서 설하셨다. 장로는 한두 번씩 마음에 잡도리한 뒤에 부처님을 시봉할 시간(Buddh-upaṭṭhāna-velā)이 되었다고 하면서 [시봉하러] 갔다. 그는 이렇게 명상주제를 들어서 마음을 기쁘게 하였으며(sampahaṁsamāna) 이것은 그의 해탈이 성숙하는 하나의 요인(vimutti-paripācanīya-dhamma)이 되었다." (SA.ii.335)

4. "아난다여, 이를 어떻게 생각하는가? 물질은 항상한가, 무상한가?"

"무상합니다, 세존이시여."

"그러면 무상한 것은 괴로움인가, 즐거움인가?"

"괴로움입니다, 세존이시여."

"그러면 무상하고 괴로움이고 변하기 마련인 것을 취착하지 않는데도 '이것은 내 것이다. 이것은 나다. 이것은 나의 자아다.'라고 관찰하겠는가?"

"그렇지 않습니다, 세존이시여."

"아난다여, 이를 어떻게 생각하는가? 느낌은 … 인식은 … 심리현상들은 … 알음알이는 항상한가, 무상한가?"

"무상합니다, 세존이시여."

"그러면 무상한 것은 괴로움인가, 즐거움인가?"

"괴로움입니다, 세존이시여."

"그러면 무상하고 괴로움이고 변하기 마련인 것을 취착하지 않는데도 '이것은 내 것이다. 이것은 나다. 이것은 나의 자아다.'라고 관찰하겠는가?"

"그렇지 않습니다, 세존이시여."

5. "아난다여, 그러므로 그것이 어떠한 물질이건, 그것이 과거의 것이건 미래의 것이건 현재의 것이건 안의 것이건 밖의 것이건 거칠건 미세하건 저열하건 수승하건 멀리 있건 가까이 있건 '이것은 내 것이 아니요, 이것은 내가 아니며, 이것은 나의 자아가 아니다.'라고 있는 그대로 바른 통찰지로 보아야 한다.

그것이 어떠한 느낌이건 … 그것이 어떠한 인식이건 … 그것이 어떠한 심리현상들이건 … 그것이 어떠한 알음알이건, 그것이 과거의 것이건 미래의 것이건 현재의 것이건 안의 것이건 밖의 것이건 거칠건 미세하건 저열하건 수승하건 멀리 있건 가까이 있건 '이것은 내 것이 아니요, 이것은 내가 아니며, 이것은 나의 자아가 아니다.'라고 있는 그대로 바른 통찰지로 보아야 한다."

6. "아난다여, [188] 이렇게 보는 잘 배운 성스러운 제자는 물질에 대해서도 염오하고, 느낌에 대해서도 염오하고, 인식에 대해서도 염오하고, 심리현상들에 대해서도 염오하고, 알음알이에 대해서도 염오한다.

염오하면서 탐욕이 빛바래고, 탐욕이 빛바래므로 해탈한다. 해탈하면 해탈했다는 지혜가 있다. '태어남은 다했다. 청정범행(梵行)은 성취되었다. 할 일을 다 해 마쳤다. 다시는 어떤 존재로도 돌아오지 않을 것이다.'라고 꿰뚫어 안다."

제15장 견해 품이 끝났다.

열다섯 번째 품에 포함된 경들의 목록은 다음과 같다.

① 내적인 것 ② 이것은 나의 것 ③ 이 자아
④ 나의 존재는 있지 않음 ⑤ 삿된 견해
⑥ 유신견 ⑦ 자아에 대한 견해
두 가지 ⑧~⑨ 천착 ⑩ 아난다이다.

마지막 50개 경들의 묶음이 끝났다.

여기에 포함된 품들의 목록은 다음과 같다.

① 구분 ② 설법자 ③ 무명
④ 뜨거운 불더미 ⑤ 견해이다.

무더기[蘊] 상윳따(S22)가 끝났다.

제23주제

라다 상윳따(S23)

제23주제(S23)

라다 상윳따

Rādha-saṁyutta

제1장 첫 번째 품

Pathama-vagga

마라 경(S23:1)

Māra-sutta

1. 이와 같이 나는 들었다. 한때 세존께서는 사왓티에서 제따 숲의 아나타삔디까 원림(급고독원)에 머무셨다.

2. 그때 라다 존자410)가 세존께 다가갔다. [189] 가서는 세존께

---

410) 라다 존자(āyasmā Rādha)는 라자가하(Rājagaha)의 바라문이었다. 나이가 들어 아들들로부터 천대를 받자 출가를 하였다. 비구들은 나이가 많다고 거절을 하였지만 세존께서 사리뿟따의 제자로 출가를 하게 하셨다. 그는 출가한 지 오래지 않아 아라한이 되었다고 한다.(AA.i.179f, ThagA.ii.12~13) 세존께서는 라다 존자를 보면 설법의 주제를 다루는 방법이나 그것을 드러내 보이는 여러 가지 비유가 잘 떠올랐다고 하는데 그것은 라다의 견해가 풍부하였고(diṭṭhi-samudācāra) 그가 세존께 확고한 믿음(okappaniya-saddhā)이 있었기 때문이라고 한다.(*Ibid*) 그래서 『앙굿따라 니까야』 「하나의 모음」(A1:14:4-15)에서 그는 "[스승으로 하여금 법을 설할] 영감을 일으키게 하는 자(paṭibhāneyyaka)들 가운데서 으뜸"이라고 칭송되고 있다. 라다 존자는 잠시 부처님의 시자(satthu santika-avacara)가 되기도 하였다.(ThagA.ii.12~13) 본경에 해당하는 주석서는 다음과 같이 설명하고 있다.
"라다 장로는 영감을 일으키게 하는 장로(paṭibhāniya-tthera)로 일컬어진다. 여래께서는 장로를 보면 섬세한 주제가 떠오르셨다고 한다. 그래서 세존께서는 여러 방법(nānā-naya)으로 그에게 법을 설하셨다. 그래서 이 「라다 상윳따」(S23)에서도 처음의 두 품은 질문(pucchā)에 대한 가르침을,

절을 올리고 한 곁에 앉았다. 한 곁에 앉은 라다 존자는 세존께 이렇게 여쭈었다.

3. "세존이시여, '마라, 마라'라고들 합니다. 도대체 어떤 것이 마라입니까?"411)

4. "라다여, 물질이 있을 때 마라가 있고 죽이는 자가 있고 죽임을 당하는 자가 있다. 라다여, 그러므로 여기서 그대는 물질을 마라라 보고 죽이는 자라 보고 죽임을 당하는 자라 보고 병이라 보고 종기라 보고 쇠살이라 보고 통증이라 보고 지긋지긋한 통증이라 봐야 한다. 이렇게 보는 자들은 바르게 보는 것이다.

느낌이 있을 때 … 인식이 있을 때 … 심리현상들이 있을 때 … 알음알이가 있을 때 마라가 있고 죽이는 자가 있고 죽임을 당하는 자가 있다. 라다여, 그러므로 여기서 그대는 알음알이를 마라라 보고 죽이는 자라 보고 죽임을 당하는 자라 보고 병이라 보고 종기라 보고 쇠살이라 보고 통증이라 보고 지긋지긋한 통증이라 봐야 한다. 이렇게 보는 자들은 바르게 보는 것이다."

세 번째는 요청(āyācana)에 의한 것을, 네 번째는 친숙한 개인적인 말씀(upanisinnaka-kathā)을 [모은 것이다.]"(SA.ii.337)
장로게(Thag) {133~134}는 그의 게송이다.

411) '마라(Māra)'는 초기불전의 아주 다양한 문맥에서 아주 많이 나타난다. 전통적으로 주석서는 이런 다양한 마라의 언급을 다섯 가지로 정리한다. 그것은 오염원(kilesa)으로서의 마라(ItA.197; ThagA.ii.70 등), 무더기[蘊, khandha]로서의 마라(S.iii.195 등), 업형성력(abhisaṅkhāra)으로서의 마라, 신(devaputta)으로서의 마라, 죽음(maccu)으로서의 마라이다.(ThagA.ii.46; 46; Vism.VII.59 등)
본경에 해당하는 주석서는 본경에서 마라는 죽음(maraṇa)을 뜻한다고 설명한다.(SA.ii.335) 그리고 내용상 본경에서 마라는 오온을 뜻하기도 한다.
마라에 대한 보다 자세한 설명은 본서 제1권 「고행 경」(S4:1) §3의 주해들을 참조할 것.

5. "세존이시여, 그런데 바르게 보는 것은 무엇을 위함입니까?"
"라다여, 바르게 보는 것은 염오를 위함이다."
"세존이시여, 그러면 염오는 무엇을 위함입니까?"
"라다여, 염오는 탐욕의 빛바램[離慾]을 위함이다."
"세존이시여, 그러면 탐욕의 빛바램은 무엇을 위함입니까?"
"라다여, 탐욕의 빛바램은 해탈을 위함이다."
"세존이시여, 그러면 해탈은 무엇을 위함입니까?"
"라다여, 해탈은 열반을 위함이다."[412]

6. "세존이시여, 그러면 열반은 무엇을 위함입니까?"
"라다여, 그대는 질문의 범위를 넘어서 버렸다.[413] 그대는 질문의 한계를 잡지 못하였구나. 라다여, 청정범행을 닦는 것은 열반으로 귀결되고[414] 열반을 궁극으로 하고 열반으로 완결되기 때문이다."

---

412) "'해탈은 열반을 위함(vimutti nibbān-atthā)'이라는 것은 과의 해탈(phala-vimutti)은 취착 없는 열반을 위함(anupādā-nibbān-atthā)이라는 뜻이다."(SA.ii.335)

413) 본 문단은 본서 제5권 「운나바 바라문 경」(S48:42) §8과 『맛지마 니까야』 「짧은 방등경」(M44/i.304) §29에도 나타나고 있다.
'넘어섰다'는 Ee: assa 대신에 Be: accayāsi(atiyāti(ati+√i, *to go*)의 Aorist 과거)나 Se: accasarā(atisarati(ati+√sṛ, *to flow*)의 Aorist 과거)로 읽어야 한다.

414) '열반으로 귀결되고'는 nibbān-ogadha를 옮긴 것이다. 여기서 ogadha는 ogāha(뛰어듦)에서 파생된 것이 아니라 ogādha의 다른 형태로 봐야 한다. MW는 gādha를 √gādh(*to stand firmly*)에서 파생된 것으로 설명하고 있다. CPD의 ogadha, ogādhati, ogāha를 참조할 것.
주석서도 "'열반으로 귀결되고'란 열반에 확립됨(patiṭṭhita)을 말한다."(SA.ii.335)라고 설명하고 있다.

중생 경(S23:2)

Satta-sutta

2. 한 곁에 앉은 라다 존자는 세존께 [190] 이렇게 여쭈었다.

3. "세존이시여, '중생, 중생'이라고들 합니다. 도대체 어떤 것이 중생입니까?"

"라다여, 물질에 대한 욕구, 탐욕, 즐김, 갈애가 있나니, 거기에 붙고 거기에 달라붙는다고 해서 중생이라 한다.415) 느낌에 대한 … 인식에 대한 … 심리현상들에 대한 … 알음알이에 대한 욕구, 탐욕, 즐김, 갈애가 있나니, 거기에 붙고 거기에 달라붙는다고 해서 중생이라 한다."

4. "라다여, 예를 들면 사내아이들이나 여자아이들이 모래성을 지으면서 노는 것과 같다. 그들이 모래성에 대해서 탐욕을 여의지 못하고 욕구를 여의지 못하고 애정을 여의지 못하고 갈증을 여의지 못하고 열기를 여의지 못하고 갈애를 여의지 못하는 한 그들은 모래성을 소중히 여기고 그것으로 장난치고 귀하게 여기고 내 것으로 삼는다.

라다여, 그러나 사내아이들이나 여자아이들이 모래성에 대해서 탐욕을 여의고 욕구를 여의고 애정을 여의고 갈증을 여의고 열기를 여의고 갈애를 여의면 그들은 모래성을 손이나 발로 뭉개버리고 흩어버리고 부숴버리고 놀이를 끝내버린다."

---

415) '붙고'는 satta(Sk. sakta)를 옮긴 것이다. 이 단어는 sajjati(√sañj, *to cling*)의 과거분사이다. 이런 단어를 취하여 '중생'을 뜻하는 satta(Sk. sattva)와 동음이의어로 사용했다.

5. "라다여, 그와 같이 그대들도 물질을 뭉개버리고 흩어버리고 부숴버리고 놀이를 끝내버리고 갈애의 멸진을 위해서 도를 닦아라. 느낌을 … 인식을 … 심리현상들을 … 알음알이를 뭉개버리고 흩어버리고 부셔버리고 놀이를 끝내버리고 갈애의 멸진을 위해서 도를 닦아라. 라다여, 갈애의 멸진이 바로 열반이기 때문이다."

존재에 [묶어두는] 사슬 경(S23:3)

Bhavanetti-sutta

2. 한 곁에 앉은 라다 존자는 세존께 이렇게 여쭈었다.

3. "세존이시여, '존재에 [묶어두는] 사슬의 소멸, 존재에 [묶어두는] 사슬의 소멸'416)이라고들 합니다. 도대체 어떤 것이 존재에 [묶어두는] 사슬이고 어떤 것이 존재에 [묶어두는] 사슬의 소멸입니까?"

"라다여, [191] 물질에 대한 욕구, 탐욕, 즐김, 갈애, 집착과 취착, 그리고 그런 [갈애와 사견이라는] 마음의 입각처와 [여기에 대한] 천착과 잠재성향417)을 일러 존재에 [묶어두는] 사슬이라 하고 이들의

---

416) '존재에 [묶어두는] 사슬의 소멸, 존재에 [묶어두는] 사슬의 소멸'은 Ee: bhavanetti bhavanettīnirodho 대신에 Be, Se: bhavanettinirodho bhavanettīnirodho로 읽어서 옮겼다. 주석서는 bhava-netti를 "존재에 [묶어두는] 밧줄(bhava-rajju)"(SA.ii.336)로 설명하고 있고 갈애(taṇhā)를 지칭하는 것이라고 설명하고 있어서(AA.iii.1) '존재에 [묶어두는] 사슬'로 옮겼다. 그리고 다른 주석서에서는 bhava-taṇhā(존재에 대한 갈애)와 동의어로 나타난다.(존재에 대한 갈애이며 윤회를 인도하는 자, bhava-taṇhā saṁsārassa nayanato – UdA.272)
한편 netti 혹은 nettika는 √nī(*to lead*)에서 파생된 명사로 인도자나 물이 흐르는 도랑 혹은 봇도랑(udakaṁ nayanti – MA.iii.342)을 뜻하기도 한다.

소멸을 존재에 [묶어두는] 사슬의 소멸이라 한다. 느낌에 대한 … 인식에 대한 … 심리현상들에 대한 … 알음알이에 대한 욕구, 탐욕, 즐김, 갈애, 집착과 취착, 그리고 그런 [갈애와 사견이라는] 마음의 입각처와 [여기에 대한] 천착과 잠재성향을 일러 존재에 [묶어두는] 사슬이라 하고 이들의 소멸을 존재에 [묶어두는] 사슬의 소멸이라 한다."

통달해서 알아야 할 경(S23:4)418)

Pariññeyya-sutta

2. 한 곁에 앉은 라다 존자에게 세존께서는 이렇게 말씀하셨다.

"라다여, 그대에게 통달해서 알아야 할 법들과 통달한 지혜와 통달해서 아는 자에 대해서 설하리니 그것을 들어라. …"

3. "라다여, 그러면 어떤 것이 통달해서 알아야 할 법들인가?

라다여, 물질은 통달해서 알아야 할 법이다. 느낌은 … 인식은 … 심리현상들은 … 알음알이는 통달해서 알아야 할 법이다.

라다여, 이를 일러 통달해서 알아야 할 법들이라 한다.

라다여, 그러면 어떤 것이 통달한 지혜인가?

탐욕이 다함, 성냄이 다함, 어리석음이 다함이다.

라다여, 이를 일러 통달한 지혜라 한다.

라다여, 그러면 어떤 것이 통달해서 아는 사람인가?

이러한 이름과 이러한 족성을 가진 아라한이라는 것이 그에 대한

---

417) 이와 비슷한 술어들의 나열이 본서 제2권 「깟짜나곳따 경」(S12:15) §6에도 나타났다. 그곳의 주해들을 참조할 것.

418) 본경부터 본품의 마지막인 S23:10까지의 7개 경들은 각각 청법자만 다르고 경의 제목과 내용은 본서 「무더기 상윳따」(S22)의 S22:106부터 S22:112까지와 같다.

대답이다.

라다여, 이를 일러 통달해서 아는 사람이라 한다."

사문 경1(S23:5)

Samaṇa-sutta

2. 한 곁에 앉은 라다 존자에게 세존께서는 이렇게 말씀하셨다.

3. "라다여, 취착의 [대상이 되는] 다섯 가지 무더기[五取蘊]가 있다. 어떤 것이 다섯인가?

취착의 [대상이 되는] 물질의 무더기, 취착의 [대상이 되는] 느낌의 무더기, 취착의 [대상이 되는] 인식의 무더기, 취착의 [대상이 되는] 심리현상들의 무더기, 취착의 [대상이 되는] 알음알이의 무더기이다."

4. "라다여, 어떤 사문이든 바라문이든 이러한 [192] 취착의 [대상이 되는] 다섯 가지 무더기의 달콤함을 꿰뚫어 알지 못하고 위험함을 꿰뚫어 알지 못하고 벗어남을 꿰뚫어 알지 못하는 자들은 그 누구든지, 사문들 가운데서는 사문이라 불릴 수 없고 바라문들 가운데서는 바라문이라 불릴 수 없다. 그 존자들은 사문 생활의 결실이나 바라문 생활의 결실을 지금·여기에서 스스로 최상의 지혜로 알고 실현하여 드러내지 못한다."

5. "라다여, 그러나 어떤 사문이든 바라문이든 이러한 취착의 [대상이 되는] 다섯 가지 무더기의 달콤함을 꿰뚫어 알고 위험함을 꿰뚫어 알고 벗어남을 꿰뚫어 아는 자들은 그 누구든지, 사문들 가운데서는 사문이라 불릴 만하고 바라문들 가운데서는 바라문이라 불릴

만하다. 그 존자들은 사문 생활의 결실이나 바라문 생활의 결실을 지금・여기에서 스스로 최상의 지혜로 알고 실현하여 드러낸다."

사문 경2(S23:6)

2. 한 곁에 앉은 라다 존자에게 세존께서는 이렇게 말씀하셨다.

3. "라다여, 취착의 [대상이 되는] 다섯 가지 무더기[五取蘊]가 있다. 어떤 것이 다섯인가?

취착의 [대상이 되는] 물질의 무더기 … 취착의 [대상이 되는] 알음알이의 무더기이다."

4. "라다여, 어떤 사문이든 바라문이든 이러한 취착의 [대상이 되는] 다섯 가지 무더기의 일어남과 사라짐과 달콤함과 위험함과 벗어남을 있는 그대로 꿰뚫어 알지 못하는 자들은 그 누구든지 … 지금・여기에서 스스로 최상의 지혜로 알고 실현하여 드러내지 못한다."

5. "라다여, 그러나 어떤 사문이든 바라문이든 이러한 취착의 [대상이 되는] 다섯 가지 무더기의 일어남과 사라짐과 달콤함과 위험함과 벗어남을 있는 그대로 꿰뚫어 아는 자들은 그 누구든지 … 지금・여기에서 스스로 최상의 지혜로 알고 실현하여 드러낸다."

흐름에 든 자[預流者] **경**(S23:7)

Sotāpanna-sutta

2. 한 곁에 앉은 라다 존자에게 세존께서는 이렇게 말씀하셨다.

3. "라다여, 취착의 [대상이 되는] 다섯 가지 무더기[五取蘊]가

있다. 어떤 것이 다섯인가?

취착의 [대상이 되는] 물질의 무더기 … 취착의 [대상이 되는] 알음알이의 무더기이다."

4. "라다여, [193] 성스러운 제자가 이러한 취착의 [대상이 되는] 다섯 가지 무더기의 일어남과 사라짐과 달콤함과 위험함과 벗어남을 있는 그대로 꿰뚫어 알 때, 이를 일러 성스러운 제자는 흐름에 든 자[預流者]여서 [악취에] 떨어지지 않는 법을 가졌고 [해탈이] 확실하며 완전한 깨달음으로 나아간다고 한다."

아라한 경(S23:8)

Arahanta-sutta

2. 한 곁에 앉은 라다 존자에게 세존께서는 이렇게 말씀하셨다.

3. "라다여, 취착의 [대상이 되는] 다섯 가지 무더기[五取蘊]가 있다. 어떤 것이 다섯인가?

취착의 [대상이 되는] 물질의 무더기 … 취착의 [대상이 되는] 알음알이의 무더기이다."

4. "라다여, 성스러운 제자는 이러한 취착의 [대상이 되는] 다섯 가지 무더기의 일어남과 사라짐과 달콤함과 위험함과 벗어남을 있는 그대로 분명하게 안 뒤 취착 없이 해탈한다. 라다여, 이를 일러 비구는 아라한이고 번뇌가 다했고 삶을 완성했으며 할 바를 다했고 짐을 내려놓았으며 참된 이상을 실현했고 삶의 족쇄를 부수었으며 바른 구경의 지혜로 해탈했다고 한다."

욕구를 버림 경1(S23:9)

Chandappahāna-sutta

2. 한 곁에 앉은 라다 존자에게 세존께서는 이렇게 말씀하셨다.

3. "라다여, 물질에 대한 욕구와 탐욕과 즐김과 갈애를 버려라. 그렇게 하면 그 물질은 버려질 것이고 그 뿌리가 잘리고 줄기만 남은 야자수처럼 되고 존재하지 않게 되고 미래에 다시는 일어나지 않게끔 될 것이다.

느낌에 대한 … 인식에 대한 … 심리현상들에 대한 … [194] 알음알이에 대한 욕구와 탐욕과 즐김과 갈애를 버려라. 그렇게 하면 그 알음알이는 버려질 것이고 그 뿌리가 잘리고 줄기만 남은 야자수처럼 되고 존재하지 않게 되고 미래에 다시는 일어나지 않게끔 될 것이다."

욕구를 버림 경2(S23:10)

2. 한 곁에 앉은 라다 존자에게 세존께서는 이렇게 말씀하셨다.

3. "라다여, 물질에 대한 욕구, 탐욕, 즐김, 갈애, 집착과 취착, 그리고 그런 [갈애와 사견이라는] 마음의 입각처와 [여기에 대한] 천착과 잠재성향들을 버려라. 그렇게 하면 그 물질은 버려질 것이고 그 뿌리가 잘리고 줄기만 남은 야자수처럼 되고 존재하지 않게 되고 미래에 다시는 일어나지 않게끔 될 것이다.

느낌에 대한 … 인식에 대한 … 심리현상들에 대한 … 알음알이에 대한 욕구, 탐욕, 즐김, 갈애, 집착과 취착, 그리고 그런 [갈애와 사견이라는] 마음의 입각처와 [여기에 대한] 천착과 잠재성향들을 버려라. 그렇게 하면 그 알음알이는 버려질 것이고 그 뿌리가 잘리고 줄기만 남은 야자수처럼 되고 존재하지 않게 되고 미래에 다시는 일어나지 않게끔 될 것이다."

제1장 첫 번째 품이 끝났다.

첫 번째 품에 포함된 경들의 목록은 다음과 같다.

① 마라 ② 중생 ③ 존재[에 묶어두는] 사슬
④ 통달해서 알아야 함, 두 가지 ⑤~⑥ 사문
⑦ 흐름에 든 자 ⑧ 아라한
두 가지 ⑨~⑩ 욕구를 버림이다.

제2장 두 번째 품

Dutiya-vagga

마라 경(S23:11)

Māra-sutta

2. 한 곁에 [195] 앉은 라다 존자는 세존께 이렇게 여쭈었다.

3. "세존이시여, '마라, 마라'419)라고들 합니다. 도대체 어떤 것이 마라입니까?"

"라다여, 물질은 마라다. 느낌은 … 인식은 … 심리현상들은 … 알음알이는 마라다.

라다여, 이렇게 보는 잘 배운 성스러운 제자는 물질에 대해서도 염오하고, 느낌에 대해서도 염오하고, 인식에 대해서도 염오하고, 심리현상들에 대해서도 염오하고, 알음알이에 대해서도 염오한다.

염오하면서 탐욕이 빛바래고, 탐욕이 빛바래므로 해탈한다. 해탈하면 해탈했다는 지혜가 있다. '태어남은 다했다. 청정범행(梵行)은 성취되었다. 할 일을 다 해 마쳤다. 다시는 어떤 존재로도 돌아오지 않을 것이다.'라고 꿰뚫어 안다."

---

419) "'마라, 마라'라고 한 것은 죽음(maraṇa)에 대해서 여쭌 것이다. 그런데 물질 등으로부터 벗어나면(vinimutta) 죽음이란 존재하지 않는다. 그래서 세존께서는 '라다여, 물질은 죽음이다.'라는 등으로 말씀하신 것이다."(SA.ii.336) 마라와 죽음에 대해서는 본서 「마라 경」(S23:1) §3의 주해를 참조할 것. 마라에 대한 보다 자세한 설명은 본서 제1권 「고행 경」(S4:1) §3의 주해들을 참조할 것.

마라에 속하기 마련인 법 경(S23:12)
Māradhamma-sutta

2. 한 곁에 앉은 라다 존자는 세존께 이렇게 여쭈었다.

3. "세존이시여, '마라에 속하기 마련인 법, 마라에 속하기 마련인 법'420)이라고들 합니다. 도대체 어떤 것이 마라에 속하기 마련인 법입니까?"

"라다여, 물질은 마라에 속하기 마련인 법이다. 느낌은 … 인식은 … 심리현상들은 … 알음알이는 마라에 속하기 마련인 법이다.

라다여, 이렇게 보는 잘 배운 성스러운 제자는 … 다시는 어떤 존재로도 돌아오지 않을 것이라고 꿰뚫어 안다."

무상 경(S23:13)
Anicca-sutta

2. 한 곁에 앉은 라다 존자는 세존께 이렇게 여쭈었다.

3. "세존이시여, '무상, 무상'이라고들 합니다. 도대체 어떤 것이 무상입니까?"

"라다여, 물질은 무상하다. 느낌은 … 인식은 … 심리현상들은 …

---

420) "'마라에 속하기 마련인 법(māra-dhamma)'이란 죽기 마련인 법(maraṇa-dhamma)이라는 말이다."(SA.ii.336)
본품에서 '~하기 마련인 법'으로 옮긴 원어는 모두 '-dhamma'이다. dhamma가 가르침이나 고유성질(sabhāva)을 가진 법을 뜻하지 않고 이처럼 특정 단어의 뒤에 합성되어 나타날 때는 '~하는 현상'이나 '~하는 성질'이나 '~하기 마련임' 등을 뜻한다. 국어사전에 의하면 우리말에서 '법'은 어미 '-는'이나 '-ㄴ' 뒤에 쓰여, '으레 그렇게 됨' 또는 '으레 그러함'의 뜻을 나타내는 말로도 많이 사용되고 있다. 그래서 초기불전연구원에서는 니까야들을 옮기면서 이런 경우의 dhamma를 '~하기 마련인 법'으로 '법'을 살려서 옮기고 있다.

알음알이는 무상하다.

라다여, 이렇게 보는 잘 배운 성스러운 제자는 … 다시는 어떤 존재로도 돌아오지 않을 것이라고 꿰뚫어 안다."

무상하기 마련인 법 경(S23:14)

Aniccadhamma-sutta

2. 한 곁에 앉은 라다 존자는 세존께 이렇게 여쭈었다.

3. "세존이시여, '무상하기 마련인 법, 무상하기 마련인 법'이라고들 합니다. 도대체 어떤 것이 무상하기 마련인 법입니까?"

"라다여, 물질은 무상하기 마련인 법이다. 느낌은 … [196] 인식은 … 심리현상들은 … 알음알이는 무상하기 마련인 법이다.

라다여, 이렇게 보는 잘 배운 성스러운 제자는 … 다시는 어떤 존재로도 돌아오지 않을 것이라고 꿰뚫어 안다."

괴로움 경(S23:12)

Dukkha-sutta

2. 한 곁에 앉은 라다 존자는 세존께 이렇게 여쭈었다.

3. "세존이시여, '괴로움, 괴로움'이라고들 합니다. 도대체 어떤 것이 괴로움입니까?"

"라다여, 물질은 괴로움이다. 느낌은 … 인식은 … 심리현상들은 … 알음알이는 괴로움이다.

라다여, 이렇게 보는 잘 배운 성스러운 제자는 … 다시는 어떤 존재로도 돌아오지 않을 것이라고 꿰뚫어 안다."

괴롭기 마련인 법 경(S23:16)

Dukkhadhamma-sutta

2. 한 곁에 앉은 라다 존자는 세존께 이렇게 여쭈었다.

3. "세존이시여, '괴롭기 마련인 법, 괴롭기 마련인 법'이라고들 합니다. 도대체 어떤 것이 괴롭기 마련인 법입니까?"

"라다여, 물질은 괴롭기 마련인 법이다. 느낌은 … 인식은 … 심리현상들은 … 알음알이는 괴롭기 마련인 법이다.

라다여, 이렇게 보는 잘 배운 성스러운 제자는 … 다시는 어떤 존재로도 돌아오지 않을 것이라고 꿰뚫어 안다."

무아 경(S23:17)

Anatta-sutta

2. 한 곁에 앉은 라다 존자는 세존께 이렇게 여쭈었다.

3. "세존이시여, '무아, 무아'라고들 합니다. 도대체 어떤 것이 무아입니까?"

"라다여, 물질은 무아다. 느낌은 … 인식은 … 심리현상들은 … 알음알이는 무아다.

라다여, 이렇게 보는 잘 배운 성스러운 제자는 … 다시는 어떤 존재로도 돌아오지 않을 것이라고 꿰뚫어 안다."

무아이기 마련인 법 경(S23:18)

Anattadhamma-sutta

2. 한 곁에 앉은 라다 존자는 세존께 이렇게 여쭈었다.

3. "세존이시여, '무아이기 마련인 법, 무아이기 마련인 법'이라고들 합니다. 도대체 어떤 것이 무아이기 마련인 법입니까?"

"라다여, 물질은 무아이기 마련인 법이다. 느낌은 … [197] 인식은 … 심리현상들은 … 알음알이는 무아이기 마련인 법이다.

라다여, 이렇게 보는 잘 배운 성스러운 제자는 … 다시는 어떤 존재로도 돌아오지 않을 것이라고 꿰뚫어 안다."

부서지기 마련인 법 경(S23:19)

Khayadhamma-sutta

2. 한 곁에 앉은 라다 존자는 세존께 이렇게 여쭈었다.

3. "세존이시여, '부서지기 마련인 법, 부서지기 마련인 법'이라고들 합니다. 도대체 어떤 것이 부서지기 마련인 법입니까?"

"라다여, 물질은 부서지기 마련인 법이다. 느낌은 … 인식은 … 심리현상들은 … 알음알이는 부서지기 마련인 법이다.

라다여, 이렇게 보는 잘 배운 성스러운 제자는 … 다시는 어떤 존재로도 돌아오지 않을 것이라고 꿰뚫어 안다."

사라지기 마련인 법 경(S23:20)

Vayadhamma-sutta

2. 한 곁에 앉은 라다 존자는 세존께 이렇게 여쭈었다.

3. "세존이시여, '사라지기 마련인 법, 사라지기 마련인 법'이라고들 합니다. 도대체 어떤 것이 사라지기 마련인 법입니까?"

"라다여, 물질은 사라지기 마련인 법이다. 느낌은 … 인식은 … 심리현상들은 … 알음알이는 사라지기 마련인 법이다.

라다여, 이렇게 보는 잘 배운 성스러운 제자는 … 다시는 어떤 존재로도 돌아오지 않을 것이라고 꿰뚫어 안다."

일어나기 마련인 법 경(S23:21)

Samudayadhamma-sutta

2. 한 곁에 앉은 라다 존자는 세존께 이렇게 여쭈었다.

3. "세존이시여, '일어나기 마련인 법, 일어나기 마련인 법'이라고들 합니다. 도대체 어떤 것이 일어나기 마련인 법입니까?"

"라다여, 물질은 일어나기 마련인 법이다. 느낌은 … 인식은 … 심리현상들은 … 알음알이는 일어나기 마련인 법이다.

라다여, 이렇게 보는 잘 배운 성스러운 제자는 … 다시는 어떤 존재로도 돌아오지 않을 것이라고 꿰뚫어 안다."

소멸하기 마련인 법 경(S23:22)

Nirodhadhamma-sutta

2. 한 곁에 앉은 라다 존자는 세존께 이렇게 여쭈었다.

3. "세존이시여, '소멸하기 마련인 법, [198] 소멸하기 마련인 법'이라고들 합니다. 도대체 어떤 것이 소멸하기 마련인 법입니까?"

"라다여, 물질은 소멸하기 마련인 법이다. 느낌은 … 인식은 … 심리현상들은 … 알음알이는 소멸하기 마련인 법이다.

라다여, 이렇게 보는 잘 배운 성스러운 제자는 … 다시는 어떤 존재로도 돌아오지 않을 것이라고 꿰뚫어 안다."

제2장 두 번째 품이 끝났다.

두 번째 품에 포함된 경들의 목록은 다음과 같다.

두 가지 ①~② 마라, 두 가지 ③~④ 무상
두 가지 ⑤~⑥ 괴로움, 두 가지 ⑦~⑧ 무아
⑨ 부서지기 마련인 법 ⑩ 사라지기 마련인 법
⑪ 일어나기 마련인 법 ⑫ 소멸하기 마련인 법이다.

제3장 권청 품

Āyacana-vagga

마라 경(S23:23)

2. 한 곁에 앉은 라다 존자는 세존께 이렇게 말씀드렸다.

3. "세존이시여, 세존께서 제게 간략하게 법을 설해 주시면 감사하겠습니다. 그러면 저는 세존으로부터 법을 들은 뒤 혼자 은둔하여 방일하지 않고 열심히, 스스로 독려하며 지내고자 합니다."

"라다여, 마라인 것, 거기에 대한 그대의 욕구를 버려야 한다. 탐욕을 버려야 한다. 욕탐을 버려야 한다. 라다여, 그러면 무엇이 마라인가? 라다여, 물질은 마라다. 거기에 대한 그대의 욕구를 버려야 한다. 탐욕을 버려야 한다. 욕탐을 버려야 한다. 느낌은 … 인식은 … 심리현상들은 … 알음알이는 마라다. 거기에 대한 그대의 욕구를 버려야 한다. 탐욕을 버려야 한다. 욕탐을 버려야 한다."

마라에 속하기 마련인 법 경 등(S23:24~34)

2. 한 곁에 앉은 라다 존자는 세존께 이렇게 말씀드렸다.

3. "세존이시여, 세존께서 제게 간략하게 법을 설해 주시면 감사하겠습니다. 그러면 저는 세존으로부터 법을 들은 뒤 혼자 은둔하여 방일하지 않고 열심히, 스스로 독려하며 지내고자 합니다."

4. "라다여, 마라에 속하기 마련인 법(S23:24), 거기에 대한 그대의 욕구를 버려야 한다. 탐욕을 버려야 한다. 욕탐을 버려야 한다. 라

다여, 그러면 무엇이 마라인가? 라다여, 물질은 마라다. 거기에 대한 그대의 욕구를 버려야 한다. 탐욕을 버려야 한다. 욕탐을 버려야 한다. 느낌은 … 인식은 … 심리현상들은 … 알음알이는 마라다. 거기에 대한 그대의 욕구를 버려야 한다. 탐욕을 버려야 한다. 욕탐을 버려야 한다. …

무상한 것(S23:25), [199] …

무상하기 마련인 법(S23:26), …

괴로움인 것(S23:27), …

괴롭기 마련인 법(S23:28), …

무아인 것(S23:29), …

무아이기 마련인 법(S23:30), …

부서지기 마련인 법(S23:31), …

사라지기 마련인 법(S23:32), …

일어나기 마련인 법(S23:33), …

소멸하기 마련인 법(S23:34), 거기에 대한 그대의 욕구를 버려야 한다. 탐욕을 버려야 한다. 욕탐을 버려야 한다. 라다여, 그러면 무엇이 소멸하기 마련인 법인가? 라다여, 물질은 … 느낌은 … 인식은 … 심리현상들은 … 알음알이는 소멸하기 마련인 법이다. 거기에 대한 그대의 욕구를 버려야 한다. 탐욕을 버려야 한다. 욕탐을 버려야 한다."

제3장 권청 품이 끝났다.

세 번째 품에 포함된 경들의 목록은 다음과 같다. [200]

두 가지 ①~② 마라, 두 가지 ③~④ 무상
두 가지 ⑤~⑥ 괴로움, 두 가지 ⑦~⑧ 무아
⑨ 부서지기 마련인 법 ⑩ 사라지기 마련인 법
⑪ 일어나기 마련인 법 ⑫ 소멸하기 마련인 법이다.

제4장 가까이 않음 품

Upanisinna-vagga

마라 경 등(S23:35~46)

2. 한 곁에 앉은 라다 존자에게 세존께서는 이렇게 말씀하셨다.

3. "라다여, 마라인 것(S23:35), 거기에 대한 그대의 욕구를 버려야 한다. 탐욕을 버려야 한다. 욕탐을 버려야 한다. 라다여, 그러면 무엇이 마라인가? 라다여, 물질은 마라다. 거기에 대한 그대의 욕구를 버려야 한다. 탐욕을 버려야 한다. 욕탐을 버려야 한다. 느낌은 … 인식은 … 심리현상들은 … 알음알이는 마라다. 거기에 대한 그대의 욕구를 버려야 한다. 탐욕을 버려야 한다. 욕탐을 버려야 한다.

마라에 속하기 마련인 법(S23:36), …

무상한 것(S23:37), …

무상하기 마련인 법(S23:38), …

괴로움인 것(S23:39), [201] …

괴롭기 마련인 법(S23:40), …

무아인 것(S23:41), …

무아이기 마련인 법(S23:42), …

부서지기 마련인 법(S23:43), …

사라지기 마련인 법(S23:44), …

일어나기 마련인 법(S23:45), …

소멸하기 마련인 법(S23:46), 거기에 대한 그대의 욕구를 버려야 한다. 탐욕을 버려야 한다. 욕탐을 버려야 한다. 라다여, 그러면 무엇이 소멸하기 마련인 법인가? 라다여, 물질은 소멸하기 마련인 법이다. 거기에 대한 그대의 욕구를 버려야 한다. 탐욕을 버려야 한다. 욕탐을 버려야 한다. 느낌은 … 인식은 … 심리현상들은 … 알음알이는 소멸하기 마련인 법이다. 거기에 대한 그대의 욕구를 버려야 한다. 탐욕을 버려야 한다. 욕탐을 버려야 한다."

제4장 가까이 앉음 품이 끝났다.

네 번째 품에 포함된 경들의 목록은 다음과 같다.

두 가지 ①~② 마라, 두 가지 ③~④ 무상
두 가지 ⑤~⑥ 괴로움, 두 가지 ⑦~⑧ 무아
⑨ 부서지기 마련인 법 ⑩ 괴롭기 마련인 법
⑪ 일어나기 마련인 법 ⑫ 소멸하기 마련인 법이다.

라다 상윳따(S23)가 끝났다.

제24주제

견해 상윳따(S24)

제24주제(S24)

견해 상윳따

Diṭṭhi-saṁyutta[421]

제1장 예류자 품

Sotāpatti-vagga

바람 경(S24:1)

Vāta-sutta

1. 이와 같이 나는 들었다. 한때 세존께서는 사왓티에서 제따

421) 본 상윳따에는 모두 96개의 경들이 포함되어 있는데 이들은 제1장 「예류자 품」, 제2장 「두 번째 여행 품」, 제3장 「세 번째 여행 품」, 제4장 「네 번째 여행 품」의 네 품으로 나누어져 있다. 제1품에는 S24:1~18의 18개 경들이, 제2품에는 S24:19~44의 26개 경들이, 제3품에는 S24:45~70의 26개 경들이, 제4품에는 S24:71~96의 26개 경들이 포함되어 있다. 그리고 이들 경에는 각각 다른 삿된 견해들이 하나씩 포함되어 있는데 전체적으로는 26가지 삿된 견해가 각각의 품에서 반복해서 나타나는 구조로 되어 있다.
여기에는 『디가 니까야』 「범망경」(D1)에 나타나는 62가지 견해 가운데 8가지(S24:37부터 S24:44까지)와 「사문과경」(D2)에 나타나는 육사외도의 견해 가운데 네 가지(S24:5부터 S24:8까지)와 10사무기(十事無記, S24:9부터 S24:18까지)와 그 외 『디가 니까야』나 『맛지마 니까야』 등에 나타나는 삿된 견해들이 포함되어 있다.
한편 본 상윳따의 전반부 70개의 경에서는 이러한 여러 가지 삿된 견해들이 무상하고 괴로움이고 변하기 마련인 것을 강조하고 있으며, 그러므로 이런 견해들을 취착하지 말고 의심을 끊고 해탈의 도정으로 나아갈 것을 설하고 있다. 그리고 제4장 「네 번째 여행 품」에 포함된 「바람 경」(S24:71)부터 본 상윳따의 마지막인 S24:96까지의 26개 경들은 이러한 삿된 견해들의 무상·고·무아를 통찰해서 염오-이욕-해탈-구경해탈지를 성취할 것을 설하고 있다.

숲의 아나타삔디까 원림(급고독원)에 머무셨다. [202] …

3. "비구들이여, 무엇이 있을 때, 그리고 무엇을 취착하고 무엇을 천착(穿鑿)하여 '바람은 불지 못하고 강은 흐르지 못하고 임산부는 출산하지 못하고 태양과 달은 뜨지 못하고 지지 못하고 성문 앞의 기둥처럼 견고하게 서 있다.'는 [삿된] 견해가 일어나는가?"422)

"세존이시여, 저희들의 법은 세존을 근원으로 하며, 세존을 길잡이로 하며, 세존을 귀의처로 합니다. … "

4. "비구들이여, 물질이 있을 때, 그리고 물질을 취착하고 물질

---

422) 주석서는 이렇게 설명하고 있다.
"나무 가지를 부러뜨리면서 바람(vāta)이 불지만 그것은 바람이 아니다. 그것은 바람이 복사된 것(vāta-lesa = vāta-sadisā, 바람을 닮은 것 – SAṬ.ii.237)일 뿐이다. 바람은 성문 앞의 기둥(esika-tthambha)처럼, 산꼭대기(pabbata-kūṭa)처럼 견고하게 서 있다.[성문 앞의 기둥은 동요하지 않음(niccala-bhāva)을, 산꼭대기는 영원함(sassati-sama)을 보여준다. – *Ibid*] 강(nadī)도 그러하다. 임산부(gabbhini)가 출산을 한다고 하지만 태아(gabbha)는 나오지 않는다. 부른 배가 꺼진 것(milāt-udara)일 뿐이요, 태아가 복사된 것(gabbha-lesa)일 뿐이다. 태아는 성문 앞의 기둥처럼, 산꼭대기처럼 견고하게 서 있다. 태양과 달(candima-sūriyā)은 뜨고 지는 것처럼 보이지만 그들은 뜨지도 않고 지지도 않는다. 태양과 달이 복사된 것(candima-sūriya-lesa)일 뿐이다. 태양과 달은 성문 앞의 기둥처럼, 산꼭대기처럼 견고하게 서 있다."(SA.ii.337)
생소하게 느껴지는 주석서의 이 설명은 변화란 환상에 불과하다는 것을 시적으로 표현한 것인 듯하다. '성문 앞의 기둥처럼 견고하게 서 있다.'는 표현은 『디가 니까야』 「범망경」(D1/i.14~16) §§1.31~1.34에서 상견론자들의 견해에서 나타나고 있으며, 아래 「큰 견해 경」(S24:8) §3에서 7가지 몸들을 표현하는 문구에도 나타난다. 이런 견해는 일곱 가지 몸을 주장하는 빠꾸다 깟짜야나(Pakudha Kaccāyana)의 견해와 아지와까(Ājīvaka)에 의해서 주장된 시간과 변화의 불변화성(avicalita-nityatva)의 이론과 밀접한 것으로 보인다. 여기에 대해서는 Basham, *History and Doctrine of Ājīvakas*, p.236을 참조할 것. 비슷한 견해가 북전 『마하와스뚜』(Mahāvastu, 大事, Mvu.iii.317)에도 언급되고 있는데 이런 견해는 세존께서 마가다에 도착하시기 전에부터 있었다고 한다. Jones, 3:306을 참조할 것.

을 천착하여 '바람은 불지 못하고 강은 흐르지 못하고 임산부는 출산하지 못하고 태양과 달은 뜨지 못하고 지지 못하고 성문 앞의 기둥처럼 견고하게 서 있다.'는 [삿된] 견해가 일어난다. 느낌이 … 인식이 … 심리현상들이 … 알음알이가 있을 때, 그리고 알음알이를 취착하고 알음알이를 천착하여 '바람은 불지 못하고 강은 흐르지 못하고 임산부는 출산하지 못하고 태양과 달은 뜨지 못하고 지지 못하고 성문 앞의 기둥처럼 견고하게 서 있다.'는 [삿된] 견해가 일어난다."

5. "비구들이여, 이를 어떻게 생각하는가? 물질은 항상한가, 무상한가?"

"무상합니다, 세존이시여."

"그러면 무상한 것은 괴로움인가, 즐거움인가?"

"괴로움입니다, 세존이시여."

"그러면 무상하고 괴로움이고 변하기 마련인 것을 취착하지 않는데도 '바람은 불지 못하고 강은 흐르지 못하고 임산부는 출산하지 못하고 태양과 달은 뜨지 못하고 지지 못하고 성문 앞의 기둥처럼 견고하게 서 있다.'는 [삿된] 견해가 일어나겠는가?" [203]

"그렇지 않습니다, 세존이시여."

"비구들이여, 이를 어떻게 생각하는가? 느낌은 … 인식은 … 심리현상들은 … 알음알이는 항상한가, 무상한가?"

"무상합니다, 세존이시여."

"그러면 무상한 것은 괴로움인가, 즐거움인가?"

"괴로움입니다, 세존이시여."

"그러면 무상하고 괴로움이고 변하기 마련인 것을 취착하지 않는데도 '바람은 불지 못하고 강은 흐르지 못하고 임산부는 출산하지 못하고 태양과 달은 뜨지 못하고 지지 못하고 성문 앞의 기둥처럼 견고하게 서 있다.'는 [삿된] 견해가 일어나겠는가?"

"그렇지 않습니다, 세존이시여."

6. "그런데 본 것, 들은 것, 감지한 것, 안 것, 얻은 것, 탐구한 것, 마음으로 고찰한 것423)은 항상한가, 무상한가?"

"무상합니다, 세존이시여."

"그러면 무상한 것은 괴로움인가, 즐거움인가?"

"괴로움입니다, 세존이시여."

"그러면 무상하고 괴로움이고 변하기 마련인 것을 취착하지 않는데도 '바람은 불지 못하고 강은 흐르지 못하고 임산부는 출산하지 못하고 태양과 달은 뜨지 못하고 지지 못하고 성문 앞의 기둥처럼 견고하게 서 있다.'는 [삿된] 견해가 일어나겠는가?"

"그렇지 않습니다, 세존이시여."

7. "비구들이여, 성스러운 제자가 이 여섯 가지 경우들424)에 대

---

423) "'본 것(diṭṭha)'은 형색의 감각장소(rūp-āyatana)를 뜻한다. '들은 것(suta)'은 소리의 감각장소이고, '감지한 것(muta)'은 냄새와 맛과 감촉의 감각장소를 뜻한다. '안 것(viññāta)' 등 나머지 [넷]은 일곱 가지 감각장소를 말한다."(SA.ii.337)
여기서 일곱 가지 감각장소는 여섯 가지 안의 감각장소(눈부터 마노까지)와 법의 감각장소를 말한다. 주석서에서 보듯이 여기서 '얻은 것(patta)'과 '탐구한 것(pariyesita)'과 '마음으로 고찰한 것(anuvicaritaṁ manasā)'은 안 것을 더 자세하게 설명한 것으로 간주하여 안 것에 포함시키고 있다. 이렇게 하여 본 정형구는 지각의 대상이 되는 방법에 따라서 감각장소들을 크게 넷으로 분류하고 있다.

424) '이 여섯 가지 경우들(imesu chasu ṭhānesu)'은 Ee와 Se를 따라서 옮긴 것이다. Be에는 단지 imesu ca ṭhānesu(이 경우들)로 나타난다. 주석서는 이 여섯이 무엇인지를 설명하지 않고 있다. 문맥으로 볼 때 바로 위에서 설명한 오온의 다섯 가지에다 '본 것, 들은 것, 감지한 것, 안 것, 얻은 것, 탐구한 것, 마음으로 고찰한 것'을 여섯 번째로 더한 것으로 여겨진다. 여기에 대해서는 『맛지마 니까야』 「뱀의 비유 경」(M22) §15에 나타나는 여섯 가

한 의심이 제거되고 괴로움에 대한 의심도 제거되고 괴로움의 일어남에 대한 의심도 제거되고 괴로움의 소멸에 대한 의심도 제거되고 괴로움의 소멸로 인도하는 도닦음에 대한 의심도 제거되면, 이를 일러 성스러운 제자는 흐름에 든 자[預流者]여서 [악처에] 떨어지지 않는 법을 가졌고 [해탈이] 확실하며 완전한 깨달음으로 나아간다고 한다."

이것은 나의 것 경(S24:2)

Etaṁmama-sutta

3. "비구들이여, 무엇이 있을 때, 그리고 무엇을 취착하고 무엇을 천착하여 '이것은 내 것이다. 이것은 나다. 이것은 나의 자아다.'라고 관찰하는가?"

"세존이시여, 저희들의 법은 세존을 근원으로 하며, 세존을 길잡이로 하며, 세존을 귀의처로 합니다. …"

4. "비구들이여, [204] 물질이 있을 때, 그리고 물질을 취착하고 물질을 천착하여 '이것은 내 것이다. 이것은 나다. 이것은 나의 자아다.'라고 관찰한다. 느낌이 … 인식이 … 심리현상들이 … 알음알이가 있을 때, 그리고 알음알이를 취착하고 알음알이를 천착하여 '이것은 내 것이다. 이것은 나다. 이것은 나의 자아다.'라고 관찰한다."

5. "비구들이여, 이를 어떻게 생각하는가? 물질은 항상한가, 무상한가?"

"무상합니다, 세존이시여."

"그러면 무상한 것은 괴로움인가, 즐거움인가?"

지 확정적인 견해[見處, diṭṭhi-ṭṭhāna]도 참조할 것.

"괴로움입니다, 세존이시여."

"그러면 무상하고 괴로움이고 변하기 마련인 것을 취착하지 않는데도 '이것은 내 것이다. 이것은 나다. 이것은 나의 자아다.'라고 관찰하겠는가?"

"그렇지 않습니다, 세존이시여."

"비구들이여, 이를 어떻게 생각하는가? 느낌은 … 인식은 … 심리현상들은 … 알음알이는 항상한가, 무상한가?"

"무상합니다, 세존이시여."

"그러면 무상한 것은 괴로움인가, 즐거움인가?"

"괴로움입니다, 세존이시여."

"그러면 무상하고 괴로움이고 변하기 마련인 것을 취착하지 않는데도 '이것은 내 것이다. 이것은 나다. 이것은 나의 자아다.'라고 관찰하겠는가?"

"그렇지 않습니다, 세존이시여."

6. "그런데 본 것, 들은 것, 감지한 것, 안 것, 얻은 것, 탐구한 것, 마음으로 고찰한 것은 항상한가, 무상한가?"

"무상합니다, 세존이시여."

"그러면 무상한 것은 괴로움인가, 즐거움인가?"

"괴로움입니다, 세존이시여."

"그러면 무상하고 괴로움이고 변하기 마련인 것을 취착하지 않는데도 '이것은 내 것이다. 이것은 나다. 이것은 나의 자아다.'라는 [삿된] 견해가 일어나겠는가?"

"그렇지 않습니다, 세존이시여."

7. "비구들이여, 성스러운 제자가 이 여섯 가지 경우들에 대한

의심이 제거되고 괴로움에 대한 의심도 제거되고 괴로움의 일어남에 대한 의심도 제거되고 괴로움의 소멸에 대한 의심도 제거되고 괴로움의 소멸로 인도하는 도닦음에 대한 의심도 제거되면, 이를 일러 성스러운 제자는 흐름에 든 자[預流者]여서 [악처에] 떨어지지 않는 법을 가졌고 [해탈이] 확실하며 완전한 깨달음으로 나아간다고 한다."

이 자아 경(S24:3)

Soattā-sutta

3. "비구들이여, 무엇이 있을 때, 그리고 무엇을 취착하고 무엇을 천착하여 '이 자아가 바로 이 세상이다. 그것은 죽은 뒤에 항상하고 견고하고 영원하며 변하지 않을 것이다.'라는 [삿된] 견해가 일어나는가?"425)

"세존이시여, [205] 저희들의 법은 세존을 근원으로 하며, 세존을 길잡이로 하며, 세존을 귀의처로 합니다. …"

4. "비구들이여, 물질이 있을 때, 그리고 물질을 취착하고 물질을 천착하여 '이 자아가 바로 이 세상이다. 그것은 죽은 뒤에 항상하고 견고하고 영원하며 변하지 않을 것이다.'라는 [삿된] 견해가 일어난다. 느낌이 … 인식이 … 심리현상들이 … 알음알이가 있을 때, 그리고 알음알이를 취착하고 알음알이를 천착하여 '이 자아가 바로 이 세상이다. 그것은 죽은 뒤에 항상하고 견고하고 영원하며 변하지 않을 것이다.'라는 [삿된] 견해가 일어난다."

5. "비구들이여, 이를 어떻게 생각하는가? 물질은 … 느낌은 … 인식은 … 심리현상들은 … 알음알이는 항상한가, 무상한가?" …

---

425) 여기에 대해서는 본서 「빠릴레야 경」(S22:81) §12와 주해를 참조할 것.

6. “그런데 본 것, 들은 것, 감지한 것, 안 것, 얻은 것, 탐구한 것, 마음으로 고찰한 것은 항상한가, 무상한가?” …

“그러면 무상하고 괴로움이고 변하기 마련인 것을 취착하지 않는데도 ‘이 자아가 바로 이 세상이다. 그것은 죽은 뒤에 항상하고 견고하고 영원하며 변하지 않을 것이다.’라는 [삿된] 견해가 일어나겠는가?”

“그렇지 않습니다, 세존이시여.”

7. “비구들이여, 성스러운 제자가 이 여섯 가지 경우들에 대한 의심이 제거되고 … [악처에] 떨어지지 않는 법을 가졌고 [해탈이] 확실하며 완전한 깨달음으로 나아간다고 한다.”

나의 존재는 있지 않음 경(S24:4)

Nocamesiyā-sutta

3. “비구들이여, 무엇이 있을 때, 그리고 무엇을 취착하고 무엇을 천착하여 ‘내가 존재하지 않았다면 나의 것도 존재하지 않았을 것이다. 나는 존재하지 않을 것이고 나의 것도 존재하지 않을 것이다.’라는 [삿된] 견해가 일어나는가?”

“세존이시여, 저희들의 법은 세존을 근원으로 하며, 세존을 길잡이로 하며, 세존을 귀의처로 합니다. …”

4. “비구들이여, 물질이 있을 때, 그리고 물질을 취착하고 물질을 천착하여 [206] ‘내가 존재하지 않았다면 나의 것도 존재하지 않았을 것이다. 나는 존재하지 않을 것이고 나의 것도 존재하지 않을 것이다.’라는 [삿된] 견해가 일어난다. 느낌이 … 인식이 … 심리현상들이 … 알음알이가 있을 때, 그리고 알음알이를 취착하고 알음알이를

천착하여 '내가 존재하지 않았다면 나의 것도 존재하지 않았을 것이다. 나는 존재하지 않을 것이고 나의 것도 존재하지 않을 것이다.'라는 [삿된] 견해가 일어난다."

5. "비구들이여, 이를 어떻게 생각하는가? 물질은 … 느낌은 … 인식은 … 심리현상들은 … 알음알이는 항상한가, 무상한가?" …

6. "그런데 본 것, 들은 것, 감지한 것, 안 것, 얻은 것, 탐구한 것, 마음으로 고찰한 것은 항상한가, 무상한가?" …

"그러면 무상하고 괴로움이고 변하기 마련인 것을 취착하지 않는데도 '내가 존재하지 않았다면 나의 것도 존재하지 않았을 것이다. 나는 존재하지 않을 것이고 나의 것도 존재하지 않을 것이다.'라는 [삿된] 견해가 일어나겠는가?"

"그렇지 않습니다, 세존이시여."

7. "비구들이여, 성스러운 제자가 이 여섯 가지 경우들에 대한 의심이 제거되고 … [악취에] 떨어지지 않는 법을 가졌고 [해탈이] 확실하며 완전한 깨달음으로 나아간다고 한다."

없음 경(S24:5)

Natthi-sutta

3. "비구들이여, 무엇이 있을 때, 그리고 무엇을 취착하고 무엇을 천착하여 이러한 [삿된] 견해가 일어나는가?

'보시도 없고 공물도 없고 제사(헌공)도 없다. 선행과 악행의 업들에 대한 열매도 과보도 없다. 이 세상도 없고 저 세상도 없다. 어머니도 없고 아버지도 없다. 화생하는 중생도 없고 이 세상과 저 세상을 스스로 최상의 지혜로 알고, 실현하여, 드러내는 바른 도를 구족한 사문 · 바라문들도 이 세상에는 없다. 이 인간이란 것은 사대(四大)로 이루어진 것이어서 [207] 임종하면 땅은 땅의 몸으로 들어가고 돌아가고, 물은 물의 몸으로 들어가고 돌아가고, 불은 불의 몸으로 들어가고 돌아가고, 바람은 바람의 몸으로 들어가고 돌아가고, 감각기능들은 허공으로 건너간다. 관을 다섯 번째로 한 [네] 사람이 시체를 메고 간다.426) 송덕문(頌德文)은 화장터까지만 읊어질 뿐이다. 뼈다귀는 잿빛으로 변하고 헌공은 재로 끝날 뿐이다. 보시란 어리석은 자의 교설일 뿐이니 누구든 [보시 등의 과보가] 있다고 설하는 자들의 교설은 공허하고 거짓되고 쓸데없는 말에 지나지 않는다. 어리석은 자도 현자도 몸이 무너지면 단멸하고 멸절할 뿐이라서 죽고 난 다음이라는 것은 없다.'"427)

"세존이시여, 저희들의 법은 세존을 근원으로 하며, 세존을 길잡이로 하며, 세존을 귀의처로 합니다. …"

4. "비구들이여, 물질이 있을 때, 그리고 물질을 취착하고 물질을 천착하여 '보시도 없고 공물도 없고 제사(헌공)도 없다. … 어리석은 자도 현자도 몸이 무너지면 단멸하고 멸절할 뿐이라서 죽고 난 다음이라는 것은 없다.'라는 [삿된] 견해가 일어난다. 느낌이 … 인식이

---

426) '관을 다섯 번째로 한 [네] 사람이 시체를 메고 간다.'는 āsandi-pañcamā purisā mataṁ ādāya gacchanti를 옮긴 것이다. 네 사람이 관(āsandi)에 든 시체를 메고 가는 것을 이렇게 표현하고 있다. 관을 멘 네 사람과 그 관이 다섯 번째가 되어 시체를 메고 간다는 뜻이다. '무엇을 몇 번째로 하는 것'이란 표현은 빠알리어에 자주 나타난다.

427) 이것은 『디가 니까야』 「사문과경」(D2/i.55) §§22~24에서 아지따 께사깜발리(Ajita Kesakambalī)의 [사후]단멸론(ucchedavāda)으로 정리되어 나타나고 있다. 주석서의 설명은 보디 스님, *Discourse on the Fruits of Recluseship*, pp. 77~83을 참조할 것.

… 심리현상들이 … 알음알이가 있을 때, 그리고 알음알이를 취착하고 알음알이를 천착하여 '보시도 없고 공물도 없고 제사(헌공)도 없다. … 어리석은 자도 현자도 몸이 무너지면 단멸하고 멸절할 뿐이라서 죽고 난 다음이라는 것은 없다.'라는 [삿된] 견해가 일어난다."

5. "비구들이여, 이를 어떻게 생각하는가? 물질은 … 느낌은 … 인식은 … 심리현상들은 … 알음알이는 항상한가, 무상한가?" …

6. "그런데 [208] 본 것, 들은 것, 감지한 것, 안 것, 얻은 것, 탐구한 것, 마음으로 고찰한 것은 항상한가, 무상한가?" …

"그러면 무상하고 괴로움이고 변하기 마련인 것을 취착하지 않는데도 '보시한 것도 없고 제사지낸 것도 없고 헌공(獻供)한 것도 없다. … 어리석은 자도 현자도 몸이 무너지면 단멸하고 멸절할 뿐이라서 죽고 난 다음이라는 것은 없다.'라는 [삿된] 견해가 일어나겠는가?"

"그렇지 않습니다, 세존이시여."

7. "비구들이여, 성스러운 제자가 이 여섯 가지 경우들에 대한 의심이 제거되고 … [악취에] 떨어지지 않는 법을 가졌고 [해탈이] 확실하며 완전한 깨달음으로 나아간다고 한다."

행위 경(S24:6)

Karota-sutta

3. "비구들이여, 무엇이 있을 때, 그리고 무엇을 취착하고 무엇을 천착하여 이러한 [삿된] 견해가 일어나는가?

'[자기 손으로 직접] 행하고 [명령하여] 행하게 하고 [남의 손 등을] 자르고 자르게 하고 [몽둥이로] 고문하고 고문하게 하고 [재물을 뺏는 등으로] 슬프게 하고 [다른 이들에게 시켜서] 슬퍼하게 하고 억압하고 억압하게 하고 생명을 죽이고 주지 않은 것을 가지고 문을 부수어 도둑질하고 약탈하고 주거침입을 하고 노상강도질을 하고 남의 아내를 범하고 거짓말을 하더라도 그 사람은 죄악을 범한 것이 아니다. 만일 날카로운 원반을 가진 바퀴로 이 땅의 생명들을 모두 하나의 고깃덩어리로 만들고 하나의 고기 무더기로 만들지라도 그로 인해서 어떤 죄악도 없으며 죄악이 생기지도 않는다. 강가 강의 남쪽 기슭에[428] 가서 [209] 죽이고 죽게 하고 자르고 자르게 하고 고문하고 고문하게 하더라도 그로 인한 어떤 죄악도 없으며 죄악이 생기지도 않는다. 강가 강의 북쪽 기슭에 가서 보시하고 보시하게 하고 공양하고 공양하게 하더라도 그로 인한 어떤 공덕도 없으며 공덕이 생기지도 않는다. 보시하고 자신을 길들이고 제어하고 바른 말을 하더라도 공덕이 없으며 공덕이 생기지도 않는다.'"[429]

"세존이시여, 저희들의 법은 세존을 근원으로 하며, 세존을 길잡이로 하며, 세존을 귀의처로 합니다. …"

4. "비구들이여, 물질이 있을 때, 그리고 물질을 취착하고 물질을 천착하여 '[자기 손으로 직접] 행하고 [명령하여] 행하게 하고 … 보시하고 자신을 길들이고 제어하고 바른 말을 하더라도 공덕이 없으며 공덕이 생기지도 않는다.'라는 [삿된] 견해가 일어난다. 느낌이

428) "강가 강의 남쪽 기슭에 사는 사람들은 거칠고 난폭했기 때문에 그들에 관해서 이렇게 말했다. 대신에 북쪽 기슭에 사는 사람들은 신심이 있고 맑고 불·법·승을 존경했기 때문에 그들에 관해서는 보시하는 것 등으로 말했다."(DA.i.160)

429) 이것은 「사문과경」(D2/i.52~53) §§16~18에서 뿌라나 깟사빠(Pūraṇa Kassapa)의 도덕부정론(akiriya-vāda)으로 정리되어 나타나고 있다. 주석서의 설명은 보디 스님, 위 책, pp. 69~70을 참조할 것.

… 인식이 … 심리현상들이 … 알음알이가 있을 때, 그리고 알음알이를 취착하고 알음알이를 천착하여 '[자기 손으로 직접] 행하고 [명령하여] 행하게 하고 … 보시하고 자신을 길들이고 제어하고 바른 말을 하더라도 공덕이 없으며 공덕이 생기지도 않는다.'라는 [삿된] 견해가 일어난다."

5. "비구들이여, 이를 어떻게 생각하는가? 물질은 … 느낌은 … 인식은 … 심리현상들은 … 알음알이는 항상한가, 무상한가?" …

6. "그런데 본 것, 들은 것, 감지한 것, 안 것, 얻은 것, 탐구한 것, 마음으로 고찰한 것은 항상한가, 무상한가?" …

"그러면 무상하고 괴로움이고 변하기 마련인 것을 취착하지 않는데도 '[자기 손으로 직접] 행하고 [명령하여] 행하게 하고 … 보시하고 자신을 길들이고 제어하고 바른 말을 하더라도 공덕이 없으며 공덕이 생기지도 않는다.'라는 [삿된] 견해가 일어나겠는가?"

"그렇지 않습니다, 세존이시여."

7. "비구들이여, 성스러운 제자가 이 여섯 가지 경우들에 대한 의심이 제거되고 … [악처에] 떨어지지 않는 법을 가졌고 [해탈이] 확실하며 완전한 깨달음으로 나아간다고 한다."

원인 경(S24:7)

Hetu-sutta

3. "비구들이여, [210] 무엇이 있을 때, 그리고 무엇을 취착하고 무엇을 천착하여 이러한 [삿된] 견해가 일어나는가?

'중생들이 오염되는 것에는 어떤 원인도 어떤 조건도 없다. 어떤 원인도 어떤 조건도 없이 중생들은 오염된다. 중생들이 청정하게 되는 어떤 원인도 어떤 조건도 없다. 어떤 원인도 어떤 조건도 없이 중생들은 청정하게 된다. [자신의 행위도 남의 행위도 인간의 행위도 없다.]430) 힘도 없고 정진력도 없고 근력도 없고 분발도 없다. 모든 중생들과 모든 생명들과 모든 존재들과 모든 영혼들은 [자신의 운명을] 지배하지 못하고 힘도 없고 정진력도 없이 운명과 우연의 일치와 천성의 틀에 짜여서 여섯 종류의 태생431)에서 즐거움과 괴로움을 겪는다.'"432)

"세존이시여, 저희들의 법은 세존을 근원으로 하며, 세존을 길잡이

---

430) [ ] 안에 넣어서 옮긴 원문은 natthi attakāre, natthi parakāre, natthi purisakāre이다. 본경과 『맛지마 니까야』 「모순 없음 경」(M60) §21 등과 「산다까 경」(M76) §13 등의 정형구에는 이 구절이 빠져 있다. 그러나 『디가 니까야』 「사문과경」(D2) §20에는 나타나고 있어서 이렇게 옮겼다. 주석서에서는 행위(kāra)를 업지음(kata-kamma)으로 설명하고 있다.(DA.i.160)

431) 『앙굿따라 니까야』 「여섯 태생 경」(A6:57) §2와 『디가 니까야 주석서』(DA.i.162)에 의하면 '여섯 종류의 태생(chaḷābhijāti)'은 흑인의 태생(kaṇha-abhijāti), 청인의 태생, 적인의 태생, 황인의 태생, 백인의 태생, 순백인의 태생이다. 동물들과 도적 등은 흑인의 태생에, [불교의] 비구들은 청인의 태생에, 니간타들(자이나 수행자)은 적인의 태생에, 나체수행자(acelaka)들의 제자인 흰 옷을 입는 재가자들은 황인의 태생에, 아지와까(Ājīvaka)의 남녀 수행자들은 백인의 태생에, 난다, 왓차, 끼사, 상낏차, 막칼리 고살라는 순백인의 태생에 속한다고 한다. 『앙굿따라 니까야』 「여섯 태생 경」(A6:57) §2에 상세하게 나타나므로 참조할 것.
그런데 「여섯 태생 경」(A6:57) §2에서 이 이론은 막칼리 고살라가 아닌 뿌라나 깟사빠가 주장하였다고 나타난다.

432) 이것은 「사문과경」(D2) §§19~21에서 막칼리 고살라(Makkhaligosāla)의 윤회를 통한 청정(saṁsāra-suddhi) 혹은 무인론(ahetuka-vāda)으로 정리되어 나타나고 있다. 주석서의 설명은 보디 스님, 위 책, pp. 70~72를 참조할 것.
그런데 이 주장의 일부분이 본서 「마할리 경」(S22:60) §3에서는 뿌라나 깟사빠의 주장으로 언급되어 있다. 이곳의 주해를 참조할 것.

로 하며, 세존을 귀의처로 합니다. …"

4. "비구들이여, 물질이 있을 때, 그리고 물질을 취착하고 물질을 천착하여 '중생들이 오염되는 것에는 어떤 원인도 어떤 조건도 없다. … 운명과 우연의 일치와 천성의 틀에 짜여서 여섯 종류의 생에서 즐거움과 괴로움을 겪는다.'라는 [삿된] 견해가 일어난다. 느낌이 … 인식이 … 심리현상들이 … 알음알이가 있을 때, 그리고 알음알이를 취착하고 알음알이를 천착하여 '중생들이 오염되는 것에는 어떤 원인도 어떤 조건도 없다. … 운명과 우연의 일치와 천성의 틀에 짜여서 여섯 종류의 생에서 즐거움과 괴로움을 겪는다.'라는 [삿된] 견해가 일어난다."

5. "비구들이여, 이를 어떻게 생각하는가? 물질은 … 느낌은 … 인식은 … 심리현상들은 … 알음알이는 항상한가, 무상한가?" …

6. "그런데 본 것, 들은 것, 감지한 것, 안 것, 얻은 것, 탐구한 것, 마음으로 고찰한 것은 항상한가, 무상한가?" …

"그러면 무상하고 괴로움이고 변하기 마련인 것을 취착하지 않는데도 '중생들이 오염되는 것에는 어떤 원인도 어떤 조건도 없다. … 운명과 우연의 일치와 천성의 틀에 짜여서 여섯 종류의 생에서 즐거움과 괴로움을 겪는다.'라는 [삿된] 견해가 일어나겠는가?"

"그렇지 않습니다, 세존이시여."

7. "비구들이여, 성스러운 제자가 이 여섯 가지 경우들에 대한 의심이 제거되고 [211] … [악취에] 떨어지지 않는 법을 가졌고 [해탈이] 확실하며 완전한 깨달음으로 나아간다고 한다."

큰 견해 경(S24:8)

Mahādiṭṭhi-sutta

3. "비구들이여, 무엇이 있을 때, 그리고 무엇을 취착하고 무엇을 천착하여 이러한 [삿된] 견해가 일어나는가?

'일곱 가지 몸들이 있나니, 만들어지지 않았고, 만들어진 것에 속하지 않고, 창조되지 않았고, 창조자가 없으며, 생산함이 없고, 산꼭대기처럼 움직이지 않고, 성문 앞의 기둥처럼 견고하게 서 있다. 그들은 움직이지 않고 변하지 않고 서로를 방해하지 않는다. 서로서로에게 즐거움도 괴로움도 그 둘 모두도 주지 못한다. 무엇이 일곱인가? 땅의 몸, 물의 몸, 불의 몸, 바람의 몸, 즐거움, 괴로움, 그리고 일곱 번째로 영혼이다. 이들 일곱 가지 몸들이 있나니, 만들어지지 않았고, 만들어진 것에 속하지 않고, 창조되지 않았고, 창조자가 없으며, 생산함이 없고, 산꼭대기처럼 움직이지 않고, 성문 앞의 기둥처럼 견고하게 서 있다. 그들은 움직이지 않고 변하지 않고 서로를 방해하지 않는다. 서로서로에게 즐거움도 괴로움도 그 둘 모두도 주지 못한다. [그러므로 여기서 죽이는 자도 없고 죽이게 하는 자도 없고 듣는 자도 없고 말하는 자도 없고 아는 자도 없고 알게 하는 자도 없다.][433] 날카로운 칼로 머리를 벤다고 해도 누구도 누구의 생명을 빼앗은 것이 아니다. 다만 칼이 이 일곱 가지 몸들의 가운데로 통과한 것에 지나지 않는다.[434]

1백 4십만 가지의 주요한 모태가 있고,[435] 그리고 다시 6천 6백

433) [ ] 안에 넣어서 옮긴 부분은 본경에는 나타나지 않지만 「사문과경」(D2) §26에는 나타나고 있다.

434) 이것은 「사문과경」(D2) §§25~27에서 빠꾸다 깟짜야나(Pakudha Kaccā-yana)의 결정론으로 정리되어 나타나고 있다.

가지 [모태]가 있다. 5백 가지의 업이 있고, 다섯 가지, 세 가지의 업이 있고, 완전한 업이 있고 반쯤의 업이[436] 있다. 62가지 길이 있고 62가지 중간 겁이 있다. 여섯 가지 종(種)이 있고 8가지 인간계가 있고 4900의 생명체가 있고 4900의 유행승이 있고 4900의 용이 있다. 2천의 감각기관이 있고, 3천의 지옥이 있고, 36가지의 티끌의 요소가 있고, 일곱 가지 인식이 있는 모태와 일곱 가지 인식이 없는 모태가 있고, [212] 일곱 가지 신, 일곱 가지 인간, 일곱 가지 유령, 일곱 가지 호수, 일곱 가지 [큰] 융기물, 7백 가지 [작은] 융기물, 일곱 가지 갈라진 틈, 7백 가지 [작은] 갈라진 틈, 일곱 가지 [중요한] 꿈, 7백 가지 [사소한] 꿈이 있다. 그리고 8백 4십만의 대겁(大劫)이 있다. 어리석은 자나 현자나 같이 그것을 모두 치달리고 윤회하고 나서야 괴로움의 끝을 낸다.[437]

그러므로 여기에 '나는 계나 서계(誓戒)나 고행이나 청정범행으로 [아직] 익지 않은 업을 익게 하겠다.'라거나 '익은 업을 점차로 없애겠다.'는 것은 있을 수 없다. 즐거움과 괴로움의 크기가 정해져 있는

---

435) 「사문과경」(D2)에는 이 이하의 주장은 막칼리 고살라의 견해로 나타나고 있다. 그러나 「산다까 경」(M76/i.517~518) §16에는 본경처럼 일곱 가지 몸들의 이론에 붙어서 나타나고 있다. 이런 것으로 볼 때 이 이론은 빠꾸다 깟짜야나의 무리와 막칼리 고살라의 무리들 사이에서 서로 공유하고 있었던 것이 아닌가 생각된다. Basham의 *History and Doctrine of the Ājīvakas*, pp. 18~23과 pp. 240~254에 의하면 이 두 학파는 후대에 합쳐져서 아지와까의 남부 학파를 이루게 되었다고 한다. 주석서의 설명은 보디 스님, *위 책*, pp. 72~77을 참조할 것.

436) "몸으로 짓는 업과 말로 짓는 업은 '완전한 업(kamma)'이고, 마음으로 짓는 업은 '반쯤의 업(aḍḍha-kamma)'이라는 것이 그들의 신조라고 한다."(DA.i.162)

437) 이 세상의 모든 것은 이미 이렇게 정해져 있다는 것이다. 그러므로 그의 사상은 운명론(niyati)이다. 모든 것은 이미 정해져 있기 때문에 어떠한 업지음(kiriya)도 노력(viriya)도 업의 결과(vipāka)도 있을 수 없다고 이 모두를 부정하고 있다.

이 윤회에서는 아무것도 줄이거나 늘일 수 없으며 아무것도 증가시키거나 감소시킬 수 없다. 마치 감긴 실타래를 던지면 [실이 다 풀릴 때까지] 굴러가는 것처럼.438) 그와 마찬가지로 어리석은 자나 현자나 다 같이 치달리고 윤회하고 나서야 괴로움의 끝을 낸다.'"

"세존이시여, 저희들의 법은 세존을 근원으로 하며, 세존을 길잡이로 하며, 세존을 귀의처로 합니다. …"

4. "비구들이여, 물질이 있을 때, 그리고 물질을 취착하고 물질을 천착하여 '일곱 가지 몸들이 있나니, 만들어지지 않았고, 만들어진 것에 속하지 않고, … 어리석은 자나 현자나 같이 치달리고 윤회하고 나서야 괴로움의 끝을 낸다.'라는 [삿된] 견해가 일어난다. 느낌이 … 인식이 … 심리현상들이 … 알음알이가 있을 때, 그리고 알음알이를 취착하고 알음알이를 천착하여 '일곱 가지 몸들이 있나니, 만들어지지 않았고, 만들어진 것에 속하지 않고, … 어리석은 자나 현자나 같이 치달리고 윤회하고 나서야 괴로움의 끝을 낸다.'라는 [삿된] 견해가 일어난다."

5. "비구들이여, 이를 어떻게 생각하는가? 물질은 … 느낌은 … 인식은 … 심리현상들은 … 알음알이는 항상한가, 무상한가?" …

6. "그런데 [213] 본 것, 들은 것, 감지한 것, 안 것, 얻은 것, 탐구한 것, 마음으로 고찰한 것은 항상한가, 무상한가?" …

"그러면 무상하고 괴로움이고 변하기 마련인 것을 취착하지 않는데도 '일곱 가지 몸들이 있나니, 만들어지지 않았고, 만들어진 것에

---

438) "산이나 나무 꼭대기에서 던진 '실타래(sutta-guḷa)'는 그것이 다 풀릴 때까지 굴러가다가 실이 다 풀리면 멈추고 더 이상 나아가지 않듯이, 어리석은 자나 현자나 모두 지금 설한 이 시간보다 더 달리지 않는다는 뜻이다."(SA.ii.345; DA.i.164)

속하지 않고, … 어리석은 자나 현자나 같이 치달리고 윤회하고 나서야 괴로움의 끝을 낸다.'라는 [삿된] 견해가 일어나겠는가?"

"그렇지 않습니다, 세존이시여."

7. "비구들이여, 성스러운 제자가 이 여섯 가지 경우들에 대한 의심이 제거되고 … [악취에] 떨어지지 않는 법을 가졌고 [해탈이] 확실하며 완전한 깨달음으로 나아간다고 한다."

세상은 영원함 경(S24:9)439)

Sassataloka-sutta

3. "비구들이여, 무엇이 있을 때, 그리고 무엇을 취착하고 무엇을 천착하여 '세상은 영원하다.'라는 [삿된] 견해가 일어나는가?"

"세존이시여, 저희들의 법은 세존을 근원으로 하며, 세존을 길잡이로 하며, 세존을 귀의처로 합니다. …"

4. "비구들이여, 물질이 있을 때, 그리고 물질을 취착하고 물질을 천착하여 '세상은 영원하다.'라는 [삿된] 견해가 일어난다. 느낌이 … 인식이 … 심리현상들이 … 알음알이가 있을 때, 그리고 알음알이를 취착하고 알음알이를 천착하여 '세상은 영원하다.'라는 [삿된] 견해가 일어난다."

---

439) 본경을 위시한 다음 10개의 경들은 '세상은 영원하다.'는 등의 우리에게 십사무기(十事無記)로 알려진 10가지 견해를 각 경마다 한 가지씩 들고 있다. 이 10개의 경들에서 보여주는 입장은 본서 「왓차곳따 상윳따」(S33)와 제5권 「설명하지 않음[無記] 상윳따」(S44)에 나타나는 경들과는 다른 시각을 보여주고 있다.
십사무기에 대해서는 본서 「무지 경」1(S33:1) §3의 주해를 중심으로 본서 제5권 해제 §4와 「설명하지 않음[無記] 상윳따」(S44)의 첫 번째 주해와 「목갈라나 경」(S44:7) §3의 주해를 참조할 것. 참조할 것.

5. "비구들이여, 이를 어떻게 생각하는가? 물질은 … 느낌은 … 인식은 … 심리현상들은 … 알음알이는 항상한가, 무상한가?" …

6. "그런데 본 것, 들은 것, 감지한 것, 안 것, 얻은 것, 탐구한 것, 마음으로 고찰한 것은 항상한가, 무상한가?" [214] …

"그러면 무상하고 괴로움이고 변하기 마련인 것을 취착하지 않는데도 '세상은 영원하다.'라는 [삿된] 견해가 일어나겠는가?"

"그렇지 않습니다, 세존이시여."

7. "비구들이여, 성스러운 제자가 이 여섯 가지 경우들에 대한 의심이 제거되고 … [악취에] 떨어지지 않는 법을 가졌고 [해탈이] 확실하며 완전한 깨달음으로 나아간다고 한다."

세상은 영원하지 않음 경(S24:10)

Asassataloka-sutta

3. "비구들이여, 무엇이 있을 때, 그리고 무엇을 취착하고 무엇을 천착하여 '세상은 영원하지 않다.'라는 [삿된] 견해가 일어나는가?"

"세존이시여, 저희들의 법은 세존을 근원으로 하며, 세존을 길잡이로 하며, 세존을 귀의처로 합니다. …"

4. "비구들이여, 물질이 있을 때, 그리고 물질을 취착하고 물질을 천착하여 '세상은 영원하지 않다.'라는 [삿된] 견해가 일어난다. 느낌이 … 인식이 … 심리현상들이 … 알음알이가 있을 때, 그리고 알음알이를 취착하고 알음알이를 천착하여 '세상은 영원하지 않다.' 라는 [삿된] 견해가 일어난다."

5. "비구들이여, 이를 어떻게 생각하는가? 물질은 … 느낌은 … 인식은 … 심리현상들은 … 알음알이는 항상한가, 무상한가?" …

6. "그런데 본 것, 들은 것, 감지한 것, 안 것, 얻은 것, 탐구한 것, 마음으로 고찰한 것은 항상한가, 무상한가?" …

"그러면 무상하고 괴로움이고 변하기 마련인 것을 취착하지 않는데도 '세상은 영원하지 않다.'라는 [삿된] 견해가 일어나겠는가?"

"그렇지 않습니다, 세존이시여."

7. "비구들이여, 성스러운 제자가 이 여섯 가지 경우들에 대한 의심이 제거되고 … [악처에] 떨어지지 않는 법을 가졌고 [해탈이] 확실하며 완전한 깨달음으로 나아간다고 한다."

유한함 경(S24:11)

Antavā-sutta

3~6. "비구들이여, 무엇이 있을 때, 그리고 무엇을 취착하고 무엇을 천착하여 '세상은 유한하다.'라는 [삿된] 견해가 일어나는가?"

"세존이시여, 저희들의 법은 세존을 근원으로 하며, …

7. "비구들이여, 성스러운 제자가 이 여섯 가지 경우들에 대한 의심이 제거되고 … [악처에] 떨어지지 않는 법을 가졌고 [해탈이] 확실하며 완전한 깨달음으로 나아간다고 한다."

유한하지 않음 경(S24:12)

Anantavā-sutta

3~6. "비구들이여, [215] 무엇이 있을 때, 그리고 무엇을 취착하고

무엇을 천착하여 '세상은 유한하지 않다.'라는 [삿된] 견해가 일어나는가?"

"세존이시여, 저희들의 법은 세존을 근원으로 하며, …

7. "비구들이여, 성스러운 제자가 이 여섯 가지 경우들에 대한 의심이 제거되고 … [악취에] 떨어지지 않는 법을 가졌고 [해탈이] 확실하며 완전한 깨달음으로 나아간다고 한다."

생명이 바로 몸임 경(S24:13)

Taṁjīvaṁtaṁsarīraṁ-sutta

3~6. "비구들이여, 무엇이 있을 때, 그리고 무엇을 취착하고 무엇을 천착하여 '생명이 바로 몸이다.'라는 [삿된] 견해가 일어나는가?"

"세존이시여, 저희들의 법은 세존을 근원으로 하며, …

7. "비구들이여, 성스러운 제자가 이 여섯 가지 경우들에 대한 의심이 제거되고 … [악취에] 떨어지지 않는 법을 가졌고 [해탈이] 확실하며 완전한 깨달음으로 나아간다고 한다."

생명과 몸은 다름 경(S24:14)

Aññaṁjīvaṁaññaṁsarīsaṁ-sutta

3~6. "비구들이여, 무엇이 있을 때, 그리고 무엇을 취착하고 무엇을 천착하여 '생명과 몸은 다르다.'라는 [삿된] 견해가 일어나는가?"

"세존이시여, 저희들의 법은 세존을 근원으로 하며, …

7. "비구들이여, 성스러운 제자가 이 여섯 가지 경우들에 대한 의심이 제거되고 … [악취에] 떨어지지 않는 법을 가졌고 [해탈이]

확실하며 완전한 깨달음으로 나아간다고 한다."

여래는 사후에도 존재함 경(S24:15)

Hotitathāgata-sutta

3~6. "비구들이여, 무엇이 있을 때, 그리고 무엇을 취착하고 무엇을 천착하여 '여래는 사후에도 존재한다.'라는 [삿된] 견해가 일어나는가?"

"세존이시여, 저희들의 법은 세존을 근원으로 하며, …

7. "비구들이여, 성스러운 제자가 이 여섯 가지 경우들에 대한 의심이 제거되고 … [악처에] 떨어지지 않는 법을 가졌고 [해탈이] 확실하며 완전한 깨달음으로 나아간다고 한다."

여래는 사후에 존재하지 않음 경(S24:16)

Nahotitathāgata-sutta

3~6. "비구들이여, 무엇이 있을 때, 그리고 무엇을 취착하고 무엇을 천착하여 '여래는 사후에 존재하지 않는다.'라는 [삿된] 견해가 일어나는가?"

"세존이시여, 저희들의 법은 세존을 근원으로 하며, …

7. "비구들이여, 성스러운 제자가 이 여섯 가지 경우들에 대한 의심이 제거되고 … [악처에] 떨어지지 않는 법을 가졌고 [해탈이] 확실하며 완전한 깨달음으로 나아간다고 한다."

여래는 사후에 존재하기도 하고 존재하지 않기도 함 경(S24:17)

Hoticanacahotitathāgata-sutta

3~6. "비구들이여, 무엇이 있을 때, [216] 그리고 무엇을 취착하고 무엇을 천착하여 '여래는 사후에 존재하기도 하고 존재하지 않기도 한다.'라는 [삿된] 견해가 일어나는가?"

"세존이시여, 저희들의 법은 세존을 근원으로 하며, …

7. "비구들이여, 성스러운 제자가 이 여섯 가지 경우들에 대한 의심이 제거되고 … [악처에] 떨어지지 않는 법을 가졌고 [해탈이] 확실하며 완전한 깨달음으로 나아간다고 한다."

여래는 사후에 존재하는 것도 아니고 존재하지 않는 것도 아님 경(S24:18)

Nevahotinanahotitathāgata-sutta

3. "비구들이여, 무엇이 있을 때, 그리고 무엇을 취착하고 무엇을 천착하여 '여래는 사후에 존재하는 것도 아니고 존재하지 않는 것도 아니다.'라는 [삿된] 견해가 일어나는가?"

"세존이시여, 저희들의 법은 세존을 근원으로 하며, 세존을 길잡이로 하며, 세존을 귀의처로 합니다. …"

4. "비구들이여, 물질이 있을 때, 그리고 물질을 취착하고 물질을 천착하여 '여래는 사후에 존재하는 것도 아니고 존재하지 않는 것도 아니다.'라는 [삿된] 견해가 일어난다. 느낌이 … 인식이 … 심리현상들이 … 알음알이가 있을 때, 그리고 알음알이를 취착하고 알음알이를 천착하여 '여래는 사후에 존재하는 것도 아니고 존재하지 않

는 것도 아니다.'라는 [삿된] 견해가 일어난다."

5. "비구들이여, 이를 어떻게 생각하는가? 물질은 항상한가, 무상한가?"

"무상합니다, 세존이시여."

"그러면 무상한 것은 괴로움인가, 즐거움인가?"

"괴로움입니다, 세존이시여."

"그러면 무상하고 괴로움이고 변하기 마련인 것을 취착하지 않는데도 '여래는 사후에 존재하는 것도 아니고 존재하지 않는 것도 아니다.'라는 [삿된] 견해가 일어나겠는가?"

"그렇지 않습니다, 세존이시여."

"비구들이여, 이를 어떻게 생각하는가? 느낌은 … 인식은 … 심리현상들은 … 알음알이는 항상한가, 무상한가?"

"무상합니다, 세존이시여."

"그러면 무상한 것은 괴로움인가, 즐거움인가?"

"괴로움입니다, 세존이시여."

"그러면 무상하고 괴로움이고 변하기 마련인 것을 취착하지 않는데도 '여래는 사후에 존재하는 것도 아니고 존재하지 않는 것도 아니다.'라는 [삿된] 견해가 일어나겠는가?"

"그렇지 않습니다, 세존이시여."

6. "그런데 본 것, 들은 것, 감지한 것, 안 것, 얻은 것, 탐구한 것, 마음으로 고찰한 것은 항상한가, 무상한가?"

"무상합니다, 세존이시여."

"그러면 무상한 것은 괴로움인가, 즐거움인가?"

"괴로움입니다, 세존이시여."

"그러면 무상하고 괴로움이고 변하기 마련인 것을 취착하지 않는데도 '여래는 사후에 존재하는 것도 아니고 존재하지 않는 것도 아니다.'라는 [삿된] 견해가 일어나겠는가?"

"그렇지 않습니다, 세존이시여."

7. "비구들이여, 성스러운 제자가 이 여섯 가지 경우들에 대한 의심이 제거되고 괴로움에 대한 의심도 제거되고 괴로움의 일어남에 대한 의심도 제거되고 괴로움의 소멸에 대한 의심도 제거되고 괴로움의 소멸로 인도하는 도닦음에 대한 의심도 제거되면, 이를 일러 성스러운 제자는 흐름에 든 자[預流者]여서 [악처에] 떨어지지 않는 법을 가졌고 [해탈이] 확실하며 완전한 깨달음으로 나아간다고 한다." [217]

제1장 예류자 품이 끝났다.

첫 번째 품에 포함된 경들의 목록은 다음과 같다.

① 바람 ② 이것은 나의 것 ③ 이 자아 ④ 나의 존재는 있지 않음
⑤ 없음 ⑥ 행위 ⑦ 원인 ⑧ 큰 견해
두 가지 ⑨~⑩ 세상, 두 가지 ⑪~⑫ 유한함
두 가지 ⑬~⑭ 생명, 네 가지 ⑮~⑱ 여래이다.

제2장 두 번째 여행 품

Dutiya-gamana-vagga[440)]

바람 경(S24:19)

3. "비구들이여, 무엇이 있을 때, 그리고 무엇을 취착하고 무엇을 천착(穿鑿)하여 '바람은 불지 못하고 강은 흐르지 못하고 임산부는 출산하지 못하고 태양과 달은 뜨지 못하고 지지 못하고 성문 앞의 기둥처럼 견고하게 서 있다.'는 [삿된] 견해가 일어나는가?"

"세존이시여, 저희들의 법은 세존을 근원으로 하며, 세존을 길잡이로 하며, 세존을 귀의처로 합니다. … "

4. "비구들이여, 물질이 있을 때, 그리고 물질을 취착하고 물질을 천착하여 '바람은 불지 못하고 강은 흐르지 못하고 임산부는 출산하지 못하고 태양과 달은 뜨지 못하고 지지 못하고 성문 앞의 기둥처럼 견고하게 서 있다.'는 [삿된] 견해가 일어난다. 느낌이 … 인식이 … 심리현상들이 … 알음알이가 있을 때, 그리고 알음알이를 취착하고 알음알이를 천착하여 '바람은 불지 못하고 강은 흐르지 못하고 임산부는 출산하지 못하고 태양과 달은 뜨지 못하고 지지 못하고 성문 앞의 기둥처럼 견고하게 서 있다.'는 [삿된] 견해가 일어난다."

---

440) 본품을 포함한 다음 세 개 품의 제목은 Be를 따랐다. 이들 세 품에 포함된 경의 개수도 Be, Se를 따랐다. Ee의 편집자인 Feer는 본 상윳따에 포함된 경을 모두 114개(18+18+(26×3))로 보았는데, 이것은 그 자신도 인정했듯이 처음의 18개 경들을 중복해서 계산하였기 때문이다. 본 상윳따에는 모두 96개의 경들이 포함되어 있다. 그러므로 Be와 Se의 정리가 옳다.

5. "비구들이여, 이를 어떻게 생각하는가? 물질은 항상한가, 무상한가?" [218]

"무상합니다, 세존이시여."

"그러면 무상한 것은 괴로움인가, 즐거움인가?"

"괴로움입니다, 세존이시여."

"그러면 무상하고 괴로움이고 변하기 마련인 것을 취착하지 않는데도 '바람은 불지 못하고 강은 흐르지 못하고 임산부는 출산하지 못하고 태양과 달은 뜨지 못하고 지지 못하고 성문 앞의 기둥처럼 견고하게 서 있다.'는 [삿된] 견해가 일어나겠는가?"

"그렇지 않습니다, 세존이시여."

"비구들이여, 이를 어떻게 생각하는가? 느낌은 … 인식은 … 심리현상들은 … 알음알이는 항상한가, 무상한가?"

"무상합니다, 세존이시여."

"그러면 무상한 것은 괴로움인가, 즐거움인가?"

"괴로움입니다, 세존이시여."

"그러면 무상하고 괴로움이고 변하기 마련인 것을 취착하지 않는데도 '바람은 불지 못하고 강은 흐르지 못하고 임산부는 출산하지 못하고 태양과 달은 뜨지 못하고 지지 못하고 성문 앞의 기둥처럼 견고하게 서 있다.'는 [삿된] 견해가 일어나겠는가?"

"그렇지 않습니다, 세존이시여."

6. "비구들이여, 이처럼 괴로움이 있을 때, 그리고 괴로움을 취착하고 괴로움을 천착하여[441] '바람은 불지 못하고 강은 흐르지 못하고 임산부는 출산하지 못하고 태양과 달은 뜨지 못하고 지지 못하

---

441) 오온이 괴로움이기 때문에 이렇게 말씀하신 것이다.

고 성문 앞의 기둥처럼 견고하게 서 있다.'는 [삿된] 견해가 일어난다."

이것은 나의 것 경 등(S24:20~36)

<여기에 포함된 경들은 바로 앞의 「바람 경」(S24:19)과 같은 방법으로 본서 「이것은 나의 것 경」(S24:2)부터 「여래는 사후에 존재하는 것도 아니고 존재하지 않는 것도 아님 경」(S24:18)까지가 설해지고 있다.>

물질을 가진 자아 경(S24:37)[442]

Rūpīattā-sutta

3. "비구들이여, 무엇이 있을 때, [219] 그리고 무엇을 취착하고

---

442) 본경을 포함한 다음 8개 경들의 주제는 「범망경」(D1) §2.38에서 '사후에 자아가 인식과 함께 존재한다고 설하는 자들(uddhamāghātanikā saññi-vādā)'의 16가지 견해 가운데 ①부터 ④까지와 ⑬부터 ⑯까지의 8개의 견해와 같다. 주석서는 이렇게 설명하고 있다.
"여기서 '물질을 가진 자아(rūpi)'란 오직 대상(ārammaṇa = 까시나(kasiṇa) – SAṬ.ii.244)만을 자아라고 거머쥔 견해(gahita-diṭṭhi)이다.
'물질을 가지지 않은 자아(arūpi)'란 禪(jhāna)을 자아라고 거머쥔 견해이다.
'물질을 가지기도 가지지 않기도 한 자아(rūpī ca arūpī ca)'란 대상과 禪을 자아라고 거머쥔 견해이다.
'물질을 가지는 것도 가지지 않는 것도 아닌 자아(neva rūpī nārūpi)'란 추론만(takka-matta)으로 거머쥔 견해이다.
'전적으로 행복한 자아(ekanta-sukhi)'란 [禪을] 증득한 자, 추론가, 전생을 기억하는 자들에게 생긴 견해(uppanna-diṭṭhi)이다. 禪을 증득한 자(jhāna-lābhi)들은 전생의 전적으로 행복했던 자기 존재(atta-bhāva)를 마음에 잡도리하기 때문에 이런 견해가 생기는 것이다. 추론가(takki)들도 마치 지금 내가 전적으로 행복한 것처럼 미래에도 이와 같이 될 것이라는 생각을 일으키기 때문이다. 전생을 기억하는 자(jāti-ssara)들도 일곱 전생에서 행복했던 것을 보면서 이런 생각이 일어나기 때문이다.
'전적으로 괴로운 자아(ekanta-dukkhi)' 등에도 이 방법은 적용된다."(SA.ii.346)
이 8가지에 대한 더 자세한 주석서의 설명은 『디가 니까야』 「범망경」(D1) §2.28의 해당 주해를 참조할 것.

무엇을 천착하여 '자아는 물질[色]을 가진다. 죽고 난 후에도 영원하다.'라는 [삿된] 견해가 일어나는가?"

"세존이시여, 저희들의 법은 세존을 근원으로 하며, …"

4. "비구들이여, 물질이 있을 때, 그리고 물질을 취착하고 물질을 천착하여 … 느낌이 … 인식이 … 심리현상들이 … 알음알이가 있을 때, 그리고 알음알이를 취착하고 알음알이를 천착하여 …"

5. "비구들이여, 이를 어떻게 생각하는가? 물질은 … 느낌은 … 인식은 … 심리현상들은 … 알음알이는 항상한가, 무상한가?" …

6. "비구들이여, 이처럼 괴로움이 있을 때, 그리고 괴로움을 취착하고 괴로움을 천착하여 '자아는 물질[色]을 가진다. 죽고 난 후에도 영원하다.'는 [삿된] 견해가 일어난다."

물질을 가지지 않은 자아 경(S24:38)

Arūpīatta-sutta

3. "비구들이여, 무엇이 있을 때, 그리고 무엇을 취착하고 무엇을 천착하여 '자아는 물질을 가지지 않는다. 죽고 난 후에도 영원하다.'라는 [삿된] 견해가 일어나는가?"

"세존이시여, 저희들의 법은 세존을 근원으로 하며, …"

4. "비구들이여, 물질이 있을 때, 그리고 물질을 취착하고 물질을 천착하여 … 느낌이 … 인식이 … 심리현상들이 … 알음알이가 있을 때, 그리고 알음알이를 취착하고 알음알이를 천착하여 …"

5. "비구들이여, 이를 어떻게 생각하는가? 물질은 … 느낌은 …

인식은 … 심리현상들은 … 알음알이는 항상한가, 무상한가?" …

6. "비구들이여, 이처럼 괴로움이 있을 때, 그리고 괴로움을 취착하고 괴로움을 천착하여 '자아는 물질을 가지지 않는다. 죽고 난 후에도 영원하다.'는 [삿된] 견해가 일어난다."

물질을 가지기도 가지지 않기도 함 경(S24:39)

Rūpīcārūpīca-sutta

3. "비구들이여, 무엇이 있을 때, 그리고 무엇을 취착하고 무엇을 천착하여 '자아는 물질을 가지기도 하고 물질을 가지지 않기도 한다. 죽고 난 후에도 영원하다.'라는 [삿된] 견해가 일어나는가?"

"세존이시여, 저희들의 법은 세존을 근원으로 하며, …"

4. "비구들이여, 물질이 있을 때, 그리고 물질을 취착하고 물질을 천착하여 … 느낌이 … 인식이 … 심리현상들이 … 알음알이가 있을 때, 그리고 알음알이를 취착하고 알음알이를 천착하여 …"

5. "비구들이여, 이를 어떻게 생각하는가? 물질은 … 느낌은 … 인식은 … 심리현상들은 … 알음알이는 항상한가, 무상한가?" …

6. "비구들이여, 이처럼 괴로움이 있을 때, 그리고 괴로움을 취착하고 괴로움을 천착하여 '자아는 물질을 가지기도 하고 물질을 가지지 않기도 한다. 죽고 난 후에도 영원하다.'는 [삿된] 견해가 일어난다."

물질을 가지는 것도 가지지 않는 것도 아님 경(S24:40)

Nevarūpīnārūpī-sutta

3. "비구들이여, 무엇이 있을 때, 그리고 무엇을 취착하고 무엇을 천착하여 '자아는 물질을 가지는 것도 아니고 물질을 가지지 않는 것도 아니다. 죽고 난 후에도 영원하다.'라는 [삿된] 견해가 일어나는가?"

"세존이시여, 저희들의 법은 세존을 근원으로 하며, …"

4. "비구들이여, 물질이 있을 때, 그리고 물질을 취착하고 물질을 천착하여 … 느낌이 … 인식이 … 심리현상들이 … 알음알이가 있을 때, 그리고 알음알이를 취착하고 알음알이를 천착하여 …"

5. "비구들이여, 이를 어떻게 생각하는가? 물질은 … 느낌은 … 인식은 … 심리현상들은 … 알음알이는 항상한가, 무상한가?" …

6. "비구들이여, 이처럼 괴로움이 있을 때, 그리고 괴로움을 취착하고 괴로움을 천착하여 '자아는 물질을 가지는 것도 아니고 물질을 가지지 않는 것도 아니다. 죽고 난 후에도 영원하다.'는 [삿된] 견해가 일어난다."

전적으로 행복함 경(S24:41)

Ekantasukhī-sutta

3. "비구들이여, 무엇이 있을 때, 그리고 무엇을 취착하고 무엇을 천착하여 '자아는 전적으로 행복한 것이다. 죽고 난 후에도 영원하다.'라는 [삿된] 견해가 일어나는가?"

"세존이시여, 저희들의 법은 세존을 근원으로 하며, …"

4. "비구들이여, 물질이 있을 때, 그리고 물질을 취착하고 물질을 천착하여 … 느낌이 … 인식이 … 심리현상들이 … 알음알이가 있을 때, 그리고 알음알이를 취착하고 알음알이를 천착하여 …"

5. "비구들이여, 이를 어떻게 생각하는가? 물질은 … 느낌은 … 인식은 … 심리현상들은 … 알음알이는 항상한가, 무상한가?" …

6. "비구들이여, 이처럼 괴로움이 있을 때, 그리고 괴로움을 취착하고 괴로움을 천착하여 '자아는 전적으로 행복한 것이다. 죽고 난 후에도 영원하다.'는 [삿된] 견해가 일어난다."

전적으로 괴로움 경(S24:42)

Ekantadukkhī-sutta

3. "비구들이여, [220] 무엇이 있을 때, 그리고 무엇을 취착하고 무엇을 천착하여 '자아는 전적으로 괴로운 것이다. 죽고 난 후에도 영원하다.'라는 [삿된] 견해가 일어나는가?"

"세존이시여, 저희들의 법은 세존을 근원으로 하며, …"

4. "비구들이여, 물질이 있을 때, 그리고 물질을 취착하고 물질을 천착하여 … 느낌이 … 인식이 … 심리현상들이 … 알음알이가 있을 때, 그리고 알음알이를 취착하고 알음알이를 천착하여 …"

5. "비구들이여, 이를 어떻게 생각하는가? 물질은 … 느낌은 … 인식은 … 심리현상들은 … 알음알이는 항상한가, 무상한가?" …

6. "비구들이여, 이처럼 괴로움이 있을 때, 그리고 괴로움을 취착하고 괴로움을 천착하여 '자아는 전적으로 괴로운 것이다. 죽고 난

후에도 영원하다.'는 [삿된] 견해가 일어난다."

행복하기도 하고 괴롭기도 함 경(S24:43)

Sukhadukkhī-sutta

3. "비구들이여, 무엇이 있을 때, 그리고 무엇을 취착하고 무엇을 천착하여 '자아는 행복한 것이기도 하고 괴로운 것이기도 하다. 죽고 난 후에도 영원하다.'라는 [삿된] 견해가 일어나는가?"

"세존이시여, 저희들의 법은 세존을 근원으로 하며, …"

4. "비구들이여, 물질이 있을 때, 그리고 물질을 취착하고 물질을 천착하여 … 느낌이 … 인식이 … 심리현상들이 … 알음알이가 있을 때, 그리고 알음알이를 취착하고 알음알이를 천착하여 …"

5. "비구들이여, 이를 어떻게 생각하는가? 물질은 … 느낌은 … 인식은 … 심리현상들은 … 알음알이는 항상한가, 무상한가?" …

6. "비구들이여, 이처럼 괴로움이 있을 때, 그리고 괴로움을 취착하고 괴로움을 천착하여 '자아는 행복한 것이기도 하고 괴로운 것이기도 하다. 죽고 난 후에도 영원하다.'는 [삿된] 견해가 일어난다."

행복한 것도 괴로운 것도 아님 경(S24:44)

Adukkhamasukhī-sutta

3. "비구들이여, 무엇이 있을 때, 그리고 무엇을 취착하고 무엇을 천착하여 '자아는 행복한 것도 괴로운 것도 아니다. 죽고 난 후에도 영원하다.'라는 [삿된] 견해가 일어나는가?"

"세존이시여, 저희들의 법은 세존을 근원으로 하며, 세존을 길잡이로 하며, 세존을 귀의처로 합니다. …"

4. "비구들이여, 물질이 있을 때, 그리고 물질을 취착하고 물질을 천착하여 '자아는 행복한 것도 괴로운 것도 아니다. 죽고 난 후에도 영원하다.'는 [삿된] 견해가 일어난다. 느낌이 … 인식이 … 심리현상들이 … 알음알이가 있을 때, 그리고 알음알이를 취착하고 알음알이를 천착하여 '자아는 행복한 것도 괴로운 것도 아니다. 죽고 난 후에도 영원하다.'는 [삿된] 견해가 일어난다."

5. "비구들이여, 이를 어떻게 생각하는가? 물질은 항상한가, 무상한가?"

"무상합니다, 세존이시여."

"그러면 무상한 것은 괴로움인가, 즐거움인가?"

"괴로움입니다, 세존이시여."

"그러면 무상하고 괴로움이고 변하기 마련인 것을 취착하지 않는데도 '자아는 행복한 것도 괴로운 것도 아니다. 죽고 난 후에도 영원하다.'는 [삿된] 견해가 일어나겠는가?"

"그렇지 않습니다, 세존이시여."

"비구들이여, 이를 어떻게 생각하는가? 느낌은 … 인식은 … 심리현상들은 … 알음알이는 항상한가, 무상한가?"

"무상합니다, 세존이시여."

"그러면 무상한 것은 괴로움인가, 즐거움인가?"

"괴로움입니다, 세존이시여."

"그러면 무상하고 괴로움이고 변하기 마련인 것을 취착하지 않는데도 '자아는 행복한 것도 괴로운 것도 아니다. 죽고 난 후에도 영원하다.'는 [삿된] 견해가 일어나겠는가?"

"그렇지 않습니다, 세존이시여."

6. "비구들이여, 이처럼 괴로움이 있을 때, 그리고 괴로움을 취착하고 괴로움을 천착하여 '자아는 행복한 것도 괴로운 것도 아니다. 죽고 난 후에도 영원하다.'는 [삿된] 견해가 일어난다."

제2장 두 번째 여행 품이 끝났다.

두 번째 품에 포함된 경들의 목록은 다음과 같다.

① 바람 ② 이것은 나의 것 ③ 이 자아
④ 나의 존재는 있지 않음 ⑤ 없음
⑥ 행위 ⑦ 원인 ⑧ 큰 견해 [221]
두 가지 ⑨~⑩ 세상, 두 가지 ⑪~⑫ 유한함
두 가지 ⑬~⑭ 생명, 세 가지 ⑮~⑱ 여래
네 가지 ⑲~㉒ 물질, 네 가지 ㉓~㉖ 행복이다.

제3장 세 번째 여행 품

Tattiya-gamana-vagga

바람 경(S24:45)

3. "비구들이여, 무엇이 있을 때, 그리고 무엇을 취착하고 무엇을 천착(穿鑿)하여 '바람은 불지 못하고 강은 흐르지 못하고 임산부는 출산하지 못하고 태양과 달은 뜨지 못하고 지지 못하고 성문 앞의 기둥처럼 견고하게 서 있다.'는 [삿된] 견해가 일어나는가?"

"세존이시여, 저희들의 법은 세존을 근원으로 하며, 세존을 길잡이로 하며, 세존을 귀의처로 합니다. …"

4. "비구들이여, 물질이 있을 때, 그리고 물질을 취착하고 물질을 천착하여 '바람은 불지 못하고 강은 흐르지 못하고 임산부는 출산하지 못하고 태양과 달은 뜨지 못하고 지지 못하고 성문 앞의 기둥처럼 견고하게 서 있다.'는 [삿된] 견해가 일어난다. 느낌이 … 인식이 … 심리현상들이 … 알음알이가 있을 때, 그리고 알음알이를 취착하고 알음알이를 천착하여 '바람은 불지 못하고 강은 흐르지 못하고 임산부는 출산하지 못하고 태양과 달은 뜨지 못하고 지지 못하고 성문 앞의 기둥처럼 견고하게 서 있다.'는 [삿된] 견해가 일어난다."

5. "비구들이여, 이를 어떻게 생각하는가? 물질은 항상한가, 무상한가?"

"무상합니다, 세존이시여."

"그러면 무상한 것은 괴로움인가, 즐거움인가?"

"괴로움입니다, 세존이시여."

"그러면 무상하고 괴로움이고 변하기 마련인 것을 취착하지 않는데도 '바람은 불지 못하고 강은 흐르지 못하고 임산부는 출산하지 못하고 태양과 달은 뜨지 못하고 지지 못하고 성문 앞의 기둥처럼 견고하게 서 있다.'는 [삿된] 견해가 일어나겠는가?"

"그렇지 않습니다, 세존이시여."

"비구들이여, 이를 어떻게 생각하는가? 느낌은 … 인식은 … 심리현상들은 … 알음알이는 항상한가, 무상한가?"

"무상합니다, 세존이시여."

"그러면 무상한 것은 괴로움인가, 즐거움인가?"

"괴로움입니다, 세존이시여."

6. "비구들이여, 이처럼 무상한 것은 무엇이든지 괴로움이다. 이것이 있을 때, 그리고 이것을 취착하여443) '바람은 불지 못하고 강은 흐르지 못하고 임산부는 출산하지 못하고 태양과 달은 뜨지 못하고 지지 못하고 성문 앞의 기둥처럼 견고하게 서 있다.'는 [삿된] 견해가 일어난다."

이것은 나의 것 경 등(S24:46~70)

[222] <바로 앞의 「바람 경」(S24:45)과 같은 방법으로 「이것은 나의 것 경」(S24:20)부터 「행복한 것도 괴로운 것도 아님 경」(S24:44)까지의 25개 경이 본품에서도 설해지고 있음>

---

443) 제3장 「세 번째 여행 품」에 포함된 26개의 경들과 제4장 「네 번째 여행 품」에 포함된 26개의 경들은 이 부분만이 제2품의 경들과 다르다.
조금 구체적으로 말하면, 제2장의 §6에서는 "비구들이여, 이처럼 괴로움이 있을 때, 그리고 괴로움을 취착하고 괴로움을 천착하여 …"로 나타났지만 제3장의 §6에서는 "비구들이여, 이처럼 무상한 것은 무엇이든지 괴로움이다. 이것이 있을 때, 그리고 이것을 취착하여 …"로 나타나고 있다. 그리고 아래 제4장에서는 §§6~7에서 여실지-염오-이욕-해탈-구경해탈지의 정형구로 나타나고 있다.

제4장 네 번째 여행 품

Catuttha-gamana-vagga

바람 경(S24:71)

3. "비구들이여, 무엇이 있을 때, 그리고 무엇을 취착하고 무엇을 천착(穿鑿)하여 '바람은 불지 못하고 [223] 강은 흐르지 못하고 임산부는 출산하지 못하고 태양과 달은 뜨지 못하고 지지 못하고 성문 앞의 기둥처럼 견고하게 서 있다.'는 [삿된] 견해가 일어나는가?"

"세존이시여, 저희들의 법은 세존을 근원으로 하며, 세존을 길잡이로 하며, 세존을 귀의처로 합니다. …"

4. "비구들이여, 물질이 있을 때, 그리고 물질을 취착하고 물질을 천착하여 '바람은 불지 못하고 강은 흐르지 못하고 임산부는 출산하지 못하고 태양과 달은 뜨지 못하고 지지 못하고 성문 앞의 기둥처럼 견고하게 서 있다.'는 [삿된] 견해가 일어난다. 느낌이 … 인식이 … 심리현상들이 … 알음알이가 있을 때, 그리고 알음알이를 취착하고 알음알이를 천착하여 '바람은 불지 못하고 강은 흐르지 못하고 임산부는 출산하지 못하고 태양과 달은 뜨지 못하고 지지 못하고 성문 앞의 기둥처럼 견고하게 서 있다.'는 [삿된] 견해가 일어난다."

5. "비구들이여, 이를 어떻게 생각하는가? 물질은 항상한가, 무상한가?"

"무상합니다, 세존이시여."

"그러면 무상한 것은 괴로움인가, 즐거움인가?"

"괴로움입니다, 세존이시여."

"그러면 무상하고 괴로움이고 변하기 마련인 것을 취착하지 않는데도 '바람은 불지 못하고 강은 흐르지 못하고 임산부는 출산하지 못하고 태양과 달은 뜨지 못하고 지지 못하고 성문 앞의 기둥처럼 견고하게 서 있다.'는 [삿된] 견해가 일어나겠는가?"

"그렇지 않습니다, 세존이시여."

"비구들이여, 이를 어떻게 생각하는가? 느낌은 … 인식은 … 심리현상들은 … 알음알이는 항상한가, 무상한가?"

"무상합니다, 세존이시여."

"그러면 무상한 것은 괴로움인가, 즐거움인가?"

"괴로움입니다, 세존이시여."

"그러면 무상하고 괴로움이고 변하기 마련인 것을 취착하지 않는데도 '바람은 불지 못하고 강은 흐르지 못하고 임산부는 출산하지 못하고 태양과 달은 뜨지 못하고 지지 못하고 성문 앞의 기둥처럼 견고하게 서 있다.'는 [삿된] 견해가 일어나겠는가?"

"그렇지 않습니다, 세존이시여."

6. "비구들이여, 그러므로 그것이 어떠한 물질이건 … 그것이 어떠한 느낌이건 … 그것이 어떠한 인식이건 … 그것이 어떠한 심리현상들이건 … 그것이 어떠한 알음알이건, 그것이 과거의 것이건 미래의 것이건 현재의 것이건 안의 것이건 밖의 것이건 거칠건 미세하건 저열하건 수승하건 멀리 있건 가까이 있건 '이것은 내 것이 아니요, 이것은 내가 아니며, 이것은 나의 자아가 아니다.'라고 있는 그대로 바른 통찰지로 보아야 한다."

7. "비구들이여, 이와 같이 보는 잘 배운 성스러운 제자는 물질

에 대해서도 염오하고 느낌에 대해서도 염오하고 인식에 대해서도 염오하고 심리현상들에 대해서도 염오하고 알음알이에 대해서도 염오한다.

염오하면서 탐욕이 빛바래고, 탐욕이 빛바래기 때문에 해탈한다. 해탈하면 해탈했다는 지혜가 있다. '태어남은 다했다. 청정범행(梵行)은 성취되었다. 할 일을 다 해 마쳤다. 다시는 어떤 존재로도 돌아오지 않을 것이다.'라고 꿰뚫어 안다."

이것은 나의 것 경 등(S24:72~96)

[224] <바로 앞의 「바람 경」(S24:71)과 같은 방법으로 「이것은 나의 것 경」(S24:20 혹은 S24:46)부터 「행복한 것도 괴로운 것도 아님 경」(S24:44 혹은 S24:70)까지의 25개 경이 여기서도 설해지고 있음>

첫 번째 여행 품에는 18개가 해설되었고
두 번째 여행 품에는 26개가 설명되었고
세 번째 여행 품에도 26개가 설명되었고
네 번째 여행 품에도 26개가 설명되었다.

견해 상윳따(S24)가 끝났다.

제25주제

들어감 상윷따(S25)

제25주제(S25)

들어감 상윳따

Okkanti-saṁyutta

눈[眼] 경(S25:1)

Cakkhu-sutta

1. 이와 같이 나는 들었다. 한때 세존께서는 사왓티에서 제따 숲의 아나타삔디까 원림(급고독원)에 머무셨다. [225] …

3. "비구들이여, 눈은 무상하고 변하고 다른 상태로 되어간다. 귀는 무상하고 변하고 다른 상태로 되어간다. 코는 무상하고 변하고 다른 상태로 되어간다. 혀는 무상하고 변하고 다른 상태로 되어간다. 몸은 무상하고 변하고 다른 상태로 되어간다. 마노[意]는 무상하고 변하고 다른 상태로 되어간다.

4. "비구들이여, 이러한 법들에 대해서 이와 같이 믿고 이와 같이 확신을 가지는 자를 일러 믿음을 따르는 자[444]라고 한다. 그는 올

---

444) 본경에 나타나는 '믿음을 따르는 자(saddhānusāri)'와 다음 문단(§5)에 나타나는 '법을 따르는 자(dhamma-anusāri)'는 예류과(sotāpatti-phala)를 얻기 위해서 수행하는 두 부류의 사람이다. 『앙굿따라 니까야』 「사람 경」(A7:14)과 「밧달리 경」(M65/i.477~479) 등에는 성자를 양면으로 해탈[兩面解脫]한 자, 통찰지로 해탈[慧解脫]한 자, 몸으로 체험한 자, 견해를 얻은 자, 믿음으로 해탈한 자, 법을 따르는 자, 믿음을 따르는 자의 일곱 부류로 나누고 있다. 『인시설론 주석서』에 나타나는 이들에 대한 설명을 옮겨 보면 다음과 같다.
"그가 예류도에 머무는 순간에는 ① '법을 따르는 자(dhammānusārī)'라 하고, 예류과에서부터 아라한도까지 여섯 단계에 머물 때에는 ④ '견해를 얻

은 자(diṭṭhippatta)'라 하고, 마지막 아라한과에 이를 때에는 ⑤ '통찰지로 해탈한 자(paññāvimutta)'라 한다.
여덟 종류의 증득을 얻은 자가 신심을 중히 여기고 사마타로 명상하면서 어떤 특정한 무색계의 증득을 기초로 하여 위빳사나를 확립하여 도와 과를 얻는 경우가 있다. 그가 예류도에 머무는 순간에는 ⑥ '믿음을 따르는 자(saddhānusārī)'라 하고, 예류과에서부터 아라한도까지 여섯 단계에 머물 때에는 ② '몸으로 체험한 자(kāyasakhi)'라 하고, 마지막 아라한과에 이를 때에는 ③ '양면으로 해탈한 자(ubhatobhāgavimutti)'라 한다.
여덟 종류의 증득을 얻지 못했거나 혹은 색계 4禪만을 얻은 자가 오직 신심을 중히 여기고 위빳사나로 명상하면서 상카라들만을 명상하거나 혹은 네 가지 색계 禪 가운데 어떤 하나를 명상하여 도와 과를 얻는 경우가 있다. 그가 예류도에 머무는 순간에는 ⑥ '믿음을 따르는 자(saddh-ānusārī)'라 하고, 예류과에서부터 아라한도까지 여섯 단계에 머물 때에는 ⑦ '믿음으로 해탈한 자(saddhāvimutti)'라 하고, 마지막 아라한과에 이를 때에는 ⑤ '통찰지로 해탈한 자(paññāvimutti)'라 한다."(PugA.194~195)

여기서 보듯이 '믿음을 따르는 자'와 '법을 따르는 자'는 이 가운데서 제일 낮은 두 단계에 해당한다. 『청정도론』 XXI.74에는 조금 다르게 나타난다. 그리고 본서 제6권 「사라까니 경」 1(S55:24) §§10~11(S55:25 §§9~10)에서도 이 둘은 다른 술어로 나타나지만 서로 구분되고 있다. 그리고 본서 제5권 「간략하게 경」 1/2/3(S48:12~14)과 「상세하게 경」 1/2/3(S48:15~17)도 참조할 것.
본서에 나타나는 이러한 경들을 요약해서 말하면 믿음을 따르는 자와 법을 따르는 자는 기능[根, indriya], 즉 오근 가운데 어떤 기능이 더 강한가에 따라서 구분된다. 전자는 믿음의 기능[信根, saddh-indriya]이 더 강하고 후자는 통찰지의 기능[慧根, paññ-indriya]이 더 강하다. 이들이 예류과를 증득하면 전자는 믿음으로 해탈한 자(saddhā-vimutta)가 되고 후자는 견해를 얻은 자(diṭṭhi-patta)가 된다.(여기에 대해서는 『맛지마 니까야』 「밧달리 경」(M65) §11을 참조할 것)

한편 『청정도론』 XXI.75는 이렇게 설명하고 있다.
"확신(결심, adhimokkha)이 큰 자는 무상이라고 마음에 잡도리하면서 믿음의 기능[信根]을 얻는다. 그는 예류도의 순간에 믿음을 따르는 자가 된다. … 명지(明知)가 큰 자는 무아라고 마음에 잡도리할 때 통찰지의 기능[慧根]을 얻는다. 그는 예류도의 순간에 법을 따르는 자가 된다."(Vis.XXI.75)
아비담마 문헌들과 주석서들에 의하면 출세간도는 오직 한 심찰나 동안만 존재한다. 한 심찰나 다음에는 바로 출세간과를 증득하게 된다. 즉 예류도는 한 심찰나에만 존재하고 바로 다음 심찰나에 예류과를 증득하게 된다는 말이고 일래도, 불환도, 아라한도도 마찬가지이다.(여기에 대해서는 『아비담

바른 정해진 행로에 들어가고,[445] 참된 사람의 경지에 들어가고, 범부의 경지를 넘어섰다. 그가 지옥이나 축생계나 아귀의 영역[446]에 태어나게 되는 그러한 업을 짓는다는 것은 있을 수 없고, 예류과를 실현하지 못한 채로 임종한다는 것도 있을 수 없다."[447]

5. "비구들이여, 통찰지로 충분히 사색하여[448] 이러한 법들을

마 길라잡이』 제4장 §22와 제1장 §27의 해설 참조을 참조할 것.) 그러나 이런 설명은 니까야에 그대로 적용하기에는 무리가 많다. 여기에 대해서는 Gethin, *The Buddhist Path to Awakening*, pp. 129~133을 참조할 것.

445) "'올바른 정해진 행로에 들어가고(okkanto sammatta-niyāmaṁ)'란 성스러운 도(ariya-magga)에 들어간다는 뜻이다."(SA.ii.346)
'정해진 행로(niyāma)'와 '올바른 정해진 행로(sammatta-niyāma)'에 대해서는 본서 제1권 「왕기사 경」(S8:12) {755}의 주해를 참조할 것.

446) 일반적으로 우리에게 육도는 지옥·아귀·축생·아수라·인간·천상의 순으로 알려져 있다. 그러나 니까야에서는 모두 지옥·축생·아귀의 순서로 나타나고 있다.(S25:1 §5, D16 §2.8, M12 §35, A3:75 등등) 한역 『아함경』에서도 대부분 지옥·축생·아귀로 나타나고 있다. 그러나 『화엄경』이나 대승 『대반열반경』 등의 대승경전들에서는 지옥·아귀·축생으로 나타나는 경우가 지옥·축생·아귀로 나타나는 경우보다 훨씬 많다. 이런 영향으로 우리나라에서는 지옥·아귀·축생의 순으로 언급을 하는 듯하다.

447) "'예류과를 실현하지 못한 채로 임종한다는 것도 있을 수 없다.'는 것은 이렇게 해서 도를 얻으면 과가 바로 즉시에 따라온다는 것(anantarāyatā)을 설명하는 것이다. 도를 얻게 되면 과를 장애하는 것(antarāya-karaṇa)이 존재하지 않기 때문이다. 그래서 말하기를 '이 사람이 예류과(sotāpatti-phala)를 실현하기 위해서 도를 닦고 있으면 겁이 파괴될 시기(uḍḍayhana-velā)가 되었더라도 그 사람이 예류과를 실현하지 못했으면 그 겁은 파괴되지 못한다.'(Pp.13 §20)라고 한 것이다."(SA.ii.346)
경의 이러한 말씀이 이 주석서의 설명에서도 보듯이 아비담마에서는 도를 얻으면 반드시 그 다음 찰나에 과를 얻게 된다는 이론으로 정착된 것이라 여겨진다.

448) "'충분히 사색하여(mattaso nijjhānaṁ khamanti)'란 적합하게 관찰하면서 사색한다(pamāṇato olokanaṁ khamanti)는 말이다."(SA.ii.346)
여기서 충분히로 옮긴 mattaso와 적합하게로 옮긴 pamāṇato는 제한된이라는 의미로도 사용된다. 특히 pamāṇa는 무량으로 옮기는 appamāṇa의

인정하는 자를 일러 법을 따르는 자[449]라 한다. 그는 올바른 정해진 행로에 들어가고, 참된 사람의 경지에 들어가고, 범부의 경지를 넘어섰다. 그가 지옥이나 축생계나 아귀의 영역에 태어나게 되는 그러한 업을 짓는다는 것은 있을 수 없고, 예류과를 실현하지 못한 채로 임종한다는 것도 있을 수 없다."

6. "비구들이여, 이러한 법들을 이와 같이 알고 보는 자를 흐름에 든 자[預流者]라 하나니, 그는 [악취에] 떨어지지 않는 법을 가졌고 [해탈이] 확실하며 완전한 깨달음으로 나아간다."[450]

형색 경(S25:2)
Rūpa-sutta

3. "비구들이여, 형색은 무상하고 변하고 다른 상태로 되어간다. 소리는 무상하고 변하고 다른 상태로 되어간다. 냄새는 무상하고 변하고 다른 상태로 되어간다. 맛은 무상하고 변하고 다른 상태로 되

반대가 되는 단어이다.(본서 제4권 「소라고둥 불기 경」(S42:8) §17의 주해 참조) 그러므로 어느 '정도로만 사색하여'로 옮길 수 있다. 역자는 보디 스님의 '*a sufficient degree*'라는 번역을 존중하여 이렇게 옮겼다.
"관찰(olokana)이란 사성제의 관통(sacca-abhisamaya)이라 불리는 봄[見, dassana]을 뜻한다."(SAṬ.ii.245)
사성제의 관통에 대해서는 『청정도론』 XXII.92~103을 참조할 것. 관통에 대해서는 본서 제2권 「사꺄무니 고따마 경」(S12:10) §4의 주해를 참조할 것.

449) '법을 따르는 자(dhamma-anusāri)'에 대해서는 본경 §4 '믿음을 따르는 자'의 주해를 참조할 것.

450) 본경을 통해서 살펴보면 예류자는 분명히 예류자가 되는 길(도)에 있는 자들, 즉 믿음을 따르는 자와 법을 따르는 자와 구분된다. 믿음을 따르는 자는 [제한된 이해를 가지고] 법을 믿고 확신하여(saddahati, adhimuccati) 법을 받아들이는 자요, 법을 따르는 자는 통찰지로 법을 정려하는(nijjhānaṁ khamati) 자이다. 그러나 예류자는 법을 직접 알고 보는(jānāti, passati) 자이다.

어간다. 감촉은 무상하고 변하고 다른 상태로 되어간다. [마노의 대상인] 법은 무상하고 변하고 다른 상태로 되어간다."

4. "비구들이여, [226] 이러한 법들에 대해서 이와 같이 믿고 이와 같이 확신을 가지는 자를 일러 믿음을 따르는 자라고 한다. 그는 올바른 정해진 행로에 들어가고, 참된 사람의 경지에 들어가고, 범부의 경지를 넘어섰다. 그가 지옥이나 축생계나 아귀의 영역에 태어나게 되는 그러한 업을 짓는다는 것은 있을 수 없고, 예류과를 실현하지 못한 채로 임종한다는 것도 있을 수 없다."

5. "비구들이여, 통찰지로 충분히 사색하여 이러한 법들을 인정하는 자를 일러 법을 따르는 자라 한다. 그는 올바른 정해진 행로에 들어가고, 참된 사람의 경지에 들어가고, 범부의 경지를 넘어섰다. 그가 지옥이나 축생계나 아귀의 영역에 태어나게 되는 그러한 업을 짓는다는 것은 있을 수 없고, 예류과를 실현하지 못한 채로 임종한다는 것도 있을 수 없다."

6. "비구들이여, 이러한 법들을 이와 같이 알고 보는 자를 흐름에 든 자[預流者]라 하나니, 그는 [악처에] 떨어지지 않는 법을 가졌고 [해탈이] 확실하며 완전한 깨달음으로 나아간다."

알음알이 경(S25:3)

Viññāṇa-sutta

3. "비구들이여, 눈의 알음알이는 무상하고 변하고 다른 상태로 되어간다. 귀의 알음알이는 무상하고 변하고 다른 상태로 되어간다. 코의 알음알이는 무상하고 변하고 다른 상태로 되어간다. 혀의 알음

알이는 무상하고 변하고 다른 상태로 되어간다. 몸의 알음알이는 무상하고 변하고 다른 상태로 되어간다. 마노의 알음알이[意識]는 무상하고 변하고 다른 상태로 되어간다.

4~6. "비구들이여, 이러한 법들에 대해서 … 그는 [악취에] 떨어지지 않는 법을 가졌고 [해탈이] 확실하며 완전한 깨달음으로 나아간다."

감각접촉 경(S25:4)
Phassa-sutta

3. "비구들이여, 눈의 감각접촉은 무상하고 변하고 다른 상태로 되어간다. 귀의 감각접촉은 무상하고 변하고 다른 상태로 되어간다. 코의 감각접촉은 무상하고 변하고 다른 상태로 되어간다. 혀의 감각접촉은 무상하고 변하고 다른 상태로 되어간다. 몸의 감각접촉은 무상하고 변하고 다른 상태로 되어간다. 마노의 감각접촉은 무상하고 변하고 다른 상태로 되어간다.

4~6. "비구들이여, 이러한 법들에 대해서 … 그는 [악취에] 떨어지지 않는 법을 가졌고 [해탈이] 확실하며 완전한 깨달음으로 나아간다."

느낌 경(S25:5)
Vedanā-sutta

3. "비구들이여, 눈의 감각접촉에서 생긴 느낌은 무상하고 변하고 다른 상태로 되어간다. 귀의 감각접촉에서 생긴 느낌은 무상하고 변하고 다른 상태로 되어간다. 코의 감각접촉에서 생긴 느낌은 무상

하고 변하고 다른 상태로 되어간다. 혀의 감각접촉에서 생긴 느낌은 무상하고 변하고 다른 상태로 되어간다. 몸의 감각접촉에서 생긴 느낌은 무상하고 변하고 다른 상태로 되어간다. 마노의 감각접촉에서 생긴 느낌은 무상하고 변하고 다른 상태로 되어간다."

4~6. "비구들이여, 이러한 법들에 대해서 … 그는 [악취에] 떨어지지 않는 법을 가졌고 [해탈이] 확실하며 완전한 깨달음으로 나아간다."

인식 경(S25:6)
Saññā-sutta

3. "비구들이여, [227] 형색에 대한 인식은 무상하고 변하고 다른 상태로 되어간다. 소리에 대한 인식은 무상하고 변하고 다른 상태로 되어간다. 냄새에 대한 인식은 무상하고 변하고 다른 상태로 되어간다. 맛에 대한 인식은 무상하고 변하고 다른 상태로 되어간다. 감촉에 대한 인식은 무상하고 변하고 다른 상태로 되어간다. 법에 대한 인식은 무상하고 변하고 다른 상태로 되어간다."

4~6. "비구들이여, 이러한 법들에 대해서 … 그는 [악취에] 떨어지지 않는 법을 가졌고 [해탈이] 확실하며 완전한 깨달음으로 나아간다."

의도 경(S25:7)
Cetanā-sutta

3. "비구들이여, 형색에 대한 의도는 무상하고 변하고 다른 상태로 되어간다. 소리에 대한 의도는 무상하고 변하고 다른 상태로 되

어간다. 냄새에 대한 의도는 무상하고 변하고 다른 상태로 되어간다. 맛에 대한 의도는 무상하고 변하고 다른 상태로 되어간다. 감촉에 대한 의도는 무상하고 변하고 다른 상태로 되어간다. 법에 대한 의도는 무상하고 변하고 다른 상태로 되어간다."

4~6. "비구들이여, 이러한 법들에 대해서 … 그는 [악취에] 떨어지지 않는 법을 가졌고 [해탈이] 확실하며 완전한 깨달음으로 나아간다."

갈애 경(S25:8)

Taṇhā-sutta

3. "비구들이여, 형색에 대한 갈애는 무상하고 변하고 다른 상태로 되어간다. 소리에 대한 갈애는 무상하고 변하고 다른 상태로 되어간다. 냄새에 대한 갈애는 무상하고 변하고 다른 상태로 되어간다. 맛에 대한 갈애는 무상하고 변하고 다른 상태로 되어간다. 감촉에 대한 갈애는 무상하고 변하고 다른 상태로 되어간다. 법에 대한 갈애는 무상하고 변하고 다른 상태로 되어간다."

4~6. "비구들이여, 이러한 법들에 대해서 … 그는 [악취에] 떨어지지 않는 법을 가졌고 [해탈이] 확실하며 완전한 깨달음으로 나아간다."

요소[界] **경**(S25:9)

Dhātu-sutta

3. "비구들이여, 땅의 요소는 무상하고 변하고 다른 상태로 되어간다. 물의 요소는 무상하고 변하고 다른 상태로 되어간다. 불의

요소는 무상하고 변하고 다른 상태로 되어간다. 바람의 요소는 무상하고 변하고 다른 상태로 되어간다. 허공의 요소는 무상하고 변하고 다른 상태로 되어간다. 알음알이의 요소451)는 무상하고 변하고 다른 상태로 되어간다.

4~6. "비구들이여, 이러한 법들에 대해서 … 그는 [악처에] 떨어지지 않는 법을 가졌고 [해탈이] 확실하며 완전한 깨달음으로 나아간다."

무더기[蘊] 경(S25:10)

Khandha-sutta

3. "비구들이여, 물질은 무상하고 변하고 다른 상태로 되어간다. 느낌은 무상하고 변하고 다른 상태로 되어간다. 인식은 무상하고 변하고 다른 상태로 되어간다. 심리현상들은 무상하고 변하고 다른 상태로 되어간다. 알음알이는 무상하고 변하고 다른 상태로 되어간다.

4. "비구들이여, 이러한 법들에 대해서 이와 같이 믿고 이와 같이 확신을 가지는 자를 일러 믿음을 따르는 자라고 한다. 그는 올바른 정해진 행로에 들어가고, [228] 참된 사람의 경지에 들어가고, 범부의 경지를 넘어섰다. 그가 지옥이나 축생계나 아귀의 영역에 태어나게 되는 그러한 업을 짓는다는 것은 있을 수 없고, 예류과를 실현하지 못한 채로 임종한다는 것도 있을 수 없다."

---

451) Ee에는 알음알이의 요소(viññāṇa-dhātu)가 빠져 있다. 그러나 Be와 Se에는 나타나고 있으며, 본서 「일어남 상윳따」(S26)와 「오염원 상윳따」(S27) 등의 Ee에도 나타나고 있다.
여기서 언급되는 여섯 가지 요소[六大]와 허공의 요소와 알음알이의 요소에 대해서는 본서 제2권 「요소[界] 경」(S18:9) §3의 주해를 참조할 것.

5. "비구들이여, 이와 같이 통찰지로 충분히 사색하여 이러한 법들을 인정하는 자를 일러 법을 따르는 자라 한다. 그는 올바른 정해진 행로에 들어가고, 참된 사람의 경지에 들어가고, 범부의 경지를 넘어섰다. 그가 지옥이나 축생계나 아귀의 영역에 태어나게 되는 그러한 업을 짓는다는 것은 있을 수 없고, 예류과를 실현하지 못한 채로 임종한다는 것도 있을 수 없다."

6. "비구들이여, 이러한 법들을 이와 같이 알고 보는 자를 흐름에 든 자[預流者]라 하나니, 그는 [악취에] 떨어지지 않는 법을 가졌고 [해탈이] 확실하며 완전한 깨달음으로 나아간다."

들어감 상윳따(S25)가 끝났다.

여기에 포함된 경들의 목록은 다음과 같다.

① 눈[眼] ② 형색[色] ③ 알음알이
④ 감각접촉 ⑤ 느낌
⑥ 인식 ⑦ 의도 ⑧ 갈애
⑨ 요소[界] ⑩ 무더기[蘊]이다.

제26주제

일어남 상윳따(S26)

제26주제(S26)

일어남 상윳따

Uppāda-saṁyutta

눈[眼] 경(S26:1)

Cakkhu-sutta

1. 이와 같이 나는 들었다. 한때 세존께서는 사왓티에서 제따 숲의 아나타삔디까 원림(급고독원)에 머무셨다. …

3. "비구들이여, 눈이 일어나고 지속하고 생기고 나타나는 것은 다름 아닌 괴로움이 일어나고 병들이 지속하고 늙음·죽음이 드러나는 것이다.

비구들이여, 귀가 … 코가 … 혀가 … 몸이 … 마노[意]가 일어나고 지속하고 생기고 나타나는 것은 [229] 다름 아닌 괴로움이 일어나고 병들이 지속하고 늙음·죽음이 드러나는 것이다."

4. "비구들이여, 눈이 소멸하고 가라앉고 사라지는 것은 다름 아닌 괴로움이 소멸하고 병들이 가라앉고 늙음·죽음이 사라지는 것이다.

비구들이여, 귀가 … 코가 … 혀가 … 몸이 … 마노가 소멸하고 가라앉고 사라지는 것은 다름 아닌 괴로움이 소멸하고 병들이 가라앉고 늙음·죽음이 사라지는 것이다."

형색 경(S26:2)

Rūpa-sutta

3. "비구들이여, 형색이 일어나고 지속하고 생기고 나타나는 것은 다름 아닌 괴로움이 일어나고 병들이 지속하고 늙음·죽음이 드러나는 것이다.

비구들이여, 소리가 … 냄새가 … 맛이 … 감촉이 … [마노의 대상인] 법이 일어나고 지속하고 생기고 나타나는 것은 다름 아닌 괴로움이 일어나고 병들이 지속하고 늙음·죽음이 드러나는 것이다."

4. "비구들이여, 형색이 소멸하고 가라앉고 사라지는 것은 다름 아닌 괴로움이 소멸하고 병들이 가라앉고 늙음·죽음이 사라지는 것이다.

비구들이여, 소리가 … 냄새가 … 맛이 … 감촉이 … [마노의 대상]인 법이 소멸하고 가라앉고 사라지는 것은 다름 아닌 괴로움이 소멸하고 병들이 가라앉고 늙음·죽음이 사라지는 것이다."

알음알이 경(S26:3)

3. "비구들이여, 눈의 알음알이가 … 귀의 알음알이가 … 코의 알음알이가 … 혀의 알음알이가 … 몸의 알음알이가 … 마노의 알음알이가 일어나고 지속하고 생기고 나타나는 것은 다름 아닌 괴로움이 일어나고 병들이 지속하고 늙음·죽음이 드러나는 것이다."

4. "비구들이여, 눈의 알음알이가 … 귀의 알음알이가 … 코의 알음알이가 … 혀의 알음알이가 … 몸의 알음알이가 … 마노의 알음알이가 소멸하고 가라앉고 사라지는 것은 다름 아닌 괴로움이 소멸하고 병들이 가라앉고 늙음·죽음이 사라지는 것이다."

감각접촉 경(S26:4)

3. "비구들이여, [230] 눈의 감각접촉이 … 귀의 감각접촉이 … 코의 감각접촉이 … 혀의 감각접촉이 … 몸의 감각접촉이 … 마노의 감각접촉이 일어나고 지속하고 생기고 나타나는 것은 다름 아닌 괴로움이 일어나고 병들이 지속하고 늙음·죽음이 드러나는 것이다."

4. "비구들이여, 눈의 감각접촉이 … 귀의 감각접촉이 … 코의 감각접촉이 … 혀의 감각접촉이 … 몸의 감각접촉이 … 마노의 감각접촉이 소멸하고 가라앉고 사라지는 것은 다름 아닌 괴로움이 소멸하고 병들이 가라앉고 늙음·죽음이 사라지는 것이다."

느낌 경(S26:5)

3. "비구들이여, 눈의 감각접촉에서 생긴 느낌이 … 귀의 감각접촉에서 생긴 느낌이 … 코의 감각접촉에서 생긴 느낌이 … 혀의 감각접촉에서 생긴 느낌이 … 몸의 감각접촉에서 생긴 느낌이 … 마노의 감각접촉에서 생긴 느낌이 일어나고 지속하고 생기고 나타나는 것은 다름 아닌 괴로움이 일어나고 병들이 지속하고 늙음·죽음이 드러나는 것이다."

4. "비구들이여, 눈의 감각접촉에서 생긴 느낌이 … 귀의 감각접촉에서 생긴 느낌이 … 코의 감각접촉에서 생긴 느낌이 … 혀의 감각접촉에서 생긴 느낌이 … 몸의 감각접촉에서 생긴 느낌이 … 마노의 감각접촉에서 생긴 느낌이 소멸하고 가라앉고 사라지는 것은 다름 아닌 괴로움이 소멸하고 병들이 가라앉고 늙음·죽음이 사라지는 것이다."

인식 경(S26:6)

3. "비구들이여, 형색에 대한 인식이 … 소리에 대한 인식이 … 냄새에 대한 인식이 … 맛에 대한 인식이 … 감촉에 대한 인식이 … [마노의 대상인] 법에 대한 인식이 일어나고 지속하고 생기고 나타나는 것은 다름 아닌 괴로움이 일어나고 병들이 지속하고 늙음·죽음이 드러나는 것이다."

4. "비구들이여, 형색에 대한 인식이 … 소리에 대한 인식이 … 냄새에 대한 인식이 … 맛에 대한 인식이 … 감촉에 대한 인식이 … [마노의 대상인] 법에 대한 인식이 소멸하고 가라앉고 사라지는 것은 다름 아닌 괴로움이 소멸하고 병들이 가라앉고 늙음·죽음이 사라지는 것이다."

의도 경(S26:7)

3. "비구들이여, 형색에 대한 의도가 … 소리에 대한 의도가 … 냄새에 대한 의도가 … 맛에 대한 의도가 … 감촉에 대한 의도가 … [마노의 대상인] 법에 대한 의도가 일어나고 지속하고 생기고 나타나는 것은 다름 아닌 괴로움이 일어나고 병들이 지속하고 늙음·죽음이 드러나는 것이다."

4. "비구들이여, 형색에 대한 의도가 … 소리에 대한 의도가 … 냄새에 대한 의도가 … 맛에 대한 의도가 … 감촉에 대한 의도가 … [마노의 대상인] 법에 대한 의도가 소멸하고 가라앉고 사라지는 것은 다름 아닌 괴로움이 소멸하고 병들이 가라앉고 늙음·죽음이 사라지는 것이다."

갈애 경(S26:8)

3. "비구들이여, 형색에 대한 갈애가 … 소리에 대한 갈애가 … 냄새에 대한 갈애가 … 맛에 대한 갈애가 … 감촉에 대한 갈애가 … [마노의 대상인] 법에 대한 갈애가 일어나고 지속하고 생기고 나타나는 것은 다름 아닌 괴로움이 일어나고 병들이 지속하고 늙음・죽음이 드러나는 것이다."

4. "비구들이여, [231] 형색에 대한 갈애가 … 소리에 대한 갈애가 … 냄새에 대한 갈애가 … 맛에 대한 갈애가 … 감촉에 대한 갈애가 … [마노의 대상인] 법에 대한 갈애가 소멸하고 가라앉고 사라지는 것은 다름 아닌 괴로움이 소멸하고 병들이 가라앉고 늙음・죽음이 사라지는 것이다."

요소[界] **경**(S26:9)[452]

3. "비구들이여, 땅의 요소가 … 물의 요소가 … 불의 요소가 … 바람의 요소가 … 허공의 요소가 … 알음알이의 요소가 일어나고 지속하고 생기고 나타나는 것[453]은 다름 아닌 괴로움이 일어나고 병들이 지속하고 늙음・죽음이 드러나는 것이다."

4. "비구들이여, 땅의 요소가 … 물의 요소가 … 불의 요소가 … 바람의 요소가 … 허공의 요소가 … 알음알이의 요소가 소멸하고 가라앉고 사라지는 것은 다름 아닌 괴로움이 소멸하고 병들이 가라

---

452) 본경은 본서 제2권 「일어남 경」(S14:36)과 거의 같다.

453) '일어나고 지속하고 생기고 나타나는 것'에 대해서는 본서 제2권 「일어남 경」(S14:36) §3의 주해를 참조할 것.

앉고 늙음·죽음이 사라지는 것이다."

무더기[蘊] **경**(S26:10)[454]

3. "비구들이여, 물질이 일어나고 지속하고 생기고 나타나는 것은 다름 아닌 괴로움이 일어나고 병들이 지속하고 늙음·죽음이 드러나는 것이다.

비구들이여, 느낌이 … 인식이 … 심리현상들이 … 알음알이가 일어나고 지속하고 생기고 나타나는 것은 다름 아닌 괴로움이 일어나고 병들이 지속하고 늙음·죽음이 드러나는 것이다."

4. "비구들이여, 물질이 소멸하고 가라앉고 사라지는 것은 다름 아닌 괴로움이 소멸하고 병들이 가라앉고 늙음·죽음이 사라지는 것이다.

비구들이여, 느낌이 … 인식이 … 심리현상들이 … 알음알이가 소멸하고 가라앉고 사라지는 것은 다름 아닌 괴로움이 소멸하고 병들이 가라앉고 늙음·죽음이 사라지는 것이다."

일어남 상윳따(S26)가 끝났다.

여기에 포함된 경들의 목록은 다음과 같다.

① 눈[眼] ② 형색[色] ③ 알음알이
④ 감각접촉 ⑤ 느낌
⑥ 인식 ⑦ 의도 ⑧ 갈애
⑨ 요소[界] ⑩ 무더기[蘊]이다.

---

454) 본경은 본서 「일어남 경」(S22:30)과 꼭 같다.

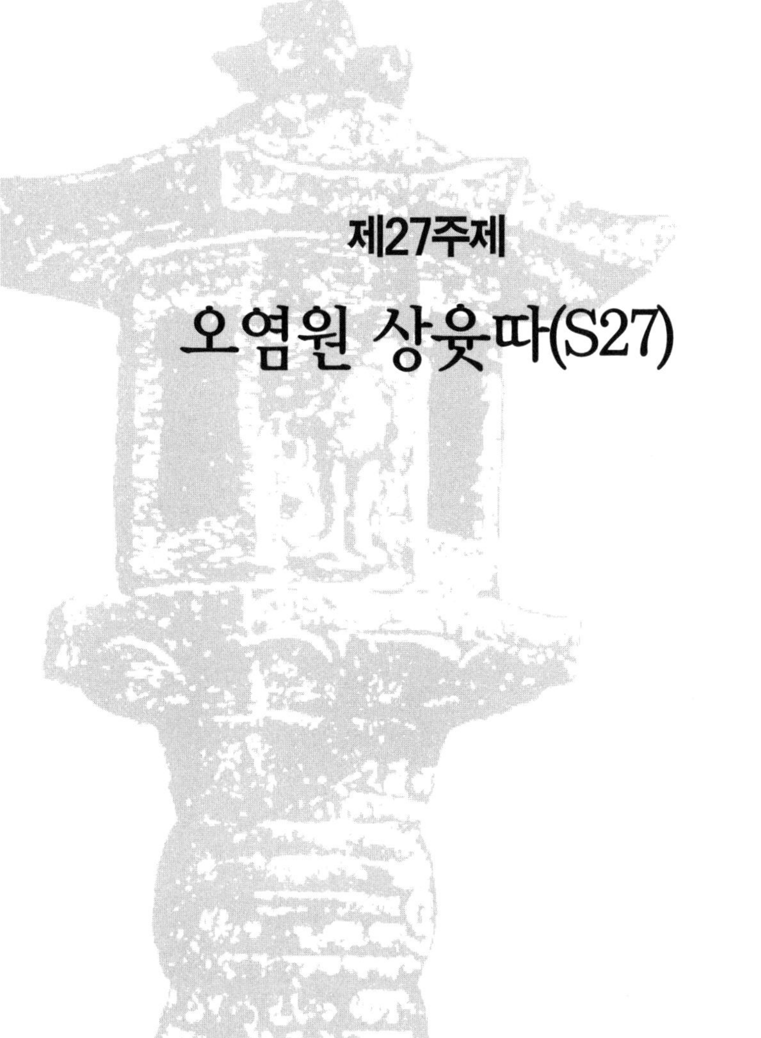

제27주제

오염원 상윷따(S27)

제27주제(S27)

오염원 상윳따[455]

Kilesa-saṁyutta

눈[眼] 경(S27:1)

1. 이와 같이 나는 들었다. 한때 세존께서는 사왓티에서 제따 숲의 아나타삔디까 원림(급고독원)에 머무셨다. [232] …

3. "비구들이여, 눈에 대한 욕탐은 마음의 오염원이다.[456] 비구들이여, 귀에 대한 욕탐은 … 코에 대한 욕탐은 … 혀에 대한 욕탐은 … 몸에 대한 욕탐은 … 마노에 대한 욕탐은 마음의 오염원이다.

비구들이여, 비구가 이들 여섯 가지 경우에 대한 마음의 오염원을

---

455) 여기서 '오염원'은 kilesa를 옮긴 것이다. kilesa는 본 상윳따의 제목으로만 나타나고 있으며 본 상윳따(S27)를 포함한 본서 전체에서 오염원은 upa-kilesa로 나타난다. 그러므로 kilesa와 upakilesa는 동의어로 간주해야 한다.

456) "'마음의 오염원이다(cittass'eso upakkileso).'라고 했다. 그러면 어떤 마음의 오염원인가? 네 가지 세계에 속하는 마음(catu-bhūmaka-citta, 삼계와 출세간의 마음)의 오염원이다. 삼계에 속하는 [세간적인] 마음(te-bhūmaka-citta)에 대해서는 그렇다고 하자. 그런데 어떻게 출세간 마음에 대해서도 오염원이 되는가? 일어남을 장애(uppatti-nivāraṇa)하기 때문이다. 그 [출세간 마음]이 일어나는 것을 허락하지 않기(appadāna) 때문에 오염원이라고 알아야 한다."(SA.ii.347)
『맛지마 니까야』「옷감의 비유 경」(M7/i.36~37) §3에는 탐욕(lobha), 악의(byāpāda), 분노(kodha), 원한(upanāha), 위선(makkha), 앙심(paḷā-sa), 질투(issā), 인색(macchariya), 속임(māyā), 사기(sāṭheyya), 완고(thambha), 성마름(sārambha), 자만(māna), 거만(atimāna), 교만(mada), 방일(pamāda)이라는 모두 16가지 마음의 오염원을 들고 있다. 그리고 본서 제5권 「오염원 경」(S46:33) §4에서는 다섯 가지 장애[오개, 五蓋, pañca nīvaraṇāni]를 오염원이라 부르고 있다.

제거하면 그의 마음은 출리(出離)로 기울고,457) 출리를 철저히 닦은 마음은 최상의 지혜로 알고 실현해야 하는 법들에458) 적합하게 된다."

형색 경(S27:2)

3. "비구들이여, 형색에 대한 … 소리에 대한 … 냄새에 대한 … 맛에 대한 … 감촉에 대한 … [마노의 대상인] 법에 대한 욕탐은 마음의 오염원이다.

비구들이여, 비구가 이들 여섯 가지 경우에 대한 마음의 오염원을 제거하면 그의 마음은 출리로 기울고, 출리를 철저히 닦은 마음은 최상의 지혜로 알고 실현해야 하는 법들에 적합하게 된다."

알음알이 경(S27:3)

3. "비구들이여, 눈의 알음알이에 대한 … 귀의 알음알이에 대한 … 코의 알음알이에 대한 … 혀의 알음알이에 대한 … 몸의 알음알이에 대한 … 마노의 알음알이에 대한 욕탐은 마음의 오염원이다.

비구들이여, 비구가 이들 여섯 가지 경우에 대한 마음의 오염원을 제거하면 [233] 그의 마음은 출리로 기울고, 출리를 철저히 닦은 마음은 최상의 지혜로 알고 실현해야 하는 법들에 적합하게 된다."

---

457) "'그의 마음은 출리로 기울고'에서, '출리로 기욺(nekkhamma-ninna)'이라는 것은 아홉 가지 출세간법으로 기운다(nava-lokuttara-dhamma-ninna)는 말이다. 여기서 '마음(citta)'이란 사마타와 위빳사나의 마음(samatha-vipassanā-citta)이다."(SA.ii.347)

458) "'최상의 지혜로 알고 실현해야 하는 법들에(abhiññā sacchikaraṇīyesu dhammesu)'라는 것은 반조의 지혜(paccavekkhaṇa-ñāṇa)를 통해서 최상으로 안 뒤에 실현해야 하는 법들인 여섯 가지 신통의 지혜(육신통)의 법(chaḷ-abhiññā-dhamma)들에라는 뜻이다."(SA.ii.347)

감각접촉 경(S27:4)

3. "비구들이여, 눈의 감각접촉에 대한 … 귀의 감각접촉에 대한 … 코의 감각접촉에 대한 … 혀의 감각접촉에 대한 … 몸의 감각접촉에 대한 … 마노의 감각접촉에 대한 욕탐은 마음의 오염원이다.

비구들이여, 비구가 이들 여섯 가지 경우에 대한 마음의 오염원을 제거하면 그의 마음은 출리로 기울고, 출리를 철저히 닦은 마음은 최상의 지혜로 알고 실현해야 하는 법들에 적합하게 된다."

느낌 경(S27:5)

3. "비구들이여, 눈의 감각접촉에서 생긴 느낌에 대한 … 귀의 감각접촉에서 생긴 느낌에 대한 … 코의 감각접촉에서 생긴 느낌에 대한 … 혀의 감각접촉에서 생긴 느낌에 대한 … 몸의 감각접촉에서 생긴 느낌에 대한 … 마노의 감각접촉에서 생긴 느낌에 대한 욕탐은 마음의 오염원이다.

비구들이여, 비구가 이들 여섯 가지 경우에 대한 마음의 오염원을 제거하면 그의 마음은 출리로 기울고, 출리를 철저히 닦은 마음은 최상의 지혜로 알고 실현해야 하는 법들에 적합하게 된다."

인식 경(S27:6)

3. "비구들이여, 형색의 인식에 대한 … 소리의 인식에 대한 … 냄새의 인식에 대한 … 맛의 인식에 대한 … 감촉의 인식에 대한 … [마노의 대상인] 법의 인식에 대한 욕탐은 마음의 오염원이다.

비구들이여, 비구가 이들 여섯 가지 경우에 대한 마음의 오염원을 제거하면 그의 마음은 출리로 기울고, 출리를 철저히 닦은 마음은 최상의 지혜로 알고 실현해야 하는 법들에 적합하게 된다."

의도 경(S27:7)

3. "비구들이여, 형색에 대한 의도에서 기인한 … 소리에 대한 의도에서 기인한 … [234] 냄새에 대한 의도에서 기인한 … 맛에 대한 의도에서 기인한 … 감촉에 대한 의도에서 기인한 … [마노의 대상인] 법에 대한 의도에서 기인한 욕탐은 마음의 오염원이다.

비구들이여, 비구가 이들 여섯 가지 경우에 대한 마음의 오염원을 제거하면 그의 마음은 출리로 기울고, 출리를 철저히 닦은 마음은 최상의 지혜로 알고 실현해야 하는 법들에 적합하게 된다."

갈애 경(S27:8)

3. "비구들이여, 형색에 대한 갈애에서 기인한 … 소리에 대한 갈애에서 기인한 … 냄새에 대한 갈애에서 기인한 … 맛에 대한 갈애에서 기인한 … 감촉에 대한 갈애에서 기인한 … [마노의 대상인] 법에 대한 갈애에서 기인한 욕탐은 마음의 오염원이다.

비구들이여, 비구가 이들 여섯 가지 경우에 대한 마음의 오염원을 제거하면 그의 마음은 출리로 기울고, 출리를 철저히 닦은 마음은 최상의 지혜로 알고 실현해야 하는 법들에 적합하게 된다."

요소[界] **경**(S27:9)

3. "비구들이여, 땅의 요소에 대한 … 물의 요소에 대한 … 불의 요소에 대한 … 바람의 요소에 대한 … 허공의 요소에 대한 … 알

음알이의 요소에 대한 욕탐은 마음의 오염원이다.

비구들이여, 비구가 이들 여섯 가지 경우에 대한 마음의 오염원을 제거하면 그의 마음은 출리로 기울고, 출리를 철저히 닦은 마음은 최상의 지혜로 알고 실현해야 하는 법들에 적합하게 된다."

무더기[蘊] 경(S27:10)

3. "비구들이여, 물질에 대한 … 느낌에 대한 … 인식에 대한 … 심리현상들에 대한 … 알음알이에 대한 욕탐은 마음의 오염원이다.

비구들이여, 비구가 이들 다섯 가지 경우에 대한 마음의 오염원을 제거하면 그의 마음은 출리로 기울고, 출리를 철저히 닦은 마음은 최상의 지혜로 알고 실현해야 하는 법들에 적합하게 된다."

오염원 상윳따(S27)가 끝났다.

여기에 포함된 경들의 목록은 다음과 같다. [235]

① 눈[眼] ② 형색[色] ③ 알음알이
④ 감각접촉 ⑤ 느낌
⑥ 인식 ⑦ 의도 ⑧ 갈애
⑨ 요소[界] ⑩ 무더기[蘊]이다.

제28주제

사리뿟따 상윳따(S28)

제28주제(S28)

사리뿟따 상윳따

Sāriputta-saṁyutta

떨쳐버렸음 경(S28:1)

Viveka-sutta

1. 이와 같이 나는 들었다. 한때 사리뿟따 존자459)는 사왓티에서 제따 숲의 아나타삔디까 원림(급고독원)에 머물렀다.

2. 그때 사리뿟따 존자는 오전에 옷매무새를 가다듬고 발우와 가사를 수하고 걸식을 위해서 사왓티로 들어갔다. 사왓티에서 걸식하여 공양을 마치고 걸식에서 돌아와서 낮 동안의 머묾을 위해서 장

459) 사리뿟따 존자(āyasmā Sāriputta)는 날란다 지방의 큰 바라문 가문에 태어났으며 초기불전에서 우빠띳사(Upatissa)라 불리기도 하는데 그의 이름임에 분명하다.(M.i.150; V.i.42 등) 어머니의 이름이 사리(Sārī)였기 때문에 사리뿟따(Sāriputta, 사리의 아들)로 불리게 된 것이다. 그는 불가지론자였던 산자야 벨랏티뿟따(Sañjaya Belaṭṭhiputta)의 제자였는데 오비구 가운데 한 분이었던 앗사지(Assaji) 존자가 읊는 게송의 첫 번째 두 구절을 듣고 예류과를 얻었다고 한다.(앗사지 존자가 읊은 게송에 대해서는 본서 「앗사지 경」(S22:88) §2의 주해를 참조할 것.)
『디가 니까야』 「대전기경」(D14) §1.9에서 세존께서 "지금의 나에게는 사리뿟따와 목갈라나라는 고결한 두 상수제자(agga bhadda-yuga)가 있다."라고 하셨듯이 그는 부처님의 상수제자였다.(본서 제2권 「웨뿔라 산 경」(S15:20) §10도 참조할 것.) 그리고 그는 『앙굿따라 니까야』 「하나의 모음」(A1:14:1-2)에서 "큰 통찰지를 가진 자들 가운데서 사리뿟따(사리불)가 으뜸"이라고 하셨듯이 통찰지(지혜) 제일로 꼽히며 그는 법의 대장군 사리뿟따 장로(dhamma-senāpati-sāriputta-tthera)라 불린다.(DA.i.15 등) 북방에서도 사리뿟따 존자는 지혜제일로 꼽힌다. 사리뿟따 존자에 대한 자세한 것은 『사리뿟따 이야기』를 참조할 것.

님들의 숲[460]으로 갔다. 장님들의 숲으로 들어가서 낮 동안의 머묾을 위해 어떤 나무 아래 앉았다.

그러자 사리뿟따 존자는 해거름에 홀로 앉음을 풀고 일어나 제따 숲의 아나타삔디까 원림으로 갔다. 아난다 존자는 사리뿟따 존자가 멀리서 오는 것을 보았다. 보고는 사리뿟따 존자에게 이렇게 말했다.

3. "도반 사리뿟따여, 그대의 감각기관들은 참으로 고요하고 안색은 아주 맑고 빛납니다. 사리뿟따 존자는 어떤 머묾으로 오늘 하루를 보냈습니까?"[461]

4. "도반이여, 여기 나는 감각적 욕망들을 완전히 떨쳐버리고 해로운 법[不善法]들을 떨쳐버린 뒤, 일으킨 생각[尋]과 지속적인 고찰[伺]이 있고, 떨쳐버렸음에서 생긴 희열[喜]과 행복[樂]이 있는 초선(初禪)에 들어 머물렀습니다. 도반이여, 그러나 그런 나에게는 '나는 초선을 증득한다.'거나 '나는 초선을 증득했다.'거나 '나는 초선으로

---

460) '장님들의 숲'은 Andha-vana를 옮긴 것인데 사왓티 남쪽에 있는 숲의 이름이다. 많은 비구와 비구니들이 거주하였다고 하며 특히 한거(閑居)에 몰두하는 자들(paviveka-kāmā)이 거주하기에 좋은 숲으로 알려졌다. 깟사빠 부처님 시대에 깟사빠 부처님의 탑(cetiya)을 조성하기 위해서 야소다라(Yasodhara)라는 법을 암송하는(dhamma-bhāṇaka) 성스러운 사람(ariya-puggala)이 재물을 가지고 이 숲으로 갔다고 한다. 거기에는 500명의 도적들이 있었는데 그들은 야소다라의 눈을 손상시켜버렸다. [그 업의 과보로] 그들도 장님이 되어 이곳에 살았기 때문에(nivutthattā) 그때부터 이곳을 장님들의 숲이라 불렀다고 한다.(SA.i.189) 이 숲은 사왓티에서 남쪽으로 약 3Km 떨어진 곳에 있다.
적지 않은 경들이 여기서 설해졌는데 그 가운데서도 『맛지마 니까야』 「짧은 라훌라 교계경」(M147)이 잘 알려져 있다. 라훌라 존자는 이 가르침을 듣고 깨달음을 얻었다. 그리고 몇몇 『율장』의 계목들도 여기서 제정되었다고 한다.

461) 이것은 본서 제2권 「통(단지) 경」(S21:3) §3과 같다. 그리고 본서 제1권 「숲 경」(S1:10) {17~18}과 주해들도 참조할 것.

부터 출정했다.'라는 그런 생각이 없었습니다."

5. "그것은 [236] 사리뿟따 존자가 오랜 세월을 '나'라는 생각과 '내 것'이라는 생각과 자만의 잠재성향462)을 완전히 뿌리 뽑았기 때문입니다. 그래서 사리뿟따 존자에게는 '나는 초선을 증득한다.'거나 '나는 초선을 증득했다.'거나 '나는 초선으로부터 출정했다.'라는 그런 생각이 없었던 것입니다."

일으킨 생각 없음 경(S28:2)

Avitakka-sutta

2. 아난다 존자는 사리뿟따 존자가 멀리서 오는 것을 보았다. 보고는 사리뿟따 존자에게 이렇게 말했다.

3. "도반 사리뿟따여, 그대의 감각기관들은 참으로 고요하고 안색은 아주 맑고 빛납니다. 사리뿟따 존자는 어떤 머묾으로 오늘 하루를 보냈습니까?"

4. "도반이여, 여기 나는 일으킨 생각과 지속적인 고찰을 가라앉혔기 때문에 [더 이상 존재하지 않으며], 자기 내면의 것이고, 확신이 있으며, 마음의 단일한 상태이고, 일으킨 생각과 지속적인 고찰은 없고, 삼매에서 생긴 희열과 행복이 있는 제2선(二禪)에 들어 머물렀습니다. 도반이여, 그러나 그런 나에게는 '나는 제2선을 증득한다.'거나 '나는 제2선을 증득했다.'거나 '나는 제2선으로부터 출정했다.'라는 그런 생각이 없었습니다."

---

462) "'나'라는 생각과 '내 것'이라는 생각과 자만의 잠재성향"은 ahaṁkāra-mamaṅkāra-māna-anusayāna를 풀어서 옮긴 것이다. 여기에 대해서는 본서 제2권 「잠재성향 경」(S18:21) §3의 주해를 참조할 것.

5. "그것은 사리뿟따 존자가 오랜 세월을 '나'라는 생각과 '내 것'이라는 생각과 자만의 잠재성향을 완전히 뿌리 뽑았기 때문입니다. 그래서 사리뿟따 존자에게는 '나는 제2선을 증득한다.'거나 '나는 제2선을 증득했다.'거나 '나는 제2선으로부터 출정했다.'라는 그런 생각이 없었던 것입니다."

희열 경(S28:3)

Pīti-sutta

4. "도반이여, 여기 나는 희열이 빛바랬기 때문에 평온하게 머무르리라. 마음챙기고 알아차리며 몸으로 행복을 경험하고 또한 이 [禪 때문에] '평온하고 마음챙기며 행복하게 머문다.'고 성자들이 묘사하는 [237] 제3선(三禪)에 들어 머물렀습니다. 도반이여, 그러나 그런 나에게는 '나는 제3선을 증득한다.'거나 '나는 제3선을 증득했다.'거나 '나는 제3선으로부터 출정했다.'라는 그런 생각이 없었습니다." …

평온 경(S28:4)

Upekkhā-sutta

4. "도반이여, 여기 나는 행복도 버리고 괴로움도 버리고 아울러 그 이전에 이미 기쁨과 슬픔을 소멸하였으므로 괴롭지도 즐겁지도 않으며, 평온으로 인해 마음챙김이 청정한 제4선(四禪)에 들어 머물렀습니다. 도반이여, 그러나 그런 나에게는 '나는 제4선을 증득한다.'거나 '나는 제4선을 증득했다.'거나 '나는 제4선으로부터 출정했다.'라는 그런 생각이 없었습니다." …

공무변처 경(S28:5)

Ākāsañcāyatana-sutta

4. "도반이여, 여기 나는 물질에 대한 인식을 완전히 초월하고 부딪힘의 인식을 소멸하고 갖가지 인식을 마음에 잡도리하지 않기 때문에 '무한한 허공'이라고 하면서 공무변처에 들어 머물렀습니다. 도반이여, 그러나 그런 나에게는 '나는 공무변처를 증득한다.'거나 '나는 공무변처를 증득했다.'거나 '나는 공무변처로부터 출정했다.'라는 그런 생각이 없었습니다." …

식무변처 경(S28:6)

Viññāṇañcāyatana-sutta

4. "도반이여, 여기 나는 공무변처를 완전히 초월하여 '무한한 알음알이'라고 하면서 식무변처에 들어 머물렀습니다. 도반이여, 그러나 그런 나에게는 '나는 식무변처를 증득한다.'거나 '나는 식무변처를 증득했다.'거나 '나는 식무변처로부터 출정했다.'라는 그런 생각이 없었습니다." …

무소유처 경(S28:7)

Ākiñcaññāyatana-sutta

4. "도반이여, 여기 나는 식무변처를 완전히 초월하여 '아무것도 없다.'라고 하면서 무소유처에 들어 머물렀습니다. 도반이여, 그러나 그런 나에게는 '나는 무소유처를 증득한다.'거나 '나는 무소유처를 증득했다.'거나 '나는 무소유처로부터 출정했다.'라는 그런 생각이 없었습니다." …

비상비비상처 경(S28:8)

Nevasaññānāsaññāyatana-sutta

4. "도반이여, [238] 여기 나는 무소유처를 완전히 초월하여 비상비비상처에 들어 머물렀습니다. 도반이여, 그러나 그런 나에게는 '나는 비상비비상처를 증득한다.'거나 '나는 비상비비상처를 증득했다.'거나 '나는 비상비비상처로부터 출정했다.'라는 그런 생각이 없었습니다." …

멸진정(滅盡定)463) **경**(S28:9)

Nirodhasamāpatti-sutta

2. 아난다 존자는 사리뿟따 존자가 멀리서 오는 것을 보았다. 보고는 사리뿟따 존자에게 이렇게 말했다.

3. "도반 사리뿟따여, 그대의 감각기관들은 참으로 고요하고 안색은 아주 맑고 빛납니다. 사리뿟따 존자는 어떤 머묾으로 오늘 하루를 보냈습니까?"

4. "도반이여, 여기 나는 일체 비상비비상처를 완전히 초월하여 상수멸(想受滅, 인식과 느낌의 그침)에 들어 머물렀습니다. 도반이여, 그러나 그런 나에게는 '나는 상수멸을 증득한다.'거나 '나는 상수멸을 증득했다.'거나 '나는 상수멸로부터 출정했다.'라는 그런 생각이 없었습니다."

---

463) 본경은 멸진정이라는 경제목으로 상수멸에 대해서 설하고 있다. 이처럼 이 둘은 동의어로 쓰이고 있다. 멸진정(滅盡定, nirodha-samāpatti)과 상수멸(想受滅, saññā-vedayita-nirodha)에 대한 자세한 설명은 본서 제2권 「일곱 요소 경」(S14:11) §5의 주해를 참조할 것.

5. "그것은 사리뿟따 존자가 오랜 세월을 '나'라는 생각과 '내 것'이라는 생각과 자만의 잠재성향을 완전히 뿌리 뽑았기 때문입니다. 그래서 사리뿟따 존자에게는 '나는 상수멸을 증득한다.'거나 '나는 상수멸을 증득했다.'거나 '나는 상수멸로부터 출정했다.'라는 그런 생각이 없었던 것입니다."

수찌무키 경(S28:10)

Sucimukhī-sutta

1. 이와 같이 나는 들었다. 한때 사리뿟따 존자는 라자가하에서 대나무 숲의 다람쥐 보호구역에 머물렀다.

2. 그때 사리뿟따 존자는 오전에 옷매무새를 가다듬고 발우와 가사를 수하고 걸식을 위해서 라자가하로 들어갔다. 라자가하에서 차례대로 빠짐없이 걸식을 하여464) 어떤 담벼락을 의지해서 그 탁발 음식을 먹고 있었다.

그때 수찌무키라는 여자 유행승465)이 사리뿟따에게 다가갔다. 가서는 사리뿟따 존자에게 이렇게 말했다.

3. "사문이여, 그대는 고개를 숙이고 먹습니까?"

---

464) '차례대로 빠짐없이 걸식을 하여'는 sapadānaṁ piṇḍāya caritvā를 옮긴 것이다. 여기에 대해서는 본서 제1권 「브라흐마데와 경」(S6:3) §3의 주해를 참조할 것.

465) 수찌무키 여자 유행승(Sucimukhī paribbājikā)은 사리뿟따 존자가 고요하고 안색이 맑고 빛나는 것을 보고 아래 질문으로 존자를 놀려서(parihāsa) 논쟁(vāda)을 부추기기 위해서 존자에게 다가갔다고 주석서는 적고 있다. (SA.ii.347) 문자적으로 수찌무키(suci-mukhī)는 '깨끗한 얼굴(혹은 입)을 가진 [여자]'라는 뜻이다.

"누이여, 나는 고개를 숙이고 먹지 않습니다."

"사문이여, 그러면 그대는 고개를 들고 먹습니까?"

"누이여, 나는 고개를 들고 먹지 않습니다."

"사문이여, [239] 그러면 그대는 사방(정방위, 正方位)을 마주하고466) 먹습니까?"

"누이여, 나는 사방을 마주하고 먹지 않습니다."

"사문이여, 그러면 그대는 간방위를 마주하고 먹습니까?"

"누이여, 나는 간방위를 마주하고 먹지 않습니다."

4. "그런데 내가 '사문이여, 그대는 고개를 숙이고 먹습니까?'라고 물으니 그대는 '누이여, 나는 고개를 숙이고 먹지 않습니다.'라고 대답하고, … 내가 '사문이여, 그러면 그대는 간방위를 마주하고 먹습니까?'라고 물으니 그대는 '누이여, 나는 간방위를 마주하고 먹지 않습니다.'라고 대답합니다. 사문이여, 그렇다면 도대체 그대는 어떻게 먹습니까?"

5. "누이여, 집터 보기467)와 같은 하천한 지식을 통한 삿된 생계수단으로 삶을 영위하는 사문이나 바라문들이 있습니다. 이런 사문이나 바라문들은 고개를 숙이고 먹는다고 말합니다.

---

466) '사방을 마주하고'는 disā-mukha를 옮긴 것인데 방향(disā)으로 고개를 하고(mukha)로 직역할 수 있다. 주석서에서 "사방으로 쳐다보면서라는 뜻이다(catasso disā olokento ti attho)."(SA.ii.348)라고 설명하고 있어서 이렇게 옮겼다.

467) '집터 보기'는 vatthu-vijjā를 옮긴 것인데 터(vatthu)를 보는 기술(vijjā)로 직역할 수 있다. 본경에 해당하는 주석서는 "결실을 성취할 수 있는 곳인가를 결정하는 지식"(SA.ii.348)으로 설명하고 있다. 그러나 『디가 니까야 주석서』에는 "집터(ghara-vatthu)나 승원터(ārāma-vatthu) 등이 좋은가 나쁜가하는 특징을 아는 기술이고, 보호하는 주문(ratana-matta)을 그곳에서 외우는 것도 포함한다."(DA.i.93)고 설명하고 있다.

누이여, 별자리 보기468)와 같은 하천한 지식을 통한 삿된 생계수단으로 삶을 영위하는 사문이나 바라문들이 있습니다. 이런 사문이나 바라문들은 고개를 들고 먹는다고 말합니다.

누이여, 남의 심부름꾼이나 전령으로 가는 것469)과 같은 삿된 생계수단으로 삶을 영위하는 사문이나 바라문들이 있습니다. 이런 사문이나 바라문들은 사방을 마주하고 먹는다고 말합니다.

누이여, 몸의 특징으로 예언하기470)와 같은 하천한 지식을 통한 삿된 생계수단으로 삶을 영위하는 사문이나 바라문들이 있습니다. 이런 사문이나 바라문들은 간방위를 마주하고 먹는다고 말합니다."471)

6. "누이여, 그러나 나는 집터 보기와 같은 하천한 지식을 통한 삿된 생계수단으로 삶을 영위하지 않습니다. 별자리 보기와 같은 하천한 지식을 통한 삿된 생계수단으로 삶을 영위하지 않습니다. 남의 심부름꾼이나 전령으로 가는 것과 같은 삿된 생계수단으로 삶을 영위하지 않습니다. 몸의 특징으로 예언하기와 같은 하천한 지식을 통한 삿된 생계수단으로 삶을 영위하지 않습니다. 나는 법답게 음식을

---

468) '별자리 보기(nakkhatta-vijjā)'의 내용은 『디가 니까야』 제1권 「범망경」(D1) §1.24에 나타나고 있다.

469) '남의 심부름꾼이나 전령으로 가는 것(dūteyya-pahīṇa-gamana-anuyogā)'의 내용은 「범망경」(D1) §1.19에 나타나고 있다.

470) '몸의 특징으로 예언하기(aṅga-vijjā)'는 「범망경」(D1) §1.21에도 언급되고 있다. 주석서는 몸의 특징을 가지고 그 사람의 미래를 예언하는 것으로 설명하고 있다.(SA.ii.348) 소위 말하는 관상(觀相)이나 수상(手相) 등이 여기에 해당한다 하겠다.

471) 본경에서 언급되고 있는 '하천한 지식(tiracchāna-vijjā)'을 통한 '삿된 생계수단(micchā-jīva)'들은 「범망경」(D1) §§1.21~1.27에 포함되어 있는 '긴 길이의 계(mahā-sīla)' 등에서 언급되고 있는 여러 가지 하천한 지식을 통한 생계수단들에 포함되어 나타나고 있다.

탁발합니다. 법답게 음식을 탁발해서 그것을 먹습니다."

7. 그러자 [240] 수찌무키 여자 유행승은 라자가하에서 이 거리에서 저 거리로 이 광장에서 저 광장으로 다니면서 이렇게 선언하였다.

"석가족 후예인 [고따마]의 제자[472]인 사문들은 법답게 음식을 먹습니다. 석가족 후예인 [고따마]의 제자인 사문들은 비난받지 않고 음식을 먹습니다. 석가족 후예인 [고따마]의 제자인 사문들에게 탁발 음식을 공양하십시오."

사리뿟따 상윳따(S28)가 끝났다.

여기에 포함된 경들의 목록은 다음과 같다.

① 떨쳐버렸음 ② 일으킨 생각 없음 ③ 희열
④ 평온 ⑤ 공무변처
⑥ 식무변처 ⑦ 무소유처 ⑧ 비상비비상처
⑨ 멸진정 ⑩ 수찌무키이다.

---

472) '석가족 후예인 [고따마]의 제자(Sakyaputtiya)'에 대해서는 본서 「걸식경」 (S22:80) §1의 주해를 참조할 것.

제29주제

용 상윷따(S29)

제29주제(S29)

용 상윳따

Nāga-saṁyutta

간단한 설명 경(S29:1)

Suddhaka-sutta

1. 이와 같이 나는 들었다. 한때 세존께서는 사왓티에서 제따 숲의 아나타삔디까 원림(급고독원)에 머무셨다. …

3. "비구들이여, 네 가지 용473)의 모태가 있다. 무엇이 넷인가?

---

473) '용'은 nāga를 옮긴 것이다. 초기불전에서 '나가(nāga)'는 힘센 존재로 나타나고 있는데 사대왕천의 하나인 용들을 뜻하기도 하고, 코브라 뱀을 뜻하기도 하며, 힘센 코끼리를 뜻하기도 한다. 여기서는 용을 뜻한다. 『디가 니까야』 제3권 「아따나띠야 경」(D32) §6에 의하면 용들은 사대왕천의 서쪽에 머문다고 한다.
사대왕천(Cātu-mahārājikā)은 사대천왕이라는 네 명의 왕들이 통치를 한다고 한다. 사대왕천은 문자적인 뜻 그대로 네 가지 영역으로 구분된다. 이 넷은 동서남북의 네 방위와 일치한다. 동쪽의 천왕은 다따랏타(Dhataraṭṭha)인데 천상의 음악가들이요 본서 「간답바 무리 상윳따」(S31)의 주제인 간답바(gandabba, 건달바라 한역되었음)들을 통치하고, 남쪽의 천왕은 위룰하까(Virūḷhaka)인데 숲이나 산이나 숨겨진 보물을 관리하는 꿈반다(kumbhaṇḍa)들을 통치하고, 서쪽의 위루빡카(Virūpakkha) 천왕은 본 상윳따의 주제인 용들을 통치하며, 북쪽의 웻사와나(Vessavaṇa) 천왕은 약카(yakkha, 야차)들을 통치한다고 한다. 여기에 대해서는 『디가 니까야』 제3권 「아따나띠야 경」(D32) §4 이하를 참조할 것.
한편 주석서에 의하면 신들이 아수라들과 전쟁을 할 때 다섯 무리의 전선(戰線)에 의해서 방어된다고 한다. 그 다섯은 나가(nāga, 용)들과 본서 「금시조 상윳따」(S30)의 주제인 수빤나(supaṇṇa, 가루다)들과 꿈반다(kumbhaṇḍa)들과 약카(yakkha)들과 사대천왕(cattu-mahārāja)들이다.(SA.i.338~340)

알에서 태어난[卵生] 용, 태에서 태어난[胎生] 용, 습기에서 태어난[濕生] 용, 화현으로 태어난[化生] 용이다.

비구들이여, 이러한 네 가지 용의 모태가 있다."474)

더 수승함 경(S29:2)

Paṇītarara-sutta

3. "비구들이여, 네 가지 용의 모태가 있다. 무엇이 넷인가?

알에서 태어난[卵生] 용, 태에서 태어난[胎生] 용, 습기에서 태어난[濕生] 용, 화현으로 태어난[化生] 용이다.

비구들이여, 이러한 네 가지 용의 모태가 있다."

4. "비구들이여, [241] 이 가운데 태에서 태어난 용과 습기에서 태어난 용과 화현으로 태어난 용이 알에서 태어난 용보다 더 수승하다.

비구들이여, 이 가운데 습기에서 태어난 용과 화현으로 태어난 용이 알에서 태어난 용과 태에서 태어난 용보다 더 수승하다.

비구들이여, 이 가운데 화현으로 태어난 용이 알에서 태어난 용과 태에서 태어난 용과 습기에서 태어난 용보다 더 수승하다.

비구들이여, 이러한 네 가지 용의 모태가 있다."

---

474) "비구들에게 '어떤 것이 용의 모태(nāga-yoni)인가?'라는 이야기가 생겼다. 세존께서는 [거기로 인도될(vinetabba) – SAṬ.ii.249] 사람들을 용의 모태로부터 끌어내기 위해서(uddharaṇ-attha) 용의 모태를 명확하게 하시면서(āvi-karonta) 이 경을 말씀하셨다."(SA.ii.349)

포살 경1(S29:3)

Uposatha-sutta

2. 그때 어떤 비구가 세존께 다가갔다. 가서는 세존께 절을 올린 뒤 한 곁에 앉았다. 한 곁에 앉은 그 비구는 세존께 이렇게 여쭈었다.

3. "무슨 원인과 무슨 조건 때문에 여기 알에서 태어난 어떤 용들은 포살[475]을 준수하고 나서 그들의 몸을 버립니까?"[476]

4. "비구여, 여기 알에서 태어난 어떤 용들에게 이런 생각이 든다.

'우리는 전생에 몸으로 상반되는 행동을 하고[477] 말로 상반되는 행동을 하고 마음으로 상반되는 행동을 하였다. 우리는 이처럼 상반되는 행동을 하였기 때문에 몸이 무너져 죽은 뒤에 알에서 태어난 용들의 동료로 태어났다. 그러니 만일 우리가 오늘 몸으로 좋은 행위를 하고 말로 좋은 행위를 하고 마음으로 좋은 행위를 하면 몸이 무너져

---

475) '포살(uposatha)'에 대해서는 본서 제1권 「자자(自恣) 경」(S8:7) §2의 주해를 참조할 것.

476) "'그들의 몸을 버린다(vossaṭṭha-kāya).'는 것은 '나의 피부나 피나 뼈를 원하는 자들은 나의 모든 것을 가져가기를.'이라고 하면서 아무것도 바라지 않는 마음(nirapekkha-cittatā)으로 계행에 확고하여(adhiṭṭhita-sīlatā) 몸을 버린다는 말이다."(SAṬ.ii.249)
「짬뻬야 자따까」(Campeyya Jātaka, J506)에 의하면 보살은 나가의 왕으로 태어나서 뱀을 부리는 사람(ahi-tuṇḍika)이 심한 고통을 주었어도 포살을 준수하였다는 이야기가 나타나고 있다. 주석서는 그 사실을 간단하게 인용하고 있다.(SA.ii.349)

477) '상반된 행동을 하는'은 dvaya-kāri를 옮긴 것인데 '쌍으로 된 행동을 하는 자'로 직역할 수 있다. 주석서는 유익한 행위와 해로운 행위 둘 다를 하는 자(kusala-akusala-kāri)라고 설명하고 있다.(SA.ii.349)

죽은 뒤에 좋은 곳[善處], 천상세계에 태어날 것이다. 그러니 참으로 우리는 금생에 몸으로 좋은 행위를 하자. 말로 좋은 행위를 하자. 마음으로 좋은 행위를 하자.'

비구여, 이런 원인과 이런 조건 때문에 여기 알에서 태어난 어떤 용들은 포살을 준수하고 나서 그들의 몸을 버린다."

포살 경2/3/4(S29:4~6)

2. 한 곁에 [242] 앉은 그 비구는 세존께 이렇게 여쭈었다.

3. "무슨 원인과 무슨 조건 때문에 여기 태에서 태어난 어떤 용들은(S29:4) …

습기에서 태어난 어떤 용들은(S29:5) …

화현으로 태어난 어떤 용들은(S29:6) 포살을 준수하고 나서 그들의 몸을 버립니까?"

4. "비구여, 여기 화현으로 태어난 어떤 용들에게 이런 생각이 든다.

'우리는 전생에 몸으로 상반되는 행동을 하고 말로 상반되는 행동을 하고 마음으로 상반되는 행동을 하였다. 우리는 이처럼 상반되는 행동을 하였기 때문에 몸이 무너져 죽은 뒤에 화현으로 태어난 용들의 동료로 태어났다. [243] 그러니 만일 우리가 오늘 몸으로 좋은 행위를 하고 말로 좋은 행위를 하고 마음으로 좋은 행위를 하면 몸이 무너져 죽은 뒤에 좋은 곳[善處], 천상세계에 태어날 것이다. 그러니 참으로 우리는 금생에 몸으로 좋은 행위를 하자. 말로 좋은 행위를 하자. 마음으로 좋은 행위를 하자.'

비구여, 이런 원인과 이런 조건 때문에 여기 화현으로 태어난 어떤 용들은 포살을 준수하고 나서 그들의 몸을 버린다."

그는 들음 경1(S29:7)

Tassasuta-sutta

2. 한 곁에 앉은 그 비구는 세존께 이렇게 여쭈었다.

3. "무슨 원인과 무슨 조건 때문에 여기 어떤 자는 몸이 무너져 죽은 뒤에 알에서 태어난 용들의 동료로 태어납니까?"

4. "비구여, 여기 어떤 자는 몸으로 상반되는 행동을 하고 말로 상반되는 행동을 하고 마음으로 상반되는 행동을 한다. 그는 '알로 태어난 용들은 수명이 길고 잘생겼고 행복을 많이 누린다.'고 들었다.

그러자 그에게 이런 생각이 든다. '오, 나는 참으로 몸이 무너져 죽은 뒤에 알로 태어난 용들의 동료로 태어나기를.'이라고. 그는 몸이 무너져 죽은 뒤에 알로 태어난 용들의 동료로 태어난다.

비구여, 이런 원인과 이런 조건 때문에 여기 어떤 자는 몸이 무너져 죽은 뒤에 알로 태어난 용들의 동료로 태어난다."

그는 들음 경2/3/4(S29:8~10)

2. 한 곁에 앉은 그 비구는 세존께 이렇게 여쭈었다.

3. "무슨 원인과 무슨 조건 때문에 여기 어떤 자는 몸이 무너져 죽은 뒤에 태에서 태어난 용들의 동료로(S29:8) …

습기에서 태어난 용들의 동료로(S29:9) …

화현으로 태어난 용들의 동료로 태어납니까?"(S29:10)

4. "비구여, 여기 어떤 자는 몸으로 상반되는 행동을 하고 말로 상반되는 행동을 하고 마음으로 상반되는 행동을 한다. 그는 '화현으로 태어난 용들은 수명이 길고 잘생겼고 행복을 많이 누린다.'고 들었다.

그러자 그에게 이런 생각이 든다. '오, 나는 참으로 몸이 무너져 죽은 뒤에 화현으로 태어난 용들의 동료로 태어나기를.'이라고. 그는 몸이 무너져 죽은 뒤에 화현으로 태어난 용들의 동료로 태어난다.

비구여, [244] 이런 원인과 이런 조건 때문에 여기 어떤 자는 몸이 무너져 죽은 뒤에 화현으로 태어난 용들의 동료로 태어난다."

보시의 도움 경1(S29:11~20)

Dānupakāra-sutta

2. 한 곁에 앉은 그 비구는 세존께 이렇게 여쭈었다.

3. "무슨 원인과 무슨 조건 때문에 여기 어떤 자는 [245] 몸이 무너져 죽은 뒤에 알에서 태어난 용들의 동료로 태어납니까?"

4. "비구여, 여기 어떤 자는 몸으로 상반되는 행동을 하고 말로 상반되는 행동을 하고 마음으로 상반되는 행동을 한다. 그는 '알로 태어난 용들은 수명이 길고 잘생겼고 행복을 많이 누린다.'고 들었다.

그에게 이런 생각이 든다. '오, 나는 참으로 몸이 무너져 죽은 뒤에 알로 태어난 용들의 동료로 태어나기를.'이라고.

그는 음식을 보시한다.(S29:11) …

그는 물을 보시한다.(S29:12) …

그는 의복을 보시한다.(S29:13) …

그는 탈것을 보시한다.(S29:14) …

그는 화환을 보시한다.(S29:15) …

그는 향을 보시한다.(S29:16) …

그는 연고를 보시한다.(S29:17) …

그는 침상을 보시한다.(S29:18) …

그는 거처를 보시한다.(S29:19) …

그는 등불을 보시한다.(S29:20) 그는 몸이 무너져 죽은 뒤에 알로 태어난 용들의 동료로 태어난다.

비구여, 이런 원인과 이런 조건 때문에 여기 어떤 자는 몸이 무너져 죽은 뒤에 알로 태어난 용들의 동료로 태어난다."

보시의 도움 경2/3/4(S29:21~50)

2. 한 곁에 앉은 그 비구는 세존께 이렇게 여쭈었다.

3. "무슨 원인과 무슨 조건 때문에 여기 어떤 자는 몸이 무너져 죽은 뒤에 태에서 태어난 용들의 동료로 태어납니까?(S29:21~30) …

습기에서 태어난 용들의 동료로 태어납니까?(S29:31~40) …

화현으로 태어난 용들의 동료로 태어납니까?"(S29:41~50)

"비구여, 여기 어떤 자는 몸으로 상반되는 행동을 하고 말로 상반되는 행동을 하고 마음으로 상반되는 행동을 한다. 그는 '화현으로 태어난 용들은 수명이 길고 잘생겼고 행복을 많이 누린다.'고 들었다.

그에게 이런 생각이 든다. '오, 나는 참으로 몸이 무너져 죽은 뒤에 화현으로 태어난 용들의 동료로 태어나기를.'이라고. 그는 음식을 보시한다. …

그는 물을 보시한다. …

그는 의복을 보시한다. …

그는 탈것을 보시한다. …

그는 화환을 보시한다. …

그는 향을 보시한다. …

그는 연고를 보시한다. …

그는 침상을 보시한다. …

그는 거처를 보시한다. …

그는 등불을 보시한다. 그는 몸이 무너져 죽은 뒤에 화현으로 태어난 용들의 동료로 태어난다.

비구여, 이런 원인과 이런 조건 때문에 [246] 여기 어떤 자는 몸이 무너져 죽은 뒤에 화현으로 태어난 용들의 동료로 태어난다."

용 상윳따(S29)가 끝났다.

여기에 포함된 경들의 목록은 다음과 같다.

① 간단한 설명 ② 더 수승함
네 가지 ③~⑥ 포살
네 가지 ⑦~⑩ 그는 들음
네 가지(40가지) 보시의 도움이다.

제30주제

금시조 상윷따(S30)

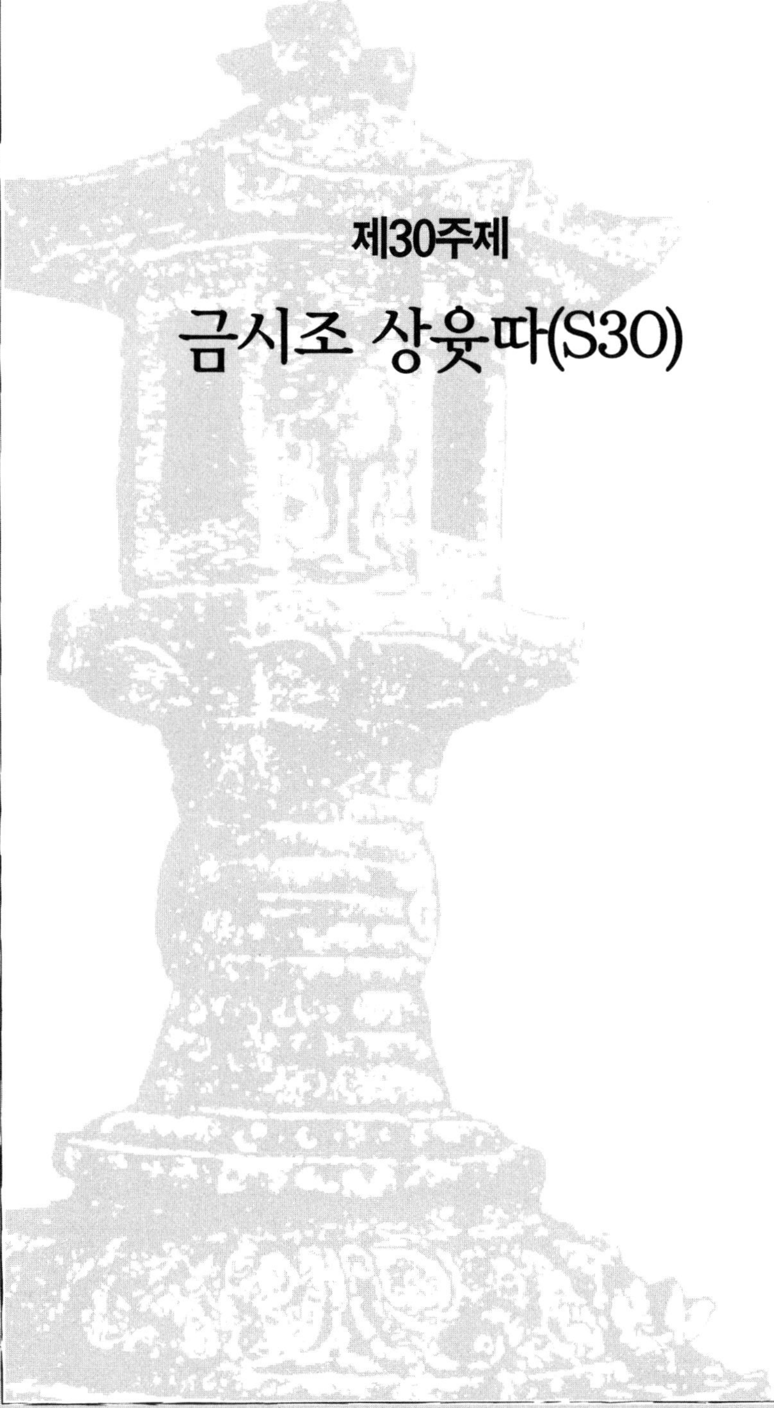

제30주제(S30)

금시조 상윳따

Supaṇṇa-saṁyutta

간단한 설명 경(S30:1)

Suddhika-sutta

1. 이와 같이 나는 들었다. 한때 세존께서는 사왓티에서 제따 숲의 아나타삔디까 원림(급고독원)에 머무셨다. …

3. "비구들이여, 네 가지 금시조478)의 모태가 있다. 무엇이 넷인가?

알에서 태어난[卵生] 금시조, 태에서 태어난[胎生] 금시조, 습기에서 태어난[濕生] 금시조, 화현으로 태어난[化生] 금시조이다.

비구들이여, 이러한 네 가지 금시조의 모태가 있다."

빼앗음 경(S30:2)

Haranti-sutta

3. "비구들이여, [247] 네 가지 금시조의 모태가 있다.

---

478) '금시조(金翅鳥)'는 Supaṇṇa를 중국에서 이렇게 옮겼다. 금을 뜻하는 suvaṇṇa와 연관을 지어 이렇게 옮긴 듯하다. 주석서는 멋진 날개(paṇṇa = patta)를 가졌기 때문에 붙여진 이름이라고 설명하기도 한다.(sundaraṁ paṇṇaṁ pattaṁ yassa so supaṇṇo – ApA.390) 주석서의 설명대로 금시조는 천상의 새로 알려진 가루라(迦樓羅, Garuḷa, Sk. Garuḍa, 가루다)와 동의어이다.(SA.ii.349) 인도신화에서 금시조는 용의 천적으로 알려져 있다.

무엇이 넷인가? 알에서 태어난[卵生] 금시조, 태에서 태어난[胎生] 금시조, 습기에서 태어난[濕生] 금시조, 화현으로 태어난[化生] 금시조이다.

비구들이여, 이러한 네 가지 금시조의 모태가 있다."

4. "비구들이여, 이 가운데 알에서 태어난 금시조는 알에서 태어난 용만을 채간다. 태에서 태어난 용과 습기에서 태어난 용과 화현으로 태어난 용은 채가지 못한다.479)

비구들이여, 이 가운데 태에서 태어난 금시조는 알에서 태어난 용과 태에서 태어난 용만을 채간다. 습기에서 태어난 용과 화현으로 태어난 용은 채가지 못한다.

비구들이여, 이 가운데 습기에서 태어난 금시조는 알에서 태어난 용과 태에서 태어난 용과 습기에서 태어난 용만을 채간다. 화현으로 태어난 용은 채가지 못한다.

비구들이여, 이 가운데 화현으로 태어난 금시조는 알에서 태어난 용과 태에서 태어난 용과 습기에서 태어난 용과 화현으로 태어난 용을 다 채간다.

비구들이여, 이러한 네 가지 금시조의 모태가 있다."

상반된 행동 경1(S30:3)

Dvayakāri-sutta

2. 한 곁에 앉은 그 비구는 세존께 이렇게 여쭈었다.

---

479) 주석서의 설명대로(SA.ii.350) 특정 태생의 금시조는 자기와 동등하거나(sama) 낮은(hīna) 태생의 용들만을 채갈 수 있지(uddharituṁ sakkoti) 자기보다 더 높은(paṇītatara) 태생의 용들은 채갈 수 없다는 뜻이다.

3. "무슨 원인과 무슨 조건 때문에 여기 어떤 자는 몸이 무너져 죽은 뒤에 알에서 태어난 금시조들의 동료로 태어납니까?"

4. "비구여, 여기 어떤 자는 몸으로 상반되는 행동을 하고 말로 상반되는 행동을 하고 마음으로 상반되는 행동을 한다. 그는 '알로 태어난 금시조들은 수명이 길고 잘생겼고 행복을 많이 누린다.'고 들었다.

그러자 그에게 이런 생각이 든다. '오, 나는 참으로 몸이 무너져 죽은 뒤에 알로 태어난 금시조들의 동료로 태어나기를.'이라고. 그는 몸이 무너져 죽은 뒤에 알로 태어난 금시조들의 동료로 태어난다.

비구여, 이런 원인과 이런 조건 때문에 여기 어떤 자는 몸이 무너져 죽은 뒤에 알로 태어난 금시조들의 동료로 태어난다."

상반된 행동 경2/3/4(S30:4~6)

2. 한 곁에 앉은 그 비구는 [248] 세존께 이렇게 여쭈었다.

3. "무슨 원인과 무슨 조건 때문에 여기 어떤 자는 몸이 무너져 죽은 뒤에 태에서 태어난 금시조들의 동료로 태어납니까?"(S30:4) …

습기에서 태어난 금시조들의 동료로 태어납니까?"(S30:5) …

화현으로 태어난 금시조들의 동료로 태어납니까?"(S30:6)

4. "비구여, 여기 어떤 자는 몸으로 상반되는 행동을 하고 말로 상반되는 행동을 하고 마음으로 상반되는 행동을 한다. 그는 '화현으로 태어난 금시조들은 수명이 길고 잘생겼고 행복을 많이 누린다.'고 들었다.

그러자 그에게 이런 생각이 든다. '오, 나는 참으로 몸이 무너져 죽은 뒤에 화현으로 태어난 금시조들의 동료로 태어나기를.'이라고. 그는 몸이 무너져 죽은 뒤에 화현으로 태어난 금시조들의 동료로 태어난다.

비구여, 이런 원인과 이런 조건 때문에 여기 어떤 자는 몸이 무너져 죽은 뒤에 화현으로 태어난 금시조들의 동료로 태어난다."

보시의 도움 경1(S30:7~16)

Dānupakāra-sutta

2. 한 곁에 앉은 그 비구는 세존께 이렇게 여쭈었다.

3. "무슨 원인과 무슨 조건 때문에 여기 어떤 자는 몸이 무너져 죽은 뒤에 알에서 태어난 금시조들의 동료로 태어납니까?"

4. "비구여, 여기 어떤 자는 몸으로 상반되는 행동을 하고 말로 상반되는 행동을 하고 마음으로 상반되는 행동을 한다. 그는 '알로 태어난 금시조들은 수명이 길고 잘생겼고 행복을 많이 누린다.'고 들었다.

그러자 그에게 이런 생각이 든다. '오, 나는 참으로 몸이 무너져 죽은 뒤에 알로 태어난 금시조들의 동료로 태어나기를.'이라고.

그는 음식을 보시한다.(S30:7) …

그는 물을 보시한다.(S30:8) …

그는 의복을 보시한다.(S30:9) …

그는 탈것을 보시한다.(S30:10) …

그는 화환을 보시한다.(S30:11) …

그는 향을 보시한다.(S30:12) …

그는 연고를 보시한다.(S30:13) …

그는 침상을 보시한다.(S30:14) …

그는 거처를 보시한다.(S30:15) …

그는 등불을 보시한다.(S30:16) 그는 몸이 무너져 죽은 뒤에 알로 태어난 금시조들의 동료로 태어난다.

비구여, 이런 원인과 이런 조건 때문에 여기 어떤 자는 몸이 무너져 죽은 뒤에 알로 태어난 금시조들의 동료로 태어난다."

보시의 도움 경2/3/4(S30:17~46)

2. 한 곁에 앉은 그 비구는 [249] 세존께 이렇게 여쭈었다.

3. "무슨 원인과 무슨 조건 때문에 여기 어떤 자는 몸이 무너져 죽은 뒤에 태에서 태어난 금시조들의 동료로 태어납니까?(S30:17~26) …

습기에서 태어난 금시조들의 동료로 태어납니까?(S30:27~36) …

화현으로 태어난 금시조들의 동료로 태어납니까?"(S30:37~46)

4. "비구여, 여기 어떤 자는 몸으로 상반되는 행동을 하고 말로 상반되는 행동을 하고 마음으로 상반되는 행동을 한다. 그는 '화현으로 태어난 금시조들은 수명이 길고 잘생겼고 행복을 많이 누린다.'고 들었다.

그에게 이런 생각이 든다. '오, 나는 참으로 몸이 무너져 죽은 뒤에 화현으로 태어난 금시조들의 동료로 태어나기를.'이라고.

그는 음식을 보시한다. …

그는 물을 보시한다. …

그는 의복을 보시한다. …

그는 탈것을 보시한다. …

그는 화환을 보시한다. …

그는 향을 보시한다. …

그는 연고를 보시한다. …

그는 침상을 보시한다. …

그는 거처를 보시한다. …

그는 등불을 보시한다. 그는 몸이 무너져 죽은 뒤에 화현으로 태어난 금시조들의 동료로 태어난다.

비구여, 이런 원인과 이런 조건 때문에 여기 어떤 자는 몸이 무너져 죽은 뒤에 화현으로 태어난 금시조들의 동료로 태어난다."

금시조 상윳따(S30)가 끝났다.

여기에 포함된 경들의 목록은 다음과 같다.

① 간단한 설명 ② 빼앗음
네 가지 ③~⑥ 상반된 행동
네 가지(40가지) ⑦~⑩ 보시의 도움이다.

제31주제

간답바 무리 상윷따(S31)

제31주제(S31)

간답바 무리 상윳따

Gandhabbakāya-saṁyutta

간단한 설명 경(S31:1)

Suddhika-sutta

1. 이와 같이 나는 들었다. 한때 세존께서는 사왓티에서 제따 숲의 아나타삔디까 원림(급고독원)에 머무셨다. [250]

2. "비구들이여, 간답바480) 무리의 신들에 대해서 설하리라. …

480) '간답바(Gandhabba, Sk. Gandharva)'는 향기로운 물질들과 연관이 있는데, 이 술어가 향기를 뜻하는 gandha에 기초하고 있기 때문이다. 그래서 주석서는 이렇게 설명하고 있다.
"'향기로운 뿌리에 거주하는(mūla-gandhe adhivatthā)'이란 나무의 뿌리에 향기가 나는 것이 있다. 그것을 의지하여 머문다는 말이다. [뿌리뿐만 아니라] 나무 전체(sakalo pi rukkho)에 다 머물 수 있다. 이것은 [껍질 등의] 다른 경우에도 다 적용된다."(SA.ii.350)
불교의 간답바가 베다에서부터 어떻게 유래되었는지는 Wijesekera, "*Vedic Gandharva and Pāli Gandhabba*", Buddhist and Vedic Studies, pp. 191~193을 참조할 것.
일반적으로 빠알리어 간답바는 산스끄리뜨 간다르와(Gandharva)와 관련된 단어로 간주되며 중국에서 건달바(乾達婆)로 옮겨졌다. 그러나 빠알리어 '간답바(gandhabba)'는 초기불전에서는 크게 다음의 세 가지 문맥에서 나타나고 있다.
첫 번째는 사대왕천(Cātummahārājika)에 있는 신들이다. 『디가 니까야』 제2권 「자나와사바 경」(D18) §20에서 그들은 가장 낮은 영역의 신들이라 불리고 있다. 일반적으로 간답바는 천상의 음악가로 불리는데(J.ii.249 등) 『디가 니까야』 제2권 「제석문경」(D21) §1.2 이하에서도 빤짜식카 간답바가 벨루와빤두 루트를 켜면서 연주하고 노래하는 장면이 나타난다. 『디가 니까야』 제3권 「아따나띠야 경」(D32) §4에 의하면 간답바들은 사대왕천의 동쪽에 거주하며 다따랏타가 그들의 왕이라고 한다. 이 신들은 산스끄리뜨

<S22:7 §3> …

3. "비구들이여, 그러면 어떤 것이 간답바 무리의 신들인가?

비구들이여, 향기로운 뿌리에 거주하는 신들이 있다. 비구들이여, 향기로운 속재목[心材]에 거주하는 신들이 있다. 비구들이여, 향기로

로 간드르와(Gandharva)에 해당한다.

두 번째는 향기(gandha)나는 곳에 사는 신들을 뜻한다. 본「간답바 무리 상윳따」(S31)의「간단한 설명 경」(S31:1) §3에서 세존께서는 간답바 무리의 신들(Gandhabbakāyikā devā)은 나무의 뿌리나 껍질이나 수액이나 꽃의 향기(gandha)에 거주하기 때문에 붙여진 이름이라고 설하고 계신다.(S.iii.250.) 그래서『디가 니까야 주석서』에서도 "간답바는 뿌리의 무더기 등에 사는 신들"(DA.ii.498)이라고 설명하기도 한다. 이 향기와 관계있는 신들이 사대왕천의 동쪽에 거주하는 앞의 간답바 신들과 같은지는 알 수 없다. DPPN도 이 둘에 대한 연관성을 설명하지 않고 있다.

그리고 세 번째는 태아의 잉태와 관련이 있다.『맛지마 니까야』「긴 갈애의 소멸 경」(M38) §26에는 "비구들이여, 어머니와 아버지가 합쳐지고 어머니가 옳은 시기이고 간답바(gandhabba)가 나타나서 이와 같이 셋이 합쳐질 때 태아는 잉태되는 것(gabbhassa avakkanti)이다."라고 나타나는데 여기서 보듯이 간답바는 태아의 잉태와 관계있는 존재로 나타나고 있다.

한편『율장 복주서』는 이 간답바를 간땁바(gantabba)로 설명하고 있다. (VinAṬ.ii.13) 그리고 마치 nekkhamma(出離)가 nekkamma의 속어 형태이듯이 gandhabba도 gantabba의 속어형태라는 식으로 덧붙이고 있다. 여기서 간땁바(gatabba)는 √gam(*to go*)의 Potential 분사이다. 그래서 그 의미는 '가야만 하는 [것, 자]'가 된다. 그리고 같은 복주서는 계속해서 "업에 의해서 [다음 생으로] 가야만 하는 어떤 중생이 다시 태어날 때에 전생의 [마지막 자와나 순간에] 생긴 태어날 곳의 표상 등의 대상을 원인으로 하여 다시 태어남에 직면한 것(upapattābhimukha)을 말한다."(VinAṬ.ii.13)라고 설명하고 있다. 그래서『청정도론』VIII.35에도 '가야만 하는'을 뜻하는 gamanīya(gantabba처럼 √gam에서 파생된 또 다른 형태의 Pot. 분사임)라는 단어로 이 간답바를 나타내고 있으며, 당연히『청정도론 복주서』(Pm)는 이 gamanīya를 gandhabba(간답바)라고 해석하고 있다.(Pm.175) 그래서 "간답바가 되어 내생으로 갈 것이다."(Vis.VIII.35)라고 설명하고 있다. 중생들은 업에 의해서 죽은 다음에 반드시 다시 태어나야 하기 때문에 이 간답바에는 간땁바 즉 '다시 태어나야만 하는 [자]'라는 의미가 들어 있다는 해석이다.

이처럼 빠알리어 간답바는 크게 세 가지 문맥에서 초기불전에 나타나고 있다.

운 겉재목[白木質]에 거주하는 신들이 있다. 비구들이여, 향기로운 껍질에 거주하는 신들이 있다. 비구들이여, 향기로운 새싹에 거주하는 신들이 있다. 비구들이여, 향기로운 잎사귀에 거주하는 신들이 있다. 비구들이여, 향기로운 꽃에 거주하는 신들이 있다. 비구들이여, 향기로운 열매에 거주하는 신들이 있다. 비구들이여, 향기로운 수액에 거주하는 신들이 있다. 비구들이여, 향기로운 냄새에 거주하는 신들이 있다.

비구들이여, 이를 일러 간답바 무리의 신들이라 한다."

좋은 행위 경(S31:2)

Sucarita-sutta

2. 한 곁에 앉은 그 비구는 세존께 이렇게 여쭈었다.

3. "무슨 원인과 무슨 조건 때문에 여기 어떤 자는 몸이 무너져 죽은 뒤에 간답바 무리의 신들의 동료로 태어납니까?"

4. "비구여, 여기 어떤 자는 몸으로 좋은 행위를 하고 말로 좋은 행위를 하고 마음으로 좋은 행위를 한다. 그는 '간답바 무리의 신들은 수명이 길고 잘생겼고 행복을 많이 누린다.'고 들었다.481)

그러자 그에게 이런 생각이 든다. '오, 나는 참으로 몸이 무너져 죽은 뒤에 간답바 무리의 신들의 동료로 태어나기를.'이라고. 그는 몸이 무너져 죽은 뒤에 간답바 무리의 신들의 동료로 태어난다.

비구여, 이런 원인과 이런 조건 때문에 여기 어떤 자는 몸이 무너

---

481) 여기서 보듯이 간답바의 무리로 재생하는 것은 호의적인 것이며 그래서 '좋은 행위(sucarita)'의 과보로 태어나는 곳이라고 말씀하고 계신다. 앞의 용과 금시조는 '상반된 행위를 한(dvaya-kāri)' 과보로 태어난다는 표현을 하였다.

져 죽은 뒤에 간답바 무리의 신들의 동료로 태어난다."

보시자 경1(S31:3)

Dātā-sutta

2. 한 곁에 앉은 그 비구는 [251] 세존께 이렇게 여쭈었다.

3. "무슨 원인과 무슨 조건 때문에 여기 어떤 자는 몸이 무너져 죽은 뒤에 향기로운 뿌리에 거주하는 신들의 동료로 태어납니까?"

4. "비구여, 여기 어떤 자는 몸으로 좋은 행위를 하고 말로 좋은 행위를 하고 마음으로 좋은 행위를 한다. 그는 '향기로운 뿌리에 거주하는 신들은 수명이 길고 잘생겼고 행복을 많이 누린다.'고 들었다.

그러자 그에게 이런 생각이 든다. '오, 나는 참으로 몸이 무너져 죽은 뒤에 향기로운 뿌리에 거주하는 신들의 동료로 태어나기를.'이라고.

그는 향기로운 뿌리를 보시하는 자가 된다. 그는 몸이 무너져 죽은 뒤에 향기로운 뿌리에 거주하는 신들의 동료로 태어난다.

비구여, 이런 원인과 이런 조건 때문에 여기 어떤 자는 몸이 무너져 죽은 뒤에 향기로운 뿌리에 거주하는 신들의 동료로 태어난다."

보시자 경2~10(S31:4~12)

2. 한 곁에 앉은 그 비구는 세존께 이렇게 여쭈었다.

3. "무슨 원인과 무슨 조건 때문에 여기 어떤 자는 몸이 무너져 죽은 뒤에 향기로운 속재목[心材]에 거주하는 신들의 동료로 태

어납니까?"

4. "비구여, 여기 어떤 자는 몸으로 좋은 행위를 하고 말로 좋은 행위를 하고 마음으로 좋은 행위를 한다. 그는 '향기로운 속재목에 거주하는 신들은 수명이 길고 잘생겼고 행복을 많이 누린다.'고 들었다.

그러자 그에게 이런 생각이 든다. '오, 나는 참으로 몸이 무너져 죽은 뒤에 향기로운 속재목에 거주하는 신들의 동료로 태어나기를.'이라고.

그는 향기로운 속재목[心材]을 보시하는 자가 된다.(S31:4) …

그는 향기로운 겉재목[白木質]를 보시하는 자가 된다.(S31:5) …

그는 향기로운 껍질을 보시하는 자가 된다.(S31:6) …

그는 향기로운 [252] 새싹을 보시하는 자가 된다.(S31:7) …

그는 향기로운 잎사귀를 보시하는 자가 된다.(S31:8) …

그는 향기로운 꽃을 보시하는 자가 된다.(S31:9) …

그는 향기로운 열매를 보시하는 자가 된다.(S31:10) …

그는 향기로운 수액을 보시하는 자가 된다.(S31:11) …

그는 향기로운 냄새를 보시하는 자가 된다.(S31:12) 그는 몸이 무너져 죽은 뒤에 향기로운 냄새에 거주하는 신들의 동료로 태어난다.

비구여, 이런 원인과 이런 조건 때문에 여기 어떤 자는 몸이 무너져 죽은 뒤에 향기로운 냄새에 거주하는 신들의 동료로 태어난다."

보시의 도움 경1(S31:13~22)

Dānupakāra-sutta

2. 한 곁에 앉은 그 비구는 세존께 이렇게 여쭈었다.

3. "무슨 원인과 무슨 조건 때문에 여기 어떤 자는 몸이 무너져 죽은 뒤에 향기로운 뿌리에 거주하는 신들의 동료로 태어납니까?"

4. "비구여, 여기 어떤 자는 몸으로 좋은 행위를 하고 말로 좋은 행위를 하고 마음으로 좋은 행위를 한다. 그는 '향기로운 뿌리에 거주하는 신들은 수명이 길고 잘생겼고 행복을 많이 누린다.'고 들었다.

그러자 그에게 이런 생각이 든다. '오, 나는 참으로 몸이 무너져 죽은 뒤에 향기로운 뿌리에 거주하는 신들의 동료로 태어나기를.' 이라고.

그는 음식을 보시한다.(S31:13) … 그는 물을 보시한다.(S31:14) …

그는 의복을 보시한다.(S31:15) … 그는 탈것을 보시한다.(S31:16) … 그는 화환을 보시한다.(S31:17) … 그는 향을 보시한다.(S31:18) …

그는 연고를 보시한다.(S31:19) … 그는 침상을 보시한다.(S31:20) … 그는 거처를 보시한다.(S31:21) … 그는 등불을 보시한다.(S31:22) 그는 몸이 무너져 죽은 뒤에 향기로운 뿌리에 거주하는 신들의 동료로 태어난다.

비구여, 이런 원인과 이런 조건 때문에 여기 어떤 자는 몸이 무너져 죽은 뒤에 향기로운 뿌리에 거주하는 신들의 동료로 태어난다."

보시의 도움 경2~10(S31:23~112)

2. 한 곁에 [253] 앉은 그 비구는 세존께 이렇게 여쭈었다.

3. "무슨 원인과 무슨 조건 때문에 여기 어떤 자는 몸이 무너져 죽은 뒤에 향기로운 속재목[心材]에 거주하는 신들의 동료로(S31:23~

32) …

향기로운 겉재목[白木質]에 거주하는 신들의 동료로(S31:33~42) …

향기로운 껍질에 거주하는 신들의 동료로(S31:43~52) …

향기로운 새싹에 거주하는 신들의 동료로(S31:53~62) …

향기로운 잎사귀에 거주하는 신들의 동료로(S31:63~72) …

향기로운 꽃에 거주하는 신들의 동료로(S31:73~82) …

향기로운 열매에 거주하는 신들의 동료로(S31:83~92) …

향기로운 수액에 거주하는 신들의 동료로(S31:93~102) …

향기로운 냄새에 거주하는 신들의 동료로 태어납니까?"(S31:103~112)

4. "비구여, 여기 어떤 자는 몸으로 좋은 행위를 하고 말로 좋은 행위를 하고 마음으로 좋은 행위를 한다. 그는 '향기로운 냄새에 거주하는 신들은 수명이 길고 잘생겼고 행복을 많이 누린다.'고 들었다.

그러자 그에게 이런 생각이 든다. '오, 나는 참으로 몸이 무너져 죽은 뒤에 향기로운 냄새에 거주하는 신들의 동료로 태어나기를.'이라고.

그는 음식을 보시한다. …

그는 물을 보시한다. …

그는 의복을 보시한다. …

그는 탈것을 보시한다. …

그는 화환을 보시한다. …

그는 향을 보시한다. …

그는 연고를 보시한다. …

그는 침상을 보시한다. …

그는 거처를 보시한다. …

그는 등불을 보시한다. 그는 몸이 무너져 죽은 뒤에 향기로운 냄새에 거주하는 신들의 동료로 태어난다.

비구여, 이런 원인과 이런 조건 때문에 여기 어떤 자는 몸이 무너져 죽은 뒤에 향기로운 냄새에 거주하는 신들의 동료로 태어난다."

간답바 무리 상윳따(S31)가 끝났다.

여기에 포함된 경들의 목록은 다음과 같다.

① 간단한 설명 ② 좋은 행위
10가지 보시자, 10가지(90가지) 보시의 도움이다.

제32주제

구름의 신 상윳따(S32)

제32주제(S32)

구름의 신 상윳따

Valāhaka-saṁyutta

가르침 경(S32:1)

Desanā-sutta

1. 이와 같이 나는 들었다. 한때 세존께서는 사왓티에서 제따 숲의 아나타삔디까 원림(급고독원)에 머무셨다. [254]

2. "비구들이여, 구름에 거주하는 신들482)에 대해서 설하리라. … <S22:7 §3> …

3. "비구들이여, 그러면 어떤 것이 구름에 거주하는 신들인가?

비구들이여, 차가운 구름의 신들이 있고, 더운 구름의 신들이 있고, 폭풍을 동반하는 구름의 신들이 있고, 바람을 동반하는 구름의 신들이 있고, 비를 동반하는 구름의 신들이 있다.

비구들이여, 이를 일러 구름에 거주하는 신들이라 한다."

좋은 행위 경(S32:2)

Sucarita-sutta

2. 한 곁에 앉은 그 비구는 세존께 이렇게 여쭈었다.

---

482) "'구름에 거주하는 신들(valāhaka-kāyikā devā)'이란 구름에 거주하는 자라 불리는(valāhaka-nāmaka) 신들의 무리(deva-kāya)에 태어난, 허공에 사는 신들(ākāsa-cārika-devā)을 뜻한다."(SA.ii.351)

3. "무슨 원인과 무슨 조건 때문에 여기 어떤 자는 몸이 무너져 죽은 뒤에 구름에 거주하는 신들의 동료로 태어납니까?"

4. "비구여, 여기 어떤 자는 몸으로 좋은 행위를 하고 말로 좋은 행위를 하고 마음으로 좋은 행위를 한다. 그는 '구름에 거주하는 신들은 수명이 길고 잘생겼고 행복을 많이 누린다.'고 들었다.

그러자 그에게 이런 생각이 든다. '오, 나는 참으로 몸이 무너져 죽은 뒤에 구름에 거주하는 신들의 동료로 태어나기를.'이라고. 그는 몸이 무너져 죽은 뒤에 구름에 거주하는 신들의 동료로 태어난다.

비구여, 이런 원인과 이런 조건 때문에 여기 어떤 자는 몸이 무너져 죽은 뒤에 구름에 거주하는 신들의 동료로 태어난다."

보시의 도움 경1(S32:3~12)[483]

Dānupakāra-sutta

2. 한 곁에 앉은 그 비구는 [255] 세존께 이렇게 여쭈었다.

3. "무슨 원인과 무슨 조건 때문에 여기 어떤 자는 몸이 무너져 죽은 뒤에 차가운 구름의 신들의 동료로 태어납니까?"

4. "비구여, 여기 어떤 자는 몸으로 좋은 행위를 하고 말로 좋은 행위를 하고 마음으로 좋은 행위를 한다. 그는 '차가운 구름의 신들은 수명이 길고 잘생겼고 행복을 많이 누린다.'고 들었다.

그러자 그에게 이런 생각이 든다. '오, 나는 참으로 몸이 무너져 죽은 뒤에 차가운 구름의 신들의 동료로 태어나기를.'이라고.

---

483) Ee의 경번호는 3~22로 되어 있는데 이것은 잘못된 것이다. 그래서 Ee의 경번호는 여기서부터 본 상윳따(S32) 전체에 걸쳐 경번호가 모두 잘못 매겨져 있다. Be, Se는 바르게 되어 있다.

그는 음식을 보시한다.(S32:3) …

그는 물을 보시한다.(S32:4) …

그는 의복을 보시한다.(S32:5) …

그는 탈것을 보시한다.(S32:6) …

그는 화환을 보시한다.(S32:7) …

그는 향을 보시한다.(S32:8) …

그는 연고를 보시한다.(S32:9) …

그는 침상을 보시한다.(S32:10) …

그는 거처를 보시한다.(S32:11) …

그는 등불을 보시한다.(S32:12) 그는 몸이 무너져 죽은 뒤에 차가운 구름의 신들의 동료로 태어난다.

비구여, 이런 원인과 이런 조건 때문에 여기 어떤 자는 몸이 무너져 죽은 뒤에 차가운 구름의 신들의 동료로 태어난다."

보시의 도움 경2/3/4(S32:13~52)

2. 한 곁에 앉은 그 비구는 세존께 이렇게 여쭈었다.

3. "무슨 원인과 무슨 조건 때문에 여기 어떤 자는 몸이 무너져 죽은 뒤에 더운 구름의 신들의 동료로 태어납니까?(S32:13~22) …

폭풍을 동반하는 구름의 신들의 동료로 태어납니까?(S32:23~32) …

바람을 동반하는 구름의 신들의 동료로 태어납니까?(S32:33~42) …

비를 동반하는 구름의 신들의 동료로 태어납니까?"(S32:43~52)

4. "비구여, 여기 어떤 자는 몸으로 좋은 행위를 하고 말로 좋은 행위를 하고 마음으로 좋은 행위를 한다. 그는 '비를 동반하는 구름의 신들은 수명이 길고 잘생겼고 행복을 많이 누린다.'고 들었다.

그러자 그에게 이런 생각이 든다. '오, 나는 참으로 몸이 무너져 죽은 뒤에 비를 동반하는 구름의 신들의 동료로 태어나기를.'이라고.

그는 음식을 보시한다. … 그는 물을 보시한다. … 그는 의복을 보시한다. … 그는 탈것을 보시한다. … 그는 화환을 보시한다. … 그는 향을 보시한다. … 그는 연고를 보시한다. … 그는 침상을 보시한다. … 그는 거처를 보시한다. … 그는 등불을 보시한다. 그는 몸이 무너져 죽은 뒤에 비를 동반하는 구름의 신들의 동료로 태어난다.

비구여, 이런 원인과 이런 조건 때문에 여기 어떤 자는 몸이 무너져 죽은 뒤에 비를 동반하는 구름의 신들의 동료로 태어난다."

차가운 구름 경(S32:53)

Sītavalāhaka-sutta

2. 한 곁에 [256] 앉은 그 비구는 세존께 이렇게 여쭈었다.

3. "무슨 원인과 무슨 조건 때문에 어떤 때는 차갑게 됩니까?"

4. "비구여, 차가운 구름의 신이라는 신들이 있는데 그들에게 '우리는 우리 자신들의 기쁨을 누려보자.'라는 생각이 들 때가 있다. 그러면 그들의 마음의 염원 덕분에 차갑게 된다.484)

비구여, 이런 원인과 이런 조건 때문에 어떤 때는 차갑게 된다."

---

484) "우기철(vassa)과 겨울(hemanta)에 날씨가 차갑게 되는 것은 계절에 기인한 것(utu-samuṭṭhāna)이다. 그러나 추운 계절에 더욱 춥고(atisīta) 여름(gimha)에도 추워지고 하는 것은 이런 신들의 영향력(devata-anubhāva) 때문에 생긴 것이다."(SA.ii.351)
주석서는 아래 더운 구름 등의 경우에도 이런 방법으로 설명을 하고 있다.

더운 구름 경(S32:54)
Uṇhavalāhaka-sutta

2. 한 곁에 앉은 그 비구는 세존께 이렇게 여쭈었다.

3. "무슨 원인과 무슨 조건 때문에 어떤 때는 덥게 됩니까?"

4. "비구여, 더운 구름의 신이라는 신들이 있는데 그들에게 '우리는 우리 자신들의 기쁨을 누려보자.'라는 생각이 들 때가 있다. 그러면 그들의 마음의 염원 덕분에 덥게 된다.

비구여, 이런 원인과 이런 조건 때문에 어떤 때는 덥게 된다."

폭풍을 동반하는 구름 경(S32:55)
Abbhavalāhaka-sutta

2. 한 곁에 앉은 그 비구는 세존께 이렇게 여쭈었다.

3. "무슨 원인과 무슨 조건 때문에 어떤 때는 폭풍이 붑니까?"

4. "비구여, 폭풍을 동반하는 구름의 신이라는 신들이 있는데 그들에게 '우리는 우리 자신들의 기쁨을 누려보자.'라는 생각이 들 때가 있다. 그러면 그들의 마음의 염원 덕분에 폭풍이 분다.

비구여, 이런 원인과 이런 조건 때문에 어떤 때는 폭풍이 분다."

바람을 동반하는 구름 경(S32:56)
Vātavalāhaka-sutta

2. 한 곁에 앉은 그 비구는 세존께 이렇게 여쭈었다.

3. "무슨 원인과 무슨 조건 때문에 어떤 때는 바람이 붑니까?"

4. "비구여, 바람을 동반하는 구름의 신이라는 신들이 있는데 그들에게 [257] '우리는 우리 자신들의 기쁨을 누려보자.'라는 생각이 들 때가 있다. 그러면 그들의 마음의 염원 덕분에 바람이 분다.

비구여, 이런 원인과 이런 조건 때문에 어떤 때는 바람이 분다."

비를 동반하는 구름 경(S32:57)

Vassavalāhaka-sutta

2. 한 곁에 앉은 그 비구는 세존께 이렇게 여쭈었다.

3. "무슨 원인과 무슨 조건 때문에 어떤 때는 비가 옵니까?"

4. "비구여, 비를 동반하는 구름의 신이라는 신들이 있는데 그들에게 '우리는 우리 자신들의 기쁨을 누려보자.'라는 생각이 들 때가 있다. 그러면 그들의 마음의 염원 덕분에 비가 온다.

비구여, 이런 원인과 이런 조건 때문에 어떤 때는 비가 온다."

구름의 신 상윳따(S32)가 끝났다.

여기에 포함된 경들의 목록은 다음과 같다.

① 가르침 ② 좋은 행위
다섯 가지(50가지) ③~⑦ 보시의 도움
⑧ 차가운 구름 ⑨ 더운 구름 ⑩ 폭풍을 동반하는 구름
⑪ 바람을 동반하는 구름 ⑫ 비를 동반하는 구름이다.

제33주제

왓차곳따 상윳따(S33)

제33주제(S33)

왓차곳따 상윳따

Vacchagotta-saṁyutta

무지 경1(S33:1)

Aññāṇa-sutta

1. 이와 같이 나는 들었다. 한때 세존께서는 사왓티에서 제따 숲의 아나타삔디까 원림(급고독원)에 머무셨다.

2. 그때 왓차곳따 유행승485)이 세존께 다가갔다. 가서는 세존과 함께 환담을 나누었다. 유쾌하고 기억할 만한 이야기로 서로 담소를 한 뒤 한 곁에 앉았다. 한 곁에 앉은 왓차곳따 유행승은 [258] 세존께 이렇게 여쭈었다.

3. "고따마 존자시여, 무슨 원인과 무슨 조건 때문에 이 세상에는 '세상은 영원하다.'라거나, '세상은 영원하지 않다.'라거나, '세상은 유한하다.'라거나, '세상은 무한하다.'라거나, '생명과 몸은 같은 것이

---

485) 왓차곳따 유행승(Vacchagotta paribbājaka)은 라자가하의 왓차(Vaccha)라는 족성(gotta)을 가진 부유한 바라문 가문에 태어났다. 그래서 왓차곳따(왓차라는 족성을 가진 자)라 부른다.(ThgA.i.235) 그와 부처님이 나눈 대화들은 여러 경들에서 전승되어오는데 특히 『맛지마 니까야』의 세 개의 경들, 즉 「삼명 왓차곳따 경」(M71)과 「불 왓차곳따 경」(M72)과 「긴 왓차곳따 경」(M73)은 유명하다. 그는 「긴 왓차곳따 경」(M73)을 통해서 마침내 출가하게 되고 그래서 아라한이 되었다고 한다. 그는 본 상윳따뿐만 아니라 본서 제5권 「설명하지 않음[無記] 상윳따」(S44)의 「목갈라나 경」(S44:7)부터 「사비야 깟짜나 경」(S44:11)까지에도 나타나고 있으며, 『앙굿따라 니까야』에도 「왓차곳따 경」(A3:57)에 나타나고 있다.

다.'라거나, '생명과 몸은 다른 것이다.'라거나, '여래는 사후에도 존재한다.'라거나, '여래는 사후에 존재하지 않는다.'라거나 '여래는 사후에 존재하기도 하고 존재하지 않기도 한다.'라거나, '여래는 사후에 존재하는 것도 아니고 존재하지 않는 것도 아니다.'라는[486] 여러 가지 견해들이 생깁니까?"

4. "왓차여, 물질에 대해서 무지하고, 물질의 일어남에 대해서 무지하고, 물질의 소멸에 대해서 무지하고, 물질의 소멸로 인도하는 도닦음에 대해서 무지하기 때문에 이 세상에는 '세상은 영원하다.'라거나, '세상은 영원하지 않다.'라거나, '세상은 유한하다.'라거나, '세상은 무한하다.'라거나, '생명과 몸은 같은 것이다.'라거나, '생명과 몸은 다른 것이다.'라거나, '여래는 사후에도 존재한다.'라거나, '여래는 사후에 존재하지 않는다.'라거나 '여래는 사후에 존재하기도 하고 존재하지 않기도 한다.'라거나, '여래는 사후에 존재하는 것도 아니고 존재하지 않는 것도 아니다.'라는 여러 가지 견해들이 생긴다."[487]

---

486) 이 열 가지 질문에 대해서 부처님께서는 설명을 하지 않으셨다. 그래서 초기불전에서는 이 열 가지 질문을 '설명하지 않음' 즉 무기(無記, avyākata)라고 부른다. 이것은 본서 제5권 「설명하지 않음[無記] 상윳따」(S44)의 여러 경들의 주제이기도 하다.
한편 북방의 『아비달마 구사론』에서는 이러한 무기가 "열네 가지의 무기"(諸契經中說 十四無記事)라 하여 十四無記(14무기)로 언급되고 있다. 그리고 『장아함』의 「布吒婆樓經」(포타파루경, 『디가 니까야』의 「뽓타빠다 경」(D9)에 상응함.)에는 16가지 무기로 나타나기도 한다. 그러나 빠알리 니까야에서는 여기 나타나고 있는 것처럼 모두 10가지로 정리되어 나타나지 14가지나 16가지 등으로는 결코 나타나지 않는다. 그래서 역자는 이것을 십사무기(十事無記)라고 표현한다.
'설명하지 않음[無記, avyākata]'에 대해서는 본서 제5권 해제 §4와 「설명하지 않음[無記] 상윳따」(S44)의 첫 번째 주해와 「목갈라나 경」(S44:7) §3의 주해를 참조할 것.

487) 본경을 위시한 「왓차곳따 상윳따」(S33)에 포함된 모든 경들은 오온의 각

무지 경2/3/4/5(S33:2~5)

2. 한 곁에 앉은 왓차곳따 유행승은 [259] 세존께 이렇게 여쭈었다.

3. "고따마 존자시여, 무슨 원인과 무슨 조건 때문에 이 세상에는 '세상은 영원하다.'라거나, … '여래는 사후에 존재하는 것도 아니고 존재하지 않는 것도 아니다.'라는 여러 가지 견해들이 생깁니까?"

4. "왓차여, 느낌에 대해서 무지하고, 느낌의 일어남에 대해서 무지하고, 느낌의 소멸에 대해서 무지하고, 느낌의 소멸로 인도하는 도닦음에 대해서 무지하기 때문에(S33:2) …

인식에 대해서 무지하고, 인식의 일어남에 대해서 무지하고, 인식의 소멸에 대해서 무지하고, 인식의 소멸로 인도하는 도닦음에 대해서 무지하기 때문에(S33:3) …

심리현상들에 대해서 무지하고, 심리현상들의 일어남에 대해서 무지하고, 심리현상들의 소멸에 대해서 무지하고, 심리현상들의 소멸로 인도하는 도닦음에 대해서 무지하기 때문에(S33:4) …

알음알이에 대해서 무지하고, 알음알이의 일어남에 대해서 무지하고, 알음알이의 소멸에 대해서 무지하고, 알음알이의 소멸로 인도하는 도닦음에 대해서 무지하기 때문에(S33:5) 이 세상에는 '세상은 영원하다.'라거나, [260] … '여래는 사후에 존재하는 것도 아니고 존재

각을 통해서 사성제를 설하고 있다. 한편 주석서는 여기에 나타나는 무지(aññāṇā) 등의 11가지 경제목들은 모두가 서로서로 동의어(aññamañña-vevacanāni eva)라고 설명하고 있다.(SA.ii.352) 그리고 사성제에 무지한 것(dukkhe aññāṇaṁ 등)이 바로 무명(avijjā)이기 때문에(본서 제2권 「분석 경」(S12:2) §15와 주해 참조) 이들은 무명과 동의어이다. 그러므로 여기 「왓차곳따 상윳따」(S33)에 나타나는 모든 경들은 무명을 '세상은 영원하다.'라는 등의 10가지 사색에 대한 잠재적 원인으로 설하고 있는 것이다.

하지 않는 것도 아니다.'라는 여러 가지 견해들이 생긴다."

보지 못함 경1/2/3/4/5(S33:6~10)

Adassana-sutta

3. "왓차여, 물질을 보지 못하고(S33:6), …

느낌을 보지 못하고(S33:7), …

인식을 보지 못하고(S33:8), …

심리현상들을 보지 못하고(S33:9), …

알음알이를 보지 못하고(S33:10), 알음알이의 일어남을 보지 못하고, 알음알이의 소멸을 보지 못하고, 알음알이의 소멸로 인도하는 도닦음을 보지 못하기 때문에 이 세상에는 '세상은 영원하다.'라거나, … '여래는 사후에 존재하는 것도 아니고 존재하지 않는 것도 아니다.'라는 여러 가지 견해들이 생긴다."

관통하지 못함 경1/2/3/4/5(S33:11~15)

Anabhisamaya-sutta

3. "왓차여, 물질을 관통하지 못하고(S33:11), …

느낌을 관통하지 못하고(S33:12), …

인식을 관통하지 못하고(S33:13), …

심리현상들을 관통하지 못하고(S33:14), …

알음알이를 관통하지 못하고(S33:15), 알음알이의 일어남을 관통하지 못하고, 알음알이의 소멸을 관통하지 못하고, 알음알이의 소멸로 인도하는 도닦음을 관통하지 못하기 때문에 이 세상에는 '세상은 영원하다.'라거나, … '여래는 사후에 존재하는 것도 아니고 존재하지 않는 것도 아니다.'라는 여러 가지 견해들이 생긴다."

깨닫지 못함 경1/2/3/4/5(S33:16~20)

Ananubodha-sutta

3. "왓차여, [261] 물질을 깨닫지 못하고(S33:16), …

느낌을 깨닫지 못하고(S33:17), …

인식을 깨닫지 못하고(S33:18), …

심리현상들을 깨닫지 못하고(S33:19), …

알음알이를 깨닫지 못하고(S33:20), 알음알이의 일어남을 깨닫지 못하고, 알음알이의 소멸을 깨닫지 못하고, 알음알이의 소멸로 인도하는 도닦음을 깨닫지 못하기 때문에 이 세상에는 '세상은 영원하다.'라거나, … '여래는 사후에 존재하는 것도 아니고 존재하지 않는 것도 아니다.'라는 여러 가지 견해들이 생긴다."

꿰뚫지 못함 경1/2/3/4/5(S33:21~25)

Appaṭivedha-sutta

3. "왓차여, 물질을 꿰뚫지 못하고(S33:21), …

느낌을 꿰뚫지 못하고(S33:22), …

인식을 꿰뚫지 못하고(S33:23), …

심리현상들을 꿰뚫지 못하고(S33:24), …

알음알이를 꿰뚫지 못하고(S33:25), 알음알이의 일어남을 꿰뚫지 못하고, 알음알이의 소멸을 꿰뚫지 못하고, 알음알이의 소멸로 인도하는 도닦음을 꿰뚫지 못하기 때문에 이 세상에는 '세상은 영원하다.'라거나, … '여래는 사후에 존재하는 것도 아니고 존재하지 않는 것도 아니다.'라는 여러 가지 견해들이 생긴다."

주시하지 못함 경1/2/3/4/5(S33:26~30)

Asallakkhaṇa-sutta

3. "왓차여, 물질을 주시하지 못하고(S33:26), …

느낌을 주시하지 못하고(S33:27), …

인식을 주시하지 못하고(S33:28), …

심리현상들을 주시하지 못하고(S33:29), …

알음알이를 주시하지 못하고(S33:30), 알음알이의 일어남을 주시하지 못하고, 알음알이의 소멸을 주시하지 못하고, 알음알이의 소멸로 인도하는 도닦음을 주시하지 못하기 때문에 이 세상에는 '세상은 영원하다.'라거나, … '여래는 사후에 존재하는 것도 아니고 존재하지 않는 것도 아니다.'라는 여러 가지 견해들이 생긴다."

요별하지 못함 경1/2/3/4/5(S33:31~35)

Anupalakkhaṇa-sutta

3. "왓차여, 물질을 요별하지 못하고(S33:31), …

느낌을 요별하지 못하고(S33:32), …

인식을 요별하지 못하고(S33:33), …

심리현상들을 요별하지 못하고(S33:34), …

알음알이를 요별하지 못하고(S33:35), 알음알이의 일어남을 요별하지 못하고, 알음알이의 소멸을 요별하지 못하고, 알음알이의 소멸로 인도하는 도닦음을 요별하지 못하기 때문에 이 세상에는 '세상은 영원하다.'라거나, … '여래는 사후에 존재하는 것도 아니고 존재하지 않는 것도 아니다.'라는 여러 가지 견해들이 생긴다."

식별하지 못함 경1/2/3/4/5(S33:36~40)

Apaccupalakkhaṇā-sutta

3. "왓차여, 물질을 식별하지 못하고(S33:36), …

느낌을 식별하지 못하고(S33:37), …

인식을 식별하지 못하고(S33:38), …

심리현상들을 식별하지 못하고,(S33:39) …

알음알이를 식별하지 못하고(S33:40), 알음알이의 일어남을 식별하지 못하고, 알음알이의 소멸을 식별하지 못하고, 알음알이의 소멸로 인도하는 도닦음을 식별하지 못하기 때문에 이 세상에는 '세상은 영원하다.'라거나, … '여래는 사후에 존재하는 것도 아니고 존재하지 않는 것도 아니다.'라는 여러 가지 견해들이 생긴다."

깊이 고찰하지 못함 경1/2/3/4/5(S33:41~45)

Asamapekkhaṇā-sutta

3. "왓차여, 물질을 깊이 고찰하지 못하고(S33:41), …

느낌을 깊이 고찰하지 못하고(S33:42), …

인식을 깊이 고찰하지 못하고(S33:43), …

심리현상들을 깊이 고찰하지 못하고(S33:44), …

알음알이를 깊이 고찰하지 못하고(S33:45), 알음알이의 일어남을 깊이 고찰하지 못하고, 알음알이의 소멸을 깊이 고찰하지 못하고, 알음알이의 소멸로 인도하는 도닦음을 깊이 고찰하지 못하기 때문에 이 세상에는 '세상은 영원하다.'라거나, … '여래는 사후에 존재하는 것도 아니고 존재하지 않는 것도 아니다.'라는 여러 가지 견해들이 생긴다."

철저히 고찰하지 못함 경1/2/3/4/5(S33:46~50)

Apaccupekkhaṇā-sutta

3. "왓차여, [262] 물질을 철저히 고찰하지 못하고(S33:46), …

느낌을 철저히 고찰하지 못하고(S33:47), …

인식을 철저히 고찰하지 못하고(S33:48), …

심리현상들을 철저히 고찰하지 못하고(S33:49), …

알음알이를 철저히 고찰하지 못하고(S33:50), 알음알이의 일어남을 철저히 고찰하지 못하고, 알음알이의 소멸을 철저히 고찰하지 못하고, 알음알이의 소멸로 인도하는 도닦음을 철저히 고찰하지 못하기 때문에 이 세상에는 '세상은 영원하다.'라거나, … '여래는 사후에 존재하는 것도 아니고 존재하지 않는 것도 아니다.'라는 여러 가지 견해들이 생긴다."

직접 인지하지 못함 경1/2/3/4/5(S33:51~55)

Apaccakkhakamma-sutta

2. 그때 왓차곳따 유행승이 세존께 다가갔다. 가서는 세존과 함께 환담을 나누었다. 유쾌하고 기억할 만한 이야기로 서로 담소를 한 뒤 한 곁에 앉았다. 한 곁에 앉은 왓차곳따 유행승은 세존께 이렇게 여쭈었다.

3. "고따마 존자시여, 무슨 원인과 무슨 조건 때문에 이 세상에는 '세상은 영원하다.'라거나, '세상은 영원하지 않다.'라거나, '세상은 유한하다.'라거나, '세상은 무한하다.'라거나, '생명과 몸은 같은 것이다.'라거나, '생명과 몸은 다른 것이다.'라거나, '여래는 사후에도 존재한다.'라거나, '여래는 사후에 존재하지 않는다.'라거나 '여래는 사

후에 존재하기도 하고 존재하지 않기도 한다.'라거나, '여래는 사후에 존재하는 것도 아니고 존재하지 않는 것도 아니다.'라는 여러 가지 견해들이 생깁니까?"

4. "왓차여, 물질을 직접 인지하지 못하고, 물질의 일어남을 직접 인지하지 못하고, 물질의 소멸을 직접 인지하지 못하고, 물질의 소멸로 인도하는 도닦음을 직접 인지하지 못하기 때문에(S33:51) …

느낌을 직접 인지하지 못하고, 느낌의 일어남을 직접 인지하지 못하고, 느낌의 소멸을 직접 인지하지 못하고, 느낌의 소멸로 인도하는 도닦음을 직접 인지하지 못하기 때문에(S33:52) …

인식을 직접 인지하지 못하고, 인식의 일어남을 직접 인지하지 못하고, 인식의 소멸을 직접 인지하지 못하고, 인식의 소멸로 인도하는 도닦음을 직접 인지하지 못하기 때문에(S33:53) …

심리현상들을 직접 인지하지 못하고, 심리현상들의 일어남을 직접 인지하지 못하고, 심리현상들의 소멸을 직접 인지하지 못하고, 심리현상들의 소멸로 인도하는 도닦음을 직접 인지하지 못하기 때문에(S33:54) …

알음알이를 직접 인지하지 못하고, 알음알이의 일어남을 직접 인지하지 못하고, 알음알이의 소멸을 직접 인지하지 못하고, 알음알이의 소멸로 인도하는 도닦음을 직접 인지하지 못하기 때문에(S33:55) 이 세상에는 [263] '세상은 영원하다.'라거나, '세상은 영원하지 않다.'라거나, '세상은 유한하다.'라거나, '세상은 무한하다.'라거나, '생명과 몸은 같은 것이다.'라거나, '생명과 몸은 다른 것이다.'라거나, '여래는 사후에도 존재한다.'라거나, '여래는 사후에 존재하지 않는다.'라거나 '여래는 사후에 존재하기도 하고 존재하지 않기도 한다.'라거나, '여래는 사후에 존재하는 것도 아니고 존재하지 않는 것도 아니다.'

라는 여러 가지 견해들이 생긴다."

왓차곳따 상윳따(S33)가 끝났다.

여기에 포함된 경들의 목록은 다음과 같다.

다섯 가지 씩의 ① 무지 ② 보지 못함 ③ 관통하지 못함
④ 깨닫지 못함 ⑤ 꿰뚫지 못함 ⑥ 주시하지 못함
⑦ 요별하지 못함 ⑧ 식별하지 못함 ⑨ 깊이 고찰하지 못함
⑩ 철저히 고찰하지 못함 ⑪ 직접 인지하지 못함이다.

제34주제

선(禪) 상윳따(S34)

제34주제(S34)

선(禪) 상윳따[488]

Jhāna-saṁyutta

삼매의 증득 경(S34:1)

Samādhisamāpatti-sutta

1. 이와 같이 나는 들었다. 한때 세존께서는 사왓티에서 제따 숲의 아나타삔디까 원림(급고독원)에 머무셨다. …

3. "비구들이여, 네 부류의 참선하는 자가 있다. 무엇이 넷인가? 비구들이여, [264] 여기 어떤 참선하는 자는 삼매에는 능숙[489]하지

488) 『상윳따 니까야』에는 두 개의 「禪 상윳따」(Jhāna-saṁyutta)가 나타나고 있다. 하나는 이곳에 나타나는 「禪 상윳따」(S34)이고 다른 하나는 제6권에 나타나는 「禪 상윳따」(S53)이다. 두 상윳따 가운데 S53은 초선부터 제4선까지의 네 가지 선 즉 본삼매를 다루고 있고, 본 상윳따(S34)는 이러한 본삼매를 증득하는 과정에 초점을 맞추고 있다. 그래서 S34는 본삼매와 관계된 여러 중요한 과정들 즉 '증득(samāpatti)', '들어 머묾(ṭhiti)', '출정(vuṭṭhāna)', '대상(ārammaṇa)' 등에 대해서 설하고 있다.
禪 혹은 삼매와 관계된 이러한 논의는 『앙굿따라 니까야』 「히말라야 경」(A6:24)과 「힘 경」(A6:72)에서는 삼매의 증득, 들어 머묾, 출정, 즐거움(kallita), 영역(gocara), [마음을] 기울이는 것(abhinīhāra)의 여섯 가지에 능숙함으로 나타나고(설명은 A6:24 §2의 주해 참조), 「통제 경」(A7:38)에서는 삼매에 능숙함을 넣어서 일곱 가지 주제로 나타난다. 본 상윳따에는 대상에 대해서 능숙함(ārammaṇa-kusala)이 나타나는데 이것은 『앙굿따라 니까야』의 경들에는 언급되지 않고 있다. 아무튼 니까야에 나타나는 삼매 즉 禪에 대한 이러한 논의들은 주석서와 아비담마에서 삼매를 체계적으로 설명하는 튼튼한 토대가 되고 있다.

489) "'삼매에 능숙함(samādhi-kusala)'이란 초선은 [일으킨 생각, 지속적인 고찰, 희열, 행복, 마음이 한 끝에 집중됨]이라는 다섯 가지 구성요소를 가졌고

만 삼매의 증득에는 능숙하지 못하다.

비구들이여, 여기 어떤 참선하는 자는 삼매의 증득에는 능숙하지만 삼매에는 능숙하지 못하다.

비구들이여, 여기 어떤 참선하는 자는 삼매에도 능숙하지 못하고 삼매의 증득에도 능숙하지 못하다.

비구들이여, 여기 어떤 참선하는 자는 삼매에도 능숙하고 삼매의 증득에도 능숙하다.

비구들이여, 이 가운데 삼매에도 능숙하고 삼매의 증득에도 능숙한 자가 네 명의 참선하는 자들 가운데서 으뜸이요 가장 뛰어나고 가장 훌륭하고 가장 높고 가장 탁월하다."

4. "비구들이여, 예를 들면 소로부터 우유가 있고 우유로부터 응유가 되고 응유로부터 생 버터가 되고 생 버터로부터 정제된 버터가 되고 정제된 버터로부터 최상의 버터(제호, 醍醐)490)가 만들어지나니, 그것을 으뜸이라 부르는 것과 같다.

비구들이여, 그와 같이 삼매에도 능숙하고 삼매의 증득에도 능숙

(pañc-aṅgika) 제2선은 [희열, 행복, 마음이 한 끝에 집중됨]이라는 세 가지 구성요소를 가졌다는 등으로 구성요소를 구분하는데 능숙함(aṅga-vavatthāna-kusala)을 말한다.
'증득에 능숙하지 못함(na samāpatti-kusala)'이란 마음을 편안하게 하고(hāsetvā) 유연하게 하여(kallaṁ katvā) 禪을 증득할 수 없는 것을 말한다."(SA.ii.352)
즉, 이론적으로 삼매에 대해서 잘 아는 것이 삼매에 능숙함이고, 실제로 그런 삼매의 경지에 들 수 있는 것을 증득에 능숙함이라고 주석서는 설명하고 있다.

490) '최상의 버터(제호, 醍醐)'는 sappi-maṇḍa를 옮긴 것이다. 본서 제2권 「십력 경」 2(S12:22) §8에는 maṇḍa-peyya라는 단어가 나타나는데 '최상의 음료'로 옮겼다. 우유의 크림이나 진수(眞髓)를 뜻하는 maṇḍa에 대해서는 S12:22 §8의 주해를 참조할 것.

한 자가 네 명의 참선하는 자들 가운데서 으뜸이요 가장 뛰어나고 가장 훌륭하고 가장 높고 가장 탁월하다."

삼매에 들어 머묾 경(S34:2)

Samādhiṭhiti-sutta

3. "비구들이여, 네 부류의 참선하는 자가 있다. 무엇이 넷인가?

비구들이여, 여기 어떤 참선하는 자는 삼매에는 능숙하지만 삼매에 들어 머묾에는 능숙하지 못하다.491)

비구들이여, 여기 어떤 참선하는 자는 삼매에 들어 머묾에는 능숙하지만 삼매에는 능숙하지 못하다.

비구들이여, 여기 어떤 참선하는 자는 삼매에도 능숙하지 못하고 삼매에 들어 머묾에도 능숙하지 못하다.

비구들이여, 여기 어떤 참선하는 자는 삼매에도 능숙하고 삼매에 들어 머묾에도 능숙하다.

비구들이여, 이 가운데 삼매에도 능숙하고 삼매에 들어 머묾에도 능숙한 자가 [265] 네 명의 참선하는 자들 가운데서 으뜸이요 가장 뛰어나고 가장 훌륭하고 가장 높고 가장 탁월하다."

4. "비구들이여, 예를 들면 소로부터 우유가 있고 우유로부터 응유가 되고 … 최상의 버터가 만들어지나니, 그것을 으뜸이라 부르

---

491) "'삼매에 들어 머묾에 능숙하지 못함(na samādhismiṁ ṭhitikusala)'이란 禪에 머무는데 능숙하지 못함인데, 일곱 번이나 여덟 번 손가락을 튀기는 순간만큼(satt-aṭṭha-accharā-matta)도 禪에 머물 수 없는 것을 말한다." (SA.ii.352)
이것은 『무애해도』에 나타나는 다음과 같은 결심의 자유자재(adhiṭṭhāna-vasi)와 상응한다.
"그는 그가 원하는 곳에서 원하는 때에 원하는 기간만큼 초선 등의 [기간을] 결심한다. 그는 그런 기간을 결심하는데 아무 어려움이 없다."(Ps.i.100)

는 것과 같다.

비구들이여, 그와 같이 삼매에도 능숙하고 삼매에 들어 머묾에도 능숙한 자가 네 명의 참선하는 자들 가운데서 으뜸이요 가장 뛰어나고 가장 훌륭하고 가장 높고 가장 탁월하다."

삼매의 출정 경(S34:3)

Samādhivuṭṭhāna-sutta

3. "비구들이여, 네 부류의 참선하는 자가 있다. 무엇이 넷인가?

비구들이여, 여기 어떤 참선하는 자는 삼매에는 능숙하지만 삼매의 출정에는 능숙하지 못하다.[492)]

비구들이여, 여기 어떤 참선하는 자는 삼매의 출정에는 능숙하지만 삼매에는 능숙하지 못하다.

비구들이여, 여기 어떤 참선하는 자는 삼매에도 능숙하지 못하고 삼매의 출정에도 능숙하지 못하다.

비구들이여, 여기 어떤 참선하는 자는 삼매에도 능숙하고 삼매의 출정에도 능숙하다.

비구들이여, 이 가운데 삼매에도 능숙하고 삼매의 출정에도 능숙한 자가 네 명의 참선하는 자들 가운데서 으뜸이요 가장 뛰어나고 가장 훌륭하고 가장 높고 가장 탁월하다."

4. "비구들이여, 예를 들면 소로부터 우유가 있고 우유로부터 응유가 되고 … 최상의 버터가 만들어지나니, 그것을 으뜸이라 부르는 것과 같다.

---

492) "'삼매의 출정에 능숙하지 못함(na samādhismiṁ vuṭṭhānakusala)'이란 禪으로부터 나오는데 능숙하지 못함이니, 처음에 결정한대로(yathā-paricchea) 출정할 수 없는 것을 말한다."(SA.ii.352~353)

비구들이여, 그와 같이 삼매에도 능숙하고 삼매의 출정에도 능숙한 자가 네 명의 참선하는 자들 가운데서 으뜸이요 가장 뛰어나고 가장 훌륭하고 가장 높고 가장 탁월하다."

삼매를 즐거워함 경(S34:4)

Samādhikallavā-sutta

3. "비구들이여, 네 부류의 참선하는 자가 있다. 무엇이 넷인가?

비구들이여, 여기 어떤 참선하는 자는 삼매에는 능숙하지만 삼매를 즐거워함에는 능숙하지 못하다.493) … [266]

4. "비구들이여, 예를 들면 소로부터 우유가 있고 우유로부터 응유가 되고 … 최상의 버터가 만들어지나니, 그것을 으뜸이라 부르는 것과 같다.

비구들이여, 그와 같이 삼매에도 능숙하고 삼매를 즐거워함에도 능숙한 자가 네 명의 참선하는 자들 가운데서 으뜸이요 가장 뛰어나고 가장 훌륭하고 가장 높고 가장 탁월하다."

삼매의 대상 경(S34:5)

Samādhiārammaṇa-sutta

3. "비구들이여, 네 부류의 참선하는 자가 있다. 무엇이 넷인가?

비구들이여, 여기 어떤 참선하는 자는 삼매에는 능숙하지만 삼매의 대상에는 능숙하지 못하다.494) …"

---

493) "'삼매를 즐거워함에 능숙하지 못함(na samādhismiṁ kallitakusala)'이란 마음을 편안하게 하고(hāsetvā) 유연하게 하는데(kallaṁ katuṁ) 능숙하지 못함이다."(SA.ii.353)

494) "'삼매의 대상에 능숙하지 못함(na samādhismiṁ ārammaṇa-kusala)'이

4. "비구들이여, 예를 들면 소로부터 우유가 있고 우유로부터 응유가 되고 … 최상의 버터가 만들어지나니, 그것을 으뜸이라 부르는 것과 같다.

비구들이여, 그와 같이 삼매에도 능숙하고 삼매의 대상에도 능숙한 자가 네 명의 참선하는 자들 가운데서 으뜸이요 가장 뛰어나고 가장 훌륭하고 가장 높고 가장 탁월하다."

삼매의 영역 경(S34:6)

Samādhigocara-sutta

3. "비구들이여, 네 부류의 참선하는 자가 있다. 무엇이 넷인가?

비구들이여, 여기 어떤 참선하는 자는 삼매에는 능숙하지만 삼매의 영역에는 능숙하지 못하다.495) …" [267]

란 까시나인 대상(kasiṇ-ārammaṇa)에 대해서 능숙하지 못한 것이다." (SA.ii.353)

삼매 혹은 禪의 대상은 기본적으로 10가지 까시나 가운데 하나이다. 그래서 주석서는 이렇게 설명하고 있다. 이러한 까시나를 통해서 익힌 표상(uggaha-nimitta)을 취하고 이것을 닮은 표상(paṭibhāga-nimitta)으로 승화시켜 이 닮은 표상에 집중되는 것이 본삼매이다.(『아비담마 길라잡이』 147쪽과 763~764쪽(제9장 §16)과 『청정도론』 IV.31 이하 참조) 물론 이 익힌 표상과 닮은 표상은 까시나만을 통해서 얻어지는 것은 아니다. 40가지 명상주제 각각을 통해서도 얻어진다.

495) "'삼매의 영역에 능숙하지 못함(na samādhismiṁ gocara-kusala)'이란 [삼매가 생겨나야 할(nipphāditabba) 영역인 – SAṬ.ii.254] 명상주제의 영역(kammaṭṭhāna-gocara)과, [마음챙김과 알아차림이 부족하여 – *Ibid*] 걸식의 영역(bhikkhācāra-gocara)에 능숙하지 못한 것을 말한다." (SA.ii.353)

한편 『앙굿따라 니까야 주석서』는 이렇게 설명한다.

"'삼매의 대상에 능숙함'이란 삼매에 적절하지 못하고(asappāya) 도움이 되지 않는(anupakāraka) 법들을 피하고 적절하고 도움이 되는 법들을 추구하는 것을 말한다. 그리고 '이것은 삼매의 표상의 대상(samādhi-nimitt-

4. "비구들이여, 예를 들면 소로부터 우유가 있고 우유로부터 응유가 되고 … 최상의 버터가 만들어지나니, 그것을 으뜸이라 부르는 것과 같다.

비구들이여, 그와 같이 삼매에도 능숙하고 삼매의 영역에도 능숙한 자가 네 명의 참선하는 자들 가운데서 으뜸이요 가장 뛰어나고 가장 훌륭하고 가장 높고 가장 탁월하다."

삼매로 마음을 기울임 경(S34:7)

Samādhiabhinīhāra-sutta

3. "비구들이여, 네 부류의 참선하는 자가 있다. 무엇이 넷인가?

비구들이여, 여기 어떤 참선하는 자는 삼매에는 능숙하지만 삼매로 [마음을] 기울임에는 능숙하지 못하다.496) …"

4. "비구들이여, 예를 들면 소로부터 우유가 있고 우유로부터 응유가 되고 … 최상의 버터가 만들어지나니, 그것을 으뜸이라 부르는 것과 같다.

ārammaṇa)이다. 이것은 [무상·고·무아의] 삼특상의 대상이다(lakkhaṇ-ārammaṇa).'라고 아는 것도 삼매의 대상에 능숙함이라 한다."(AA.iii.354) 여기서 삼매의 표상의 대상은 사마타의 대상이고 삼특상의 대상은 위빳사나의 대상이다. 이처럼 사마타[止]와 위빳사나[觀]의 대상을 정확하게 구분하는 것도 대상에 능숙함이라고 주석서는 정의하고 있다.

496) 본경에 해당하는 주석서는 큰 도움이 되지 않는다. 『앙굿따라 니까야 주석서』는 이렇게 설명한다.
"'삼매로 [마음을] 기울임에 능숙함(abhinīhāra-kusala)'이란 다음과 그 다음 단계의 증득에 들기 위해서(upari-upari-samāpatti-samāpajjan-attha) 초선 등의 삼매로 [마음을] 기울일 수 있는 것을 말한다. 그는 초선에서 출정하여(vuṭṭhāya) 제2선에 들고 제2선에서 출정하여 … 제3선에서 출정하여 제4선에 든다는 말이다."(AA.iii.354~355)
즉 초선부터 제4선까지 차례대로 다 드는데 능숙한 것을 말한다.

비구들이여, 그와 같이 삼매에도 능숙하고 삼매로 [마음을] 기울임에도 능숙한 자가 네 명의 참선하는 자들 가운데서 으뜸이요 가장 뛰어나고 가장 훌륭하고 가장 높고 가장 탁월하다."

삼매를 정성을 다해 닦음 경(S34:8)

Samādhisakkaccakāri-sutta

3. "비구들이여, 네 부류의 참선하는 자가 있다. 무엇이 넷인가?

비구들이여, 여기 어떤 참선하는 자는 삼매에는 능숙하지만 삼매를 정성을 다해 닦음에는 능숙하지 못하다.497) …" [268]

4. "비구들이여, 예를 들면 소로부터 우유가 있고 우유로부터 응유가 되고 … 최상의 버터가 만들어지나니, 그것을 으뜸이라 부르는 것과 같다.

비구들이여, 그와 같이 삼매에도 능숙하고 삼매를 정성을 다해 닦음에도 능숙한 자가 네 명의 참선하는 자들 가운데서 으뜸이요 가장 뛰어나고 가장 훌륭하고 가장 높고 가장 탁월하다."

삼매를 끈기 있게 닦음 경(S34:9)

Samādhisātaccakāri-sutta

3. "비구들이여, 네 부류의 참선하는 자가 있다. 무엇이 넷인가?

비구들이여, 여기 어떤 참선하는 자는 삼매에는 능숙하지만 삼매를 끈기 있게 닦음에는 능숙하지 못하다. …"

---

497) "'삼매를 정성을 다해 닦음에 능숙하지 못함(na samādhismiṁ sakkacca-kāri)'이란 禪에 들기 위해서(appetuṁ) 정성을 다하지 않는다는 말이다." (SA.ii.353)

4. "비구들이여, 예를 들면 소로부터 우유가 있고 우유로부터 응유가 되고 … 최상의 버터가 만들어지나니, 그것을 으뜸이라 부르는 것과 같다.

비구들이여, 그와 같이 삼매에도 능숙하고 삼매를 끈기 있게 닦음에도 능숙한 자가 네 명의 참선하는 자들 가운데서 으뜸이요 가장 뛰어나고 가장 훌륭하고 가장 높고 가장 탁월하다."

삼매를 적절하게 닦음 경(S34:10)
Samādhisappāyakāri-sutta

3. "비구들이여, 네 부류의 참선하는 자가 있다. 무엇이 넷인가?

비구들이여, 여기 어떤 참선하는 자는 삼매에는 능숙하지만 삼매를 적절하게 닦음에는 능숙하지 못하다.498) …" [269]

4. "비구들이여, 예를 들면 소로부터 우유가 있고 우유로부터 응유가 되고 … 최상의 버터가 만들어지나니, 그것을 으뜸이라 부르는 것과 같다.

비구들이여, 그와 같이 삼매에도 능숙하고 삼매를 적절하게 닦음에도 능숙한 자가 네 명의 참선하는 자들 가운데서 으뜸이요 가장 뛰어나고 가장 훌륭하고 가장 높고 가장 탁월하다."

---

498) "'삼매를 적절하게 닦음에 능숙하지 못함(na samādhismiṁ sappāyakāri)'이란 삼매에 적절하고 도움이 되는 법(upakāraka-dhamma)들을 완성 할 수 없다는 말이다."(SA.ii.353)

증득에 들어 머묾 경(S34:11)

Samāpattiṭhiti-sutta

3. "비구들이여, 네 부류의 참선하는 자가 있다. 무엇이 넷인가?

비구들이여, 여기 어떤 참선하는 자는 삼매의 증득에는 능숙하지만 삼매에 들어 머묾에는 능숙하지 못하다.

비구들이여, 여기 어떤 참선하는 자는 삼매에 들어 머묾에는 능숙하지만 삼매의 증득에는 능숙하지 못하다.

비구들이여, 여기 어떤 참선하는 자는 삼매의 증득에도 능숙하지 못하고 삼매에 들어 머묾에도 능숙하지 못하다.

비구들이여, 여기 어떤 참선하는 자는 삼매의 증득에도 능숙하고 삼매에 들어 머묾에도 능숙하다.

비구들이여, 이 가운데 삼매의 증득에도 능숙하고 삼매에 들어 머묾에도 능숙한 자가 네 명의 참선하는 자들 가운데서 으뜸이요 가장 뛰어나고 가장 훌륭하고 가장 높고 가장 탁월하다."

4. "비구들이여, 예를 들면 소로부터 우유가 있고 우유로부터 응유가 되고 응유로부터 생 버터가 되고 생 버터로부터 정제된 버터가 되고 정제된 버터로부터 최상의 버터가 만들어지나니, 그것을 으뜸이라 부르는 것과 같다.

비구들이여, 그와 같이 삼매의 증득에도 능숙하고 삼매에 들어 머묾에도 능숙한 자가 네 명의 참선하는 자들 가운데서 으뜸이요 가장 뛰어나고 가장 훌륭하고 가장 높고 가장 탁월하다."

증득에서 출정함 경 등(S34:12~19)

Samāpattivuṭṭhāna-sutta

3. "비구들이여, 네 부류의 참선하는 자가 있다. 무엇이 넷인가?

비구들이여, 여기 어떤 참선하는 자는 삼매의 증득에는 능숙하지만 [270] 삼매의 출정에는 능숙하지 못하다.(S34:12) …

삼매의 증득에는 능숙하지만 삼매를 즐거워함에는 능숙하지 못하다.(S34:13) …

삼매의 증득에는 능숙하지만 삼매의 대상에는 능숙하지 못하다.(S34:14) …

삼매의 증득에는 능숙하지만 [271] 삼매의 영역에는 능숙하지 못하다.(S34:15) …

삼매의 증득에는 능숙하지만 삼매에 마음을 기울임에는 능숙하지 못하다.(S34:16) …

삼매의 증득에는 능숙하지만 삼매를 정성을 다해 닦음에는 능숙하지 못하다.(S34:17) …

삼매의 증득에는 능숙하지만 삼매를 끈기 있게 닦음에는 능숙하지 못하다.(S34:18) …

삼매의 증득에는 능숙하지만 삼매를 적절하게 닦음에는 능숙하지 못하다.(S34:19) …" [272]

4. "비구들이여, 예를 들면 소로부터 우유가 있고 우유로부터 응유가 되고 … 최상의 버터가 만들어지나니, 그것을 으뜸이라 부르는 것과 같다.

비구들이여, 그와 같이 삼매의 증득에도 능숙하고 삼매를 적절하게 닦음에도 능숙한 자가 네 명의 참선하는 자들 가운데서 으뜸이요 가장 뛰어나고 가장 훌륭하고 가장 높고 가장 탁월하다."

들어 머묾과 출정 경(S34:20)

ṭhitivuṭṭhāna-sutta

3. "비구들이여, 네 부류의 참선하는 자가 있다. 무엇이 넷인가?

비구들이여, 여기 어떤 참선하는 자는 삼매에 들어 머묾에는 능숙하지만 삼매의 출정에는 능숙하지 못하다.

비구들이여, 여기 어떤 참선하는 자는 삼매의 출정에는 능숙하지만 삼매에 들어 머묾에는 능숙하지 못하다.

비구들이여, 여기 어떤 참선하는 자는 삼매에 들어 머묾에도 능숙하지 못하고 삼매의 출정에도 능숙하지 못하다.

비구들이여, 여기 어떤 참선하는 자는 삼매에 들어 머묾에도 능숙하고 삼매의 출정에도 능숙하다."

4. "비구들이여, 예를 들면 소로부터 우유가 있고 우유로부터 응유가 되고 … 최상의 버터가 만들어지나니, 그것을 으뜸이라 부르는 것과 같다.

비구들이여, 그와 같이 삼매에 들어 머묾에도 능숙하고 삼매의 출정에도 능숙한 자가 네 명의 참선하는 자들 가운데서 으뜸이요 가장 뛰어나고 가장 훌륭하고 가장 높고 가장 탁월하다."

들어 머묾과 즐거워함 경 등(S34:21~27)

3. "비구들이여, 네 부류의 참선하는 자가 있다. 무엇이 넷인가?

비구들이여, 여기 어떤 참선하는 자는 삼매에 들어 머묾에는 능숙하지만 [273] 삼매를 즐거워함에는 능숙하지 못하다.(S34:21) …

삼매에 들어 머묾에는 능숙하지만 삼매의 대상에는 능숙하지 못하다.(S34:22) …

삼매에 들어 머묾에는 능숙하지만 삼매의 영역에는 능숙하지 못하다.(S34:23) …

삼매에 들어 머묾에는 능숙하지만 삼매에 마음을 기울임에는 능숙하지 못하다.(S34:24) …

삼매에 들어 머묾에는 능숙하지만 삼매를 정성을 다해 닦음에는 능숙하지 못하다.(S34:25) …

삼매에 들어 머묾에는 능숙하지만 삼매를 끈기 있게 닦음에는 능숙하지 못하다.(S34:26) …

삼매에 들어 머묾에는 능숙하지만 삼매를 적절하게 닦음에는 능숙하지 못하다.(S34:27) …"

4. "비구들이여, 예를 들면 소로부터 우유가 있고 우유로부터 응유가 되고 … 최상의 버터가 만들어지나니, 그것을 으뜸이라 부르는 것과 같다.

비구들이여, 그와 같이 삼매에 들어 머묾에도 능숙하고 삼매를 적절하게 닦음에도 능숙한 자가 네 명의 참선하는 자들 가운데서 으뜸이요 가장 뛰어나고 가장 훌륭하고 가장 높고 가장 탁월하다."

출정과 즐거워함 경(S34:28)

Vuṭṭhānakallita-sutta

3. "비구들이여, 네 부류의 참선하는 자가 있다. 무엇이 넷인가?

비구들이여, 여기 어떤 참선하는 자는 삼매의 출정에는 능숙하지만 삼매를 즐거워함에는 능숙하지 못하다. …" [274]

4. "비구들이여, 예를 들면 소로부터 우유가 있고 우유로부터 응유가 되고 … 최상의 버터가 만들어지나니, 그것을 으뜸이라 부르는 것과 같다.

비구들이여, 그와 같이 삼매의 출정에도 능숙하고 삼매를 즐거워함에도 능숙한 자가 네 명의 참선하는 자들 가운데서 으뜸이요 가장 뛰어나고 가장 훌륭하고 가장 높고 가장 탁월하다."

출정과 대상 경 등(S34:29~34)

3. "비구들이여, 네 부류의 참선하는 자가 있다. 무엇이 넷인가?

비구들이여, 여기 어떤 참선하는 자는 삼매의 출정에는 능숙하지만 삼매의 대상에는 능숙하지 못하다.(S34:29) …

삼매의 출정에는 능숙하지만 삼매의 영역에는 능숙하지 못하다.(S34:30) …

삼매의 출정에는 능숙하지만 삼매로 마음을 기울임에는 능숙하지 못하다.(S34:31) …

삼매의 출정에는 능숙하지만 삼매를 정성을 다해 닦음에는 능숙하지 못하다.(S34:32) …

삼매의 출정에는 능숙하지만 삼매를 끈기 있게 닦음에는 능숙하지 못하다.(S34:33) …

삼매의 출정에는 능숙하지만 삼매를 적절하게 닦음에는 능숙하지 못하다.(S34:34) …"

4. "비구들이여, 예를 들면 소로부터 우유가 있고 우유로부터 응유가 되고 … 최상의 버터가 만들어지나니, 그것을 으뜸이라 부르는 것과 같다.

비구들이여, 그와 같이 삼매의 출정에도 능숙하고 삼매를 적절하게 닦음에도 능숙한 자가 네 명의 참선하는 자들 가운데서 으뜸이요 가장 뛰어나고 가장 훌륭하고 가장 높고 가장 탁월하다."

즐거워함과 대상 경(S34:35)

Kallita-ārammaṇa-sutta

3. "비구들이여, [275] 네 부류의 참선하는 자가 있다. 무엇이 넷인가?

비구들이여, 여기 어떤 참선하는 자는 삼매를 즐거워함에는 능숙하지만 삼매의 대상에는 능숙하지 못하다. …"

4. "비구들이여, 예를 들면 소로부터 우유가 있고 우유로부터 응유가 되고 … 최상의 버터가 만들어지나니, 그것을 으뜸이라 부르는 것과 같다.

비구들이여, 그와 같이 삼매를 즐거워함에도 능숙하고 삼매의 대상에도 능숙한 자가 네 명의 참선하는 자들 가운데서 으뜸이요 가장 뛰어나고 가장 훌륭하고 가장 높고 가장 탁월하다."

즐거워함과 영역 경 등(S34:36~40)

3. "비구들이여, 네 부류의 참선하는 자가 있다. 무엇이 넷인가?

비구들이여, 여기 어떤 참선하는 자는 삼매를 즐거워함에는 능숙하지만 삼매의 영역에는 능숙하지 못하다.(S34:36) …

삼매를 즐거워함에는 능숙하지만 삼매로 마음을 기울임에는 능숙하지 못하다.(S34:37) …

삼매를 즐거워함에는 능숙하지만 삼매를 정성을 다해 닦음에는 능숙하지 못하다.(S34:38) …

삼매를 즐거워함에는 능숙하지만 삼매를 끈기 있게 닦음에는 능숙하지 못하다.(S34:39) …

삼매를 즐거워함에는 능숙하지만 삼매를 적절하게 닦음에는 능숙하지 못하다.(S34:40) …"

4. "비구들이여, 예를 들면 소로부터 우유가 있고 우유로부터 응유가 되고 … 최상의 버터가 만들어지나니, 그것을 으뜸이라 부르는 것과 같다.

비구들이여, 그와 같이 삼매를 즐거워함에도 능숙하고 삼매를 적절하게 닦음에도 능숙한 자가 네 명의 참선하는 자들 가운데서 으뜸이요 가장 뛰어나고 가장 훌륭하고 가장 높고 가장 탁월하다."

대상과 영역 경(S34:41)

Ārammaṇagocara-sutta

3. "비구들이여, 네 부류의 참선하는 자가 있다. 무엇이 넷인가?

비구들이여, 여기 어떤 참선하는 자는 삼매의 대상에는 능숙하지만 삼매의 영역에는 능숙하지 못하다. …"

4. "비구들이여, 예를 들면 소로부터 우유가 있고 우유로부터 응유가 되고 … 최상의 버터가 만들어지나니, 그것을 으뜸이라 부르는 것과 같다.

비구들이여, 그와 같이 삼매의 대상에도 능숙하고 삼매의 영역에도 능숙한 자가 네 명의 참선하는 자들 가운데서 으뜸이요 가장 뛰어나고 가장 훌륭하고 가장 높고 가장 탁월하다."

대상과 마음을 기울임 경 등(S34:42~45)

3. "비구들이여, 네 부류의 참선하는 자가 있다. 무엇이 넷인가?

비구들이여, 여기 어떤 참선하는 자는 삼매의 대상에는 능숙하지만 [276] 삼매로 마음을 기울임에는 능숙하지 못하다.(S34:42) …

삼매의 대상에는 능숙하지만 삼매를 정성을 다해 닦음에는 능숙하지 못하다.(S34:43) …

삼매의 대상에는 능숙하지만 삼매를 끈기 있게 닦음에는 능숙하지 못하다.(S34:44) …

삼매의 대상에는 능숙하지만 삼매를 적절하게 닦음에는 능숙하지 못하다.(S34:45) …"

4. "비구들이여, 예를 들면 소로부터 우유가 있고 우유로부터 응유가 되고 … 최상의 버터가 만들어지나니, 그것을 으뜸이라 부르는 것과 같다.

비구들이여, 그와 같이 삼매의 대상에도 능숙하고 삼매를 적절하게 닦음에도 능숙한 자가 네 명의 참선하는 자들 가운데서 으뜸이요 가장 뛰어나고 가장 훌륭하고 가장 높고 가장 탁월하다."

영역과 마음을 기울임 경(S34:46)

Gocara-abhinīhāra-sutta

3. "비구들이여, 네 부류의 참선하는 자가 있다. 무엇이 넷인가?

비구들이여, 여기 어떤 참선하는 자는 삼매의 영역에는 능숙하지만 삼매로 마음을 기울임에는 능숙하지 못하다. …"

4. "비구들이여, 예를 들면 소로부터 우유가 있고 우유로부터

응유가 되고 … 최상의 버터가 만들어지나니, 그것을 으뜸이라 부르는 것과 같다.

비구들이여, 그와 같이 삼매의 영역에도 능숙하고 삼매로 마음을 기울임에도 능숙한 자가 네 명의 참선하는 자들 가운데서 으뜸이요 가장 뛰어나고 가장 훌륭하고 가장 높고 가장 탁월하다."

영역과 정성을 다해 닦음 경 등(S34:47~49)

3. "삼매의 영역에는 능숙하지만 삼매를 정성을 다해 닦음에는 능숙하지 못하다.(S34:47) …

삼매의 영역에는 능숙하지만 삼매를 끈기 있게 닦음에는 능숙하지 못하다.(S34:48) …

삼매의 영역에는 능숙하지만 삼매를 적절하게 닦음에는 능숙하지 못하다.(S34:49) …"

4. "비구들이여, 예를 들면 소로부터 우유가 있고 우유로부터 응유가 되고 … 최상의 버터가 만들어지나니, 그것을 으뜸이라 부르는 것과 같다.

비구들이여, 그와 같이 삼매의 영역에도 능숙하고 삼매를 적절하게 닦음에도 능숙한 자가 네 명의 참선하는 자들 가운데서 으뜸이요 가장 뛰어나고 가장 훌륭하고 가장 높고 가장 탁월하다."

마음을 기울임과 정성을 다해 닦음 경(S34:50)
Abhinīhārasakkaccakāri-sutta

3. "비구들이여, 네 부류의 참선하는 자가 있다. 무엇이 넷인가?

비구들이여, 여기 어떤 참선하는 자는 삼매로 마음을 기울임에는 능숙하지만 [277] 삼매를 정성을 다해 닦음에는 능숙하지 못하다. …”

4. “비구들이여, 예를 들면 소로부터 우유가 있고 우유로부터 응유가 되고 … 최상의 버터가 만들어지나니, 그것을 으뜸이라 부르는 것과 같다.

비구들이여, 그와 같이 삼매로 마음을 기울임에도 능숙하고 삼매를 정성스럽게 닦음에도 능숙한 자가 네 명의 참선하는 자들 가운데서 으뜸이요 가장 뛰어나고 가장 훌륭하고 가장 높고 가장 탁월하다.”

마음을 기울임과 끈기 있게 닦음 경 등(S34:51~52)

3. “삼매로 마음을 기울임에는 능숙하지만 삼매를 끈기 있게 닦음에는 능숙하지 못하다.(S34:51) …

삼매로 마음을 기울임에는 능숙하지만 삼매를 적절하게 닦음에는 능숙하지 못하다.(S34:52) …”

4. “비구들이여, 예를 들면 소로부터 우유가 있고 우유로부터 응유가 되고 … 최상의 버터가 만들어지나니, 그것을 으뜸이라 부르는 것과 같다.

비구들이여, 그와 같이 삼매로 마음을 기울임에도 능숙하고 삼매를 적절하게 닦음에도 능숙한 자가 네 명의 참선하는 자들 가운데서 으뜸이요 가장 뛰어나고 가장 훌륭하고 가장 높고 가장 탁월하다.”

정성을 다해 닦음과 끈기 있게 닦음 경(S34:53)

Sakkaccakārisātaccakāri-sutta

3. "비구들이여, 네 부류의 참선하는 자가 있다. 무엇이 넷인가?

비구들이여, 여기 어떤 참선하는 자는 삼매를 정성을 다해 닦음에는 능숙하지만 삼매를 끈기 있게 닦음에는 능숙하지 못하다. …"

4. "비구들이여, 예를 들면 소로부터 우유가 있고 우유로부터 응유가 되고 … 최상의 버터가 만들어지나니, 그것을 으뜸이라 부르는 것과 같다.

비구들이여, 그와 같이 삼매를 정성을 다해 닦음에도 능숙하고 삼매를 끈기 있게 닦음에도 능숙한 자가 네 명의 참선하는 자들 가운데서 으뜸이요 가장 뛰어나고 가장 훌륭하고 가장 높고 가장 탁월하다."

정성을 다해 닦음과 적절하게 닦음 경(S34:54)

Sakkaccakārīsappāyakāri-sutta

3. "비구들이여, 네 부류의 참선하는 자가 있다. 무엇이 넷인가?

비구들이여, 여기 어떤 참선하는 자는 삼매를 정성을 다해 닦음에는 능숙하지만 삼매를 적절하게 닦음에는 능숙하지 못하다. …"

4. "비구들이여, 예를 들면 소로부터 우유가 있고 우유로부터 응유가 되고 … 최상의 버터가 만들어지나니, 그것을 으뜸이라 부르는 것과 같다.

비구들이여, 그와 같이 삼매를 정성을 다해 닦음에도 능숙하고 삼매를 적절하게 닦음에도 능숙한 자가 네 명의 참선하는 자들 가운데서 으뜸이요 가장 뛰어나고 가장 훌륭하고 가장 높고 가장 탁월하다."

끈기 있게 닦음과 적절하게 닦음 경(S34:55)

Sātaccakārīsappāyakāri-sutta

3. "비구들이여, 네 부류의 참선하는 자가 있다. 무엇이 넷인가?

비구들이여, 여기 어떤 참선하는 자는 삼매를 끈기 있게 닦음에는 능숙하지만 삼매를 적절하게 닦음에는 능숙하지 못하다.

비구들이여, 여기 어떤 참선하는 자는 삼매를 적절하게 닦음에는 능숙하지만 삼매를 끈기 있게 닦음에는 능숙하지 못하다.

비구들이여, 여기 어떤 참선하는 자는 삼매를 끈기 있게 닦음에도 능숙하지 못하고 삼매를 적절하게 닦음에도 능숙하지 못하다.

비구들이여, [278] 여기 어떤 참선하는 자는 삼매를 끈기 있게 닦음에도 능숙하고 삼매를 적절하게 닦음에도 능숙하다.

비구들이여, 이 가운데 삼매를 끈기 있게 닦음에도 능숙하고 삼매를 적절하게 닦음에도 능숙한 자가 네 명의 참선하는 자들 가운데서 으뜸이요 가장 뛰어나고 가장 훌륭하고 가장 높고 가장 탁월하다."

4. "비구들이여, 예를 들면 소로부터 우유가 있고 우유로부터 응유가 되고 응유로부터 생 버터가 되고 생 버터로부터 정제된 버터가 되고 정제된 버터로부터 최상의 버터(제호, 醍醐)가 만들어지나니, 그것을 으뜸이라 부르는 것과 같다.

비구들이여, 그와 같이 삼매를 끈기 있게 닦음에도 능숙하고 삼매를 적절하게 닦음에도 능숙한 자가 네 명의 참선하는 자들 가운데서 으뜸이요 가장 뛰어나고 가장 훌륭하고 가장 높고 가장 탁월하다."

5. 세존께서는 이렇게 말씀하셨다. 비구들은 흡족한 마음으로 세존의 말씀을 크게 기뻐하였다.

선(禪) 상윳따(S34)가 끝났다.

여기에 포함된 경들의 목록은 다음과 같다.

① 삼매의 증득 ② 머묾 ③ 출정 ④ 즐거워함
⑤ 대상 ⑥ 영역 ⑦ 마음을 기울임
⑧ 정성을 다해 닦음 ⑨ 끈기 있게 닦음
⑩ 적절하게 닦음과, 이들을 적절하게 조화하였다.

제3권 오온을 위주로 한 가르침에
포함된 상윳따들의 목록은 다음과 같다.

① 무더기[蘊] ② 라다 ③ 견해
④ 들어감 ⑤ 일어남 ⑥ 오염원 ⑦ 사리뿟따
⑧ 용 ⑨ 금시조 ⑩ 간답바 무리 [279]
⑪ 구름의 신 ⑫ 왓차곳따 ⑬선(禪)이다.

제3권 오온을 위주로 한 가르침이 끝났다.

십력(十力)의 바위산에서 생겨나
열반의 대해를 목적지로 하여
팔정도를 물로 삼아 [흘러가는]
승자의 말씀에 대한 이 강력 오래 전해지기를!

dasabalaselappabhavā
nibbānamahāsamuddapariyantā
aṭṭhaṅgamaggasalilā
jinavacananadī ciraṁ vahatu

역자 · 각묵스님

1957년 밀양생. 1979년 화엄사 도광 스님을 은사로 사미계 수지. 1982년 범어사에서 자운스님을 계사로 비구계 수지. 7년간 제방 선원에서 안거 후 인도로 유학, 인도 뿌나 대학교(Pune University)에서 10여 년간 산스끄리뜨, 빠알리, 쁘라끄리뜨 수학. 현재 실상사 한주, 대한불교 조계종 교육아사리, 초기불전연구원 지도법사.
역·저서로『금강경 역해』(2001, 7쇄 2012),『아비담마 길라잡이』(전2권, 대림 스님과 공역, 2002, 전정판 1쇄 2017),『네 가지 마음챙기는 공부』(2003, 개정판 5쇄 2015),『디가 니까야』(전3권, 2006, 4쇄 2015),『니까야 강독』(전2권, 대림 스님과 공역, 2013, 3쇄 2015),『초기불교 이해』(2010, 5쇄 2015),『담마상가니』(전2권, 초판 2016) 외 다수의 논문과 글이 있음.

상윳따니까야
Saṁyutta Nikāya
주제별로 모은 경

제3권 오온을 위주로 한 가르침

2009년 11월 5일 초판1쇄발행
2024년 2월 20일 초판6쇄발행

옮긴 이 | 각묵 스님
펴낸 이 | 대림 스님
펴낸 곳 | 초기불전연구원
경남 김해시 관동로 27번길 5-79
전화 (055)321-8579
홈페이지 | http://tipitaka.or.kr
http://cafe.daum.net/chobul
이 메 일 | chobulwon@gmail.com
등록번호 | 제13-790호(2002.10.9)
계좌번호 | 국민은행 604801-04-141966 차명희
하나은행 205-890015-90404 (구.외환 147-22-00676-4) 차명희
농협 053-12-113756 차명희
우체국 010579-02-062911 차명희

ISBN 978-89-91743-17-5
ISBN 978-89-91743-14-4(전6권)

값 | 30,000원